GEDANKENDIMENSIONEN 0, 1, & 2

DIMA ZALES
AUS DEM AMERIKANISCHEN VON GRIT SCHELLENBERG

♠ MOZAIKA PUBLICATIONS ♠

Alle in diesem Buch geschilderten Handlungen und Personen sind frei erfunden. Ähnlichkeiten mit lebenden oder verstorbenen Personen, Geschäftseinrichtungen, Ereignissen oder Schauplätzen waren zufällig und nicht beabsichtigt.

Copyright © 2015 Dima Zales
https://www.dimazales.com/book-series/deutsch/

Alle Rechte vorbehalten

Kein Teil dieses Buches darf reproduziert, gescannt oder in gedruckter oder elektronischer Form ohne vorherige Erlaubnis verbreitet werden. Ausnahme ist die Benutzung von Auszügen in einer Buchbesprechung.

Veröffentlicht von Mozaika Publications, einer Druckmarke von Mozaika LLC.
www.mozaikallc.com

Cover by Najla Qamber Designs
www.najlaqamberdesigns.com

Lektorin: Kerstin Frashier

E-ISBN: 978-1-63142-137-2
Print ISBN: 978-1-63142-156-3

DIE GEDANKENLESER - THE THOUGHT READERS

GEDANKENDIMENSIONEN: BUCH 1

BESCHREIBUNG

Alle denken, ich sei ein Genie.

Alle liegen falsch.

Sicher, ich habe Harvard im Alter von achtzehn Jahren abgeschlossen und verdiene jetzt eine unglaubliche Menge Geld mit einem Hedgefonds. Der Grund dafür ist allerdings nicht, dass ich besonders clever bin oder wie verrückt arbeite.

Ich betrüge.

Ich besitze eine einzigartige Fähigkeit. Ich kann die Gegenwart verlassen und in meine eigene persönliche Version der Realität eintauchen – den Ort, den ich die Stille nenne – an dem ich meine Umgebung erkunden kann, während die restliche Welt innehält.

Eigentlich dachte ich immer, ich sei der Einzige, der das tun kann – bis ich *sie* getroffen habe.

Ich heiße Darren, und das ist die Geschichte, wie ich herausgefunden habe, dass ich ein Leser bin.

1

Manchmal denke ich, dass ich verrückt bin. In diesem Moment sitze ich an einem Kasinotisch, und jeder um mich herum ist bewegungslos, so als sei er eingefroren. Ich nenne das *die Stille*, so als würde es das Ganze realer machen, wenn ich ihm einen Namen gebe – so als würde der Name etwas an der Tatsache ändern, dass alle Spieler um mich herum Statuen sind. Sie sitzen einfach nur da, und ich gehe um sie herum, schaue mir die Karten an, die sie gerade erhalten haben. Hört sich das verrückt an?

Das Problem an der Theorie, ich sei verrückt, ist, dass die Karten, welche die Spieler aufdecken, immer noch dieselben sind, wenn ich die Welt »entfriere«, so wie ich es gerade getan habe. Wäre ich verrückt, sollten die Karten dann nicht wenigstens ein wenig anders sein? Außer natürlich, ich bin schon so verrückt, dass ich mir auch die Karten auf dem Tisch einbilde.

Aber ich gewinne. Sollte das auch Einbildung sein – sollte der Stapel Chips neben mir auf dem Tisch nur eingebildet sein – dann könnte ich gleich alles in Frage stellen. Vielleicht heiße ich auch gar nicht Darren.

Nein. So kann ich nicht denken. Wenn ich wirklich so verwirrt sein sollte, dann möchte ich gar nicht aus diesem Zustand herausgeholt werden – denn in diesem Fall würde ich höchstwahrscheinlich in einer psychiatrischen Anstalt aufwachen.

Außerdem liebe ich mein Leben, verrückt oder nicht.

Meine Psychiaterin denkt, die Stille sei eine Erfindung, um die inneren Vorgänge meines Genies zu beschreiben. Das wiederum hört sich für mich verrückt an. Es könnte natürlich auch sein, dass sie mich begehrt, aber die Erwiderung derartiger Gefühle ist ausgeschlossen. Sie befindet sich komplett außerhalb der Altersgruppe, mit der ich ausgehe. Ihre Theorie würde mir sowieso nicht helfen, da sie nicht erklärt, wieso ich Dinge weiß, die selbst ein Genie nicht erahnen könnte – wie den genauen Wert des Blattes der anderen Spieler.

Ich sehe dem Croupier dabei zu, wie er eine neue Runde eröffnet. Außer mir befinden sich noch drei weitere Spieler am Tisch. Der Cowboy, die Großmutter und der Professionelle, wie ich sie in Gedanken nenne. Ich kann die jetzt fast spürbare Angst fühlen, die mit dem *Hineingleiten* einhergeht – das ist der Name, den ich diesem Vorgang gegeben habe: in die Stille hineingleiten. Meine Sorge, ich könne verrückt sein, hat das Hineingleiten schon immer vereinfacht. Angst scheint diesen Prozess zu begünstigen.

Ich gleite hinein, und alles ist still – daher der Name.

Selbst jetzt finde ich das noch unheimlich. In diesem Kasino ist es normalerweise sehr laut. Betrunkene Menschen, die sich unterhalten, Spielautomaten, das Läuten bei Gewinnen, Musik – nur in einem Klub oder bei Konzerten ist es noch lauter. Und trotzdem könnte ich genau in diesem Moment wahrscheinlich eine Stecknadel fallen hören. Es ist so, als sei ich gegenüber dem Chaos um mich herum taub geworden.

So viele eingefrorene Menschen um mich herum zu haben macht das Ganze nur noch eigenartiger. Eine Kellnerin hat mitten im Schritt mit ihrem Tablett auf dem Arm angehalten. Eine Frau ist gerade dabei, eine Münze in einen Spielautomaten zu schmeißen. An meinem eigenen Tisch ist die Hand des Croupiers erhoben, und die letzte Karte, die er gezogen hat, hängt unnatürlich in der Luft. Ich gehe von der Seite des Tisches auf sie zu und nehme sie in die Hand. Es ist ein König, der für den Professionellen bestimmt ist. Als ich die Karte wieder loslasse, fällt sie auf den Tisch, anstatt weiter in der Luft zu schweben, so wie sie es vorher getan hat. Ich weiß allerdings genau, dass sie sich, sobald ich mich aus diesem eingefrorenen Zustand zurückziehe, wieder an der ursprünglichen Stelle befinden wird – in genau derselben Position, in der sie war, bevor ich sie genommen habe.

Der Professionelle sieht genau so aus, wie ich mir immer Menschen vorgestellt habe, die mit Pokerspielen ihr Geld verdienen: ungepflegt, Schatten unter den Augen und generell ein wenig eigenartig. Er hat sein Pokerface das ganze Spiel über perfekt im Griff gehabt – es hat nicht ein einziges Mal ein Muskel gezuckt. Sein Gesicht ist so unbeweglich, dass ich mich frage, ob ihm vielleicht Botox dabei hilft, eine so steinerne Miene aufrechtzuerhalten. Seine Hand befindet sich auf dem Tisch und bedeckt beschützend die Karten, die ihm gegeben wurden.

Ich bewege seine schlaffe Hand zur Seite. Das fühlt sich wie im normalen Leben an. Also quasi. Seine Hand ist schweißnass und haarig, weshalb es unangenehm ist, sie zur Seite zu legen. Es ist anormal, so etwas zu tun. Der normale Teil des Ganzen ist, dass seine Hand eher warm als kalt ist. Als ich noch ein Kind war, erwartete ich, dass sich die Menschen in der Stille kalt anfühlen würden, wie Statuen aus Stein.

Nachdem ich die Hand des Professionellen zur Seite gelegt habe, nehme ich seine Karten auf. Zusammen mit dem König, der gerade in der Luft hängt, hat er ein hübsches hohes Blatt. Gut zu wissen.

Ich gehe zur Großmutter hinüber. Sie hält ihre Karten in der Hand. Dadurch, dass sie sie wie einen Fächer ausgebreitet hat, kann ich es vermeiden, ihre faltigen und fleckigen Hände zu berühren. Das ist eine Erleichterung, da ich in der letzten Zeit meine Probleme damit habe, in der Stille Menschen anzufassen –

genauer gesagt Frauen. Falls ich es trotzdem tun müsste, würde ich das Berühren von Großmutters Hand rational als harmlos ansehen – oder es zumindest nicht gruselig finden – aber es ist trotzdem besser, es möglichst zu vermeiden.

Auf jeden Fall hat sie ein niedriges Blatt. Sie tut mir leid. Sie hat heute Nacht eine recht große Summe verloren. Ihre Chips gehen zur Neige. Vielleicht sind ihre Verluste, zumindest teilweise, der Tatsache zuzuschreiben, dass sie kein gutes Pokerface aufsetzen kann. Schon bevor ich einen Blick auf ihre Karten geworfen hatte, wusste ich, dass sie nicht gut sein würden. Ich konnte sehen, dass sie nicht glücklich mit dem war, was sie nach der Ausgabe ihrer Karten in der Hand hielt. Ich habe sie außerdem vor einigen Runden bei einem fröhlichen Aufblitzen ihrer Augen ertappt. Sie hatte ein Dreierpaar, welches gewann.

Pokern ist zu einem Großteil Übung, Menschen besser lesen zu können – eine Fähigkeit, die ich gerne besser beherrschen würde. In meiner Arbeit wurde mir gesagt, ich sei großartig darin, Menschen zu lesen. Aber das bin ich nicht. Ich bin einfach nur gut darin, die Stille zu verwenden, um Ihnen das vorzumachen. Allerdings würde ich gerne lernen, wie es im wirklichen Leben funktioniert.

Was mich am Pokern eher weniger interessiert, ist das Geld. Mir geht es finanziell gut genug, um nicht auf das Spielen als Einnahmequelle angewiesen zu sein. Mir ist es egal, ob ich gewinne oder verliere, auch wenn es mir Spaß gemacht hatte, mein Geld an dem Black-Jack-Tisch zu verfünffachen. Dieser ganze Ausflug zum Spielen findet überhaupt nur deshalb statt, weil ich es mit meinen frischen einundzwanzig endlich darf. Ich war nie ein Freund von falschen Ausweisen, und deshalb ist dieser Kasinobesuch wirklich ein Meilenstein für mich.

Ich verlasse die Großmutter und gehe hinüber zum Cowboy. Ich kann seinem Strohhut nicht widerstehen und setze ihn mir auf. Ich frage mich, ob ich dadurch Läuse bekommen könnte. Ich habe noch nie leblose Objekte aus der Stille zurückbringen können und auch anderweitig die Welt nicht nachhaltig verändert. Ich vermute also, dass ich auch kein lebendiges Ungeziefer mit mir zurücknehmen werde. Ich lege den Hut zurück und schaue mir seine Karten an. Er hat einige Asse – eine bessere Hand als der Professionelle. Der Cowboy könnte auch ein Professioneller sein. Soweit ich das beurteilen kann, hat er ein gutes Pokerface. Es wird interessant werden, die beiden in der nächsten Runde zu beobachten.

Als Nächstes ist der Kartenstapel an der Reihe. Ich schaue mir die obersten Karten an, um sie mir einzuprägen. Ich überlasse nichts dem Zufall.

Als ich meine Aufgabe in der Stille abgeschlossen habe, gehe ich zurück zu mir selbst. Ach ja, habe ich überhaupt erwähnt, dass ich meinen eigenen Körper dort sitzen sehen kann? Genauso eingefroren wie alle anderen? Das ist der verrückteste Teil an der ganzen Sache. Es ist wie eine außerkörperliche Erfahrung.

Ich nähere mich meinem eingefrorenen Ich und betrachte es. Normalerweise vermeide ich das, weil es so beunruhigend ist. Weder sich selbst unzählige Male im Spiegel zu sehen noch sich Videos von sich selbst auf YouTube anzuschauen kann einen auf den Anblick des eigenen Körpers in 3D vorbereiten. Das ist nichts, das man jemals zu erleben erwartet. Außer vielleicht, man ist ein eineiiger Zwilling.

Es ist kaum zu glauben, dass ich diese Person bin. Sie sieht eher wie ein ganz normaler Typ aus. Vielleicht nach ein wenig mehr. Ich finde diesen Typen interessant. Er sieht cool aus. Er sieht clever aus.

Ich denke, Frauen könnten ihn als gut aussehend bezeichnen, auch wenn es nicht bescheiden von mir ist, das zu behaupten.

Ich bin nicht gut darin, die Attraktivität von Männern zu bewerten – das war ich noch nie –, aber einige Dinge sind allgemeingültig. Ich kann erkennen, wenn ein Typ hässlich ist, und mein eingefrorenes Ich ist es nicht. Ich weiß auch, dass ein symmetrisches Gesicht generell als schön angesehen wird – und meine Statue hat so eines. Ein starkes Kinn schadet auch nichts. Und genau so eins habe ich. Breite Schultern zu haben ist ebenfalls gut, und groß zu sein wirklich hilfreich. Diese Punkte decke ich auch ab. Außerdem habe ich blaue Augen – was ein Pluspunkt zu sein scheint. Mädchen haben mir gesagt, dass sie meine Augen mögen, auch wenn sie an meinem gefrorenen Ich jetzt gerade ein wenig angsteinflößend wirken – glasig und glänzend. Sie sehen aus wie die Augen einer Wachsfigur. Leblos.

Als mir auffällt, dass ich mich zu lange mit diesem Thema aufhalte, schüttele ich meinen Kopf. Ich stelle mir vor, wie meine Psychiaterin diesen Moment analysieren würde. Wer käme schon auf die Idee, diese Selbstbewunderung als Teil einer psychischen Erkrankung zu betrachten? Ich sehe sie regelrecht vor mir, wie sie das Wort »Narzisst« notiert und es mehrfach unterstreicht.

Genug. Ich muss die Stille verlassen. Ich hebe meine Hand, berühre mein eingefrorenes Ich auf der Stirn, und die Geräusche kehren zurück, sobald ich mich wieder in der richtigen Welt befinde.

Alles ist wieder normal.

Der König, den ich noch vor einem Moment betrachtete – der König, den ich auf dem Tisch liegen ließ –, befindet sich wieder in der Luft und folgt der Bahn, die ihm vorherbestimmt war. Er landet neben der Hand des Professionellen. Die Großmutter betrachtet immer noch enttäuscht ihre gefächerten Karten, und der Cowboy hat seinen Hut wieder auf dem Kopf, auch wenn ich ihn in der Stille abgenommen hatte. Es ist alles genau so wie in dem Augenblick, bevor ich in die Stille hineinglitt.

Auf einer bestimmten Ebene hört mein Gehirn nie auf, über diese Unterschiede zwischen der Stille und der Welt außerhalb überrascht zu sein. Die Menschen sind darauf programmiert, die Realität in Frage zu stellen, wenn solche Dinge passieren. Als ich am Anfang der Therapie einmal versuchte, meine Psychiaterin auszutricksen, las ich während einer Sitzung ein komplettes Lehrbuch über Psychologie. Ihr ist das natürlich nicht aufgefallen, da ich es in der Stille tat. Das Buch handelte davon, dass Babys, auch wenn sie erst zwei Monate alt sind, schon überrascht darüber sind, wenn sie etwas Ungewöhnliches sehen – wenn zum Beispiel eine Sache gegen die Regeln der Schwerkraft zu verstoßen scheint. Kein Wunder, dass mein Gehirn Schwierigkeiten damit hat, mit diesen Vorgängen zurechtzukommen. Bis ich zehn war, war mein Leben völlig normal. Dann begannen diese eigenartigen Sachen, um es vorsichtig auszudrücken.

Ich blicke hinab und stelle fest, drei Gleiche in der Hand zu halten. Das nächste Mal werde ich mir meine Karten anschauen, bevor ich hineingleite. Wenn ich so ein starkes Blatt habe, kann ich es auch darauf ankommen lassen, fair zu spielen.

Die Partie verläuft wie erwartet, schließlich kenne ich ja die Karten sämtlicher Mitspieler. Letztendlich steht die Großmutter auf. Sie hat offensichtlich genug Geld verloren.

Das ist der Moment, in dem ich sie zum ersten Mal sehe.

Sie ist heiß. Mein Freund und Arbeitskollege Bert – eigentlich Albert, aber es gibt niemanden der ihn so nennt – behauptet, ich hätte einen bestimmten Frauentyp. Diese Vorstellung gefällt mir nicht, da ich nicht so oberflächlich und berechenbar sein möchte. Allerdings könnte trotzdem beides ein wenig auf mich zutreffen, da dieses Mädchen genau in das Beuteschema passt, welches Bert mir beschrieben hat. Und ich bin, milde ausgedrückt, extrem interessiert an ihr.

Große blaue Augen und deutlich ausgeprägte Wangenknochen in einem schmalen Gesicht mit einem Hauch Exotik. Lange, extrem wohlgeformte Beine, wie die einer Tänzerin. Dunkles, gewelltes Haar, das, wie ich es mag, zu einem Pferdeschwanz gebunden ist. Kein Pony – sehr gut. Ich hasse Ponys und kann mir auch nicht erklären, wie manche Mädchen sich so etwas antun können. Auch wenn die Abwesenheit des Ponys in Berts Beschreibung meines Frauentyps nicht vorkommt, gehört dieses Kriterium definitiv dazu.

Sie setzt sich zu uns an den Tisch, und ich kann nicht damit aufhören, sie weiterhin anzustarren. Mit den hohen Absätzen und dem engen Rock wirkt sie an diesem Ort overdressed. Oder vielleicht bin ich mit meiner Jeans und dem T-Shirt auch einfach underdressed. Wie dem auch sei, es interessiert mich nicht. Ich muss versuchen, mit ihr ins Gespräch zu kommen.

Ich denke darüber nach, in die Stille einzutauchen und mich ihr anzunähern. Auf diese Weise könnte ich Dinge tun, die normalerweise beunruhigend wirken. Ich könnte sie aus nächster Nähe anstarren oder sogar ihre Taschen durchwühlen, um etwas zu finden, das mir dabei hilft, mit ihr zu reden.

Ich entscheide mich dagegen, und wahrscheinlich ist es das erste Mal, dass das passiert.

Ich weiß, dass der Grund dafür, mein normales Verhaltensmuster zu durchbrechen, eigenartig ist. Falls man überhaupt von einem Grund sprechen kann. Ich stelle mir die folgende Handlungskette vor: Sie stimmt zu, sich mit mir zu verabreden, es wird ernst zwischen uns, und weil wir diese tiefe Verbindung haben, erzähle ich ihr von der Stille. Sie erfährt, dass ich etwas Unheimliches tue, bekommt Angst und verlässt mich. Es ist natürlich lächerlich, sich so etwas auszumalen, bevor wir überhaupt miteinander gesprochen haben. Möglicherweise hat sie einen IQ von unter 70 oder besitzt die Persönlichkeit eines Holzstücks. Es könnte zwanzig verschiedene Gründe dafür geben, weshalb ich mich nicht mit ihr treffen möchte. Und außerdem hängt das ja auch nicht von mir ab. Sie könnte mir genauso gut zu verstehen geben, sie in Ruhe zu lassen, sobald ich versuche, mit ihr zu sprechen.

Die Arbeit mit Hedgefonds hat mich allerdings gelehrt, mich abzusichern. So verrückt diese Entscheidung, nicht in die Stille einzutauchen, auch ist, ich bleibe bei ihr. Ich weiß, dass es so höflicher ist. Aus dem gleichen Grund beschließe ich außerdem, in dieser Pokerrunde nicht zu schummeln.

Sobald die Karten ausgegeben sind, denke ich darüber nach, wie gut es sich anfühlt, so ehrenvoll gehandelt zu haben – auch wenn das niemand weiß. Vielleicht sollte ich häufiger versuchen, die Privatsphäre meiner Mitmenschen zu achten. Aber ich muss auch realistisch bleiben. Ich wäre nicht dort, wo ich heutzutage bin, wenn ich solchen Gefühlen gefolgt wäre. Ich würde sogar innerhalb weniger Tage meinen Job verlieren, sollte ich anfangen, die Privatsphäre anderer Menschen zu respektieren – und damit auch die ganzen Annehmlichkeiten, an die ich mich gewöhnt habe.

Ich mache es dem Professionellen nach und bedecke meine Karten, sobald ich sie bekomme, mit meiner Hand. Ich bin gerade dabei, einen Blick auf sie zu werfen, als etwas Ungewöhnliches passiert.

Die Welt um mich herum wird bewegungslos, so als würde ich gerade in die Stille hineingleiten ... aber das habe ich nicht getan.

Einen Augenblick später sehe ich *sie* – das Mädchen, welches mir am Tisch gegenübersitzt, das Mädchen, an das ich gerade gedacht habe. Sie steht neben mir und zieht ihre Hand von meiner weg. Oder, genauer gesagt, der Hand meines eingefrorenen Ichs – ich stehe ja daneben und schaue sie an.

Allerdings sitzt sie auch noch mir gegenüber am Tisch, eine eingefrorene Statue wie alle anderen auch.

Mir kommt nicht einmal der Gedanke, das zweite Mädchen könnte ihre Zwillingsschwester oder etwas Ähnliches sein. Ich weiß, dass sie es ist. Sie tut das Gleiche, was ich vor einigen Minuten getan habe. Sie geht in der Stille umher. Die Welt um uns herum ist eingefroren, aber wir sind es nicht.

Sie sieht schockiert aus, als ihr dasselbe klar wird. Mit einer Hand greift sie über den Tisch und berührt ihre eigene Stirn.

Die Welt wird wieder normal.

Sie starrt mich schockiert mit ihren großen Augen und dem blassen Gesicht an. Ich kann sehen, wie ihre Hände zittern, während sie aufspringt. Ohne ein Wort zu sagen dreht sie sich um und geht weg.

Als sie anfängt zu rennen, zögere ich nicht. Ich stehe auf und folge ihr. Das ist nicht sehr clever. Sie würde sich wohl kaum mit einem unbekannten Typen verabreden, der hinter ihr herrennt. Aber über diesen Punkt bin ich schon hinaus. Sie ist die einzige Person, die ich jemals getroffen habe, die das Gleiche kann wie ich. Sie ist der Beweis dafür, dass ich nicht verrückt bin. Sie könnte das besitzen, was ich mehr als alles andere möchte.

Sie könnte Antworten haben.

2

Jemandem im Kasino hinterherzulaufen ist schwieriger, als ich gedacht hätte, und ich wünsche mir, ich hätte weniger getrunken. Ich weiche Ellenbogen aus und versuche, nicht über die Füße der anderen zu stolpern. Ich denke sogar darüber nach, mich in die Stille zu begeben, um mich besser orientieren zu können. Letztendlich entscheide ich mich aber dagegen, weil das Kasino noch genauso voller Menschen sein wird, wenn ich zurückkomme.

In dem Moment, in dem ich das Mädchen fast aus den Augen verliere, biegt sie um die Ecke Richtung Haupteingang. Ich muss sie so schnell wie möglich einholen, sonst entkommt sie mir. Mein Herz hämmert in meiner Brust, während ich mich flüchtig frage, was ich wohl zu ihr sagen werde, wenn ich sie einhole. Bevor ich lange darüber nachdenken kann, stellen sich mir zwei Männer in Anzügen genau in den Weg.

»Mein Herr«, sagt einer der beiden, und ich bekomme fast einen Herzinfarkt. Auch wenn ich sie in meiner Umgebung wahrgenommen hatte, war ich so auf das Mädchen fixiert gewesen, dass ich ihre Gegenwart nicht wirklich registriert hatte. Der Mann, der mich gerade angesprochen hat, ist groß, ein Riese in einem Anzug. Das ist kein gutes Zeichen.

»Was auch immer Sie verkaufen, ich bin nicht daran interessiert«, erkläre ich und hoffe, mich damit herauswinden zu können. Als sie nicht sehr überzeugt aussehen, füge ich hinzu: »Ich habe es eilig«, und versuche, hinter die beiden zu schauen, um meine Hast zu untermalen. Ich hoffe, ich sehe glaubwürdig aus, auch wenn meine Handflächen wie verrückt schwitzen und ich wegen meines Sprints keuche.

»Es tut mir leid, aber ich muss darauf bestehen, dass Sie uns begleiten«, sagt der zweite Mann und rückt näher. Im Gegensatz zu seinem Partner, dem runden Monster, ist dieser Mann schlank und extrem muskulös. Sie sehen beide wie Rausschmeißer aus. Ich nehme an, dass sie misstrauisch werden, wenn irgendein Idiot auf einmal durch das Kasino rennt. Sie sind es offensichtlich gewohnt, dahinter Diebstahl oder ein anderes Vergehen zu vermuten. Was zugegebenermaßen auch logisch ist.

»Meine Herren«, versuche ich es noch einmal mit ruhiger und freundlicher Stimme, »mit allem Respekt, ich habe es wirklich eilig. Wäre es möglich, dass Sie mich schnell durchsuchen? Ich versuche gerade jemanden einzuholen.« Den letzten Satz füge ich hinzu, um den Verdacht auf illegale Tätigkeiten zu widerlegen und weil es der Wahrheit entspricht.

»Sie müssen uns wirklich begleiten«, sagt der dickere der beiden mit einem entschlossenen Zug um sein Kinn. Beide haben ihre Hände nahe den Innentaschen ihrer Jacken. Na großartig. Zu meinem Glück sind sie bewaffnet.

Während ich über einen Ausweg aus dieser unerwarteten Situation nachdenke, kanalisiere ich meine natürliche Angst in das Hineingleiten. Sobald ich mich in der Stille befinde, sehe ich mich in dieser schweigenden Welt an der Seite des nicht ganz so freundlichen Duos stehen. Ich fange sofort an weiterzulaufen und störe mich nicht länger daran, die bewegungslosen Menschen anzurempeln, die mir meinen Weg verstellen. Hier ist es nicht unfreundlich, sie wegzudrücken, da sie nichts davon spüren und auch nichts bemerken werden, wenn die Welt wieder normal sein wird.

Als ich in der Eingangshalle ankomme, ist das Mädchen schon weg. Ich gehe also weiter in die Lobby und suche diese methodisch nach ihr ab. Als ich in der Nähe des Fahrstuhls ein Mädchen mit einem Pferdeschwanz sehe, renne ich zu ihm hin und halte es fest. Ich drehe sie herum um mir ihr Gesicht anzusehen und frage mich, ob meine Berührung sie auch in die Stille holen wird. Ich bin mir ziemlich sicher, dass es das war, was vorhin geschehen ist – sie berührte mich und hat mich hineingezogen.

Aber diesmal passiert nichts und das Gesicht, welches mich anschaut, habe ich noch nie gesehen.

Verdammt. Ich habe das falsche Mädchen.

Mein Frust verwandelt sich in Zorn, als mir klar wird, dass ich sie verloren habe, als diese Idioten mich im kritischsten Moment aufgehalten haben. Ich rauche vor Wut, und um Druck abzulassen, schlage ich so kräftig ich kann auf die Person ein, die mir am nächsten steht. Wie immer in der Stille reagiert das Opfer meines Ausbruchs überhaupt nicht. Leider fühle ich mich aber auch nicht besser.

Bevor ich darüber nachdenken kann, was ich als Nächstes tun sollte, denke ich erst einmal über das nach, was an dem Tisch passiert ist. Das Mädchen hat es irgendwie geschafft, mich in die Stille zu holen, in der sie sich schon befand. Als sie mich sah, reagierte sie panisch und flüchtete. Vielleicht geht es ihr wie mir, und sie hat zum ersten Mal eine weitere Person »lebendig« darin gesehen. Jeder reagiert verschieden auf eigenartige Ereignisse, und nach vielen Jahren der Einsamkeit eine andere Person in der Stille zu treffen, ist definitiv komisch.

Hier herumzustehen und darüber nachzudenken wird mir auch keine Antworten geben, also entschließe ich mich dazu, gründlich vorzugehen und die Lobby noch einmal unter die Lupe zu nehmen.

Wieder habe ich kein Glück. Ich kann das Mädchen nirgendwo finden.

Als Nächstes gehe ich nach draußen und laufe die Einfahrt zum Kasino entlang, um zu sehen, ob ich sie dort entdecken kann. Ich werfe sogar einen Blick in die vorbeifahrenden Taxen, aber auch dort ist sie nicht.

Ich betrachte das glitzernde Gebäude, welches sich vor mir auftürmt und erwäge, jedes Zimmer im Hotel abzusuchen. Es handelt sich dabei um einige Tausende. Das würde zwar viel Zeit in Anspruch nehmen, aber sie könnte es wert sein. Ich muss das Mädchen finden und Antworten bekommen.

Auch wenn das gründliche Durchsuchen eines so großen Gebäudes kaum durchführbar zu sein scheint, ist es nicht gänzlich unmöglich – zumindest nicht für mich. In der Stille bekomme ich weder Hunger noch Durst, noch werde ich müde. Sogar die Toilette muss ich nie benutzen. Das ist sehr praktisch in Situationen wie dieser, wenn man mehr Zeit benötigt. Theoretisch kann ich jeden Raum durchsuchen – vorausgesetzt, ich kann irgendwie hineinkommen. Diese elektronischen Türen öffnen sich in der Stille nicht, nicht einmal mit einem Originalschlüssel der Gäste. Technologie generell funktioniert hier nicht; sie ist genauso eingefroren wie alles andere. Die einzigen Ausnahmen sind einfache mechanische Apparate wie meine mechanische Uhr – und selbst diese muss ich jedes Mal aufziehen, wenn ich in der Stille bin.

Ich wäge meine Optionen ab und stelle mir vor, wie viel physische Kraft ich aufwenden müsste, um in Tausende von Hotelzimmern einzubrechen. Da mein iPhone traurigerweise auch ein Opfer des Problems der Technik in der Stille ist, könnte ich nicht einmal Musik hören, um die Zeit totzuschlagen. Trotz eines so wichtigen Grundes bin ich nicht davon überzeugt, zu solch extremen Mitteln greifen zu wollen.

Außerdem wäre der jetzige Zeitpunkt auch nicht gerade ideal dafür, das Hotel zu durchsuchen, selbst wenn ich es wollte. Würde ich sie finden, könnte ich ihr in der echten Welt nicht folgen, da mir immer noch diese idiotischen Wächter im Weg stehen. Ich muss sie erst einmal loswerden, bevor ich mich für den nächsten Schritt entscheide.

Ich seufze und gehe wieder zurück ins Hotel. Als ich die Lobby betrete, suche ich mit den Augen erneut alles ab und hoffe, sie beim ersten Mal einfach nur übersehen zu haben. Ich kann den gleichen Zwang fühlen, den ich verspüre, wenn ich etwas im Haus verliere. Wenn das passiert, suche ich jeden Zentimeter immer wieder ab – ich schaue an denselben Orten nach, die ich gerade schon einmal überprüft habe und hoffe unerklärlicherweise, dass ich beim dritten Mal mehr Glück haben werde. Oder vielleicht beim vierten Mal. Ich muss wirklich damit aufhören, das zu tun. Wie Einstein gesagt hat, ist es verrückt, das Gleiche immer und immer wieder zu tun und unterschiedliche Ergebnisse zu erwarten.

Letztendlich gebe ich mich geschlagen und nähere mich den Rausschmeißern. Ich kann so viel Zeit wie ich möchte in der Stille verbringen, aber sobald ich herauskomme, befinde ich mich immer noch an derselben Stelle wie vorher. Das kann ich nicht vermeiden.

Ich gehe dicht an sie heran und schaue in die Tasche des dickeren Mannes, um herauszufinden, mit wem ich es zu tun habe. Seinem Ausweis nach ist sein Name Nick Shifer, und er gehört zum Sicherheitspersonal. Also hatte ich Recht – er ist ein Rausschmeißer. Sein Führerschein ist auch da, genauso wie ein kleines Familienfoto. Ich schaue mir beides genau an, falls ich die Information zu einem späteren Zeitpunkt benötigen sollte.

Als Nächstes wende ich meine Aufmerksamkeit der Tasche zu, neben der Nick seine Hand positioniert hat. Und es sieht so aus, als habe ich erneut Recht gehabt: er hat eine Waffe. Wenn ich jetzt die Pistole nähme und Nick damit aus nächster Nähe erschießen würde, bekäme er eine blutende Wunde und würde wahrscheinlich durch den Aufprall umfallen. Er würde nicht schreien und er würde sich nicht an die Brust fassen. Wenn ich danach zurückkehrte, stünde er wieder intakt da und würde keine Wunden aufweisen. Es wäre so, als sei nichts passiert.

Fragen Sie mich nicht, woher ich weiß, was passiert, wenn man jemanden in der Stille erschießt. Oder ersticht. Oder ihn mit einem Baseballschläger verprügelt. Oder das Gleiche mit einem Golfschläger tut. Oder ihm in die intimsten Bereiche tritt. Oder Ziegel auf seinem Kopf zerschlägt – oder einen Fernseher. Das Einzige, das ich zweifelsfrei bestätigen kann, ist, dass die Personen trotz aller grausamen und ungewöhnlichen Experimente unverletzt waren, als ich wieder aus der Stille hinauskam.

Genug mit dem Schwelgen in Erinnerungen. Jetzt muss ich ein Problem lösen und ich muss wegen der Waffen und dem ganzen anderen Geschehen vorsichtig sein.

Ich klopfe meinem eingefrorenen Ich auf den Hinterkopf, um die Stille zu verlassen.

Die Welt entfriert sich, und ich bin wieder zurück in der realen Welt mit den Rausschmeißern. Ich versuche, gelassen auszusehen, so als sei ich nicht wie ein Verrückter herumgerannt, um dieses unbekannte Mädchen zu finden – weil für sie nichts davon passiert ist.

»In Ordnung, Nick, ich begleite Sie sehr gerne, um dieses Missverständnis aus der Welt zu schaffen«, sage ich in meinem freundlichsten Ton.

Nicks Augen weiten sich, als er seinen Namen hört. »Sie kennen mich?«

»Du hast seine Akte gelesen, Nick«, meint sein schlanker Partner offensichtlich völlig unbeeindruckt. »Der Junge ist sehr clever.«

Die Akte? Worüber redet er? Ich war niemals zuvor in diesem Kasino gewesen. Und ich würde auch gerne wissen, inwiefern es hilfreich sein sollte, clever zu sein, um den Namen eines völlig Fremden innerhalb eines Augenaufschlags zu wissen. Die Menschen sagen dauernd solche Sachen über mich, auch wenn das gar keinen Sinn macht. Ich denke kurz darüber nach, in die Stille einzutauchen, um auch den Namen des zweiten Mannes herauszufinden, damit ich sie noch mehr verwirren kann. Das werde ich nicht tun, entscheide ich. Das wäre zu viel. Stattdessen beschließe ich, den schlanken Mann im Geiste Buff zu nennen.

»Bitte kommen Sie ruhig mit mir mit«, sagt Buff. Er steht etwas von mir entfernt, damit er hinter mir gehen kann. Nick geht voran und murmelt etwas darüber, dass es unmöglich ist, dass ich seinen Namen kenne, egal wie clever ich bin. Er ist ganz klar intelligenter als Buff. Ich frage mich, was er dazu sagen würde, dass ich weiß, wo er wohnt und dass er zwei Kinder hat. Würde er einen Personenkult starten oder mich erschießen?

Als wir durch das Kasino gehen, denke ich darüber nach, wie nützlich es für mich in den ganzen Jahren gewesen ist, Dinge zu wissen, die ich nicht hätte wissen sollen. Es ist einfach das, was ich tue, und ich habe es weit damit gebracht. Natürlich ist es auch möglich, dass die Tatsache, dass ich Dinge weiß, die ich nicht wissen sollte, der Grund dafür ist, dass sie eine Akte über mich haben. Vielleicht besitzt das Kasino Aufzeichnungen über Menschen, die dafür bekannt sind, ein besonders glückliches Händchen zu haben, wenn man das so nennen kann.

Als wir im Büro ankommen – einem recht kleinen Raum voller Kameras, die verschiedene Teile des Kasinos überwachen – bestätigt Buffs erste Frage meine Theorie. »Wissen Sie, wie viel Geld Sie heute gewonnen haben?«, fragt er und blickt mich an.

Ich entscheide mich dazu, mich dumm zu stellen. »Ich bin mir nicht sicher.«

»Sie sind eine echte statistische Anomalie«, erwidert Nick. Er ist wirklich stolz darauf, derartige Wörter zu kennen. »Ich möchte Ihnen etwas zeigen.« Er nimmt eine Fernbedienung vom Tisch, auf der ein Haufen Akten verteilt sind. Als Nick einen Knopf drückt, beginnt auf einem Monitor mein Spielverlauf des heutigen Abends abzulaufen. Ich schaue mir die Aufzeichnung an, und mir wird klar, dass ich zu oft gewonnen habe.

Genau genommen habe ich jedes Mal gewonnen.

Mist. Hätte es auffälliger sein können? Ich hätte nicht gedacht, so genau beobachtet zu werden, aber das war trotzdem dumm von mir. Ich hätte einige Male verlieren sollen, obwohl ich gewinnen konnte. Nur, um meine Spuren zu verwischen.

»Offensichtlich zählen Sie die Karten«, erklärt mir Nick und blickt mich streng an. »Es gibt keine andere Erklärung.«

Eigentlich gibt es die schon, aber ich habe nicht vor, sie ihm zu liefern. »Mit acht Kartenspielen?«, frage ich stattdessen und lasse meine Stimme so ungläubig wie möglich klingen.

Nick nimmt meine Akte vom Tisch und blättert sie durch.

»Darren Wang Goldberg, mit einem MBA und einem Universitätsabschluss in Jura von Harvard. Fast perfekten SAT-, LSAT-, GMAT- und GRE-Noten. CFA, CPA und einem Haufen mehr Titel.« Nick lacht leise auf, so als amüsiere ihn der letzte Teil, aber sein Ausdruck wird wieder hart als er fortfährt. »Die Liste hört gar nicht mehr auf. Wenn es also jemand schaffen könnte, die Karten zu zählen, dann Sie.«

Ich hole Luft und versuche meine Nervosität zu verbergen. »Da Sie so beeindruckt von meinem Lebenslauf sind, sollten Sie mir glauben, wenn ich Ihnen sage, dass niemand die Karten von acht Spielen zählen kann.« Ich habe keine Ahnung, ob das wirklich stimmt, aber es gibt Kasinos, die seit Ewigkeiten mit allen Mitteln versuchen, ihre Profite zu erhöhen. Und acht Kartenspiele sind selbst für ein mathematisches Wunderkind zu viele Karten, um sie kontrollieren zu können.

Als könne er meine Gedanken lesen, sagt Buff: »Und selbst wenn Sie es nicht allein können, dann vielleicht mit Partnern.«

Partnern? Woher hat er diese Idee mit den Partnern?

Als Antwort auf meinen leeren Gesichtsausdruck drückt Nick wieder auf die Fernbedienung, und eine neue Aufzeichnung wird abgespielt. Diesmal mit dem Mädchen – wie es zuerst am Blackjack-Tisch gewinnt und danach an mehreren Pokertischen. Einen beeindruckenden Geldbetrag, sollte ich hinzufügen.

»Eine weitere statistische Anomalität«, meint Nick und schaut mich forschend an. »Eine Freundin von Ihnen?« Er muss vor diesem Job als Detektiv gearbeitet haben, denn er ist ziemlich gut, was die Befragung anbelangt. Ich nehme an, dass ich einen Alarm ausgelöst habe, als ich sie durch das Kasino verfolgte. Meine Reaktion hatte allerdings einen völlig anderen Grund als den, den er annimmt.

»Nein«, sage ich ehrlich. »Ich habe sie niemals zuvor in meinem ganzen Leben gesehen.«

Nicks Gesicht spannt sich verärgert an. »Sie haben zufällig am gleichen Pokertisch gespielt«, erwidert er, und seine Stimme wird mit jedem Wort lauter. »Dann sind Sie beide weggerannt, als wir auf sie zukamen. Ich nehme an, dass es sich hierbei auch nur um einen Zufall handelt? Haben Sie einen Kontaktmann im Kasino? Wer ist noch darin verwickelt?« Zu diesem Zeitpunkt brüllt er schon, und Spucke fliegt unkontrolliert durch die Luft.

Diese harte Vernehmung ist zu viel für mich, und ich ziehe mich in die Stille zurück, um mir ein wenig Zeit zum Nachdenken zu verschaffen.

Im Gegensatz zu dem, was Nick glaubt, sind das Mädchen und ich definitiv keine Partner. Und trotzdem ist es ganz offensichtlich, dass sie genau das Gleiche getan hat wie ich. Ihre Aufzeichnungen zeigen ganz klar, wie sie immer wieder gewinnt. Das bedeutet, dass ich nicht halluziniert habe und dass sie wirklich irgendwie in der Stille war. Sie kann das Gleiche tun wie ich. Mein Herz schlägt vor Aufregung schneller, als mir erneut klar wird, dass ich nicht der Einzige bin. Dieses Mädchen ist so wie ich – und das bedeutet, dass ich es dringend finden muss.

Aus einem Instinkt heraus gehe ich zum Tisch und nehme die dickste Akte in meine Hand.

Und damit habe ich meinen persönlichen Jackpot dieser Nacht.

Von der Akte blickt mich ihr Bild an. Ihr wirklicher Name, zumindest den Aufzeichnungen nach, ist Mira Tsiolkovsky. Sie lebt in Brooklyn, New York.

Ihr Alter überrascht mich. Sie ist erst achtzehn. Ich hätte sie auf Mitte zwanzig geschätzt – was auch genau in mein Beuteschema passen würde. Als ich den Ordner durchgehe, finde ich ebenfalls heraus, was der Grund dafür ist, dass ich so weit danebenlag: sie versucht sich älter zu machen, um in die Kasinos eingelassen zu werden. Die Akte zählt eine Reihe von falschen Namen auf, unter denen sie schon aus den Kasinos verbannt wurde. Die Altersspanne ihrer Pseudonyme reicht von einundzwanzig bis fünfundzwanzig.

Ihrer Akte nach ist sie hauptberuflich Betrügerin. Ein Abschnitt führt detailliert ihre Aktivitäten in Kasinos und illegalen Spielhöllen auf. Dem Namen nach angsteinflößende Orte, die mit dem organisierten Verbrechen in Verbindung gebracht werden.

Das hört sich verwegen an. Ich dagegen bin überhaupt nicht verwegen. Ich nutze meine besondere Fähigkeit dazu, Geld in der Finanzindustrie zu verdienen, was um einiges sicherer ist als das, was Mira tut. Und nicht zu vergessen ist das Geld, welches ich auf legale Weise verdiene, zu viel, um das Risiko des Betruges in einem Kasino einzugehen – besonders, wenn ich an meine heutigen Erlebnisse denke. Offensichtlich sehen Kasinos nicht ruhig dabei zu, wie man ihr Geld nimmt. Sie beginnen damit, Akten über einen anzulegen, sobald sie denken, man könne sie betrügen, und sie verweigern einem den Zutritt, wenn man zu viel Glück hat. Das ist nicht fair, aber ich denke, geschäftlich gesehen macht das Sinn.

Ich wende meine Aufmerksamkeit wieder der Akte zu und finde kaum mehr persönliche Informationen über sie als ihren Namen und ihre Adresse – nur weitere Kasinos, Spiele und die Beträge, die sie unter ihren verschiedenen Namen gewonnen hat. Sie ist gut darin, ihre Erscheinung zu verändern; alle Bilder zeigen Frauen, die sehr unterschiedlich aussehen. Beeindruckend.

Nachdem ich versucht habe, mir so viele Fakten über Miras Akte zu merken wie ich kann, gehe ich zu Nick und nehme ihm meine Akte aus der Hand.

Erleichtert stelle ich fest, dass sich in ihr nicht viel befindet. Sie haben durch die Kreditkarte, mit der ich meine Getränke bezahlt habe, meinen Namen und meine Adresse herausgefunden. Sie wissen, dass ich für einen Hedgefonds arbeite und dass ich niemals mit dem Gesetz in Konflikt geraten bin – das ganze Zeug, was man im Internet findet. Andere Seiten drehen sich um Harvard und was ich sonst noch erreicht habe. Sie haben mich wahrscheinlich auf Google gesucht, als sie meinen Namen hatten.

Ich fühle mich besser, nachdem ich die Akte gelesen habe. Sie sind mir nicht auf der Spur. Sie haben wahrscheinlich gesehen, dass ich zu viel gewinne, und haben beschlossen, der Sache auf den Grund zu gehen. Das Beste, was ich zu diesem Zeitpunkt tun kann, ist, sie zu beruhigen, damit ich nach Hause gehen und das Ganze erst einmal verdauen kann. Das Hotel muss ich jetzt nicht mehr durchsuchen. Ich habe jetzt genügend Informationen über Mira und mein Freund Bert kann mir dabei helfen, den Rest des Puzzles zu lösen.

Nachdem ich zu diesem Entschluss gekommen bin, kehre ich wieder zurück. Das Gesicht meines eingefrorenen Ichs sieht verängstigt aus, aber ich fürchte mich nicht mehr, weil ich jetzt einen Plan habe.

Ich atme tief ein, berühre meine eingefrorene Stirn und verlasse die Stille.

Nick schreit mich immer noch an, und ich erkläre ihm freundlich: »Mein Herr, es tut mir wirklich leid, aber ich weiß nicht, wovon oder über wen sie da reden. Ich hatte Glück, das stimmt, aber ich betrüge nicht.« Meine Stimme zittert ein wenig bei dem letzten Teil. Es kann sein, dass ich gerade überreagiere, aber ich möchte überzeugend wie ein verängstigter junger Mann wirken. »Ich lasse gerne mein Geld hier und verspreche Ihnen, nie wieder in dieses Kasino zu kommen.«

»Sie werden uns das Geld dalassen und Sie werden nie wieder in diese Stadt kommen«, korrigiert mich Buff.

»In Ordnung, das werde ich nicht. Ich wollte mich hier einfach nur amüsieren«, erkläre ich mit festerer, aber immer noch unterwürfiger Stimme, so als hätte ich vor ihrer Autorität sehr viel Respekt. »Ich bin gerade einundzwanzig geworden, und es ist das Labor-Day-Wochenende, also bin ich zum ersten Mal spielen gegangen«, füge ich hinzu. Das sollte einen Hauch Ehrlichkeit hinzufügen, da es die Wahrheit ist. »Ich arbeite für einen Hedgefonds. Ich habe es nicht nötig, für Geld zu betrügen.«

Nick schnaubt. »Bitte. Leute wie Sie betrügen, weil sie das Gefühl mögen, so viel cleverer zu sein als alle anderen.«

Trotz dieser offensichtlichen Geringschätzung antworte ich ihm nicht. Alles, was mir einfällt, klingt abwertend. Stattdessen fahre ich damit fort, unterwürfig und immer freundlicher zu sagen, dass ich nichts weiß. Sie fragen mich erneut über Mira aus und darüber, wie ich betrüge. Aber ich streite weiterhin alles ab. Die Unterhaltung dreht sich weiter im Kreis. Ich weiß, dass sie ihrer genauso müde sind wie ich – vielleicht sogar noch mehr.

Ich sehe eine Schwachstelle und schlage zu. »Ich müsste bitte wissen, wie lange ich hier noch festgehalten werde«, erkläre ich Nick, »damit ich meiner Familie Bescheid geben kann.«

Ich gebe vor, dass sich einige Menschen darüber wundern würden, wenn ich nicht bald auftauche. Auch der Gebrauch des Wortes »festhalten« erinnert sie an ihre legalen Befugnisse – oder, was eher wahrscheinlich ist, an deren Abwesenheit.

Nick, der nicht aufgeben zu wollen scheint, runzelt die Stirn und sagt stur: »Sie können gehen, sobald Sie uns etwas Nützliches gesagt haben.« Er hört sich nicht überzeugt an, und ich weiß, dass meine Frage Erfolg hatte. Er will jetzt nur noch sein Gesicht wahren.

Er führt die Befragung hartnäckig fort und fragt mich erneut dieselben Fragen, auf die ich ihm genauso antworte wie beim ersten Mal. Nach einigen Minuten berührt Buff seine Schulter. Sie wechseln einen Blick.

»Warten Sie hier«, sagt Buff. Sie verlassen den Raum, offensichtlich, um etwas außerhalb meiner Hörweite zu besprechen.

Ich wünsche mir, ich könnte zuhören, aber leider ist das nicht einmal in der Stille möglich. Obwohl das so nicht ganz richtig ist. Ich habe Lippenlesen gelernt und bin schnell immer wieder in die Stille gegangen und sofort zurück. Auf diese Weise konnte ich Stück für Stück ihre Unterhaltung zusammenfügen. Aber das wäre eine lange und zähe Prozedur. Außerdem brauchte ich das nicht. Meine Logik sagte mir grob, was sie gerade besprechen mussten. Ich nehme an, es war ungefähr so: »Dieser Kerl ist zu clever für uns; wir sollten ihn gehen lassen, uns Donuts holen und bei einem Stripclub vorbeischauen.«

Sie kommen nach einigen Minuten zurück, und Buff sagt zu mir: »Wir werden dich gehen lassen, aber wir wollen weder dich noch deine Freundin hier wieder sehen.« Ich kann sehen, dass Nick nicht glücklich darüber ist, seine Befragung abbrechen zu müssen, ohne die gewünschten Antworten erhalten zu haben. Er äußert aber keine Einwände.

Ich unterdrücke ein erleichtertes Aufseufzen. Ich hatte halb befürchtet, sie könnten Hand an mich legen oder Ähnliches. Das wäre übel gewesen, aber nicht unerwartet – oder etwa unverdient, wenn man bedenkt, dass ich betrüge. Auf der anderen Seite haben sie keinen Beweis dafür. Und wahrscheinlich denken sie auch, dass ich intelligent genug bin, ihnen rechtliche Schwierigkeiten zu verursachen – gerade wegen meines Juraabschlusses.

Natürlich wäre es auch möglich, dass sie mehr wissen als das, was in der Akte steht. Vielleicht sind sie auf Informationen über meine Mütter gestoßen. Habe ich überhaupt erwähnt, zwei Mütter zu haben? Ja, die habe ich. Glauben Sie mir, ich weiß, wie eigenartig sich das anhört. Und bevor jemand auf dumme Gedanken kommt: ich möchte von niemandem einen Witz über dieses Thema hören. Davon habe ich schon in der Schule genug gehabt. Sogar an der Uni wurde von einigen abfällig darüber geredet. Natürlich stellte ich sicher, dass sie es bereuten.

Auf jeden Fall ist Lucy, meine Adoptivmutter – und trotzdem die tollste aller Mütter –, eine knallharte Kriminalbeamtin. Wenn diese Dummköpfe mir auch nur ein Haar krümmen würden, würde sie sie wahrscheinlich aufspüren und ihnen persönlich in den Hintern treten. Sie hat ein Team, welches Bericht an sie erstattet und wahrscheinlich auch eingreifen würde. Sara, meine biologische Mutter – die normalerweise sehr still und friedliebend ist – würde sie auch nicht davon abhalten. Nicht in diesem Fall.

Nick und Buff schweigen, als sie mich aus ihrem Büro führen und durch das Kasino zu dem Taxi begleiten, welches draußen auf mich wartet.

»Sollten Sie noch einmal hierherkommen«, sagt Nick, als ich in das leere Taxi steige, »werde ich Ihnen etwas brechen. Persönlich.«

Ich nicke und schließe schnell die Tür. Es reicht mir schon, so freundlich darauf hingewiesen zu werden. Im Nachhinein gesehen war Atlantic City gar nicht so spaßig gewesen.

Ich bin überzeugt davon, nie wieder zurückkommen zu wollen.

3

Dienstagmorgen, am Tag nach Labor Day, fühle ich mich wie ein Zombie. Nach den Ereignissen im Kasino konnte ich nicht schlafen, aber ich kann heute auch nicht einfach die Arbeit sausen lassen. Ich habe einen Termin mit Bill.

Bill ist mein Chef, und niemand würde ihn jemals so nennen – nur ich in meinen Gedanken. Sein Name ist William Pierce. So wie in Pierce Capital Management. Sogar seine Frau nennt ihn William – das habe ich selbst gehört. Die meisten Menschen nennen ihn Mr. Pierce, weil sie sich nicht wohl dabei fühlen, ihn mit seinem Vornamen anzusprechen. Also ja, Bill ist einer der wenigen Menschen, die ich ernst nehme. Und trotzdem würde ich mich gerade lieber in mein Bett begeben, als ihn zu treffen.

Ich wünschte, es wäre möglich, in der Stille zu schlafen. Dann wäre das alles kein Problem. Ich würde mich hineinbegeben und unter meinem Schreibtisch schlafen, ohne dass es jemand mitbekäme.

Nach meinem ersten Kaffee scheint es so, als würde sich mein Hirn in Gang setzen. Zu diesem Zeitpunkt bin ich schon an meinem Arbeitsplatz. Es ist acht Uhr morgens. Und falls Sie denken, das sei früh, dann irren Sie sich. Ich war der Letzte, der auf diesem Teil der Etage zur Arbeit kam. Mir ist es egal, was diese Frühaufsteher von meinem späten Erscheinen halten. Ich kann ja momentan sowieso kaum etwas machen.

Trotz meiner Erfolge bei dem Fonds habe ich kein Büro. Bill hat das einzige Büro in diesem Unternehmen. Es wäre schön, ein wenig Privatsphäre zu haben, um sich ein wenig zurückzuziehen, aber ich bin zufrieden mit meinem Platz. Solange ich die meiste Zeit außerhalb oder von zu Hause aus arbeiten kann – und solange ich genauso ein hohes Gehalt bekomme wie Menschen, die sonst ein Büro haben –, stört mich die Abwesenheit eines eigenen Raumes nicht.

Mein Computer ist eingeschaltet, und ich schaue auf die Liste der Mitarbeiter auf dem Instant Messenger des Unternehmens. Ich sehe, dass Bert gerade online kommt. Das ist wirklich früh für ihn. Als unser bester Hacker kann er kommen, wann er möchte, und das weiß er auch. Wie mich interessiert es ihn nicht, was die anderen über ihn denken. Wahrscheinlich interessiert es ihn noch weniger als mich – und deshalb kommt er noch später. Zuerst dachte ich, dass wir nach meinem Treffen mit Bill reden könnten, aber da er nun schon einmal da ist, nutze ich die Gunst der Stunde.

»Komm vorbei«, schreibe ich ihm. »Ich brauche deine einzigartigen Fähigkeiten.«

»BGD«, antwortet Bert. *Bin gleich da.*

Ich kenne Bert seit Jahren. Im Gegensatz zu mir ist er ein wirkliches Wunderkind. Wir waren in jenem Jahr in Harvard die einzigen Vierzehnjährigen in dem Einführungskurs in Computerwissenschaften. Er absolvierte den Kurs mit Auszeichnung, ohne sich in die Stille zu begeben oder die Antworten im Lehrbuch nachzuschlagen, so wie ich das tat. Er hat auch niemanden aus Weißrussland dafür bezahlt, seine Programmierprojekte für ihn zu schreiben.

Bert ist *der* Computermann bei Pierce. Er ist wahrscheinlich der fähigste Programmierer New York Citys. Er macht immer

Andeutungen darüber, dass er für einen Geheimdienst gearbeitet hat, bevor ich ihn dazu überredet habe, hier anzufangen und richtig Geld zu machen.

»Darren«, sagt Bert mit leicht nasaler Stimme, und ich drehe mich als Antwort darauf mit meinen Stuhl um.

Ihn mir als Teil der CIA oder des FBI vorzustellen bringt mich immer zum Lachen. Er ist ungefähr 1,62 Meter groß und wiegt bestimmt unter 45 Kilogramm. Bevor wir Freunde wurden, war mein Spitzname für ihn immer Mini-Me gewesen.

»Also, Albert, wir sollten diese Idee besprechen, von der Sie mir letzte Woche erzählt haben«, beginne ich und weise mit dem Kinn auf einen der Meetingräume.

»Ja, ich würde diesen Bericht gerne hören«, antwortet Bert, als wir die Tür schließen. Wie immer übertreibt er seine Rolle.

Sobald wir allein sind, hört er auf, den formellen Kollegen zu spielen. »Mann, du hast es wirklich getan? Du bist nach Vegas geflogen?«

»Na ja, nicht wirklich. Ich hatte keine Lust auf einen fünfstündigen Flug –«

»Also hast du stattdessen eine zweistündige Taxifahrt nach Atlantic City in Kauf genommen?«

»Ja, genau.« Ich grinse zurück und nehme einen Schluck von meinem Kaffee.

»Ein klassischer Darren. Und dann?«

»Haben sie mir Hausverbot erteilt«, sage ich triumphierend, so als sei das eine tolle Leistung.

»So schnell?«

»Ja. Aber nicht, bevor ich dieses Mädchen getroffen habe.« Ich mache eine Spannungspause. Ich weiß, dass das der Teil ist, auf den er wirklich wartet. Seine eigenen Erfahrungen mit Mädchen waren bis jetzt eher abschreckend.

Mit Sicherheit hängt er nun am Haken. Er möchte alles bis ins kleinste Detail wissen. Ich erzähle ihm eine Abwandlung von dem, was passiert ist. Natürlich ohne die Stille zu erwähnen. Davon erzähle ich nur meinem Seelenklempner. Ich erkläre Bert einfach, dass ich sehr viel gewonnen habe. Er liebt diesen Teil, da er derjenige ist, der vorgeschlagen hatte, ich solle es mal mit einem Kasino versuchen. Das war, nachdem ich ihn und eine Gruppe Kollegen bei einem freundschaftlichen Kartenspiel abgezockt hatte.

Er, wie die meisten anderen, die beim Fonds arbeiten, weiß, dass ich Dinge weiß, die ich nicht wissen sollte. Er kann sich nur nicht erklären, woher ich diese Informationen habe. Er nimmt es einfach als gegeben hin. Auf eine bestimmte Art und Weise ist Bert ein wenig wie ich. Er weiß Dinge, die er nicht wissen sollte. Nur dass in diesem Fall jeder weiß, woher. Das Geheimnis seiner Allwissenheit ist, dass er sich in jedes Computersystem hacken kann, auf das er Zugriff bekommen möchte.

Und genau dafür benötige ich ihn jetzt auch. Ich erkläre ihm: »Ich brauche deine Hilfe.«

Er zieht seine Augenbrauen hoch, und ich sage: »Ich muss mehr über sie herausfinden. Was auch immer du herausbekommen könntest wäre hilfreich.«

»Was?« Seine Begeisterung schwindet sichtlich. »Nein, Darren, das kann ich nicht.«

»Du bist mir noch etwas schuldig«, erinnere ich ihn.

»Ja, aber das ist ein Verbrechen im Internet.« Er sieht entschlossen aus, und ich seufze innerlich. Wenn ich jedes Mal, wenn er diesen Satz ausspricht, einen Dollar bekommen würde ... Wir beide wissen, dass er jeden Tag etwas Kriminelles im Internet macht.

Ich beschließe, ihn zu bestechen. »Ich werde mir einen Kartentrick anschauen«, gebe ich mich geschlagen und muss alle meine Energien aufwenden, um ein wenig Begeisterung in meine Stimme zu legen. Berts Versuche mit Kartentricks sind grauenhaft, aber das entmutigt ihn überhaupt nicht.

»Oh«, erwidert Bert beiläufig. Aber sein Pokerface ist richtig schlecht. Ich weiß, dass er gerade mehr herauschinden möchte, aber das wird nicht passieren, wie ich ihn wissen lasse.

»Ist ja schon gut, schicke mir die falschen Namen, von denen du mir erzählt hast, die dir ›in den Schoß gefallen sind‹ und die Adressen, die du ›zufällig‹ erfahren hast«, antwortet er nachgiebig. »Ich werde schauen, was ich tun kann.«

»Danke, großartig.« Ich grinse ihn wieder an. »Ich muss jetzt los – ich habe ein Treffen mit Bill.«

Ich kann sehen, wie er zusammenzuckt, als ich William so nenne. Ich glaube, ich mache das auch nur aus diesem Grund – um von Bert bewundert zu werden.

»Warte mal«, meint er stirnrunzelnd.

Ich weiß schon, was jetzt kommt, und versuche, nicht zu ungeduldig zu wirken.

Bert hat eine Schwäche für Magie. Er ist nur nicht gut darin. Er hat immer ein Kartenspiel bei sich, und bei jeder Gelegenheit – echt oder eingebildet – holt er seine Karten heraus, um einen Kartentrick vorzuführen.

In meinem Fall ist es noch schlimmer. Ich habe ihn schon einmal bloßgestellt, und deshalb denkt er jetzt, ich beschäftige mich auch mit Magie, tue aber so, als sei das nicht der Fall. Meine Tendenz, beim Kartenspielen zu gewinnen untermauert seine Vermutung, ich sei Hobbymagier.

Und wie ich ihm versprochen habe, kann er seinen Trick vorführen. Ich werde ihn nicht beschreiben. Es muss reichen, wenn ich sage, dass sich auf dem Konferenztisch ein Stapel Karten befindet und ich eine von ihnen auswählen soll, während ich beim Umdrehen der Karten zählen und Zaubersprüche aufsagen muss.

»Toll, der war super, Bert«, lüge ich, sobald er meine Karte aufdeckt. »Jetzt muss ich aber wirklich los.«

»Jetzt komm schon«, bettelt er. »Kann ich deinen Trick bitte noch einmal sehen?«

Ich weiß, dass es schneller geht, nachzugeben, als mich mit ihm zu streiten. »In Ordnung«, sage ich, »Du weißt, was du tun musst.«

Als Bert das Kartenspiel teilt, schaue ich weg und begebe mich in die Stille.

Sobald die Welt einfriert, bemerke ich, wie viele Außengeräusche es im Meetingraum gibt. Die Abwesenheit von Geräuschen ist erfrischend. Ich habe dieses Gefühl deutlicher verspürt, als ich Schlafmangel hatte. Das liegt zum Teil daran, dass das Ich-fühle-mich beschissen-Gefühl verschwindet, wenn ich in der Stille bin. Zum anderen Teil daran, dass der Geräuschpegel außerhalb der Stille einen leichten Kopfschmerz ausgelöst hatte, den ich erst hier bemerke.

Ich begebe mich zum bewegungslosen Bert, nehme ihm den Kartenstapel aus der Hand und schaue mir die Karte an, die er herausgezogen hat. Dann komme ich zurück.

»Herz sieben«, sage ich, ohne mich herumzudrehen. Die Geräusche sind zurück und mit ihnen die Kopfschmerzen.

»Mist«, sagt Bert wie erwartet. »Wir sollten zusammen gehen. Und das nächste Mal Hausverbot in Vegas bekommen.«

»Dafür schuldest du mir einen größeren Gefallen.« Ich winke ihm zu und gehe zu meinem Arbeitsplatz.

Als ich an meinem Tisch ankomme, sehe ich, dass es Zeit für mein Meeting ist. Bevor ich mich auf den Weg zu Bill mache, schicke ich Bert noch schnell die Informationen, die er benötigt, um Nachforschungen über Mira anstellen zu können.

BILLS BÜRO SIEHT GENAUSO BEEINDRUCKEND AUS WIE IMMER. ES IST ungefähr so groß wie mein Apartment in Tribeka. Ich habe gehört, dass er nur so ein riesiges Büro hat, weil die Kunden das sehen wollen, wenn sie vorbeikommen. Angeblich würde er liebend gerne sein Büro verlassen und mit uns in einem Würfel mit niedrigen Wänden sitzen.

Ich bin mir nicht sicher, ob ich das glauben kann. Die Dekoration ist zu pingelig, um diese Theorie zu unterstützen. Außerdem habe ich den Eindruck, dass er gerne Privatsphäre hat.

Eines Tages werde ich auch mein eigenes Büro haben, außer ich entschließe mich dazu, vorher in Rente zu gehen.

Bill sieht wie der geborene Anführer aus. Ich kann nicht genau sagen, weshalb ich diesen Eindruck habe. Vielleicht ist es sein markantes Kinn oder auch die weise Wärme in seinem Blick, wenn er abschweift. Oder aber es ist etwas völlig anderes. Alles, was ich weiß, ist, dass er wie jemand aussieht, dem die Menschen folgen würden – und das tun sie auch.

Bill hat sich meinen größten Respekt dadurch verdient, dass er an der Legalisierung der gleichgeschlechtlichen Hochzeit in New York beteiligt war. Meine Mütter haben, so lange ich denken kann, davon geträumt zu heiraten, und jeder, der dabei hilft, meine Mütter glücklich zu machen, ist für mich eine gute Person.

»Darren, bitte nehmen Sie Platz«, sagt er, als ich eintrete, und wendet seinen Blick vom Monitor ab.

»Hallo William, wie war Ihr Wochenende?«, frage ich. Ich glaube, er ist die einzige Person in dem ganzen Büro, mit dem ich freiwillig Smalltalk betreibe. Und auch hier tue ich es nur, weil ich weiß, dass Bills Antwort kurz und knapp ausfallen wird. Ich interessiere mich generell nicht für das, was meine Kollegen machen, ganz zu schweigen von ihren Wochenendaktivitäten.

»Ereignisreich«, erwidert er. »Und Ihres?«

Ich versuche, seine lakonische Antwort zu übertreffen. »Interessant.«

»Hervorragend.« Genau wie ich scheint auch Bill nicht daran interessiert zu sein, dieses Gespräch auszudehnen. »Ich habe etwas für Sie. Wir denken über eine Positionierung in FBTI nach.«

Das ist die Abkürzung für die Future Biotechnology and Innovation Corp; ich habe schon von diesem Unternehmen gehört. »Natürlich. Wir brauchen ein Standbein in der Biotechnologie«, entgegne ich, ohne mit der Wimper zu zucken. Um ehrlich zu sein, habe ich mir schon seit einer längeren Zeit nicht mehr die Mühe gemacht, mir unser Portfolio anzuschauen. Ich kann mich aber nicht daran erinnern, in der letzten Zeit Aufträge im Biotechnik-

Bereich erhalten zu haben – also denke ich mir, dass es nicht so viele von ihnen geben kann.

»Korrekt«, bestätigt er. »Aber es ist nicht nur wegen einer breiteren Fächerung.«

Ich nicke und bemühe mich, möglichst ernst und nachdenklich auszusehen. Das ist bei Bill leichter als bei den meisten anderen Menschen. Manchmal interessiert mich das, was er sagt, wirklich.

»FBTI wird in drei Wochen etwas enthüllen«, erklärt er weiter. »An der Wallstreet haben die Aktien allein wegen dieser Spekulationen an Wert gewonnen. Es könnte einen schönen Abfall geben, falls FBTI enttäuscht –« er macht eine Spannungspause, »– aber ich habe das Gefühl, dass sich die Dinge in eine andere Richtung entwickeln werden.«

»Meines Wissens lagen Sie mit Ihren Vorahnungen immer richtig«, sage ich. Ich weiß, dass es sich anhört, als würde ich mich anbiedern wollen, aber es ist die Wahrheit.

»Sie wissen, dass ich niemals nur aus einem Bauchgefühl heraus handele«, meint er und macht wie so häufig diese komische Bewegung mit seinen Augenbrauen. »Und in diesem Fall ist Vorahnung vielleicht ein wenig untertrieben. Ich ließ einige der Patente der FBTI analysieren. Viele von ihnen sind sehr vielversprechende Entwicklungen.«

Ich bin mir sicher, dass ich weiß, worauf er hinausmöchte.

»Warum sehen Sie sich das Ganze nicht einmal näher an?«, schlägt er vor und bestätigt damit meine Annahme. »Sprechen Sie mit dem Vorstand und schauen Sie sich an, ob die Neuigkeit wirklich größer ist als das, was die Leute erwarten. Sollte das der Fall sein, müssen wir anfangen, uns zu positionieren.«

»Ich werde tun, was ich kann«, erwidere ich.

Das entlockt Bill ein Lächeln. »So bescheiden heute? Das wäre ja das erste Mal«, sagt er und sieht sichtlich amüsiert aus. »Ich brauche ihre Magie. Sie nehmen diese Herausforderung an, oder etwa nicht?«

»Natürlich. Um was es sich bei der Neuigkeit auch immer

handeln sollte, Sie werden es Ende der Woche wissen. Das garantiere ich Ihnen.« Ich lasse ein »ansonsten bekommen Sie Ihr Geld zurück« wegfallen. Das wäre zu viel. Was, wenn ich nichts herausfinde? Bill ist die Art von Person, die mich bei meinem Wort nehmen würde.

»Je früher, desto besser, aber wir brauchen sie auf jeden Fall vor ihrer öffentlichen Verkündung in drei Wochen«, entgegnet Bill. »Wenn Sie mich jetzt entschuldigen würden?«

Ich verstehe, dass ich entlassen bin. Ich gehe zurück zu meinem Schreibtisch und lasse ihn mit seinem Computer allein.

Sobald sie den Namen Pierce hören, ist FBTI gerne bereit, mit mir zu reden. Ich lasse mir einen Termin mit ihrem CTO geben und bereite mich gerade mental darauf vor, mit der Metro zu ihrem Büro in SoHo zu fahren, als mir mein Instant Messenger eine neue Nachricht von Bert anzeigt.

»Ich habe sie«, steht in der Nachricht.

»Gehen wir kurz nach draußen?«, schreibe ich ihm zurück.

Er ist einverstanden und wir treffen uns an den Fahrstühlen.

»Dieses Mädchen ist verrückt«, erklärt mir Bert, als ich den Knopf nach unten drücke. »Sie führt ein eigenartiges Leben.«

Wenn es sich nicht gerade um seine Kartentricks handelt, weiß Bert genau, wie man Spannung aufbaut. Das muss ich zugeben. Ich werde nicht ungeduldig oder das wird eine längere Angelegenheit werden. Ich sage nur: »Und?«

»Als Erstes: du hast wirklich Glück, mich zu haben«, beginnt er mit aufgeregter Stimme. »Sie wohnt schon lange nicht mehr an der Adresse, die du ›zufällig‹ gefunden hast. Von dem, was ich herausgefunden habe, ist der Name – Mira – allerdings ihr echter Name. Nur dass dieser Name vor einigen Jahren völlig von diesem Planeten verschwunden ist. Es gibt keine einzige elektronische Spur. Das gleiche gilt für einige ihrer Pseudonyme.«

»Aha«, meine ich und gebe ihm damit den Anstoß, den er braucht, um fortzufahren.

»Um das zu umgehen, bin ich in die Datenbanken einiger der

Kasinos in Vegas eingedrungen, da ich davon ausgegangen bin, dass sie nicht nur in Atlantic City, sondern auch dort spielen würde. Und ich hatte Recht, sie hatten Aufzeichnungen über einige ihrer anderen falschen Namen, die du erwähnt hast. Und weitere.«

»Wow«, ist alles, was ich sagen kann.

»Ja«, stimmt mir Bert zu. »Anfangs führte nur einer dieser Namen zu einer Adresse, bei der kürzlich jemand gewohnt hatte. Offensichtlich versteckt sie sich. Auf jeden Fall war dieses Pseudonym, Alina Nochwas, Mitglied in einem Fitnessstudio am Kings Highway und der Nostrand Avenue in Brooklyn. Ich habe mich daraufhin in deren System gehackt und herausgefunden, dass ihre Karte noch ab und an genutzt wird. Als ich das herausgefunden hatte, nahm ich das Fitnessstudio als meinen Ausgangspunkt für die Nachforschungen. Normalerweise besuchen Menschen immer Fitnessstudios in der Nähe.«

»Beeindruckend«, bemerke ich und meine es ernst. In solchen Momenten frage ich mich, ob die Geschichten darüber, dass er für einen Geheimdienst tätig war, nicht doch stimmen.

»Zuerst konnte ich nichts finden«, fährt er fort. »Keiner der von ihr benutzten Namen besitzt eine Eigentumswohnung oder hat ein Apartment in der Nähe gemietet. Aber dann habe ich versucht, einige der Vornamen, die sie benutzt, mit anderen ihrer Nachnamen zu kombinieren.« Er macht eine Pause und blickt mich an – damit ich ihm auf die Schulter klopfe, nehme ich an.

»Das ist teuflisch«, sage ich und wünsche mir, er würde endlich auf den Punkt kommen.

»Ja«, erwidert er und schaut sehr zufrieden mit sich aus. »Das bin ich, wirklich ... Sie dagegen ist nicht sehr einfallsreich. Eine der Kombinationen funktionierte. Sie besteht zu einem Teil aus dem Vornamen Ilona. Als ich Ilona mit dem Nachnamen Derkovitch, von dem Pseudonym Yulia Derkovitch, kombinierte, bekam ich das Ergebnis, das ich haben wollte.«

Ich nicke und dränge ihn, weiterzureden.

»Hier ist die Adresse«, sagt er und gibt mir einen Zettel. Dann fragt er mich ernsthafter: »Wirst du wirklich dorthin gehen?«

Das ist eine hervorragende Frage. Wenn ich es tue, denkt sie, ich sei ein verrückter Stalker. Ich denke, wenn ich nur darüber nachdenke, verfolge ich sie ja auch auf gewisse Weise, aber ich habe gute Gründe. Irgendwie.

»Ich weiß es nicht«, lasse ich Bert wissen. »Vielleicht schaue ich bei dem Fitnessstudio vorbei und versuche, sie ›zufällig‹ zu treffen.«

»Ich glaube nicht, dass das funktionieren wird«, entgegnet er. »Laut der Datenbank kommt sie sehr sporadisch vorbei.«

»Na toll.« Ich seufze. »In diesem Fall denke ich, ich werde bei ihr zu Hause vorbeischauen.«

»In Ordnung. Und jetzt der normale Disclaimer«, sagt Bert und schaut mich eindringlich an. »Das hast du nicht von mir erfahren. Der Name, den ich herausgefunden habe, könnte auch nur eine zufällige Übereinstimmung sein. Es ist also möglich, dass dort jemand anderes wohnt.«

»Ich übernehme die volle Verantwortung für alles, was passieren könnte«, erkläre ich Bert feierlich. »Jetzt haben wir keine offenen Schulden mehr zu begleichen.«

»In Ordnung. Gut. Nur noch eine andere Sache …«

»Was?«

»Vielleicht denkst du jetzt, dass das verrückt oder paranoid ist, aber –« er sieht unangenehm berührt aus, »– ich denke, dass sie eine Spionin sein könnte.«

»Was?« Das trifft mich völlig unvorbereitet.

»Ich hätte dir vielleicht auch sagen sollen, dass sie eine Immigrantin ist. Aus Russland, falls es dir bei ihren ungewöhnlichen Namen noch nicht aufgefallen sein sollte. Sie kam mit ihrer Familie vor etwa zehn Jahren hierher. Diese Tatsache, in Kombination mit ihren Decknamen … Du verstehst, was ich denken könnte?«

»Natürlich, sicher«, erwidere ich und versuche mein Gesicht

ausdruckslos zu halten. Eine Spionin? Bert liebt seine Verschwörungstheorien. »Mach dir keine Gedanken«, sage ich beruhigend. »Wenn sie eine Spionin ist, werde ich damit zurechtkommen. Jetzt würde ich dir gerne ein zweites Frühstück und einen Tee spendieren. Danach muss ich für ein Treffen mit FBTI nach SoHo.«

4

Ich fahre nach SoHo. Der Sicherheitsbeamte des FBTI-Gebäudes lässt mich eintreten, sobald er erfährt, dass ich eine Verabredung mit Richard Stone, dem CTO, habe.

»Hallo Richard, ich bin Darren. Wir haben miteinander telefoniert.« Ich stelle mich einem großen Mann mit Glatze vor, nachdem ich bequem in einem der Gästestühle in seinem Büro Platz genommen habe. Sein Büro ist groß. In ihm befinden sich ein großer Schreibtisch mit vielen Schubladen und ein kleines Bücherregal. Sogar ein Plasmafernseher hängt an der Wand. Beim Anblick dieser ganzen Dinge überkommt mich wieder einmal Büroneid.

»Bitte nennen Sie mich Dick«, sagt er. Ich muss meine ganze Beherrschung aufbringen, um nicht laut aufzulachen. Wenn ich ein Gewichtsproblem hätte, würde ich definitiv Richard vorziehen. Genau genommen würde ich es immer vorziehen, Richard genannt zu werden und nicht Dick. Egal wie ich aussehe.

»In Ordnung, Dick. Ich würde gerne mehr über das erfahren, an dem Ihr Unternehmen gerade arbeitet«, sage ich und hoffe, es hört sich nicht zu sehr danach an, dass ich es auskoste, ihn Dick zu nennen.

»Ich rede gerne über alles, außer über die bevorstehende Verkündung«, erklärt er in einem herablassenden Tonfall.

Ich zeige Interesse an dem ganzen Standardzeug, das er mir erzählt, und er fährt fort, mir alle langweiligen Details zu beschreiben, die er mitteilen darf. Er redet immer noch, aber ich höre ihm nicht mehr zu. Menschen auszublenden war eine der ersten Dinge, die ich in der Arbeitswelt zu beherrschen gelernt habe. Hätte ich das nicht, hätte ich kein einziges Meeting überlebt. Ich muss mich immer noch manchmal in die Stille zurückziehen und eine Pause machen, um nicht an Langeweile zu sterben. Ich bin nicht besonders geduldig.

Während Dick redet, schaue ich mich unauffällig im Raum um. Es ist ironisch, dass ich genau das Gegenteil von dem tue, was jeder denkt. Die Leute nehmen an, ich stelle diesen Geschäftsführern gezielte Fragen und kann mir anhand ihrer Reaktionen, ihrer Körpersprache und wer weiß was noch die wahren Antworten ableiten.

Die Fähigkeit, Körpersprache und andere nonverbale Signale deuten zu können, möchte ich mir irgendwann aneignen. Ich habe es in Atlantic City versucht. Aber in diesem Fall verlasse ich mich wie gewöhnlich auf etwas, das nicht allzu viel mit interpretativen Fähigkeiten zu tun hat.

Als ich mir genug Mist von Dick angehört habe, versuche ich mich in einen Angstzustand zu begeben, damit ich in die Stille hineingleiten kann.

Einfach nur zu denken, dass ich verrückt bin, ist nicht mehr sehr effektiv. Ich stelle mir also vor, wie ich wie ein Vollidiot zu Miras Adresse in Brooklyn gehe, die mir Bert besorgt hat – und das wirkt Wunder.

Ich gleite hinein, und Dick ist endlich ruhig. Er ist mitten im Satz eingefroren worden, und mir fällt nicht zum ersten Mal auf, dass ich einen großen Vorteil hätte, wenn ich wirklich Körpersprache lesen könnte. Ich bemerke jetzt, dass er nach unten schaut, was glaube ich ein Zeichen dafür ist, dass jemand lügt.

Anstatt der Körpersprache widme ich mich allerdings lieber dem geschriebenen Wort.

Ich beginne mit den Unterlagen auf seinem Schreibtisch. Unter ihnen befindet sich nichts Besonderes.

Als Nächstes rolle ich seinen Stuhl und seinen darauf eingefrorenen Körper vom Schreibtisch weg. Ich liebe es, wenn die Menschen in der Stille auf einem Stuhl mit Rollen sitzen. Das macht diesen Teil meines Jobs so viel einfacher. Auf der Universität ist mir klar geworden, dass ich die Inhalte der Abschlussarbeiten schon vorher bekommen konnte, indem ich in der Stille den Schreibtisch oder die Tasche meines Professors durchsuchte. Die Professoren beiseitezuschieben war allerdings immer mehr als mühsam gewesen. Ihre Stühle hatten im Gegensatz zu den Bürostühlen keine Rollen.

Wenn ich an diese Tage auf der Universität zurückdenke, muss ich lachen, weil die Dinge, die ich dort gelernt habe, mir jetzt wirklich weiterhelfen. Mit diesem Herumschnüffeln in der Stille – dem Grund dafür, dass ich mein Studium so schnell beenden konnte – verdiene ich heute mein Geld, und nicht wenig davon. So gesehen hat mich meine Ausbildung also wirklich in bestimmten Aspekten auf das Arbeitsleben vorbereitet. Nur wenige Menschen können das behaupten.

Als ich Dick und seinen Stuhl aus dem Weg geschafft habe, wende ich meine Aufmerksamkeit seinem Schreibtisch zu. In der untersten Schublade stoße ich auf Gold.

FBTIs große Bekanntgabe handelt von einem Gerät, welches etwas tun kann, das transkranielle Magnetstimulation genannt wird. Ich erinnere mich ganz schwach daran, schon einmal etwas darüber gehört zu haben. Bevor ich mich in die Akte vertiefe, schaue ich mir das Bücherregal an. Natürlich befindet sich auf dem Regal etwas zu diesem Thema, das Handbuch der Transkraniellen Magnetstimulation. Ich muss lachen. Da ich jetzt weiß, wonach ich suche, fällt mir auf, dass jemand, der ernsthaft schnüffelt, wohl nicht nur auf die Körpersprache geachtet haben würde. Er hätte auch das Buch auf dem Schrank als einen Hinweis darauf gedeutet, worum es in der Bekanntgabe gehen wird. In dem Regal befinden sich noch weitere Bücher zu diesem Thema. Während ich darüber nachdenke, fällt mir auf, dass sie weniger staubig sind als die restlichen Bücher auf dem Regal. Sherlock Holmes wäre stolz auf meine Untersuchungsmethode gewesen – nur dass meine Methode rückwirkend arbeitet. Er hat seine Fähigkeiten der Schlussfolgerung dazu benutzt, die Hinweise zusammenzusetzen, um ein Rätsel zu lösen. Ich dagegen finde die Hinweise, um das zu bestätigen, was ich schon lange weiß.

Aber zurück zu meiner Aufgabe, Informationen zu der bevorstehenden Ankündigung zu bekommen. Ich lese das erste Lehrbuch, das mir zu diesem Thema in die Hände fällt. Ja, wenn ich muss – oder möchte – kann ich auf die traditionelle Art und Weise lernen. Dass ich bei den Prüfungen geschummelt habe, bedeutet nicht, dass ich mich nicht auch ab und an auf ehrenwertem Wege weitergebildet habe. Das habe ich sogar häufig getan. Allerdings lernte ich etwas über Sachen, die mich gerade interessierten, und nicht das, was irgendein Lehrplan vorschrieb. Ich betrog aus pragmatischen Gründen. Der Hauptgrund dafür, dass ich in Harvard studierte, war, dieses Stück Papier zu bekommen, das meine zukünftigen Arbeitgeber beeindrucken würde. Ich benutzte die Stille, um mir all das anzueignen, was ich für meinen Abschluss benötigte, während ich solche Dinge lernte, die mir wirklich etwas bedeuteten.

Wenn ich beschließe, etwas zu lesen, bietet mir die Stille einen entscheidenden Vorteil. Ich werde niemals müde, nicht einmal, wenn es sich um ein trockenes Thema handelt. Ich brauche in der Stille keinen Schlaf, genauso wenig wie ich dort der Sklave der restlichen Bedürfnisse meines Körpers bin. Es fühlt sich für mich so an, als hätte ich etwa eine Stunde benötigt, um den Teil des Buches über die magnetische Version der Stimulation durchzulesen – und es war teilweise sogar interessant. Ich habe auch einige weitere Arten der Stimulation überflogen, die im Vergleich mit TMS, wie es im Buch genannt wird, invasiv zu sein scheinen. Ich habe das natürlich nicht alles behalten – dafür müsste ich das Buch erneut lesen –, aber ich denke, ich habe genug verstanden, um mir den Rest der Akte anzuschauen, die ich in Dicks Schreibtisch gefunden habe.

Ich erwische mich dabei, wie ich in meinem Kopf den Bericht für Bill schreibe. Für Laien erklärt ist TMS ein Weg, das Gehirn direkt zu stimulieren, ohne durch die Schädeldecke zu bohren, wie bei den anderen Methoden. Dazu wird ein riesiges Magnetfeld benutzt – deshalb der Namensteil »Magnet«. Dieses Verfahren existiert schon eine ganze Weile, aber es wurde erst vor Kurzem von den Gesundheitsbehörden zur Behandlung von Depression zugelassen. Die Nebenwirkungen – und das ist nicht aus dem Buch, sondern meine eigene Vermutung – scheinen nicht schwerwiegender zu sein, als sich einer MRT zu unterziehen.

Ich muss die Seiten in dem Ordner nur schnell überfliegen, um zu verstehen, dass die Ankündigung des FBTI alle Erwartungen übertreffen wird. Sie haben eine TMS-Maschine entwickelt, die nicht nur genauer ist als alle anderen davor, sondern auch bezahlbar und einfach anzuwenden. Allein für die Behandlung von Depressionen wird dieses Gerät von größter Bedeutung sein. Doch das ist noch nicht alles. Diese Entwicklung kann außerdem zu besseren MRT-Geräten führen, was einen neuen Markt für FBTI öffnen könnte.

Als ich sicher bin, genug Informationen bekommen zu haben, kehre ich zurück.

Dicks Stimme ist wieder da. Ich höre dem Abschluss seiner Rede zu; dann bedanke ich mich und gehe nach Hause.

Ich logge mich über eine Remote-Verbindung auf der Arbeit ein und schreibe eine E-Mail mit meinem Bericht. Ich führe alle Gründe auf, deretwegen ich denke, wir sollten uns an die FBTI halten, und warum es eine gute Investition wäre.

Ich lege als Zeitpunkt des Versands den späten Freitagabend fest. Das ist ein Trick, den ich manchmal benutze, damit es auf meinen Chef und meine Kollegen so wirkt, als arbeite ich unentwegt. Sogar Freitagnacht, wenn die meisten Menschen weggehen oder Zeit mit ihrer Familie verbringen. Ich setze so viele Personen ins CC wie nötig ist und schicke sie an Bill. Dann klicke ich auf Versenden und gehe sicher, dass sich die E-Mail in meinem Postausgang befindet. Dort wird sie darauf warten, Freitagnacht automatisch versendet zu werden.

In Anbetracht des riesigen Gewinnes, den ich Pierce Capital Management bescheren werde, beschließe ich, mir den Rest der Woche freizunehmen.

5

Unangemeldet vor Miras Tür aufzutauchen ist nicht das Einzige, was mich an meinem Plan, sie zu besuchen, nervös macht. Eine andere Sache, die mir Sorgen bereitet, ist die Tatsache, dass sich die betreffende Adresse in Brooklyn befindet.

Warum tun Menschen das? Warum leben sie in den Randgebieten von NYC? Meine Mütter tun das leider auch. Aber wenigstens gibt es eine Metro nach Brooklyn. Nach Staten Island fährt nichts, nur die Fähre und einige Expressbusse. Das ist noch schlimmer als New Jersey.

Aber ich habe keine andere Wahl. Diese Adresse befindet sich in Brooklyn, also fahre ich dorthin. Unter vielen Vorbehalten nehme ich den Q-Zug an der City Hall und bereite mich auf eine lange und abenteuerliche Fahrt vor.

Als ich in der Metro sitze, lese ich ein Buch auf meinem Telefon und schaue ab und an aus dem Fenster. Jedes Mal, wenn ich aufblicke, sehe ich Graffitis auf den Wänden der Gebäude, die an die Schienen grenzen. Warum konnte das Mädchen nicht an einem zivilisierteren Ort leben, wie der Upper East Side?

Zu meiner Überraschung erreiche ich meine Haltestelle, Kings

Highway, in weniger als einer Stunde. Von hier aus ist es laut dem GPS meines Telefons nur noch ein kurzes Stück zu Fuß.

Die Umgebung ist ... naja, anders als in der Stadt. Keine großen Gebäude, und die Schilder an den Läden sind abgenutzt und schäbig. Außerdem sind die Straßen dreckiger als in Manhattan.

Das Gebäude ist auf der East 14 Street, zwischen Avenues R und S. Das ist das Einzige, was mir an Brooklyn gefällt. Es ist leicht, sich dort zu orientieren, da die Straßennamen aus einer aufsteigenden Abfolge von Nummern und Buchstaben in alphabetischer Reihenfolge bestehen.

Es ist später Nachmittag und die Sonne scheint, aber trotzdem fühle ich mich nicht sicher – so, als würde ich bei Nacht unter einer verdächtig aussehenden, schlecht beleuchteten Brücke im Central Park entlanggehen. Mein Ziel liegt am anderen Ende einer engen Straße, die vom Park wegführt. Ich versuche mich selbst davon zu überzeugen, dass der Park nicht so gefährlich sein kann, wenn Leute dort ihre Kinder spielen lassen.

Das Gebäude, welches ich suche, ist alt und düster, aber wenigstens ist es nicht über und über mit Graffiti beschmiert. Und mir fällt auf, dass ich gar keine mehr gesehen habe, seit ich aus dem Zug gestiegen bin. Vielleicht war mein Urteil über die Umgebung doch etwas voreilig gewesen.

Oder auch nicht. Es ist schließlich Brooklyn.

Das Haus hat eine Gegensprechanlage. Ich nehme meinen ganzen Mut zusammen und klingele.

Nichts.

Ich drücke irgendwelche anderen Klingelknöpfe und hoffe, jemanden zu finden, der die Haustür öffnet. Nach einer Minute höre ich durch die Gegensprechanlage ein lautes Schnauben und ein kaum verständliches »Wer ist dort?«.

»UPS«, murmele ich. Ich weiß nicht, ob es daran liegt, wie ich es sage, oder ob jemand einfach automatisch reagiert, aber die Tür öffnet sich.

Ich sehe einen Fahrstuhl und drücke auf den Knopf nach oben, um ihn zu rufen. Nichts passiert. Es geht kein Licht an. Es gibt keinen Hinweis darauf, dass sich etwas bewegt.

Ich warte einige Minuten.

Aber ich habe kein Glück.

Übellaunig entschließe ich mich dazu, zu Fuß in den fünften Stock zu gehen. Es sieht so aus, als sei meine Einschätzung der Umgebung doch sehr zutreffend gewesen.

Das Treppenhaus riecht unangenehm. Ich hoffe, dass es sich nicht um Urin handelt, aber meine Nase bestätigt, dass dem so ist. Auf der zweiten Etage wird der unhygienische Gestank durch den Geruch nach gekochtem Kohl und gebratenem Knoblauch überdeckt. Es gibt nicht viel Licht, und die marmornen Stufen fühlen sich rutschig an. Ich achte auf meine Schritte und komme schließlich im fünften Stock an.

Als ich auf die Tür 5E schaue, fällt mir auf, dass ich keinen guten Plan habe. Oder überhaupt einen. Ich bin allerdings so weit gefahren, dass ich mich jetzt nicht einfach umdrehen und nach Hause gehen werde. Ich klingele. Und dann warte ich. Und warte. Und warte.

Nach einer ganzen Weile kann ich hören, wie sich in dem Apartment etwas rührt. Ich konzentriere mich und beobachte den Spion, genauso wie ich es in Filmen gesehen habe.

Vielleicht bilde ich es mir nur ein, aber ich habe den Eindruck, dahinter einen Schatten zu sehen. Jemand könnte mich gerade anblicken.

Aber ich bekomme immer noch keine Antwort.

Ich versuche es mit Anklopfen.

»Wer ist da?«, fragt eine männliche Stimme.

Mist. Wer zum Teufel ist das? Ein Ehemann? Ein Freund? Ihr Vater? Ihr Zuhälter? Jede Vorstellung hat ihre eigenen Konsequenzen, und nur wenige davon versprechen Gutes. Eigentlich gibt es gar keine, die mir einfällt.

»Mein Name ist Darren«, antworte ich, da ich denke, dass ich hier mit Ehrlichkeit am weitesten komme.

Keine Antwort.

»Ich bin ein Freund von Mira«, füge ich hinzu. Und erst als ich es schon ausspreche, fällt mir ein, dass sie hier unter einem Pseudonym lebt. Ilona oder so etwas.

Bevor ich mich für diesen Patzer selbst in den Hintern treten kann, geht die Tür auf. Der Kerl, der im Rahmen erscheint, wirkt nur wenige Jahre älter als ich und schaut mich mit müden, glasigen Augen an.

Ich brauche einen Moment, um das Problem zu erkennen. Ein großes Problem.

Der Typ hat eine Waffe.

Und diese Waffe ist größer als sein Kopf.

Die Angst, die diese Tatsache in meinem System auslöst, ist gewaltig. Ich wurde noch nie mit einer Pistole bedroht. Zumindest nicht so direkt wie in diesem Fall. Die Rausschmeißer in Atlantic City hatten natürlich auch Waffen, aber sie haben damit nicht aus nächster Entfernung auf mich gezielt. Ich hätte niemals gedacht, dass das so beängstigend ist.

Ich begebe mich fast unfreiwillig in die Stille.

Jetzt schaue ich mein eingefrorenes Ich an, auf das eine Waffe gerichtet ist, und die Panik wird schwächer. Ich mache mir natürlich immer noch Sorgen, da die Waffe im echten Leben immer noch eine Bedrohung ist.

Ich atme tief ein. Ich brauche einen Notfallplan.

Ich schaue mir den Schützen an.

Er ist lang und dünn. Er hat eine Brille und trägt einen weißen Kittel mit einem roten Fleck darauf.

Der weiße Kittel sieht eigenartig aus – und ist das Rote ein Blutfleck oder etwas anderes? Fragen schießen durch meinen Kopf. Wer ist er? Was macht er hier, um zu denken, dass er eine Waffe benötigt? Kocht er Meth? Immerhin befinde ich mich ja gerade in Brooklyn.

Gleichzeitig kann ich das Gefühl nicht loswerden, dass der Typ nicht wie der gewöhnliche Kriminelle auf der Straße aussieht.

Seine Augen strahlen scharfe Intelligenz aus. Sein ungekämmtes Haar und die Stifte und Lineale in der Tasche seines weißen Kittels ergeben ein komisches Bild. Er sieht fast wie ein Wissenschaftler aus – aber einer der verrückten Sorte.

Das schließt natürlich nicht den Verdacht mit den Drogen aus. Er könnte wie die Figur in der Serie über einen Lehrer sein, der Meth kocht. Wenn ich darüber nachdenke wurde in der Serie aber auch ganz klar gezeigt, dass man das nicht in einem Apartmentgebäude tut. Der Geruch ist zu stark, um das Ganze geheimzuhalten, oder so etwas in der Art.

Jetzt, nachdem ich ein wenig Zeit in der Stille hatte, um mich zu beruhigen, werde ich mutiger. Ich frage mich, ob die Waffe echt ist. Oder vielleicht hoffe ich auch einfach nur, dass sie es nicht ist. Ich nehme meinen ganzen Mut zusammen und greife nach vorne, um dem Kerl die Waffe aus der Hand zu nehmen.

Als sich unsere Finger berühren, passiert etwas Eigenartiges. Etwas sehr Eigenartiges.

Jetzt gibt es ihn auf einmal zweimal.

Ich schaue auf diesen Anblick, und meine Kinnlade klappt wörtlich nach unten.

Dort steht ein zweiter Typ mit einem weißen Kittel, und dieser bewegt sich. Der Gedanke, dass sich Menschen bewegen während ich mich in der Stille befinde, ist so ungewohnt für mich, dass mein Gehirn nicht mehr funktioniert. Also stehe ich einfach nur da und starre ihn an.

Der Kerl betrachtet mich mit einem schwer zu deutenden Gesichtsausdruck, einer Mischung aus Aufregung und Angst. So, als stünde ein Bär mitten in der Eingangshalle eines Apartmentgebäudes in Brooklyn.

»Wer bist du?«, flüstert er und blickt mich dabei an.

»Ich bin Darren«, wiederhole ich und versuche zu verbergen, wie schockiert ich bin.

»Bist du ein Leser, Darren?«, fragt er, und ich komme wieder halbwegs zu mir. »Solltest du ein Strippenzieher sein, werde ich diese Waffe nach der Splittung des Universums, dem Astralprojekt oder der Dimensionsverlagerung mitten in dein Gesicht abfeuern. Sobald wir zurück in unseren Körpern sind, wirst du tot sein, Strippenzieher.«

Er hat einen ungewöhnlichen Akzent – einen russischen, glaube ich. Das erinnert mich an Berts Theorie, dass Mira eine Spionin ist. Vielleicht hatte er Recht. Vielleicht reist sie mit einer ganzen Gruppe russischer Spione.

Ich verstehe nur eine der Sachen, die mir der russische Kerl sagt: er weiß, dass ich ihm ausgeliefert bin, sobald wir zurückkommen. Das bedeutet, dass er genau wie ich weiß, wie die Stille funktioniert.

Die Begriffe, die er benutzt, ergeben für mich eine Art Sinn. Alle außer »Leser« und »Strippenzieher«. Ich weiß allerdings, dass ich nicht zugeben wollen würde, ein »Strippenzieher« zu sein, selbst wenn ich es wäre, nur, um dann erschossen zu werden. Wahrscheinlich fällt ihm das selbst auf.

»Es tut mir leid, aber ich weiß wirklich nicht worüber du redest«, gebe ich zu. »Ich weiß weder was ein Leser noch ein Strippenzieher ist.«

»Ja, richtig«, schnaubt der Kerl. »Und dir fallen auch die Körper nicht auf, die dort drüben stehen?«

»Doch, derer bin ich mir schmerzhaft bewusst –«

»Dann kannst du auch nicht von mir erwarten, dir zu glauben, dass du zwar splitten kannst, aber keiner von uns bist – oder von ihnen.« Das letzte Wort hatte er geradezu herausgespuckt.

Also eines ist schon kristallklar: Leser ist gut, Strippenzieher ist schlecht. Wenn ich nur herausfinden könnte, warum.

»Wäre ich ein Strippenzieher, würde ich dann hier einfach so auftauchen?«, möchte ich wissen und hoffe, ich kann mit ihm reden.

»Ihr Mistkerle seid clever und extrem manipulativ«, erwidert er und schaut mich von oben bis unten an. »Du könntest versuchen, eine Form von umgekehrter Psychologie an mir anzuwenden.«

»Wozu?«

»Weil du mich töten möchtest, und meine Schwester auch«, sagt er und wird mit jedem Wort wütender.

Ich speichere das Wort *Schwester* in meinem Hinterkopf ab, habe aber nicht die Zeit, länger darüber nachzudenken. »Wäre einfach hier aufzutauchen wirklich die beste Art und Weise, dich zu töten?«, versuche ich ihn erneut zur Vernunft zu bringen.

»Nein. Eigentlich habe ich auch noch nie gehört, dass die Strippenzieher sich selbst die Hände schmutzig machen«, erwidert er, und Unsicherheit beginnt sich auf seinem Gesicht widerzuspiegeln. »Dafür benutzen sie gerne normale Menschen, so als seien sie Puppen.«

Ich habe keine Ahnung, was er meint, also nehme ich meinen Versuch, vernünftig mit ihm zu reden, wieder auf. »Wäre es dann nicht möglich, dass ich einfach jemand bin, der nach Antworten sucht?«, möchte ich von ihm wissen. »Jemand, der nicht weiß, wovon du redest?«

»Nein«, widerspricht er, nachdem er einen Moment lang darüber nachgedacht hat. »Ich habe noch niemals von untrainierten Menschen gehört, die splitten können und noch dazu keiner Gruppe angehören. Also, warum erzählst du mir nicht, was du hier vor meiner Tür zu suchen hast?«

»Den Teil kann ich erklären«, werfe ich schnell ein. »Ich habe in Atlantic City ein Mädchen getroffen. Ein Mädchen, durch das ich verstanden habe, dass ich nicht verrückt bin.«

Als ich Atlantic City erwähne, bekomme ich seine volle Aufmerksamkeit. »Beschreibe sie«, fordert er mich stirnrunzelnd auf.

Ich beschreibe Mira, nur mit weniger Sexappeal.

»Und sie hat dir gesagt, wie sie heißt und wo sie wohnt?«, fragt er offensichtlich ungläubig.

»Das nicht«, gebe ich zu. »Ich wurde im Kasino festgehalten, als sie dachten, wir beide würden beim Betrügen zusammenarbeiten. Von ihnen habe ich einige ihrer Pseudonyme erfahren. Danach habe ich einen Freund um Hilfe gebeten, der ein sehr guter Hacker ist.«

An der Stelle bin ich auch wieder ehrlich. Ich bin in Fahrt. Ich glaube nicht, dass ich jemals zuvor so viele Wahrheiten in so kurzer Zeit gesagt habe.

»Ein guter Hacker?«, fragt er und sieht auf einmal unerwartet interessiert aus.

»Ja, der beste«, erwidere ich überrascht. Das Gespräch geht in eine falsche Richtung, aber solange er nicht wütend, sondern zufrieden ist, werde ich dabei bleiben.

Zum ersten Mal schaut er mir in die Augen. Er scheint sich dabei nicht wohlzufühlen. Ich kann erkennen, dass er das nicht häufig tut.

Ich erwidere seinen Blick.

»Hier ist mein Angebot, Darren«, sagt er, und seine Augen wenden sich nach einer Sekunde wieder von mir ab. »Wir werden zurückgehen. Ich werde dich nicht erschießen. Stattdessen werde ich dich fotografieren. Und danach werde ich eine Nachricht an meine Schwester schreiben.«

»In Ordnung«, erwidere ich. Ich würde jederzeit ein Bild einer Kugel in meinem Körper vorziehen.

»Falls du mir etwas antun solltest, bevor sie hier ankommt, wird sie den Beweis dafür haben, dass du bei mir warst«, erklärt er mir weiter.

»Das macht Sinn«, lüge ich. Bis jetzt ergibt wenig von dem Ganzen Sinn. »Tu, was immer du für notwendig hältst, um unser Missverständnis aufzuklären.«

»Die einzige Lösungsmöglichkeit ist, zu beweisen, dass du kein Strippenzieher bist.«

»Dann lass uns diesen Beweis erbringen«, sage ich und hoffe, dass ich Bonuspunkte bekomme, weil ich so kooperativ bin.

»In Ordnung«, sagt er, und ich sehe, dass sich seine Laune

bessert. »Dann musst du dich einem Test unterziehen. Eigentlich einer Reihe von Tests.«

»Natürlich«, stimme ich sofort zu. Als ich mich allerdings an die roten Spuren auf seinem Kittel erinnere, frage ich besorgt: »Sind diese Tests sehr schmerzhaft?«

»Diese Tests sind harmlos. Sollte allerdings dabei herauskommen, dass du ein Strippenzieher bist, solltest du beten, dass meine Schwester zu diesem Zeitpunkt nicht hier ist.«

Ich muss schlucken, als er fortfährt: »Ich würde dich einfach erschießen, verstehst du? Aber Mira könnte deinen Tod sehr langsam und schmerzvoll herbeiführen.«

Ich überdenke einige meiner Fantasien über Mira. Sie hört sich immer weniger anziehend an. »Lass es uns hinter uns bringen«, meine ich resigniert.

»In Ordnung. Gehe langsam zu deinem Körper und berühre ihn so, dass ich es genau sehen kann. Splitte nicht, oder ich werde abdrücken.«

Wenn *Splitten* das ist, was ich denke – das Hinübergleiten in die Stille –, wie könnte er dann sehen, dass ich es tue? Auch wenn es unwahrscheinlich zu sein scheint, entscheide ich mich dafür, mein Glück nicht überzustrapazieren. Zumindest nicht, bis ich die Ergebnisse seiner Tests habe.

»Ich bin so weit«, sage ich und berühre die Stirn meines eingefrorenen Ichs.

6

Die Geräusche sind zurück. Und jetzt sind wir nur noch zu zweit.

Er ist nicht mehr allzu entschlossen, mich zu erschießen – also weiß ich, dass ich unsere Unterhaltung nicht geträumt habe.

Ich beobachte ihn, während er in die Tasche unter seinem weißen Kittel fasst und ein Telefon hervorzieht. Er macht ein Foto von mir und schreibt etwas dazu.

»Du gehst vor«, weist er mich an.

Ich betrete das Apartment mit der Pistole im Rücken und starre auf das Bild, das sich mir bietet. Ich bin entsetzt von dem, was ich hier sehe.

Dieser Ort ist das reinste Chaos.

Ich bin keiner der Typen, die denken, dass es die Aufgabe der Mädchen sei, sauberzumachen. Allerdings komme ich zu einem Punkt, an dem ich denke: »Was ist das für eine Schlampe?« Ich bin kein Sexist. Ich bin der Meinung, dass der Kerl, dessen Waffe ich im Rücken habe, genauso sehr dafür verantwortlich ist wie sie. Man könnte hier eine Reportage über Messies drehen.

Der Kerl bedeutet mir, einen Raum auf der linken Seite zu betreten und reißt mich damit aus meinen Gedanken.

In ihm befindet sich eine Art provisorisches Labor – ein Labor voller Kabel, leerer Verpackungen verschiedenster Tiefkühlmahlzeiten und verstreuter Papiere.

»Setz dich«, sagt er.

Ich setze mich.

Er hebt einige Kabel vom Boden auf, bevor er eine Art Apparat und einen Laptop holt. Dabei hält er die Waffe die ganze Zeit auf mich gerichtet. Was auch immer er dort aufbaut, nach wenigen Minuten ist es einsatzbereit.

Mir wird klar, dass diese Kabel Elektroden sind. Mit der Waffe in der Hand befestigt er sie an meinen Schläfen und anderen Punkten an meinem Kopf. Ich muss aussehen wie eine Medusa.

»In Ordnung«, sagt er mir, als er damit fertig ist. »Splitte und komm wieder zurück.«

Ich bin immer noch so angespannt, dass mir das Hineingleiten in die Stille leichtfällt. Innerhalb eines Moments stehe ich neben meinem eingefrorenen Ich und betrachte mich. Mit den ganzen Elektroden am Kopf sehe ich lächerlich aus.

Ich überlege einen Moment lang, das Apartment zu durchsuchen, aber entscheide mich schließlich dagegen. Stattdessen kehre ich wieder zurück und bin gespannt darauf, was als Nächstes passiert.

Das erste Geräusch, das ich höre, ist das Piepen seines Laptops.

»Alles klar«, sagt er nach einer kurzen Pause. »Kurz bevor du splittest, sieht dein EEG genauso aus wie das eines Lesers.«

»Ich verstehe, dass das eine gute Sache ist, aber du hörst dich nicht allzu überzeugt an«, erwidere ich. Sobald ich es gesagt habe, bereue ich es auch schon. Leser ist gut. Warum sollte ich irgendetwas sagen, dass Zweifel zum Ausdruck bringen könnte? Aber ich kann nichts dagegen tun, weil ich gleichzeitig mehr über mich herausfinden möchte. Antworten zu bekommen war der einzige verrückte Grund dafür, überhaupt hierherzukommen.

Er schaut sich im Raum um und findet eine Ecke, in der er die Waffe ablegen kann. Ich denke, das bedeutet, dass er sich endlich ein wenig für mich erwärmt.

»Bis jetzt habe ich nur mich selbst gründlich untersucht und erste Tests an meiner Schwester durchgeführt«, erklärt er mir. »Ich habe die Aufzeichnungen meines Vaters, aber ich bin mir nicht sicher, ob sie völlig der Wahrheit entsprechen. Davon ganz abgesehen habe ich auch keine Ahnung, ob die Strippenzieher nicht die gleichen EEG-Ergebnisse aufzeigen würden.« Er runzelt seine Stirn. »Eigentlich ist es sogar sehr wahrscheinlich, dass es die gleichen sein würden.«

Sein Vertrauen verhält sich wie ein Jo-Jo. »Hast du keinen besseren Test, den du mit mir durchführen kannst?«, frage ich, bevor er wieder zu seiner Waffe greift.

»Den habe ich«, erwidert er. »Du könntest versuchen zu lesen.«

Ich verkneife mir jede witzige Bemerkung die etwas mit dem Lesen von Büchern zu tun hat. »Erklärst du mir wenigstens, was Leser und Strippenzieher sind?«, möchte ich von ihm wissen.

»Ich kann gar nicht glauben, dass du das nicht weißt.« Er blinzelt mich argwöhnisch an. »Haben dir deine Eltern gar nichts erzählt?«

»Nein«, gebe ich frustriert zu. »Ich habe keine Ahnung wovon du redest oder was Eltern damit zu tun haben.« Ich hasse es, Dinge nicht zu wissen, habe ich das schon erwähnt?

Er schaut mich einen Moment lang an, seufzt und kommt dann zu mir. »Mein Name ist Eugene«, sagt er und hält mir seine Hand hin.

»Erfreut, dich kennenzulernen, Eugene.« Ich schüttele seine Hand und bin erleichtert, dass jetzt alles so zivilisiert zugeht.

»Hör mir gut zu, Darren.« Sein Gesicht wird ein wenig weicher und sieht fast freundlich aus. »Wenn das, was du sagst, stimmt, werde ich dir helfen.« Er hebt seine Hand, bevor ich ihm danken kann. »Aber nur, wenn du wirklich ein Leser bist.«

Niemals in meinem Leben wollte ich so gerne einer bestimmten Gruppe angehören.

»Wie?«, möchte ich wissen.

»Ich werde es dir beibringen«, erklärt er mir. »Aber falls es nicht funktioniert und du nicht lesen kannst, musst du mir versprechen, sofort zu gehen und niemals wiederzukommen.«

Endlich hat sich also alles dem Guten zugewendet. Ich werde nicht getötet, selbst dann nicht, wenn ich ein Strippenzieher sein sollte. Gut.

»Wir müssen uns beeilen«, fügt er hinzu. »Meine Schwester ist schon unterwegs. Solltest du ein Strippenzieher sein, werden ihr deine Umstände egal sein.«

»Warum?«, frage ich. In der Liste der Pros und Kontras dazu, ob ich mich mit Mira verabreden sollte, führen mit Abstand die Kontras.

»Weil die Strippenzieher unsere Eltern töten ließen«, antwortet er. Sein freundlicher Gesichtsausdruck verschwindet. »Vor ihren Augen.«

»Das tut mir leid«, sage ich entsetzt. Ich hatte ja keine Ahnung gehabt, dass Mira so etwas Grauenvolles erlebt hat. Wer auch immer diese Strippenzieher sind, ich kann Mira nicht dafür verurteilen, sie zu hassen – nicht, wenn sie ihre Familie getötet haben.

Eugenes Gesicht spannt sich an, als er meine Floskel hört. »Solltest du ein Strippenzieher sein und sie erwischt dich hier, wird es dir leid tun.«

»Alles klar, in Ordnung.« Das habe ich verstanden. »Also lass es uns schnell herausfinden.«

»Steck das auf deine Finger«, meint Eugene und nimmt ein weiteres Kabel aus dem Regal.

Ich lege mir den Apparat um. Er erinnert mich an einen dieser Herzmonitore, die die Krankenschwestern im Krankenhaus an Patienten befestigen.

Eugene startet etwas an seinem Laptop und dreht den Computer in meine Richtung.

Auf dem Bildschirm kann ich ein Programm erkennen, welches meine Herzfrequenz aufzuzeichnen scheint, also war meine Theorie wahrscheinlich richtig.

»Das ist ein Photoplethysmograph«, erklärt er mir. Als er meinen verständnislosen Blick sieht, fügt er hinzu: »Wie viel weißt du über Biofeedback?«

»Nicht viel«, gebe ich zu. »Aber ich weiß, dass es stattfindet, wenn Wissenschaftler Elektroden wie deine benutzen, um die Gehirnwellen zu messen.« Ich erinnere mich daran, darüber gelesen zu haben, als ich mich damit beschäftigte, wie man in Zukunft Videospiele steuern könnte, natürlich mit den Gedanken – so wie es die Natur ganz klar vorsieht. Genauso wie den Lügendetektor, aber das ist eine lange Geschichte.

»Gut. Das ist ein Neurofeedback, eine Form des Biofeedbacks«, erklärt er mir. Seine Stimme nimmt einen professionellen Ton an, während er spricht. Ich kann ihn mir problemlos dabei vorstellen, wie er an einer öffentlichen Universität unterrichtet. Brille, weißer Kittel, einfach alles. »Das ist eine einfachere Messung.« Er zeigt auf meine Finger. »Sie zeichnet deine Herzfrequenzvariabilität auf.«

Als mein Blick weiterhin ausdruckslos bleibt, führt er fort:

»Deine Herzfrequenz kann deinen Gefühlszustand widerspiegeln. Es gibt einen ganz bestimmten Zustand, den du erreichen musst. Dieses Gerät sollte das Training beschleunigen.« Er sieht unsicher aus, als er »sollte« sagt – ich nehme an, dass er nicht viele Erfahrungen mit diesem beschleunigten Training hat.

Mir ist das allerdings egal. Nach dem, was ich über Biofeedback weiß, ist es harmlos. Wenn es Mira davon abhält, mich zu erschießen, lasse ich es gerne über mich ergehen.

»Du kannst ja später die Einzelheiten nachlesen. Jetzt möchte ich erst einmal, dass du lernst, den Messwert des Programms im grünen Bereich zu halten.« Er zeigt auf einen Bereich des Bildschirms.

Das ist so wie ein Spiel zu spielen. In der rechten unteren Ecke

Die Gedankenleser - The Thought Readers

des Bildschirms ist ein aktivierter Punkt, der wie ein roter Alarm aussieht. Daneben befinden sich blaue und grüne Punkte.

»Passe deine Atmung dem Rhythmus hier an«, sagt er und zeigt auf eine kleine Säule, die sich auf und ab bewegt. »Das ist fünfmal einatmen und fünfmal ausatmen.«

Ich atme einige Minuten lang im Einklang mit der Säule. Die letzten Reste meiner Angst verfliegen; diese Technik ist recht beruhigend.

»So ist es gut«, sagt er und deutet auf die wichtige untere Ecke. Der rote Punkt ist verschwunden und ich befinde mich jetzt im blauen. Ich atme weiter. Das grüne Licht will nicht aufleuchten.

Ich kann die Aufzeichnung meiner Herzfrequenz sehen. Sie wird immer gleichmäßiger, fast wie Sinuskurven. Ich finde es cool – auch wenn ich keine Ahnung habe, was es in Bezug auf meine Fähigkeit zu lesen bedeutet.

Das Gefühl, welches diese Technik in mir hervorruft, ist kein neues für mich – hauptsächlich wegen des gleichmäßigen Atmens. Lucy, meine Mutter, hat es mir als Meditationstechnik beigebracht, als ich ein Kind war. Sie sagte, es würde mir dabei helfen, mich zu konzentrieren. Ich denke, dass sie im Stillen hoffte, damit meiner Hyperaktivität entgegenwirken zu können. Ich liebte diese Technik und wende sie immer noch von Zeit zu Zeit an. Meine Mutter hatte sie von einem ihrer alten Freunde von den Truppen gelernt, erklärte sie mir einmal – einem Freund, der verstorben war. Sie hat mir beigebracht, während dieser Atemübung an schöne Dinge zu denken. Da ich gerade an Lucy denke, erinnere ich mich auch daran, wie sie mir erklärt hat, sie wisse nicht nur deshalb, wie man meditiere, weil sie Asiatin ist. Dabei war ich immer genau davon ausgegangen. Das war meine erste Lektion bezüglich kultureller Stereotype gewesen, aber nicht meine letzte. Das ist das Anstrengendste an meinen beiden Müttern, sie haben viele dieser Themen.

Ich denke also an schöne Dinge und ignoriere die Graphik. Ich schließe meine Augen, um zu meditieren, so wie Lucy es mir beigebracht hat. Ich schaue häufig auf den Bildschirm, um zu sehen, wo ich stehe.

»Genau so«, meint Eugene plötzlich, und ich erschrecke. Als ich dieses Mal meine Augen öffne, ist die Kurve sogar noch gerader und der Punkt ist grün.

»Das ging viel zu einfach«, bemerkt er und sieht mich misstrauisch an. »Aber das ist unwichtig. Mach das bitte noch einmal, ohne auf den Bildschirm zu achten.«

Er entfernt den Laptop und ich widme mich der »Meditation à la Lucy«. Nach weniger als einer Minute schaut er mich noch fassungsloser an.

»Das ist unglaublich. Ich habe noch nie von jemandem gehört, der so schnell beim ersten Mal die Kohärenz erreichen kann«, sagt er. »Du bist bereit für den wirklichen Test.«

Er steht auf, nimmt die Waffe und steckt sie in seine Kitteltasche. Dann führt er mich zu meiner großen Überraschung aus dem Apartment.

Ich bin besonders irritiert darüber, dass er über den Flur geht und an der gegenüberliegenden Tür klingelt.

Sie öffnet sich und ein junger Mann mit fettigen roten Haaren schaut uns an. Seine Augen sind blutunterlaufen und glasig.

Ohne Vorwarnung wird alles still.

Eugene nimmt seine Hände von meinem eingefrorenen Ich. Er muss das Gleiche mit mir gemacht haben wie seine Schwester im Kasino. Er muss sich in die Stille begeben und mich berührt haben, um mich zu sich zu holen. Es ist beängstigend, darüber nachzudenken – jemand berührt mein eingefrorenes Ich, genauso wie ich es bei vielen anderen getan habe –, aber ich denke, ich muss mich an diesen Gedanken gewöhnen, dass ich nicht mehr der Einzige bin, der das kann.

Eugene geht zu dem Mann und berührt seine Stirn. Ich erwarte eigentlich, dass er jetzt auch in der Stille erscheint.

Aber das tut er nicht. Wir sind nur zu fünft: Eugene und ich in eingefrorener und beweglicher Form sowie der andere Kerl, der immer noch eine bewegungslose Statue ist.

Ich sehe verwirrt dabei zu, wie Eugene einfach nur dasteht, ohne seine Hand von der Stirn des Nachbarn zu entfernen. Er ist so starr, dass er mich an seine eingefrorene Version erinnert.

Dann bewegt er sich wieder. Er hat seine Hand von dem Kopf des Typen gelöst.

»In Ordnung«, meint er und deutet auf den Mann. »Jetzt mach das Gleiche. Lege deine Hand auf seine Haut.«

Ich gehe hinüber und tue, was Eugene mir gesagt hat. Die Stirn des Mannes ist klamm, was ich unangenehm finde.

»Gut, und jetzt schließe deine Augen und begebe dich in denselben Kohärenzzustand«, weist er mich jetzt an.

Ich schließe meine Augen und beginne zu meditieren. Und dann passiert es.

ICH BIN SO STONED. DAS ZEUG, WELCHES MIR PETER VERKAUFT HAT, war super. Ich muss mir mehr davon besorgen.

Ich fühle mich großartig, aber gleichzeitig wundert sich ein Teil von mir, warum zum Teufel ich gekifft habe. Mein Hedgefonds führt in unregelmäßigen Abständen Urintests durch. Was wird passieren, sollte ich getestet werden?

Und auf einmal verstehe ich es: *Ich* bin nicht stoned. *Wir* sind stoned. Ich, *Darren*, bin es nicht. Aber ich, *Nick*, bin es.

Wir sind gerade Nick.

Wir hören »Comfortably Numb« von Pink Floyd, und genauso betäubt fühlen wir uns auch gerade.

Ich, Darren, habe vorher schon einmal gekifft. Ich mochte es allerdings nicht ansatzweise so gerne wie ich, Nick, es in diesem Moment tue.

Wir bekommen Hunger, aber sind zu faul, um uns etwas zu essen zu holen.

Es klingelt an der Tür.

Wow.

Kann das ein Lieferservice sein? Wir erinnern uns nicht daran, etwas bestellt zu haben, aber etwas zu bestellen – Pizza oder chinesisch – klingt gerade nach einer super Idee. Wir greifen nach dem Telefonhörer, als es erneut an der Tür klingelt.

Ach ja, die Tür.

Wer ist an der Tür, fragen wir uns wieder, diesmal etwas paranoid.

Mir, Darren, wird auf einmal klar, dass es sich bei dem Klingeln wohl um Eugene und mich handelt.

Wir stehen auf, gehen zur Tür und öffnen sie, nachdem wir umständlich aufgeschlossen haben.

Wir schauen auf Eugene, Miras älteren Bruder, und einen anderen Kerl, den ich, Darren, als mich selbst identifiziere. Wir fragen uns, was los ist.

Plötzlich stehe ich im Korridor und meine Hand liegt nicht mehr auf Nicks Stirn. Mir dämmert, was gerade passiert ist, und ich blicke mit offenem Mund und rasendem Herzen Eugene an.

»Eugene, wolltest du, dass ich in die Gedanken dieses Kiffers eindringe?«, kann ich gerade so fragen. »Meinst du mit Lesen Gedankenlesen?«

Eugene lächelt mich an, geht zu seinem eingefrorenen Ich und berührt seine Schläfen, um uns wieder zurückzubringen. Er entschuldigt sich mit irgendeiner schlechten Entschuldigung bei dem verwirrten Nick dafür, bei ihm geklingelt zu haben, und wir gehen zurück in Eugenes Apartment.

»Beschreibe mir alles, was du gerade erlebt hast«, sagt er, sobald wir die Tür hinter uns geschlossen haben.

Ich erzähle es ihm. Während ich rede wird sein Lächeln immer breiter. Er muss das Gleiche gesehen haben, als er den Typen berührt hat. Aus seiner Reaktion schließe ich, dass ich lesen kann. Somit sind alle seine Vorbehalte gegen mich wie weggewischt. Ich vermute, dass es außerdem bedeutet, dass Strippenzieher nicht lesen können. Ich fühle mich, als würde ich beginnen, Teile dieses Rätsels langsam zu verstehen.

Das war ein Test – und ich habe ihn unglaublicherweise bestanden.

7

Das, was ich getan habe, ist nicht genau das, was ich mir unter Gedankenlesen vorgestellt hatte – nicht, dass ich mir das Gedankenlesen als solches vorstellen konnte. Dieses Erlebnis war wie eine Art virtuelle Realität, nur intensiver. Es war, als sei ich dieser Kiffer. Ich fühlte genau, was er fühlte. Ich sah genau, was er sah. In mir stiegen seine Erinnerungen auf und sie kamen und gingen, so als seien sie meine eigenen.

Gleichzeitig war ich aber auch ich selbst. Eine Art Beobachter. Ich habe zwei verschiedene Blickwinkel angenommen. Auf der einen Seite war ich Nick und fühlte mich high, betäubt, benebelt. Gleichzeitig war ich aber auch ich selbst, ohne mein eigenes Bewusstsein zu verlieren. Das war eine eigenwillige Mischung.

Ich will das noch einmal erleben. So schnell wie möglich.

»Möchtest du Tee?«, fragt Eugene und reißt mich damit aus meinen Gedanken. Ich bemerke, dass wir irgendwie am Küchentisch angelangt sind.

Ich schaue mich in dem Raum um. Überall liegen Becher herum. Führt er hier ein chemisches Experiment durch? Eine rote Spur auf der Arbeitsfläche neben einer Ampulle mit einer

Substanz in der gleichen Farbe passt zu den Flecken auf Eugenes Kittel. Zumindest ist es kein Blut, wie ich anfangs vermutet hatte.

»Ich deute dein Schweigen mal als ein Ja auf meine Frage, ob du einen Tee möchtest.« Eugene lacht auf. »Es tut mir leid«, fügt er hinzu und kommt zu mir, nachdem er den Wasserkessel auf den Herd gestellt hat. »Wenn wir das erste Mal lesen, ist es normalerweise nicht so verwirrend. Nicks Drogenrausch muss eine eigenartige Hintergrundnote zu einem sowieso schon eigenartigen Ergebnis sein …«

»Das ist eine Untertreibung«, erwidere ich und finde wieder zu mir. »Also, wie funktioniert das?«

»Lass uns von Anfang an beginnen«, sagt Eugene. »Hast du jetzt verstanden, was ein Leser ist?«

»Ich glaube schon. Jemand, der so etwas tun kann?«

»Genau.« Eugene lächelt.

»Und was ist ein Strippenzieher?«

Sein Lächeln verschwindet. »Das, was Strippenzieher tun, ist furchtbar. Eine Abartigkeit. Ein Verbrechen an der menschlichen Natur. Sie vergewaltigen, auf die perfekte Art und Weise.« Seine Stimme wird tiefer und klingt angeekelt. »Sie vergewaltigen das Gehirn. Sie nehmen einer Person den eigenen Willen.«

»Du meinst, sie können jemanden hypnotisieren?«, frage ich, um das, was er sagt, besser verstehen zu können.

»Nein, Darren.« Er schüttelt seinen Kopf. »Handlungen unter Hypnose sind freiwillig – falls es sie überhaupt gibt. Unter Hypnose kannst du niemanden dazu zwingen, etwas gegen seinen Willen zu tun.« Er hält inne, als der Kessel pfeift. »Eine Person würde dagegen einfach alles machen, was ein Strippenzieher möchte«, erklärt er, als er aufsteht.

Ich weiß nicht, was ich dazu sagen soll, also sitze ich einfach nur da und sehe ihm dabei zu, wie er uns Tee einschenkt.

»Ich weiß, das sind eine Menge neuer Dinge, die du verarbeiten musst«, sagt Eugene und stellt den Becher vor mir ab.

»Du hast ein Talent dafür, die offensichtlichen Dinge zu erklären.«

»Du hast mir gesagt, dass du hierhergekommen bist, um Antworten zu bekommen. Ich habe dir versprochen, sie dir zu geben. Was möchtest du wissen?«, erwidert er, und mein Herz beginnt vor Aufregung zu pochen, als ich begreife, dass ich endlich mehr über mich herausfinden werde.

»Wie funktioniert es?«, frage ich, bevor er seine Meinung ändern kann und mich weiteren Tests unterziehen möchte. »Warum können wir uns in die Stille begeben?«

»In die Stille begeben? Meinst du das Splitten?« Er lacht, als ich nicke. »Bereite dich darauf vor, enttäuscht zu werden. Es weiß niemand so richtig, warum wir das tun können. Ich habe allerdings ein paar Theorien dazu. Ich erzähle dir meine Lieblingstheorie. Wie viel weißt du über Quantenmechanik?«

»Ich bin kein Physiker, aber ich weiß das, was ein gut belesener Laie wissen sollte.«

»Das könnte reichen. Ich bin selbst kein Physiker. Physik war das Leben meines Vaters und eigentlich ist es seine Theorie. Hast du jemals von Hugh Everett III gehört?«

»Nein.« Das traf auf Hugh Everett I und II genauso zu, aber das sage ich Eugene nicht.

»Das ist nicht wichtig, solange du etwas über die multiple Universen-Interpretation der Quantenmechanik weißt.« Er reicht mir Zucker für meinen Tee.

»Ich denke, ich habe schon davon gehört«, erwidere ich und schüttele meinen Kopf, da ich keinen Zucker möchte. Eugene sitzt mir am Tisch gegenüber und blickt mich eindringlich an. »Es handelt sich dabei um die Alternative zur berühmten Kopenhagener Interpretation der Quantenmechanik, richtig?«

»Ja, das ist die richtige Richtung. Verstehst du die Kopenhagener Interpretation?«

»Nicht wirklich. Sie handelt von Partikeln, die unter Beobachtung stehend beschließen, sich mit nur einer Wahrscheinlichkeit an einem bestimmten Ort zu befinden – einschließlich Zufällen. Oder so etwas Ähnliches. Ist sie nicht bekannt dafür, dass sie niemand versteht?«

»Das stimmt. Ich bezweifle, dass irgendjemand das kann. Selbst mein Vater konnte das nicht, obwohl Naturwissenschaften wie gesagt genau sein Ding waren. Er würde darauf verweisen, dass das ganze Paradox von Schrödingers Katze das beste Beispiel für die Unklarheit ist.« Während er spricht, vertieft sich Eugene immer mehr in die Unterhaltung. Er rührt seinen Tee nicht an, da er zu versunken in dieses ganze Thema ist. »Schrödinger hatte vor, mit dieser Katzentheorie aufzuzeigen, wie falsch oder zumindest irreführend diese Interpretation ist. Das ist eigentlich ganz witzig, wenn man bedenkt, wie berühmt sein Experiment mit den Katzen wurde. Wie dem auch sei, was wichtig ist, ist zu wissen, dass Everett behauptete, dass es keinen Zufall gibt. Ein Partikel kann sich an jedem Ort aufhalten, außer in anderen Universen. Seine Theorie ist, dass nichts Besonderes dabei ist, Partikel oder Katzen zu beobachten – Realität ist, dass Schrödingers Katze gleichzeitig tot und lebendig ist; lebendig in einem Universum und tot in einem anderen. Dafür benötigt man keine besonderen Fähigkeiten – schon gar keine magischen. Kannst du mir folgen?«

»Ja, ich kann dir folgen«, sage ich. Erstaunlicherweise tue ich das wirklich. »Ich musste mich darüber informieren, als wir in ein Unternehmen investieren wollten, das Fortschritte in der Quanten-Datenverarbeitung ankündigte.«

»Gut.« Eugene sieht erleichtert aus. »Das könnte meine Erklärung erheblich beschleunigen. Ich hatte schon Angst, dir alles über das Doppelspaltexperiment und so weiter erklären zu müssen. Du hast auch von der Theorie gehört, dass das Gehirn irgendwie Quanten-Datenverarbeitung anwenden könnte?«

»Das habe ich«, erwidere ich, »aber ich habe auch gelesen, dass es unwahrscheinlich ist.«

»Weil die Temperaturen zu hoch sind? Und die Effekte zu kurzlebig?«

»Ja. Ich denke, es war irgendetwas in dieser Art.«

»Nun, mein Vater glaubte trotzdem daran. Es weiß ja niemand genau, das musst du zugeben«, sagt Eugene.

Ich habe niemals darüber nachgedacht. Dieses Thema war niemals wichtig für mich gewesen. »Ich denke, da hast du Recht«, sage ich langsam. »Ich habe gelesen, dass sich im Gehirn definitiv einige Quantum-Auswirkungen abspielen.«

»Genau.« Er nimmt einen Schluck von seinem Tee und stellt die Tasse wieder ab. Ich folge seinem Beispiel. Der Tee ist bitter und zu heiß, und ich sterbe vor Verlangen danach, dass Eugene weiterspricht. »Das Ungewisse an dem, was du vorhin erwähnt hast, hat mit der Frage zu tun, ob das Bewusstsein mit den Quanteneffekten zu tun hat oder nicht. Niemand zweifelt daran, dass sich im Gehirn bestimmte Arten von Quantenprozessen abspielen. Da alles aus subatomaren Partikeln besteht, laufen überall Quantenprozesse ab. Diese Theorie behauptet allerdings, dass Gehirne diesen Effekt ausnutzen. So wie Pflanzen. Hast du davon schon gehört?«

»Ja, das habe ich.« Er spricht über die Quanteneffekte in der Photosynthese. Meine Mutter, Sara, hat mir eine große Anzahl von Artikeln darüber gemailt. Sie ist besessen davon, mir Artikel über Dinge zu senden, von denen sie denkt, dass sie mich interessieren könnten. Oder genau genommen einfach über alles, für das sie sich interessiert.

»Photosynthese hat sich im Laufe der Zeit entwickelt, da einige Kreaturen einen Vorteil dadurch erlangen konnten, dass sie Quanteneffekte nutzten. Und rein logisch betrachtet – würde nicht jede Kreatur, die irgendwelche genialen Quantenberechnungen anstellen könnte, einen riesigen Überlebensvorteil haben?«, fragt er.

»Das hätte sie«, gebe ich fasziniert zu.

»Gut. Die Theorie ist also, dass das, was wir tun können, direkt damit zusammenhängt – dass wir uns in einem anderen Universum befinden, wenn wir splitten, und dass Quantenvorgänge in unserem Hirn das Splitten überhaupt erst ermöglichen.« Wenn er erregt ist, und das ist er gerade ganz eindeutig, sieht er noch mehr wie ein verrückter Wissenschaftler aus.

»Das ist ein weiter Sprung«, sage ich zweifelnd.

»Dann lass es mich noch einmal anders erklären. Könnten Gehirne die Fähigkeit entwickelt haben, schnelle Quanten-Datenverarbeitungen durchführen zu können? Sagen wir, im Fall von dringenden Notfällen?«

»Ja, ich denke, das ist möglich.« Mit Evolution kenne ich mich gut aus, schließlich war dies das Thema von Saras Doktorarbeit. Ich weiß seit der zweiten Klasse, wie das Ganze funktioniert.

»Dann lass uns nach dieser Theorie annehmen, dass das Gehirn gelernt hat, für bestimmte Dinge Quanteneffekte zu benutzen. Und dass ein solches Gehirn in der Evolution bevorzugt wird. Selbst wenn die Auswirkungen winzig sind. Solange es einen Vorteil bedeutet, wird sich diese Veränderung ausbreiten.«

»Aber das würde gleichzeitig bedeuten, dass viele Kreaturen, und alle Menschen, die gleiche Fähigkeit haben wie wir«, entgegne ich.

»Ja, genau. Du musst mitbekommen haben, dass einige Menschen in extrem lebensbedrohlichen Situationen den Eindruck haben, dass die Zeit sich verlangsamt. Dass einige berichtet haben, sie hätten ihre Körper verlassen.«

»Ja, natürlich.«

»Vielleicht fühlt es sich so für normale Menschen an, wenn sich diese Quanten-Datenverarbeitung bei ihnen abspielt? Vielleicht soll in diesem Moment der Prozess ihr Leben retten oder ihrem Hirn die Möglichkeit geben, eine Lösung zu finden? Diese Theorie nimmt an, dass genau das passiert und alle Menschen diesen todesnahen Quanten-Verarbeitungsprozess haben. Die ganzen belächelten Berichte über die komischen Dinge, die Menschen in Notsituationen widerfahren, bestätigen sie nur. Bis zu diesem Punkt kann die Theorie auf die natürliche Evolution zurückgeführt werden.«

»Ich verstehe«, antworte ich. »Bis jetzt kann ich dir folgen.«

»Gut.« Eugene scheint noch aufgeregter zu werden. »Und jetzt lass uns annehmen, dass das schon vor langer Zeit jemandem aufgefallen ist – er mitbekommen hat, dass Soldaten darüber reden, wie sich ihr Leben in Zeitlupe vor ihnen abspielt, oder wie Walküren auf dem Schlachtfeld über Leben und Tod entscheiden ... Diese Person könnte sich dazu entschieden haben, etwas wirklich Verrücktes zu tun, wie einen Kult zu gründen – einen Kult, der zu einem eigenartigen Zuchtprogramm geführt hat, bei dem Menschen zusammen Nachwuchs bekommen sollten, die diese Erfahrungen länger und intensiver gemacht hatten.« Er vergisst seinen Tee, steht auf und beginnt im Raum umherzugehen, während er spricht. »Vielleicht haben sie sie unter Druck gesetzt, um ihre Geschichten zu hören. Dann könnten sie diejenigen mit den stärksten Erfahrungen dazu nutzen, sich zu vermehren. Über viele Generationen könnte diese selektive Fortpflanzung dazu geführt haben, dass Menschen geboren wurden, bei denen diese Quanten-Datenverarbeitung unter Stress viel ausgeprägter ist – Personen, die andere Dinge erlebten, wenn sie ein bestimmtes Erregungsniveau erreichten. Denk mal darüber nach, Darren.« Er hält inne und schaut mich an. »Was ist, wenn wir einfach nur dieser Linie der Menschheit entstammen?«

Diese Theorie hatte ich nicht erwartet. Sie hört sich sehr weit hergeholt an, aber ich muss zugeben, dass sie auf eigenartige Weise Sinn ergibt. Teilweise trifft sie genau auf meine eigenen Erfahrungen zu. Dinge, die Eugene von mir nicht weiß – wie die Tatsache, dass ich zum ersten Mal in die Stille eingetaucht bin, als ich während eines Überschlags von meinem Fahrrad gefallen bin. Es war genau dieses Sich-außerhalb-des-Körpers-Befinden, das er beschrieben hat. Ich fand schnell heraus, dass ich das jedes Mal machen konnte, wenn ich gestresst war.

»Erklärt diese Theorie das Lesen?«, möchte ich von ihm wissen.

»Auf eine gewisse Weise«, erwidert er. »Die Theorie ist, dass jedes Gehirn sich unter bestimmten Bedingungen in verschiedene Universen splitten kann. Als Leser können wir uns einfach eine längere Zeit in diesen Universen aufhalten und sind währenddessen bei vollem Bewusstsein.« Er holt tief Luft. »Der nächste Teil ist zugegebenermaßen ein wenig unklar. Wenn man eine normale Person berührt, die im Gegensatz zu uns nicht splitten kann, bekommt diese davon nichts mit. Wenn du allerdings einen Leser oder Strippenzieher berührst, also jemanden, der genauso ist wie wir – dann wird dieser in dein Universum gezogen. Sein ganzes Wesen kommt zu dir, so wie ich zu dir gekommen bin, als du heute meine Hand angefasst hast. Wenn du eine normale Person berührst, wird diese nur leicht zu dir gezogen – eher auf einem unterbewussten Niveau. Und das reicht für uns aus, um zu lesen. Danach haben diese Menschen keine Erinnerung an diesen Vorfall, nur ein leichtes Gefühl eines Déjà-vus oder den Eindruck, dass sie etwas verpasst haben. Aber selbst diese leichten Träume sind sehr selten.«

»Jetzt wird die Theorie ein wenig schwammig«, stimme ich ihm zu.

»Ich habe keine bessere Erklärung dafür. Mein Vater hat versucht, diese Frage wissenschaftlich zu lösen, und hat einen hohen Preis dafür bezahlt.«

Ich blicke Eugene verständnislos an und er sagt: »Die Strippenzieher haben ihn dafür umgebracht.«

»Was? Er wurde umgebracht, weil er versucht hat, Antworten auf diese Fragen zu finden?« Ich kann mein Entsetzen nicht verbergen.

»Die Strippenzieher möchten nicht, dass dieser Vorgang untersucht wird«, erklärt Eugene bitter. »Diese Feiglinge haben Angst.«

»Wovor?«

»Davor, dass die normalen Menschen erfahren, was wir tun«, sagt Eugene, und ich höre heraus, dass das bei ihm nicht der Fall ist.

8

Ich sitze still da und trinke meinen Tee. Eugene kommt zum Tisch zurück und setzt sich wieder hin, um seine Tasse zu leeren. Mein Gehirn kann diese ganzen Informationen gar nicht so schnell verarbeiten. Es gibt so viele Möglichkeiten, in welche Richtung dieses Gespräch gehen könnte. Ich habe so viele Fragen. Ich habe noch nie jemanden getroffen der überhaupt wusste, dass die Stille existiert, geschweige denn Genaueres darüber weiß – außer vielleicht Mira. Aber das Verfolgen einer Person durch ein Kasino ist technisch gesehen kein Treffen.

»Gibt es noch andere Theorien?«, möchte ich nach einigen Augenblicken wissen.

»Viele«, antwortet er. »Auf einer von ihnen basiert die Computersimulation. Wenn du die Matrix gesehen hast, ist sie leicht zu verstehen. Nur liefert sie nicht so viele Erklärungen wie die Quantenuniversen und die Tatsache, dass die Fähigkeit erblich ist.«

Eigentlich wollte ich mehr über diese Computersimulations-Theorie wissen, aber diese Sache mit der Vererbbarkeit lässt es mich auf der Stelle vergessen.

»Moment mal, muss jeder Leser Eltern haben, die auch Leser

sind?«, frage ich. Zurückblickend gesehen ist das offensichtlich, bei dem, was er mir bis jetzt erzählt hat. Ich möchte allerdings, dass er es ausspricht.

»Ja.« Er stellt seine leere Teetasse ab. »Was mich daran erinnert: Wer sind deine Eltern? Wie kann es sein, dass du nicht wusstest, dass du ein Leser bist?«

»Warte« Ich hebe meine Hand. »Müssen beide Eltern Leser sein?«

»Nein.« Aus irgendeinem Grund sieht er leicht verärgert aus. »Nicht beide. Nur ein Teil.« Offensichtlich ist Eugene ein wenig empfindlich, was dieses Thema anbelangt.

Bevor ich ihn allerdings dazu befragen kann, fährt er fort: »Ich verstehe nicht, dass dir deine Eltern nichts darüber erzählt haben. Ich habe angenommen, es sei Tradition, diese Geschichte in jeder Familie mit dieser Fähigkeit von Generation zu Generation weiterzugeben. Warum hat das deine nicht getan?«

»Ich weiß es nicht«, sage ich langsam. Sara hat mir nie etwas gesagt. Genau das Gegenteil war der Fall. Als ich meinen Müttern davon erzählt habe, was ich gesehen habe, als ich vom Fahrrad gefallen bin, haben sie mir gesagt, ich habe mir wohl den Kopf gestoßen. Als sich das Erlebnis bei einem Sprung vom Dach wiederholte und ich ihnen davon erzählte, mich erneut außerhalb meines Körpers befunden zu haben, haben sie mich zu meinem ersten Therapeuten geschickt. Dieser hat mich zu meinem derzeitigen Psychologen verwiesen – der einzigen Person, mit der ich seitdem darüber gesprochen habe. Bis ich Eugene traf.

Eugene schaut mich daraufhin zweifelnd an. »Ehrlich? Weder dein Vater noch deine Mutter haben dir gegenüber jemals etwas erwähnt?«

»Ich kenne meinen Vater nicht, aber da meine Mutter nie etwas darüber gesagt hat, nehme ich an, dass er der wahrscheinlichere Kandidat ist«, spreche ich meine Gedanken laut aus. Dem verwirrten Gesichtsausdruck nach zu urteilen versteht Eugene mich nicht. Warum sollte er auch? Meine Geschichte ist nicht gerade typisch für eine amerikanische Familie. »Ich wurde durch künstliche Befruchtung gezeugt«, erkläre ich ihm. »Mein Vater spendete sein Sperma einer israelischen Samenbank. Könnte es sein, dass er einer von uns war – ein Leser?«

Mein genialer Vater. Was für ein Witz. Ich erzähle nur wenigen Menschen davon. Allein die Tatsache, zwei Mütter zu haben, ist eigenartig genug. Die Tatsache, dass Sara sich »gutes« Sperma besorgt hat, um ein cleveres Kind zu bekommen, ist das Sahnehäubchen. Aber genau das hat sie getan. Sie und Lucy besuchten eine IQ-Spender-Samenbank und wurden fündig. Ich denke, sie sind bis über den Ozean gereist, um sicherzustellen, dass ich meinen Vater niemals finden werde. Das ist auch der Grund dafür, dass ich der festen Überzeugung bin, mein Psychiater habe einen leichten Job mit mir. Was auch immer passiert, meine Mutter ist schuld.

»Was? Nein, das ist unmöglich«, unterbricht Eugene meine Überlegungen. »Es muss deine Mutter sein. Wir würden niemals Sperma spenden. Das ist verboten.«

»Wie meinst du das?«

»Wir haben Regeln«, erklärt er, und das ist offensichtlich wieder etwas, das ihm nicht gefällt. »In der Vergangenheit wurden alle Hochzeiten der Leser arrangiert – daher die Theorie über die selektive Fortpflanzung, verstehst du? Heutzutage ist das alles ein wenig freier, aber es gibt immer noch jede Menge Verbote. Zum Beispiel kann sich ein Leser seinen Ehepartner nach Belieben aussuchen und muss nicht mehr darauf achten, wie stark er oder sie ist. Das wird jetzt als eine Privatangelegenheit angesehen. Trotzdem wird erwartet, dass der Partner ein Leser ist.«

Ich merke mir die Erwähnung des Wortes »stark«. Ich bin neugierig, wie man ein mehr oder weniger starker Leser sein kann, aber zuerst möchte ich etwas anderes wissen. »Wegen dieser selektiven Fortpflanzung?«, frage ich, und Eugene nickt.

»Genau. Wegen des Blutes. Kinder mit Nicht-Lesern zu bekommen führt zum Ausschluss aus der Lesergemeinschaft.« Er macht eine kurze Pause, bevor er ruhig sagt: »Wie bei meinem Vater.«

Jetzt verstehe ich, warum das für ihn so ein empfindliches Thema ist. »Ich verstehe. Also war deine Mutter kein Leser? Und das ist verboten?«

»Technisch gesehen ist das Heiraten von Nicht-Lesern und das Zeugen von Kindern wie Mira und mir nicht mehr verboten. Es wird nicht mehr mit Hinrichtung bestraft wie in der Vergangenheit. Trotzdem wird es nicht gerne gesehen und die Bestrafung dafür ist Verbannung. Aber das ist in deinem Fall nicht das Problem. Ein Leser als Spermaspender – so wie du es beschrieben hast–, ist bis heute verboten. Es kann zu einer Vermischung des Blutes führen und ist nicht nachverfolgbar.«

»Vermischung? Nicht nachverfolgbar?« Jetzt bin ich völlig verwirrt.

»Eine Strippenzieher-Mutter könnte auf diese Weise von einem Leser geschwängert werden«, erklärt mir Eugene. »Leser sehen das als falsch an, und wie mein Vater mir erzählt hat, trifft das Gleiche auf die Strippenzieher zu. Sie würden ihr Sperma auch nicht spenden. Die Wahrscheinlichkeit ist zugegeben minimal, da die Strippenzieher selbst das Risiko nicht eingehen würden, auf diese Weise schwanger zu werden. Abgesehen von der Vermischung, die verhindert werden muss, mögen die Leser es, über alles genau die Kontrolle zu behalten, sogar über Halbblute wie mich. Befruchtungen mit Hilfe von Samenbanken würde es ihnen nicht erlauben, den Überblick über den Stammbaum der Leser zu behalten. Oder sie müssten den ganzen Prozess beaufsichtigen, was schwierig wäre.«

Das ergibt Sinn. Aber es führt gleichzeitig zu einer einzigen logischen Schlussfolgerung. Sara, meine biologische Mutter, muss ein Leser sein. Wie konnte sie das vor mir, ihrem Sohn, geheim halten? Wie konnte sie so tun, als sei ich verrückt?

»Es tut mir leid, Darren«, meint Eugene, als ich schweige. »Wahrscheinlich hast du jetzt noch mehr Fragen als vorher.«

»Ja. Du hast ein Talent für Untertreibungen«, erwidere ich. »Ich habe Hunderte von Fragen. Aber weißt du was? Weißt du, was ich jetzt gerade am liebsten tun möchte?«

»Du möchtest noch einmal lesen?«, tippt er.

Und er hat richtig geraten. »Können wir?«

»Natürlich.« Er lächelt. »Lass uns bei ein paar Nachbarn vorbeischauen.«

9

Ich muss zugeben, dass ich Eugene mag. Ich bin froh, ihn getroffen zu haben. Es ist erfrischend, mit einer weiteren intelligenten Person reden zu können und nicht immer nur mit Bert.

Nach einigen Minuten haben wir uns für unseren nächsten »Freiwilligen« entschieden. Er ist ein großer Kerl Mitte zwanzig, der ein paar Türen weiter unten wohnt.

»Hallo Brad«, sagt Eugene. »Ich habe gerade mein Salz aufgebraucht. Könntest du mir vielleicht ein wenig leihen?«

Der Mann sieht verwirrt aus. »Salz? Natürlich. Ich schaue mal nach, ob ich etwas habe.« Als er sich herumdreht, zwinkert Eugene mir zu. Auf sein Zeichen hin gleite ich in die Stille hinein und berühre seine Stirn, um ihn zu mir zu holen.

Es funktioniert wie erwartet. Wir befinden uns in der Stille, die nach Eugenes Lieblingstheorie eine Art anderes Universum sein könnte. Ich denke allerdings nicht länger über die vielen Fragen nach, die ich über diese andere Realität habe, falls es sich überhaupt um so etwas handelt. Ich habe etwas viel Interessanteres zu tun. Ich gehe zu Brad, berühre seine Schläfe mit meinem Zeigefinger und schließe meine Augen.

Dann beginne ich mit der Meditationsatmung.

»Was zum Henker? Wem geht denn schon das Salz aus?« Die Gedanken, die uns durch den Kopf gehen, sind nicht gerade schmeichelhaft für Eugene. »Und wer ist dieser andere Typ? Sein Freund? Das würde uns nicht wundern. Wir haben schon immer vermutet, dass Miras langweiliger Bruder schwul ist.«

Mir, Darren, wird klar, dass Brad Mira und Eugene kennt. Und ich weiß, dass mir nur noch Sekunden seiner Erinnerung bis zu dem jetzigen Zeitpunkt bleiben. Einmal dort angekommen, würde ich aus dem Kopf des Menschen gedrängt werden, hat mir Eugene erklärt. Also versuche ich etwas anderes. So wie Eugene mich angewiesen hat, versuche ich tiefer in Brads Bewusstsein zu sinken.

Ich stelle mir vor, ich sei leichter als Luft. Ich sehe mich als eine Feder, die an einem windstillen Tag langsam in einem unbeweglichen See versinkt. Ich fühle mich leicht.

Und dann passiert es.

Wir befinden uns im Kino. Wir haben eine Verabredung. Wir schauen uns das Mädchen neben uns an und ich, Darren, kann meinen Augen kaum trauen. Wir sitzen neben Mira. Als wir versuchen, bei ihr zu landen, denke ich, Darren, dass ich vielleicht wirklich verrückt geworden bin. Aber nein, es gibt eine einfachere Erklärung. Die bekomme ich, als ich versuche, noch weiter zu sinken, und erfolgreich bin.

Wir stehen mit Blumen in der Hand vor Miras Apartment. »Die sind für dich«, sagen wir, als sie die Tür öffnet.

Wir denken, dass wir ziemlich clever sind. Diese Blumen sind Teil eines Plans. Wir möchten nämlich unsere heiße Nachbarin ins Bett locken.

»Wie nett«, meint sie trocken, als sie uns sieht. »Sollte ich jetzt in Ohnmacht fallen?« Dann erklärt sie uns haargenau was sie für den Grund für die Blumen hält. Ich, Darren, begreife, dass sie genau das getan hat, was ich gerade tue. Sie muss Brads Gedanken gelesen haben – oder sie hat einfach ihren Verstand gebraucht. Warum sonst bringt ein Typ einem Mädchen Blumen?

Wir sind über die Direktheit unserer Nachbarin erstaunt. Fast beeindruckt. Wir geben zu, dass wir mit ihr schlafen möchten, aber dass sie die Blumen trotzdem annehmen könnte. Das tut sie auch. Danach legt sie die Grundregeln fest. Nichts Ernstes. Sie sagt, dass sie keine Zeit für Beziehungen hat. Einen Kinobesuch, ein Abendessen, und wenn sie danach noch denkt, dass es sich lohnt, wird sie mit zu uns kommen. Das war's. Eine einmalige Sache, außer das Ganze ist außergewöhnlich gut. Sollte das unerwarteterweise der Fall sein, würde sie eventuell ein weiteres Treffen in Betracht ziehen.

Wir stimmen zu. Welcher gesunde Mann würde das nicht?

Ich, Darren, erlebe das Essen und den Film. Ich finde beides toll. Alles daran.

Wir gehen zurück zu unserem – Brads – Apartment.

Wir sind in seinem Schlafzimmer. Wir küssen Mira. Ich, Darren, bin eifersüchtig, dass ein Arschloch wie Brad das mit Mira machen kann. Dieses Gefühl ist allerdings nur von kurzer Dauer. Wir sind in dieses Erlebnis versunken. Miras perfekter nackter Körper. Ihre Lippen auf unseren. Es ist genau so, wie wir es uns immer erträumt hatten.

Leider ist es zu viel von allem. Ich, Darren, kann spüren, dass wir – Brad – die Kontrolle verlieren. Nicht mal eine Gruppe Baseballspieler könnte ihn noch zurückhalten. Und auf einmal haben wir ein Problem. Offensichtlich sieht Mira ein wenig zu gut aus, denn noch bevor ich, Darren, weiß, was vor sich geht, passiert etwas ein wenig ... verfrüht.

Miras Reaktion darauf ist bewundernswert. Sie ist nicht wütend, sie tröstet uns. Sie sagt uns, wir sollten uns keine Sorgen machen. Sie sagt, sie hatte einen schönen Abend. Sie kann uns aber nichts vormachen. Sie geht schnell und spricht nie wieder mit uns darüber, oder über irgendetwas, um ehrlich zu sein.

ICH BIN WIEDER IN MEINEM KÖRPER IN DER STILLE UND ALS ERSTES schlage ich Brad ins Gesicht.

»Was machst du da?«, ruft Eugene und schaut mich an, als sei ich verrückt.

»Vertrau mir«, sage ich und widerstehe dem Drang, den Kerl zu treten. Was für ein Loser. Er hat nicht nur mit Mira geschlafen, er war auch noch schlecht. »Er spürt nichts. Stimmt doch, oder etwa nicht?«

»Ja, das stimmt«, gibt Eugene zu. »Zumindest zweifle ich sehr stark daran, dass er es fühlt. Aber es ist respektlos.«

Schade, dass Brad den Schlag nicht spüren kann. Ich wäge ab, ihn erneut zu schlagen, wenn wir wieder aus der Stille zurück sind, entscheide mich aber dagegen. Ich meine, was reitet mich denn gerade? Mira ist nicht meine Freundin, die ich beschützen möchte. Es könnte sogar sein, dass sie mich nicht einmal mag, wenn wir uns treffen werden. Eines ist jedoch sicher. Ich mag sie, auch wenn wir im echten Leben noch nie ein Wort miteinander gewechselt haben.

Das ist oberflächlich, ich weiß. Ich könnte jetzt behaupten, dass ich mich als Brad toll mit ihr beim Abendessen unterhalten habe – was definitiv der Fall war. Aber wenn ich ehrlich bin, möchte ich ihren Körper noch einmal sehen. Ich muss sie noch einmal küssen. Das ist komisch. Ich wünsche mir, ich hätte bei meinem zweiten Training die Gedanken einer anderen Person gelesen. Ich wünsche mir, dass es nicht Brad gewesen wäre. Ich muss wirklich eine langweilige Person zum Lesen finden.

»Lass uns zurückkehren«, sage ich zu Eugene und berühre ohne seine Antwort abzuwarten meine Stirn.

Die Welt füllt sich wieder mit Leben und Brad bringt uns das blöde Salz. Eugene dankt ihm und wir gehen zurück in sein Apartment.

»Was war das denn?«, möchte Eugene auf dem Weg dorthin wissen.

Er hat keine Ahnung davon, was zwischen seiner Schwester und seinem Nachbarn vorgefallen ist. Ich entscheide mich dafür, diesen Fetzen Privatsphäre, den die beiden bewahrt haben, zu respektieren und zumindest Eugene nicht davon zu erzählen.

»Das war ein guter Anfang«, sage ich. »Ich denke, wir sollten rausgehen und dort noch ein wenig weitermachen.«

»Eugene«, sagt eine angenehme weibliche Stimme. Eine Stimme, die ich gerade in Brads Erinnerung gehört habe. »Wer, verdammt nochmal, ist das?«

Ich schaue auf und blicke in die Mündung einer Pistole. Schon wieder.

10

Ich bin es langsam wirklich leid, dass Waffen auf mich gerichtet werden. Auch wenn sie von einem wunderschönen Mädchen auf mich gerichtet werden, welches ich gerade nackt in den Gedanken eines anderen Mannes gesehen habe.

»Mira, nimm die Waffe runter«, sagt Eugene. »Das ist Darren. Ich habe dir gerade sein Foto geschickt. Hast du es nicht bekommen?«

Sie runzelt ihre Stirn, nimmt aber ihre Waffe nicht runter. »Nein, ich habe nicht auf mein Telefon geschaut. Erklärt deine Nachricht, wie dieser Freak mich den ganzen Weg von Atlantic City bis hierher verfolgt hat?«

»Nein, nicht genau«, gibt Eugene zu. »Aber du solltest schon ein wenig nachsichtiger sein. Er hat dich ausfindig gemacht, aber er hat einen guten Grund dafür, so hartnäckig zu sein. Du bist der erste Leser, den er jemals getroffen hat.«

Ich kann sehen, dass sie das nicht erwartet hat. »Wie ist es möglich, dass ich der erste Leser bin, auf den er jemals getroffen ist?«, fragt sie skeptisch. »Was ist mit seinen Eltern? Und den anderen Lesern aus seinem Heimatort?«

»Manhattan«, werfe ich helfend ein. »Und was die Eltern betrifft, werde ich ein ernsthaftes Gespräch mit meiner Mutter über das Ganze hier führen müssen. Aus irgendeinem Grund hat sie mir nichts davon erzählt. Ich habe meinen Vater niemals kennengelernt, aber Eugene hat mich davon überzeugt, dass er kein Leser gewesen sein kann, weil meine Mutter ihr Sperma von einer Samenbank hat.«

Je länger ich spreche, desto interessierter schaut Mira aus. »Eine Samenbank?«, wiederholt sie.

»Ja. Meine Mutter wollte ein Kind, konnte es aber nicht über sich bringen, dafür mit einem Mann zu schlafen, nehme ich an.« In einem solchen Zusammenhang über meine Mutter nachzudenken fühlt sich komisch an.

»Warum? Hasst sie Männer?«

Hatte Mira das gerade mit einem bewundernden Ton gefragt?

»Sie mag Frauen«, erkläre ich ihr. »Ich habe zwei Mütter.« Ich weiß nicht genau, weshalb ich den letzten Teil hinzufüge. Normalerweise muss man bei mir länger bohren, bis ich solche persönlichen Informationen preisgebe.

Aber Mira blinzelt nicht einmal. Stattdessen sagt sie mit in Falten gelegter Stirn: »Wenn sie das Sperma von einer Bank bekommen hätte, würde das bedeuten, dass sie sich freiwillig mit einem Nicht-Leser fortgepflanzt hat. Warum hätte sie das tun sollen? Mit Sicherheit wusste sie, dass sie dafür ins Exil geschickt werden würde, so wie unser Vater.«

»Das ist ein guter Punkt«, meint Eugene. »Ich kann gar nicht glauben, dass ich das übersehen habe, als Darren es mir erzählt hat.«

»Du sagst das, als seist du überrascht, dass ich etwas verstehe«, sagt Mira zu ihrem Bruder, allerdings eher scherzhaft als beleidigt. Vergiss nicht, dass du ohne mich nicht einen Tag überleben würdest – ohne deine dumme, ungebildete Schwester.«

Eugene ignoriert sie. »Können wir diesen Flur verlassen?«, fragt er stattdessen. »Ich möchte etwas essen.«

Mira senkt endlich ihre Waffe und steckt sie in ihre Tasche zurück. »Gerne, ich bin gleich zurück.« Sie verschwindet im Apartment. Ich schaue Eugene fragend an, aber er zuckt bloß mit den Schultern.

Sie ist sofort zurück. Sie hat ihre Absatzschuhe und das Kleid gegen ein Paar Turnschuhe und Jeans getauscht. Ich frage mich, wo sie wohl so schick angezogen gewesen ist. Sie sieht aber auch in der einfacheren Kleidung großartig aus und ich kann es nicht verhindern, dass Brads Erinnerungen in mir aufsteigen.

Während in meinem Kopf ihre heißen Bilder ablaufen, fragt sie Eugene: »Willst du ernsthaft so rausgehen?« Sie zeigt auf seinen bespritzten Laborkittel.

Er murmelt etwas vor sich hin und verschwindet ebenfalls im Apartment. Als er wieder zurückkommt, trägt er ein viel zu großes Longsleeve. Mira wirft ihm einen verzweifelten Blick zu, sagt aber nichts dazu. Stattdessen geht sie zum Fahrstuhl und drückt auf den Knopf.

»Ich glaube, er funktioniert nicht«, sage ich und denke daran, dass ich diese ganzen Stufen hinaufsteigen musste.

»Vertrau mir«, erwidert sie. »Er funktioniert lediglich in der ersten Etage nicht.«

Und sie hat Recht. Der Fahrstuhl kommt und wir können in der zweiten Etage aussteigen. Jetzt ist es nur noch ein Treppenabsatz, bis wir an der Haustür sind.

»Was genau bedeutet es, wenn man ins Exil geschickt wird?«, möchte ich wissen, als wir auf eine größere Straße zuhalten, den Kings Highway, um etwas zu essen zu besorgen.

»Das ist kompliziert«, meint Eugene und schaut mich an. »Unser Vater wurde von den Lesern in St. Petersburg in Russland ins Exil geschickt, und das war ziemlich schlimm. Er durfte seine Freunde aus der Kindheit und seine Familie nicht mehr besuchen. Leser in Russland sind generell sehr traditionell, aber besonders schlimm war es vor 30 Jahren, als ich geboren wurde. Es war furchtbar für ihn, hat er uns erzählt.«

»Aber er hat es für unsere Mutter getan«, fügt Mira hinzu.

»Und für uns. Er hat alles aufgegeben, um Kinder mit ihr haben zu können.« Eugene hört sich an, als sei er stolz auf seinen Vater. »Zum Glück ist das hier anders. Die derzeitige Lesergemeinschaft in den USA, besonders rund um New York City, ist sehr offen. Sie erkennen uns als Leser an – zumindest inoffiziell.«

»Damit sie sichergehen können, dass wir unsere Fähigkeiten nicht offen zeigen«, sagt Mira mit einem Hauch Bitterkeit.

»Ich denke, dass sie andere Mittel haben, um das sicherzustellen«, erwidert Eugene und blickt zu seiner Schwester. »Außerdem wissen wir alle, wie dumm es wäre, den Rest der Welt von unserer Existenz wissen zu lassen, Halbblut oder nicht. Nein, sie sind hier wirklich weniger traditionell. Zumindest sind sie das jetzt. Aber es könnte sein, dass es schwieriger war, als du geboren wurdest, Darren.« Er schaut mich mitleidig an.

»Nichts von alledem erklärt, weshalb mir meine Mutter nichts von den Lesern erzählt hat«, sage ich, und es beschäftigt mich immer noch, dass Sara mir etwas so Wichtiges verschwiegen hat.

»Vielleicht schämte sie sich dafür, ausgeschlossen worden zu sein«, vermutet Mira und wirft mir einen Blick zu, der mich vermuten lässt, dass sie es mir immer noch nicht ganz verziehen hat, sie aufgespürt zu haben. »Oder sie wollte nicht, dass du splitten und lesen lernst. Vielleicht hatte sie Bedenken, dass du das Geheimnis der Leser nicht für dich behalten könntest, als sie dich aufwachsen sah. Das soll keine Beleidigung sein, aber du siehst nicht wie ein Typ aus, der seinen Mund halten kann.«

»Aber sie muss bemerkt haben, dass ich es entdeckt habe. So oft, wie ich ihr als Kind davon erzählt habe«, entgegne ich und weigere mich, mich auf ihre Stichelei einzulassen. Ich habe Wichtigeres zu tun, als mich um Miras spitze Zunge zu kümmern. Ich bin versucht, sofort nach Staten Island zu fahren, aber es ist sinnvoller, zuerst mehr von diesen beiden zu erfahren, damit ich meiner Mutter die richtigen Fragen stellen kann. Vielleicht kann ich dann ein paar Antworten bekommen und verstehen, was vorgefallen ist.

»Es tut mir leid«, sagt Eugene leicht mitleidig.

»Oh, armer Darren, Mami hat es ihm nicht gesagt«, meldet sich Mira mit giftiger Stimme zu Wort. »Wenigstens lebt sie. Vielleicht ist das der Grund dafür, dass sie noch am Leben ist – weil sie ein Geheimnis für sich behalten kann. Sie läuft nicht herum und stellt Fragen, die zu Problemen führen, so wie es unser idiotischer Vater getan hat.« Während sie das sagt, ballt sie ihre Hände zu Fäusten und ich sehe, wie sie schnell blinzelt, so als würde sie Tränen vermeiden wollen. Sie weint auch nicht. Stattdessen blickt sie ihren Bruder an und sagt beißend: »Der Vater, in dessen Fußstapfen du offensichtlich unbedingt treten willst, könnte ich hinzufügen.«

»Ich dachte, dass du meine Nachforschungen unterstützt«, sagt Eugene verletzt.

Sie seufzt und schweigt, als wir durch eine kleine Menschenmenge gehen, die sich vor einem Joghurtstand versammelt hat. »Es tut mir leid«, sagt sie in einem versöhnlicheren Ton. »Ich unterstütze das, was du tust. Ich unterstütze es, um die Arschlöcher zu ärgern, die Vater getötet haben – und weil es uns eine Möglichkeit eröffnen würde, sie für das bezahlen zu lassen, was sie getan haben. Ich kann es aber trotzdem nicht vermeiden, zu denken, dass das alles nicht passiert wäre, hätte er ein anderes Forschungsgebiet gehabt. Zum Beispiel Alzheimer.«

»Ich verstehe«, antwortet Eugene.

Wir gehen einige Minuten lang mit einem unangenehmen Schweigen. Ich fühle mich wie ein Eindringling.

»Das ist nichts gegen dich, Darren«, sagt Mira, als wir an der Ampel warten. »Es ist einfach ein schwieriges Thema.«

»Schon gut«, sage ich. »Ich kann mir nicht einmal vorstellen, wie du dich fühlen musst.«

Während wir weitergehen, wird das Schweigen angenehmer.

»Führst du uns wieder zu diesem Diner?«, fragt Mira beiläufig und legt ihre Nase in Falten.

»Ja«, gibt Eugene mit einem leichten Lächeln auf seinen Lippen zu.

Mira verdreht ihre Augen. »Dieser Laden ist wirklich übel. Wie oft musst du dir noch eine Lebensmittelvergiftung zuziehen, bevor du das begreifst? Lass uns zu dem Sushi-Lokal in Coney Island gehen. Das ist auch näher.«

»Als ob roher Fisch die Antwort auf Gesundheitsbedenken ist«, meint Eugene und versucht erfolglos, Miras sehr persönlichen Sarkasmus zu imitieren.

Sie streiten sich den Rest des Weges über die Restaurantauswahl, und es überrascht mich überhaupt nicht, dass Mira letztendlich ihren Willen durchsetzt. Sie scheint diese Art von Person zu sein, der das immer gelingt. In diesem Fall stört es mich allerdings nicht. Wenn wir über das Restaurant abgestimmt hätten, hätte ich mich allein bei der Erwähnung des Wortes Lebensmittelvergiftung auf Miras Seite gestellt.

Während ich ihrem Wortwechsel zuhöre, frage ich mich, wie spannend es wohl wäre, einen Bruder oder eine Schwester zu haben. Oder wie frustrierend. Wie wäre es wohl, eine jüngere Schwester zu haben? Besonders eine, die so risikofreudig ist wie Mira? Ich erschaudere bei diesem Gedanken.

»Einen Tisch für drei Personen bitte«, erklärt Eugene dem Kellner, als wir das Restaurant betreten.

»Ilona?«, fragt eine tiefe Stimme, und Mira zuckt zusammen. »Ja tebja ne usnal.« So hört sich das Gesagte zumindest an. Es kommt von einem großen, gut gebauten Mann mit einer Tätowierung in Form eines Ankers auf seinem muskulösen Unterarm.

Mira geht zu ihm und küsst ihn auf die Wange. Sie beginnen, sich außerhalb unserer Hörreichweite zu unterhalten. Eugene verschränkt seine Arme und schaut den Typen misstrauisch an.

»Könnten wir bitte einen Tisch möglichst weit weg von diesem Mann bekommen?«, fragt er den Kellner.

»Sie könnten einen unserer abgetrennten Tatami-Räume haben«, bietet dieser an.

»Danke«, erwidere ich und lasse einen Zwanziger in seine Hand gleiten. »Wir hätten gerne den abgelegensten.«

Mira kommt zurück. Sie stellt sich mit dem Rücken zu dem Mann und legt einen Finger auf ihre Lippen.

Wir schweigen, bis wir im Separee sind.

»Ich werde nicht darüber diskutieren«, sagt Mira als wir uns setzen.

Eugene starrt sie wütend an. Sie reagiert gar nicht erst, sondern öffnet die Speisekarte und ignoriert ihren Bruder gekonnt.

»Ich dachte, du tust das nicht mehr«, sagt Eugene kaum hörbar. »Ich dachte, ich hätte dir verboten, mit Drogen zu handeln. Du wirst ihn nicht finden – du wirst nur dabei umkommen. Oder Schlimmeres.«

»Ot-yebis' Eugene«, entgegnet Mira mit errötetem Gesicht. Was auch immer sie gerade gesagt hat, es führt dazu, dass Eugene tief Luft holt und schweigt.

Der Kellner kommt und möchte wissen, was wir trinken wollen. Mira bestellt heißen Sake und zeigt dem Kellner einen Ausweis, der gefälscht sein muss. Ich bleibe bei grünem Tee, genauso wie Eugene.

Ich sterbe vor Neugier. Habe ich schon erwähnt, dass das eine meiner Schwächen ist?

Es ist riskant, aber ich muss es tun. Ich gleite in die Stille hinüber und betrachte eingehend die eingefrorenen Gesichter von Mira und Eugene.

Sie scheinen nicht bei mir in der Stille zu sein. Wenn das, was Eugene gesagt hat, stimmt, muss ich sie berühren, damit sie zu mir kommen. Das ist gut zu wissen, da ich sie nicht bei mir haben möchte.

Ich verlasse das Separee, in welchem wir Platz genommen haben, und gehe durch das Restaurant, um den Mann zu suchen, mit dem Mira nach dem Betreten des Lokals gesprochen hatte. Sein Tisch ist leer. Zurückgeblieben sind einzig schmutzige Teller und eine Rechnung. Offensichtlich war er gerade fertig, als wir eintraten.

Ich gehe an dem eingefrorenen Besitzer vorbei zur Tür. Draußen sehe ich das Objekt meiner Neugier. Es ist nicht weit gekommen.

Zuerst schaue ich in den Taschen des Mannes nach. Anton Gorshkov steht in seinem New Yorker Führerschein. Ich erfahre außerdem sein Alter, seine Größe und seine Adresse in Brighton Beach. Das ist nicht viel. Aber jetzt habe ich ja einen neuen Trick, den ich gern wieder anwenden möchte.

Ich berühre seine Stirn. Ich meditiere. Mir fällt auf, dass dieser ganze Prozess jetzt schneller abläuft.

WIR BEOBACHTEN, WIE ILONA – DIE ICH, DARREN, ALS MIRA KENNE – auf uns zukommt. Wir kennen die Männer, die bei ihr sind, nicht. Wir erkennen sie fast nicht ohne das enge Kleid und die Absatzschuhe, die sie normalerweise trägt.

»Anton, kakimi sud'bami?«, fragt sie uns. Das sollte für mich wie Kauderwelsch klingen, aber ich bemerke höchst erfreut, dass ich problemlos verstehen kann, was sie sagt. Es bedeutet etwa: »Ich bin überrascht, dich hier zu sehen, Anton.« Mir ist die sorgfältige Wortwahl und die unterschwellige Bedeutung ihrer Worte bewusst. Ich kann es allerdings nicht auf Englisch ausdrücken. Ich verstehe überhaupt jeden Gedanken, der Anton durch den Kopf geht. Offensichtlich sind Sprachen kein Problem beim Lesen, was auch irgendwie Sinn ergibt. Wir zucken mit den Schultern und fragen: »Was machst du hier?«

»Ich will etwas essen«, erwidert Ilona/Mira auf Russisch.

»Und wer sind diese Waschlappen bei dir?«, wollen wir wissen. Die Übersetzung ist auch diesmal nur annähernd. Das russische Wort für »Waschlappen« ist um einiges beleidigender.

»Mathefreaks«, antwortet sie. »Ich beratschlage mit ihnen, wie ich mein Spiel verbessern kann.«

Wir haben ein Flashback vom Kartenspielen mit Ilona. Sie ist gut. Eine der Besten. Wir versuchen, uns ihre Begleiter näher anzuschauen, aber sie steht uns im Weg.

»Sie arbeiten nur für mich«, sagt sie und als sie unseren sturen Gesichtsausdruck sieht, fügt sie hinzu: »Viktor hat uns zusammengeführt.«

Jetzt haben wir jegliche Lust verloren, uns die Mathefreaks näher anzuschauen. Jetzt, da Viktor mit der Sache zu tun hat. Personen, die sich ihm in den Weg stellen verlieren ihren Kopf. Im wahrsten Sinne des Wortes. Es geht das Gerücht um, dass Viktor ein Auge auf Mira geworfen hat, und vielleicht stimmt es ja. Wir möchten auf gar keinen Fall Probleme mit ihm bekommen.

»Es war schön, dich zu treffen. Vielleicht sehen wir uns ja bei dem großen Spiel am Wochenende?«, fragt sie.

»Das bezweifle ich«, erwidern wir. »Ich muss erst ein wenig Geld auftreiben.«

Ich, Darren, versuche tiefer einzusinken.

Plötzlich ist es spätabends, und wir schlagen einen Typen auf der Straße zusammen. Er hat es abgelehnt, sich unter unseren Schutz zu stellen. Was denkt er, wer er ist? Für jedes Geschäft mit einem russischen Eigentümer in diesem Viertel zahlt Anton Schutzgeld. Unsere Faust schmerzt, aber wir hören nicht auf zuzuschlagen. Ohne Schmerz kein Gewinn, sagen wir zu uns. Ich, Darren, bin entsetzt, aber lasse mich noch tiefer sinken.

Jetzt sitzen wir an einem Tisch und spielen Karten. Ich, Darren, kann meinen Augen kaum trauen.

In diesem dunklen Raum voller Zigarettenrauch und eigenwilliger Charaktere, den wir – Anton und ich – beängstigend finden, ist auch Ilona. Oder Mira, wie ich, Darren, mir ins Gedächtnis rufe.

Sie trägt ein enges Kleid, das ihr beeindruckendes Dekolletee betont.

Wir schauen unsere Karten an. Wir haben zwei Paare. Wir sind für alles bereit. Wir setzen bis an unsere Grenzen.

Sie steigt aus. *Kann sie unser Pokerface lesen?, fragen wir uns beeindruckt.*

Das Spiel geht weiter.

Ilona gewinnt die nächste Runde, indem sie weiterspielt, als jemand blufft. Wir hatten keine Ahnung, dass das Arschloch nur so tat als ob. Sie hat ihren Ruf als Kartengenie wirklich verdient.

Soweit wir wissen, wurde sie niemals beschuldigt, betrogen zu haben. Aber wir fragen uns, wie so ein junges, hübsches Ding so gut darin sein kann, ohne ein Ass im Ärmel zu haben. Dann lachen wir, als wir bemerken, dass sie tatsächlich keine Ärmel hat. In diesem kleinen Kleid mit Spaghettiträgern kann sie keinesfalls Karten verstecken.

Vielleicht betrügt jemand an diesem Tisch und sie ist der Partner? Sollte das der Fall sein, werden wir unseren Mund halten. Diese Männer sind nicht die Typen, die du beschuldigen kannst zu betrügen, ohne dafür zu sterben.

Nach diesem Spiel habe ich, Darren, genug gesehen.

ICH VERLASSE ANTONS KOPF. DIESES ERLEBNIS, JEMAND ANDERES ZU sein, selbst eine so armselige Gestalt wie er, ist mit Worten nicht zu beschreiben. Ich werde das so lange machen, bis ich es satthaben werde – was wahrscheinlich nie passieren wird. Das ist so cool.

In diesem Moment wundere ich mich allerdings eher, ob Mira noch ganz bei Verstand ist, anstatt dieses neue Erlebnis zu genießen. Ich erinnere mich daran, etwas über illegales Glücksspiel und Verbindungen zum organisierten Verbrechen in ihrer Akte in Atlantic City gesehen zu haben. Es allerdings durch die Augen dieses degenerierten Individuums zu sehen, macht es realer.

Mira ist verrückt, so etwas zu tun. Warum macht sie das? Ein

Leser wie sie muss doch einfachere Wege kennen, um zu Geld zu kommen. Sucht sie etwas anderes in dieser kriminellen Umgebung? Eugene hat ein paar Hinweise fallen lassen, dass sie etwas oder jemanden sucht, aber ich habe es immer noch nicht verstanden. Ein grünes Monster in mir fragt sich, ob sie diese Männer anziehend findet. Anton dachte an einen angsteinflößenden Typen, der sie schützen ließ oder so etwas in der Art.

Ob das stimmt, werde ich so schnell nicht herausfinden. Ich habe auch nicht vor, Mira etwas von meinem neuen Wissen über sie zu erzählen.

Wenn sie wüsste, dass ich so rumgeschnüffelt habe, würde das jeden Funken ihres Vertrauens in mich ersticken – falls es überhaupt einen gibt.

11

Ich gehe wieder in das Restaurant zurück und begebe mich zu unserem Tisch. Dann berühre ich meine Stirn.

Ich bin zurück in meinem Körper. Die Geräusche sind wieder da.

»Ich muss zugeben, dass ich diese Orte liebe«, sage ich und versuche, durch eine kleine Unterhaltung von mir abzulenken. »Es ist wie ein kleines Stück Japan mitten in Brooklyn. Allerdings ist es nicht so traditionell wie andere Restaurants, in denen ich schon gewesen bin. Dort durften wir unsere Schuhe nicht anlassen.«

Mira und Eugene fallen in das Gespräch über ähnliche Restaurants in Brooklyn ein, in denen man nicht nur die Schuhe ausziehen muss, sondern die Kellner auch Kimonos tragen.

Ich beruhige mich langsam. Ich bin ganz offiziell mit meiner kleinen Schnüffelei durchgekommen.

Wir vertiefen uns in die Karten.

»Und, Darren, wie lange kannst du in der Gedankendimension bleiben?«, fragt Mira wie nebenbei.

»Mira«, weist Eugene sie zurecht und wird knallrot, als er seine Schwester anschaut. »Das ist nicht sehr freundlich.«

»Und warum nicht?«, frage ich erstaunt. »Ist die Gedankendimension nicht der Ort, an den ihr splittet? Der Ort, den ich die Stille nenne?«

»Die Stille? Wie niedlich«, meint Mira, und ich frage mich, ob sie überhaupt etwas ohne Sarkasmus sagen kann.

»Ja, Darren, davon spricht sie«, antwortet mir Eugene und sieht immer noch unangenehm berührt aus. »Aber was du nicht weißt – was Mira ausnutzen möchte –, ist, dass das in der Lesergemeinschaft eine sehr persönliche Frage ist.«

»Wir sind ja auch nicht Teil der Lesergemeinschaft«, gibt Mira zurück. »Wir sind Außenseiter, also dürfen wir alles.«

»Warum ist das so wichtig?«, möchte ich wissen und schaue von Bruder zu Schwester.

»In der Gemeinschaft der Leser ist das genau so, als würdest du jemanden fragen, wie viel Geld er besitzt oder wie lang sein Penis ist«, erklärt Eugene, und Mira lacht spöttisch auf. »Die Zeit, nach der sie dich gefragt hat, bestimmt die Größe unserer Macht. Sie setzt das Leseniveau fest, das heißt, wie tief du in die Erinnerungen der anderen Person versinken kannst. Sie bestimmt auch, wie lange du jemand anderen dortbehalten kannst. Es wundert mich, dass du das fragst, Darren. Es liegt ja auf der Hand, wie wichtig Zeit ist. Selbst wenn man nichts über die Lesetiefe weiß, bedeutet es immerhin, dass man dadurch eine längere subjektive Lebenserfahrung besitzt.«

»Dass man was besitzt?« Ich ersticke fast an meinem grünen Tee. »Was meinst du mit ›längerer subjektiver Lebenserfahrung‹?«

»Machst du Witze?«, sagt Mira und trinkt eines der Sakegläschen in einem Zug leer. »Du weißt gar nichts? Plötzlich fühle ich mich richtig gebildet, und dabei habe ich die Schule abgebrochen.«

Ich habe keine Zweifel daran, dass ihre letzte Aussage stimmt. Ich bin aber immer noch bei der Lebenserfahrung.

»Man altert nicht, während man sich in der Gedankendimension aufhält«, erklärt Eugene. »Je mehr Zeit du also darin verbringst, desto mehr kannst du erleben.«

»Man altert darin nicht?« Ich kann es gar nicht fassen, nicht selbst daran gedacht zu haben. Wenn man dort weder essen noch schlafen muss, warum überrascht es mich dann, dass man auch nicht altert?

»Nein, man altert dort nicht. Zumindest ist es noch niemandem aufgefallen«, sagt Eugene. »Und einige der Erleuchteten, die Mächtigsten unter uns, können dort viel Zeit verbringen – und tun das auch.«

Ich sitze einfach nur da und versuche, mein ganzes Weltbild zurechtzurücken, was heute nicht das erste Mal ist.

Als der Kellner zurückkommt, nenne ich ihm automatisch mein japanisches Lieblingsgericht, nachdem Eugene und Mira ihre Bestellung aufgegeben haben.

»Es ist gar nicht so komisch, wenn du mal darüber nachdenkst«, meint Mira, als der Kellner außer Hörreichweite ist. »Die Zeit steht dort still, oder zumindest scheint es so zu sein.«

»Das wissen wir nicht«, sagt Eugene. »Es könnte genauso gut sein, dass wir nicht wirklich dort sind, also im physischen Sinn. Nur unser Kopf, oder genauer unser Bewusstsein.«

Mira rollt mit ihren Augen, aber ich habe Feuer gefangen. »Mir war immer so langweilig, wenn ich zu viel Zeit darin verbrachte. Ich habe es immer nur genutzt, wenn die Zeit knapp war«, erkläre ich ihnen, und mir werden die ganzen Möglichkeiten bewusst, die ich bis jetzt vertan hatte. »Wenn ich es nur vorher gewusst hätte … Willst du damit gerade sagen, dass jedes Buch, welches ich in der physischen Welt gelesen habe, eine Zeitverschwendung war – da ich es auch in der Stille getan haben könnte und in dieser Zeit für ein paar Stunden nicht gealtert wäre?«

»Ja«, antwortet Mira unfreundlich. »Du hast deine Zeit vergeudet, genau wie unsere jetzt.«

Ich habe mich fast schon an ihren Sarkasmus gewöhnt, so oft wie sie ihn benutzt. Er fällt mir kaum noch auf. Ich bin vielmehr damit beschäftigt, über diese ganze Zeit nachzudenken, die ich in meinem Leben verschwendet habe, an die ganzen Dinge, die ich in der Stille hätte tun können. Wenn ich das nur gewusst hätte, hätte ich meinem Leben mehr Zeit gegeben – oder besser gesagt weniger seiner Zeit genutzt. Diese ganzen Jahre lang hatte ich einfach nur gedacht, ich würde Abkürzungen nehmen.

»Ich bin wirklich froh darüber, euch getroffen zu haben«, sage ich schließlich. »Allein diese Tatsache zu wissen wird mein Leben ändern.«

»Und das Lesen hätte das nicht getan?« Eugene zwinkert.

Ich grinse ihn an. »Auch dafür stehe ich in eurer Schuld.«

»Warum bezahlst du deine Schulden nicht, indem du meine Frage beantwortest«, sagt Mira und schaut mich dabei an.

»Wirst du mir meine beantworten, wenn ich dir deine beantworte?«, scherze ich.

»Schau nur, wie schnell seine Dankbarkeit verschwindet und der übliche Kuhhandel beginnt«, meint Mira spitz zu Eugene.

Ich bin so beschäftigt mit den ganzen Enthüllungen, dass ich den beiden kaum zuhören kann.

»Abgemacht«, meint Eugene und antwortet damit für seine Schwester.

Wir unterbrechen unsere Unterhaltung, als das Essen kommt. Eugene bekommt ein Drei-Rollen-Spezial, Mira eine Sushi-Bento-Box und ich mein Sashimi Deluxe. Ich liebe Sushi – es ist für mich wie ein essbares Kunstwerk.

Ich komme auf unser Gespräch darüber zurück, wie lange ich in der Stille bleiben kann, und sage: »Ich kann euch keine genaue Zeitangabe machen.« Ich nehme mit meinen Stäbchen ein Stück saftigen Lachs auf und erkläre ihnen: »Wie ich schon gesagt habe, wird mir irgendwann langweilig und ich komme zurück.«

»Was ist der längste Zeitraum, den du dich dort aufgehalten hast?«, möchte Eugene wissen und platziert einen großen Berg Wasabi in seinem kleinen Sojasaucen-Schälchen.

»Ein paar Tage«, antworte ich. »Ich habe niemals wirklich auf die Zeit geachtet.«

Mira und Eugene tauschen eigenartige Blicke aus.

»Und du fällst nicht für einige Tage aus der Gedankendimension?«, möchte Mira wissen.

»Was meinst du mit ›herausfallen‹? Ich langweile mich und berühre mein Gesicht, um wieder zurückzukommen. Meinst du das?«

Sie tauschen erneut Blicke aus.

»Nein, Darren, sie meint hinausfallen«, sagt Eugene und schaut mich wie ein exotisches Tier an. »Wenn wir die Grenzen unserer persönlichen Aufenthaltsdauer in diesem Modus erreicht haben, der Stille, wie du ihn nennst, kommen wir unfreiwillig wieder in unsere Körper zurück. Bei mir passiert das nach etwa fünfzehn Minuten, was als Standard angesehen wird.«

»Ich liege etwas über dem durchschnittlichen Leser und bin damit quasi ein Wunderkind unter den Halbblütern«, sagt Mira und starrt mich dabei genauso an wie ihr Bruder. »Und meine Höchstzeit ist eine halbe Stunde. Du musst verstehen, wie sich das also für uns anhört. Du erzählst uns gerade, dass du dich zwei ganze Tage lang dort aufhalten kannst – oder vielleicht länger, das hast du ja noch nicht ausprobiert.«

»Richtig«, sage ich und schaue sie an. »Ich habe nicht gewusst, dass es etwas Anormales ist – oder anormaler als das Hineingleiten in die Stille als solches.«

Eugene sieht fasziniert aus. »Das bedeutet, dass seine Mutter extrem stark sein muss. Fast auf dem Niveau der Erleuchteten, wenn du bis jetzt noch nie hinausgedrängt worden bist.«

»Aber wenn man einmal hinausgezwungen wurde, kann man dann nicht einfach wieder hineingehen?«, frage ich verwirrt.

»Machst du Witze?« Miras Augen ziehen sich zusammen.

»Er weiß es wirklich nicht«, beschwichtigt Eugene sie. »Darren, wenn wir einmal hinausgedrückt werden, können wir nicht gleich wieder zurückgehen. Die Rekuperationszeit ist proportional zu der Zeit, die wir uns darin aufhalten können, auch wenn es keine direkte Verbindung gibt. Es besteht eine starke Umkehrfunktion zwischen kurzer Erholungszeit und längerem Aufenthalt in der Gedankendimension. Also bekommt die Elite das Beste beider Welten: Eine kurze Rekuperationszeit draußen und einen langen Aufenthalt darin. Wie das alles im Gehirn funktioniert, ist genau mein Forschungsgebiet.«

»Eugene, bitte, nicht wieder diese Neurowissenschaft«, meint Mira verzweifelt, bevor sie ihre Aufmerksamkeit wieder mir zuwendet. »Darren, wenn du wirklich nichts über Erholungszeiten weißt, musst du extrem stark sein. Ich hätte aber niemals gedacht, dass Halbblüter so stark sein können.« Der Blick, mit dem sie mich jetzt anschaut, ist beunruhigend. Ich denke ich ziehe den verachtenden vor. Dieser Blick ist kalkulierend, so als würde sie mich abschätzen.

»Ich möchte dich untersuchen«, lässt mich Eugene wissen. »Dann könnten wir vielleicht einige Antworten bekommen.«

»Na klar, das ist wohl das Wenigste, was ich tun kann«, erwidere ich unsicher.

»Toll. Wie sieht's denn mit morgen aus?« Eugene sieht aufgeregt aus.

»Hmm. Geht auch übermorgen?«

Er lacht. »Lass mich raten. Du wirst den ganzen morgigen Tag damit verbringen, die Gedanken anderer Menschen zu lesen?«

»Gut geraten«, erwidere ich und muss ebenfalls lachen.

»In Ordnung. Dann Donnerstag«, meint er. Er ist ekstatisch bei der Vorstellung davon, weitere Elektroden an meinem Kopf zu befestigen.

»Aber ich kann nicht die Gedanken eines anderen Lesers lesen?«, frage ich, als ich ein Stück eingelegten Ingwer esse. Das ist eine Frage die mich schon seit Längerem beschäftigt.

»Nein. Aber ich wette, du wünschst dir, es zu können«, entgegnet Mira und schluckt den letzten Bissen ihres Sushi hinunter.

»Das ist nur vor dem ersten Splitten möglich, also dann, wenn sie noch Kinder sind«, erklärt mir Eugene. »Danach werden sie einfach in deine Gedankendimension gezogen, wenn du sie berührst, um sie zu lesen.«

»Und wenn du und ich gleichzeitig splitten würden?«, frage ich. »Würden wir uns dann dort sehen?«

»Das ist schon sehr speziell und kompliziert«, erwidert Eugene. »Es ist fast unmöglich, das so genau abzustimmen. Mein Vater und ich haben es nur einmal geschafft. Und selbst wenn du es tun würdest, wäre die Welt um dich herum zwar still wie immer, aber ihr würdet euch nicht finden. Die einzige Möglichkeit, ein gemeinsames Erlebnis zu bekommen, ist, jemanden zu dir zu holen. Wenn einer den anderen berührt, wird dieser hineingezogen. Wenn das geschieht, wirst du die Zeit der Person aufbrauchen, in deren Gedankendimension du dich befindest.«

»Die Zeit aufbrauchen?«, frage ich nach, während ich den letzten Bissen meines Sashimis aufesse. Das war hervorragender Fisch, fällt mir im Nachhinein auf.

»Da du die Menschen zu dir ziehst, wird deine Zeit für sie aufgebraucht. Wenn ich dich hineinziehe, können wir also etwa sieben oder acht Minuten in meiner Gedankendimension bleiben – die Hälfte meiner Gesamtzeit von fünfzehn Minuten. Das Gleiche gilt dafür, wie tief du in die Erinnerungen einer anderen Person einsinkst. Es halbiert deine Zeit.«

Dieser Ansatz mit der Lesetiefe ermöglicht es mir, mir eine ungefähre Vorstellung zu machen. Wenn das, was Eugene sagt, stimmt, dann habe ich einen Maßstab für meine »Stärke« – das Lesen von Brad, Eugenes und Miras Nachbar. Dieser Sci-fi-Streifen, den er und Mira im Kino gesehen haben, ist seit mindestens einem halben Jahr aus dem Programm verschwunden. Das bedeutet, dass ich mindestens ein Jahr in der Stille verbringen kann.

Diese Erkenntnis haut mich um, aber ich kann sie einfach nicht mit meinen neuen Freunden teilen. Sie sahen schon ehrfürchtig aus, als ich die zwei Tage erwähnt habe. Was würden sie dann erst zu einem Jahr sagen? Und wie passt das dazu, dass ich ein Halbblut bin? Wie mächtig ist Sara, um jemanden wie mich auf die Welt zu bringen?

»Was ist die höchste Stufe, die ein Leser erreichen kann?«, möchte ich stattdessen wissen.

»Das ist etwas, was wahrscheinlich selbst reguläre Mitglieder der Gemeinschaft der Leser nicht wissen«, antwortet Mira. »Und wenn sie es wüssten, würden sie es uns nicht sagen.«

»Es gibt allerdings Legenden«, meint Eugene. »Legenden über die Erleuchteten, die trotz ihres jungen Alters sehr weise waren. Es war so, als hätten sie die Lebenserfahrung mehrerer Leben. Natürlich hören sich diese Überlieferungen eher nach Mythologie als Geschichte an.«

Mythos oder nicht, diese Geschichten klingen faszinierend. Bevor ich jedoch über sie nachdenken kann, werde ich von dem Kellner unterbrochen, der die Rechnung bringt. Ich bestehe trotz einiger halbherziger Proteste von Eugene darauf, zu zahlen. Das ist Teil meines Dankeschöns, erkläre ich.

Als wir das Restaurant verlassen, sage ich zu ihnen: »Ich würde gerne noch stundenlang mit euch reden, aber ich muss zuerst etwas anderes tun.«

»Du könntest uns in deine Gedankendimension ziehen und weiterreden; dann kämst du auch nicht zu spät zu deiner Verabredung«, wirft Mira ein und schaut mich herausfordernd an.

»Mira.« Eugenes Ton ist wieder tadelnd.

Sie muss gerade gegen eine andere Regel der Lesergemeinschaft verstoßen haben, von der ich nichts weiß. Jemanden zu benutzen, um mehr Zeit zu haben, vielleicht? Es ist egal. Es würde mir nichts ausmachen, ihren Vorschlag anzunehmen, wenn ich nicht gerade vor Neugier sterben würde. »Es hat nichts mit Zuspätkommen zu tun«, erkläre ich entschuldigend. »Ich muss meiner Mutter einige wichtige Fragen stellen.«

»In dem Fall wünsche ich dir viel Glück«, sagt Mira, und zum ersten Mal hört sich ihre Stimme mitfühlend an.

»Danke. Wisst ihr, wo ich hier in der Nähe ein Auto mieten kann?«

Von Brooklyn, oder von wo auch immer, um ehrlich zu sein, kommt man am besten mit dem Auto nach Staten Island. Es gibt eine Fähre, aber die kommt für mich nicht in Frage. Danach müsste ich noch einen Bus nehmen. Und außerdem ist allein das Fahren mit der Fähre schon unangenehm genug.

Eugene und Mira wissen zwar nicht, wo ich eine Autovermietung finden kann, aber zum Glück habe ich ja mein Telefon. Ihm zufolge gibt es eine Vermietung nur einige Blöcke entfernt von hier. Da es auf dem Weg zu ihrem Apartment liegt, profitiere ich von meiner bewaffneten Begleitung – Mira mit ihrer Pistole. Ich bin ihr sehr dankbar dafür, da ich mich mit der Umgebung immer noch nicht angefreundet habe. Auf unserem kurzen Weg reden wir noch ein wenig über die Leser. Trotz Miras Protesten beginnt Eugene, mir von seinen Nachforschungen zu erzählen.

Es klingt, als versuche er, neurale Korrelate zu finden, die das begleiten, was die Leser tun. Diese Entdeckung könnte dabei helfen herauszufinden, wie der ganze Prozess funktioniert. Er denkt, dass er etwa weiß, was beim Splitten passiert. Nach diesem Moment werden die Dinge komplizierter, sodass Technologie in der Stille nicht funktioniert und die Instrumente, die in der echten Welt geblieben sind, nichts anzeigen – und damit beweisen, dass dort keine Zeit vergeht, während wir uns in der Gedankendimension befinden.

Ich höre ihm nur halb zu. Das hört sich alles faszinierend an, aber mein Kopf ist schon bei der Unterhaltung mit Sara.

Als wir bei der Autovermietung ankommen, speichere ich Eugenes und Miras Telefonnummern in meinem Handy ab und gebe ihnen meine. Wir verabschieden uns. Eugene schüttelt enthusiastisch meine Hand. »Es hat mich gefreut, dich kennenzulernen, Darren.«

»Mich auch«, erwidere ich. »Ich habe mich gefreut, euch beide kennenzulernen.«

Mira kommt zu mir, umarmt mich und gibt mir einen Kuss auf die Wange. Ich stehe einfach nur da und frage mich, ob das bedeutet, dass sie mich mag oder ob das einfach eine russische Verabschiedung ist. Warum auch immer sie es getan hat, auf jeden Fall war es sehr angenehm. Ich kann immer noch einen Hauch ihres Parfums riechen.

Als sie weggehen, will ich gerade die Autovermietung betreten, als ich noch vor dem Öffnen der Tür erneut in die Stille gezogen werde.

Von Mira.

»Darren«, sagt sie, »Ich möchte mich bei dir bedanken. Eugene sah schon lange nicht mehr so glücklich und lebhaft aus.«

»Keine Ursache. Ich mag deinen Bruder«, erwidere ich lächelnd. »Ich freue mich, wenn ich diese Wirkung auf ihn hatte.«

»Ich wollte dir auch sagen, dass gerade weil ich seine Schwester bin, ich nicht möchte, dass er verletzt wird.«

»Das verstehe ich.« Ich nicke zustimmend.

»Dann hätten wir das ja geklärt«, sagt sie ruhig. »Wenn diese ganze Sache eine Lüge ist, werde ich sehr wütend werden.« Ihre Augen leuchten dunkel. »Anders gesagt, solltest du meinem Bruder auf irgendeine Weise wehtun, werde ich dich umbringen.«

Sie dreht sich herum und geht zu ihrem eingefrorenen Körper, der sich nur ein paar Zentimeter entfernt von ihr befindet.

Diesmal bekomme ich keine Umarmung.

12

Ich fahre die Karre, die ich gemietet habe. Sie hatten nichts Nettes, aber wenigstens hat diese hier Bluetooth. Ich höre Enigmas *T.N.T. for the Brain* von meinem Handy aus über die Lautsprecher des Autos. Ich drehe voll auf.

Mein Kopf ist von einer verwirrenden Benommenheit umhüllt, als ich versuche, alles das zu verarbeiten, was ich heute herausgefunden habe. Gleichzeitig versuche ich, den Anweisungen des Navis zu folgen. Ich weiß, ich muss zum Belt Parkway fahren und danach zur Verrazano Bridge. Sobald ich mich allerdings auf Staten Island befinde, verfahre ich mich jedes Mal – für gewöhnlich nur wenige Straßen von meinen Müttern entfernt.

Ich habe vorher angerufen, um sicherzugehen, dass sie zu Hause sind. Allerdings habe ich ihnen nicht gesagt, über was ich reden möchte. Ich habe vor, sie mit meinen Fragen unvorbereitet zu überfallen. Sie haben es verdient. Ich liebe sie über alles, aber ich war noch niemals so wütend auf sie wie jetzt gerade – nicht einmal als rebellischer Teenager. Besonders wütend bin ich auf Sara.

Abgesehen von ihrem alternativen Lebensstil sind Sara und

Lucy personifizierte Stereotype zweier verschiedener Arten von Müttern.

Zum Beispiel Sara. Sie ist eine durch und durch jüdische Mutter. Und das, obwohl sie die weltlichste Person ist, die ich kenne. Sie hat sogar einen Nicht-Juden geheiratet, was nicht koscher ist. Sie deutet regelmäßig an – und manchmal sagt sie es auch ganz direkt –, dass ich nach meinem Abschluss an einer guten Schule (natürlich) jetzt ein nettes Mädchen (bedeutet ein jüdisches Mädchen) kennenlernen und mich mit ihr niederlassen sollte. Mit einundzwanzig Jahren. Genau. Und sie kann mir hervorragend Schuldgefühle verursachen. Wenn ich zum Beispiel einige Tage lang nicht anrufe, bekomme ich dieses ganze »du musst dir keine Umstände machen, um deine eigene Mutter anzurufen; es ist ja nicht so, dass ich irgendwie wichtig wäre usw.« zu hören. Sie macht auch noch andere komische Sachen. Sollte ich zum Beispiel spät nachts noch unterwegs sein und den Fehler machen, das ihr gegenüber zu erwähnen, möchte sie eine SMS von mir, sobald ich zu Hause ankomme. *Ja.* Wenn wir uns nicht hören, kann ich auch die ganze Nacht wegbleiben und sie macht sich keine Sorgen, wenn sie keine SMS bekommt.

Lucy ist nicht besser. Obwohl, ehrlich gesagt ist Lucy jetzt besser geworden. Sie erwartet von mir nur, sie einmal pro Woche anzurufen, nicht täglich. Als ich aufwuchs, war sie allerdings schlimmer als Sara. Sie muss dieses Buch darüber gelesen haben, eine Tiger-Mami zu sein, und es wörtlich genommen haben. Und das bei dem Kind, welches wahrscheinlich am schlechtesten dafür geeignet war – mir. Zurückblickend denke ich, dass ich als Kind ADHS hatte. Als sie versuchte, mich zum Violinenunterricht zu zwingen, habe ich »ganz aus Versehen« ein Dutzend dieser blöden Instrumente zerbrochen, um zu testen, wie entschlossen sie war. Als ich die letzte zerbrach (auf dem Kopf eines anderen Schülers), wurde ich rausgeschmissen, was gleichzeitig das Ende meiner musikalischen Aktivitäten bedeutete. Danach gab es für mich Ballettstunden. Dort wurde ich rausgeschmissen, weil ich ein

Mädchen verprügelt haben sollte, was nicht stimmte. Ich wusste schon sehr früh, dass man keine Mädchen schlägt. Ein anderes Mädchen hatte das Opfer geschubst, aber wegen meines Rufs wurde mir die Schuld gegeben. Lucy wollte auch, dass ich ihre Muttersprache Mandarin lerne. Es ist mir egal, ob ich als Baby ein wenig von ihr gelernt hatte oder ob ich bis heute noch ein paar Sätze beherrsche; ich konnte das einfach nicht tun. Hätte ich für sie Mandarin gelernt, hätte ich auch Jiddisch-Unterricht für Sara nehmen müssen. Oy vey.

Die Schule früh zu beenden und nach Harvard zu gehen geschah also nur teilweise, um meine Mütter glücklich zu machen. Der Hauptgrund war, dass es bedeutete, ihren übereifrigen Erziehungstechniken zu entkommen und ein wenig Freiheit in Boston zu erleben. Nach dem Uniabschluss bekam ich sofort einen Job und nahm mir so schnell wie möglich ein eigenes Apartment. Sobald ich den nötigen Abstand zu meinen Eltern hatte, liebte ich sie sofort wieder viel mehr.

Als ich in ihre Einfahrt einbiege, sehe ich drei Autos vor dem Haus stehen. Ich erkenne das zusätzliche Auto. Es ist Onkel Kyles bierbrauner Crown Victoria.

Toll, er ist bei ihnen. Das ist das Allerletzte, was ich jetzt gebrauchen kann.

»Hallo Mami«, sage ich, als Sara die Tür öffnet. Ich sehe ihr nicht wirklich ähnlich, was mich jetzt erst recht fragen lässt, wer wohl mein Vater gewesen sein könnte. Wir haben beide blaue Augen und ich könnte die Größe von ihr geerbt haben. Mit 1,70 Metern ist sie ziemlich groß für eine Frau. Besonders groß sieht sie aus, wenn sie neben meiner anderen Mutter steht, so wie jetzt gerade. Lucy ist knapp 1,50 Meter groß, aber lassen Sie sich davon nicht täuschen. Sie ist hart. Außerdem hat sie eine Pistole – und kann mit ihr umgehen.

»Hallo Schatz«, sagt Sara und strahlt mich an.

»Hallo Mami«, sage ich erneut und schaue dabei Lucy an.

»Hallo Spätzchen«, sagt Lucy.

Hmm. Versuchen sie, mich vor Onkel Kyle bloßzustellen?

»Hallo Kyle«, sage ich um einiges unfreundlicher, als ich eintrete.

Er lächelt mich an, eine Seltenheit bei ihm, und wir geben uns die Hand.

Ich habe gemischte Gefühle, was Kyle anbelangt. Obwohl ich ihn innerlich Onkel nenne, ist er kein Blutsverwandter. Sara ist Einzelkind. Er ist ein Arbeitskollege von Lucy. Als ehemalige Partner nehme ich an, dass er und Lucy sich sehr nahestehen – eine Freundschaft, die ich nicht verstehen kann, da ich mich im Gegensatz zu ihnen niemals in Lebensgefahr begeben habe.

Ich kann mir gut vorstellen, dass meine Mütter Kyle häufig gebeten hatten vorbeizukommen, als ich noch kleiner war, damit ich ein männliches Vorbild hätte. Sie hätten für diese Aufgabe niemand Schlechteren finden können. Soweit ich mich erinnern kann, haben wir uns noch nie vertragen. Egal bei welchem Thema, wir sind immer gegensätzlicher Ansicht. Sterbehilfe, Todesstrafe, menschliche Klone, egal was, wir werden uns darüber streiten. Ich sehe mich selbst gerne als einen Freigeist, während Kyle an dem festhält, was er eingetrichtert bekommen hat und mit dem er aufgewachsen ist. Er tut, was die Autoritäten ihm vorschreiben, ohne irgendetwas jemals in Frage zu stellen.

Das Mysteriöseste an ihm ist, wie jemand, der so traditionell ist, die Verbindung meiner Mütter akzeptieren kann. Meine Theorie dazu ist, dass er sich mental abgetrennt hat. Ich kann mir gut vorstellen, dass er sich trotz ihrer Ehe einredet, dass sie einfach nur Freunde sind, die zusammenleben.

Außerdem denke ich, dass er unsterblich in Lucy verliebt ist. Er nennt es Geschwisterliebe, aber das habe ich schon immer bezweifelt. Besonders, wenn man sein sehr professionelles, kaltes Verhalten Sara gegenüber betrachtet, einer Frau, die er seit über zwanzig Jahren kennt. Sie hatten schon immer ein recht kühles Verhältnis zueinander gehabt. Als er allerdings auf die Idee kam, mich als Neunjährigen zur Strafe mit einem Gürtel zu schlagen, stritten die beiden heftig, und seitdem herrscht Eiszeit zwischen ihnen. Ich war clever genug, wie ein Verrückter zu schreien, weshalb Sara, wie vorauszusehen war, einen Wutanfall bekam. Sie hat ihm eine Vase ins Gesicht geschleudert. Ich glaube, er musste sogar genäht werden. Danach verwarnte er mich nur noch verbal, und sein Verhältnis zu Sara wurde noch distanzierter.

Nachdem ich das alles gesagt habe und nun nicht mehr regelmäßig mit ihm zu tun haben muss, mag ich ihn eigentlich ganz gerne. Ich weiß, dass er es normalerweise gut meint. Er ist für mich das, was einer Vaterfigur am nächsten kommt. Er hat viel Zeit hier verbracht und hat es eigentlich immer gut mit mir gemeint. Er hat mir immer Geschichten über die coolen alten Zeiten erzählt, als er und Lucy sich mit Kriminellen prügelten, bevor sie sie festnahmen – Geschichten, die Lucy mir immer verschwiegen hat. Außerdem könnte ich jetzt nur halb so gut diskutieren, hätte ich mich nicht die ganze Zeit mit ihm gestritten. Ob das gut war oder nicht, er hat auf jeden Fall eine Rolle bei meiner Entwicklung gespielt, und diese Ehre wird normalerweise nur Personen zuteil, zu denen man ein enges Verhältnis hat.

»Was macht die Arbeit?«, fragt Kyle. »Steht uns ein weiterer finanzieller Crash bevor?«

Kyle mag keine Menschen, die im Finanzbereich arbeiten. Das kann ich ihm verzeihen; die wenigsten sind Fans von ihnen. Oder sollte ich besser sagen uns? Aber auch nur die wenigsten Menschen verstehen den Unterschied zwischen Bankern und Hedgefonds-Analysten, oder überhaupt zwischen einer Tätigkeit in einem Finanzbereich und einem anderen.

»Es läuft alles bestens«, antworte ich ihm. »Ich untersuche gerade ein biotechnisches Unternehmen, welche magnetische Wellen dazu verwenden wird, menschliche Gehirne zu Therapiezwecken zu beeinflussen.«

Lucy verengt ihre Augen. Sie weiß, dass ich es darauf anlege, einen Streit zu beginnen. Aber das muss ich Kyle lassen: diesmal lässt er sich nicht darauf ein. Normalerweise würde er jetzt mit irgendeinem Schwachsinn antworten. Etwas darüber, wie beängstigend und unnatürlich sich das anhört, was ich gerade gesagt habe. Wie gefährlich es ist, mit den menschlichen Gehirnen zu experimentieren und so weiter. Aber er sagt nichts dergleichen.

»Ich freue mich, dass du dir in dem Unternehmen einen Namen machst«, erwidert er stattdessen. Ist das ein Friedensangebot? »Ich war gerade auf dem Weg nach draußen, aber wir sehen uns auf Lucys Geburtstagsfeier in einigen Wochen.«

»Natürlich, Kyle«, erwidere ich. »Bis dann.«

Er geht hinaus, und Lucy begleitet ihn. Wahrscheinlich war er hier, um ihre Meinung zu einem Fall zu hören. Er macht das bis zum heutigen Tage, auch wenn sie seit Jahrzehnten keine Partner mehr sind.

»Wann wirst du endlich erwachsen?«, tadelt Sara mich lächelnd. »Warum musst du immer die wunden Punkte aller anderen ansprechen?«

»Das ist ja super, dass du jetzt Kyle verteidigst.« Ich verdrehe meine Augen.

»Er ist ein guter Mann«, sagt sie schulterzuckend.

»Wie du meinst«, entgegne ich und beende das Thema damit. Ich bin gerade wirklich nicht an einem Gespräch über Kyle interessiert. »Wir müssen reden. Du solltest dich dafür hinsetzen.«

Jetzt sieht Sara alarmiert aus. Ich bin mir nicht sicher, ob sie sich vorstellen kann, was ich sagen werde, aber sie hat einen Hang dazu, vom Schlimmsten auszugehen.

»Sollten wir auf deine Mutter warten?«, möchte sie wissen. Ich finde es lustig, dass sie beide die jeweils andere so nennen. *Deine Mutter.*

»Wahrscheinlich. Es ist nichts Schlimmes. Ich habe nur ein paar wichtige Fragen, die mich beschäftigen«, antworte ich. Trotz allem fühle ich mich schuldig dafür, dass sie sich Sorgen macht.

Ich sehe, wie sie bei den Worten »wichtige Fragen« erblasst.

»Hast du Hunger?«, möchte sie wissen und betrachtet mich besorgt. *Bitte, nicht schon wieder diese Belanglosigkeiten.* Wenn Lucy nicht eingreifen, ich nicht unter Appetitlosigkeit leiden würde und so stur wäre, wäre ich der pummeligste Sohn, den man sich bei Sara überhaupt vorstellen kann. Und je fetter ich werden würde, desto glücklicher wäre Sara in ihrer Mutterrolle. Sie könnte mich herumzeigen und sagen: »Seht, wie fett er ist und wie sehr ich ihn liebe.« Ich weiß, dass sie diese »jemandem etwas zu essen zu geben ist, sich um ihn zu sorgen«-Einstellung von meiner Oma hat, die nicht lockerlassen würde, bis man die Größe eines Hauses hat.

Die Tatsache, dass sie nicht weiter auf das Essensthema besteht, zeigt mir, wie besorgt sie ist. Fühlt sie sich schuldig? Hat sie eine Vorahnung, was ich sie fragen werde?

»Nein, danke, Mama. Ich habe gerade Sushi gegessen«, sage ich. »Aber ich hätte gerne einen Kaffee.«

»Warst du die ganze Nacht feiern?« Jetzt sieht sie sogar noch besorgter aus. »Du siehst erschöpft aus.«

»Ich konnte letzte Nacht nicht gut schlafen, aber mir geht's gut, Mama.«

Sie schüttelt den Kopf und geht in die Küche. Ich folge ihr. Dieses Haus ist mir immer noch fremd. Mir war das verkramte Apartment in Manhattan, in dem ich aufwuchs, lieber, aber meine Mütter haben vor ein paar Jahren beschlossen, dass es Zeit für ein Eigenheim im Vorort sei. Wenigstens haben sie immer noch die gleichen vertrauten Möbel, an die ich mich aus meiner Kindheit erinnere, wie den Stuhl, auf dem ich gerade sitze. Und den schweren runden Küchentisch. Und den Becher, rot mit Punkten, den sie mir gegeben hat. Mein Becher.

»Ich rieche Kaffee«, meint Lucy, die gerade zurückkommt.

»Ich habe dir auch einen Becher gemacht«, meint Sara.

»Du kannst meine Gedanken lesen«, antwortet Lucy lächelnd.

Ich denke, ich werde keinen besseren Einstieg als diesen finden. Ist das wirklich wahr? Kann Sara Lucys Gedanken lesen?

»Mama«, sage ich zu Sara. »Gibt es vielleicht etwas Wichtiges, was du mir über meine Abstammung sagen möchtest?«

Jetzt schaue ich sie beide abwechselnd an. Sie sehen erschüttert aus.

»Wie hast du das herausgefunden?«, fragt Lucy und blickt mich an.

»Es tut mir so leid«, meint Sara schuldbewusst.

Die Stärke ihrer Reaktion verwirrt mich, wenn man meine relativ harmlose Frage bedenkt. Ich bin ja noch nicht einmal zu den ernsthaften Dingen gekommen. Aber es sieht so aus, als sei ich etwas auf der Spur. Also sage ich nichts und bemühe mich um einen möglichst ausdruckslosen Gesichtsausdruck. Ich bin mir nicht sicher, worüber wir gerade sprechen. Aber ich kann spüren, dass wir nicht über das Gleiche reden.

»Wir wollten es dir immer sagen«, fährt Sara fort, und Tränen steigen in ihren Augen auf. »Aber irgendwie haben wir nie den richtigen Zeitpunkt gefunden.«

»Die längste Zeit deines Lebens, bis in dein Teenager-Alter hinein, konnten wir überhaupt nicht darüber sprechen. Nicht einmal unter uns beiden«, fügt Lucy hinzu. Sie hält sich wacker, aber ich kann sehen, dass sie nervös ist. »Wir haben es sogar damit versucht, Bücher darüber zu lesen. Aber die Bücher empfahlen, es so früh wie möglich zu sagen, aber den Zeitpunkt hatten wir schon verpasst ...«

»Was zu sagen?«, frage ich und werde lauter. Ich bin mir ziemlich sicher, jetzt etwas anderes als das zu erfahren, wofür ich eigentlich hierhergekommen bin.

Sara blinzelt mich unter Tränen an. »Ich dachte, du wüsstest es ... Wolltest du nicht genau darüber reden? Ich dachte, du hast einen dieser modernen DNA-Tests benutzt, um es herauszufinden.«

Eine Panikwelle schwappt über mich hinweg. Ich versuche, mich nicht zurückzuziehen. Ich möchte das hören.

»Ich möchte gerne wissen, wovon du redest«, sage ich. »Jetzt sofort.«

Ich schaue sie abwechselnd an. Sie sollen gar nicht erst versuchen, sich aus dieser Sache herauszuwinden. Sie wissen, dass sie jetzt auspacken müssen.

»Darren, wir haben dich adoptiert«, sagt Lucy ruhig und schaut mich an.

»Genau«, pflichtet Sara flüsternd bei. »Ich bin nicht deine biologische Mutter.« Sie beginnt zu weinen. Das ist etwas, das ich seit meiner Kindheit hasse. Irgendwas ist an einer weinenden Mutter falsch, irgendwie beängstigend. Außer – und das Ausmaß dessen, was sie mir gerade gesagt haben wird mir bewusst – sie ist nicht meine richtige Mutter.

Sie ist es niemals gewesen.

13

Wie würde jemand an meiner Stelle reagieren?

Ich weiß nicht, ob es daran liegt, dass ich sehe, wie betroffen meine Mütter sind, oder ob es die Nachricht als solche ist, aber ich kann diese geballte Ladung an Gefühlen nicht länger ertragen. Ich ziehe mich in die Stille zurück. Sobald die Welt um mich herum bewegungslos ist, nehme ich den Kaffeebecher in die Hand und werfe ihn quer durch den Raum. Der Becher prallt gegen den Fernseher und der Kaffee spritzt nach allen Seiten. Ich stehe auf, ergreife den Stuhl neben meinem eingefrorenen Ich und werfe ihn dem Kaffeebecher hinterher. Dabei schreie ich so laut ich kann. Ich halte mich davon ab, weitere Dinge zu zerstören; auch wenn ich weiß, dass alles wieder normal sein wird, wenn ich zurückkomme. Trotzdem fühlt es sich wie Vandalismus an.

Ich atme einige Male tief durch und versuche mich zu sammeln.

Das erklärt einiges von dem, das mir Eugene und Mira erzählt haben. Sara hat mich nicht angelogen. Sie hat meine Fähigkeiten nie besessen. Sie hat auf meine Beschreibungen der Stille so reagiert, wie jede normale Person das tun würde. Ich sollte jetzt wohl erleichtert sein. Das bin ich aber überhaupt nicht.

Warum haben sie mir das nicht gesagt? Es ist ja schließlich nicht so, als hätten wir uns niemals über Adoptionen unterhalten. Das haben wir sehr häufig. Irgendwie. Wir haben darüber geredet, dass Lucy mich nicht geboren hat, aber mich genauso sehr liebt wie Sara, die das angeblich getan hat. Das wäre in etwa das Gleiche gewesen.

Ich atme noch ein paar Mal tief durch. Ich sitze auf dem Boden und meditiere, genauso wie ich es schon einige andere Male heute getan habe.

Ich beginne, mich besser zu fühlen – zumindest gut genug, um weitersprechen zu können. Ich schaue auf das entsetzte Gesicht meines eingefrorenen Ichs. Ich strecke meinen Arm aus und berühre meinen Ellenbogen. Diese Geste soll mein eingefrorenes Ich trösten, was sich verrückt anhört, da ich es ja selber mache. Diese Berührung bringt mich zurück.

Ich atme in der echten Welt demonstrativ tief ein. »Wenn du nicht meine biologische Mutter bist«, sage ich angestrengt, »wer ist es dann?«

»Deine Eltern hießen Mark und Margret«, antwortet Lucy. Ich bin entsetzt, dass sie auch weint – das ist etwas, das ich fast nie bei ihr gesehen habe. In meinem Magen formt sich ein Knoten, als sie fortfährt: »Dein Onkel hätte dir Geschichten über Mark erzählen können.«

Ich bin fast schon wieder so weit, in die Stille zu gehen. Sie hat »hießen« gesagt. Ich weiß, was das bedeutet. Und ich habe von Mark gehört. Er war dieser knallharte Partner, der mit Lucy und Kyle gearbeitet hat.

»Erzähl mir alles«, presse ich zwischen zusammengebissenen Zähnen hervor. Ich gebe mein Bestes, um nichts zu sagen, was ich später bereuen könnte.

»Bevor du geboren wurdest, waren wir wirklich in Israel, genau so, wie wir dir immer erzählt haben«, beginnt Sara mit zitternder Stimme.»Nur das, was dort wirklich passierte, ist etwas anderes. Unsere Freunde Mark und Margret kamen mit einer verrückten Geschichte und einem noch verrückteren Anliegen zu uns.«

Sie hält inne und schaut Lucy bittend an.

»Sie haben behauptet, jemand wolle sie umbringen«, meint Lucy mit ruhiger Stimme. »Sie haben uns erzählt, dass Margret schwanger sei und sie wollten, dass wir das Kind großziehen. Sie wollten, dass wir so tun, als sei es unseres.« Während sie spricht beruhigt sie sich und hört auf zu weinen. »Wir wollten schon immer ein Kind. Das war wie ein Traum, der wahr wird. Wir haben uns dann diese ganze Samenbankgeschichte ausgedacht. Sie haben gesagt, dass du der gleichen Gefahr ausgesetzt sein würdest wie sie, sollte dieses Arrangement herauskommen. Ich weiß, dass es sich anhört, als würde ich nach Entschuldigungen dafür suchen, es dir nicht erzählt zu haben. Aber gerade als sie nach New York zogen, um in deiner Nähe zu sein, wurden sie umgebracht ...«

»Lucy und Mark waren sehr enge Freunde«, springt Sara ein und trocknet sich ihr tränennasses Gesicht ab. »Damals arbeiteten sie zusammen in der Abteilung für organisiertes Verbrechen. Lucy und ich nahmen einfach an, dass Marks Arbeit mit den Morden zu tun hatte. Deshalb habe ich deine Mutter gebeten, sich versetzen zu lassen.« Sie schaut wieder zu Lucy und bittet sie damit wortlos, weiterzuerzählen.

»Ich habe an den Untersuchungen zu ihrem Tod mitgearbeitet«, sagt Lucy. »Aber ich habe immer noch keine Ahnung, wer sie getötet haben könnte oder warum. Der Mörder hat keine Spuren hinterlassen. So gründlich wie dieser Tatort wurde wohl noch nie ein anderer untersucht – und trotzdem: nichts. Alles, was ich weiß, ist, dass Margret in ihrer eigenen Küche in den Rücken geschossen wurde und es sah so aus, als sei Mark wenige Sekunden später gestorben. Es schien so, als ob er den Angreifer überwältigen wollte. Es gab keine Zeichen, die auf einen Einbruch hindeuteten.«

Meine Gedanken verschwimmen. Wie sollte ich mich denn

jetzt bei dem Gedanken fühlen, dass so etwas mit meinen biologischen Eltern geschehen ist, von denen ich nicht einmal wusste, dass sie existierten? Oder darüber, dass sie mich ihren Freunden überlassen haben, obwohl sie wussten, dass sie Sara und Lucy damit in Gefahr brachten.

Das wird mir alles zu viel. Ich gleite wieder in die Stille ein.

Sobald ich dort bin, gehe ich zu Sara, deren eingefrorenes Gesicht besorgt aussieht. Ich liebe sie immer noch genauso sehr wie auf meinem Weg hierher. Das ändert nichts. Ich habe Lucy nie weniger geliebt als Sara, auch wenn ich wusste, dass wir nicht blutsverwandt sind. Soweit ich das beurteilen kann, macht das keinen Unterschied.

Ich lege meine Hand auf Saras Unterarm und versuche mich in die Kohärenz, wie Eugene diesen Zustand genannt hat, zu begeben. Ich bin so erschöpft, dass es diesmal schwieriger ist. Ich weiß nicht wie lange ich brauche, um endlich in Saras Erinnerungen zu versinken.

Wir sind aufgeregt, dass Darren zu Besuch kommt.

Ich, Darren, schäme mich irgendwie für Saras überschwängliche Freude. Wenn es sie so glücklich macht, sollte ich sie wahrscheinlich häufiger besuchen.

Wir sind am Boden zerstört, nach all diesen Jahren mit Darren das gefürchtete Gespräch über die Adoption führen zu müssen. Unser kleines Familiengeheimnis. Bevor ich, Darren, natürlich aus Saras Gedanken gedrängt werde, weil ich in der Gegenwart ankomme, beschließe ich, tiefer in sie einzusinken. Ich stelle mir vor, immer leichter zu werden, tiefer hineinzusinken.

Wir sehen Darren dabei zu, wie er seine Sachen für Harvard packt. Wir sind mehr als aufgeregt. Mir, Darren, fällt auf, dass ich noch nicht weit genug in der Vergangenheit bin, und dringe tiefer ein.

Wir sind mit Lucy verabredet. Sie ist das coolste Mädchen, das wir jemals getroffen haben. Ich, Darren, bemerke, wie unheimlich diese Sache werden kann, aber ich weiß auch, dass Aufhören für mich nicht in Frage kommt. Ich bin an meinem Ziel vorbeigeschossen und muss wieder weiter zur Gegenwart kommen, sozusagen die Erinnerungen vorspulen. Ich, Darren, tue das, was ich zuerst versucht habe, um tiefer in die Gedanken einer anderen Person einzudringen, nur andersherum: Ich stelle mir vor, ich sei schwerer. Es funktioniert.

Wir haben uns monatelang mit Israel beschäftigt. Unser Erbe ruft uns, wie unsere Mutter Rose sagte. Ich, Darren, erkenne, dass Rose meine Großmutter ist und dass ich nahe am richtigen Zeitpunkt bin. Ich springe ein wenig weiter nach vorne.

Wir sind in Israel. Es ist unglaublich. Selbst Lucys anfänglicher schlechter Laune wegen: »Hier gibt es fast keine anderen Asiaten« ist nach einem Tag am Meer wie weggeblasen.

Wir schauen uns den Strand an. Der Anblick ist fantastisch. Ich, Darren, behalte in meinem Hinterkopf, dort auch eines Tages mal hinfahren zu müssen.

»Hallo Leute«, sagt eine vertraute männliche Stimme.

Wir sind überrascht die M&Ms, Mark und Margret, auf uns zukommen zu sehen. Lucy auch, nehme ich an. Was machen sie hier in Israel? Es erwartet ja niemand, über den Ozean zu fliegen und dort zufällig Freunde aus New York zu treffen.

Ich, Darren, sehe sie, und Saras Überraschung verblasst gegen meine eigene. Sie sehen nicht genauso aus wie ich. Aber es ist, als ob ein Photoshop-Genie ihre Gesichtszüge genommen und sie mit einigen generelleren vermischt hätte, um das vertraute Gesicht zu erschaffen, das ich, Darren, jeden Tag im Spiegel sehe.

»Was macht ihr denn hier?«, möchte Lucy wissen und sieht besorgt aus.

»Wir müssen reden«, erwidert Mark. »Aber nicht hier.«

Ich, Darren, stelle mir wieder vor, schwerer zu werden, um ein wenig vorzuspulen.

Wir hören uns die verrückte Geschichte von M&M an.

»Wer ist hinter euch her? Wenn ihr mir das nicht sagt, wie soll ich euch dann helfen?«, entgegnet Lucy frustriert, nachdem sie sich alles angehört hat. Wir fühlen das Gleiche. Wir können es gar nicht glauben, dass unsere Freunde uns mit so einem Anliegen überfallen und uns dabei so gut wie nichts sagen.

»Besteh nicht darauf, Lucy. Wenn ich dir das sagen würde, würde ich dich und auch das ungeborene Kind in Gefahr bringen«, sagt Mark. Ich, Darren, bemerke, dass seine Stimme tief ist, sehr ähnlich der Stimme auf meinem Anrufbeantworter. Meiner Stimme.

»Aber was ist mit dir?«, möchten wir wissen und schauen Margret an. »Wie wirst du damit zurechtkommen?«

Margret, die während dieser ganzen Unterhaltung sehr schweigsam gewesen war, beginnt zu weinen, und wir fühlen uns wie ein Dummkopf.

»Margie und ich werden alles dafür tun, dass unser Kind leben wird«, antwortet Mark für sie. »Auch wenn es mehr als schmerzhaft ist, uns auf diese Weise zurückziehen zu müssen.«

»Ihr werdet also nicht nach New York zurückkommen?«, möchte Lucy wissen. Das ist mein Mädchen, immer im Dienst und damit beschäftigt, alle Teile zusammenzufügen.

Er schüttelt seinen Kopf. »Meine Kündigung ist schon vorbereitet. Wir werden in Israel bleiben, bis das Baby geboren ist. Dann kommen wir für ein Jahr zurück nach New York, um euch zu helfen, und danach ziehen wir nach Kalifornien. Wir hoffen, ihr könnt uns dann mal besuchen kommen, wenn das Baby älter ist. Erzählt ihr – oder ihm – einfach, dass wir alte Freunde sind.« Marks Stimme bricht ab.

»Aber das ergibt keinen Sinn«, entgegnet Lucy und spricht damit das aus, was ich auch gerade denke. »Wenn du schon kündigst und wegziehst, sollte das Kind doch in Sicherheit sein.«

»Nein«, widerspricht Mark. »Umziehen mindert das Risiko kaum. Die Menschen, die unseren Tod wollen, können uns überall erreichen. Bitte stelle mir keine weiteren Fragen Lucy. Denk doch einfach daran, wie schön es wäre, ein Kind zu haben. Hattet ihr nicht sowieso vor, zu adoptieren?«

»Wir könnten uns niemand Besseren dafür vorstellen«, fällt Margret ein. »Bitte helft uns.«

Wir haben den Eindruck, dass sie sich selbst davon überzeugen will, dass diese Entscheidung die richtige ist. Wir können uns kaum vorstellen, wie sie sich fühlen muss.

»Wir werden für alles zahlen«, erklärt Mark und wechselt damit das Thema.

Genau wie Lucy möchten wir das Geld nicht, aber letztendlich überzeugen uns die M&Ms, ihr überaus großzügiges Angebot anzunehmen. Wir hatten nicht einmal gewusst, dass sie so viel besaßen. Wir kennen Marks grobes Einkommen, da er mit Lucy arbeitet und nicht sehr viel mehr als sie bekommen kann. Niemand mit einem solchen Einkommen verfügt über einen derartigen Geldbetrag. Wir denken auch nicht, dass Margret so viel verdient. Vielleicht hat das viele Geld etwas mit der paranoiden Geschichte über diese Menschen zu tun, die hinter ihnen her sind.

Ich, Darren, denke nicht, dass es das Geld ist. Könnten es die Strippenzieher sein? Immerhin haben sie ja auch Mira und Eugenes Familie umgebracht. Könnten sie auch hinter dem Mord an meinen Eltern stecken? Plötzlich wird es für mich zu einem persönlichen Anliegen, mehr über die Strippenzieher zu erfahren.

Ich, Darren, halte diese sich anbahnende Tragödie nicht länger aus. Vielleicht komme ich eines Tages hierhin zurück, aber in diesem Augenblick kann ich nicht damit umgehen. Trotzdem schaue ich mir wie ein Masochist weitere Erinnerungen an.

Wir kommen von Margret und Marks Beerdigung zurück. Die meiste Zeit des Rückwegs haben wir geschwiegen. Ich habe Lucy noch nie so aufgewühlt gesehen.

»Bitte, sprich mit mir, Schatz«, sagen wir, um die belastende Stille zu brechen.

»Ich habe die Leichen gefunden«, sagt Lucy in einer völlig fremden Stimme. »Und ich habe den Tatort mit der Lupe abgesucht. Aber trotzdem habe ich nichts. Es ist wie das perfekte, unlösbare Verbrechen aus einem Kriminalroman. Ich kann das nicht hinnehmen. Ich bin es Mark schuldig, dieses Arschloch zu finden, das es getan hat ...«

»Sei nicht so hart zu dir selbst«, sagen wir. »Du wirst es herausbekommen. Wenn du das nicht schaffst, schafft es niemand.«

»Wir hätten umziehen sollen«, sagt Lucy.

Sie legt ihren Finger auf einen wunden Punkt – unsere eigenen Schuldgefühle. Wir wünschen uns, dass wir Mark und Margret gesagt hätten, das erste Jahr nicht nach New York zu kommen, wenn das so gefährlich ist. Aber das haben wir nicht getan. Wir hätten ihnen anbieten können, für ein Jahr nach Kalifornien zu ziehen. Irgendetwas. Unsere größten Schuldgefühle haben wir allerdings, weil wir insgeheim gedacht haben, die M&Ms seien verrückt. Wir haben uns aber nicht weiter in diese Geschichte vertieft, sondern uns auf ihr wundervolles Geschenk – Darren – konzentriert. Jetzt sind sie allerdings tot, und das ändert einiges. Wir denken nicht mehr, dass sie verrückt sind. Wir fühlen uns nur schrecklich dabei, dieses Unglück nicht irgendwie verhindert zu haben.

Ich, Darren, kann jetzt wirklich nichts weiter aufnehmen. Ich springe aus Saras Kopf.

ICH BIN ZURÜCK IN DER STILLE UND SCHAUE SARA AN. DER Großteil meines Ärgers ist verschwunden. Wie könnte ich auch wütend sein, nachdem ich gerade erlebt habe, wie viel diese Frau für mich empfindet? Einen Moment lang überkommt mich eine Welle von Schuldgefühlen, so tief in die Privatsphäre meiner

Mutter eingedrungen zu sein, um die Wahrheit herauszufinden. Aber getan ist getan.

Ich gehe zu mir und berühre meinen Ellenbogen.

Obwohl ich nicht mehr in der Stille bin, verharrt Sara unbeweglich, während sie auf meine Reaktion wartet.

»Ich weiß nicht, was ich sagen soll«, erwidere ich wahrheitsgemäß.

»Das ist völlig in Ordnung. Du hast ja auch eine Menge zu verarbeiten«, sagt Lucy.

»Meinst du?«, entgegne ich unfreundlich und bedaure es sofort, als sie zusammenzuckt.

»Es tut mir wirklich leid, dass wir so lange gebraucht haben, um es dir zu erzählen«, entschuldigt sich Sara schuldbewusst.

»Heute habt ihr es mir ja auch nicht gerade freiwillig gesagt«, kann ich mir einfach nicht verkneifen. Ich denke, ich habe es ihnen immer noch nicht ganz verziehen – dass sie mich so lange im Dunkeln darüber gelassen haben.

»Da hast du Recht«, gibt Sara zu. »Und wie Lucy schon gesagt hat, ist es uns jahrelang schwergefallen, darüber zu reden. Wenn du erst einmal anfängst, über etwas nicht zu reden, wird es irgendwann zu einem eigenartigen Tabuthema. Aber wenn du nichts davon gewusst hast, was wolltest du dann eigentlich von uns hören?« Sie schaut mich fragend an.

»Das ist jetzt nicht wichtig«, erwidere ich. Ich werde doch jetzt nicht anfangen, wie ein Verrückter darüber zu reden, dass ich Teil einer geheimen Gruppe von Menschen bin, die Zeit einfrieren und in die Gedanken anderer eindringen können. Darüber wollte ich nur reden, als ich dachte, Sara sei selbst ein Leser. »Das, was ihr wissen solltet, ist, dass diese Tatsache nichts an dem ändert, was ich für euch fühle.«

Da ich ihre Gedanken gelesen habe, weiß ich, dass sie das am liebsten hören möchten. Und ich meine es auch so. Ja, ich bin gerade wütend und verwirrt, aber ich weiß, dass das, was ich gesagt habe, bald zu einhundert Prozent zutreffen wird. Es wird alles wieder so sein, als habe dieses Gespräch niemals stattgefunden.

Für diese Worte werde ich mit sichtbarer Erleichterung auf ihren Gesichtern belohnt.

»Wenn das für euch in Ordnung ist, würde ich jetzt am liebsten nach Hause fahren. Ich muss das erst einmal verdauen«, erkläre ich ihnen. Das ist schon komplizierter. Ich weiß, dass es sie freuen würde, wenn ich bliebe und Zeit mit ihnen verbrächte. Aber an diesem Punkt bin ich schon mehr als erschöpft.

»Natürlich«, erwidert Sara, aber ich weiß, dass sie enttäuscht ist.

»Wir sind hier, falls du noch Fragen haben solltest«, fügt Lucy hinzu. Ihr Gesichtsausdruck ist schwieriger zu lesen.

Lucy hat Recht. Ich könnte später noch mehr Fragen haben. Aber jetzt umarme ich sie und gebe ihnen einen Kuss, bevor ich so schnell wie möglich von hier verschwinde.

Ich fahre nach Tribeka, ohne es mitzubekommen. Erst als ich einen Parkplatz suche, wird mir dieser Automatismus bewusst. Parken in der Stadt ist fast unmöglich, deshalb habe ich auch kein Auto. Ich entscheide mich für eines der Parkhäuser, auch wenn ich morgen ein Vermögen dafür zahlen werde. In diesem Moment ist mir das egal. Ich möchte einfach nur nach Hause.

Als ich in meinem Apartment ankomme, kann ich nur noch essen und duschen. Danach schlafe ich ein, sobald ich ins Bett sinke.

14

Es ist erstaunlich, was Schlaf für die Psyche tut. Als ich am nächsten Morgen mein Müsli esse, sehe ich die Ereignisse und Enthüllungen des vorherigen Tages in einem ganz anderen Licht. Sogar meine Adoption scheint etwas zu sein, mit dem ich umgehen kann.

Ich versuche, mich in meine Mutter hineinzuversetzen. Nehmen wir mal an, mein Freund Bert würde mir ein eigenartiges Geheimnis erzählen. Und dann, sagen wir, bittet er mich, niemandem davon zu erzählen und stirbt. Das würde ja quasi als letzter Wille zählen. Und als letzter Wille wäre es zweifellos schwer, das Geheimnis unter diesen Umständen zu verraten. Könnte das auch ein Grund für die Verschwiegenheit meiner Mütter sein?

So ausgeruht erkenne ich auch einen weiteren Aspekt meiner neuen Situation: Vielleicht habe ich Verwandte, die ich noch nie getroffen habe. Großmütter und Großväter, von denen ich nichts wusste. Vielleicht Onkel, Tanten, Cousins und Cousinen. Alle diese neuen Familienmitglieder sind wahrscheinlich dort draußen in der geheimnisvollen Lesergemeinschaft. Es ist wirklich ärgerlich, dass Eugene und Mira nicht dazugehören. Täten sie das, könnte ich über sie weitere Leser kennenlernen. Vielleicht sogar entfernte Verwandte treffen und etwas über meine Herkunft erfahren.

Jetzt, da ich nicht mehr so angespannt bin, denke ich über meine aufregenden neuen Fähigkeiten nach. Ich meine, denken Sie doch mal an die ganzen Möglichkeiten. Es erinnert mich an die Mittelschule, als ich begann, die Stille zu nutzen. Ich hatte eine Menge Spaß dabei, mich unbeobachtet in die Mädchenumkleidekabine zu schleichen, das Tagebuch meiner ersten Freundin zu lesen oder ältere Damen auszuspionieren ... Wenn ich darüber nachdenke, fällt mir auf, dass die frühe Nutzung der Stille ein gewisses Muster aufweist.

Diese ganzen Dinge verblassen allerdings im Vergleich zu dem, was ich mit dem Lesen alles machen kann. Es ist fast besser, dass ich es erst jetzt herausgefunden habe. Jetzt bin ich reifer und kann mit der Verantwortung, die mit dieser Macht einhergeht, besser umgehen.

Die Auswahl meines ersten Opfers ist einfach.

Ich beende das Frühstück und ziehe mich an. Ich schnappe mir eine Blu-ray, die ich schon vor Ewigkeiten hätte zurückgeben sollen, und gehe in die dritte Etage meines Gebäudes.

Ich habe mich nur einige Male mit Jenny getroffen. Sie unterscheidet sich nicht wesentlich von meinen anderen Ex-Freundinnen, außer darin, dass sie mir sehr nahe ist. Sie lebt in meinem Haus, weshalb ich zuerst ihr einen Besuch abstatte. Was habe ich gerade noch über die nötige Reife zum Übernehmen einer solchen Verantwortung gesagt?

Ich bleibe vor ihrer Tür stehen und klingele.

Jenny öffnet. »Darren?«, fragt sie und schaut mich an. Ich überlege kurz, zu verneinen, aber ich habe den Eindruck, dass sie nicht in der Stimmung für Scherze ist.

»Ich habe den Film gefunden, den ich mir mal von dir geliehen habe«, antworte ich stattdessen. »Ich wollte ihn dir zurückgeben.«

»Oh, danke schön. Ich bin einfach überrascht, dich zu sehen.« Sie sieht nicht einfach nur überrascht aus – sondern eher verärgert. Oder zumindest ein wenig genervt. Ich verliere keine Zeit und begebe mich in die Stille.

Das leichte Summen im Hausflur wird mir erst jetzt bewusst, weil es auf einmal verschwunden ist. Es ist interessant, wie wir beständige Geräusche wie dieses einfach ausblenden. Mir ist diese Tatsache, dass wir vieles unserer Umgebung nicht wahrnehmen, erst dann aufgefallen, als ich begann, mich in die Stille zu begeben. Viele Dinge, die um uns herum geschehen, nehmen wir nicht bewusst wahr.

Ich berühre Jennys Stirn. Zuerst hatte ich Bedenken, Frauen in der Stille zu berühren, aber dann habe ich beschlossen, dass das hier etwas anderes ist. Oder eben, dass das Lesen es wert ist. Es ist leicht, mich selbst davon zu überzeugen, gegen bestimmte Prinzipien zu verstoßen, wenn sie dem im Weg stehen, was ich wirklich möchte.

Ich versuche in die Kohärenz zu gelangen. Dieses Mal ist es sogar noch einfacher.

WIR SIND IN EINEM KLUB UND ICH KNUTSCHE MIT EINER Freundin, um die Aufmerksamkeit der Jungen auf mich zu ziehen. Auch wenn es nicht gerade das ist, wo ich, Darren, hinmöchte, bleibe ich trotzdem gerne einen Moment bei dieser Erinnerung. Ich versuche, jeden Augenblick aufzunehmen. Wir tanzen und reiben uns aneinander. Es ist nicht ernst gemeint, sondern nur, um Aufmerksamkeit zu bekommen. Irgendwann verliere ich, Darren, das Interesse daran und sinke tiefer ein.

Wir machen uns fertig, um uns erneut mit Darren zu treffen. Wir sind ein wenig unglücklich mit unserer Beziehung zu ihm. Er war so heiß – bis er uns seine Aufmerksamkeit schenkte. Zu diesem Zeitpunkt sank seine Anziehungskraft rapide. Warum passiert uns das immer?

Nein, wir sollten nicht unser heftigster Kritiker sein. Es könnte sein, dass Darren das Problem ist, nicht wir. Als wir ihn auf dieser Party im Penthouse sahen, schien er so selbstsicher und von sich überzeugt zu sein. Genau der Typ von Mann, auf den wir stehen. Aber dann hat er uns in jener Nacht nicht mit zu sich nach Hause genommen, sondern sich für einen Kaffee mit uns verabredet. Es ist seine Schuld. Außer natürlich, wir machen uns Gedanken darüber, eine Schlampe zu sein. Wir wünschen uns, dass diese Selbstkritik eines Tages endlich verstummen wird.

Wir wählen unser Outfit für den Abend sorgfältig aus. Das neue BH-und-Höschen-Set wird hoffentlich zum Einsatz kommen. Ich, Darren, erkenne, was für ein Tag das ist, und spule weiter nach vorne, zu dem Teil, für den ich hierhergekommen bin.

Darren steht oberkörperfrei in unserem Schlafzimmer. Er ist in toller Form. Ich hoffe, wir machen ihn heiß. Als die Dinge voranschreiten, machen wir uns um das alles weniger Gedanken und konzentrieren uns stattdessen auf das, was wir fühlen, während wir unseren körperlichen Instinkten freien Lauf lassen.

Als dieser Teil vorüber ist, ziehe ich, Darren, mich zurück.

Ich bin wieder in der Stille. Ja, ok. Ich wollte wissen, wie es ist, als Mädchen Sex zu haben. Und gibt es einen besseren Weg, um herauszufinden, wie es ist, Sex mit mir zu haben? Außerdem bin ich mir nicht sicher, wie der Sex als Mädchen mit einem Mann ist, der nicht ich bin. Das werde ich auf keinen Fall meiner Therapeutin erzählen. Das wäre ein gefundenes Fressen für sie.

Die Kohärenz und das Fortbewegen in den Erinnerungen anderer Menschen wird einfacher für mich. Das erinnert mich an die erste Zeit nach der Entdeckung der Stille.

Übung macht den Meister. Für die ersten Ausflüge in die Stille musste ich fast Todesangst haben, um dieses Erlebnis hervorrufen zu können. Der Sturz vom Fahrrad war nur das erste. Es gab danach noch den Fall von einem Dach in den Sandkasten und einen Haufen anderer Stunts, die ihren Höhepunkt erreichten, als ich in den Gully fiel. Verrückt, richtig? Wer fällt schon in einen Gully? Nach dem, was meine Mütter erzählen, war mein Spitzname Taz, nach dem Tasmanischen Teufel aus den Cartoons. Das nahm ich alles auf mich, um hineinzugleiten. Aber zumindest verfüge ich jetzt über Nahtoderfahrungen.

Irgendwann passierte es auch unter weniger tragischen Umständen, wie bei der Prügelei mit dem Schultyrannen John. Ich hasse diesen Typen immer noch. Ich bin einen Moment lang versucht, ihn zu finden, seine Gedanken zu lesen und dann mit ihm zu spielen. Aber jetzt gibt es wichtigere Dinge, die ich zu tun habe. Ich müsste dieses Arschloch erst ausfindig machen, und dafür habe ich gerade keine Zeit.

Im Laufe der Zeit glitt ich schon in die Stille hinüber, während ich etwas so Unwichtiges tat wie einen guten Horrorfilm zu schauen. Nach und nach habe ich mich bis dorthin vorgearbeitet, wo ich heute bin. Ich brauche nur eine leichte Sorge oder Nervosität zu verspüren, um mich aus der normalen Welt zurückzuziehen. Ich frage mich, wie das wohl bei Eugene und Mira war. Ich darf nicht vergessen, sie danach zu fragen.

Als ich an die beiden denke, frage ich mich, ob ich einfach zu ihnen gehen sollte, anstatt weiter allein mit meinen neuen Fähigkeiten herumzuspielen. Nein, entscheide ich mich. Noch nicht. Nicht, bis ich noch weitere Erinnerungen gelesen habe.

Ich schaue Jenny an. Sie hält die Tür fest, so als möchte sie mich so schnell wie möglich loswerden. Ich werde von Schuldgefühlen übermannt und komme zurück.

»Entschuldige bitte die Störung«, sage ich. »Ich hätte ihn wohl besser einfach vor der Tür liegen gelassen. Ich habe mir einfach gedacht, es wäre schön, ihn dir persönlich vorbeizubringen, da wir ja Freunde bleiben wollten.«

»Natürlich«, antwortet sie. Man muss kein Leser sein, um zu erkennen, dass sie das mit dem Freundebleiben nicht ernst gemeint hat, als sie es sagte. »Es war sehr nett von dir, das hier zurückzubringen, und ich bin froh, dass du es nicht einfach wie irgendein Fremder vor der Tür liegen gelassen hast.«

»Gern geschehen. Entschuldige bitte, dass ich dich genervt habe. Wir sehen uns«, meine ich. Es ist eigenartig, aber ich bedauere das nicht. Jenny sieht so aus, als spüre sie, etwas verpasst zu haben. Da es aber unmöglich ist, dass sie errät, was gerade passiert ist, kümmert es mich nicht.

Die Tür fällt ins Schloss, und ich bin bereit für eine kleine Tour durch die Stadt.

Spontan entscheide ich mich dafür, ins Fitnessstudio zu gehen. Dort befinden sich viele Menschen, die ich lesen kann. Außerdem wäre ein kleines Workout auch nicht schlecht. Ich trainiere hauptsächlich, weil ich eitel bin. Außerdem hört man immer wieder, wie gut Sport nicht nur dem Körper, sondern auch dem Geist tut, und ich mag diesen Aspekt. Mehr Leistung für das gleiche Geld.

Anstatt zu meinem üblichen Studio in Tribeka zu gehen, wähle ich ein anderes an der Wall Street – ich habe ja schließlich ein Auto, also sollte ich es auch benutzen. Die Zweigstelle an der Wall Street hat mehr Klasse.

Als ich dort ankomme, und das ist nach einem kurzen Stück, verfluche ich meine Idee mit dem Auto. Ich wäre zu Fuß viel schneller gewesen, wenn man den Verkehr und die Zeit berücksichtigt, die man braucht, um einen Parkplatz zu finden. Das ist Manhattan. Dieses Viertel hat auch seine Nachteile.

Ich gehe durch die große Drehtür. Diese Studiokette ist generell hypermodern eingerichtet, aber dieses Studio hier ganz besonders. Der Mitgliedsbeitrag ist völlig überhöht, aber ich kann es mir ja leisten. Es ist hübsch und sauber, was für mich ein großer Extrapunkt ist. Ich bin leichten Zwangshandlungen ausgeliefert, was Sauberkeit betrifft.

Ich frage mich, ob es Sinn macht, weiterhin in der Stille zu trainieren. Das habe ich ab und an gemacht, wenn ich keine Zeit hatte, aber da wusste ich noch nicht, dass man dort nicht altert. Jetzt, da ich es weiß, scheint es logisch zu sein, dass die Muskeln von dem Training in der Stille nicht wachsen werden. Und wachsende Muskelmasse ist der einzige wirkliche Grund, weshalb ich das tue.

Ich bin mir allerdings nicht sicher, ob es wirklich stimmt, dass es generell nutzlos ist, in der Stille Sport zu treiben. Einige Fähigkeiten behält man mit Sicherheit bei. Erst in der letzten Woche war ich davon überzeugt gewesen, dass mir mein erstes Golfspiel bevorstünde. Ich übte also in der Stille so lange, bis mein spielerisches Können beeindruckender auf meine Kollegen wirken musste. Das Training hat definitiv geholfen, also muss es eine Art motorisches Gedächtnis geben, welches in den Muskeln erhalten bleibt. Eine weitere Frage für Eugene, schätze ich.

Jetzt gerade habe ich aber Lust auf ein Workout in der realen Welt.

Als ich anfangen möchte, Brustpressen zu machen, erblicke ich ein bekanntes Gesicht. In dieses Studio gehen viele Promis, und ich versuche mich daran zu erinnern, wer das ist. Und dann fällt es mir plötzlich ein. Kann er es wirklich sein? Es wäre möglich – der Hauptsitz seiner Bank befindet sich ganz in der Nähe. Falls er in einem für jedermann zugänglichen Studio trainieren würde, dann hier.

Ich gehe zu ihm, um herauszufinden, ob ich Recht habe.

»Entschuldigung, könnten Sie mich bitte im Auge behalten?«, frage ich ihn und zeige auf die Bank, die ich benutze.

»Natürlich«, erwidert er. »Soll ich anheben?«

»Ich habe das im Griff«, antworte ich, und das habe ich auch. Er ist es. Jason Spades, der CEO. Dieser Mann ist bei unserem Fonds ein Held. Seine Bank ist die einzige, die unbeschadet die Bankkrise überstanden hat – und das wird zum Großteil ihm zugeschrieben. Von dem, was ich gehört habe, hat er sich seinen Ruf verdient.

Die Gedankenleser - The Thought Readers

»Danke«, meine ich zu ihm, als ich mit meiner Übung fertig bin.

Er geht weg, und ich gleite sofort in die Stille. Im Fitnessstudio ist das besonders leicht – das Herz rast schon und für das Gehirn scheint das ähnlich zu sein wie Angst oder andere Erregungszustände.

Diese Menschen, die ihre schweren Gewichte mitten in der Luft halten, sehen eigenartig aus. Es scheint, als würden ihre Hände das Gewicht jeden Augenblick nicht mehr halten können.

Ich gehe zu Jason Spades und berühre seine Schläfe. Es ist an der Zeit, meine Lesemuskeln noch ein wenig zu dehnen. Einen Moment lang muss ich meditieren, bevor ich die Kohärenz erreiche. Danach stelle ich mir vor, ich sei so leicht wie eine Feder. Ich hoffe, ich kann weiter in seine Erinnerungen eintauchen als dorthin, wo man automatisch zu sinken scheint.

»Geh heute ins Fitnessstudio, nimm dir einen Tag frei und mache ein paar Sachen im Garten. Du kannst dich nicht so überarbeiten«, erklärt uns seine Frau am Frühstückstisch. »Von dem ganzen Stress wirst du noch einen Herzanfall bekommen.«

»Das verstehst du nicht, Schatz. Das werden die schlechtesten Quartalsumsätze der Firmengeschichte werden. Damals wären die Vorstandsvorsitzenden dafür aus dem Fenster gesprungen«, erwidern wir. Wir sind ihr sehr dankbar für ihre Unterstützung, aber wir haben den Eindruck, dass sie das Problem einfach nicht versteht, sie dessen Ausmaß nicht erkennt. Alles, für das wir jemals gearbeitet haben, wird ruiniert sein. All die Jahre ohne Wochenenden und Ferien, dafür voller schlafloser Nächte – das alles wäre umsonst gewesen.

Wir denken auch über diese andere Sache nach, diese Sache, die wir ihr gegenüber nicht erwähnt haben. Einer der Trader ist unautorisierte Risiken eingegangen und hat einen Batzen Geld der

Bank verloren. Wir werden von den Investoren auch dafür zur Verantwortung gezogen werden. Dieser Vorfall, zusammen mit den vierteljährlichen Ergebnissen, wird uns wie einen Idioten aussehen lassen – wie eines der restlichen Vorstandsmitglieder der Bank. Das ist nicht das Erbe, das wir uns erhofft hatten.

Ich, Darren, habe genug gesehen und ziehe mich aus seinen Gedanken zurück.

Ich bin sprachlos. Hin- und hergerissen zwischen Mitleid und Schadenfreude.

Es tut mir leid für Jason. Es schmerzt, solche Legenden fallen zu sehen. Ihre Enttäuschung ist groß. Seine Frau hilft ihm allerdings dabei, sie zu überwinden, und das macht Mut. Vielleicht ist ja an diesem ganzen Hochzeitskram doch etwas dran. Und wahrscheinlich liegt er bei seiner Frau falsch – ich wette, sie weiß, was passieren wird. Sie findet wahrscheinlich einfach nur die richtigen Worte für ihren Mann. Und ein wenig positiv ist zumindest die Tatsache, dass ich nicht sehen konnte, dass er etwas Verrücktes vorhatte, so, wie sich das Leben zu nehmen. Ich weiß nicht, was ich in diesem Fall tun würde. Würde ich versuchen, ihn davon abzuhalten? Wahrscheinlich würde ich das, auch wenn ich noch keine Ahnung habe, wie ich das Gespräch beginnen sollte, ohne wie ein Irrer zu wirken.

Ich habe jetzt allerdings keine Zeit, um über solche deprimierenden Dinge nachzudenken. Nicht, wenn Johns Tragödie mir im Handumdrehen zu unverschämtem Reichtum verhelfen kann.

Ich kehre zurück, und aus einer Eingebung heraus greife ich zu meinem Telefon. Habe ich schon erwähnt, dass ich Smartphones liebe? Auf jeden Fall öffne ich meine Trading-App. Der Aktienkurs der Bank ist der höchste der vergangenen vier Jahre. Offensichtlich ahnt niemand, was wirklich passieren wird.

Ich muss handeln. Ich hole mir den Preis für die Verkaufsoptionen. Diese sind grob gesagt Verträge mit jemandem, der versichert, die Aktien zu einem vereinbarten Preis innerhalb einer bestimmten Zeitspanne zu kaufen. Die Verkaufsoptionen, die einen niedrigeren Preis als den des derzeitigen Kurses haben, sind spottbillig. Der Grund dafür ist, dass Verkaufsoptionen wie Versicherungen sind, und in diesem Fall sind sich alle sicher, dass der Kurs stabil bleiben, wenn nicht sogar weiter steigen wird. Mir stehen auf meinem Handelskonto zweiunddreißigtausend Dollar zur Verfügung, und ich kaufe davon so viele Verkaufsoptionen wie möglich.

Sehr vorsichtig kalkuliert könnte ich schon bei einem Kursverlust von zehn Prozent viel Geld verdienen, entweder indem ich die Optionen verkaufe oder einlöse. Falls der Kurs komplett in den Keller geht, so wie der der Banken, die während der Krise als »zu groß um Fehler zu machen« angesehen wurden, könnte ich aus dem Geld, was ich eben investiert habe, eine Million machen. Und ich werde natürlich noch mehr Geld investieren, sobald ich einen Computer zur Hand habe. Man kann nicht alles mit dem Handy machen. Ich überlege sogar, mein Erspartes zu investieren, auch wenn ich vorsichtig sein muss. Die Börsenaufsichtsbehörde könnte misstrauisch werden, wenn ich übertreibe. Und was wäre, wenn ich beim Lesen einer anderen Person einen noch besseren Tipp bekäme? Außerdem käme ich einige Wochen lang nicht an mein Geld heran. Aber ich muss zugeben, dass ich mir kaum eine bessere Gelegenheit vorstellen kann.

Und was die Aufsichtsbehörde anbelangt, wüsste ich einfach gerne, ab wann man auf ihrem Radar erscheint. Nicht, dass sie etwas gegen mich in der Hand hätten, sollten sie meine Aktivitäten bemerkt haben. Im Gegensatz zu den Kasinos arbeiten sie mit Beweisen – wie Telefonaufzeichnungen oder E-Mail-Verläufen. Dinge, die sie in meinem Fall nicht hätten. Aber ich möchte trotzdem keine Untersuchung auslösen.

Ich kann nicht glauben, dass Mira ihr Geld durch Kartenspielen mit Kriminellen verdient. So ist es doch viel einfacher. Ich hoffe wirklich, dass sie es nicht für Geld macht. Ich frage mich, ob Eugene und sie Geld von mir annehmen würden, sollte ich herausfinden, dass genau das der Fall ist. Ich denke, sie könnte zu stolz sein, aber ich muss es versuchen. Ich bin gerade in Spendierlaune. Ich hatte noch nie Probleme mit Geld, auch nicht vor dem Job bei dem Fonds. Jetzt aber wird mir klar, wie schnell ich mit dem Lesen ein neues Niveau finanzieller Unabhängigkeit erreichen kann.

Ich bin so geladen, dass ich mich während des restlichen Trainings härter rannehme. Gewichte zu heben scheint für einen klaren Kopf zu sorgen. Ich bin mir nicht sicher, ob das generell oder nur bei mir so ist. Es gibt allerdings nur einen Weg, um das herauszufinden, weshalb ich zu Forschungszwecken weitere Personen lese. Nach meiner informellen Studie im Fitnessstudio fühlen sich auch andere Menschen nach dem Gewichtheben besser. Gut zu wissen.

Als ich mit meinem Training fertig bin und schon in meinem Auto sitze, schreibe ich eine Nachricht an Amy. Sie ist eine Bekannte aus Harvard. Das ist ganz nebenbei gesagt ein weiterer Grund dafür, dorthin zu gehen – um wichtige Beziehungen zu bekommen, die einem zu Jobs verhelfen.

Networking ist allerdings nicht der Grund, weshalb ich Amy heute treffen möchte. Ich mache es, weil sie verrückt ist, auf genau die Art und Weise, die ich brauche.

Sie möchte Sushi, und nach einigem Hin und Her stimme ich zu. Ich nehme an, ich kann wohl zweimal hintereinander Sushi essen. Es ist gut, dass ich das Zeug so gerne mag.

Wir treffen uns in meinem Lieblingsrestaurant in der Innenstadt und erzählen uns erst einmal, was seit unserem letzten Treffen alles passiert ist. Sie arbeitet bei einem anderen Fonds, was es leicht macht, sie davon zu überzeugen, es handele sich hier um ein spontanes Networking. Nur dass ich aus einem ganz anderen Grund hier bin.

Amy liebt alle Arten von extremen Erfahrungen. Sie ist teilweise das Gegenteil von mir. Zum Beispiel hat sie gerade in Fugu

Sashimi gebissen. Fugu ist dieser giftige Kugelfisch, den der japanische Kaiser nie essen durfte. Der Fisch enthält Tetrodotoxin, ein Nervengift, das tödlich für Menschen und andere Lebewesen ist. Wenn dem Küchenchef bei Amys Bestellung ein Fehler unterlaufen sein sollte, könnte das tödlich enden. Jeder Fisch ist giftig genug, um etwa dreißig Menschen umzubringen, und Amy isst ihn, als sei das nichts Besonderes. Sie ist so eine Person. Für mich ist das perfekt. Ich begebe mich in die Stille.

Amy ist bewegungslos und ihre Stäbchen sind dabei, ihre potenziell tödliche Last in ihren Mund zu befördern. Sie zuckt nicht einmal. Dafür hat sie sich meinen Respekt verdient.

Ich nähere mich ihr und dringe in ihre Gedanken ein, ohne mich damit aufzuhalten, Ereignisse zurückzuspulen.

WIR KAUEN DEN FUGU. ICH, AMY, KANN NICHT GENUG DAVON bekommen, während ich, Darren, ernsthaft enttäuscht bin. Der Geschmack ist viel zu sanft für mich. Es schmeckt kaum nach irgendetwas. Wenn man die Gesundheitsrisiken bedenkt, hätte ich vermutet, es schmeckt wie Hummer, nur 100-mal besser.

Ich lasse mich tiefer sinken.

Wir sind in einem Flugzeug. Das ist unser erster Nicht-Tandem-Sprung und wir spüren den Adrenalinrausch schon, seit wir das Flugzeug betreten haben. Als wir eine Höhe von 4500 Metern erreichen, haben wir unseren ersten »Feargasm«, wie wir das gerne nennen.

Als wir endlich springen, überkommt uns das Gefühl des freien Falls in seiner ungebremsten Stärke. Es ist so, wie wir gedacht hatten, aber viel intensiver. Trotzdem vergessen wir das Wichtigste nicht – die Reißleine des Fallschirms nach 60 Sekunden des Rausches, die uns wie eine Millisekunde vorkamen, zu ziehen.

Wir fragen uns schon, was wir als Nächstes machen könnten. Vielleicht nackt springen? Vielleicht unter Drogeneinfluss?

Der Flug mit dem geöffneten Fallschirm wird langweilig, also suche ich, Darren, etwas Anderes.

Dieses Mal sind wir snowboarden …

Ich verlasse Amys Kopf. Ich habe es ihr zu verdanken, dass ich jetzt 90 % aller Dinge, die ich in meinem Leben noch machen wollte, abhaken kann. Durch ihre Augen bin ich gesurft, habe einen Bungee Jump absolviert, war klettern, snowboarden und basejumpen in einem Flügelanzug.

Ich hätte keines dieser Dinge im wirklichen Leben gemacht. Erst recht nicht seit gestern, seit ich etwas herausgefunden habe, das ich immer noch nicht ganz begreifen kann. Ich kann meine subjektive Lebensspanne dadurch verlängern, dass ich mich in der Stille aufhalte. Das bedeutet, dass ich viel mehr zu verlieren habe als normale Menschen.

Ich bestehe darauf, die Rechnung zu übernehmen. Das ist das Mindeste, was ich dafür tun kann, gerade all diese Erfahrungen durch sie gemacht zu haben. Ich verstehe jetzt die Beweggründe besser, die sie und andere verrückte Menschen dazu bringen, solche Dinge zu tun. Das Meiste war fantastisch – besonders das Springen aus dem Flugzeug.

Natürlich nicht fantastisch genug, um dafür mein Leben zu riskieren. Dank des Lesens muss ich das jetzt aber auch nicht mehr. Ich kann mich einfach immer mal wieder mit Amy treffen. Ich denke, wir werden jetzt häufiger zusammen mittagessen.

Als ich wieder allein in meinem Auto bin, fühle ich mich, unglaublicherweise, als hätte ich für heute genug gelesen. Ich möchte mich mit meinen neuen Freunden aus Brooklyn einen Tag eher treffen.

Ich schicke Eugene eine Nachricht, und er bittet mich erfreut, zu ihm zu kommen.

Jetzt ist das blöde Auto endlich praktisch.

15

Nach einer ereignislosen Fahrt parke ich vor Eugenes und Miras Haus. Der Parkplatz ist in der Nähe eines Feuerhydranten, aber weit genug von ihm entfernt, um keinen Strafzettel zu bekommen. Das Gute an diesen Plätzen nahe der Hydranten ist, dass man niemanden vor sich stehen hat. Das bedeutet ein leichteres Einparken, etwas, das ich immer noch nicht beherrsche. Es gibt auch keine Parkuhren. Es handelt sich um einen ganz gewöhnlichen Straßenrand, an dem das Parken nur montags während der Straßenreinigung zu einem Problem wird. Beeindruckend. Ich denke, eine der guten Seiten an Brooklyn ist, einfach so auf der Straße parken zu können.

Ich gehe zum Eingang des Gebäudes. Eine freundliche ältere Dame hält mir die Tür auf. Offensichtlich hat sie nicht den Eindruck, ich sei ein Einbrecher, da sie mich sofort hineinlässt. Ich freue mich, weil ich auf diese Weise nicht wieder mit der Gegensprechanlage spielen muss.

Bevor sich die Tür hinter mir schließt, bekomme ich wieder dieses komische Gefühl.

Jemand hat mich in die Stille gezogen.

Die Tür ist halb geöffnet, die Welt ist still und ich stehe neben mir und der nicht gefrorenen Mira. Ich frage mich kurz, an welcher Stelle meines Körpers sie mich berührt hat, um mich zu sich zu holen, aber dann sehe ich ihren aufgebrachten Blick und vergesse alles andere.

»Mira, was ist passiert?«

»Wir haben keine Zeit«, erwidert sie und rennt zur Treppe. »Folge mir.«

Ich folge ihr schnell und versuche das Ganze zu verstehen.

»Sie haben mich gefunden«, ruft sie über ihre Schulter. »Sie haben uns gefunden.«

»Wer hat euch gefunden?«, frage ich sie, als ich sie endlich einhole.

Sie antwortet mir nicht; stattdessen bleibt sie abrupt stehen. Vor uns auf der Treppe, die in den ersten Stock führt, stehen Statuen eingefrorener Männer.

Endlich erholt sie sich von ihrem Schock und beginnt die Taschen eines großen, stämmigen Mannes zu durchwühlen. Offensichtlich findet sie nicht die Information, die sie sucht, also berührt sie seine Schläfen und konzentriert sich aufs Lesen.

Als sie damit fertig ist, zieht sie eine Pistole aus der Innentasche des Mannes und erschießt ihn damit. Das Geräusch des Schusses lässt mich fast taub werden, obwohl die Waffe einen Schalldämpfer hat, und ich lege meine Hände über meine Ohren. Sie hört gar nicht mehr mit dem Schießen auf. Als der Waffe nur noch klickende Laute entweichen, benutzt sie die leere Pistole, um das Gesicht des Mannes zu einem blutigen Klumpen zu schlagen. Ich habe noch niemals jemanden so wütend gesehen, so außer Kontrolle wie sie. In ihren Augen steigen Tränen der Frustration auf, aber sie verlassen sie nicht.

»Mira«, sage ich sanft. »Du wirst ihn damit nicht umbringen. Er ist immer noch am Leben, sobald wir die Stille verlassen.«

Sie fährt mit ihren aggressiven Angriffen fort, bis ihr die Waffe aus den Fingern gleitet. Sie dreht sich zu mir um, und die Tränen laufen ihr jetzt übers Gesicht. Sie wischt sie ungeduldig weg, und es ist ihr sichtlich unangenehm, dass ich dabei zugesehen habe, wie sie die Kontrolle verlor. »Das weiß ich – glaub mir, das weiß ich sehr gut. Es macht keinen Unterschied, egal, was ich mit ihnen mache. Aber ich brauchte das.« Sie atmet tief ein und nimmt sich zusammen. »Und jetzt müssen wir rennen.«

»Warte«, sage ich. »Kannst du mir bitte erklären, was hier gerade vor sich geht?«

»Die Freunde dieser Arschlöcher haben mich gerade entführt«, erklärt sie und schiebt sich durch die restlichen drei Freunde des »toten« Mannes.

»Was? Wie?«

»Sie sind hinter Eugene her«, erwidert sie und rennt die Stufen fast noch schneller hoch. »Sie nehmen mich als Geisel, für den Fall, dass sie ihn nicht zu Hause antreffen. Sie wollen mich benutzen, um ihn gegebenenfalls herauszulocken. Aber er ist leider zu Hause.«

»Was wollen sie von ihm?«, frage ich verwirrt. Eugene ist einer der nettesten Menschen, die ich jemals getroffen habe. Ich hatte einfach angenommen, dass diese Entführung von Mira etwas mit ihren Glücksspiel-Abenteuern zu tun habe. Diese vier Männer sahen genauso aus wie der Kerl, den wir gestern zufällig in dem Sushi-Restaurant getroffen haben. Warum sollten sie hinter Eugene her sein?

»Ich habe jetzt keine Zeit, dir das zu erklären, Darren«, meint sie und hält in der zweiten Etage an. Sie dreht sich zu mir um, stellt sich gerade hin und schaut mich zum ersten Mal an.

»Hör mir gut zu«, sagt sie zu mir, »ich werde es nicht mehr bis in die nächste Etage schaffen, geschweige denn bis ins Apartment. Ich falle gerade aus der Gedankendimension – ich merke schon, wie ich entgleite. Hierherzulaufen war ein verzweifelter Versuch. Selbst wenn ich dich nicht zu mir geholt hätte, hätte ich es nicht geschafft. Also brauche ich deine Hilfe.«

»Natürlich – was kann ich denn für dich tun?« Ich habe Angst.

Ich habe Mira noch nie so gesehen. Sarkastisch – ja, wütend – einige Male bestimmt. Sogar amüsiert. Aber nicht verletzlich, so wie jetzt.

»Versprich mir, meinen Bruder zu retten.«

»Das werde ich«, verspreche ich ihr, und es hört sich sehr feierlich an. »Aber kannst du mir jetzt endlich sagen, was hier vor sich geht?«

»In Ordnung, pass auf. Es könnte sein, dass ich keine Zeit mehr haben werde, es zu wiederholen. Sobald meine Zeit aufgebraucht ist, musst du dich in die Gedankendimension, die Stille, wie du sie nennst, begeben. Sobald du dort bist und die Zeit für alle anderen um dich herum angehalten hat, musst du über diese Treppen hier zum Apartment gehen. Auf dem Weg dorthin nimm eine ihrer Waffen –«, sie zeigt auf den Mann weiter unten, »– und schieße auf das Türschloss, um hineinzukommen. Hole Eugene zu dir in die Gedankendimension. Erzähle ihm, dass diese Typen auf dem Weg nach oben sind.« Das alles sagt sie in einem Atemzug, während sie ihre Augen mit ihrem Ärmel abtupft. Bei jemand anderem könnte das widerlich sein, aber Mira schafft es sogar, diesen Anblick erträglich zu machen. »Wenn dir das gelingt und du ihn aus diesem Schlamassel herausholst, stehe ich für immer in deiner Schuld.«

»Ich hole ihn da raus, Mira«, sage ich und beginne mit meinen strategischen Überlegungen. »Ich verspreche dir, dass ich ihn aus dem Gebäude schaffen werde. Ich habe gleich davor geparkt. Eigentlich sollte das kein Problem sein.«

»Danke schön«, erwidert sie. Im nächsten Augenblick ist sie auch schon bei mir. Sie umarmt mich, und ich streichele ihr ungeschickt über den Rücken. Ich weiß einfach nicht, wie ich mich weinenden Frauen gegenüber verhalten soll. Geduldig klopfe ich ihr sanft auf den Rücken und hoffe, sie fühlt sich dadurch besser.

Danach stellt sie sich auf ihre Zehenspitzen und küsst mich. Der Kuss, die sanfte Berührung ihrer Lippen auf meinen, ist innig und verzweifelt. Er kommt völlig überraschend für mich, aber ich erwidere ihn, ohne darüber nachzudenken. So viel zum Thema strategisches Denken.

»Sag Eugene, dass es mir leidtut«, sagt sie, als sie sich nach einigen Minuten von mir zurückzieht. »Sag ihm, es ist mein Fehler. Ich habe sie hierhergeführt. Sie haben mich im Fitnessstudio aufgespürt und ich hatte Post dabei.«

»Im Fitnessstudio?«, vergewissere ich mich.

»Ja. Ich bin so ein unglaublicher Idiot. Ich habe die Post heute Morgen aus dem Briefkasten genommen. Sie haben sie bei mir gefunden. Und unsere Adresse stand darauf«, erklärt sie mir bitter.

»Mein Freund hat dich auch über das Fitnessstudio gefunden«, gebe ich zu. »Du benutzt dort eines deiner älteren Pseudonyme. Es tut mir so leid. Das hätte ich dir sagen sollen.«

»Nein, du wusstest ja nicht, dass wir in Gefahr sind. Das Ganze ist definitiv meine Schuld. Ich hätte dich fragen sollen, wie du mich gefunden hast. Und ich hätte in verschiedene Fitnessstudios gehen sollen. Wir hätten schon vor einer verdammt langen Zeit unseren Wohnort wechseln müssen –«

»Wo bist du gerade, und, noch viel wichtiger, wer sind diese Menschen? Das musst du mir noch sagen, bevor deine Zeit um ist«, unterbreche ich sie hektisch.

»Die Männer in diesem Gebäude arbeiten mit denjenigen zusammen, die mich entführt haben. Ich bin mir nicht sicher, aber ich denke, sie haben alle mit den Personen zu tun, die unsere Eltern umgebracht haben. Die gleiche russische Mannschaft. Wahrscheinlich werden sie alle vom gleichen Strippenzieher gesteuert. Eugene kann dir mehr darüber erzählen. Ich bin in dem Auto, in das mich die Freunde dieses Arschlochs da unten gepackt haben. Zuerst haben sie mich irgendwie ohnmächtig gemacht, vielleicht mit Chloroform oder einem anderen Betäubungsmittel. Ich erinnere mich nicht daran. Ich habe keinerlei Schrammen, also bezweifle ich, dass sie mir auf den Kopf geschlagen haben. Als ich wieder zu mir kam, vielleicht zwanzig Minuten später, habe ich gesplittet und den Fahrer gelesen. Sie haben unsere Adresse jemandem gegeben, und daraufhin wurde diese Gruppe hierhergeschickt. Sie arbeiten schnell; ich hatte nicht erwartet, dass sie schon hier sind. Diejenigen, die mich festhalten, gehen zu dieser Adresse in Sunset Park.« Sie reicht mir ein kleines Stück Papier, und ich präge mir die Adresse ein, die daraufsteht. »Danach habe ich wieder gesplittet und bin zu Fuß hierhergelaufen. Aber es war zu weit. Wenn ich dich nicht getroffen hätte –«

Ich komme in die Realität zurück, bevor sie ihren letzten Satz beenden kann. Plötzlich stehe ich wieder unten neben der Tür, die immer noch dabei ist, sich zu schließen.

Mira ist weg.

So, wie sie es mir gesagt hat, begebe ich mich sofort in die Stille.

Ich renne, auch wenn ich rational weiß, dass ich viel Zeit habe. Im Gegensatz zu Mira kann ich eine unglaublich lange Zeit in der Stille verbringen.

Während ich laufe, verdaue ich die Tatsache, dass ich hinausgeschmissen wurde, nachdem ihre Zeit aufgebraucht war. Das ist auch etwas, das ich mich gefragt hatte – was passiert wohl, wenn du jemanden mit hineinziehst, aber selbst diese Dimension verlässt. Es sieht so aus, als sei dein Gast in der Stille mit dir verbunden. Wenn du hinausgehst, müssen sie auch gehen.

Meine Überlegungen über die Regeln dieser neuen Welt werden durch die Menschen auf den Stufen unterbrochen. Der Mann in der Lederjacke ist zurück und steht da, als sei nichts passiert – was Sinn macht, da ja auch nichts passiert ist, zumindest nicht außerhalb des Aufenthalts in Miras Stille. Ich nehme seine Waffe, so wie sie es mir geraten hat. Ich bin versucht, ihn zu lesen, entscheide mich aber dafür, zuerst den wichtigen Teil zu erledigen.

Ich renne in die fünfte Etage. Als ich in ihren Flur einbiege, sehe ich Eugene. Er trägt einen alten Kapuzenpullover und ausgebeulte Schlafanzughosen. Ich frage mich kurz, was aus dem weißen Arztkittel geworden ist.

Er bringt gerade Müll hinaus, was bedeutet, dass ich das Türschloss zum Glück nicht aufschießen muss.

Ich berühre ihn, und einen Moment lang schaut er mich verwirrt an.

»Eugene, Mira steckt in Schwierigkeiten«, sage ich zur Begrüßung.

»Was? Was meinst du damit?« Er schaut besorgt aus.

»Das ist nicht ganz so einfach zu erklären. Sie war gerade hier, in der Stille. Sie sagt, sie wurde entführt. Sie sagt, sie seien hinter dir her.«

»Wer ist hinter mir her?« Jetzt wirkt er panisch. »Wovon sprichst du?«

»Komm mit«, fordere ich ihn auf und nehme an, dass ein Bild mehr als tausend Worte sagt. »Ich erzähle dir auf dem Weg nach unten, was sie mir gesagt hat. Du musst sie selber sehen.«

»Wen sehen?«, möchte er wissen, während er mir schon folgt. »Kannst du mir das bitte erklären?«

»Sie sind eine Art Gangster, die deinetwegen hierhergekommen sind. Ich bringe dich zu ihnen«, sage ich und werde schneller. »Mira meinte, es seien die gleichen, die eure Eltern getötet haben. Und dass sie von Pushern kontrolliert werden. Sie sagte, du könntest mir das erklären.«

»Und sie haben Mira?«, fragt er mit leiser Stimme von hinten.

»Ja. Sie ist in einem Auto und wird zu einem Ort in Sunset Park gebracht. Ich habe die Adresse«, erkläre ich ihm, während wir zu den vier Männern auf der Treppe gehen. »Sie sind das Problem«, füge ich hinzu und zeige auf sie.

Eugene nähert sich den Männern. Sein Gesichtsausdruck ist unlesbar, fast ängstlich.

Ohne weitere Fragen zu stellen geht er zu dem Mann im blauen Trainingsanzug und berührt dessen Schläfen. Ich entscheide mich dazu, mich ebenfalls dem Lesen zu widmen, da ich ja sowieso auf Eugene warten muss. Ich gehe zu dem Mann in der Lederjacke, dessen Waffe ich doch nicht benutzen musste.

Wir fahren zu der Adresse, die wir bekommen haben. Wir sind glücklich darüber, den Beifahrersitz ergattert zu haben, während Boris, Alex und Dmitri sich hinten streiten. Alex, der in der Mitte sitzt, hat wohl seine Beine zu weit geöffnet, so dass die anderen beiden nicht mehr bequem sitzen können.

Wir mussten uns beeilen, als wir den Anruf bekamen, also haben wir das Restaurant verlassen, ohne die Rechnung zu bezahlen oder wenigstens aufzuessen. Wir sind schnell in Sergeys Auto eingestiegen und losgefahren. Höchste Priorität und das alles.

»Warte hier«, weisen wir Sergey – den Fahrer – auf Russisch an. Ich, Darren verstehe das wieder, auch wenn sich die Worte fremd für mich anhören.

Als Nächstes reichen wir Sergey unser Handy mit dem Foto des Opfers. Wenn das Opfer das Gebäude hinter uns betritt, soll Sergey uns sofort eine Nachricht schicken.

Ich, Darren, bin in der Lage, eine sehr starke mentale Distanz zwischen mir und meinem Gastgeber zu spüren, dessen Name Big Boris ist. Ich bin in dieser Erinnerung weniger verloren und auch froh darüber. Ich denke, ich werde besser, was das Lesen anbelangt. Sein Gedächtnis scheint mit dieser leichten Extra-Entfernung weniger geheimnisvoll für mich zu sein.

Ermutigt versuche ich mich darauf zu konzentrieren, wie er – oder ich, oder wir – darauf gekommen ist, zu diesem Gebäude zu fahren. Ich suche ganz speziell nach weiteren Einzelheiten zu diesem Anruf, an den wir denken. Und plötzlich bin ich da.

Wir sind in einem Restaurant und essen Lamm-Shish-Kebab, als mein Telefon klingelt. Wir schauen auf das Display und sehen die Nummer, die wir vor langer Zeit abgespeichert hatten. »Arkady« wird angezeigt. Ein Stück Fleisch bleibt in unserem Hals stecken. Es ist der Chef, und er macht uns immer nervös.

»Geh zu der Adresse, die ich dir jetzt schicke«, sagt er, und wir willigen sofort ein.

Wir sind noch nicht fertig mit dem Essen, aber das erzählen wir unserem Chef nicht. Nicht am Telefon. Und auch gegenüber der Mannschaft erwähne ich meinen leichten Unwillen nicht. Es fiele uns im Traum nicht ein, uns mit Arkady anzulegen: er ist der verrückteste, stärkste, rücksichtsloseste Hurensohn, den wir jemals getroffen haben.

Ich, Darren, wiederhole Arkadys Telefonnummer unzählige Male in meinem Kopf, damit ich mich später an sie erinnern kann, sollte ich sie brauchen. Zum Glück bin ich sehr gut darin, mir Zahlen zu merken. Trotzdem werde ich die Nummer und die Adresse, zu der Mira gebracht wird, sobald ich kann aufschreiben.

Mir fällt auf, dass ich in Big Boris' Gedanken gesprungen bin, ohne dass ich das Gefühl der Leichtigkeit dafür benutzt habe. Im Nachhinein betrachtet fühlte ich mich in diesem Moment gerade leicht; aber nur auf einem unterbewussten Niveau, so als mache ich das gerade automatisch. Ich muss damit noch mehr herumspielen, mit diesem Herumhüpfen in den Erinnerungen anderer Menschen – aber nicht jetzt. Ich muss aus diesem Kopf heraus und Eugene helfen, aus dieser problematischen Situation herauszukommen.

ALS ICH BORIS VERLASSEN HABE, BLICKT EUGENE MICH SCHON AN.

»Ich habe keinen Beweis dafür finden können, dass diese Menschen die gleichen sind, die unsere Eltern umgebracht haben«, sagt er.

»Das ist gerade nicht das, worauf es ankommt«, entgegne ich. »Zuerst müssen wir hier rauskommen. Wir müssen Mira retten.«

»Entschuldige bitte, du hast Recht.« Er schüttelt seinen Kopf, so als widere er sich selbst an. »Wir haben keine Zeit, um über Rache nachzudenken – nicht dass ich gerade überhaupt etwas gegen sie unternehmen könnte. Ich bin nicht gut darin, unter Druck nachzudenken.«

»Kein Problem. Aber wir müssen vorsichtig sein«, sage ich ihm, als ich mich an das erinnere, was ich gerade gesehen habe. »Ihr Fahrer weiß, wie du aussiehst.«

»So viel habe ich auch bei Boris herausgefunden«, meint er und zeigt dabei auf den kurzen, stämmigen Mann in dem Trainingsanzug, dessen Gedanken er gerade gelesen hatte. Ich muss innerlich auflachen, als ich den Grund dafür verstehe, warum Big Boris das »Big« vor seinem Namen braucht. Es gibt noch einen anderen Boris in der Gruppe.

»Lass uns ein Stück zusammen gehen«, sage ich. »Ich möchte dir zeigen, wo ich mein Auto geparkt habe.«

Während ich Eugene zu meinem Auto führe, frage ich ihn: »Gibt es irgendwo einen Hinterausgang aus diesem Gebäude?«

»Nicht dass ich wüsste«, antwortet er und kratzt sich seinen Kopf, als wir vor meinem geparkten Auto ankommen.

»Gibt es einen Weg aufs Dach?«

»Über die sechste Etage«, lässt er mich wissen und schiebt sich seine Brille weiter nach oben. »Ich denke, ich könnte dorthin gelangen, wenn ich müsste.«

»In Ordnung. Hoffentlich musst du nicht. Zuerst versuchen wir es mit der Eingangstür. Sie gehen die Treppen hinauf. Sie werden einen Moment brauchen, bis sie bei dir sind. Ich habe eine Idee – komm mit«, rufe ich Eugene zu und laufe wieder Richtung Gebäude zurück.

Ich renne die Stufen hoch und stoße die Gangster aus meinem Weg. Eugene folgt mir. Ich ziehe an der Fahrstuhltür in der zweiten Etage. Sie ist verschlossen. Ich renne weiter in die dritte Etage, um das Gleiche mit dem gleichen Ergebnis zu machen. Die Tür in der vierten fliegt auf. So weit, so gut. Ich renne weiter nach oben und kontrolliere auf jeder Etage die Fahrstühle, bis wir ganz oben in der sechsten ankommen.

»Okay, Eugene. Hier ist mein Plan: Sie denken, dein Fahrstuhl sei kaputt. Das verbessert deine Möglichkeiten um einiges. Sobald ich die Stille verlasse und du in der richtigen Welt bist, rufe den Fahrstuhl. Da er sich im vierten Stock befindet, sollte er schnell genug da sein. Auf keiner der anderen Etagen befindet sich jemand in der Nähe der Fahrstühle, also sollte es keine Verzögerungen geben.«

»Das habe ich verstanden, Darren.« Zum ersten Mal heute seit ich ihn gesehen habe lächelt er. »Weißt du, darauf wäre ich auch allein gekommen. Du erklärst mir gerade, ich soll den Fahrstuhl nehmen und das Gebäude verlassen.«

»Ja, ich denke das tue ich. Und setz dir die Kapuze auf und versuche dich nach vorne zu beugen, wenn du hinausgehst. Geh direkt zum Auto. Ich werde mit laufendem Motor auf dich warten«, vollende ich meinen Plan. Das klingt machbar, aber trotzdem möchte ich gerade nicht in Eugenes Haut stecken. »Sollte etwas schieflaufen, renne auf das Dach und schick mir eine Nachricht. Dann komme ich in die Stille und wir reden. Kannst du alle paar Sekunden in die Dimension eintauchen und hinuntergehen, um zu sehen, wie weit die bösen Jungs schon sind?«

»Ja«, erwidert er. »Da ich nur einen Bruchteil der mir verfügbaren Zeit aufbrauche, sollte ich ohne allzu lange Erholungspause wieder zurückkehren können. Ich danke dir.«

»Danke mir, wenn das alles vorbei ist«, entgegne ich und beginne, die Stufen wieder hinunterzugehen. Er folgt mir weiterhin.

»Darren«, sagt er, als wir bei meinem gefrorenen Körper in der Lobby ankommen. »Falls mir etwas passiert versprich mir, dass du Mira helfen wirst.«

»Das verspreche ich dir«, sage ich. Ich habe keine Ahnung, wie ich das tun sollte, aber mir fällt ein, dass ich Mira als Letztes versprechen musste, ihn zu retten, sollte sie es nicht schaffen. So wie die beiden sich um den jeweils anderen sorgen, wäre es vielleicht doch nicht so schlecht, einen Bruder oder eine Schwester zu haben.

»Schau auf keinen Fall schuldbewusst, wenn du das Gebäude verlässt«, warnt er mich und schaut in die Richtung in der Sergey, der Fahrer, auf seine Kameraden wartet.

»Das Gleiche gilt für dich«, erwidere ich. »Wir sehen uns in wenigen Minuten.«

Wir geben uns die Hand.

Ich atme tief ein und berühre mein eingefrorenes Ich auf der Stirn. Die Geräusche der Welt sind zurück.

16

Ich gebe mein Bestes, um nicht verdächtig auszusehen, falls Sergey mich vom Auto aus beobachtet. Ich taste meine Taschen ab, nehme die Autoschlüssel heraus und gehe selbstsicher zurück. Der Eindruck, den ich zu erwecken versuche, ist der, dass ich Tölpel etwas im Auto vergessen habe. Ich werde vielleicht keinen Oscar für meine schauspielerische Leistung bekommen, aber hoffentlich ist die Darbietung so gut, dass wir dem Russen nicht auffallen.

Sobald ich in dem Auto bin, hole ich als Erstes den Stift heraus, den ich benutzt habe, um die Belege für das Auto zu unterschreiben, und den Beleg selbst. Auf die Rückseite schreibe ich die Adresse und die Telefonnummer, die ich mir gemerkt habe.

Dann werfe ich den Motor an.

Ich bin nie so nervös. Ich starre auf die digitale Uhr des Autos, aber sie scheint stehengeblieben zu sein. Es fühlt sich an, als sei eine halbe Stunde vergangen, während sich der Zeiger der Uhr um eine Minute nach vorne bewegt.

Der Plan schien einfach genug zu sein – das heißt, ich muss bloß auf Eugene warten. Ich hatte nicht erwartet, dass die Spannung so quälend sein würde. Ich atme tief ein und zähle in Gedanken bis dreißig. Es funktioniert nicht.

Es gibt aber etwas, das ich tun kann, also begebe ich mich in die Stille.

Ich bin auf dem Rücksitz des Autos. Mein eingefrorenes Ich sitzt vorne. Ich habe mich schon immer gefragt, wonach der Körper, den ich in der Stille bekomme, entscheidet, wo er auftaucht. Natürlich hat Eugene erwähnt, dass es vielleicht kein richtiger Körper ist. Das beantwortet die Frage allerdings nicht völlig. Worin ich mich auch immer befinde, wer hat entschieden, dass er auf der Rückbank erscheinen sollte? Wie ist er hierhin gekommen? Warum erscheint er nicht zum Beispiel außerhalb des Autos?

Ich öffne die Tür und steige aus. Da Sergey jetzt nicht sehen kann, dass ich ihn anblicke, betrachte ich ihn genauer. Er sieht gelangweilt aus, also vermute ich, keinen Verdacht erregt zu haben. Gut. Ich bemerke außerdem, dass er ein wirklich schönes Auto fährt – einen Mercedes, nicht schlecht. Offensichtlich zahlt sich Verbrechen aus.

Ich betrete das Gebäude. Die Kerle sind jetzt fast auf der zweiten Etage. Es macht mir Angst, wie nahe sie Eugene kommen.

Ich renne bis in die fünfte Etage.

Erleichtert sehe ich, wie Eugene die Fahrstuhltür öffnet. Das ist gut. Der Plan funktioniert.

Ich gehe zum Auto zurück und verlasse die Stille.

Die Geräusche sind wieder da und die digitale Uhr des Fahrzeugs sollte auch normal arbeiten. Ich frage mich, ob die Aufenthalte in der Stille Einfluss auf unser Zeitempfinden haben. Ich meine, wie lang können ein paar Minuten sein?

Nach einer gefühlten weiteren halben Stunde, laut der Uhr nur drei Minuten, halte ich es nicht mehr aus und begebe mich wieder in die Stille. Eugene ist immer noch nicht im zweiten Stock aus dem Fahrstuhl gestiegen.

Ich gehe zurück, verlasse die Stille, warte zehn Sekunden und begebe mich wieder hinein. Ich wiederhole das einige Male, bis sich die Fahrstuhltür öffnet. Ja! Endlich.

Da ich schon einmal hier bin, gehe ich nach oben und sehe nach den Gangstern. Sie befinden sich zwischen der vierten und fünften Etage. Zufrieden gehe ich wieder zum Auto und komme in die Realität zurück.

Ich halte es aber nur wenige Sekunden dort aus. Ich muss einfach wieder in die Stille. Eugene geht auf die Tür in der Lobby zu. Er hat sich die Kapuze so tief wie möglich ins Gesicht gezogen. Sein Rücken ist unnatürlich gekrümmt, aber solange er nicht aussieht wie er selbst, sollten wir in ein paar Sekunden hier raus sein. Ich gehe wieder zum Auto und in die Realität zurück. Wieder nur wenige Sekunden lang.

Eugene geht auf mich zu. Sergey, der Fahrer, schaut ihn zu konzentriert an. Nein. Ich gehe zum Auto und berühre Sergeys Schläfe.

WIR BLICKEN AUF EINEN KOMISCHEN KERL, DER GERADE SEHR verdächtig das Gebäude verlässt. Er versucht sein Gesicht zu verstecken, damit wir es nicht sehen können. Wir denken, er könnte das Opfer sein. Da wir wissen, dass wir auf Arkadys Befehl hin hier sind, müssen wir uns absichern. Wir nehmen unser Telefon heraus und schicken Big Boris eine Nachricht, dass wir etwas Verdächtiges gesehen haben. Jetzt kann niemand sagen, wir hätten es versaut.

ALS ICH DAMIT FERTIG BIN, DEN FAHRER ZU LESEN, RENNE ICH ZUM Auto zurück und verlasse die Stille. Ich reiße das Lenkrad herum.

Mein Fuß ist auf dem Gaspedal. Ich lege den Gang ein. Dann begebe ich mich wieder in die Stille.

Eugene ist einige Schritte vom Auto entfernt. Ich gehe zu ihm und berühre sein Handgelenk. Einen Moment später steht ein weiterer Eugene neben mir, diesmal lebendig.

»Ich habe es geschafft«, sagt er und atmet aus, so als habe er die ganze Zeit die Luft angehalten.

»Nein. Wir sind noch lange nicht raus hier. Sergey, der Fahrer, hat dich gerade erkannt.«

»Scheiße. Was jetzt?«

»Du wirst in das Auto springen, und sobald du die Tür schließt, gebe ich Gas. Schnall dich so schnell wie möglich an – es könnte eine unruhige Fahrt werden.«

»Nochmal danke, Darren«, beginnt er zu sagen, aber ich winke ab.

»Wie ich dir schon vorhin gesagt habe, danke mir erst, wenn wir hier raus sind.« Ich eile zum Auto, atme tief durch und komme zurück.

An die nächsten Ereignisse erinnere ich mich nur verschwommen. Eugene rennt zur Tür und springt in das Auto. Sobald seine Tür geschlossen ist, trete ich das Gaspedal bis zum Anschlag durch, und innerhalb weniger Sekunden sind wir an der ersten Kreuzung.

Als wir über die nächste Kreuzung fahren, bemerke ich, dass ich nicht einmal weiß, wohin ich gerade fahre. Aber das ist erst einmal egal, Hauptsache weg von dem Gebäude. Spontan entscheide ich mich für geradeaus und trete aufs Gas.

Ich fahre gerade mit achtzig km/h, als ich sehe, dass die nächste Ampel, die nur wenige Meter vor uns ist, gelb wird.

Ich sehe mich gezwungen, mich in die Stille zurückzuziehen. Dieses Mal ist es besonders unheimlich. Ich habe das noch nie in einem fahrenden Auto gemacht. Das Geräusch des Motors, der übertourig lief, damit wir schneller beschleunigen konnten, ist auf einmal weg. Das ist eigenartig genug. Was aber noch komischer ist, ist, dass das Auto selbst sich nicht mehr bewegt. Mein Verstand sagt mir, dass sich das Auto wegen der Trägheit der Masse zumindest noch ein Stück weiterbewegen müsste, aber das tut es nicht. Es ist augenblicklich bewegungslos wie ein Stein.

Mir fällt auf, dass ich schon an der letzten Ampel in die Stille hätte gehen sollen. Oder sogar noch eine davor. Jetzt ist es zu spät dafür, also konzentriere ich mich auf dieses Mal.

Ich nutze die Gelegenheit, um mich auch gleich nach unseren Verfolgern umzuschauen. Ich steige aus dem Auto aus und werfe einen Blick hinein. Durch die Windschutzscheibe sehe ich auf meinem und Eugenes Gesicht reines Entsetzen. Ich gehe zu Eugenes Seite und fasse durch das Fenster. Ich berühre seinen Hals, und seine Version der Stille erscheint auf der Rückbank.

»Darren, was zum Teufel machst du da? Du kannst doch nicht einfach splitten, mitten in einer Verfolgungsjagd mit dem Auto.«

»Warum nicht?«

»Zum Beispiel, weil du größere Schwierigkeiten haben wirst, das Auto zu kontrollieren, wenn du zurückkommst?«

»Das müssen wir in Kauf nehmen – ich werde vorsichtig sein«, verspreche ich. »Ich musste das machen, weil diese Ampel gleich rot wird.«

»Scheiße«, meint Eugene und folgt meinem Blick. Obwohl in der Stille die Lichter der Ampel nicht leuchten, zweifelt er keinen Augenblick an meinem Beobachtungstalent. Und jetzt bin ich mir auch sicher, dass er mich versteht: Das rote Licht bedeutet, dass wir anhalten müssen. Anhalten ist allerdings nie eine gute Idee, wenn einem ein Auto voller böser Russen dicht auf den Fersen ist.

»Wir teilen uns auf«, schlage ich vor. »Ich sehe mich rund um diese Kreuzung um und du gehst zurück und schaust, was unsere neuen russischen Freunde machen.«

»In Ordnung«, meint er, dreht um und rennt zurück in Richtung Gebäude.

Ich gehe entspannt auf die Kreuzung zu. Eugene hat einen weiteren Weg, und ich möchte ihm einen Vorsprung geben.

Als ich unter der Ampel stehe, drehe ich mich nach links und betrachte die Straße.

Das nächste Auto ist noch ein ganzes Stück weit weg. Ich gehe zu ihm. Es ist ein kleines Auto, aber das kann mich auch nicht beruhigen. Klein oder nicht, wenn wir zusammenstoßen, wird es schmerzen.

Ich öffne die Autotür. Die Geschwindigkeitsanzeige ist tot – ein weiteres Beispiel dafür, dass elektronische Dinge in der Stille nicht funktionieren.

Ich lese den Fahrer. Durch seine Augen erkenne ich, dass er fünfzig fährt. Ich erfahre außerdem, dass er spät dran ist und gerade Gas geben will. Wie viel schneller er werden möchte, kann ich nicht herausfinden, aber ich nehme an, er wird merklich aufs Gas treten.

Ich führe einige schnelle Kalkulationen durch und komme zu dem Schluss, dass dieses Auto es mir unmöglich machen wird, nach rechts abzubiegen oder weiter geradeaus zu fahren. Ich muss wenigstens einen Moment lang bremsen und es vorbeilassen.

Aber zum Glück ist das Auto hinter uns noch einen Block weit entfernt. Da ich noch ein wenig Zeit übrig habe, während Eugene seinen Teil erledigt, laufe ich zu dem Auto und finde seine Geschwindigkeit heraus. Es fährt ebenfalls fünfzig, aber sein Fahrer hat es nicht eilig. Er ist der Typ von Fahrer, der abbremst, wenn er auf eine Ampel zufährt – er ist selten, aber liebenswert.

Ich gehe zu meinem Leihwagen zurück und erblicke Eugene, der zurückgerannt kommt. Ich muss zugeben, dass mich seine Geschwindigkeit beeindruckt.

»Das ist nicht gut, Darren«, meint er, als ich ihn endlich hören kann. »Sie sind schon in der Lobby und Sergey ist bereit, uns zu verfolgen.«

»Verdammt«, sage ich und widerstehe dem Verlangen, frustriert gegen das Auto zu treten. »Ich habe auch schlechte Neuigkeiten. Wir müssen an der Ampel auf jeden Fall halten. Zumindest, um dieses rücksichtslose Arschloch durchzulassen.«

»In Ordnung, aber sobald der Weg frei ist, müssen wir weiterfahren«, drängt er. »Ich habe noch weiter gelesen. Sie haben wirklich den Auftrag, mich zu ermorden – und weil ich weggerannt bin und ihnen dadurch Probleme mache, hat Big Boris beschlossen, es langsam zu tun, falls er die Möglichkeit dazu bekommt.«

»Es hört sich so an, als hätten wir nicht wirklich eine Wahl«, sage ich und versuche, nicht darüber nachzudenken, was Big Boris mit mir tun würde. Ich stehe nicht auf seiner Liste, aber ich wette für ihn wäre ich der Mittäterschaft schuldig, was ähnliche Konsequenzen haben könnte. »Hinter dem Problemauto kommt noch ein weiteres, aber ich denke, wir sollten es schaffen. Was meinst du, sollte ich hier rechts abbiegen oder geradeaus weiterfahren? Hast du eine Ahnung, wohin wir fahren könnten?«

Als ich ihm die letzte Frage stelle, fällt mir auf, dass ich sie schon lange vorher gestellt haben sollte.

»Es gibt einen Ort, der in Frage kommt«, antwortet Eugene. »Mira und ich sind dort nicht willkommen. Es ist die Gemeinschaft, in der die Leser Brooklyns leben. Es ist nicht sehr naheliegend, aber mir fällt niemand anderes ein, der uns helfen könnte. Sie befindet sich in Sheepshead.«

»Und wo genau ist Sheepshead?«, sehe ich mich gezwungen zu fragen. Meine Ortskenntnisse in Brooklyn weisen einige Lücken auf. Alles, was ich hier kenne, sind die Brooklyn Bridge und seit neuestem Miras und Eugenes Apartment.

»Noch ein Stück weiter geradeaus, dann nach links auf die Avenue Y. Das ist eine breitere Straße, die wir nach einigen weiteren Blocks erreichen werden. Wenn wir auf der sind, fahren wir geradeaus und danach rechts auf die Ocean Avenue. Dieser folgen wir, bis wir auf den Kanal treffen, und dort musst du nach links …«

»Alles, was ich mir gemerkt habe, ist, dass wir jetzt weiter geradeaus fahren müssen. Sag mir einfach einen Block vorher an, wo wir abbiegen müssen.«

»In Ordnung«, stimmt er zu. »Wir sollten auch innerhalb kürzester Zeit erneut splitten, um zu sehen, wo sie sind.«

»Guter Plan«, sage ich und nähere mich dem Auto.

»Vorsichtig!«, erinnert er mich.

Ich atme ein paarmal tief durch und bereite mich darauf vor, gleich wieder am Steuer eines fahrenden Autos zu sitzen. Ich steige sogar über die Rückbank ein und hoffe, dass es eine mögliche Desorientierung verringert. Ich berühre meinen Hinterkopf, und im nächsten Moment befinde ich mich auf dem Fahrersitz des Autos. Mein Fuß bewegt sich instinktiv vom Gaspedal zur Bremse.

Ich bremse so stark, dass mein Sushi vom Mittagessen hochzukommen droht. Sobald das Auto mit dem Mann, der es eilig hat, vorbeigefahren ist, trete ich wieder auf das Gaspedal und überquere bei Rot. Das Auto hinter dem, welches wir durchgelassen haben, nähert sich der Kreuzung, aber wir haben sie schon sicher hinter uns gelassen.

An den nächsten Ampeln haben wir Glück – sie stehen alle auf grün. Es grenzt an ein Wunder, dass wir noch keinen Fußgänger getötet haben. In Manhattan hätte zu diesem Zeitpunkt schon mindestens einer sein Leben verloren. Die Fußgänger dort wechseln ständig die Straßenseite.

»Die nächste ist Avenue Y«, erinnert mich Eugene, auch wenn ich wusste, dass sie jetzt kommen würde – dank der alphabetisch geordneten Straßennamen. Wir sind gerade an W vorbeigefahren, also muss jetzt Y kommen.

»Die Ampel ist gelb«, sage ich und schaue nach vorne. »Wenn ich dort ankomme, wird sie rot sein.«

»Lass uns das Gleiche tun wie letztes Mal«, schlägt er vor, und ich stimme sofort zu.

Ich gleite in die Stille hinein und hole Eugene zu mir. Wir teilen uns genauso auf wie letztes Mal.

Als ich an der Avenue Y ankomme, sehe ich, dass wir ein großes Problem bekommen werden.

Hier sind zu viele Autos, um unser Manöver sicher wiederholen zu können.

Ich lese die Gedanken der Fahrer, die zu dem Zeitpunkt, an dem wir ankommen, der Kreuzung am nächsten sein werden. Niemand scheint es eilig zu haben oder plant zu beschleunigen. Aber das ändert nichts daran, dass wir es trotzdem nicht schaffen können.

»Sie sind schon bei der Avenue T«, erklärt mir Eugene, als er zurückkommt.

Also nur noch fünf Straßen entfernt.

»Wie schnell fahren sie?«

»Sie sind verrückt, sie fahren fast 160. Du hast den Mercedes gesehen, den sie fahren.«

Uns geht langsam das Glück aus. Meine Mietkarre wäre an ihren Grenzen, würde ich versuchen, so schnell zu fahren. Sollte ich das überhaupt riskieren wollen – was nicht der Fall ist.

»Können wir es uns leisten, darauf zu warten, dass die Ampel umspringt?«, möchte ich wissen.

»Meinen Berechnungen nach nicht. Wir müssen bei Rot fahren und an der nächsten Kreuzung rechts abbiegen. Wir müssen von der Hauptstraße runter, damit sie uns nicht mehr so leicht folgen können. Das ist mein Fehler. Ich hätte dich schon früher im Zickzack durch die Seitenstraßen lotsen sollen.«

»Ich glaube, wir müssen regelmäßig in die Stille kommen und das Abbiegen genau planen«, erwidere ich. Es scheint, als hätten wir keine andere Wahl.

Die nächste Minute ist wahrscheinlich die nervenaufreibendste meines ganzen Lebens.

Ich begebe mich sekündlich in die Stille, betrachte die Kreuzung und komme ins Auto zurück. Immer wieder. Es ist schwierig zu fahren, wenn man zurückkommt, und es ist unmöglich, das Ganze genau zu kalkulieren. Trotzdem denke ich immer noch –

und Eugene bestätigt es –, dass ich abbiegen kann, wenn ich nur ein wenig langsamer werde, um den Honda, der uns am nächsten ist, durchzulassen.

Das ständige Wechseln der Dimensionen verlangsamt diesen Prozess zu einer Art Bild-für-Bild–Sequenz, wie in einem Ein-Sekunden-Stunt eines Spielfilms.

Der Honda streift zärtlich unsere hintere Stoßstange. Um uns herum quietschen Bremsen. Ich ziehe mich in die Stille zurück, um herauszubekommen, wie die anderen Fahrer reagieren werden. Gleichzeitig erfahre ich auch alles darüber, was sie über mein Manöver, mich und alle meine Vorfahren denken. Außerhalb der Stille zeigen sie ihren Unmut durch ein Hupkonzert. Diesem Durcheinander aus Hupen und Beleidigungen folgt ein lauter Knall.

Dem BMW, dem wir gerade den Weg abgeschnitten haben, fährt ein alter Kombi auf. Ich fühle eine Mischung aus Schadenfreude und Schuld. Obwohl niemand verletzt zu sein scheint, habe ich diesen Unfall immerhin verursacht. Andererseits könnte das unsere Verfolger aufhalten.

Ich gebe Gas und drehe das Lenkrad nach rechts, um von der Avenue Y abzufahren, so wie Eugene es mir geraten hatte.

»Ich kann gar nicht glauben, dass wir es geschafft haben«, meint er. »Jetzt brauchen wir noch einen Schleichweg und einen Split, um zu sehen, ob wir immer noch verfolgt werden.«

Auf der Avenue Z biege ich erneut ab, und wir erreichen die Ocean Avenue ohne weitere Zwischenfälle. Das einzige Problem ist, dass wir unsere Verfolger nicht mehr finden konnten. Zumindest nicht innerhalb der nächstliegenden Straßen. Wir werten das als ein gutes Zeichen. Wir müssen sie abgehängt haben.

»Fahre jetzt auf die Emmons Avenue und biege links ab«, sagt Eugene. »Du kannst es nicht verfehlen.«

Er hat Recht. Kurz darauf habe ich nur noch die Wahl zwischen einer Art Kanal oder dem Umdrehen.

»Jetzt ist es nicht mehr weit«, merkt er an, als wir die Emmons

Avenue einige Blöcke hinunterfahren, immer dem Wasser folgend. Ich bin froh, dass wir zu diesem Zeitpunkt nicht mehr verfolgt werden; in diesem Gebiet herrscht reger Verkehr.

»Fahr bei diesem Licht links ran«, bittet mich Eugene. »Wir sind aber fast da.«

Bevor ich überhaupt den Rand ansteuern kann, explodiert mein rechter Seitenspiegel.

17

Ich begebe mich in die Stille, und der Straßenlärm verstummt. Ich hole Eugene zu mir. Während wir aus dem Auto aussteigen, beginnen wir uns umzuschauen.

»Darren, schau dir das an«, sagt Eugene. So ängstlich habe ich ihn seit Beginn dieses ganzen Schlamassels nicht gehört.

Er steht einige Zentimeter rechts neben dem Auto und zeigt auf etwas in der Luft. Als ich genauer hinsehe, setzt mein Herz einen Moment lang aus. Es ist eine Kugel. Eine auf ihrem Weg eingefrorene Kugel. Eine Kugel, die gerade das Auto verfehlt hat. Ihre Schwester muss den Rückspiegel getroffen haben.

»Jemand schießt auf uns«, bemerke ich dumm.

Eugenes Antwort darauf ist ein unverständliches Gemurmel.

Als wir unser Entsetzen überwunden haben, suchen wir frenetisch die Autos hinter uns ab. Wir brauchen nicht lange, um den Ursprung der Kugel zu finden. Es sind natürlich unsere Freunde.

Wie haben sie es geschafft, so nah an uns heranzukommen? Wie konnte ich nur so dumm sein – warum hatte ich so lange nicht nach ihnen gesehen? Warum war ich so überzeugt davon gewesen, dass wir sie abgehängt hatten?

»Eugene, wir müssen dorthin kommen, wo wir hinwollen. Und zwar schnell«, erkläre ich ihm.

»Es ist nicht mehr weit. Wenn wir jetzt abbiegen, sind wir schon fast da. Nur noch ein paar Straßen weiter.«

»Es könnten genauso gut Kilometer sein, wenn sie auf uns schießen.«

Das ist das erste Mal, dass auf mich geschossen wird, und ich hasse das Gefühl. Ich bin noch nicht bereit dazu, erschossen zu werden. Ich habe noch nicht genug gesehen und gemacht. Ich habe mein ganzes Leben noch vor mir – und die ganze zusätzliche Zeit in der Stille.

»Darren, träum nicht.« Ich höre Eugenes Stimme. »Lass uns schauen, ob wir hier links abbiegen können.«

Wir betrachten die Lage, und uns wird schnell klar, dass die Wahrscheinlichkeit eher gering ist, hier unbeschadet abzubiegen. Ein Jaguar kommt uns auf der anderen Straßenseite entgegen. Er fährt mit 60 Kilometern pro Stunde – und wir werden ihn wahrscheinlich rammen, wenn wir scharf nach links abbiegen. Wir denken trotzdem nicht allzu lange darüber nach. Ein Autounfall mit Airbag ist besser, als erschossen zu werden. Denke ich.

Ich gehe zum Auto, atme beruhigend durch und verlasse die Stille. Als ich das Steuer scharf nach links reiße, muss ich mich beherrschen, nicht in die Stille hineinzugleiten.

Mit einem lauten, quietschenden Geräusch berührt die Seite meines Autos die Stoßstange des Jaguars. Der Aufprall verschlägt mir den Atem, aber mein Gurt hält mich, und die Airbags aktivieren sich nicht. Ich bin froh, bis hierhin gekommen zu sein und trete aufs Gaspedal. Das Auto hört sich nicht gut an, aber wir sind ziemlich unbeschadet aus diesem tödlichen Manöver herausgekommen.

Als wir halb durch diesen Block hindurchgefahren sind, begebe ich mich in die Stille und hole Eugene zu mir.

Wir schauen uns an, was wir am Anfang der Straße verursacht haben. Wegen unseres verrückten Abbiegemanövers ist der Jaguar in den Camry vor ihm geknallt. Seine Stoßstange ist abgefallen, und das einst so schöne Auto sieht generell recht demoliert aus. Ich nehme an, dass der Fahrer ins Krankenhaus gebracht werden muss – und fühle mich ganz schlecht dabei. Außerdem ist die ganze Kreuzung mit Autos verstopft. Wenn sie nicht vorhaben, durch sie hindurchzufahren, können unsere schießfreudigen Freunde nicht vorbeikommen.

Eugene liest trotzdem lieber Sergeys Gedanken, man kann nie wissen.

»Darren, ich bin so ein Idiot«, sagt er und schlägt sich mit seiner Hand auf die Stirn.

»Was ist los?«

»Sie kennen unser Ziel. Ihr Chef hat ihnen die Adresse geschickt. Deshalb haben sie uns eingeholt. Mir hätte auffallen können, dass der Strippenzieher, mit dem sie arbeiten, die Adresse der Lesergemeinschaft kennen würde. Dass sie wissen würden, wohin wir wahrscheinlich fahren.«

»Es ist zu spät für Selbstvorwürfe«, erwidere ich. »Lass uns jetzt einfach dorthin fahren.«

»Ich bin mir nicht sicher, dass wir es schaffen werden. Sergey hat vor, dieses Auto zu rammen.« Er zeigt auf einen winzigen Smart, der das kleinste der in den Unfall verwickelten Autos ist, und mir fällt auf, dass wir ein Problem haben. Unsere Verfolger können die Kreuzung verlassen.

»Wir haben schon einen kleinen Vorsprung«, sage ich und versuche Optimismus zu versprühen, den ich nicht fühle. Wir müssen es einfach schaffen.«

»In Ordnung«, erwidert Eugene. »Von hier aus können wir zu Fuß zu unserem Ziel gelangen, bevor wir in die reale Welt zurückkehren. Auf diese Weise lernst du gleich den richtigen Weg dorthin kennen.«

Wir gehen. Ich bin erst überzeugt davon, dass wir es schaffen werden, wenn ich das Tor der Gemeinschaft sehe, zu der ich gelangen möchte. Ob Sergey dieses Auto erfolgreich rammt oder nicht, wir können es schaffen.

Wir sind nicht einmal drei Straßen von unserem Ziel entfernt.

Wieder im Auto angekommen, verlasse ich die Stille.

Ich hole alles aus dem kleinen Mietwagen heraus. Ich fahre 130, und die Reifen quietschen in der nächsten Kurve. Hinter uns höre ich ein lautes Knallen und weiß, dass Sergey seinen Plan durchgeführt hat.

Es ist aber zu spät für unsere Verfolger. Wir erreichen das Tor, welches uns noch von unserem Ziel trennt. Ich halte das Auto mitten auf der Straße an und bin gerade dabei, mich in die Stille zu begeben, als ich stattdessen von jemandem hineingezogen werde.

»Eugene, du warst schneller als ich«, meine ich, als alles still wird. Aber als ich mich nach rechts umdrehe, blicke ich nicht auf Eugene.

Ich schaue auf jemand anderen – jemanden, den ich noch niemals zuvor gesehen habe.

18

Der Mann hält ein großes Militärmesser in der Hand. Bedrohend. Ich bin mir nicht sicher, was ich davon halten soll, da wir uns ja in der Stille befinden. Ich bin mir nicht sicher, was passieren wird, wenn er mich mit dem Messer verletzt. Ich möchte es auch nicht herausfinden. Er wirkt auf mich nicht wie der Typ leerer Drohungen. Ich behalte im Hinterkopf, mehr über das Risiko, in der Stille zu sterben, herauszufinden. Ich weiß, dass Verletzungen verschwinden. Und ja, ich habe mich selbst geschnitten, um das herauszufinden. Würde das nicht jeder machen? Meine Therapeutin dachte, es sei »interessant«, dass ich mich selbst in meiner Fantasiewelt schneide – ich erinnere mich daran, wie sie mir irgendeinen Unsinn darüber erzählte, dass der körperliche Schmerz mir dabei helfen würde, mit einem fiktiven, emotionalen Schmerz besser umzugehen.

»Den da habe ich schon einmal gesehen«, meint der Mann und zeigt mit seinem Messer auf den eingefrorenen Eugene. »Aber wer bist du?«

Ich starre ihn an. Ich weiß nicht, was ich aus dem muskulösen Körperbau, dem Kurzhaarschnitt und der Militärkleidung machen soll. Ist das eine Art Sicherheitskraft der Lesergemeinschaft?

»Ich werde dich das nur noch ein weiteres Mal fragen«, höre ich ihn sagen, und mir fällt auf, dass ich ihm nicht geantwortet habe.

»Mein Name ist Darren«, sage ich schnell. »Ich denke, ich bin ein Leser.«

»Du denkst?«

»Das Ganze ist neu für mich und ich habe mich noch nicht daran gewöhnt, es auszusprechen. Eugene und Mira sind die ersten Leser, die ich jemals getroffen habe.«

Die Augenbrauen des Mannes ziehen sich nach oben und er lacht unerwartet. »Ich habe Neuigkeiten für dich. Wenn das stimmt, was du sagst, dann hast du heute – genau jetzt – deinen ersten richtigen Leser getroffen. Nur wenige von uns sehen die Tsiolkovsky-Waisen als solche an.«

»Du klingst so, als seist du einer von ihnen«, sage ich aus einem Gefühl hinaus.

»Niemanden interessiert es, was ich denke; ich bin nur ein Soldat. Aber ich sage, dass man ein Leser ist, wenn man länger als eine Sekunde in der Gedankendimension verbringen kann und mindestens einen Gedanken lesen kann. Ich bin eine einfache Person mit einfachen Gedanken, nehme ich an. Wen interessiert es, warum du es kannst?«

»Das ergibt Sinn«, sage ich. »Entschuldige bitte, ich habe deinen Namen nicht mitbekommen.«

»Das liegt daran, dass ich ihn dir nicht genannt habe«, erwidert der Mann, und jegliche Belustigung ist aus seinem Gesicht verschwunden. »Ich heiße Caleb. Und es wird dir nicht helfen, dass ich deinen Namen weiß, außer du hast eine Erklärung dafür, was ihr hier macht. Das ist Privatbesitz.«

»Eugenes Schwester Mira wurde entführt. Er selbst soll umgebracht werden und konnte seinen Mördern gerade so entkommen. Während wir hier sprechen, werden wir verfolgt«, versuche ich ihm zu erklären. »Oder zumindest werden sie hier sein, sobald wir die Gedankendimension verlassen.«

»Wie viele?«, fragt er langsam interessiert. Der Teil über Mira scheint ihn beeindruckt zu haben.

»Fünf. Sie fahren in einem Mercedes; sie könnten jede Sekunde hier sein.«

»Was sollte ich noch über sie wissen?«, fragt Caleb, und seine Hand umfasst das Messer fester.

»Sie sind eine Art russische Gang oder so. Sergey, zwei Boris –«

»Ihre Namen interessieren mich nicht«, unterbricht mich Caleb. »Wenn sie bewaffnet und auf dem Weg hierher sind, werden wir nicht so enge Freunde werden.«

»In Ordnung«, erwidere ich. Ich habe ein schlechtes Gefühl in der Magengegend.

»Bleib hier und bewege dich nicht. Sam und ich haben Pistolen auf deinen Kopf gerichtet. Solltest du auch nur niesen, werden wir dir dein Gehirn rausblasen.«

Ich habe keine Ahnung, wer Sam ist, aber Caleb macht auch nicht den Eindruck als sei er gerade in der Stimmung, Fragen zu beantworten. Während ich versuche, mit seiner Drohung zurechtzukommen, verlässt er das Auto, und nach einer Minute werde ich aus der Stille gedrängt.

»Eugene, beweg dich nicht.« Auf seiner Brust ist ein roter Punkt von einem Laser, so als habe jemand eine Waffe auf ihn gerichtet – was offensichtlich der Fall ist.

»Warum?«, fragt er verwirrt.

Anstatt ihm zu antworten, ziehe ich mich in die Stille zurück. Ich habe sogar Angst davor, zu reden, solange jemand eine Waffe auf mich richtet. Was passiert, wenn Caleb denkt, dass sprechen zu »sich bewegen« gehört und schießt? Ich befinde mich wieder auf dem Rücksitz und hole Eugene zu mir.

»Ich habe gerade mit einem angsteinflößend aussehenden

Mann gesprochen, der diesen Ort bewacht. Er hat mich zu sich geholt«, erkläre ich ihm.

»Hat dieser Mann auch gesagt, dass sie uns helfen werden?«

»Nicht direkt. Er hat mir befohlen, mich nicht zu bewegen, und sie halten Pistolen auf uns gerichtet.« Ich schlucke. »Ich habe den Laserpunkt auf dir gesehen.«

»Ich verstehe«, erwidert Eugene erstaunlich ruhig. »Wahrscheinlich wird uns nichts passieren. Ich denke, dass sie unsere Verfolger lesen werden, um zu sehen, ob du die Wahrheit gesagt hast.«

»Und was, wenn nicht?«, frage ich und kann mir die Antwort denken.

»In dem Fall werden sie uns unsere Probleme mit unseren Verfolgern allein lösen lassen.«

»Toll. Und wir sollen einfach dasitzen und abwarten?«

»Ich weiß, dass ich das machen werde. Die Leser halten in der Regel nichts von leeren Drohungen. Wenn sie dir gesagt haben, dich nicht zu bewegen, dann bewege dich nicht.«

Ich bin von Eugenes stichhaltiger Argumentation genervt und gehe zurück in die reale Welt.

Ich halte es fünf Sekunden aus, ohne mich zu bewegen, und mir wird klar, dass das Warten vor Eugenes Haus ein Kinderspiel dagegen gewesen war. Ich wiederhole zwanzig Mal das Wort Mississippi, bevor ich mich wieder in die Stille begebe. Der Mercedes ist auf halber Strecke zwischen der Ecke, an der Sergey das Auto gerammt hat, und uns. Das hübsche Auto hat kaum etwas abbekommen, aber als ich Sergeys Gedanken lese, scheint er anderer Meinung zu sein. Er ist wütend über sein beschädigtes Auto und hat es sich in den Kopf gesetzt, dass wir diese Jagd bereuen werden, sobald er die Gelegenheit dazu bekommt. Als ich die Gedanken seines Freundes Big Boris lese, bekomme ich den Eindruck, dass sie einer Meinung sind, wenn es darum geht, schlimme Dinge mit uns anzustellen.

Ich gehe zurück und verlasse die Stille. Ich befinde mich wieder im Auto und warte auf das, was als Nächstes passieren wird.

Nach gefühlten Stunden meine ich, ein Motorgeräusch zu hören. Im gleichen Moment ertönt ein Schuss.

Diesmal gleite ich automatisch in die Stille zurück. Mein Gehirn dachte wohl, der Schuss sei auf mich gerichtet gewesen, und hat das als Nahtoderfahrung gewertet.

Ich steige aus dem Auto und schaue auf mein eingefrorenes Ich. Keine Schusswunde. Das ist gut. Das einzige Ungewöhnliche an meinem Gesicht ist die riesige Größe meiner Pupillen und meine weiße Gesichtsfarbe. Dadurch sieht mein eingefrorenes Ich etwas makaber aus. Eugene ist noch blasser und hält sich beschützend seine Hände vor den Kopf. So als könnten sie die Kugeln abwehren.

Ich schaue mich um. Ich kann die Motorhaube des Mercedes am Anfang der Straße erkennen. Ich gehe näher an das Auto heran und erkenne, dass seine Reifen gerade explodieren. Sie müssen angeschossen worden sein.

Wie in einem Nebel gehe ich zurück und verlasse die Stille.

Das Geräusch der explodierenden Reifen erreicht jetzt meine Ohren. Ihm folgt das Schleifen von Stahl auf Straßenbelag, als das Auto auf seinen Felgen rutscht. Weitere Schüsse fallen, und ich ziehe mich wieder in die Stille zurück.

Auch dieses Mal habe ich es nicht absichtlich gemacht. Es passiert einfach, wenn ich gestresst bin.

Ich steige aus dem Auto. Mein eingefrorenes Ich scheint keine Iris mehr zu besitzen, sondern nur noch Pupillen.

Ich gehe zum Mercedes. Als ich hineinblicke, wünsche ich mir, ich hätte das nicht getan.

Ich habe noch nie so etwas gesehen. Ich meine, ich habe schon Leichen in der Stille gesehen, aber diese Menschen waren ja nicht wirklich tot – also in der realen Welt. Das hier ist etwas ganz anderes. Etwas Echtes. Diese fünf Personen haben blutige Wunden in ihrer Brust, und ihre Gehirne sind im ganzen Auto verteilt.

Ich muss würgen, so als würde ich mich übergeben müssen, aber es kommt nichts hoch. Ich bin mir nicht sicher, ob man sich in der Stille überhaupt übergeben kann.

Ich fühle mich schlecht, weil diese Männer getötet worden sind. Das ist paradox, wenn man bedenkt, dass sie gerade erst vor einigen Minuten auf mich geschossen haben. Ich denke, es hat etwas damit zu tun, dass ich ihre Gedanken gelesen habe. Es hat eine Verbindung zwischen uns aufgebaut. Ich kann allerdings nichts machen; sie sind jetzt von uns gegangen.

»Ruhet in Frieden«, murmele ich und gehe in mein Auto zurück. Ich frage mich kurz, aus einem morbiden Impuls heraus, wie es wäre, jetzt einen von ihnen zu lesen. Um genau zu sein, frage ich mich, was ich fühlen würde, wenn ich jemanden genau in dem richtigen – oder falschen – Moment erwischen würde, um seinen Tod mitzuerleben.

Ich schüttele meinen Kopf. Das werde ich nicht tun. Außerdem kann ich das selbst erleben, sobald ich aus der Stille zurück bin; Eugene und ich könnten Calebs nächste Opfer sein.

Andererseits hat der Mercedes keine Reifen mehr. Der zusätzliche Widerstand sollte die Trägheit der Masse erhöhen und dazu führen, dass wir nicht von ihm gerammt werden. Ich bin jedoch kein Experte, was zerschossene Autoreifen anbelangt.

Ich gehe zum Auto zurück und verlasse die Stille.

Weitere Schüsse fallen, und der Mercedes bewegt sich noch einige Zentimeter, bevor er mit quietschenden Felgen stehen bleibt. Er ist noch ein Stück von uns entfernt, aber ich muss trotzdem schlucken.

Einige Sekunden lang herrscht eine bedrückende Stille bis sich das Tor öffnet, welches uns von der Gemeinschaft ausgeschlossen hatte.

Caleb, der böse Mann, den ich vorher getroffen hatte, tritt mit einigen gefährlich aussehenden Typen heraus. Einer von ihnen hält eine Waffe. Ich denke, das bedeutet, dass er Sam ist. Er und dieser Caleb sehen wie Zwillinge aus. Sie haben beide gemeißelte

Gesichter mit viereckigem Kinn und harten Augen. Sam ist ein wenig größer, was ihn zu einem Riesen macht.

»Darren, Eugene, kommt mit mir mit«, weist uns Caleb kurz an, und ich sehe, wie Sam Eugene einen unfreundlichen Blick zuwirft.

»Und was passiert damit?«, möchte Eugene wissen und deutet auf das von Kugeln durchlöcherte Auto. Er versucht um jeden Preis, Sam nicht anzuschauen, was ich faszinierend finde.

»Wir werden uns um beide Autos kümmern, auch um eures. Niemand wird sie oder die Leichen darin jemals finden«, versichert uns Caleb.

Ich bin dankbar dafür, dass ich die zusätzliche Versicherung für den Mietwagen abgeschlossen habe, auch wenn das in Anbetracht der Umstände wohl eher nebensächlich ist.

»Wartet«, sage ich, als ich mich an die Papiere der Autovermietung erinnere. »Ich brauche noch die Adresse, an der Mira gefangen gehalten wird. Sie befindet sich im Handschuhfach.«

Caleb geht zum Auto und nimmt den Zettel, den ich brauche, heraus.

»Hier«, meint er und hält ihn mir hin. »Keine Verzögerungen mehr. Wir müssen reden.«

Damit und mit einer auf uns gerichteten Waffe betreten wir die private Lesergemeinschaft von Sheepshead Bay.

19

Wir werden zu einer Art elegantem Vereinsheim gebracht. Es befindet sich im Zentrum dieser Gemeinschaft voller beeindruckender Häuser. Jedes Haus hier muss Millionen kosten. Ich wusste nicht einmal, dass ein solcher Ort in Brooklyn existiert – so etwas erwartet man eher in Miami. Allerdings macht ein so reiches Anwesen durchaus Sinn; mit ihren Fähigkeiten sollten Leser eine große Anzahl kreativer Möglichkeiten finden, zu Geld zu kommen. Oder, genauer gesagt, unseren Fähigkeiten. Ich muss mich an den Gedanken gewöhnen, dass ich ebenfalls ein Leser bin, rufe ich mir ins Gedächtnis, als ich an das Problem denke, welches ich mit Caleb hatte.

In dem Clubhaus gibt es einen Pool, ein großes, schickes Restaurant und eine Bar. Caleb geht daran vorbei und führt uns zu einer Art Konferenzraum.

Ein Dutzend Menschen verschiedener Altersstufen befinden sich schon dort und betrachten uns eingehend.

»Das ist wirklich Eugene«, sagt eine blonde Frau, die einige Jahre älter als Mira zu sein scheint. »Das kann ich garantieren.«

»So viel wusste ich auch schon«, sagt Caleb und nimmt endlich seine Waffe herunter. »Und dieser Typ?«

»Ich habe ihn noch nie gesehen«, sagt sie und schaut mich an. Ich gebe mein Bestes, um meine Augen auf ihr Gesicht zu richten und nicht über ihre einladenden Formen gleiten zu lassen. Höflich zu sein kann manchmal ganz schön lästig sein.

»Er hat gestern herausgefunden, dass er ein Leser ist«, erklärt Eugene. Dann lächelt er die blonde Frau warm an. »Hallo Julia.«

Die Frau lächelt zurück, aber ihr besorgter Gesichtsausdruck kehrt schnell zurück. »Bist du sicher, dass er ein Leser ist?«, möchte sie wissen und betrachtet mich eingehend.

»Ja«, erwidert Eugene. »Du kennst meine Familiengeschichte mit den Strippenziehern. Das war das Erste, das ich überprüft habe.«

»Entschuldige bitte, aber ich möchte das gerne selbst überprüfen«, erwidert Julia. »Du bist zu vertrauensselig, Eugene.«

Diese beiden kennen sich also. Das muss Eugene also damit gemeint haben, als er sagte, dass im modernen New York die Dinge weniger streng gehandhabt werden als in Russland zu den Zeiten seines Vaters. Obwohl Eugene und Mira aus der Gemeinschaft ausgeschlossen sind, sind sie nicht völlig von den anderen Lesern isoliert.

»Geh die Bedienung holen«, bittet Julia einen kleinen jungen Mann links neben sich. Er verlässt den Raum und kommt einige Momente später mit einer jungen, extrem hübschen Frau zurück.

»Stacy, ich wollte dir nur meinen neuesten Gast vorstellen«, sagt Julia und zeigt auf Eugene. »Seine Getränke gehen auf meine Rechnung.«

»Natürlich, Jules«, antwortet die Frau. Wahrscheinlich hatte sie mit etwas Wichtigerem gerechnet, nachdem sie extra geholt worden war. Stacy beginnt wegzugehen, als ich mich plötzlich in der Stille wiederfinde. Neben mir steht Julia, diese Frau, die Eugene kennt.

»Jetzt, Darren, möchte ich, dass du Stacy liest«, erklärt sie mir.

»Erzähle mir etwas über sie, das sonst niemand wissen kann und ich werde sicher sein, dass du kein Strippenzieher bist.«

Das bestätigt mir eine meiner Vermutungen: Strippenzieher können nicht lesen. Sonst wäre dieser Test – der gleiche, den Eugene mich machen ließ, als wir uns trafen – sinnlos.

Ohne weitere Umstände zu machen gehe ich zu Stacy und berühre ihre Schläfen.

Wir betreten einen Raum mit Julia. *Mist, er ist hier*, fällt uns auf, als wir Caleb erblicken. Von den ganzen Malen, die ich mich wie ein Dummkopf aufgeführt habe, ist das eine Mal, an dem ich mich mit Caleb betrunken habe, aus irgendeinem Grund das schlimmste. Vielleicht weil er ein echter Kerl ist, im Gegensatz zu den anderen Typen hier. In dieser Gemeinschaft leben hauptsächlich reiche Muttersöhnchen. Abgesehen von Sam und den anderen Wachen.

Ich, Darren, versuche Abstand von Stacy zu gewinnen, so wie ich das gemacht habe, als ich die Gedanken des mittlerweile toten Sergeys las. Ich halte an dem Gedanken Caleb betreffend fest und versuche mich daran zu erinnern, was passiert ist. Ich bemerke, dass mich diesmal ein überwältigendes Gefühl der Leichtigkeit überkommt. Wenn ich mich noch leichter fühlen würde, würde ich schweben.

»Caleb, das kann man nicht wie Schnaps trinken. Das ist eine Sünde«, sagen wir, als wir unserem Lieblingskunden dabei zuschauen, wie er einen unglaublich teuren Louis-XIII-Cognac wie billigen Wodka hinunterspült.

»Wie sollte ich ihn denn trinken?«, fragt er und lächelt uns frech an. »Zeig's mir.«

»Lädst du mich ein?«, wollen wir wissen. »Ich kann mir kein Getränk leisten, das dreihundert Dollar kostet.«

»Natürlich«, erwidert er. »Was würde ich denn für die ganze Flasche zahlen?«

Wir grinsen ihn an. »Das möchtest du nicht wissen. Mein Vorschlag wäre, zu einem guten Wodka zu wechseln.«

»Welcher ist gut?«

»Versuche den«, sagen wir und schenken zwei Schnapsgläser von Belvedere ein, dem Besseren der beiden teuren Wodkasorten, die hier verkauft werden.

Wir nehmen eines der Gläser in die Hand, überkreuzen unsere Arme mit Caleb und haben vor, ihm den Wodka in seinen Mund zu gießen. Wir hoffen, er wird umgekehrt das Gleiche machen. »Auf was trinken wir?«

Als wir den Ausdruck auf seinem Gesicht sehen, werden wir ernst.

»Es tut mir leid, Stacy. Ich habe nicht versucht bei dir zu landen«, sagt er und zieht sich vorsichtig ein Stück zurück.

Verdammt. Nicht das schon wieder. Was stimmt mit den Männern dieser Gemeinschaft nicht? Wir wissen, dass die anderen wahrscheinlich nur reiche Snobs sind, aber Caleb ist ihr Wachmann. Was ist sein Problem? Und Sams? Es ist, als dürfe man Mädchen hier nicht anfassen.

Ich, Darren, nehme wieder Abstand. Ich ekele mich ein wenig. Ich bin ja schließlich in dem Kopf eines Mädchens, welches eindeutig scharf auf diesen Kerl ist. Und was noch viel schlimmer ist, ist, dass ich durch das Lesen genau weiß, wie es sich anfühlt, einen Kerl mit nach Hause nehmen zu wollen. Ich muss aus Stacys Kopf heraus, und zwar schnell.

»Okay«, erkläre ich Julia, als ich wieder draussen bin. »Ich denke, ich habe etwas, mit dem ich dich überzeugen kann. Sie wollte mit ihm schlafen.« Ich deute auf Caleb. Ich betone das Wort

»sie« zu sehr, und Julia muss wegen meines unguten Gefühls lächeln.

»Die Männer und ihre Homophobie«, bemerkt sie und geht zu Caleb hinüber.

Calebs Doppelgänger erscheint und schaut neugierig auf Julia.

»Er sagt, Stacy war an dir interessiert«, erklärt Julia ihm.

»Das ist sein Beweis?« Caleb grinst von einem Ohr zum anderen. »Für mich hört sich das einfach nach einer fundierten Vermutung an.«

»Weil jede Frau dich will?«, fragt Julia sarkastisch.

»Was denkst du?«

»Nicht, wenn du der letzte Mann auf dem Planeten wärst«, erwidert Julia scharf.

»Louis-XIII-Cognac«, sage ich ihres Hin und Hers müde. »Dreihundert Dollar für ein Schnapsglas voll; Wodkas; das Mädchen abblitzen lassen. Fällt bei irgendetwas der Groschen?«

Calebs Gesicht wird ernst. »Jetzt erinnere ich mich daran«, sagt er und sieht mich stirnrunzelnd an. »Aber das ergibt keinen Sinn. Das ist schon Monate her.«

Er blickt mich eindringlich an, so als sähe er mich zum ersten Mal. Julia schaut mich auch an. Sie tauschen bedeutungsvolle Blicke aus.

»Darren«, sagt Julia und schaut wieder zu mir. »Du musst einer von uns sein.«

Sie geht zu sich selbst und berührt die Wange der eingefrorenen Julia.

Die Welt wird wieder zum Leben erweckt.

Julia schaut von mir zu Eugene und wieder zurück. Sie wartet darauf, dass Stacy den Raum verlässt. Als die Barfrau endlich draußen ist, schließt der kleine Mann, der sie geholt hatte, die Tür.

»Darren ist einer von uns«, sagt Julia. »Das kann ich garantieren. Er ist kein Strippenzieher-Abschaum.«

Alle scheinen sich zu entspannen. Bis jetzt war die Atmosphäre angespannt gewesen, aber diese Anspannung ist jetzt weg. Sie hassen die Strippenzieher wirklich. Wenn ich bedenke, was sie mit Eugenes Familie und wie ich vermute auch mit meinen Eltern getan haben, kann ich ihnen keinen Vorwurf daraus machen.

»Das erklärt aber immer noch nicht, was dieses degenerierte Halbblut hier macht«, sagt Sam, Calebs nerviger Doppelgänger. Einige Menschen nicken mit den Köpfen und murmeln zustimmend.

»Vorsichtig, Sam. Eugene ist mein persönlicher Freund«, erklärt Julia und zwingt ihn dazu, seinen Blick zu senken. Sam schnauft, schweigt aber. Als Julia sich wieder umdreht, wirft er Eugene allerdings noch feindseligere Blicke zu als vorher.

»Meine Schwester ist entführt worden«, erklärt Eugene und ignoriert Sam. »Und ich denke, dass die Strippenzieher dahinterstecken könnten.«

Mit dem letzten Teil wird ihm die Aufmerksamkeit aller Anwesenden zuteil, sogar die von Sam, dem Arschloch.

»Warum sollten die Strippenzieher hinter Mira her sein?«, will Caleb wissen und verengt seine Augen dabei. Es hört sich an, als würde er sie kennen.

»Sie sind nicht hinter ihr her, sondern hinter mir«, erklärt Eugene.

»Ist das die Fortsetzung der Geschichte, die du mir über deine Eltern erzählt hast?«, möchte Julia wissen.

Sam lacht höhnisch. »Du meinst diese verrückte Verschwörungstheorie –«

»Hör auf, Sam«, schneidet Caleb ihm das Wort ab. »Lass uns ohne sinnlose Abschweife zu den Tatsachen kommen.«

Ich sehe, dass Sam gerade dafür sterben würde, etwas zu erwidern, aber er tut es nicht. Ich denke, das bedeutet, dass Caleb hochrangiger ist oder so etwas.

»Bitte von Anfang an«, sagt Julia zu Eugene. »Erzähle allen das, was du mir erzählt hast.«

Es sieht ganz so aus, als habe ich vorhin Recht gehabt. Sie und Eugene haben definitiv eine gemeinsame Vergangenheit.

»Ich glaube«, sagt Eugene und sieht Sam entschlossen an, »dass meine Eltern von Pushern getötet wurden, die eigentlich mich und meinen Vater umbringen wollten.«

»Warum sollten sie das tun wollen?«, fragt Caleb.

»Wegen der Forschungen meines Vaters. Er arbeitete an einigen Dingen, die sie unnatürlich gefunden hätten«, sagt Eugene mit verärgerter Stimme. »Er wollte herausfinden, wie das Lesen und das Splitten in die Gedankendimension im Gehirn funktionieren.«

Die Stimmung im Raum wird wieder angespannt.

»Solche Nachforschungen sind verboten«, sagt Sam unfreundlich und runzelt seine Stirn.

»Sie sind nicht verboten«, verbessert ihn Julia. Wie Caleb scheint sie hier eine Autoritätsperson zu sein »Solange die Nachforschungen niemals veröffentlicht werden und nur mit anderen Lesern besprochen werden.«

»Mein Vater war sehr diskret, nur wenige Menschen wussten, woran er arbeitete«, wirft Eugene ein. »Ich glaube, dass die Strippenzieher dachten, dass erfolgreiche Nachforschungen einen kleinen Vorsprung für die Leser bedeutet hätte.«

»Und, hätten sie?«, fragt eine ältere Frau. Bis jetzt hatte sie geschwiegen, aber so wie jeder sie anschaut, bin ich mir sicher, dass sie wichtig ist.

»Ich bin mir nicht sicher«, sagt Eugene. »Ich kenne seine praktischen Versuche nicht, aber ich könnte es mir vorstellen. Jede gute Forschung trägt etwas zur realen Welt bei.«

»Eugene interessiert sich mehr für die Theorie, Mutter«, erklärt Julia der älteren Frau. »Er steht über politischen Überlegungen.«

»Also versuchen sie dich zu töten, weil du die Nachforschungen deines Vaters weitergeführt hast?« Ich entscheide mich dafür, einzuhaken.

Alle schauen mich erstaunt an. Sie haben wohl gedacht, ich wisse das schon alles, weil ich mit Eugene gekommen bin.

»Genau«, erwidert Eugene. »Als ich die ersten Tests mit dir durchführte, um zu sehen, ob du ein Leser bist, habe ich eine Methode angewendet, die mein Vater damals in Russland entwickelt hatte. Die Tatsache, dass sie heute versucht haben, mich umzubringen, ist ein weiterer Beweis dafür, dass er wegen seiner Arbeit sterben musste. An jenem Tag verpassten sie mich. Ich war einkaufen.« Er hält inne und atmet tief ein. »Für diejenigen von euch, die es nicht wissen: meine Eltern starben, als ihr Auto genau vor unserem Haus explodierte. Meine Schwester kam gerade von der Schule – sie musste alles mit ansehen.«

Julia geht zu ihm hinüber und legt eine Hand auf seine Schulter. Ihre Mutter verzieht missbilligend das Gesicht, und Sam sieht wütend aus. Ich frage mich, ob er eine Schwäche für Julia hat oder Eugene einfach nur hasst, weil er ein Halbblut ist.

»Habt ihr in den Gedanken der Männer, die ihr draußen umgebracht habt, Beweise für das gesehen, was er behauptet?«, fragt Julias Mutter.

»Quasi«, antwortet Caleb. »Sam und ich haben sie gründlich durchsucht. In dem Kopf des Fahrers haben wir Zeichen von Aktivitäten der Strippenzieher gefunden. Während er seinen Chef irgendwohin fuhr, sprach dieser am Telefon mit einem Strippenzieher. Danach hat der Strippenzieher die Erinnerungen des Fahrers an das Gespräch entfernt. Wir konnten den Strippenzieher selbst natürlich auch nicht sehen.«

»Die Tatsache, dass ein Strippenzieher in diese Vorfälle verwickelt ist, ist für mich Grund genug, ihnen zu helfen«, sagt Julia.

»Richtig. Die Tatsache, dass seine Schwester mit der russischen Mafia rumhängt, hat natürlich nichts mit ihrer Festnahme zu tun«, sagt Sam und schnaubt erneut. Ich mag diesen Kerl wirklich nicht. Wenn er nicht so groß und furchteinflößend wäre, würde ich stark in Erwägung ziehen, ihm eine zu verpassen.

»Mira hat versucht, diejenigen zu finden, die unsere Eltern umgebracht haben«, verteidigt Eugene sie. »Ich habe ihr gesagt, es nicht zu tun, aber sie hat nicht auf mich gehört.«

»Mira ist nicht leicht zu kontrollieren«, sagt Caleb schmunzelnd. Ist das Bewunderung, was ich auf seinem Gesicht erkennen kann?

»Wenn du mich fragst, ist die einfachste Erklärung für die Entführung die Höhe ihrer Spielschulden«, meint Sam. »Und was die Explosion des Autos betrifft, ist es wahrscheinlicher, dass einer der Freunde seines Vaters aus Russland damit zu tun hatte. Ist das nicht plausibler als eine verrückte Theorie über Strippenzieher?«

»Ich denke, der Strippenzieher hat die russische Mafia genau aus diesem Grund ausgewählt – damit die Polizei denkt, dass die Explosion etwas mit der Vergangenheit meines Vaters in Russland zu tun hat«, sagt Eugene, und sein Gesicht wird rot vor Wut. »Aber das ist alles Schwachsinn; mein Vater war der ehrlichste und friedlichste Mensch, den ich jemals kennengelernt habe.«

»Gut«, meint Julia. »Wir können das jetzt ewig weiterdiskutieren und werden nie zu einer Lösung kommen. Die einzige Möglichkeit herauszubekommen, was wirklich vor sich geht, ist, Mira zu retten – was wir meiner Meinung nach tun sollten.«

»Julia, du musst das mit deinem Vater besprechen«, ermahnt sie ihre Mutter, und Julia wirft ihr einen bösen Blick zu.

»Sie hat Recht«, meint Sam. »Jacob würde nicht wollen, dass du in die Angelegenheiten der Ausgeschlossenen hineingezogen wirst.«

»Lasst es uns doch herausfinden«, schlägt Julia vor und geht zu einem Schreibtisch, um einen Laptop zu holen.

20

»Was hast du vor?«, möchte Julias Mutter wissen.

»Mit Vater skypen«, antwortet Julia und macht den Laptop an.

Als sich der Videoanruf aufbaut, bedeutet Julia Eugene, näher zu kommen. Wir versammeln uns um den Computer, und ich sehe einen Mann mittleren Alters mit müden, tränenden Augen.

Ein angewiderter Ausdruck erscheint auf seinem Gesicht, als er Eugene erblickt.

»Hallo Jacob, Sir«, begrüßt Eugene ihn respektvoll.

»Hallo Vater«, sagt Julia.

»Hallo«, melde ich mich freundlich zu Wort.

»Wer bist du?«, fragt Jakob und betrachtet mich.

»Das ist Darren, Vater«, antwortet Julia, »ein neuer Leser, den wir gefunden haben.«

»Ein neuer Leser?«, erwidert dieser und schaut mich weiterhin aufmerksam an. »Du siehst aus, als ob ich dich kennen würde, Kind. Wer sind deine Eltern?«

»Er weiß nicht, wer sie sind«, springt Eugene ein, und Jacobs Gesicht wird rot, als er die Stimme hört. Ich bin froh, dass Eugene diese Information in den Raum geworfen hat, weil ich mich schäme, nicht einmal die Nachnamen meiner Eltern zu kennen. Nur ihre Vornamen: Mark und Margret. Sobald wir das Ganze hinter uns gelassen haben, muss ich ihre Nachnamen herausfinden. Es könnte sogar sein, dass sich in diesem Raum entfernte Verwandte von mir befinden.

»Jeder weiß, wer seine Eltern sind«, erwidert Jacob, aber schaut Eugene dabei nicht an. Er durchbohrt mich immer noch mit seinen wässrigen Augen. »Aber diese Unterhaltung werden wir ein anderes Mal führen. Was ist denn der Grund für diesen Anruf?«, möchte er wissen und wendet seine Aufmerksamkeit Julia zu. »Und natürlich«, dabei deutet er auf Eugene, »was macht er in der Gemeinschaft?«

»Eugene braucht deine Hilfe, Vater«, erklärt Julia. Danach erzählt sie ihrem Vater eine viel sanftere, plausiblere Version der Theorie über Eugenes Eltern. Sie ist gut. Sie spielt die Forschungen, an denen Eugene und sein Vater gearbeitet haben, herunter, da sie in der Gemeinschaft umstritten zu sein scheinen. Dafür betont sie bei jeder Gelegenheit, die sich ihr bietet, dass die Strippenzieher damit zu tun haben. »Also möchte ich ihnen dabei helfen, mehr darüber herauszufinden«, sagt sie abschließend.

»Auf gar keinen Fall«, entgegnet ihr Vater und überrascht mich damit. »Ich habe dir doch ausdrücklich verboten, dich jemals mit diesem Halbblut einzulassen.«

»Das hier hat nichts mit meinem Privatleben zu tun; hier geht es darum, etwas gegen die Strippenzieher zu unternehmen«, antwortet Julia und starrt ihren Vater wütend an. Sie bekommt einen rebellischen Gesichtsausdruck, der mich an mein eigenes Verhaltensmuster mit Onkel Kyle denken lässt.

»Meine Entscheidung steht«, unterstreicht Jacob. »Ich möchte, dass er die Gemeinschaft verlässt. Er sollte dankbar dafür sein, dass unsere Sicherheitsleute sein Leben gerettet haben. Wenn ich mich auf dem Anwesen befunden hätte, wäre das nicht –«

Bevor Jacob seinen Satz aussprechen kann, schließt Julia den Laptop mit einem verärgerten Knall.

Es ist wie immer eine gute Zeit für mich, mich in die Stille zu begeben, und das tue ich auch.

Als alles still ist, sehe ich mich um. Julia ist sichtlich verärgert. Der Gesichtsausdruck ihrer Mutter ist neutral. Auch wenn Sam ein wenig abseits steht, hat er die Unterhaltung ganz klar mit angehört, das kann ich an seinem zufriedenen Gesichtsausdruck ablesen.

Es ist interessant, sich bewusst zu machen, dass jeder in diesem Raum jederzeit das Gleiche machen könnte. Beobachten mich diese Menschen in meinem eingefrorenen Zustand? Es ist schwer, mir vorzustellen wie ich dort bewegungslos stehe, ohne zu denken, und jemand anderes tut, was immer er auch tut, ohne dass ich etwas davon mitbekomme.

Ich schiebe diese Überlegungen für einen anderen Zeitpunkt beiseite und berühre Eugenes Unterarm.

»Was machen wir jetzt?«, möchte ich von ihm wissen, als er bei mir in der Stille ist. »Das war ein großer Reinfall.«

»Ich weiß nicht, was ich sagen soll«, erwidert Eugene. »Ich hatte nicht wirklich einen Plan.«

»Diese Julia, woher kennst du sie? Sie scheint nett zu sein.«

»Wir waren zusammen an der Uni. Und dann hat sie angefangen, sich aus irgendeinem Grund mit mir zu verabreden.« Er lächelt reumütig. »Bis ihr Vater herausgefunden hat, dass ich ein Halbblut bin, und ausgerastet ist. Er ist sehr traditionell.«

»Und das ist offener als in Russland?«

»Ich bin der lebende Beweis dafür«, sagt Eugene. »Ich dachte, sie würden mir helfen, weil Jacob Strippenzieher mehr hasst als alles andere. Unter normalen Umständen wird jeder, der Probleme mit ihnen hat, zum Feind des Feindes und somit zu einer Art Freund.«

»Außer dir«, entgegne ich und blicke ihn an.

»Genau. Ich denke, meine Geschichte mit Julia hat unser Verhältnis ein wenig beeinträchtigt. Das Problem ist, dass es hier um Miras Leben geht, nicht meines.«

»Wenn es dich nicht stört, würde ich gerne noch ein wenig mit Julia reden«, sage ich, da ich nicht bereit bin, schon aufzugeben.

»Von mir aus«, antwortet er. Er schaut mit einem angespannten Gesichtsausdruck zu ihr hinüber. An der Art, wie er sie anblickt, sehe ich, dass er noch lange nicht über sie hinweg ist. Dann schüttelt er seinen Kopf und dreht sich weg. »Ich bin mir aber nicht sicher, dass das helfen wird.«

Anstatt mit ihm zu diskutieren, gehe ich zu ihr und hole sie zu uns.

»Darren.« Sie lächelt mich an. »Ich wollte gerade splitten, um mit euch beiden zu reden. Es sieht so aus, als seid ihr schneller gewesen.«

»Es ist interessant, wie das funktioniert«, meint Eugene. »Ich habe diesen Algorithmus der Zeitaufspaltung entwickelt, der simuliert –«

»Eugene, das mit deinem Vater tut mir so leid«, unterbricht Julia ihn sanft. Ich denke, sie wollte die wissenschaftlichen Ausführungen beenden. Wahrscheinlich ist es nicht das erste Mal, dass sie das getan hat. »Lass uns darüber reden, was wir für Mira tun können, wenn es dir nichts ausmacht.«

»Nach dem Gespräch mit deinem Vater dachte ich, du könntest nichts für uns tun«, erwidert Eugene und sieht wieder besorgt aus.

»Ich komme mit euch«, sagt sie. »Zusammen werden wir sie da rausholen.«

»Nein«, widerspricht Eugene. »Das wäre zu gefährlich –«

»Ich werde es tun.« Sie blickt ihn entschlossen an. »Ich habe genug davon, dass mir immer jemand sagt, was ich zu tun und zu lassen habe.«

»Nein, Julia, ich will dir nicht vorschreiben, was du zu tun hast«, erklärt Eugene sofort. »Ich mache mir einfach Sorgen um dich, das ist alles …«

Ihr eisiger Blick schmilzt dahin, und sie geht einen Schritt auf ihn zu.

»Mit allem Respekt«, werfe ich ein, »wie kannst du uns denn

helfen, Julia? Es hört sich eher nach einem Job für jemanden wie ihn an.« Ich deute auf den bewegungslosen Caleb.

»Ich bin gut darin, mich an Orte zu begeben, an denen ich mich nicht aufhalten sollte – inklusive Schlösseraufbrechen und solche Dinge«, sagt Julia und dreht sich zu mir um. »Das sind Fähigkeiten, die bei dieser Mission nützlich sein könnten. Aber du hast Recht, wir brauchen Caleb oder einen seiner Männer. Wir müssen ihn davon überzeugen uns trotz des Verbots meines Vaters zu helfen.«

»Wie machen wir das?«, möchte Eugene wissen.

»Können wir ihn bezahlen?«, frage ich. Mit den Aktien, die ich im Fitnessstudio gekauft habe, werde ich bald leicht Geld machen können. Noch leichter, als ich es sowieso schon immer bekommen habe.

»Falls du gerade von Geld sprichst, dann leider nein«, antwortet Julia. »Aber es gibt andere Formen der Bezahlung.«

»Was meinst du?« Eugene sieht verwirrt aus.

»Nichts Düsteres.« Julia grinst. »Aber dein Freund scheint Caleb beeindruckt zu haben. Um genau zu sein, hat er uns beide mit seiner Lesetiefe beeindruckt.«

»Ja?«, fragt Eugene nach, und ich erinnere mich daran, dass das ein sensibles Thema für diese Menschen ist. Es ist etwa so wie nach der Gehaltsabrechnung zu fragen, war der Vergleich, erinnere ich mich.

»Was hat meine Lesetiefe mit Caleb zu tun?«, möchte ich wissen.

»Caleb ist besessen davon, seinen Kampfstil zu verbessern«, erklärt Julia. »Er wird schon als der beste Kämpfer der Leser angesehen. Aber er möchte immer besser werden.«

»Ich werde nicht gegen ihn antreten, falls du ihm das anbieten wolltest«, sage ich erschaudernd. Ich bin weder ein Freund von Gewalt noch suizidgefährdet. Dieser Typ wird mich wahrscheinlich umbringen, bevor ich auch nur einen Schlag ausführen kann.

Julia lacht. Wenn sie nicht gerade über mich lachen würde,

dann hätte sie ein wirklich schönes Lachen. Sie ist generell ein hübsches Mädchen. Ich kann verstehen, warum Eugene sie mag, und dass er das wirklich tut, kann man sehen. Ich weiß nicht recht, warum das auf Gegenseitigkeit beruht, aber auf Grund der warmen Blicke, die sie ihm zuwirft, bin ich mir dessen sicher. Das ist verrückt – ich dachte immer, Strebertypen wie Eugene hätten kein Interesse an Frauen. Natürlich basierte diese Annahme nur auf meinen Erfahrungen mit meinem Freund Bert und ist deshalb nicht wirklich eine statistisch bewiesene Schlussfolgerung.

»Nein, Darren, ich danke dir dafür, dass du dich anbietest, aber ich möchte dich nicht bitten, gegen Caleb anzutreten«, sagt sie und hat immer noch Schwierigkeiten, ein ernsthaftes Gesicht zu machen. Ich bin beleidigt. Woher will sie wissen, dass ich nicht insgeheim ein Kung-Fu-Meister bin?

»Du hast eine beeindruckende Lesetiefe«, fährt sie fort. »Du könntest ihm anbieten, ihn in die Gedanken einiger berühmter Kämpfer mitzunehmen. Ich nehme an, dass das ein reizvoller Vorschlag für ihn wäre.«

Eugene schaut besorgt von mir zu ihr. »Aber –«

»Eugene, bitte, ich versuche, deiner Schwester zu helfen«, unterbricht ihn Julia, und Eugene verstummt. Sein Gesicht entspannt sich.

»Ist das wirklich möglich? Eine andere Person zum Gedankenlesen mitzunehmen?«, möchte ich wissen und frage mich, was Eugene gerade sagen wollte. Er schien kurz über etwas besorgt zu sein.

»Ja«, antwortet sie, »definitiv. Es schwächt deine Kräfte zwar noch schneller, als jemanden zu dir zu holen, aber meiner Einschätzung nach solltest du kein Problem damit haben.«

»Warum kann Caleb das nicht selbst tun?«, frage ich. »Warum kann er nicht selber die Erinnerungen eines Kämpfers lesen?«

»Caleb kann zwar hervorragend kämpfen, aber er ist nicht besonders stark, was die Gedankendimension betrifft«, erklärt Julia. »Er kann beim Lesen nicht weit zurückgehen und es auch nicht besonders oft tun. Das ist genau der Grund dafür, dass ihn eine solche Gelegenheit reizen könnte.«

Ich überlege kurz, ihr weitere Fragen zu stellen, um herauszufinden, wieso Eugene so besorgt ausgesehen hatte, tue es dann aber doch nicht. »Okay, ich werde es tun«, stimme ich zu. Ich sehe gerade keine andere Möglichkeit, Mira zu helfen, und finde den Gedanken spannend, zusammen einen Kämpfer zu lesen. Wenn Caleb das macht, um besser zu werden, bedeutet es vielleicht gleichzeitig, dass ich dadurch selbst ein besserer Kämpfer werde. Oder, um genauer zu sein, vielleicht werde ich dadurch überhaupt erst einmal kämpfen lernen.

»Toll, Eugene, lass uns gehen, damit sie ein wenig Privatsphäre haben«, meint Julia. Sie ergreift seinen Arm und zieht ihn zu ihren eingefrorenen Körpern.

»Ich weiß gar nicht, wie ich dir dafür danken kann, Darren«, ruft mir Eugene auf dem Weg zu seinem bewegungslosen Körper zu. Ich zucke nur mit meinen Schultern, da ich immer noch nicht weiß, was jetzt die große Sache daran ist.

Sobald ich allein bin, gehe ich zu Caleb und hole ihn zu mir.

»Darren«, sagt er grinsend. »Wie komme ich denn zu der Ehre, in deine Gedankendimension gezogen zu werden?«

»Julia denkt, dass du uns für eine angemessene Gegenleistung vielleicht helfen würdest«, beginne ich, und Caleb lacht.

»Hat sie das? Und was denkt sie, könnte diese Gegenleistung sein?« Mit seinem Grinsen erinnert er mich an einen hungrigen Hai.

»Sie meint, du interessierst dich für alles, was mit Kämpfen zu tun hat«, erkläre ich ihm und hoffe, dass ich mich nicht verrückt anhöre. »Sie hatte die Idee, dass ich dich als Bezahlung für deine Hilfe in die Gedanken einiger Kämpfer mitnehmen könnte.«

»Interessant«, sagt er und verschränkt seine Arme vor seinem Körper. »Hat sie sonst noch etwas gesagt?«

»Nein, das ist alles.«

»Du hast wirklich erst gestern gelernt, wie man liest, stimmt's,

Darren?«, fragt er und grinst dabei immer noch. »Was Julia ›vergessen‹ hat dir zu sagen, ist, dass nur wenige Leser mir so ein Angebot machen würden.«

»Warum?«, möchte ich von ihm wissen und frage mich, ob ich jetzt herausfinden werde, warum Eugene so angespannt ausgesehen hat.

»Weil es eine sehr persönliche, fast intime Erfahrung ist, jemanden mit zum Lesen zu nehmen«, erklärt mir Caleb, und sein Grinsen verschwindet. »Du erhältst Einblicke in die Gedanken des anderen Lesers und umgekehrt.«

»Oh.« Ich versuche zu verhindern, dass meine Kinnlade hinunterklappt. »Wie fühlt sich das an?«

»Ich habe es nur ein einziges Mal gemacht«, antwortet er mir und ist jetzt völlig ernst. »Aber jenes Mal war unglaublich.«

Ich blicke ihn einen Moment lang an, bevor ich mit den Schultern zucke. »Damit kann ich leben«, erwidere ich. »Wenn ich dadurch Mira retten kann, werde ich es tun. Ich werde dich in die Köpfe einiger Menschen deiner Wahl begleiten.«

Jetzt sieht Caleb wieder wie ein glücklicher Hai aus. »Dann haben wir einen Deal«, meint er und lächelt breit. »Ich werde dich wissen lassen, in welche Köpfe ich gerne hineinschauen möchte.«

Wieso fühle ich mich jetzt, als hätte ich etwas Unüberlegtes getan?

»Jetzt mach nicht so ein langes Gesicht«, sagt er, da er mein ungutes Gefühl spürt. »Ich verspreche dir, niemandem etwas über deine Tiefe zu sagen. Wir wissen beide, dass du sehr weit zurückgehen kannst, also wird es überhaupt kein Problem sein, sich die Gedanken einiger Kämpfer anzuschauen. Wir werden uns ja nicht die Anfänge ihrer Karrieren ansehen, sondern nur einige Sachen, die nicht sehr weit zurückliegen.«

»Alles klar.« Ich beschließe, mir später Gedanken darüber zu machen.

»Gut. Jetzt hole Eugene und Julia dazu.«

Ich mache, was er sagt.

»Hier ist mein Plan«, beginnt Caleb und übernimmt die Führung. »Eugene und Darren werden gehen und dabei sehr enttäuscht aussehen. Julia, wir treffen uns auf dem Parkplatz sobald ich einige Sachen besorgt habe, die ich brauche. Danach holen wir euch Herren von der Emmons Avenue ab.«

»Wer kommt außer uns noch mit?«, fragt Julia. »Ich nehme an, Sam nicht.«

»Damit hast du Recht«, bestätigt Caleb. »Nur ich werde kommen.«

»Nur du?« Julia runzelt ihre Stirn.

»Ein wenig Vertrauen bitte.« Caleb grinst sie an. »Einer wie ich ist wahrscheinlich schon zu viel für diese Mission.«

»Ja, bestimmt«, entgegnet sie. »Ich habe keine Zweifel an deiner Männlichkeit, Caleb; ich möchte lediglich, dass das Mädchen ihre Rettung auch überlebt.«

»Das wird sie«, versichert Caleb ihr. »Das verspreche ich dir.«

»Alles klar, dann lasst uns die Stille verlassen«, meint Julia.

»Einen Moment noch. Darren, es gibt da etwas, das du besser wissen solltest«, sagt Caleb und dreht sich zu mir um. »Ich kenne Mira schon eine ganze Weile. Sie ist ein gutes Mädchen. Ich hätte Eugene sowieso angeboten, ihm zu helfen – besonders da ich wusste, dass Julia etwas Unüberlegtes tun würde. Sollte ihr etwas zustoßen, wird Jacob mich in jedem Fall dafür zur Rechenschaft ziehen, selbst wenn ich nichts damit zu tun gehabt hätte. Außerdem mag ich gute Auseinandersetzungen.«

»Also hätte ich dir gar nichts anbieten müssen?«, frage ich trocken, und er schüttelt seinen Kopf.

»Nein. Hättest du nicht. Aber ein Deal ist ein Deal.« Er zwinkert mir zu. »Ich freue mich wirklich darauf.«

EUGENE UND ICH VERLASSEN DIE GEMEINSCHAFT SICHTLICH enttäuscht und begeben uns zur Emmons Avenue, zu genau dem

Ort, an dem wir unseren letzten Unfall verursacht haben. Auf dem Asphalt liegen immer noch Glas- und Plastiksplitter, obwohl die beschädigten Autos längst entfernt worden sind.

Ich bin tief in Gedanken versunken, da ich versuche herauszufinden, wie ich in diese verrückte Situation geraten konnte.

»Darren, was das Mitnehmen von Caleb in die Gedanken einer anderen Person betrifft –«, bricht Eugene die Stille.

»Er hat schon mit mir darüber gesprochen, dass man Einblicke in die Gedanken des jeweils anderen bekommt«, unterbreche ich ihn.

»Oh, gut. Es überrascht mich, dass Caleb so ehrlich war«, erklärt mir Eugene erleichtert. »Julia hätte dich warnen sollen. Sie kann etwas rücksichtslos sein, wenn sie etwas bekommen möchte.«

Bevor ich etwas erwidern kann werden wir von dem Hupen eines Autos unterbrochen. Es ist ein Hummer – und in ihm befinden sich Caleb und Julia.

Natürlich fährt Caleb einen Hummer denke ich, während ich einsteige.

»Gib mir die Adresse, Darren. Wir müssen einem Fräulein in Not helfen«, meint Caleb.

Ich gebe ihm die Adresse, und er gibt sie in sein Navigationssystem ein. Mit einem Aufheulen setzt sich der Hummer in Bewegung und manövriert sich wie ein Panzer durch die Straßen von Brooklyn.

21

Wir parken auf einem Costco-Parkplatz in Sunset Park.

Laut Google Maps ist der Ort, an dem Mira festgehalten wird, eine industrielle Lagerhalle. Was diese Kerle so weit weg von Brighton Beach machen, kann sich keiner von uns erklären. In Brighton Beach befindet sich Eugenes Meinung nach höchstwahrscheinlich das Hauptquartier der russischen Mafia. Ich hoffe, dass das zu unserem Vorteil sein wird. Falls sie Verstärkung rufen sollten, bräuchte diese 25 Minuten, wenn sie gut durch den Verkehr kommt, behauptet Julias Telefon. Das setzt natürlich voraus, dass sich die Verstärkung auch wirklich in Brighton Beach befindet und – das ist am wichtigsten – dass unsere Gegner auch Verstärkung gegen uns vier benötigen.

Caleb springt von seinem Sitz auf und wühlt im Kofferraum des Hummers herum.

»Gehen wir Ausrüstung kaufen?«, frage ich und schaue in die Richtung des großen Supermarktes. Es ist nur halb im Scherz gemeint.

»Ich habe alles, was ich brauche«, antwortet Julia und hängt sich einen Messenger Bag über ihre Schulter.

»Das, was ich benötige, wird nicht bei Costco verkauft«, erwidert Caleb und packt sein Gewehr in eine spezielle Tragetasche, die er sich umhängt. »Zumindest nicht in New York.«

Er zieht sich eine Weste mit speziellen Taschen über, um darin das riesige Messer, mit dem er mich bedroht hatte, und einige Handgranaten zu verstauen.

»Die ist für dich«, meint Caleb und gibt mir eine Pistole.

Die Ernsthaftigkeit der Situation wird mir wieder bewusst. Wir haben es mit bewaffneten Kriminellen zu tun. Und wir sind nur zu viert. Ein Wissenschaftler, ein Mädchen, dessen Stärke ich noch nicht ganz einschätzen kann und – ein Finanzanalyst. Caleb ist die einzige Person, die ansatzweise für diese Mission qualifiziert ist. Trotz seiner unerschütterlichen Überzeugung, dass wir es schaffen werden, haben wir meiner Meinung nach die schlechteren Karten.

Und ich muss wohl nicht extra erwähnen, dass unsere Kontrahenten ein Ass im Ärmel haben: eine Geisel.

Alles, was wir besitzen, sind unsere außergewöhnlichen Fähigkeiten.

Caleb hat aber offensichtlich einen Plan. Er führt uns zu einer verlassenen Lagerhalle, die ein kleines Stück entfernt liegt.

Wir gehen in die oberste Etage, und Caleb öffnet geübt den Reißverschluss seiner Waffentasche, um mit dem Aufbau seiner Waffe zu beginnen. Sie ist riesig und sieht sehr professionell aus – sie verfügt über ein Zielfernrohr und einen Schalldämpfer. Ich frage mich, ob er damit vorhin unsere Verfolger erschossen hat. Eugene und Julia, die seit einer ganzen Weile nichts gesagt haben, tauschen beeindruckte Blicke aus. Eugene scheint wild entschlossen zu sein, während Julia nachdenklich aussieht.

Ich blicke mich in dem Raum um, in dem wir uns befinden. Er ist staubig, und trotz seiner riesigen Fenster, die vom Boden bis zur Decke reichen, dunkel – wahrscheinlich weil die betreffenden Fenster gelb und rußbedeckt sind. Caleb öffnet eines von ihnen, legt sich auf den Boden und richtet seine riesige Waffe auf das

Lagerhaus auf der anderen Straßenseite. Dann sagt er: »Alles klar, Darren, hole uns in die Gedankendimension.«

Ich benutze meine vorhandene Angst vor dem, was jetzt passieren wird, und begebe mich schnell in die Stille. Danach berühre ich die anderen, um sie zu mir zu holen.

Sobald wir alle beisammen sind, gehen wir die Treppen hinunter und zu dem anderen Lagerhaus hinüber. Dieser Teil Brooklyns ist so verlassen, dass es gar nicht auffällt, dass wir uns in der Stille befinden. Zumindest nicht, bis wir die Straße überquert haben und Caleb mit wenigen Tritten die Tür zerstört. Selbst in einem so spärlich bewohnten Gebiet wie diesem hier hätte ein so plumpes Eindringen in der realen Welt auffallen und gemeldet werden können.

»Du weißt, ich hätte das Schloss aufbrechen können«, sagt Julia und schaut sich die auf dem Boden liegenden Überreste der Tür an.

»Du wirst deine Gelegenheit noch bekommen«, erklärt ihr Caleb, als er das Gebäude betritt.

Wir gehen durch die Tür und befinden uns in einem großen, offenen Raum. In ihm befinden sich einige Männer, die eingefroren wurden, während sie umherliefen. Jeder Einzelne von ihnen ist bewaffnet. Caleb geht zu jedem Einzelnen der Männer und prägt sich ihren Abstand zu den Fenstern ein. Danach betrachtet er eindringlich das Gebäude, aus dem wir gekommen sind.

Sein Plan beginnt mir zu dämmern.

Er möchte herausfinden, wie er sie von der anderen Lagerhalle aus treffen kann. Er plant die Schüsse, die er abfeuern wird, sobald wir die Stille verlassen werden.

Ich muss mir merken, mich nie mit Caleb anzulegen.

»Wo ist Mira?«, fragt Eugene, nachdem wir alles untersucht haben.

»Versucht, die Männer zu lesen«, entgegnet Caleb, ohne sich umzudrehen. »Wir müssen dieses Detail herausfinden, bevor wir in die echte Welt zurückkehren und die Information verlorengeht.«

Richtig. Man kann keine toten Menschen lesen. Ein Schauer fährt mir über den Rücken. Caleb ist zu ruhig bei der ganzen Sache. Zu sicher. Ich fühle mich unwohl. Ich frage mich, ob ich überhaupt jemanden töten könnte. Selbst wenn es sich bei der betreffenden Person um einen Feind handelt. Selbst wenn es in Notwehr ist. Ich weiß es nicht und ich hoffe, ich werde es heute auch nicht herausfinden.

Als Leseobjekt wähle ich einen großen Mann der neben einer der Säulen steht. Er muss entweder Steroide oder Wachstumshormone nehmen – oder beides. Obwohl er so groß ist wie ich, wiegt er bestimmt hundert Kilo mehr. Da er ein Russe ist, frage ich mich, ob er wie ein Bär aussehen möchte. Er erinnert mich eher an einen Gorilla. Ich erwische mich selbst dabei, wie ich hoffe, dass Caleb ihn nicht mit seiner Waffe verfehlt. Außer vielleicht bei einem Schusswechsel möchten wir ihn nicht als Gegner haben.

Ich lege meine Hand auf seine riesige Stirn und springe einige Stunden zurück.

WIR SEHEN, WIE MIRA MIT VASILIY KARTEN SPIELT. NEBEN IHR befindet sich noch ein weiterer Mann im Raum.

»Na tschuy ti s ney igrayesh?«, fragen wir. Wie immer finde ich, Darren, es faszinierend, dass ich das verstehe. Er, Lenya, hat gefragt, warum sein idiotischer Bruder mit der Geisel Karten spielt. Mit einem Mädchen, welches dafür bekannt ist, beim Kartenspielen zu betrügen.

Er, Lenya, stellt sich vor, was er mit ihr tun würde. Wir sehen Bilder von Mira, wie sie gefesselt ist und missbraucht wird. Ich, Darren, nehme fast augenblicklich Abstand und muss mich fast übergeben – auch wenn das in meiner derzeitigen Position nicht sehr einfach ist. Kann man in Gedanken kotzen? Fast möchte ich aus dem Kopf dieses Arschlochs springen, so krank finde ich das. Ich fühle ein instinktives Bedürfnis, Mira davor zu beschützen, diesem Kerl jemals zu nahe zu kommen. Ich fühle mich schmutzig. Die beste Art und Weise, dieses Erlebnis zu beschreiben, ist, dass es sich anfühlt, als träume ich davon, dieser Abschaum zu sein. Ich überdenke meine Abneigung gegen das Töten.

Ich sollte seinen Kopf allerdings noch nicht verlassen, da er mir gerade die Informationen gibt, die ich benötige. Ich versuche mich darauf zu konzentrieren, wie sich der Körper dieses Kerls anfühlt – Schmerzen von dem gestrigen Training, wunde Fingergelenke durch das Verprügeln einer Person, auf alles außer diese kranken Vergewaltigungsfantasien. Dieser Ansatz erweist sich allerdings als wenig hilfreich, da ich dabei bemerke, dass ihn diese ekelerregenden Gedanken erregen. Bevor ich durch reines Entsetzen aus seinem Kopf gezwungen werde, konzentriert er sich zum Glück auf das, was er eigentlich gerade tun wollte. Und das ist, die Tür, die sich vor ihm befindet, von außen zu verschließen.

Wir schließen die Tür ab und sind froh, dass Tolik auch in dem Raum ist. Wenigstens hat er eine Waffe neben sich liegen und lässt sich nicht von dem Weib ablenken. Er hat außerdem darauf bestanden, dass ihre Beine an den Stuhl gefesselt bleiben. Tolik wird ein Auge auf Vasiliy haben.

Wir gehen auf den Flur hinaus und durch ein Labyrinth zementierter Gänge, bevor wir die Treppen erreichen. Schließlich betreten wir die große Halle, in der sich die restlichen Wachmänner aufhalten.

Ich, Darren, weiß jetzt, wo Mira festgehalten wird.

Fast will ich seinen Kopf verlassen, aber ich entscheide mich stattdessen dazu, tiefer in ihn einzudringen. Ich möchte wissen, wer ihm befohlen hat, die Tür von außen zu verschließen. Das ist sehr speziell. Wer auch immer das festgelegt hat, könnte vorgehabt haben, damit Miras Bewegungsfreiheit in der Stille einzuschränken – was darauf deuten würde, dass ein Strippenzieher dahintersteckt.

Ich springe weiter.

Wir sitzen in einer Banya. Ich, Darren, erfahre, dass eine Banya ein russisches Spa ist – ein wenig wie eine Sauna, nur heißer. So wie wir uns fühlen, wenn wir uns darin befinden, scheint es etwas zu sein, das ich auch einmal ausprobieren sollte.

Ich dringe noch tiefer ein und lasse Szenen aus dem Leben dieses Mannes an mir vorbeiziehen.

Aha.

»Haltet die Türen geschlossen«, sagt Piotr. Wir schauen Piotr an und fragen uns, wer zum Teufel er eigentlich ist, dass er uns hier Befehle erteilen kann.

Mir, Darren, wird voller Enttäuschung klar, dass Piotr einer der anderen Russen ist, die ich in dem Raum gesehen habe, in dem wir uns gerade befinden.

Ich verlasse Lenyas Kopf.

»Darren, lass uns gehen«, sagt Caleb, sobald ich wieder zu mir komme.

»Eine Minute noch«, antworte ich. »Ich muss mir noch diesen Typen anschauen.« Ich zeige auf Piotr, der an einem Schreibtisch sitzt.

»Beeil dich«, sagt Caleb.

Ich gehe zu dem Mann hinüber. Er sieht ein wenig intelligenter aus als derjenige, in dessen Kopf ich noch vor einem Moment war. Ich lege meine Hand auf seine Stirn.

Ich bin in ihm, aber ich weiß nicht, wo ich anfangen soll. Intuitiv springe ich von Erinnerung zu Erinnerung, bis ich das finde, was ich suche.

Wir sehen uns gerade einen Boxkampf im Fernsehen an, als

eine andere Person hinzukommt. Die Zeit hält an, und ich bin nicht mehr allein in seinen Gedanken.

Mir wird klar, dass Piotr selbst es nicht merkt, wenn der Strippenzieher in seinen Kopf eindringt. Offensichtlich können die Menschen uns nicht bewusst wahrnehmen, wenn wir in sie eindringen. Aber für mich ist es mehr als deutlich. Es ist so, als gäbe es einen Geist. Ich lese weiter, und der Strippenzieher beginnt damit, Anweisungen zu erteilen.

»Anweisungen« ist ein schlechtes Wort dafür, aber mir fällt kein besseres ein. Eigentlich ist es fast so, als würde der Strippenzieher eine Art Erfahrung in das Gehirn des Mannes einfügen. Es ist das Gegenteil des Lesens. Der Strippenzieher hinterlässt Erfahrungen und Reaktionen auf sie. Wie genau er sicherstellt, dass dieser Mann tut, was er soll, weiß ich nicht, aber es scheint zu funktionieren. Für mich fühlt es sich ein wenig so an wie eine sehr detailreiche Geschichte darüber, was Piotr zu einem bestimmten Zeitpunkt erleben sollte.

In diesem Fall ist das Geschehen sehr einfach. »Nimm dein Telefon zur Hand« ist der erste Schritt. Der Strippenzieher scheint seiner Zielperson eine falsche Erinnerung zu hinterlassen. Jede Kleinigkeit dieses Vorgangs wird dabei bedacht: welche Hand, das Gewicht des Telefons und so weiter.

Danach folgt der Befehl: »Sende allen vertrauensvollen Personen die Nachricht, sich in einer Stunde im Tatyana-Restaurant zu treffen.«

Als Letztes erhält Piotr die Anweisung aufzustehen und sich auch dorthin zu begeben.

Danach verschwindet der Strippenzieher aus seinem Kopf. Da ich nur die Anwesenheit dieser Person in den Gedanken spüren kann, weiß ich nicht, ob es sich um eine Frau oder einen Mann handelt. Ich bin enttäuscht, dass sich diese Person niemals wirklich mit Piotr getroffen hat.

Ich lese noch eine Weile weiter. Ich bin neugierig, herauszufinden, ob er etwas von der Anwesenheit des Strippenziehers bemerkt hat. Wie ich erwartet hatte, erinnert er sich an nichts. Er kommt leicht belustigt am Restaurant an. *Ist es nicht eigenartig, dass man manchmal zu einem bestimmten Ort fährt, aber sich nicht einmal daran erinnert, wie man dorthin gefahren ist?*, denkt er.

Es scheint, als habe der Einfluss des Strippenziehers leichte Erinnerungslücken im Gedächtnis seines Opfers hinterlassen. Davon abgesehen handelt Piotr so, als sei es seine eigene Idee. Es ist interessant, dass er denkt, er bestimme sein eigenes Handeln. Die Tatsache, dass er sich nicht an die Autofahrt erinnert, tut er als eines dieser Male ab, an denen das Bewusstsein eine Pause macht und der Automatismus einsetzt. Diese Illusion des freien Willens ist perfekt. Mir wird erneut klar, wie gefährlich diese Strippenzieher sind. Was auch immer sie vorhaben, sie müssen es einfach nur in das Gehirn einer anderen Person pflanzen.

Vergewaltigung des Kopfes hat Eugene es genannt. Jetzt verstehe ich, warum.

Da ich weiß, dass ich weiter nichts erfahren werde, verlasse ich Piotrs Gedanken. Die anderen warten auf mich.

Als ich wieder zu mir finde, steht Caleb neben mir und sieht aus, als wolle er etwas Missbilligendes sagen. Ich ignoriere ihn, gehe zum Ausgang und erkläre dabei den anderen, die mir folgen, wo sich Mira befindet.

»Das ist perfekt«, meint Caleb als ich meine Ausführungen beendet habe. »Wenn sie sich so tief in dem Gebäude befinden werden sie mit Sicherheit die Schüsse nicht hören.«

»Hat einer von euch einen Mann namens Arkady gelesen?«, frage ich. Da niemand antwortet, gehe ich davon aus, dass das nicht der Fall ist.

Wir gehen zu dem Raum im obersten Stockwerk des gegenüberliegenden Gebäudes zurück. Unsere eingefrorenen Körper sind um Caleb versammelt, der mit seinem Auge an der Zielvorrichtung der Waffe auf dem Boden liegt. Ich berühre meine Stirn.

Sobald ich die Stille verlasse, sind wir alle wieder zurück und Caleb feuert den ersten Schuss ab.

Danach noch einen.

Und noch einen.

Ich weiß nicht, wie viele Schüsse es insgesamt sind, da ich mir währenddessen die Ohren zuhalte. In Filmen funktionieren die Schalldämpfer viel besser als im richtigen Leben. Trotz des Apparates, den Caleb am Gewehr befestigt hat, ist der Lärm im Raum ohrenbetäubend. Ich hoffe, dass die Gegend abgelegen genug ist und niemand die Schüsse hört – oder dass wir von hier verschwunden sein werden, falls doch jemand die Polizei ruft.

Als Caleb fertig ist, steht er vom Boden auf.

»Jetzt sollten wir es dort drüben einfacher haben«, meint er und hebt seine Waffe auf. Er wischt seine Fingerabdrücke ab und lässt die Waffe zurück, während er zu der Treppe geht.

Wir folgen ihm ins Erdgeschoss.

»Darren, bring uns wieder in die Gedankendimension«, befiehlt Caleb, bevor wir hinausgehen. »Wir müssen uns einen Überblick über die Situation verschaffen.«

»Zu Befehl, Herr Oberst«, erwidert Julia sarkastisch. »Bevor wir erneut planlos herumlaufen, könntest du uns bitte erklären, was du vorhast?«

»Das werden wir sehen, wenn wir alles erkundet haben«, erklärt Caleb kurz. »Das einzige, was ich mit Sicherheit weiß, ist, dass sich zwei bewaffnete Wächter bei Mira befinden und wir deshalb besonders vorsichtig sein müssen. Ich an ihrer Stelle würde die Geisel erschießen, sobald mir auffällt, dass etwas nicht stimmt.«

Eugene sieht blass aus, und mich durchfährt ein Schauer. Ohne weiteres Zögern begebe ich mich wieder in die Stille und hole alle zu mir.

Wir überqueren die Straße. Ich fühle mich, als hätte ich ein

Déjà-vu. Die Tür ist wieder verschlossen, was ja auch irgendwie logisch ist.

»Jetzt kannst du üben, das Schloss zu knacken«, meint Caleb zu Julia. »Wir wollen so schnell wie möglich hineinkommen.«

Sie greift in ihre Tasche und nimmt etwas heraus, das wahrscheinlich das Werkzeug eines professionellen Einbrechers ist. Ich frage mich, wo sie das gelernt hat. Die Menschen, die sie umgeben, machen nicht den Eindruck, als würden sie stehlen.

Sie braucht nur eine Minute, und wir sind drin.

»Kannst du das schneller hinbekommen, wenn wir wirklich hineingehen?«, will Caleb wissen.

»Ja. Ich kann es innerhalb von zwanzig Sekunden schaffen.«

Wir betreten das Lagerhaus, in dem wir uns schon einmal umgesehen haben. Auch wenn mich das, was ich dort sehe, nicht überrascht, habe ich Schwierigkeiten, mich nicht zu übergeben.

Sie sind alle tot. Jeder von ihnen hat eine Schussverletzung am Kopf. Überall ist eine riesige Menge Blut. Es ist zwar schon das zweite Mal an diesem Tag, dass ich so etwas sehe, aber es ist nicht weniger verstörend.

Julia sieht auch ein wenig blass aus, und ich fühle mich ein wenig besser, was meinen eigenen Zustand betrifft.

Caleb tritt über die Leichen und bahnt sich so seinen Weg zur Treppe. Wir folgen ihm vorsichtig und versuchen dabei, nicht auf die toten Männer zu blicken.

Nachdem wir einige Etagen hochgegangen sind, kommen wir zu einem Gang, der aussieht wie der, den wir suchen. Wir folgen Caleb in das Labyrinth der Flure, die laut Lenya – dem Gorilla, den ich gelesen habe – zu dem Raum führen, in dem Mira festgehalten wird.

Als wir dort ankommen, sehen wir einen Mann, der uns den Rücken zudreht, während er die Tür bewacht. Ein weiterer steht neben ihr und schaut in Richtung Gang. Das bedeutet, dass Mira nicht die Möglichkeit hat, aus dem Raum zu entkommen. Oder wir ihm uns unbemerkt nähern können. Das ist nicht gut.

»Alles klar«, sagt Caleb. »Wir müssen diese beiden Wachmänner überwältigen. Darren, Eugene, dieser ist eurer«, erklärt er und zeigt auf denjenigen, der mit dem Rücken zu uns steht.

»Unserer?«, fragt Eugene verwirrt.

»Ihr müsst ihn überwältigen«, erwidert Caleb mit einem kurzen Lächeln. »Lautlos, damit die beiden Männer, die bei Mira sind, uns nicht kommen hören.«

Caleb genießt das, bemerke ich. Entweder muss sich Eugene in der Vergangenheit ihm gegenüber überheblich verhalten haben, oder Caleb ist einfach ein sadistisches Arschloch. Wie auch immer, Caleb will ihn offensichtlich schockieren. Oder will er mich herausfordern?

»Ich könnte um die Ecke rennen, mir den Kerl schnappen und ihn festhalten. Sobald er sich nicht mehr bewegen kann, erstichst du ihn«, schlage ich vor und schaue Eugene an.

»Guter Plan«, sagt Caleb zustimmend. »Ich habe einige zusätzliche Messer für euch, meine Herren.«

Eugene reagiert nicht so zögerlich auf meinen Vorschlag, jemanden zu erstechen, wie ich erwartet hätte. Habe ich ihn falsch eingeschätzt? Nur weil jemand ein kleiner Streber ist, bedeutet das ja schließlich nicht, dass er nicht auch hart sein kann. Oder bei jemandem landen kann, der so heiß ist wie Julia, rufe ich mir in Erinnerung.

»Was wirst du tun?«, will Julia herausfordernd von Caleb wissen.

»Ich kümmere mich um den anderen«, antwortet Caleb und deutet auf den Mann, der uns zugewandt steht.

»Moment mal – wird er nicht auf dich schießen, sobald du um die Ecke kommst?«, fragt Eugene. Ich bin mir sicher, dass er sich dafür eine arrogante Antwort von Caleb einfangen wird.

Doch anstatt etwas zu erwidern, geht Caleb zurück in den Flur, der zu dieser Abzweigung führt. Danach biegt er demonstrativ um die Ecke. Mit einer blitzschnellen Bewegung ergreift er sein

Messer, welches sich im nächsten Moment auch schon in der Brust des Mannes befindet.

Angeber.

»Weitere Fragen?«, erkundigt sich Caleb. Niemand antwortet. »In diesem Fall schauen wir doch einfach mal, wie schnell du das Schloss knacken kannst, Julia.«

Sie nimmt ihre Werkzeuge heraus und macht sich an die Arbeit. Julia benötigt etwa eine Minute.

»So wird das nichts«, bemerkt Caleb, als sie fertig ist. »Aber darum kümmern wir uns später.«

Ohne auf eine Einladung zu warten, betreten wir alle den Raum.

Er sieht immer noch genau so aus, wie ich es in Erinnerung habe. Oder, um genauer zu sein, wie es der jetzt leblose Lenya – der Gorilla – in seinem Kopf hatte.

Offensichtlich sollte das mal ein Lager werden. Es gibt keine Fenster, und die Wände sind in einem langweiligen Weiß gestrichen. An manchen Stellen ist die Farbe abgeplatzt.

Genau so wie in der Erinnerung, die ich gesehen habe, befindet sich in ihm ein Mann mit einer Waffe, auch wenn er gerade mit seinem Handy zu spielen scheint. Das ist ein eigenartiger Anblick, da das Telefon in einer rosafarbenen Hülle steckt. Genau wie in der Erinnerung ist Mira an den Stuhl gefesselt und spielt Karten mit dem zweiten Wächter. Allerdings sind alle Personen in dem Raum jetzt eingefroren.

Ich gehe zu Mira und berühre ihre Stirn.

Ihre Augen scheinen herausfallen zu wollen, als sie sich plötzlich in der Stille wiederfindet. Ihr Gesicht hat einen Ausdruck, den ich zuerst nicht deuten kann. Und dann erkenne ich ihn – ich habe sie noch nie bei meinem Anblick so glücklich gesehen. Sie schaut sich in dem Raum um, und ihr Blick bleibt an Eugene hängen. Ihr Gesicht strahlt.

»Du hast es geschafft«, sagt sie und dreht sich zu mir um. Aus ihrer Stimme kann ich Freude und Ungläubigkeit heraushören.

»Du hast ihn gerettet. Ich weiß gar nicht, wie ich dir dafür danken soll.«

»Ich habe es dir gesagt«, erwidere ich und versuche, nicht an all die Arten zu denken, auf die mir Mira ihre Dankbarkeit zeigen könnte. Zum ersten Mal in meinem Leben verstehe ich die Motivation dieser Helden-Typen. Für einen kurzen Moment fühle ich mich, als hätte ich etwas wirklich Wichtiges getan. Etwas Beeindruckendes. Es ist ein tolles Gefühl.

»Aber was macht ihr hier?«, möchte sie wissen, und ihr Gesichtsausdruck ändert sich, als sie die ganze Situation erfasst.

»Nach was sieht es denn aus?«, fragt Caleb. »Wir retten dich.«

»Aber warum habt ihr dann Eugene mitgebracht?« Sie schaut mich an, als sei ich ein Idiot, und meine ganzen Heldengefühle verschwinden. Als hätte ich deinen Bruder davon abbringen können, seine kleine Schwester zu retten.

»Es ist zu gefährlich«, sagt sie und dreht sich zu Eugene um. »Du hättest nicht kommen sollen.« Sie blickt von Caleb zu Julia und dann zu mir. Danach durch die geöffnete Tür auf den Gang. »Seid ihr allein gekommen?«, fragt sie und lässt ihre Schultern hängen.

»Wir sind ausreichend«, erwidert Caleb.

Sie schüttelt ihren Kopf. »Das kann unmöglich funktionieren.« Ohne eine Antwort abzuwarten verlässt sie den Raum. Sie scheint noch nicht bemerkt zu haben, dass wir – na ja, Caleb – schon den Großteil ihrer Entführer außer Gefecht gesetzt haben.

»Genauso freundlich wie immer«, meint Caleb und zwinkert mir zu. »Julia, geh hinaus und schließe und öffne die Tür erneut. Versuche dieses Mal, schneller und leiser zu sein.«

Wir bleiben im Raum, um uns Julias Arbeit anzuschauen. Nach dem ersten Klicken ist das, was sie macht, sehr leise, aber immer noch hörbar, wenn man weiß, worauf man zu achten hat. Dieses Mal scheint sie schneller zu sein.

Caleb macht uns ein Zeichen, ihm zu folgen, und verlässt den Raum – um Mira zu suchen, nehme ich an.

»Mach das Gleiche noch zehn Mal«, wirft er Julia auf dem Weg nach draußen zu.

Wir drei versuchen Mira zu finden und gehen einige Etagen nach oben. Alles sieht verlassen aus. In der siebten Etage finden wir Mira, die gerade frustriert gegen die Wand tritt.

»Was ist denn los?«, fragt Eugene sie.

»Das Arschloch ist nicht hier«, antwortet sie und tritt erneut gegen die Steine.

»Wer?«, möchte Eugene wissen.

»Der Strippenzieher. Derjenige, der hinter allem steckt. Das Arschloch ist nicht hier. Das war das einzige Gute an dieser Geschichte, meine Silberstreifen am Horizont. Ich dachte, er würde das Ganze überwachen.«

»Ich habe vorhin jemanden gelesen«, sage ich. »Der Strippenzieher, der die Gedanken manipuliert hat, war sehr sorgsam darauf bedacht, sich seinem Opfer nicht zu zeigen.«

»Dann hat das hier keinen Sinn. Ihr solltet zurückgehen und abwarten. Vielleicht taucht er doch noch auf«, sagt sie.

»Auf gar keinen Fall«, erwidert Caleb und stellt sich zwischen sie und die Wand, gegen die sie getreten hat. »Wir werden das hier durchziehen. Du wirst versuchen, so laut wie möglich zu sein, sobald du Geräusche von der anderen Seite der Tür hörst. Laut reden, Fragen stellen – oder, noch besser, mit dem Stuhl umfallen. Das würde sie ablenken und dich aus dem Gefahrenbereich bringen.«

»Ja sicher. Du versuchst gerade, einem Fisch das Schwimmen beizubringen«, murmelt sie. Dann holt sie tief Luft und wirft einen kurzen Blick auf Eugene, bevor sie ihre Aufmerksamkeit wieder Caleb zuwendet. »Trotz der Leichen, die ich gerade im Erdgeschoss gesehen habe, wird es gefährlich sein, hier einzudringen«, sagt sie in einem ruhigeren Ton. »Versprich mir, dass Eugene nicht dabei sein wird. Sie haben mich gefangen genommen, um an ihn heranzukommen. Sollte er also anwesend sein, serviert ihr ihn quasi auf einem Silbertablett.«

»Ja, das hat er uns erzählt. Abgemacht«, stimmt Caleb zu, bevor Eugene protestieren kann. »Ich werde Eugene nicht dazu zwingen, uns dabei zu helfen.«

Mira schaut ihn ungläubig an, scheint aber ein wenig ruhiger zu sein, als wir wieder zurück in den Raum gehen, in dem sie gefangen gehalten wird. Ich habe den Eindruck, dass die beiden definitiv eine gemeinsame Vergangenheit haben. Das gefällt mir nicht. Auch wenn es nichts Romantisches gewesen sein kann, oder doch? Er ist ein wenig zu alt für sie und er hat sie »Kind« genannt. Vielleicht gibt es eine gewisse Verbundenheit zwischen zwei gleichartigen sarkastischen Nervensägen?

Julia ist immer noch damit beschäftigt, ergeben das Knacken der Tür zu üben, als wir zu ihr zurückkommen.

Auf Calebs Bitte hin schließt sie zum letzten Mal auf und ist unglaublich gut. Sie ist viel schneller und viel leiser als zuvor. Zum ersten Mal beginne ich zu denken, dass wir es schaffen könnten.

»Also, was ist jetzt der genaue Plan?«, frage ich.

»Während Julia mit der Tür beschäftigt ist, fällt Mira mit dem Stuhl um, und ich erschieße diese beiden«, erklärt Caleb und zeigt mit seinem Zeigefinger in Schussposition auf die beiden eingefrorenen Bewacher.

»Ich weiß nicht, ob ich so einfach umfallen kann«, wirft Mira ein und schaut auf ihr eingefrorenes Ich. Ihre Hände sind zwar frei, aber ihre Beine sind mit Klebeband am Stuhl fixiert.

»Wir werden diesen Teil auch üben müssen«, erwidert Caleb mit lachenden Augen. Ich habe den Eindruck, dass ihm dieser Gedanke gefällt.

»Du willst mich an den Stuhl fesseln, damit ich üben kann, mit ihm umzufallen?«, fragt Mira. Sie sieht nicht glücklich aus.

»Genau.« Caleb grinst. »Siehst du Eugene, du bist nicht der Cleverste in der Familie.«

Eugene und ich befreien die eingefrorene Mira von ihrem Stuhl und legen ihren bewegungslosen Körper vorsichtig in eine Ecke des Raumes. Ich berühre aus Versehen ihre nackte Haut, aber nichts passiert. Da sich Mira schon bei uns in der Stille befindet, nehme ich an, dass sich keine weiteren Miras generieren, wenn ich sie berühre. Obwohl es irgendwie cool gewesen wäre.

Mira setzt sich auf den Stuhl und murmelt etwas auf Russisch, während sie es über sich ergehen lässt, dass wir ihre Beine mit dem Duct Tape, das ihre Bewacher liegen gelassen haben, an den Stuhl fesseln. Jetzt befindet sie sich in genau der gleichen Position, in der sich ihr eingefrorenes Ich gerade noch befunden hat.

Sie lehnt ihren Körper nach rechts, aber der Stuhl fällt nicht um. Sie wackelt nach hinten und vorne, und endlich fällt der Stuhl langsam um.

»Bist du in Ordnung?«, möchte Eugene von ihr wissen.

»Ja. Stell mich wieder hin«, bittet sie ihn und versucht sich vom Boden abzustützen. Ihre Position sieht extrem unbequem aus.

»Das war zu langsam«, sagt Caleb. »Noch einmal.«

Ich stehe auf und gehe zu einem schmuddeligen Sofa, welches in einer Ecke auf der anderen Seite des Raumes steht. Ich nehme die Kissen, die auf ihm liegen, und platziere sie rund um Mira. Sie muss sich ja nicht mehr wehtun als unbedingt nötig.

»Danke, Darren«, sagt sie, bevor sie erneut beginnt, mit dem Stuhl zu kippeln.

Die Kissen helfen, aber es ist offensichtlich eine unangenehme Übung. Die nächsten zwanzig Minuten wiederholt sie das Gleiche immer wieder. Wir versuchen, ihr Ratschläge zu geben – die sie wie erwartet missachtet.

Irgendwann ist Caleb der Meinung, dass sie sich nicht weiter verbessern wird.

Innerhalb von etwa fünf Sekunden umzufallen ist das Schnellste, was sie schaffen kann.

»Wir brauchen eine andere Strategie, um sie abzulenken«, sage ich. »Du könntest schreien, während du versuchst umzufallen. Schrei im kritischen Moment einfach ›Maus‹ oder ›Spinne‹ und beginne, mit den Armen um dich zu schlagen, so als würdest du ausrasten, kurz bevor du umfällst.«

Julia lacht. Mira wirft mir einen tödlichen Blick zu. Caleb sieht so aus, als wolle er auch etwas dazu sagen, aber Eugene, der hinter Mira steht, schüttelt seinen Kopf. Offensichtlich denkt er, dass das keine gute Idee ist.

»Mach es einfach, Mira«, meint Eugene. »Es wäre ja auch nicht das erste Mal. Erinnerst du dich daran, wie du auf den Tisch gesprungen bist –«

»Halt den Mund«, unterbricht Mira ihn. »Ich mache es.«

Und bevor ihr Bruder die Gelegenheit hat, etwas zu erwidern, geht sie schnell zu ihrem eingefrorenen Körper und berührt seine Stirn. Damit verlässt sie die Stille und lässt uns allein.

Die einzige Mira, die sich noch im Raum befindet, ist diejenige, die bewegungslos auf dem Boden liegt.

»Dabei wollte ich sie gerade bitten, die neue Taktik zu üben«, meint Caleb sichtlich enttäuscht.

Ich kann mich nicht länger zurückhalten und explodiere vor Lachen.

»Wir befinden uns in einer ziemlich ernsten Situation«, bemerkt Eugene, aber ich kann sehen, dass er sich sehr anstrengen muss, ein Lachen zu unterdrücken. Trotz der Gefahr, in der wir uns befinden – oder vielleicht gerade ihretwegen –, findet jeder die Vorstellung davon, dass Mira so ausrastet, urkomisch. Andererseits hatte Eugene angedeutet, dass sie so etwas schon einmal getan hat. Vielleicht als sie klein war? Ich kann mir das jetzt nur schwer vorstellen. Ich wünschte, ich könnte Eugenes oder Miras Gedanken lesen.

Wir verlassen den Raum. Caleb hält für alle die Tür auf und ich frage mich, seit wann er so ein Gentleman ist. Sobald wir draußen sind, finde ich es heraus.

Er hat sich dazu entschlossen, selbst ein wenig zu üben.

Alles, was ich hören kann, ist das leise Rascheln von Bekleidung, und im nächsten Moment hält Caleb in jeder Hand eine Waffe. Er feuert zeitgleich zwei Schüsse ab. Danach haben zwei der sich in dem Raum befindlichen Männer eine Kugel im Kopf.

Ich beginne immer mehr zu denken, dass diese ganze Angelegenheit doch noch gut enden könnte.

Wir gehen zu unseren Körpern zurück und verlassen die Stille.

»Letzte Worte?«, möchte Caleb von uns wissen.

»Ich komme mit euch«, sagt Eugene mit entschlossener Stimme.

»Natürlich«, erwidert Caleb. »Ich habe gesagt, dass ich dich nicht zwingen würde. Aber wenn du freiwillig mitkommst, ist das etwas anderes.« Er gibt Eugene ein Messer. »Es ist deine Aufgabe, den Typen im Flur zu erstechen, erinnerst du dich?«

Ich bekomme auch ein Messer. *Toll.* Als ob die Pistole, die er mir vorhin gegeben hat, nicht schon schlimm genug gewesen wäre.

Wir überqueren die Straße, diesmal in der Realität. Das Gebiet ist ziemlich ausgestorben, aber nachdem wir die Straße in der Stille überquert haben, fühlt sie sich jetzt um einiges Belebter an – hauptsächlich, weil die ganzen Umgebungsgeräusche Brooklyns zurück sind. Mit dem erhöhten Geräuschpegel steigt auch mein Adrenalinspiegel an.

Julia öffnet die Eingangstür innerhalb von zwanzig Sekunden – genau so, wie sie es vorausgesagt hat. So weit, so gut. Wir gehen durch die Lagerhalle. Meine Herzfrequenz beruhigt sich ein wenig. Dieser Teil hier unterscheidet sich nicht allzu sehr von unserem vorangegangenen Probelauf. Die dicken Wände schlucken die meisten Geräusche der Stadt. Die toten Männer sind genau so eingefroren, wie sie es in der Stille gewesen waren.

»Überblick über die Lage«, flüstert Caleb, als wir in der Nähe der Stufen ankommen.

Ich gleite in die Stille und hole die anderen zu mir. Wir steigen so lange die Treppen hinauf, bis wir zu dem richtigen Gang kommen, und biegen dann erneut um die Ecke. In den wenigen Minuten, die wir benötigt haben, um die Straße zu überqueren und durch die Halle zu gehen, haben sich die Männer kaum bewegt. Sie stehen fast unverändert an denselben Stellen wie vorher.

»Gut«, sagt Caleb. »Wir werden noch einmal alles überprüfen, bevor wir um die Ecke biegen. Das wird mein Signal sein.« Er hält seinen Daumen in die Höhe. Nicht gerade das einfallsreichste aller Zeichen, aber es ist ausreichend.

Wir gehen zurück und verlassen die Stille. Jetzt gehen wir die Stufen endlich im echten Leben hoch.

Wir versuchen alle, möglichst lautlos zu sein, aber der Einzige, dem das gelingt, ist Caleb. Wir kommen an der Ecke an, und er hebt seinen Daumen in die Höhe. Ich gleite in die Stille hinein, und kurz darauf sind sie erneut alle bei mir. Die Männer stehen auch noch genau an denselben Stellen.

»Seid ihr bereit?«, fragt Caleb und schaut dabei von mir zu Eugene.

»Bereit«, erwidere ich.

»Lasst es uns hinter uns bringen«, antwortet Eugene.

Mir fällt auf, dass Caleb uns niemals gebeten hat, diesen Teil zu üben. Ich wette, dass ich weiß, warum: er ist sich sicher, dass Eugene seine Nerven verlieren wird, wenn er zu viele Informationen erhält. Oder er denkt, dass ich meine verlieren werde.

Wir verlassen die Stille. Alle schauen mich erwartungsvoll an. Ich hole tief Luft und gehe um die Ecke.

Mein Herz rast, aber ich ignoriere es und ergreife den mir jetzt schon vertrauten Russen, sobald ich um die Ecke biege. Ich lege schnell meine Hand auf seinen Mund, um seinen Schrei zu ersticken. Ich halte ihn so fest wie ich nur kann, aber er wehrt sich, und ich weiß, uns bleibt nur wenig Zeit.

Aus meinem Augenwinkel sehe ich, wie Caleb seinen Teil der Aufgabe in Angriff nimmt. Ich kann allerdings gerade nicht auf ihn achten.

Ich drehe mich herum, und Eugene steht mit seinem Messer neben mir. Ich weiß nicht, ob er zusticht oder ob ich den Typen in das Messer stoße. Wie dem auch sei, es wird schnell deutlich, dass wir erfolgreich waren – das Messer befindet sich dort, wo es sollte, im Bauch des Mannes.

Ihm entfährt ein ächzendes Stöhnen. Mein eigener Magen zieht sich zusammen, aber ich gebe nicht nach.

Das Geräusch wiederholt sich bei einem anderen verwundeten Wächter – demjenigen, auf den Caleb das Messer geworfen hat.

Der Mann, den ich festhalte, hört auf, sich zu wehren, und ich merke, wie er erschlafft. Ich möchte nicht darüber nachdenken, was das bedeutet. Eugene sieht blass aus, als er zurücktritt und sein Messer auf den Boden fallen lässt.

Caleb ist schon bei dem Wächter, der neben der Tür steht. Seine Hände haben sich in einem eisernen Griff um den Hals des Mannes gelegt, der jetzt keine Luft mehr bekommt und deshalb auch keinen Laut mehr von sich geben kann.

Julia beginnt das Türschloss zu knacken. Ich versuche das ganze Blut zu ignorieren und gehe zu ihr und Caleb.

Aus dem Raum dringen gedämpfte Schreie. Mira muss mit ihrer Darbietung begonnen haben.

Caleb lässt den jetzt leblosen Körper des Wachmannes zu Boden gleiten.

Ich konzentriere mich auf die guten Dinge. Alles scheint problemlos nach Plan zu laufen.

Ich versuche, nicht an die grausigen Elemente zu denken.

Ich bin nicht überrascht, dass es nicht das Gleiche ist, einen Menschen in der Stille oder im realen Leben zu erstechen. Blut fließt. Menschen sterben wirklich. Der Unterschied ist riesig. In der echten Welt kann ich mich auch übergeben, allerdings versuche ich gerade krampfhaft, diesem Drang zu widerstehen.

Julia hat das Schloss geöffnet und schaut Eugene triumphierend an.

Innerhalb einer Millisekunde verändert sich ihr Gesichtsausdruck – er ist angstverzerrt. Ihre Furcht ist ansteckend. Ich drehe mich sofort herum, um zu sehen, was sie erblickt.

Eugene steht immer noch neben dem Mann, den er erstochen

hat. Da er sich von ihm abgewendet hat, kann er allerdings nicht sehen, dass der Kerl nicht tot ist, so wie wir dachten. Er liegt mit auf uns gerichteter Waffe auf dem Boden.

Bevor ich diesen Anblick überhaupt verdauen kann, fällt ein Schuss.

Es ist das lauteste Geräusch, das ich jemals gehört habe. Es fühlt sich an, als würden meine Ohren explodieren. Wie der mächtigste Donner, den man sich vorstellen kann.

Alles scheint sich zu verlangsamen, und auf einmal herrscht Stille. Eine sehr vertraute Stille. Ich bemerke, dass ich unbewusst hineingeglitten bin. Nahtoderfahrungen scheinen heute zur Gewohnheit zu werden.

In der Sicherheit der eingefrorenen Welt schaue ich mich um. Auf Julias linker Schulter befindet sich ein blutiger Kreis. Ihr Gesicht ist entsetzt. Trotz allem bin ich erleichtert. Sie ist zwar angeschossen worden, aber auch ohne ein Arzt zu sein weiß ich, dass Schulterwunden selten tödlich sind. Der wahre Grund für meine Erleichterung ist aber der, dass mein eingefrorener Körper nichts abbekommen hat.

Die größte Überraschung ist allerdings Caleb, von dem ich dachte, dass er gerade dabei sei, die Leiche auf den Boden zu legen. In der Zeit, die ich benötige, um in die Stille zu gleiten, hat er seine Waffe in die Hand genommen. Und die Pistole raucht an ihrem Ausgang. Er muss es geschafft haben, sie aufzunehmen und abzudrücken, sobald der andere Schuss abgefeuert wurde. Oder hatte er es erwartet? Vielleicht hat er sich im Sekundentakt in die Stille begeben und unsere Lage beobachtet – etwas, das ich hätte tun sollen, wie mir gerade auffällt. Trotzdem ist Calebs Geschwindigkeit beeindruckend.

Der unglaublichste Teil ist, dass ich die Kugel sehen kann. Sie befindet sich wenige Zentimeter vom Kopf des Schützen entfernt.

Angsterfüllt öffne ich die Tür zu dem Raum, in dem sich Mira befindet.

Es sieht übel aus.

Die Gedankenleser - The Thought Readers

Der Kerl, mit dem sie Karten gespielt hat, ist aufgestanden. Er versucht sich aus der Schusslinie seines Partners zu entfernen – dem misstrauischen Wächter, der jetzt seine Waffe auf Mira gerichtet hält. Sie liegt mit ihrem Stuhl auf ihrer Seite auf dem Boden. Sie hat das schwierige Manöver genau so durchgeführt, wie wir es geplant hatten. Nur dass es jetzt umsonst gewesen sein könnte. Der Lärm der Schüsse hat alles ruiniert.

Ich nähere mich dem argwöhnischen Wächter und schaue mir die Lage genauer an. Die Muskeln seiner Handgelenke sind angespannt. Er sieht aus, als würde er gleich abdrücken.

Ich weigere mich, das zu akzeptieren.

Ich berühre seine Stirn.

Wir überlegen gerade immer noch, was wir dem Bruder der Geisel schreiben werden, dessen Nummer wir in dem pinkfarbenen Handy des Mädchens gefunden haben, als wir draußen Schüsse hören.

Irgendjemand muss versuchen, die Geisel zu befreien. Unglaublich. Welcher Idiot würde versuchen, etwas so Dämliches zu tun?

Wir wissen, wir müssen den Anweisungen folgen, die für diesen Fall eindeutig waren. Wir mussten sie für Arkady laut wiederholen. Falls irgendetwas schiefläuft, müssen wir zuerst das Mädchen erschießen. Danach kümmern wir uns um diejenigen, die sie befreien wollen. Wenn wir ihren Bruder töten, bekommen wir einen riesigen Bonus.

Wir nehmen die Waffe zur Hand und zielen. Dann drücken wir ab.

Ich verlasse seinen Kopf. Jetzt habe ich keine Zweifel mehr.

Er wird schießen. In seinem Kopf fühlte ich, wie mein – oder, besser gesagt, sein – Finger sich zum Abfeuern krümmt. Sein Gehirn hat die Anweisung schon an seinen Arm weitergegeben. Sobald ich die Stille verlassen werde, wird eine Sekunde später ein Schuss fallen. Ein Schuss, der direkt auf Mira abzielt.

Wenn er wenigstens erst nach seiner Waffe greifen würde. Wenn sein Partner stolpern und irgendwie auf sie fallen würde. Wenn die Tür schon weit offen stünde.

Ich will schreien. Ich bin bereit zu töten. Aber es ist zu spät.

Ich kann nicht einfach dabei zusehen, wie Mira stirbt. Ich muss etwas tun.

Ich bin mir nicht sicher, warum, aber ich nähere mich dem Kerl, der sich neben Mira befindet. Derjenige, der vorher Karten mit ihr gespielt hat. Vasiliy, erinnere ich mich.

Ich berühre seine Stirn.

WIR SCHAUEN AUF DAS MÄDCHEN, WELCHES AUF DEM BODEN LIEGT. Wir wissen, was Tolik gerade macht. Es tut uns ein wenig leid. Wir denken, sie sollte nicht getötet werden. Wir denken, es ist schade um ein so hübsches weibliches Exemplar unserer Rasse.

Ich, Darren, bemerke, dass er Mira auf seine eigene grobe Art mag. Eine Art und Weise, die sich von meiner eigenen nicht allzu sehr unterscheidet. Eine eigenartige Erfahrung. Diese Tatsache scheint mir allerdings bei dem zu helfen, was ich vorhabe.

Ohne mir dessen bewusst zu sein, konzentriere ich mich auf sein Bedauern. Auf die Tatsache, dass er sie mag. Darauf, dass er sie begehrt.

Ich stelle mir vor, wie sein Verlangen sich steigert. Ich stelle mir vor, wie es wäre, jemanden zu verlieren, der mir so nahesteht, und übertrage dieses Bild auf Vasiliy. Ich erinnere mich daran, mit Mira Sex haben zu wollen, und leite diese Erinnerungen an ihn weiter.

Ich erinnere mich daran, wie es sich angefühlt hat, als meine Großmutter gestorben ist. Das hat zwar nichts mit Mira zu tun, aber es scheint hilfreich zu sein, also übertrage ich ihm diese Gefühle ebenfalls. Es ist, als würde ich ihm Teile meines Wesens einpflanzen. So als würden wir einen Moment lang zu einer Person verschmelzen.

Es fühlt sich an, als würde ich etwas bewirken, also mache ich weiter, bis ich fast er werde.

Ich denke an Tolik. Er ist mein bester Freund. Wenn ich mich vor seine Waffe stelle, wird er niemals schießen. Er wird innehalten, und ich kann mit ihm reden, ihm erklären, dass er diesem Mädchen nichts antun kann. Ich stelle mir vor, wie wir einen Plan ausarbeiten. Wir werden Arkady erzählen, dass sie tot ist. Tolik wird die gesamte Anerkennung und einen riesigen Bonus bekommen. Sie und ich verlassen New York, vielleicht sogar die USA. Ich stelle mir vor, wie dankbar mir das Mädchen sein wird, wenn es begreift, dass es mir ihr Leben verdankt.

Zum Schluss male ich mir einen einfachen Ablauf aus, der das Ganze ermöglicht. Ich muss auf sie fallen. Von meinem jetzigen Standpunkt aus benötige ich weniger als eine Sekunde dafür.

Ich spüre ihren Körper unter meinem. Ich werde ihr starker Beschützer sein. Ein echter Mann. Alles, was ich jetzt tun muss, ist, Mut zu beweisen. Und dann wird Tolik aufhören. Er würde nie auf mich schießen. Alles, was er erkennen muss, ist, dass sie mir wichtig ist und alles wird vorbei sein ...

WIE IN TRANCE FÜHLE ICH, WIE ICH REGELRECHT AUS SEINEM KOPF gestoßen werde. Ich bin mir nicht sicher, was gerade passiert ist.

Mir wird klar, dass es in Wirklichkeit nur eine Sache gibt, die ich tun kann. Ich kann die Tür öffnen und Tolik erschießen. Und hoffen, dass es mir gelingt – hoffen, rechtzeitig abzudrücken.

Mein Verstand sagt mir, dass es unmöglich ist, so schnell abzufeuern, aber hoffe, dass das, was ich in Vasiliys Kopf getan habe, mir irgendwie helfen wird.

Ich öffne die Tür. Ich schiebe mein eingefrorenes Ich aus dem Weg und stelle mich auf seinen Platz. Ich schließe die Tür hinter mir.

Ich probiere es in der Stille. Es ist ein Test.

Ich öffne die Tür. Meine Hand ist ruhig. Ich schieße. Seine Schläfe färbt sich rot. Das Ganze dauert nicht länger als zwei Sekunden.

Ich bin bereit. Ich atme durch und komme zurück.

Diesmal öffne ich die Tür im richtigen Leben. Meine Hand ist noch ruhiger, als sie es in der Stille war.

Ich höre, wie der Russe abfeuert, als ich abdrücke.

22

Mein eigener Schuss löst sich – aber ich höre ihn nicht. Ich begebe mich erneut in die Stille.

Toliks Kopf ist gerade dabei zu explodieren. Teile seines Schädels und seines Gehirns befinden sich im Flug auf die Wand hinter ihm. Ich habe ihn umgebracht, aber diese Tatsache nehme ich gar nicht wahr. Stattdessen richte ich meine Aufmerksamkeit auf etwas anderes – und von dem, was ich sehe, wird mir schlecht.

Vasiliy, der Kerl, in dessen Kopf ich mich noch vor einem Moment befunden habe, liegt auf Mira.

Er hat die Kugel abgefangen, die für sie bestimmt war.

Ich rolle ihn von ihr hinunter und kann keine Anzeichen dafür erkennen, dass die Kugel ihn durchschossen hat. Ich habe ihn genau in sein rechtes Schulterblatt getroffen.

Mira ist unverletzt, abgesehen von einigen kleineren Schürfwunden vom Umfallen mit dem Stuhl. Sie ist nicht getötet worden.

Ich weiß, dass immer noch die Möglichkeit besteht, dass die Kugel durch Vasiliy hindurchgeht. Es könnte sein, dass ich einfach gerade in dem Moment in die Stille geglitten bin, in der die Kugel sich ihren Weg nach draußen bahnt.

Ich renne zu meinem Körper und pralle auf ihn. Ich bahne mir grob meinen Weg zu einem freiliegenden Stück Haut.

Ich bin wieder in der echten Welt und höre das laute Knallen eines Schusses, der sich gerade löst.

Ich renne in den Raum.

Ich ignoriere das Geräusch, welches Toliks Körper macht, als er auf den Boden fällt. Meine ganze Aufmerksamkeit ist auf Vasiliy gerichtet, der jetzt zusammengekrümmt auf Mira liegt.

Er stöhnt vor Schmerzen.

Sie gibt kein Geräusch von sich.

Meine Hoffnungen sinken.

Toliks Schuss muss sie durch Vasiliys Körper hindurch getroffen haben.

Panisch rolle ich ihn so schnell ich kann von ihr hinunter. Durch meine grobe Behandlung wird aus seinem Stöhnen ein Schreien. Ich nehme seine Schmerzen allerdings kaum zur Kenntnis, da ich nur auf Mira achte, die lebendig und unverletzt auf dem Boden liegt.

Genau so wie in der Stille.

Sie ist eigenartig ruhig, und ich denke, dass sie sich in einem Schockzustand befindet. Ein wenig ruhiger beginne ich, das Duct Tape von ihren Beinen zu lösen.

»Darren, du bist ein Held«, meint Caleb, der in der Tür steht. Zum ersten Mal kann ich keinen Sarkasmus aus seiner Stimme heraushören.«

»Du solltest nicht so leichtfertig mit Komplimenten um dich werfen. Hilf mir lieber, sie von ihren Fesseln zu befreien«, entgegne ich, weil ich nicht weiß, was ich sonst darauf antworten soll.

»Ich kann nicht«, erwidert er kurz. »Ich muss Julias Schulter verbinden.«

Ich erinnere mich an Julias Verletzung und nicke kurz,

während ich mich allein um das Tape kümmere. Mira sagt immer noch nichts. Langsam beginnt mich ihre Schweigsamkeit zu beunruhigen.

Schließlich kann ich die Fesseln durchschneiden, und Mira steht langsam auf – weiterhin, ohne ein Wort zu sagen. Dann geht sie, ohne mich anzuschauen, zu der Waffe, die Tolik aus der Hand gefallen ist, und hebt sie auf.

Sie will Vasiliys Qualen ein Ende bereiten, wird mir klar.

Doch anstatt die Waffe auf den verletzten Verbrecher zu halten, richtet sie sie auf mich.

Ich habe kaum Gelegenheit, die Tränen in ihren Augen und das Zittern ihrer Hand wahrzunehmen, bevor ich instinktiv in die Stille gleite.

Ich kämpfe gegen mein Entsetzen und meine Ungläubigkeit an, nähere mich ihr und berühre mit meinen Fingern ihre eingefrorene Wange. Ich muss herausfinden, was der Grund für ihr eigenartiges Verhalten ist.

Sofort befindet sich eine lebendige Mira bei mir in der Stille. Sie wischt sich die Tränen aus ihrem Gesicht und schaut sich um. Als ihr Blick an mir hängen bleibt, verzieht sich ihr Gesicht voller Wut. Sie kommt auf mich zu und gibt mir eine Ohrfeige, genauso wie betrogene Ehefrauen in Filmen. Danach boxt sie mich in den Bauch.

Ich kann das gar nicht glauben. Was macht sie?

»Du dreckiger Strippenzieher!«, presst sie zwischen zusammengebissenen Zähnen heraus. »Komm mir niemals wieder zu nahe!«

Bevor ich reagieren kann, dreht sie sich herum und berührt ihr eingefrorenes Ich.

Wie betäubt schaue ich meinen eigenen eingefrorenen Körper an, der sich vor der Mündung ihrer Waffe befindet. Mein Gesicht sieht verwirrter aus als an dem Tag, an dem ich herausfand, die Zeit anhalten zu können.

Jetzt verstehe ich, was sie so wütend gemacht hat.

Jetzt verstehe ich, was ich mit Vasiliy getan habe.

Mira muss in die Stille geglitten sein, nachdem die Schüsse gefallen waren. Sie muss Vasiliy gelesen haben. Sie muss die Spuren der Geschichte gesehen haben, die ich in seinem Kopf hinterlassen habe.

Solche Zeichen wie diejenigen, die ich zuvor in Piotrs Kopf gesehen habe.

Zeichen für etwas, über das ich nicht nachdenken wollte. Bis jetzt.

Ich habe Vasiliy dazu gebracht, sie mit seinem Körper zu beschützen.

Ich habe ihn dazu gebracht, zu fallen.

Ich habe seinen freien Willen übergangen.

Ich habe seine Strippen gezogen.

Ich bin das, was sie mehr als alles andere in der Welt hasst.

Ein Strippenzieher.

Ich berühre meine eigene Stirn.

Ich bin zurück in der echten Welt, und Miras Waffe befindet sich vor meinem Gesicht. Ich zittere noch mehr als zuvor.

So wird es also enden? Wird sie mich umbringen? Ich fühle mich so betäubt, dass ich einfach nur dastehe und darauf warte, dass es passiert.

Aber nein. Langsam lässt sie die Waffe sinken. Danach rennt sie zu Toliks Leiche, nimmt ihr Telefon von dem Tisch, der neben ihm steht, und rennt aus dem Raum.

Endlich kann ich mein Taubheitsgefühl abschütteln und renne hinter ihr her.

»Was zum Teufel war das denn?«, ruft Caleb mir hinterher, aber ich habe keine Zeit, es ihm zu erklären.

Ich laufe einfach nur hinter ihr her und werde dabei immer schneller. Aber sie ist wirklich schnell. Nachdem ich sie einige Etagen nach unten verfolgt habe, werde ich langsamer und bleibe schließlich stehen. Selbst wenn ich sie einholen könnte, wüsste ich überhaupt nicht, was ich ihr sagen sollte.

Ich fühle mich plötzlich erschöpft. Ich gehe zurück zu Eugene und Caleb, die sehr verwirrt aussehen. Julia blutet. Ihr Gesicht ist leichenblass, und Eugene hockt neben ihr. Sein Gesicht hat fast die gleiche Farbe.

»Was ist los?«, möchte Caleb wissen und schaut mich mit gerunzelter Stirn an.

»Frag lieber nicht«, sage ich. »Bitte.«

»Geht es Mira gut?«, fragt er.

»Ich denke schon«, erwidere ich ausweichend. »Sie ist nicht verletzt – zumindest nicht körperlich.«

»Gut. Dann hilf mir«, sagt Caleb. Er reicht Eugene die Schlüssel und weist uns an, zum Auto zu gehen. Gleichzeitig hebt er Julia auf, so als würde sie nichts wiegen, und beginnt die Treppen hinunterzugehen. Ich nehme das ganze Geschehen verschwommen wahr.

Eugene und ich gehen schweigend zum Auto. Er blickt sich zu Caleb und Julia um, bevor er die Umgebung mit seinen Augen absucht, wahrscheinlich in der Hoffnung, Mira zu erblicken. Sie ist nirgends zu sehen. Unser Auto befindet sich allerdings immer noch auf dem Costco-Parkplatz, wo wir es abgestellt hatten. Ich hole es und halte am Bordstein an, damit Caleb Julia vorsichtig auf die Rückbank legen kann. Caleb nimmt auf dem Fahrersitz Platz, und ich neben ihm. Eugene setzt sich nach hinten zu Julia. Ich höre sie leise miteinander reden, aber das Einzige, das ich verstehe, ist, dass sie immer wieder behauptet, es gehe ihr gut.

Innerhalb von fünf Minuten kommen wir am Lutheran Medical Center an. Caleb springt aus dem Auto, sobald wir stehen. Er beugt sich durch Julias Fenster hinein. »Hältst du noch durch?«

»Ja«, erwidert sie. »Wirklich. Mir geht's gut.« Sie sieht nicht gut aus – eher so, als würde sie gleich ohnmächtig werden. Eugene macht auch keinen besseren Eindruck.

»Ich bin gleich zurück«, meint Caleb. »Gebt mir eine Minute.«

Sobald er weg ist, höre ich, dass Eugene eine Nachricht auf

seinem Handy bekommt. Ich weiß nicht warum, aber allein das Geräusch macht mir Angst.

»Darren«, sagt er nach einigen Sekunden. »Mira hat mir gerade geschrieben. Sie kommt zu Fuß hierher. Sie schreibt, dass sie möchte, dass du von hier verschwunden bist wenn sie ankommt.«

Ich weiß nicht, was ich sagen soll. »In Ordnung. Ich verschwinde gleich.«

»Was ist passiert?«, möchte Eugene wissen, und sein Gesichtsausdruck ist die pure Verwirrung.

»Sprich mit Mira«, antworte ich müde. »Ich möchte gerade nichts erklären.«

Es herrscht eine unangenehme Stille. Durch den Nebel, der mich umgibt, bekomme ich mit, dass Caleb einige Minuten später mit einem Rollstuhl für Julia zurückkommt. Woher hat er den so schnell bekommen? Hat er im Krankenhaus seine Waffe hervorgeholt? Definitiv nicht, oder das Sicherheitspersonal wäre sofort hier gewesen, überlege ich schwerfällig.

Caleb sagt etwas zu Eugene und schickt ihn mit Julia fort. Ich verstehe, dass es ihr gut geht und dass er das »Kind« nach Hause bringen wird. Er schlägt auch eine Geschichte vor, die die Schusswunde erklären würde. Ich höre ihm zwar zu, bin mit meinen Gedanken aber ganz woanders.

Als Eugene und Julia das Krankenhaus betreten, zündet Caleb den Motor.

»Bist du in Ordnung, Darren?«, fragt Caleb, während er vom Parkplatz fährt.

»Ja, sicher«, antworte ich ihm automatisch. Ich bin weit davon entfernt, in Ordnung zu sein, aber das muss er nicht wissen.

»Alles klar, ich bringe dich jetzt nach Hause. Wo wohnst du?«

Ich nenne ihm meine Adresse, und er gibt sie in sein Navi ein.

»Alles klar. Jetzt gib mir bitte noch deine Telefonnummer, und ich melde mich bald bei dir. Ich bin mir schon ziemlich sicher, welchen Kämpfer wir zuerst lesen werden.«

»Hervorragend.«

»Du bist in einem Schockzustand«, sagt Caleb. »Das kommt nach Kämpfen gelegentlich vor. Das passiert den Besten unter uns.«

Ich nicke nur. Mir sind seine Theorien und sein Lob egal. Mir ist alles egal. Ich möchte nicht nachdenken.

Mein Telefon klingelt. Es ist meine Mutter Sara.

»Stört es dich, wenn ich antworte?«, frage ich Caleb. Ich finde, dass es sehr unhöflich ist, in der Gegenwart einer anderen Person zu telefonieren.

»Überhaupt nicht«, antwortet er, und ich nehme das Gespräch an.

»Hallo?«, sage ich.

»Darren, ich habe mir schon Sorgen gemacht«, sagt Sara. Meine Benommenheit verschwindet ein wenig. Sara macht sich ständig Sorgen. Ich glaube, sie hat mich noch nie angerufen, ohne sich um irgendetwas Gedanken zu machen. Könnte sie sich auch nur ansatzweise vorstellen, was ich heute alles erlebt habe, würde sie sich schon in ihrem zweitliebsten Zustand befinden – sich panische Sorgen um mich zu machen.

»Mir geht's gut, Mama. Heute war einfach ein hektischer Tag.« Die Untertreibung des Jahrhunderts.

»Du bist nicht wütend auf uns?«, fragt sie, und mir wird in diesem Augenblick bewusst, dass ich ein Arschloch gewesen bin. Ich hätte sie anrufen müssen, um sie wegen der Sache mit der Adoption zu beruhigen.

»Nein, ich bin euch nicht böse«, sage ich und zwinge mich dazu, eine überzeugende Stimme zu haben. Lieber spät als nie, sage ich immer.

Sie scheint mir zu glauben, und wir gehen zu unserem täglichen Wie-geht-es-dir-Gespräch über. Das alles ist surreal.

Als ich auflege, befinden wir uns nur noch einige Straßen von meinem Zuhause entfernt. Die restliche Strecke verbringen wir in einem angenehmen Schweigen.

»Wir sind da«, meint Caleb, als wir bei dem Haus, in dem ich wohne, ankommen.

»Danke fürs Nachhausebringen«, sage ich und halte Caleb meine Hand hin. »Und dafür, dass du uns geholfen hast. Ich bin sehr beeindruckt von deiner Schießfertigkeit.«

Er verabschiedet mich mit einem festen Händedruck. »Gern geschehen. Du warst auch nicht schlecht, und ich verstehe etwas von diesen Dingen. Schlaf erstmal ein wenig«, erwidert er und ich nicke zustimmend.

Das ist der beste Vorschlag, den ich seit langem gehört habe.

Ich gehe in mein Apartment, esse etwas, dusche mich und gehe zu Bett. Ich bleibe noch einen Moment lang auf ihm sitzen und schaue nach draußen. Es ist immer noch hell, da die Sonne gerade erst beginnt unterzugehen. Das ist mir allerdings egal. Ich bin kaputt, also lege ich mich trotzdem hin.

Wenn ich so müde bin wie jetzt gerade, scheint die Zeit langsamer zu vergehen. Mein Kopf nähert sich dem Kissen in Zeitlupe.

Ich denke über alles nach, was ich heute erlebt habe. Ich denke über die Dinge nach, die bald passieren werden. In diesen Sekunden, die vergehen, bis mein Kopf das Kissen berührt, kann ich an nichts anderes denken als daran, dass Mira mich jetzt hasst. An nichts anderes als an die größte Frage von allen.

Was bin ich?

Schließlich kommt mein Kopf auf dem Kissen auf und ich bin weg. Noch nie in meinem Leben bin ich so schnell eingeschlafen.

ZEITSTOPPER - THE TIME STOPPER

EINE ERZÄHLUNG AUS DER GEDANKENDIMENSION

BESCHREIBUNG

Ich kann die Zeit anhalten, aber ich kann nichts verändern.

Ich kann in Gedanken eindringen, aber nicht weit genug.

Mein Name ist Mira, und mein Leben dreht sich darum, den russischen Dreckskerl zu finden, der meine Familie umgebracht hat.

Anmerkung: Hierbei handelt es sich um einen Kurzroman aus Miras Erzählperspektive. Er spielt in der Zeit, bevor Mira Darren trifft. Für ein optimales Lesevergnügen empfehlen wir Ihnen, dieses Buch zu lesen, bevor Sie mit *Die Strippenzieher*, dem zweiten Teil von Darrens Geschichte, fortfahren.

1

»Hier ist es so verräuchert, als hätte jemand eine Bombe hochgehen lassen.«

Sobald ich diesen dummen Satz gesagt habe, splitte ich in die Gedankendimension, und die Zeit scheint stehenzubleiben.

Viktor hockt über seinem Stuhl, da er sich gerade hinsetzen wollte. Wenn das in der richtigen Welt genauso wäre, würden seine Beine in etwa einer Minute anfangen zu schmerzen. Jetzt allerdings fühlt er seine Muskeln genau so, wie es eine Wachsstatue tun würde. Shkillet, einer der Kerle am Pokertisch, ist genau in dem Moment eingefroren worden, in dem er meinen Körper anstarrt – ein Anblick, den ich von Männern schon gewohnt bin. Die anderen Spieler sind ebenfalls in der Bewegung gefangen, die sie gerade ausführten, als ich gesplittet bin. Das Eigenartigste in diesem Raum ist wahrscheinlich der dicke Zigarrenrauch, der sich nicht länger bewegt. Er sieht unheimlich aus, so wie eingefrorene Wolken einer fremden Welt. Jetzt rieche ich ihn auch nicht mehr, und das ist eine Erleichterung. Die Geräusche sind ebenfalls verschwunden. Das Einzige, was ich höre, sind meine hohen

Absätze, die auf dem Boden aufkommen, während ich im Raum umhergehe.

Ich schaue mir diese Männer an, diese gefährlichen Männer, und eine innere Stimme sagt mir: »Mira, keine gesunde Frau würde sich freiwillig hier aufhalten. Weder um dieses Pokerspiel zu beobachten noch um mit diesen Barbaren zu spielen.« Es ist lustig, dass sich diese innere Stimme immer anhört wie meine Mutter.

»Du bist tot, Mutter«, entgegne ich in Gedanken. »Und ich bin hier, um das Arschloch zu finden, das dich umgebracht hat. Können wir keine imaginäre Unterhaltung führen, ohne dass du meckerst?«, macht sich meine innere Stimme lustig – aber eigentlich bin ich es. Es hat Spaß gemacht, meine Mutter aufzuziehen.

In der Gedankendimension kann ich sicher im Raum umhergehen und einen Blick auf die Karten meiner Gegner werfen, ohne dass diese etwas davon mitbekommen. In dieser Dimension ist alles wie in einer Momentaufnahme eingefroren. Egal, was ich hier mache, in dem Moment, in dem ich wieder in meinen richtigen Körper zurückkehre – dem Körper, der immer noch am Tisch sitzt –, werde ich mich in genau der gleichen Situation befinden wie vor dem Splitten: Shkillet wird mich anstarren, und ich werde gerade den Satz mit der Bombe ausgesprochen haben.

Ich war ein kleines Mädchen, als ich herausfand, dass ich splitten kann, und dachte, meine Seele würde meinen Körper verlassen. Damals glaubte ich noch an solche Dinge wie Seelen und Gott und Güte – Wörter, die jetzt keine Bedeutung mehr für mich haben. In jenen Tagen glaubte ich an viele dumme Dinge, wie zum Beispiel daran, dass es einen Sinn des Lebens gibt.

Das tue ich nicht mehr. Nicht seit jenem Tag.

Seit jenem Tag habe ich an nichts mehr geglaubt, außer an mich selbst. Und manchmal – häufig sogar – nicht einmal daran. Das kleine Mädchen, das an die Seelen glaubte, würde mit Sicherheit denken, dass ich jemand Fremdes sei, wenn sie mich heutzutage treffen würde.

Und vielleicht würde sie denken, dass ich ein Monster sei.

Natürlich wurden an jenem Tag nicht nur meine Kindheitsillusionen zerstört. Ich habe auch praktischere Dinge gelernt, wie zum Beispiel, dass ich machtlos bin, während ich mich in der Gedankendimension aufhalte. Völlig machtlos. Egal wie sehr ich etwas tun möchte, ich kann nichts in der realen Welt ändern. Wie ein Geist habe ich keinen Einfluss auf die Welt der Lebenden. Vielleicht bin ich an jenem Tag genau das geworden – ein Geist meines früheren Ichs.

An jenem Tag. Warum tut es jedes Mal genauso weh, daran zu denken, egal wie viel Zeit seitdem vergangen ist? Warum ist er sofort wieder genauso lebendig in meinem Kopf?

Und überhaupt, warum drehen sich Gedanken immer genau um das, an was man gerade nicht denken möchte?

Ich sehe immer wieder die Bilder jenes Tages vor mir. Es ist, als würde ich eine andere Person lesen, nur dass sich statt ihrer Erinnerungen meine eigenen immer und immer wieder abspielen.

Ich sehe mich selbst mit meinem schweren Rucksack auf den Schultern von der Schule nach Hause gehen. Ich spüre die Freude darüber, das Auto meines Vaters in unserer Einfahrt zu sehen. »Er ist noch nicht weggefahren, und ich kann mich noch von ihm verabschieden«, denke ich glücklich. Dieser letzte Gedanke wird sich für immer in mein Gedächtnis einbrennen, aber das weiß ich in jenem Moment noch nicht.

Und dann sehe ich, wie das Auto explodiert.

Ich sehe, wie es in Flammen aufgeht.

Ich höre ein schreckliches Geräusch.

Danach ... Stille.

Ich öffne meine Augen.

Das Feuer ist bewegungslos.

Die Explosion hat mich derart verängstigt, dass ich in meine Gedankendimension gesplittet bin, was manchmal in extremen Stresssituationen vorkommt.

Jetzt stehe ich in dieser anderen Welt neben meinem in der

Zeit eingefrorenen Ich. Es sieht genauso verängstigt aus wie ich mich fühle. Ich weiß, dass ich nur ein Stück Haut seines oder meines Körpers berühren muss, um wieder zurückzukommen – und die Explosion wird weitergehen.

Zurückzukehren wäre eine feige Entscheidung gewesen, eine Entscheidung, über die ich zu jenem Zeitpunkt nicht einmal nachgedacht habe. Später würde ich meinen Mut bereuen – oder besser gesagt meine fehlende Vorstellungskraft.

Anstatt die Gedankendimension zu verlassen, renne ich zu dem Auto.

Die Flammen sind eingefroren. Unwirklich. So, als seien sie aus roter und gelber Seide.

Wie grauenvoll diese Situation wirklich ist, wird mir erst bewusst, als ich den Gesichtsausdruck meiner Mutter sehe.

Sie ist kreidebleich, zumindest die Teile ihres Gesichts, die nicht verbrannt sind. Ihre blauen Augen sind weit aufgerissen, und ihre Pupillen sind so groß, dass ihre Iris schwarz zu sein scheinen.

Ich öffne die Autotür und versuche, sie herauszuziehen. Ihr Körper ist steif wie der einer lebensgroßen Puppe. Während ich unter ihrem Gewicht fast zusammenbreche, weiß ich, dass das, was ich gerade tue, sinnlos ist. Noch nie habe ich durch das, was ich in der Gedankendimension getan habe, etwas in der richtigen Welt verändern können. Und trotzdem hoffe ich, dass das heute anders sein wird. Dass ich meine Mutter auch in der richtigen Welt aus dem Auto geholt haben werde – weil es mir so viel bedeutet.

Dem Universum ist es allerdings scheißegal, was ich möchte.

Ich beruhige meine Gedanken und berühre meine Mutter. Ich beginne sie zu lesen, eine weitere mutige Handlung, die ich später bereuen werde. Wie immer, wenn ich das tue, sehe ich die Welt mit ihren Augen. Ich verliere mich in ihrem Kopf. In dieser Minute werde ich zu »wir«. Die schrecklichen letzten Momente meiner Mutter werden meine eigenen – ich beginne zu verstehen, dass wir gerade bei lebendigem Leib verbrennen.

Später werde ich darüber nachdenken, wer die Explosion verursacht hat, und mich fragen, ob ich dieses Erlebnis jemals wieder aus meinem Kopf verbannen kann. In diesem Moment aber verlasse ich einfach ihren Kopf und blicke erneut in das Auto.

Das Gesicht meines Vaters weist keine Verbrennungen auf, weshalb ich später die Vermutung aufstellen werde, dass die Explosion von der Beifahrerseite ausging. Sein Mund ist halb geöffnet und sein Gesicht zu einer Maske des Entsetzens verzogen. Ich nehme diese ganzen Eindrücke auf und folge einer weiteren Eingebung, die ich später bereuen werde.

Ich renne zu seiner Tür und berühre, ohne über die Folgen nachzudenken, sein Gesicht durch das offene Fenster. Ich weiß, was ich gerade mache. Ich hole ihn in meine Gedankendimension. Das geschieht, wenn wir einen anderen Leser berühren – und mein Vater ist ein Leser, genauso wie ich und mein Bruder.

Meine Mutter besitzt diese Fähigkeit nicht.

Sobald ich seine Haut berühre, erscheint ein weiterer Vater, ein schreiender Vater, auf der Rückbank des Autos.

»Nyyyeeet!« Immer wenn er aufgeregt ist, spricht er Russisch. Dann nimmt er meine Gegenwart wahr und schreit: »Mira, Süße, nein!« Sein Akzent ist stärker als sonst.

»Keine Angst«, beruhige ich ihn. »Wir sind in der Gedankendimension.«

»Das stimmt. Das sind wir.« Er schaut sich um, und das Entsetzen auf seinem Gesicht weicht einem anderen Ausdruck. Einem dunkleren Gefühl, das ich nicht genau einschätzen kann. »Wo ist sie?«, fragt er, nachdem er auf den Beifahrersitz geschaut hat.

»Ich habe sie herausgezogen. Ich habe gehofft, sie würde draußen bleiben.«

Ohne etwas zu erwidern, steigt er aus dem Auto und schaut meine Mutter an. »Sie hat schon Verbrennungen.«

»Ich weiß«, sage ich, ohne nachzudenken. »Ich habe sie gelesen. Sie hat starke Schmerzen.«

Als er meine Worte hört, sieht mein Vater einen kurzen Moment lang so aus, als hätte ich ihn geschlagen. Er hat sich allerdings schnell wieder unter Kontrolle.

»Wo hast du in der echten Welt gestanden, Süße?«, möchte er von mir wissen. »Sag es mir bitte. Schnell.«

»Dort drüben ...« Ich zeige auf die Stelle. »Zu weit entfernt, um euch helfen zu können.«

»Das ist gut.« Seine Stimme zittert, aber er hört sich erleichtert an. »Du solltest nichts von der Explosion abbekommen. Bitte schmeiß dich zu Boden und halte dir deine Ohren zu, wenn du zurückkommst. Versprich mir, dass du das tun wirst. Es ist wichtig.«

»Versprochen, Papi.« Ich beginne zu verstehen, was ich ihm angetan habe. Dadurch, dass ich ihn zu mir geholt habe, sieht er sich selbst in dem Auto sterben. Kann darüber nachdenken. Sich dessen bewusst werden.

»Es tut mir leid.« Meine Stimme beginnt zu zittern. »Ich hätte dich nicht zu mir holen sollen.«

»Sag das nicht.« Er lächelt mich an. Es ist eines der letzten Male, in denen er mich anlächelt. »Ich bin froh, dass ich die Möglichkeit habe ... die Gelegenheit, mich zu verabschieden.«

Ich erinnere mich an meinen letzten Gedanken vor dem Splitten in die Gedankendimension, und mir wird klar, so etwas wie ein böses Omen herbeigerufen zu haben. Ein Teil von mir weiß, dass dieser Gedanke irrational ist, aber ich fühle mich, als ob dieser prophetische Gedanke an allem schuld sei. *Eine Gelegenheit, um sich zu verabschieden.*

Ich blinzele so, als ob ich anfangen würde zu weinen, aber es kommen keine Tränen.

»Nein.« Mein Vater nimmt mich in seine Arme. »Lass uns die Zeit, die uns bleibt, lieber damit verbringen, uns an die guten Zeiten zu erinnern. Deine Tiefe reicht nur für etwa eine halbe Stunde – nicht genug Zeit, um sie mit etwas anderem als mit fröhlichen Erinnerungen zu füllen.«

Er hält mich in seinen Armen und erzählt mir Geschichten. Er ist entschlossen, so lange bei mir zu bleiben, wie ich in dieser Dimension verweilen kann. So lange, bis meine Tiefe ihre Grenzen erreicht und ich hinausgedrängt werde – ohne die Möglichkeit zu haben, in der nächsten Zeit erneut zurückzukehren. Als ich mich dabei erwische, dass ich es genieße, seine Geschichten zu hören und bei ihm zu sein, hasse ich mich nur noch mehr.

Später werde ich mich fragen, was für ein Miststück ich gewesen bin, diesen Moment für meinen Vater zu verlängern, aber jetzt gerade bin ich einfach nur glücklich darüber, ihn noch eine Weile bei mir zu haben. So lange, wie es für mich möglich ist.

»Unsere Zeit ist fast vorbei.« Mein Vater versucht alles, um fröhlich zu klingen, aber ich weiß, dass er es nicht ist. »Du hast das Richtige getan«, sagt er. »Ich bin wirklich froh, dass du mich zu dir geholt hast.«

Er lügt. Genau wie mein Bruder wiederholt mein Vater Lügen, damit sie sich überzeugender anhören.

»Einige Minuten länger zu leben, dich zu sehen, ist ein Geschenk.« Seine Augen sehen ernst aus, aber ich kann die Wahrheit erkennen. Er ist nicht froh. Er hat Angst. Er weiß, dass er aus meiner Gedankendimension fallen und in seinen eingefrorenen Körper zurückkehren wird, sobald meine Zeit abläuft.

Zurück in die Explosion.

»Es gibt nichts, was du noch für uns tun könntest, Mira«, sagt er. »Bitte pass auf deinen Bruder auf, er ist alles, was dir bleibt ...«

Ich kann das Ende des Satzes nicht hören, weil meine Zeit aufgebraucht ist. Ich werde diese Begrenzung meiner Tiefe später noch hassen. Diese begrenzte Zeitspanne des »Was wäre wenn«.

Wenn ich für immer in der Gedankendimension verweilen könnte, dann hätten mein Vater und ich uns bis in alle Ewigkeit unterhalten können. Oder wir hätten diese Welt, in der die Zeit eingefroren ist, erkunden können. Stattdessen bin ich zurück in meinem eigenen Körper, und die Explosion dröhnt so laut in meinen Ohren, dass sie sich anfühlen, als müssten sie gleich bluten. Ich lasse mich zu Boden fallen, genau so, wie ich es meinem Vater versprochen habe. Ich genieße den Schmerz des Aufpralls, weil er den Schmerz darüber dämpft, zu wissen, keine Eltern mehr zu haben.

Mit übermenschlicher Anstrengung zwinge ich meine Gedanken in die Gegenwart zurück – zum Pokertisch und den russischen Verbrechern, von denen ich umgeben bin. Ich muss mich wirklich zusammenreißen. Ich verschwende meine Tiefe, wenn aus Sekunden Minuten werden. Wenn ich meine ganze Zeit verbrauche, werde ich vorübergehend ohne meine Fähigkeiten sein – und das bedeutet, dass ich nicht mehr lesen kann und diese Pokerspiele ehrlich absolvieren muss, also rausfliegen werde.

Ich schüttele den Kopf und versuche, mich auf die Gegenwart zu konzentrieren, nicht mehr an Mama und Papa zu denken. Ich muss an etwas anderes denken.

Egal an was.

Um mich abzulenken, denke ich darüber nach, wie eigenartig ich Gefühle in der Gedankendimension wahrnehme. Wenn ich zum Beispiel weine, wird mein Gesicht wieder trocken sein, sobald ich in die richtige Welt zurückkomme. Außerdem bin ich nicht mehr ganz so traurig. Manchmal sind die Dinge aber auch andersherum. Ich kann verängstigt sein, wenn ich in die Gedankendimension splitte, aber sobald ich dort bin, bin ich viel ruhiger. Wahrscheinlich, weil ich dort in Sicherheit bin. Sollten jetzt Tränen über mein Gesicht fließen, wären sie verschwunden, sobald ich wieder am Tisch bin. Und eigentlich sollten gerade Tränen über mein Gesicht laufen, auch wenn sie das nicht tun. Genauso wie an jenem Tag. Dem schlimmsten in meinem Leben.

Ich muss aufhören, über jenen Tag nachzudenken.

Ich versuche also, mir vorzustellen, wie ich ein Gespräch mit meinem Bruder über Gefühle innerhalb und außerhalb der Gedankendimension führe. Er würde auch dieses Phänomen – wie er als Vollblutwissenschaftler es nennen würde – untersuchen wollen. Dadurch fühle ich mich irgendwie besser. Jedes Mal, wenn ich an Eugene denke, hellt sich meine Dunkelheit auf, zumindest einen Moment lang.

»Ich kümmere mich um ihn. Der arme Kerl wäre ohne mich schon vor langer Zeit verhungert, Papa.« Das sage ich jedes Mal zu meinem Vater, wenn ich denke, dass er mir gerade vom Himmel aus zuhört. Natürlich ist mein Vater weder im Himmel noch in der Hölle, da es sich dabei um Konstrukte handelt, die den Schmerz der Menschen über den Verlust ihrer Liebsten dämpfen sollen. Ich weiß, dass er in Wirklichkeit einfach weg ist und ihn nichts von dem, was ich sage, erreichen kann.

Und das bedeutet, dass ich damit aufhören muss, über das zu grübeln, was hätte sein können. Ich muss mich auf meine Aufgabe konzentrieren.

Das Arschloch, welches den Sprengstoff unter dem Auto meiner Familie deponiert hat, könnte sich gerade hier in diesem Gebäude befinden.

Ich atme tief durch und gebe mich meiner Wut und meinen gewalttätigen Fantasien darüber hin, was ich mit ihm vorhabe. Das beruhigt mich ein wenig.

»Es ist Zeit«, sage ich laut, auch wenn die eingefrorenen Menschen mich natürlich nicht hören können. »Mal schauen, ob irgendjemand von euch Arschlöchern an Explosionen denkt.«

2

Ich hoffe, dass der Typ, nach dem ich suche – derjenige, der etwas mit Bomben zu tun hat –, sich von meinen Worten in die richtige Richtung lenken lassen und an eine spezifische Bombe denken wird. Ich bin die Erste, die zugeben muss, dass diese Taktik eher weit hergeholt ist, aber sie ist die einzige Möglichkeit, die ich habe. Mit meiner Tiefe kann ich nicht mehr als fünf Minuten in ihren Erinnerungen zurückgehen.

Es ist nicht das erste Mal, dass ich die starken Leser beneide. Jene wie die legendären Erleuchteten, die Stärksten aller Leser. Sie besitzen genügend Tiefe, um Monate oder sogar Jahre des Lebens anderer in deren Erinnerungen erleben zu können. Diese Leser würden die Antworten direkt und ohne Umwege bekommen können, aber ich nicht. Es gibt keine Abkürzungen für Leser wie mich. Ich muss sehr vorsichtig sein, um meine erbärmliche halbe Stunde nicht aufzubrauchen, zumal sich die Tiefe beim Lesen doppelt so schnell verbraucht.

Allerdings ist in diesem Fall jede Tiefe, die ich für das Lesen benutze, gut angelegt. Ich komme zu diesen Spielen, um die Wahrheit herauszufinden. Und des Geldes wegen, welches ich gewinne – aber es gibt bessere Orte, an denen man durch Spielen Geld verdienen kann. Sicherere Orte.

Meine heutige Strategie ist es, nur wenige Sekunden meiner Tiefe mit Menschen zu verbringen, die meiner Meinung nach nicht in die engere Kandidatenauswahl kommen. Die Zeit, die ich dadurch spare – und selbst wenn es sich dabei nur um wenige Minuten handelt – kann ich für aussichtsreichere Kandidaten verwenden.

Eine dieser eher unwahrscheinlichen Personen ist Shkillet, der Typ, der mich in der echten Welt gerade anstarrt.

Shkillet ist nicht sein wirklicher Name, sondern sein »Künstlername« für die Straße. Wahrscheinlich hat es etwas mit seinem zu dünnen, blassen Gesicht zu tun. Er sieht wie eines dieser Skelette aus, die ich aus dem Biologieunterricht kenne. Das russische Wort für Skelett hört sich fast genauso an wie das amerikanische Wort *skillet*, für Pfanne, nur mit einem *yet* am Ende. Shkillets Lispeln könnte der Grund für den Sch-Laut am Anfang sein.

Oder ich könnte auch komplett danebenliegen. Ich war ziemlich jung, als wir mein Heimatland verlassen haben, weshalb ich ab und an diese kleinen ethnischen Dinge durcheinanderbringe – was meinen Bruder verrückt macht.

Ich schaue mir Shkillets Karten an. Es ist nichts dabei, was mir Sorgen machen sollte. Aber er starrt mich an – mein eingefrorenes Ich. Würde ich eine Linie von seinen Augen zu mir ziehen, würde sie genau auf seinen – oder meinen – Brüsten landen. Brüste, die dank des Push-up-BHs von Victoria's Secret nett in meinem trägerlosen Kleid präsentiert werden.

Genau das war meine Intention, aber trotzdem nervt es mich. Scheiß-Männer.

Ich gehe um ihn herum und ziehe ihm das Hemd aus.

Ich weiß, dass es einen eigenartigen Eindruck macht, dass ich jemanden in der Gedankendimension ausziehe. Besonders jemanden, der so unattraktiv ist wie er. Ich habe allerdings einen guten Grund dafür: Ich schaue nach Tattoos. Im Laufe meiner Nachforschungen habe ich erfahren, dass die Tattoos eines Mannes in der russischen Unterwelt eine Menge über ihn aussagen. Genauer gesagt über diejenigen, die in russischen Gefängnissen waren, und das sind diejenigen, nach denen ich suche. Die Gefährlichsten. Diejenigen ohne Seelen.

Diejenigen, die unschuldige Familien mit Bomben umbringen würden.

Shkillet ist das, was ich klapprig-fett nenne. Sein Körper ist hager, und seine Rippen stehen hervor. Gleichzeitig hat er einen wabbeligen Bauch. Sein Aussehen ist mir allerdings egal. Was mich interessiert, ist die Tatsache, dass er keine Tätowierung hat. Er hat allerdings ein Muttermal, welches mich an den Rorschach-Test erinnert. Eine Psychologin hat ihn mir während des einzigen Males gezeigt, als ich versuchte, mich in Therapie zu begeben. Der Großteil der Tintenflecken, die sie mir zeigte, erinnerte mich an explodierende menschliche Gehirne – was bei meinem Grund dafür, sie aufzusuchen, auch verständlich ist. Das Muttermal dieses Typen sieht allerdings eher wie ein explodierendes Herz aus.

Also hat Shkillet entweder nie in einem russischen Gefängnis eingesessen oder niemand hatte sich die Mühe gemacht, ihn zu tätowieren, während er sich dort aufhielt. Wie dem auch sei, er scheint keiner dieser Kriminellen auf hohem Niveau zu sein, und deshalb wahrscheinlich auch nicht die Person, die ich suche. Ich werde nur etwa fünf Sekunden in seinem Kopf verbringen.

Ich lege meine Hand auf seinen Hals, so als würde ich seinen Puls messen wollen. Es scheint in der Gedankendimension egal zu sein, wo ich Menschen berühre, also wähle ich den Ort, der mich am wenigsten anwidert. Ich versuche, für das Lesen einen klaren Kopf zu bekommen. Je schneller ich an dieser Stelle bin, desto mehr Tiefe werde ich übrig haben. Eugene hat eine technisch basierte neue Übung für mich entwickelt, damit ich meine

Geschwindigkeit in diesem Punkt erhöhen kann. In solchen Situationen bin ich ihm sehr dankbar dafür.

Ich spüre dieses Gefühl, welches mich kurz vor dem Lesen überkommt, und stelle sicher, dass ich mich nur in die letzten Momente seiner Erinnerungen begebe.

»Hier ist es so verräuchert, als hätte jemand eine Bombe hochgehen lassen«, sagt das Mädchen.

Wir überlegen einen Moment lang, ihr mit »Die Sexbombe spricht über eine echte Bombe« zu antworten, aber tun es dann doch nicht. Nicht, bis wir eine Antwort von Viktor haben. Dieser Kerl ist verrückt, und wenn ihn jemand verärgert, kann das tödlich für denjenigen enden.

Deshalb wird uns klar, dass wir ihr die Kehle durchschneiden müssen, sollten wir unseren Plan durchführen. Würden wir sie einfach nur ficken wollen, hätten wir wahrscheinlich damit durchkommen können, das Mädchen hinterher am Leben zu lassen – an diesem Ort gibt es keine Regeln, die Vergewaltigungen verbieten. Aber ich möchte außerdem ihr Geld, und deshalb wird sie sterben müssen. Es gibt nur eine Regel in den Untergrundkasinos von Viktor: Es ist verboten, Rache für verlorenes Geld zu nehmen oder es sich zurückzuholen. Wir erinnern uns erschaudernd daran, was mit dem letzten Typen passiert ist, der versucht hat, sich das Geld eines Pokergewinners zu schnappen. Wir müssen sichergehen, dass wir nicht erwischt werden.

Wir denken an die ganzen Sachen, die wir mit ihr anstellen möchten, bevor wir sie umbringen, und unser Geschlecht versteift sich schon fast schmerzhaft. Wir stellen uns vor, wie wir ihren so einladenden Schmollmund füllen werden. Wir sehen diese perfekten kleinen Titten vor uns, wir hinterlassen Spuren auf ihrer Haut und zwingen diese langen Beine, sich zu öffnen … Unsere Hoden ziehen sich voller Vorfreude zusammen.

Dieses Mal wird noch besser als das letzte werden. Diese Schlampe von vor zwei Tagen kommt nicht ansatzweise an dieses Mädchen ran. Außerdem hat die sich nicht einmal gewehrt, sondern es einfach nur lammfromm hingenommen. Der Kampf als solcher ist für uns im Laufe der Zeit die Hälfte des Spaßes geworden. Wenn sie sich wehren, und wir sie letztendlich unserem Willen unterwerfen, durchfährt uns ein Machtgefühl, das fast so gut ist wie der Sex selbst. Mit diesem Mädchen wird es noch besser werden, weil gesagt wird, sie sei eine Kämpferin. Die sarkastischen Bemerkungen, die sie das ganze Spiel über fallen lassen hat, bestätigen diese Gerüchte. Wahrscheinlich wird sie kämpfen, und zwar gut kämpfen. Wir fantasieren darüber, wie sie unseren Rücken mit ihren perfekt manikürten Fingernägeln zerkratzt, bevor wir ihre Handgelenke mit eisernem Griff festhalten.

Ich, Mira, trenne mich entsetzt und angeekelt von Shkillets Gedanken. Ich muss duschen. Ein Dutzend Mal mindestens. Ich bin immer noch in seinem Kopf, aber ich kann über das, was ich gerade erfahren habe, nachdenken, ohne ihn vollständig zu verlassen. Meine eigenen Gedanken von den seinen zu trennen erlaubt mir, meinem Gehirn weitere widerwärtige Details darüber, was er mit mir vorhat, zu ersparen. Die Erinnerungen daran, was er dem armen Mädchen angetan hat, das er vor zwei Tagen vergewaltigt hat, waren schlimm genug. Ich bin mir zwar nicht sicher, ob er sie danach umgebracht hat, aber ich weiß, dass er plant, mich zu töten.

Dieser neuen Umstände wegen tauche ich tiefer in seine Gedanken ein. Ich muss herausfinden, ob er bewaffnet ist und ob es weitere Dinge gibt, die ich besser wissen sollte.

Wir schauen auf unsere Karten. Ein scheiß Paar. Zwei weitere solcher Runden, und wir werden komplett blank sein. Aber nicht für lange, erinnern wir uns selbst und spüren das Gewicht des Keramikmessers im Holster unseres Stiefels.

Es wird das Beste sein, es schnell hinter uns zu bringen. Es muss hier auf dem Grundstück des Klubs geschehen, bevor die Schlampe die Gelegenheit bekommt, in ihr Auto zu gelangen.

Viktor wird ausrasten, wenn sie die Leiche finden. Aber er wird niemals Shkillet verdächtigen. Nicht respektiert zu werden hat auch seine Vorteile – die Menschen unterschätzen uns, und deshalb kommen wir mit allem durch.

Ich, Mira, trenne mich wieder von ihm und denke schnell nach. Er hat es geschafft, ein Keramikmesser hereinzuschmuggeln. Ich nehme an, dass das Material den Metalldetektor nicht auslöst, mit dem die Rausschmeißer jeden am Eingang kontrollieren.

Verdammt. Das ändert meine Strategie von Grund auf. Ich muss sichergehen, noch genügend Tiefe zu besitzen, um mit dieser Entwicklung der Dinge zurechtzukommen. Falls sich einer der Männer hier befindet, die ich eigentlich suche, ist heute sein Glückstag. Ich kann ihre widerwärtigen Köpfe heute nicht mehr lesen.

Nur noch Viktors. Seit Monaten warte ich darauf, ihn persönlich zu treffen, weil er, nach dem, was man von ihm hört, immer der wahrscheinlichste Kandidat zu sein schien. Ich kann mir diese Gelegenheit auf gar keinen Fall entgehen lassen.

Während ich einen Plan entwickle, verlasse ich Shkillets Kopf.

ICH BLEIBE IN DER GEDANKENDIMENSION, GEHE ZU VIKTOR UND reiße ihm ohne Umschweife das Hemd vom Körper. Als ich das tue, bemerke ich das Paar Asse, welches vor ihm auf dem Tisch liegt.

Und seine Tätowierungen.

Ja, Viktor war in russischen Gefängnissen – er ist ein Zek, wie diese Personen genannt werden. Russische Tätowierungen faszinieren mich. Wahrscheinlich, weil mein Vater eine hatte. Er hat kurzzeitig mit einer Gruppe Wissenschaftler hinter Gittern gesessen, die Einwände gegen atomares Wettrüsten während des Kalten

Krieges hatten. Seine Fähigkeit, zu lesen, hat ihm das Leben gerettet, und er konnte nach wenigen Monaten das Gefängnis verlassen. Wegen dieser höllischen Erfahrung wollte er die Sowjetunion unbedingt verlassen, musste aber jahrelang warten, um das tun zu können. Zu diesem Zeitpunkt war aus der Sowjetunion zwar schon Russland geworden, aber trotzdem sagte mein Vater über das neue Regime immer: »Nichts hat sich verändert – an der Macht ist immer noch der KGB«.

Ich versuche, mir Viktors Tätowierungen einzuprägen. Die einzigen, deren Bedeutung ich kenne, sind die Sterne auf seinen Schultern. *Vor v zakone.* Wörtlich übersetzt bedeutet es »ein verurteilter Dieb«, aber in Wirklichkeit bedeutet es, dass er eine kriminelle Autorität ist.

Ich untersuche ihn näher. Niemals zuvor habe ich seine Tätowierung mit dem zweiköpfigen Adler gesehen, auch wenn ich glaube, dass das Emblem der Regierung damals im zaristischen Russland genauso aussah. Auch die über den Adler tätowierte Freiheitsstatue hilft mir nicht weiter. Vielleicht hasst Viktor die Sowjetunion und belebt die vorrevolutionären ruhmreichen Tage mit diesem Motiv? Zusammen mit einem amerikanischen Symbol könnte es vielleicht sein, dass er den Kommunismus nicht mag? Diese Theorie wird dadurch verstärkt, dass mir auffällt, wie viele seiner Bilder aus den Zeiten seines Gefängnisaufenthalts antiautoritär sind.

Ich bemerke außerdem, dass Viktor sehr muskulös ist. Wie könnte es mir auch nicht auffallen? Trotz allem bin ich nur ein Mensch. Er hat den Körperbau eines Schwimmers, inklusive des perfekten Sixpacks.

Hör auf, eine Gefahrenschlampe zu sein, Mira, ermahne ich mich selbst. *Wie kannst du nach dem, was du in Shkillets Kopf gesehen hast, überhaupt darüber nachdenken, wie Viktor gebaut ist?*

Oder, was viel wichtiger ist, nach dem, was du über ihn gehört hast. Diese Tendenz, mich von Monstern angezogen zu fühlen, ist etwas, was ich an mir selbst hasse.

Deshalb beschließe ich, dass es jetzt reicht. Ich muss Viktor lesen und dann so schnell wie möglich von hier verschwinden. Ich habe erst die Hälfte meiner Tiefe verbraucht, und der Rest muss genügen.

Ich lege meinen Arm auf seine gemeißelte Brust, genau auf das entspannte Gesicht der Freiheitsstatue. Als ich den Körperkontakt hergestellt habe, konzentriere ich mich.

Ich gehe weit genug zurück, um zu sehen, was er gemacht hat, bevor er in diesen Raum kam. Wenn ich Glück habe, hat er gerade darüber nachgedacht, ein Auto in die Luft zu sprengen. Sollte das der Fall sein, wäre Shkillet nicht die einzige Person, mit der ich fertigwerden muss …

Wir befinden uns in Vera. Sie stöhnt leise. Sie hat sich so vor uns gebeugt, wie wir es mögen – sie gibt einen guten Blick auf ihren nackten Körper frei. Er ist sehnig und muskulös. In einer perfekten Welt mögen wir unsere Frau ein wenig kurviger, aber sie hat etwas an sich, was wir attraktiv genug finden, um diese Tatsache zu übersehen. Unsere vorherige Eroberung hatte schöne Fettpölsterchen, aber wusste unsere Interessen leider nicht zu schätzen. Sie hat sich stattdessen für eine Überdosis entschieden, während wir uns um das Geschäft gekümmert haben. Frauen.

Was Vera betrifft, stört es uns, dass sie nicht kurvig ist und dass sie diese Tätowierung auf ihrem unteren Rücken hat. Eine Maria, die das Jesusbaby hält. Wenn wir jemanden von hinten nehmen, wollen wir kein religiöses Symbol betrachten, welches uns dabei ins Gesicht starrt. Ganz besonders dann nicht, wenn die Maria so wunderschön ist, wie dieser Tätowierer sie gestochen hat. Wahrscheinlich wollte er alle aus dem Konzept bringen, mit denen Vera in ihrer Zukunft jemals Sex haben würde – und das ist eine große Anzahl von Männern. Oder, was genauso gut zutreffen könnte, die Schlampe hat diesen Effekt ihrer Tätowierung selbst gewollt.

Je tiefer unsere Stöße werden, desto lauter stöhnt sie, und wir nähern uns unserem Höhepunkt. Um dieses Gefühl zu verlängern, lenken wir unsere Gedanken weg vom Sex, hin zu unwichtigen Dingen wie den Grübchen über ihrem Po.

Leider erregen sie uns.

Also versuchen wir uns auf den kleinen Leberfleck auf ihrem rechten Schulterblatt zu konzentrieren. Das funktioniert eine Weile, bis wir bemerken, dass ihre Haut von einem Schweißfilm überzogen ist. Glatte, glänzende Haut. Scheiße. Wir heben unseren Kopf und starren die kahlen Wände des VIP-Raums an.

Ich, Mira, löse mich von ihm, wenn auch widerstrebend. Das ist das erste Mal, dass ich in einem Mann bin, der Sex mit einer Frau hat, und es ist … heiß. Es ist nicht das Gleiche wie sie zu lesen, während sie Sex mit mir haben. Aber ich befinde mich hier nicht gerade auf einem hedonistischen Urlaubstrip. Jeder Moment, den ich damit verbringe, dabei zuzuschauen, ist ein doppelter Moment der Tiefe, die ich verbrauche – so funktioniert das Lesen nun einmal. Eugene erklärt das damit, dass wir unsere Zeit mit dem Opfer teilen müssen. Ich nehme an, das bedeutet, dass auf einem bestimmten Niveau jeder in die Gedankendimension gelangen kann, wenn er berührt wird. Allerdings werden die Nicht-Leser gerade weit genug hineingezogen, um von uns gelesen werden zu können.

Ich spule Viktors Erinnerungen einige Minuten lang vor.

Wir nähern uns dem Tisch und bemerken das Mädchen. Es ist das Wunderkind, über das wir schon so viel gehört haben. Sie ist die einzige weibliche Katala, die wir jemals getroffen haben – auch wenn wir, um ehrlich zu sein, die meisten dieser Kartenhaie während unserer Zeit in der rein männlichen Gulag-Gang kennengelernt haben.

Wir schauen es an, dieses Mädchen, das in unserem Klub so viele Spieler ausgenommen hat. Sie hat die Wangenknochen und die Nase des russischen Adels. Einer ihrer Vorfahren muss die Oktoberrevolution von 1917 überlebt haben. Ihre Gesichtszüge sind leicht scharf, und sie hat eine würdevolle Ausstrahlung. Es ist das Gegenteil von dem matroschkaartigen runden Gesicht von jemandem wie Vera, die wie die Tochter eines durchschnittlichen russischen Bauern aussieht – und es wahrscheinlich auch ist.

Mit ihren großen, blauen Augen und ihrem dunklen, welligen Haar erinnert sie uns an die neuesten Bilder unserer Tochter. Allerdings sieht Nadia viel unschuldiger aus als dieses Mädchen hier, denken wir mit einer Mischung aus Sehnsucht und Stolz. Nadias Unschuld zu beschützen ist auch der Grund dafür, dass wir vor all diesen Jahren das Opfer erbracht haben, nicht Teil ihres Lebens zu sein. Wahrscheinlich weiß sie nicht einmal, wer wir sind, also gibt es auch keinen Grund, weiter darüber nachzudenken. Und selbst wenn sie es wissen sollte, würde das nichts ändern, da sie in Russland ist und wir nicht dorthin zurückkehren können.

»Hier ist es so verräuchert, als hätte jemand eine Bombe hochgehen lassen«, sagt das Mädchen, das uns an unsere Tochter erinnert.

Bei dem Wort »Bombe« erinnern wir uns an den Tag in Chechnya, an dem wir zwei unserer besten Kameraden verloren haben. Unsere Herzfrequenz steigt an, aber wir schaffen es, uns zu beruhigen. Dieses Mädchen ist nur eine verwöhnte amerikanische Prinzessin. Das passiert mit allen Kindern, die hierherkommen. Ihre Majestät hat wahrscheinlich erwartet, dass auch in dieser Spielhölle die Nichtrauchergesetze New Yorks gelten würden.

Ich, Mira, trenne mich von Viktors Gedanken und bin ein wenig enttäuscht. Die Tatsache, dass meine Worte ihn an ein Erlebnis in Chechnya denken lassen, das er vor langer Zeit gehabt haben muss, lässt die Wahrscheinlichkeit dafür sinken, dass er derjenige ist, den ich suche. Zumal er eine Abneigung gegen Explosionen zu haben scheint – so als habe er eine posttraumatische Belastungsstörung. Natürlich bin ich mir nicht sicher, dass er nichts damit zu tun hat, aber es reicht, um ihn vorläufig zu entlasten. Ich habe schon Personen von meiner Verdächtigenliste gestrichen, die weniger glaubwürdige Beweise lieferten.

Als ich das entschieden habe, verlasse ich seinen Kopf.

ICH BIN ZURÜCK IN DEM STILLEN RAUM. ICH WERDE KEINE WEITEREN Erinnerungen lesen. Ich spare lieber etwas von meiner Tiefe auf. Es gibt immer noch zwei Dinge, die ich tun muss.

Zuerst muss ich einen Blick auf die Karten der restlichen Mitspieler werfen. Sobald ich das Ergebnis der nächsten Spielrunde weiß, widme ich mich der zweiten Angelegenheit und renne aus dem Raum. Ich gehe schnell den Flur entlang, um zur nächstgelegenen Toilette zu gelangen. Dort schaue ich nach, ob etwas sich immer noch an seinem Platz befindet – ein Objekt, das mir die Möglichkeit geben wird, mit Shkillet fertig zu werden. Jetzt bin ich ein wenig ruhiger. Ich bin froh, mir die Zeit genommen zu haben, diesen Klub während eines früheren Aufenthalts in der Gedankendimension erkundet zu haben. Ansonsten wüsste ich nicht, was sich alles in seinen Winkeln und Ecken versteckt.

Ich renne zurück und gehe zu meinem Körper. Ich finde es jedes Mal komisch, mich so zu sehen, in der Lage zu sein, mich aus allen Blickwinkeln betrachten zu können. Im Teenageralter hat es meine Unsicherheiten verstärkt. Normale Mädchen machen sich mit einem Spiegel verrückt, aber Leser haben es viel schwerer. Ich erinnere mich daran, wie deprimiert ich kurz nach meinem fünfzehnten Geburtstag über die Form meines Rückens und meiner Fesseln war. Nach dem Tod meiner Eltern habe ich natürlich nie wieder über diesen ganzen Scheiß nachgedacht.

Ich bereite mich darauf vor, die Gedankendimension zu verlassen, und lege meine Hand auf das Gesicht meines eingefrorenen Ichs.

Augenblicklich bin ich zurück in meinem Körper.

Die Geräusche sind wieder da, genauso wie der Gestank nach Rauch. Viktor vollendet die Bewegung, sich in seinen Stuhl zu setzen. Der Dealer beendet die Ausgabe der Karten. Shkillet hört damit auf, mich anzustarren, und schaut verstohlen zu Viktor, um zu sehen, wie er auf meine eigenartige Aussage reagiert.

»Was sagst du da?«, will ein glatzköpfiger Typ wissen, der eine Zigarre raucht. »Wenn jemand eine Bombe hier hereinbringen würde, würde Viktor sie diesem Yebanat in den Arsch schieben.«

3

Die nächsten zwei Pokerrunden verlaufen wie vorhergesehen. Da ich weiß, welche Karten jeder Spieler in der Hand hält und welche als Nächstes ausgegeben werden, gewinne ich die, die ich kann. Während ich spiele, sehe ich, dass Viktor sich immer mehr amüsiert. Ich bin mir nicht sicher, ob es ihn belustigt, dass ich gewinne oder wie die Männer darauf reagieren. Sie trauen sich nicht, mich ihren Unmut spüren zu lassen, aber als ich einen verstohlenen Blick auf Shkillet werfe, kann ich sehen, dass er seine Wut kaum verheimlichen kann. Heute gewinne ich extra mehr als normalerweise. Vor zwei Runden habe ich sogar Shkillets Bluff aufgedeckt – einen Bluff, der wahrscheinlich funktioniert hätte, wenn ich nicht lesen könnte.

Da ich kaum noch etwas meiner Tiefe übrig habe, beschließe ich, dass es an der Zeit ist, von hier zu verschwinden – bevor ich hier nicht mehr willkommen bin, sozusagen.

»Meine Herren.« Ich stehe auf. »Es war mir ein Vergnügen.«

»Ein Vergnügen, unser Geld zu nehmen, meinst du?« Viktor hört sich erstaunlicherweise nicht verärgert an. Eher so, als würde er sich über mich lustig machen.

»Genau das, und es freut mich, endlich ein Gesicht zu dem Namen zu haben ... Viktor.« Vielleicht hat sich das etwas zu sehr nach Flirten angehört, aber zum Teufel, ich bin gerade zu angespannt für Feinheiten. Als ich meinen Kram zusammenpacke, sehe ich, dass Shkillet unruhig wird. Ich kann sehen, dass er auch gleich gehen wird. Er ist entschlossen, seinen Plan in die Tat umzusetzen.

Ich packe meine Gewinne in meine Tasche und gehe langsam nach draußen. Ich möchte kein Misstrauen erregen.

Ich weiß, dass ich besser rennen sollte, sobald ich mich in der Eingangshalle befinde, anstatt ihm gegenüberzutreten, was weitaus gefährlicher ist. Aber das tue ich nicht. Das wäre so, als würde ich Shkillet in der letzten Pokerrunde gewinnen lassen – etwas anderes, was ich hätte tun können, aber nicht wollte. Er hat eine Lektion verdient und ich werde es genießen, sie ihm zu erteilen. Vielleicht werde ich durch ihn endlich die Gelegenheit dazu bekommen, herauszufinden, ob ich in der Lage bin, das zu tun, was zum gegebenen Zeitpunkt getan werden muss. Mein Bruder denkt, dass ich niemanden umbringen kann. Er meint das als Kompliment, aber so fasse ich es nicht auf. Heute Nacht wette ich um mein Leben, dass mein Bruder falsch liegt.

Als ich an der Tür zu den Toiletten ankomme, hat Shkillet den Spielsaal noch nicht verlassen. Aus meiner Tasche nehme ich eine Schachtel Marlboro und ein Feuerzeug. Eigentlich rauche ich nicht wirklich, aber so zu tun, als würde ich rauchen, ist manchmal praktisch. Ein Mädchen mit einer Zigarette in der Hand zu sein ist ein guter Eisbrecher in einem Raum voller Männer. Ich nehme an, dass ich eine Art Gesellschaftsraucher bin. Im Gegensatz zu anderen hasse ich allerdings jedes Einatmen. Manchmal kann ich beim Rauchen fast spüren, wie das Zeug meine Lungen und Zähne gelb und ekelerregend macht.

Als ich dieses widerliche Ding in meinen Mund stecke, öffnet sich die Tür zum Spielsaal. Ich zünde die Zigarette an, inhaliere und versuche, nicht zu husten, während ich die Tür im Auge behalte. Shkillet steht vor ihr, und wir stellen einen kurzen Augenkontakt her, bevor ich den Rauch ausatme.

Als ich den Köder ausgelegt habe, gehe ich in die Toilettenräume.

Ich schließe die schwache Tür hinter mir und hänge meine Tasche über den kleinen Haken, damit ich beide Hände frei habe. Danach renne ich so schnell zur Toilette, wie es der rutschige Boden und meine Absätze zulassen.

Der Toilettendeckel ist nach oben geklappt, und mein Blick fällt auf ekelhaftes Zeug in der Schüssel, als ich meine mittlerweile nutzlose Zigarette dort hineinwerfe. Wäre es wirklich so schwer gewesen, diese Scheiße wegzuspülen? Der Anblick und der Geruch erinnern mich an einen Alptraum, den ich einige Male über ein schmutziges Bad hatte. Und diese Realität könnte schlimmer als mein Alptraum werden, wenn ich mich nicht beeile.

Ich greife nach dem Spülkasten, als ich höre, wie jemand das Türschloss knackt.

Scheiße. Er ist schneller, als ich gedacht habe. Er muss wie ein Verrückter die Eingangshalle durchquert haben.

Ich hebe hektisch den schweren Deckel des Spülkastens hoch ... genau in dem Moment, in dem das Türschloss nachgibt.

»Was zum Teufel?«, sagt Shkillet auf Russisch, als er hineinkommt und mich mit dem Deckel in der Hand sieht.

Gut. Das hat er nicht erwartet. Und ich verstärke seine Überraschung, indem ich den Deckel mit meiner ganzen Kraft gegen seinen Kopf werfe.

Er kann sich nicht schnell genug ducken.

Als er mit einem Keuchen nach hinten stolpert, drehe ich mich herum und schnappe mir die Waffe, die sich in einer Plastiktüte eingewickelt in dem Kasten befindet. Ich habe sie auf einem meiner früheren Ausflüge in der Gedankendimension entdeckt. Ich reiße gerade die Tüte auf, als jemand meinen linken Arm festhält.

Es ist Shkillet.

Seine Finger graben sich wie Greifzangen in mein Fleisch.

Ich splitte in die Gedankendimension, um meine Lage zu analysieren.

Das Geräusch seines schweren Atmens ist weg, und ich betrachte uns aus meinem neuen Blickwinkel.

Eine seiner Hände liegt auf meinem Arm, während die andere nach dem Stiefel greift, in dem er das Keramikmesser versteckt hat. Seine Augenbraue ist aufgeplatzt – ich muss ihn dort getroffen haben. Sein Gesicht sieht durch das Blut, das aus der Wunde läuft, makaber aus.

Ich untersuche den Beutel, den ich in meinen Händen halte. Ich habe ihn fast geöffnet, aber ich bin mir nicht sicher, dass ich die Waffe herausholen kann, bevor er sein Messer hervorziehen und es benutzen wird. Aber ich kann etwas anderes tun, wenn ich gut ziele.

Ich schaue auf mein statuenhaftes Gesicht, das vor Angst wie gelähmt ist. Ich werde versuchen, ruhiger zu sein, wenn ich in meinen Kopf zurückkehre. Ruhiger und tödlich.

Ich greife nach meiner Hand, springe aus der Gedankendimension und zwinge meine Muskeln verzweifelt, zu funktionieren. Wie in Zeitlupe treten meine Beine nach hinten und zielen auf sein Schienbein. Mein Fuß trifft etwas.

»Schlampe!« Er fällt auf seine Knie. Ich muss sein Bein verletzt haben.

In der Zeit, die ich mir durch den Tritt verschafft habe, hole ich die Pistole hervor. Als ich mich schnell umdrehe, sehe ich, dass er das Messer bereits in der Hand hält.

Er holt aus, und das Messer saust nur wenige Zentimeter von meinem Bein entfernt durch die Luft.

Ich springe instinktiv zur Seite und schlage ihm den Griff meiner Waffe ins Gesicht. Er kommt mit einem widerlichen Knacken auf seiner Nase auf.

Einen Moment lang sieht er wie gelähmt aus, und ich schlage erneut zu, wobei ich diesmal auf sein Kinn ziele.

Er versucht mich zu ergreifen, also schlage ich ihm auf den Hinterkopf.

Er sackt zusammen – sein Kopf landet direkt in der widerlichen Toilettenschüssel.

Geschieht dem Arschloch recht. Jetzt wird er ertrinken.

Ich sollte glücklich sein, aber aus einem unerklärlichen Grund überkommt mich das Bedürfnis, ihn wegzutreten, sein Gesicht aus der Toilette zu holen. Möchte ich wirklich sein Leben retten?

Ich schaue ihn mir näher an. Sein Mund und seine Nase befinden sich außerhalb des Wassers, also wird er nicht in diesem Dreck ersticken.

Eigentlich ist es lustig. Eben wollte ich ihn noch retten, und jetzt bin ich ein wenig enttäuscht. Meine rationale Seite weiß, dass ich ihn nicht am Leben lassen kann. Deshalb löse ich die Sicherung der Waffe und ziele auf den Hinterkopf meines potentiellen Vergewaltigers und Mörders.

Genau so.

Jetzt muss ich nur noch abdrücken.

Zittert meine Hand gerade wirklich? Was stimmt nicht mit mir?

Dieser Mann hat es verdient, zu sterben. Vielleicht nicht so sehr wie die Mörder meiner Eltern, aber er hat es verdient. Und wenn ich ihn nicht töte, wird er wahrscheinlich hinter mir her sein. Also wäre es quasi Selbstverteidigung, würde ich ihn umbringen. Oder ein Präventivschlag, sollte ich meine Tat rechtfertigen müssen.

Und das muss ich offensichtlich – zumindest vor mir selbst. Ich kann einfach nicht abdrücken, wofür mir auch viele Gründe einfallen. Wie: *Er könnte zu ängstlich sein, um mich zu verfolgen.* Oder: *Das könnte das erste Mal sein, dass er versucht, jemanden umzubringen.* Und sogar: *Dieses Erlebnis könnte ihn völlig verändern.* Ja, bestimmt. Ich klammere mich an Strohhalme, um mich vor mir selbst zu rechtfertigen, auch wenn die Wahrheit offensichtlich ist: Eugene hatte recht.

Es ist nicht leicht, jemanden umzubringen – nicht einmal eine schlechte Person.

»Ist jemand auf der Toilette?«, fragt eine Stimme von draußen.

Scheiße.

Ich eile zur Tür und öffne sie einen Spalt breit.

»Hallo«, antworte ich dem Kerl, der davorsteht. Er sieht aus, als sei er einer der Rausschmeißer. »Ich frische gerade mein Make-up auf, und danach muss ich mich umziehen. Könnten Sie bitte die Toilette oben benutzen?«

Der Mann murmelt etwas Abfälliges über Frauen, aber er entfernt sich. Um kein Risiko einzugehen, splitte ich erneut und lese eine Sekunde lang seine Gedanken. Er geht nach oben – das ist gut. Das Schlechte ist, dass er in Gedanken eine ganz spezielle Frau verflucht, mich, und nicht Frauen generell oder eine der wenigen anderen Frauen, die ab und an hier sind, wie Vera – Viktors Sexpuppe aus dem benachbarten VIP-Raum.

Ich denke, das nimmt mir meine Entscheidung ab. Ich kann Shkillet jetzt nicht erschießen. Der Rausschmeißer wird wissen, dass ich diejenige bin, die ihn umgebracht hat, auch wenn ich renne, sobald ich den Schuss abgefeuert habe. Ich bin nicht scharf darauf, herauszufinden, wie Viktor darauf reagiert, wenn jemand an diesem Ort umgebracht wird.

Ich könnte allerdings immer noch Shkillets Kopf so lange unter Wasser halten, bis er ertrinkt. Auf diese Weise würde niemand gleich angelaufen kommen, und ich könnte abhauen. Außerdem würde der Rausschmeißer nicht unausweichlich denken, dass ich es getan habe – ich bin mir sicher, dass er schon mehr als einen Betrunkenen in Shkillets Lage gesehen hat.

Die größere Frage ist allerdings, ob ich es wirklich tun könnte... da ich ja nicht einmal abfeuern konnte.

Verdammt. Ich hasse es, dass Eugene recht hat und heute nicht der Tag ist, an dem ich es mir selbst beweisen kann.

Ich stopfe die Pistole in meine Tasche und gehe Richtung Ausgang. Die ganze Zeit über habe ich Angst, jemand könnte die

Größe meiner Tasche bemerken. Zum Glück hält mich niemand auf. Das ergibt Sinn, da man in der Regel Personen auf dem Weg hinein misstraut, nicht heraus. Und außerdem: Welcher männliche Rausschmeißer würde schon auf meine Tasche anstatt auf meine Kurven achten?

Ich kann trotzdem erst wieder normal atmen, als ich in meinem Auto sitze und die Waffe ins Handschuhfach lege. Selbst wenn ich sie nicht brauche, wollte ich sie trotzdem nicht Shkillet dalassen. Er könnte wieder zu Bewusstsein kommen und mich verfolgen. Ich mag zwar kein kaltblütiger Mörder sein, aber ich bin trotzdem nicht doof.

Die Rückfahrt nach Hause verbringe ich in einem Nach-Adrenalinschub-Nebel, für den ich sehr dankbar bin. Ich möchte nicht über das nachdenken, was gerade passiert ist. Ich möchte einfach nur nach Hause kommen und mich entspannen.

Als ich in dem Apartment ankomme, das ich mit Eugene teile, ziehe ich meine High Heels aus und gehe auf Zehenspitzen in mein Zimmer. Auf dem Weg dorthin steige ich über den ganzen Müll, der im Wohnzimmer liegt. Nicht zum ersten Mal nehme ich mir vor, aufzuräumen, aber so wie es aussieht, werde ich es nicht heute Nacht tun. Ich schließe meine Zimmertür und bin mehr als dankbar dafür, meinen Bruder nicht aufgeweckt zu haben. Ich vergesse meinen Plan, mindestens ein Dutzend Mal zu duschen, lege mich in mein Bett und bin sofort weg.

Mein Schlaf wird durch einen immer wiederkehrenden Alptraum unterbrochen – ein Skelett, das versucht, mich zu erwürgen.

4

»Mira, bist du das?«

Mein Bruder hat diese nervige Angewohnheit, mit mir zu reden, wenn er den Mund gerade voll hat oder wenn ich gerade, so wie jetzt, unter einem warmen Wasserstrahl stehe und versuche, mich zu entspannen.

»Nein, Eugene, ich bin ein scheiß Fremder, der gerade unsere Dusche benutzt!« Ich unterstreiche das Gesagte, indem ich die Schiebetür zuknalle.

»Danke dafür, das S-Wort benutzt zu haben – jetzt weiß ich, dass du es bist!« Er schlägt gegen die Badezimmertür. »Komm in die Küche, wenn du fertig bist.«

Ich wünsche mir, ich hätte die letzte Nacht geschlafen, anstatt zu pokern. Aber das bisschen Schlaf, das ich noch bekommen habe, sollte mich durch den Tag bringen, und auch die Dusche wirkt Wunder.

Ich ziehe eine Jeans und ein T-Shirt an und gehe in die Küche. Meine Neugier ist geweckt, weil ich Essen rieche – das ist eigenartig, weil ich denke, dass außer Eugene niemand hier ist. Allerdings rieche ich das Essen, und das bedeutet, dass Eugene gekocht haben muss.

»Happy birthday to you«, singt mein Bruder, als ich die Küche betrete. Happy birthday to you ...«

»Eugene, bitte hör auf. Meine Ohren fangen gleich an zu bluten.« Mit diesem Scherz möchte ich von der Tatsache ablenken, dass ich meinen Geburtstag völlig vergessen habe. Bei allem, was passiert ist, habe ich überhaupt nicht an ihn gedacht.

»Ich habe Pfannkuchen gemacht.« Er stellt einen Teller vor mich, als ich mich hinsetze. »Achtzehn. Einen für jedes Jahr.«

»Diese bräunlichen Lappen sollen Pfannkuchen sein?« Ich blicke ihn fragend an. »Und sollten es nicht eigentlich achtzehn Kerzen sein, anstatt Pfannkuchen?«

»Ta-taa!« Er zwinkert und streckt die Hand nach vorne, die er bis jetzt hinter seinem Rücken verborgen hatte. Zum Vorschein kommt ein kleiner Kuchen mit einer brennenden Kerze. Ein kleiner Erdbeer-Vanille-Kuchen von der örtlichen italienischen Bäckerei, die ich so gerne mag. Es ist ein Wunder, dass er sich seine Klamotten nicht verbrannt hat, so lange wie er die brennende Kerze hinter seinem Rücken versteckt hatte.

»Danke schön.« Ich nehme ihm den Kuchen ab und stelle ihn auf den Tisch. »Und danke, dass du zu diesem besonderen Anlass einen sauberen Kittel trägst.«

»Gern geschehen.« Er benimmt sich, als habe er meine Stichelei über seinen Kittel nicht gehört. »Wünsch dir was.«

Ein Wunsch. Plötzlich zieht sich mein Herz zusammen. Keiner meiner Wünsche ist unbeschwert. Keiner ist normal. Ein normales Mädchen würde sich wünschen, einen netten Mann zu treffen, jemanden, mit dem man Spaß haben kann, und der gut aussieht. Aber ich nicht. Ich wünsche mir, ich könnte den Mörder meiner Eltern finden und denjenigen, der ihn beauftragt hat. Und natürlich auch, den Willen und die Stärke aufzubringen, diese Personen zu töten.

»Stimmt irgendetwas nicht?«, möchte Eugene wissen.

»Nein, alles in Ordnung«, lüge ich und glätte meine Stirn. »Nur ein dummer Gedanke.«

»Du wünschst dir, dass sie hier wären und dir zum Geburtstag gratulieren könnten?«, fragt er leise auf Russisch.

Ich nicke. Es hat keinen Sinn, es in Worte fassen zu wollen. Genauso wie es keinen Sinn hat, es sich zu wünschen.

Wir schweigen, und ich steche meine Gabel in den ersten meiner achtzehn Pfannkuchen, um ein Stück zu essen.

Ein Stück, das ich am liebsten sofort wieder ausspucken möchte.

»Eugene ...« Ich versuche, den matschigen halbgaren Klumpen in meinem Mund herunterzuschlucken. »Die sind grauenhaft.«

Mist. Sobald ich seinen verletzten Gesichtsausdruck sehe, bemerke ich, dass ich taktvoller hätte sein sollen. Aber ganz ehrlich: Es sind die schlechtesten Pfannkuchen, die ich in meinem ganzen Leben gegessen habe.

»Es tut mir leid.« Er nimmt demonstrativ ein Stück Pfannkuchen in den Mund und beginnt zu kauen. »Ich habe mich ganz genau an den Algorithmus gehalten.« Sein Gesichtsausdruck verändert sich nicht; falls er das Problem schmecken kann, zeigt er es zumindest nicht.

»Sie heißen Rezepte, nicht Algorithmen.« Ich schiebe den Teller zu ihm. »Und ich bin mir sicher, dass darin auch Butter und Salz vorkamen, die Zutaten, die Essen lecker machen – Zutaten, die in diesen pfannkuchenartigen Dingern nicht enthalten sind.«

»Kartoffeln, Erdäpfel ... Rezepte sind Algorithmen.« Er spießt einen weiteren Pfannkuchen auf seine Gabel. »Und Salz und Butter sind sowieso nicht gut für dich.«

»Eine Menge guter Dinge sind schlecht für einen.« Ich nehme mir den kleinen Kuchen, den er für mich gekauft hat, und stelle ihn auf meinen Teller. »Es ist ein lustiger Zufall, dass du gerade Kartoffeln erwähnst. Hast du welche in die Pfannkuchen getan? Sie haben diesen Nachgeschmack ...«

»Ich bin doch kein Idiot, Mira«, erwidert er. »Würde ich

Kartoffelpfannkuchen machen, würde ich sie Draniki nennen. Erinnerst du dich daran, wie ...?«

Er muss diese Frage nicht beenden. Natürlich erinnere ich mich an Mamas Draniki. Eine Mischung aus Pfannkuchen und Kartoffelrösti. Sie waren die köstlichsten Dinger überhaupt – und ein Teil meiner Kindheit, den ich niemals wiederbekommen werde.

Ich unterbreche ihn, indem ich demonstrativ die Kerze ausblase und ein Stück von dem Kuchen abbeiße. Dabei lasse ich ein »Mmmmmmm« verlauten, um deutlich zu machen, wie lecker er ist.

Zuerst lächelt Eugene, aber dann wird sein Gesichtsausdruck düster. Diese Regung ist so intensiv und so unnatürlich für ihn, dass ich Angst bekomme. Da er gerade über meine Schulter hinwegschaut, hoffe ich, dass es keine dieser Spinnen mit den dicken Körpern ist.

»Was ist das?« Er deutet in genau diese Richtung.

»Was ist was?« Oh, Mist. Vielleicht ist es eine dieser gigantischen Kakerlaken, die im Abfallentsorgungssystem dieses Gebäudes leben. Oder einer ihrer Konkurrenten, eine Ratte.

»Das da.« Er steht auf und starrt mich an. »Der schwarz-blaue Handabdruck auf deinem Arm.«

Ich schaue auf meinen linken Bizeps. Scheiße. Es sieht so aus, als habe Shkillet einen blauen Fleck dort hinterlassen, wo er mich gestern festgehalten hat.

»Das ist nichts.« Ich ziehe meinen Ärmel nach unten – als ob das viel helfen würde. »Mach dir darüber keine Gedanken.«

»Das ist nichts?« Sein Gesichtsausdruck wird noch düsterer. »Für wie dumm hältst du mich eigentlich?«

»Möchtest du wirklich eine Antwort darauf hören?« Ich beiße von meinem Kuchen ab und bereue es augenblicklich. Ich weiß, wie dieses Gespräch weitergehen wird, und der köstliche Kuchen schmeckt auf einmal wie Pappe.

»Ich habe dich letzte Nacht gehört, als du nach Hause

gekommen bist.« Er lehnt sich langsam zurück. »Du hast es wieder getan. Du hast wieder Zeit mit diesen Monstern verbracht.«

»Beruhige dich.« Ich wische mir die Kuchenkrümel von den Fingern.

»Wie soll ich mich denn beruhigen können?« Er legt seine Handflächen auf den Tisch und will sich gerade hochstemmen, als ich seinen Arm anfasse. Ich kann seine Anspannung fühlen, während er mich anschreit: »Du kommst mit blauen Flecken nach Hause und sagst mir, ich solle mir deswegen keine Sorgen machen? Es ist meine Aufgabe, dich zu beschützen, und du bist dabei, dich umbringen zu lassen!«

»Bitte schrei nicht so laut«, presse ich zwischen zusammengebissenen Zähnen hervor. »Es ist nicht dein Drecksjob, mich zu beschützen.«

»Wie kannst du nur so dumm sein ...«

Mir reicht es. Ich schnappe mir den Teller vom Tisch und schmeiße ihn Richtung Herd.

Eugene sieht ihm völlig entsetzt dabei zu, wie er zerspringt, auch wenn es nicht das erste Mal ist, dass ich während eines Wutanfalls Dinge werfe. Allein in den letzten zwei Jahren war er über hundert Mal Zeuge meiner Ausbrüche.

»Mira, ich ...«, beginnt er.

»Halt den Mund.« Ich stelle mich hin.

»Warte, Miroschka. Ehrlich, es tut mir leid ...«

Den Rest höre ich nicht mehr, weil ich in mein Zimmer stürme und die Tür hinter mir zuschlage. Dann drehe ich die Musik laut auf und beginne damit, Klamotten in eine Tasche zu schleudern: Etwas für die Freizeit, ein Fitnessoutfit und, auf eine Eingebung hin, ein hübsches Kleid, das ich mir vor Monaten nach einigen fetten Pokergewinnen gegönnt habe. Ich schmeiße auch einige Schuhpaare dazu. Ich möchte sichergehen, alles zu haben, was ich brauche, um heute auf keinen Fall mehr hierher zurückkommen zu müssen – sollte ich das tun, müsste ich mich mit einem schmollenden Eugene auseinandersetzen.

»Ich bin nicht wütend«, sage ich, als ich die Tür wieder öffne. »Ich muss einfach nur raus aus diesem Apartment.«

»Geh nicht, Miroschka …«

»Danke für die Geburtstagsglückwünsche.« Ich hänge mir die Tasche über die Schulter. »Das meine ich ernst. Das war lieb von dir.«

»Gern geschehen.« Er massiert sich seinen Nasenrücken. Eugene kennt mich gut genug, um zu wissen, dass es jetzt gerade keinen Ausweg aus dieser Situation gibt.

Und trotzdem fühle ich mich wie das größte Arschloch der ganzen Welt, als ich das Haus verlasse.

Yogakurse helfen ein wenig. Ein hübscher Junge, der meinen Po in der Yogahose betrachtet, hilft ein wenig mehr. Nach dem Fitnessstudio gehe ich zu meinem Lieblings-Sushi-Restaurant. Nach Sushi und heißer Sake fühle ich mich fast wieder wie eine normale Person.

Fast so, als sei es mein Geburtstag wert, gefeiert zu werden.

Ich bin fest entschlossen, mich für so lange wie möglich normal zu fühlen und mache deshalb einen langen Spaziergang an der Strandpromenade von Brighton Beach. Ich versuche, mich auf das schöne Wetter zu konzentrieren, aber meine Gedanken kommen immer wieder zu meinen Nachforschungen zurück, was in den letzten Tagen ständig der Fall ist.

Sie haben gesagt, dass der Tod meiner Eltern ein Anschlag unter Mitgliedern der Mafia war. Eugene hat die Polizeibeamten gelesen, die den Fall untersucht haben. Sobald die Polizei herausbekommen hatte, dass die russische Mafia involviert war, wurden die Ermittlungen schnell abgeschlossen. Aber mein Vater hat niemals der russischen Mafia angehört. Genau wie Eugene war er ein Wissenschaftler gewesen. Das Ganze hatte keinen Sinn ergeben, bis Eugene mir noch etwas verriet, was er in den Erinnerungen der Ermittler entdeckt hatte: Spuren von Strippenziehern.

Strippenzieher sind der andere Teil der Menschen, die in die Gedankendimension eindringen können. Sie sind wie wir – nur dass sie die Gedanken der Menschen kontrollieren, statt sie zu lesen. Sie hassen uns genauso sehr wie wir sie. Es ist keine große Überraschung, dass diese Arschlöcher etwas damit zu tun haben, besonders deshalb, weil unser Vater Nachforschungen über unsere Fähigkeiten angestellt hatte.

Sobald ich das alles wusste, war mir klar, dass ich die Nachforschungen selbst in die Hand nehmen musste. Mein Bruder ehrt die Erinnerungen an meine Eltern dadurch, dass er sich auf die Forschung meines Vaters konzentriert, aber ich mache es auf eine andere Art und Weise. Ich jage stattdessen ihre Mörder, und das macht meinen Bruder verrückt. Aber was soll's. Ich bin kein kleines Mädchen mehr. Seit heute bin ich sogar offiziell erwachsen – auch wenn ich mich schon seit einer langen Zeit nicht mehr wie ein Kind gefühlt habe.

Ich bin entschlossen, mich wieder in meine Geburtstagsstimmung zu begeben, und gehe ins Kino. Ich wähle eine romantische Komödie und genieße dieses unglaubliche Fantasieprodukt. Schriftsteller kreieren diese leichten und luftigen Sachen, die genauso sind wie ein Märchen. Im echten Leben – zumindest in meinem echten Leben – sind Menschen selbstzerstörerische, gewalttätige Lügner, die betrügen und stehlen, solange sie damit durchkommen. Außerhalb der Mafia pflegen sie ihr zivilisiertes Äußeres, aber als Leser weiß ich, welche Gedanken sich hinter ihren freundlichen Gesichtern verstecken. Innerhalb der Mafia müssen sie sich noch nicht einmal verstecken. Die Kriminellen sind auf eine bestimmte Art und Weise die Ehrlichsten. Aber einige der Dinge, die ich in Viktors Klub und anderen ähnlichen Orten lese, sind so verdorben, dass sie einfach nur verstörend sind. Manchmal kann ich nach diesen kurzen »Lesungen« wochenlang nicht schlafen.

Ich schüttele meinen Kopf. Ich muss wieder auf positivere Gedanken kommen.

Ich kaufe mir ein Eis, bevor ich das Kino verlasse. Nichts macht bessere Laune als Eiscreme.

Danach beschließe ich, das Abendessen ausfallen zu lassen. Stattdessen ziehe ich mich auf der Toilette des Kinos um. Ich schlüpfe in das atemberaubende Kleid, schminke mich passend dazu und tausche meine Schuhe gegen ein Paar High Heels. Es ist an der Zeit, Spaß zu haben und ein wenig um die Häuser zu ziehen. Warum auch nicht? Es ist immerhin mein verdammter Geburtstag.

»Bist du Russin?«, versucht mich ein Typ in einem Klub zu fragen. Zumindest glaube ich, das trotz der dröhnenden Musik herauszuhören.

»Da«, schreie ich und nicke im Takt.

»Möchtest du etwas trinken?«, will er auf Russisch von mir wissen. Ich nehme zumindest an, dass er das fragt, weil ich das russische Wort für Getränk heraushöre und er außerdem seine Hand Richtung Mund führt, was generell die Geste für ein Getränk ist. Und nicht zu vergessen: Er zeigt auf die Bar.

Ich schaue mir den Typen an. Groß und breite Schultern. Er sieht wie einer der Männer aus, die ich mögen würde, wäre ich normal geblieben. Da ich versuche, heute Nacht normal zu sein, lasse ich mir einen Grey Goose mit Red Bull ausgeben, mein Getränk für lange Partynächte.

Ich liebe diese von Russen geführten Klubs, selbst wenn der Eigentümer manchmal der Mafia angehört. Die Wodkaauswahl ist immer top, die DJs legen hervorragend auf, die Musik ist generell sehr nach meinem Geschmack und der Barmann würde niemals nach einem Ausweis fragen. Selbstverständlich besitze ich einen gefälschten, aber ich werde lieber nicht danach gefragt. Außerdem würden sie dich hier niemals mit diesem Ich-weiß-dein-Ausweis-ist-gefälscht-aber-es-ist-mir-egal-kleines-Mädchen-Blick anschauen.

Während ich mein Getränk konsumiere, stellt sich der Typ vor und macht mir einige Komplimente. Ich kann allerdings nur Bruchstücke verstehen. Schließlich beuge ich mich zu ihm hinüber und schreie ihm ins Ohr: »Ich kann dich kaum hören!«

»Hast du Lust, zu tanzen?« Er beugt sich nach unten, um in mein Ohr zu schreien, und endlich verstehe ich, was er sagt.

»Definitiv.« Ich möchte gerade seinen Namen hinzufügen, als mir auffällt, dass ich mich gar nicht an ihn erinnere. So viel zum Thema Peinlichkeiten. Jetzt kann ich ihn schlecht danach fragen. Ich könnte natürlich jederzeit kurz splitten und seine Brieftasche nach einem Ausweis durchsuchen. Vielleicht später.

Er ist ein toller Tänzer und hat ein Rhythmusgefühl, wie ich es bis jetzt noch nie bei einem Mann gesehen habe. Was ihm zum Glück auch nicht fehlt, ist die Bereitschaft, weiterzugehen. Nach ein oder zwei Liedern, und leicht angetrunken, denke ich allerdings, dass er noch nicht willig genug ist. Ich nehme seine Hände und lege sie auf meinen Po. Da er ein cleverer Kerl ist, versteht er meinen Hinweis, und ab diesem Zeitpunkt haben wir entschieden mehr Körperkontakt. Er versucht es sogar mit Knabbern an meinen Ohrläppchen, was mir definitiv gefällt.

So tanzen wir mindestens weitere zehn Lieder. Meine Beine beginnen zu schmerzen, und mein Kopf dreht sich. Ich fühle mich großartig. Ich fühle mich, als ob ... na ja, als habe ich Geburtstag.

Ein paar Lieder später reibe ich mich schon an ihm. Er mag das ganz offensichtlich – oder er hat eine Taschenlampe in seiner Hosentasche, die ich vorher nicht bemerkt habe.

»Wollen wir gehen?«, fragt er mich ganz beiläufig.

»Gerne.« Ich reibe mich ein letztes Mal an ihm – falls es noch Missverständnisse über den restlichen Verlauf der Nacht geben sollte. »Lass uns zu dir gehen.«

Er hält meine Hand, während wir uns durch die Menge schieben, und hält plötzlich an.

Er starrt auf die Brust eines riesigen Rausschmeißers.

»Raus«, knurrt der Mann. Allein seine Lungen müssen enorme Ausmaße haben; ich kann ihn trotz des ganzen Lärms hervorragend verstehen. »Sie bleibt hier.«

»Was ist das Problem?«, fragt der Typ.

»Hast du mich nicht gehört?« Der Rausschmeißer beginnt, seine Ärmel hochzukrempeln – niemals ein gutes Zeichen. In einem russischen Nachtklub kann das ein tödliches Zeichen sein.

»Alles in Ordnung«, schreie ich meiner Begleitung zu. »Ich kenne diesen Mann.«

»Seid ihr zusammen?« Seine Lippen sind nur noch eine schmale Linie. »Warum hast du mir nicht gesagt, dass du mit jemandem zusammen bist?«

Ich zucke mit den Schultern und fasse seinen Ärger als Kompliment auf. Ich würde ihm liebend gern die Wahrheit sagen, aber was auch immer der Rausschmeißer vorhat, es gibt keinen Grund, einen Unschuldigen in die Sache hineinzuziehen. Besonders dann nicht, wenn ich durch denjenigen eine schöne Zeit hatte.

Mein Kerl geht kopfschüttelnd weg.

»Nach oben«, bellt der Rausschmeißer. »Hier entlang.« Er führt mich die Treppe nach oben und zeigt auf eine geschlossene Tür mit einer getönten Scheibe. Ich habe keine Möglichkeit, zu sehen, wer darin auf mich wartet.

Verdammt. Ich hätte die Waffe nicht im Auto lassen sollen, aber was soll's, denke ich und trete ein.

»Hallo«, begrüßt mich Viktor, während der Rausschmeißer die Tür für mich aufhält. »Wir müssen reden.«

Von allen Klubs, deren Besitzer zwielichtige Gestalten sind, habe ich mir den schlimmsten ausgesucht.

Und dann bemerke ich, dass sich noch eine zweite Person in dem Raum befindet.

Ein Mann, von dem ich nicht gedacht hätte, ihn je wiederzusehen, geschweige denn so bald.

Shkillet, dessen Gesicht durch die Verletzungen, die ich ihm zugefügt habe, grün und blau ist, wirft mir einen Blick zu, der sagt: »Jetzt bist du tot, Schlampe.«

5

»Du hast einen fragwürdigen Geschmack, was deinen Umgang betrifft, Viktor.« Ich habe nicht vor, sie denken zu lassen, sie hätten mich aus der Fassung gebracht. Lass sie niemals erkennen, dass du schwitzt – das ist ein Motto, nach dem ich lebe.

Shkillet bekommt ein rotes Gesicht, und seine Hand bewegt sich Richtung Stiefel, bevor er sich wieder im Griff hat. »Sie versucht, deine Autorität zu missachten«, flüstert er Viktor laut genug zu, um es mich hören zu lassen.

»Wenn ich deine Meinung hören möchte, lasse ich es dich wissen, Shkillet.« Viktor erhebt sich aus seinem Stuhl, während Shkillets rotes Gesicht erblasst. »Und was dich betrifft, meine liebreizende Freundin …«, Viktor nickt mit seinem Kopf in meine Richtung, » es gibt einen guten Grund dafür, weshalb er hier ist.«

»Und der wäre? Dass deine Toiletten wie geleckt aussehen müssen?« Ich blicke auf Shkillet und lasse mich durch die Androhungen in seinen Augen nicht einschüchtern.

»Du Schlampe.« Shkillets Finger zucken, und wahrscheinlich jucken sie schon, weil sie das Messer ergreifen wollen. Ich verstehe ihn; ich habe schon den gleichen Hass gespürt. Zum Glück entscheidet er sich dafür, auf den Boden zu spucken, anstatt zu versuchen, mich zu erstechen.

»Du spuckst noch einmal auf meinen Boden ... und du wirst es auflecken, Shkillet. Hast du mich verstanden? Und sprich nicht mehr, bis ich es dir sage.« Wenn Blicke töten könnten, hätte Viktor Shkillet schon mehr als zehnmal umgebracht. »Habe ich mich klar ausgedrückt?«

Shkillet nickt, und ich kann sehen, dass ihn diese Geste fast umbringt.

Viktor starrt ihn an. »Sag es.«

Shkillet atmet aus. »Ich werde warten, bis du mich aufforderst zu sprechen, Viktor.« Es hört sich an, als müssten diese Worte aus ihm herausgepresst werden.

»Nun.« Viktor krempelt seine Ärmel nach unten. »Wie ich gesagt habe, gibt es einen Grund dafür, dass er hier ist. Es wurde eine Anschuldigung erhoben.«

»Eine Anschuldigung?« Ich versuche, mich nicht herausfordernd anzuhören – etwas, mit dem ich manchmal Schwierigkeiten habe.

»Unser gemeinsamer Bekannter hat mir beunruhigende Dinge über dich erzählt.« Viktor lehnt sich mit verschränkten Armen gegen seinen Tisch. »Er behauptet, du seist ein Spion für die Polizei oder, noch schlimmer, eine Polizistin.«

»Bitte?« Das habe ich nicht erwartet und habe deshalb weder etwas Cleveres noch etwas Dummes parat, was ich ihm entgegnen könnte. »Wovon sprichst du?«

»Er hat vorausgesehen, dass du es abstreiten würdest.« Viktor hebt ein Schnapsglas von seinem Schreibtisch hoch und leert es in einem Zug. »Aber da seine Geschichte recht überzeugend ist, dachte ich, wir sollten uns mal unterhalten.«

Das ist übel. Sollte Viktor das glauben, wäre ich so gut wie tot. Ich überlege zu splitten und ihn zu lesen, um das herauszufinden, mache es aber nicht. Nach gestern ist meine Tiefe fast aufgebraucht, auch wenn ich durch die vierundzwanzig Stunden, die seitdem vergangen sind, wieder ein wenig mehr Zeit zur Verfügung haben sollte. Aber trotzdem, wenn ich es übertreibe, werde ich inert sein und viele Tage lang überhaupt nicht splitten können.

»Ich bin keine Polizistin.« Ich bin gerade dabei, meine Arme vor meiner Brust zu verschränken, als mir auffällt, dass das eine typische Geste der Verteidigung ist. Also fahre ich mir stattdessen mit den Fingern durch die Haare. »Das ist eine lächerliche Anschuldigung, die sich nur diese syphilitische Masse, die er sein Hirn nennt, hätte ausdenken können …«

»Suka.« Shkillet faucht diese russische Beleidigung geradezu.

»Ich dachte, ich hätte dich angewiesen, deinen Mund zu halten.« Viktor richtet einen seiner Finger bedrohend Richtung Shkillet. »Das ist nicht lustig, meine Liebe. Er sagt, Polizisten – deine Kollegen – hätten sein Gesicht so zugerichtet.«

»Das waren keine Polizisten. Das war ich.«

»Ich war noch nicht fertig.« Jetzt zeigt Viktors bedrohlicher Finger auf mich. »Was ich dir gerade erzählt habe, ist nur ein Teil des Puzzles. Nach dem Spiel gestern habe ich mich ein wenig umgehört.«

»Und?«, frage ich, weil ich die Richtung, in die dieses Gespräch geht, nicht mag.

»Und du hast eine Tendenz … wie soll ich das jetzt nett formulieren? Du stellst im Bett eigenartige Fragen.«

Shkillet schnaubt, und ich versuche, nicht zu erröten. Es stimmt, dass ich mit einigen der Verbrecher geschlafen habe. Keine wirklich schlimmen Kriminellen, aber definitiv böse Jungs. Allerdings habe ich das nicht nur getan, um Informationen zu bekommen. Ich fand sie anziehend – auch wenn ich nicht weiß, ob es das jetzt besser oder schlimmer macht. Und ja, ich habe nach Experten für Explosionen gefragt, wenn sich ein günstiger Moment ergeben hat, selbst wenn es genau der Moment danach war. Schließlich ist es ja der Moment, in dem die meisten Männer am aufgeschlossensten sind.

»Ich interessiere mich einfach für bestimmte Dinge.« Ich zucke mit den Schultern. »Vielleicht suche ich jemanden, der einen Auftrag für mich ausführen kann, um eine offene Rechnung zu begleichen. Aber das macht mich noch lange nicht zu einer Polizistin.«

Viktor schaut mich an. Ich erwidere seinen Blick. Ich bin fest entschlossen, keine Schwäche zu zeigen. Und gerade jetzt habe ich ziemlich weiche Knie. Ich weiß nicht, was Viktor in seinem sprichwörtlichen Ärmel hat, und ich weiß nicht, worauf er gerade hinausmöchte. Ich bin besser, wenn ich alle Informationen besitze.

»Es gibt da auch noch diesen Punkt mit deinem Namen. Du behauptest, er sei Ilona, aber wir beide wissen, dass du auch Mira, Yulia und eine Menge weiterer benutzt.«

Mist. Wie hat er das herausbekommen? Ich dachte, ich hätte meine Spuren gut verwischt. Eigentlich habe ich meinen Namen für meinen Bruder geändert. Die Theorie dahinter ist, dass wenn ein Strippenzieher hinter dem Tod meines Vaters steckt, mein Bruder wahrscheinlich der nächste Todeskandidat ist. Das kann ich Viktor allerdings nicht sagen.

»Ich gewinne große Geldbeträge.« Ich denke sehr angestrengt und sehr schnell, etwas, was ich mittlerweile sehr gut beherrsche. »Nicht nur hier, sondern auch auf legalen Turnieren. Das kannst du dir von deinen Männern in Vegas bestätigen lassen. Unter diesen Umständen ist es ganz normal, dass ich möglichst anonym bleiben möchte.«

»Das kann ich verstehen. Bis zu einem gewissen Punkt.« Viktor nimmt eine große Flasche Wodka zur Hand und schenkt sich erneut sein Glas voll. »Aber du musst zugeben, dass das Bild, das sich ergibt, nicht gut aussieht.«

»Da bin ich anderer Meinung.« Ich verlagere mein Gewicht von einem Fuß auf den anderen. »Ich wäre der schlechteste und auffälligste geheime Ermittler in der Geschichte der verdeckten Ermittlungen. Ich meine, normalerweise bin ich die einzige Frau, die spielt. Das allein macht mich zu einem bunten Huhn.«

»Damit hat sie recht.« Viktor winkt mit seinem Wodkaglas in

Shkillets Richtung. »Auch wenn ich eine hübschere Metapher verwenden würde, um sie zu beschreiben.«

»Warum hörst du ihr überhaupt zu?«, fragt Shkillet frustriert. »Sie würde dir alles Mögliche erzählen, um diesen Raum unversehrt zu verlassen.«

»Weil hier mehr vor sich geht.« Viktor leert sein Glas. »Und ich finde dieses ›mehr‹ höchst interessant.«

»Dann lass sie mich zum Reden bringen.« Shkillet zieht sein Messer heraus, und seine Hand zittert schon fast voller Vorfreude. »Nach zwei Minuten wird sie zugeben, dass sie eine Polizistin ist, genauso wie ich es sage.«

»Wir reden gleich noch darüber, dass du eine Waffe in dieses Etablissement geschmuggelt hast.« Viktor wirft ihm einen wütenden Blick zu. »Zuerst möchte ich etwas klarstellen. Ich stelle die Fragen. Ich benötige deine Hilfe nicht. Ich bin gut darin, Menschen einzuschätzen, und ich weiß, dass sie etwas verheimlicht. Aber ich denke ebenfalls, dass du mir nicht alles erzählst.«

»Er verheimlicht dir definitiv einige Dinge«, werfe ich ein. Ich bin entschlossen, das Ganze eskalieren zu lassen.

»Ist das so?« Viktor hebt seine Augenbrauen an, so als könnte ich auf keinen Fall wissen, wovon ich spreche. »Was würde er wagen, vor mir geheim zu halten?«

»Die Tatsache, dass ich sein Gesicht so zugerichtet habe, wie ich vorhin versucht habe, dir zu erklären«, sage ich. »Und das ist nur der Anfang.«

»Das ist eine Lüge.« Shkillets Fingerknöchel färben sich weiß, so fest umklammert er sein Messer. »Das waren die Polizisten.«

»Außerdem verschweigt er die Tatsache, dass er sich dir gegenüber respektlos verhält.« Ich ignoriere Shkillet Widerspruch. »Er spricht hinter deinem Rücken über dich.«

»Bevor du fortfährst, meine liebe Ilona …«, Viktor hält seine Hand nach oben, »solltest du wissen, dass ich haltlose Anschuldigungen nicht einfach hinnehme.«

»Haltlose Anschuldigungen wie die, dass ich eine Polizistin

sei?« Ich schaue Viktor mit verengten Augen an. »Wie wäre es hiermit? Er sagt, er hätte deine Mätresse gefickt. Wobei ich denke, dass er sie eher vergewaltigt hat, da Frauen, die klaren …«

»Wovon zum Teufel redest du?«, knurrt Shkillet, verstummt aber, sobald er zu Viktor schaut.

Ich kann verstehen, warum. Viktors Gesichtsausdruck verdüstert sich, und es ist beängstigend, das zu sehen, besonders da er höchstwahrscheinlich auf mich und nicht auf Shkillet wütend ist.

Ohne ein Wort zu sagen, greift Viktor in seinen Schreibtisch und holt eine Waffe hervor, die er mit einem lauten Klicken von Metall auf Glas auf der Tischplatte ablegt. »Ich denke, du hast mich nicht verstanden, als ich gesagt habe, ich würde solchen Mist nicht auf die leichte Schulter nehmen.«

»Doch, ich habe dich verstanden. Aber hat er das auch?« Ich zeige auf Shkillet.

»Du bist eine Polizistin«, schreit Shkillet. »Und du kannst Gift darauf nehmen, dass ich nicht mal in der Nähe von Viktors Frau war.«

»Ach wirklich nicht?«, entgegne ich. »Woher würde ich wissen, dass sie Vera heißt, wenn nicht von dir?«

»Du bist eine Polizistin.« Shkillet bewegt sein Messer nervös von einer Hand in die andere.

»Und was ist mit der Tatsache, dass sie auf dem Rücken eine Tätowierung mit einer Maria hat, die das Jesusbaby hält? Die Tätowierung mit einem Gesicht, auf das du abspritzen wolltest?«, frage ich. »Weiß ich das alles, weil ich eine Polizistin bin? Weil du das meinen ›Kollegen‹ erzählt hast, als sie dich zusammengeschlagen haben? Und was ist mit deiner Behauptung, dass sie einen muskulösen Rücken mit Grübchen über dem Po und einen Leberfleck auf ihrer rechten Schulter hat? Willst du behaupten, dass das ein anderer beschissener Vergewaltiger war, der das weitererzählt hat?«

Viktors Gesicht ist das Furchterregendste, was ich seit langer Zeit gesehen habe. Shkillet bemerkt es ebenfalls, und als er sieht, dass Viktor nach seiner Waffe greift, dreht er komplett durch und geht mit dem Messer auf mich los.

Jetzt splitte ich – wenn ich tot bin, nützt mir die verbliebene Tiefe auch nichts mehr.

In der Gedankendimension gehe ich zu Shkillet, um ihn zu lesen und mir sein Vorhaben bestätigen zu lassen. Wie ich vermutet habe, weiß er, dass er ein toter Mann ist, und will sichergehen, mich mit sich zu reißen.

Scheiße. Ich habe es bei ihm übertrieben. Ich hätte nicht gedacht, dass er die Kamikaze-Variante wählt. Zumindest sieht es dadurch so aus, als hätte ich die Wahrheit gesagt, und das bedeutet, dass Viktor ihn nicht nur töten, sondern das Ganze auch noch langsam machen wird. Und trotzdem, falls Shkillet mich vorher umbringt, wird sein eigenes Schicksal mir nur ein kleiner Trost sein.

Ich schaue zu Viktor. Er ist immer noch wütend, aber sieht gleichzeitig verwirrt aus. Er hatte das ebenfalls nicht von Shkillet erwartet. Genauso wie ich hatte er wahrscheinlich nicht gedacht, dass dieser Mann die Nerven dafür habe.

Ich betrachte den Weg, den Shkillets Körper und das Messer eingeschlagen haben. Ich versuche, mir den Fortlauf der Bewegung vorzustellen, und zwar in die Richtung, in der mein eingefrorenes Ich sich befindet. Ich weiß, was ich zu tun habe.

Leicht ermutigt verlasse ich die Gedankendimension.

Sobald ich mein Bewusstsein und meinen Körper wiedererlangt habe, drehe ich mich weg und trete zur Seite. Ich hoffe, ich habe mich nicht verrechnet.

Shkillets Messer rauscht einen Zentimeter an meinem Hals vorbei durch die Luft.

Zum Glück hatte ich mich nicht verrechnet.

Shkillet hält abrupt inne, und seine Knopfaugen sind vor Schreck weit aufgerissen. Er kann nicht glauben, dass er mich nicht erwischt hat.

Ich kann die Andeutung einer Bewegung sehen und splitte erneut.

Scheiße. Er hat sich zu schnell wieder im Griff gehabt. Er ist gerade dabei, mich erneut anzugreifen. Wenn ich nichts unternehme, wird er mir diesmal mit dem Messer den Bauch aufschlitzen.

Ich schaue zu Viktor. In den wenigen Augenblicken, die vergangen sind, hat er seine Pistole in die Hand genommen. Aber selbst wenn Viktor nicht auf mich, sondern auf meinen Gegner schießen will, wird er zu lange brauchen, um diese Handlung auszuführen. Und ich rede nicht einmal von der Zeit, die die Kugel brauchen würde, um Shkillet zu treffen.

Selbst wenn er abfeuern würde, könnte man nicht mit Sicherheit sagen, ob er nicht die falsche Person treffen würde – also mich –, so nah wie ich bei Shkillet stehe. Ich spiele kurz mit dem Gedanken, Viktor zu lesen, um herauszufinden, auf wen er zielt. Allerdings habe ich keinerlei Tiefe mehr, die ich mit einer Frage verschwenden könnte, die nichts zur Lösung meiner derzeitigen Lage beiträgt. Ich komme also zurück.

Noch bevor mein Geist sich vollständig mit meinem Körper verbunden hat, arbeite ich mental einen Bewegungsablauf aus, der am besten als Hula-Hoop-Move beschrieben werden kann. Ich lasse ihn immer wieder in meinem Kopf ablaufen, um sicherzugehen, dass er das Erste und Einzige ist, was mein Körper tun wird, sobald ich wieder vollständig zurückgekehrt bin. Mein Körper bewegt sich wie geplant, aber nicht schnell genug, wie ich an dem brennenden Schmerz in meiner Taille bemerke.

Ein Schmerz, der mich umgehend erneut splitten lässt.

Bitte, ich will mich jetzt nicht sterben sehen. Ich drehe mich herum, um meinen eingefrorenen Körper in der Gedankendimension zu betrachten.

Ich habe Glück. Auch wenn mein Hula-Hoop-Move nicht perfekt war, bin ich dem Messer doch größtenteils ausgewichen.

Shkillet hat mich nur an der Seite erwischt. Und jetzt ist er überrascht.

Ich komme zurück und trete Shkillet mit einer gelungenen Drehung in die Hoden. Das ist eine Bewegung, die ich schon viele Male ausgeführt habe, seit ich meine Ermittlungen begonnen habe. Nichts kann einen Mann so schnell aufhalten wie ein Tritt in diesen empfindlichen Ort, und keiner der Männer hatte es jemals mehr verdient als Shkillet.

Als mein Fuß ihn trifft, kreischt Shkillet laut auf und fasst nach seinen verletzten Kronjuwelen. Ich erinnere mich an Viktors halb volle Wodkaflasche und greife nach ihr, um sie Shkillet auf den Kopf zu schlagen. Bevor ich das tun kann, ertönt ein Schuss.

Im Raum wird es still, und mein Herz fühlt sich an, als würde es jeden Moment aus dem Brustkorb springen.

Ich splitte automatisch und schaue mich um. Mein echter Körper sieht nicht so aus, als sei auf ihn geschossen worden. Es fließt noch mehr Blut aus der Wunde, die Shkillets Messer mir zugefügt hat, aber das ist alles. Als ich auf Viktors Waffe schaue, kann ich nicht sagen, worauf er gezielt hat, da die Luft um den Lauf voller Rauch ist.

Sobald ich mich allerdings zu Shkillet umdrehe, sehe ich, dass gerade die Hälfte seines Schädels in Form von eingefrorenem Blut und Stücken seiner Gehirnmasse durch die Luft fliegt. Dahin hatte Viktor also gezielt. Eine weitere Kugel schwebt auf halbem Weg zu Shkillets Brust in der Luft.

Ich atme erleichtert aus und beschließe, einige weitere kostbare Momente meiner Tiefe dazu zu benutzen, herauszufinden, was Viktor vorhat. Falls er plant, mich zu erschießen, möchte ich es wissen, auch wenn ich nicht viel tun kann, um ihn aufzuhalten. Andererseits kann ich die Wodkaflasche auf ihn schleudern – ein letztes Aufbäumen, bevor ich gehen muss.

In Viktors Kopf erlebe ich eine Mischung aus Wut, Bewunderung und Verwirrung. Da es unmöglich ist, mit Sicherheit vorherzusagen, was er tun wird, verlasse ich die Gedankendimension und bereite mich auf das vor, was mich gleich erwarten könnte.

Viktor schaut zuerst auf Shkillets blutigen Körper, danach auf mich. Einen kurzen Moment lang, in dem mein Herz auszusetzen droht, richtet er seine Waffe auf mich, bevor er sie sinken lässt.

Einer der Rausschmeißer kommt in das Zimmer gestürmt. »Was zum Teufel ist los, Boss? Dein Glas ist nicht so schallisoliert. Wenn wir es draußen gehört haben, könnten es auch alle auf der Tanzfläche mitbekommen haben.«

»Hier muss dezent gereinigt werden.« Viktor legt seine Waffe auf den Tisch. »Und was den Lärm betrifft, weis den DJ an, sich eine Entschuldigung einfallen zu lassen. Irgendeinen technischen Fehler. Er soll gleichzeitig ankündigen, dass ab sofort an der Bar eine halbe Stunde lang kostenlos Getränke ausgeschenkt werden.«

»Verstanden.« Der Rausschmeißer atmet hörbar aus und lockert seine Schultern, während er hinausgeht. »Das wird funktionieren, besonders der zweite Teil.«

»Ich weiß nicht so genau, was gerade passiert ist«, sagt Viktor, als der Rausschmeißer fort ist. »Was du über Vera gesagt hast, war korrekt, und nur eine Person, die sie nackt gesehen hat, könnte solche Dinge wissen. Aber irgendetwas daran stört mich, weil ich kaum glauben kann, dass er es wagen würde.« Viktor deutet auf Shkillets Überreste und schüttelt seinen Kopf. »Trotzdem habe ich den Dreckskerl heute Nacht unterschätzt. Das sollte auf seinem Grabstein stehen: ›Shkillet der Unterschätzte‹.«

»Eher ›Shkillet, der unterschätzte Vergewaltiger‹.« Ich bewege die Leiche mit meinem Fuß.

»Über diesen Teil weiß ich nichts.« Viktor streckt seine Hand nach der Flasche aus, die ich immer noch in meiner Hand halte.

»Glaube, was du willst.« Ich reiche ihm die Flasche. »Frag herum. Er war ein Vergewaltiger.«

»Aber hat er sich auch an Vera vergangen?« Viktor runzelt seine Stirn. »Damit habe ich ein Problem. Hätte sie es mir nicht gesagt?«

»Vielleicht hat sie sich geschämt? Das ist bei vielen Vergewaltigungsopfern der Fall. Alles, was ich dazu sagen kann, ist, dass selbst wenn er es nicht getan haben sollte, er es zumindest behauptet hat. Aber er hat auch behauptet, ich sei eine Polizistin.«

»Und das bist du nicht?« Viktor kippt das Schnapsglas hinunter. »Du hast dich wie ein Soldat der Speznas bewegt, als er dich angegriffen hat. Es war …«

»Ich habe gute Reflexe.« Ich muss seine Gedanken von dem ablenken, was er gesehen zu haben glaubt. »Das ist alles. Das macht mich noch lange nicht zu einer Polizistin.«

»Aber es macht dich in diesem Fall zu einem Mittäter.« Er deutet auf Shkillet. »Was mich aber eigentlich beschäftigt: Falls er gelogen und sie nicht gefickt haben sollte, woher wusste er dann, was sie auf ihrem Rücken hat?«

»Das werden wir ihn jetzt wohl nicht mehr fragen können.« Ich zucke mit den Schultern. »Vielleicht war er ein Spanner? Das wäre nichts Ungewöhnliches für einen Vergewaltiger.«

»Vielleicht.« Er blickt mich misstrauisch an. »Oder vielleicht bist du einer? Hast du mich gestern dabei beobachtet, wie ich sie genommen habe? Hast du uns beobachtet und das, was du gesehen hast, dazu benutzt, ihn als respektlos hinzustellen?«

»Das hättest du wohl gerne. Das ist eher eine deiner voyeuristischen Fantasien. Würdest du nicht deine Tür schließen und einen der Rausschmeißer davor positionieren, während du Sex hast?«

Viktor seufzt und fährt sich mit den Fingern durch seine Haare. »Mit dir zu reden ist genauso frustrierend, wie sich mit Nadia zu unterhalten. Du bist eine zu gute Lügnerin – wahrscheinlich hilft dir das auch beim Pokern.«

Ich zucke mit den Schultern und gebe vor, nicht zu wissen, dass er über seine Tochter spricht.

»Also.« Viktor atmet hörbar aus. »Die Tatsache, dass er dich angegriffen hat, könnte bedeuten, dass du recht hast. Vielleicht wusste er, dass er einen langsamen Tod haben würde, falls er nicht auf dich losgegangen wäre.«

»Du traust ihm zu viel zu. Er ist nicht so clever – nur verrückt.« Ich lege meinen Zeigefinger auf die Schläfe, um meine Aussage, er sei verrückt, mit einer Geste zu untermauern.

Viktor lacht auf, aber hält abrupt inne und blickt mich eindringlich an.

Ich fühle mich von seinem Blick durchbohrt, und ich kann das Pochen meiner Wunde nicht länger ignorieren. Der Adrenalinrausch ist vorbei, und sie tut schweineweh.

»Du blutest.« Er runzelt die Stirn.

»Es ist nichts.« Ich will ihm keine Befriedigung verschaffen, indem ich Schwäche zeige. »Aber vielen Dank für deine Sorge.«

»Wie auch immer dein Name ist, ich möchte diese Unterhaltung an einem anderen Tag fortsetzen.«

Toll. Genau das, was mir noch gefehlt hat. Das spreche ich natürlich nicht laut aus.

»Bis dahin«, fährt er fort, »werde ich alle wissen lassen, dass du unter meinem Schutz stehst. Du musst dir also in Zukunft keine Sorgen mehr um solchen Abschaum wie Shkillet machen.«

Ich bin sprachlos. Das hatte ich nicht von ihm erwartet. Das ist das dritte Mal heute, dass ich überrascht werde. Ich sollte wirklich mehr lesen, wenn ich solche unerwarteten Situationen vermeiden möchte. Leider ist das wegen meiner limitierten Tiefe recht schwierig.

»Hier ist meine Karte.« Er reicht sie mir, als würde es sich dabei um eine normale Visitenkarte handeln. »Ruf mich an, wenn du irgendetwas brauchst.«

Ich nehme die Karte. Danach geht er zur Tür und lässt die Rausschmeißer eintreten.

»Bring sie ins Krankenhaus«, sagt Viktor zu dem riesigen Kerl, der mich vorhin hierhergebracht hat. »Die Rechnung geht auf mich.« Nachdem der Mann zustimmend genickt hat, schaut Viktor wieder zu mir. »Wir sehen uns, Ilona.«

Taub vor Schock, lasse ich mich durch den Klub führen. Von dem Typen, mit dem ich vorhin getanzt habe, ist keine Spur zu entdecken. Was soll's. Er wäre ja sowieso nicht mehr als ein One-Night-Stand gewesen. Ich bin realistisch. In meinem Leben ist kein Platz für eine Beziehung.

Verarztet und hundemüde nehme ich ein Taxi vom Krankenhaus zu meinem Auto.

Als ich die Straßen an mir vorbeiziehen sehe, gehen mir eine Million Gedanken durch den Kopf. Sie alle wollen an die Oberfläche kommen, aber derjenige von ihnen, der immer wieder in den Vordergrund rückt, ist der, dass ich hier weg muss. Weg aus Brooklyn, weg von diesen Kriminellen, weg von diesem ganzen Scheiß. Ich muss warten, bis sich die Dinge hier beruhigt haben.

Das ist eine clevere Idee, aber wie soll ich das anstellen? Wohin sollte ich gehen?

Ideen formen sich und zerplatzen. Sollte ich einmal wieder nach Vegas gehen? Nein, dafür bräuchte ich einen neuen Satz Ausweise, da sie in der Stadt hinter mir her sind. Monte Carlo ist noch nicht in greifbarer Nähe; meine gefälschten Papiere sind nicht gut genug, um mit ihnen nach Europa zu reisen.

Als ich nach Hause komme und wieder in mein Zimmer schleiche, wird mir klar, dass es einen anderen Ort gibt, an den ich gehen könnte. Er ist näher und kein heißes Pflaster für mich, auch wenn er nicht allzu weit von hier entfernt ist.

Als ich ins Bett gehe, habe ich meinen neuen Plan ausgearbeitet. Ich werde mich ein paar Nächte lang ausruhen, warten, bis die Fäden gezogen werden, mich mit Eugene aussöhnen und dann in den Bus nach Atlantic City steigen.

Ob sich schon einmal jemand so sehr auf eine Reise nach New Jersey gefreut hat? Ich weiß es nicht, und es ist mir auch egal. Meine Welt dreht sich nur noch um mein weiches Kopfkissen, und ich gebe mich einem erholsamen und wohlverdienten Schlaf hin.

DIE STRIPPENZIEHER - THE THOUGHT PUSHERS

GEDANKENDIMENSIONEN: BUCH 2

BESCHREIBUNG

Was bin ich?

Wer hat meine Familie umgebracht?

Warum?

Ich muss Antworten darauf bekommen, bevor die russische Mafia mich umbringt.

Falls meine eigenen Freunde mich nicht vorher umbringen.

1

Mein Telefon gibt höchst störende Geräusche von sich. Warum habe ich es nochmal neben mein Bett gelegt?

Schlecht gelaunt, versuche ich aufzuwachen. Dieser unangenehme Lärm hört einfach nicht auf, also schnappe ich mir das Telefon.

»Hallo?« Meine Stimme hört sich in meinen Ohren rau an. Wie lange habe ich geschlafen?

»Darren, ich bin's, Caleb. Ich warte unten. Komm raus.«

Der Adrenalinschub, der mich überkommt, befördert mich in die Stille. Ich liege neben meinem eingefrorenen Ich auf der linken Seite des Bettes. Es hat einen mitleiderregenden, extrem besorgten Gesichtsausdruck. *Mein Gesicht.*

Ich greife nach meiner Armbanduhr, die auf dem Nachttisch liegt. Es ist 6.13 Uhr.

Die Ereignisse der letzten Tage schießen mir mit erschütternder Klarheit durch den Kopf. Der Trip nach Atlantic City, auf dem ich Mira zum ersten Mal gesehen habe. Mein Hacker-Freund, Bert, der sie für mich ausfindig gemacht hat. Das Treffen mit ihr und ihrem Bruder Eugene in ihrem Apartment in Brooklyn, und die Erkenntnis, dass ich ein Leser bin. Miras Entführung durch die russische Mafia und unser Aufsuchen der Lesergemeinschaft, um diese um Unterstützung zu bitten. Caleb und Julia, die uns helfen. Das alles fällt mir wieder ein, zusammen mit dem übelsten Teil.

Ich habe bei jemandem die Strippen gezogen.

Das ist etwas, was kein Leser tun können sollte. Das ist etwas, was nur Strippenzieher, die Menschen, die die Leser hassen, tun können.

Ich habe jemanden seines freien Willens beraubt.

Und jetzt ist Caleb hier, bei Sonnenaufgang.

Scheiße. Mein Herz rast. Hat Mira mich verraten? Weiß die gesamte Lesergemeinschaft etwa schon Bescheid? Und falls sie es getan hat, was bedeutet das für mich? Was machen Leser mit Strippenziehern? Ich erinnere mich daran, dass Mira gedroht hat, jeden Strippenzieher umzubringen, dem sie begegnen würde. Was passiert, wenn ich einer dieser Strippenzieher bin? Falls die anderen Leser herausfinden, dass ich diesen Kerl manipuliert habe, damit er sich zwischen Mira und die Kugel schmeißt, was würden sie tun? Nichts Gutes, so viel weiß ich mit Sicherheit. Aber warum sollte Mira verraten, was ich getan habe? Der einzige Grund, aus dem sie am Leben ist, ist, dass ich den Kerl dazu gebracht habe, die Kugel abzufangen, die für sie bestimmt war. Das muss sie auch wissen.

Oder könnte Caleb aus einem anderen Grund hier sein? Ich schulde ihm einen Ausflug in den Kopf einer anderen Person, so komisch sich das auch anhören mag. Könnte er hier sein, um seine Schulden einzusammeln? Das wäre besser, als wenn die anderen wüssten, dass ich ein Strippenzieher bin.

Falls ich überhaupt ein Strippenzieher bin. Gestern schien es so, als habe ich bewiesen, ein Leser zu sein. Zweimal sogar, bei zwei verschiedenen Personen. Sie waren ziemlich überzeugt von meinen Lesefähigkeiten. Bedeutet das, dass die Leser nicht wirklich verstehen, was die Strippenzieher tun bzw. nicht tun können, oder bedeutet es etwas völlig anderes ... vielleicht, dass ich weder ein Leser noch ein Strippenzieher bin? Gibt es eine dritte Möglichkeit? Ich bin davon überzeugt, dass es genauso gut andere Gruppen geben könnte, von denen wir noch nie etwas gehört haben.

Oder ich bin beides. Ein Hybrid. Ist es möglich, dass einer meiner Elternteile ein Leser und der andere ein Strippenzieher war? Sollte das der Fall gewesen sein, wäre ich das Produkt einer Vermischung der Blutlinien – etwas, was in Eugenes Augen ein Tabu zu sein schien. Und das, obwohl er und Mira Halbblute sind, und damit wahrscheinlich diesem Thema offener gegenüberstehen als reinblütige Leser. Bedeutet das, dass meine Existenz gegen einige dämliche Regeln verstößt? Das könnte natürlich auch erklären, warum meine biologischen Eltern so überzeugt davon waren, dass jemand sie umbringen wollte.

Es könnte erklären, warum sie ermordet wurden.

Ich könnte jetzt stundenlang hier in der Stille sitzen und nachdenken, aber auch alles Denken dieser Welt würde Caleb nicht zum Gehen veranlassen. Ich muss herausbekommen, warum er hier ist.

Ich stehe auf und gehe nackt zur Tür. In der Stille kann mich niemand sehen, also muss ich mir darüber keine Gedanken machen.

Ich gehe, nur mit Hausschuhen bekleidet, hinunter ins Erdgeschoss und trete durch die Eingangstür nach draußen. Erstaunlicherweise sind schon recht viele Menschen auf der Straße unterwegs – Motorradfahrer, Fußgänger, sogar Obdachlose –, die jetzt eingefroren sind. Sie müssen verrückt sein, so früh schon wach zu sein.

Ich brauche nur einen kurzen Augenblick, um Calebs Auto zu finden. Es steht genau an derselben Stelle, an der er mich gestern abgesetzt hat. Er scheint ein Gewohnheitsmensch zu sein.

Er hält sein Telefon in der Hand, und ich finde es lustig, dass ich gerade am anderen Ende der Leitung bin. Ich untersuche den Innenraum des Autos gründlich, weil ich versuche, Hinweise darauf zu finden, weshalb er hier sein könnte. Außer zwei Kaffeebechern in den Getränkehaltern finde ich aber nichts Außergewöhnliches. Ist einer davon für mich? Wie fürsorglich. Ich finde eine Waffe im Handschuhfach, aber das beunruhigt mich nicht wirklich. Caleb ist wahrscheinlich der Typ, der überall Waffen versteckt hat, nur für den Fall, dass ...

Ich vermeide es, Caleb zu nahe zu kommen – eine Berührung könnte ihn in meine Gedankendimension holen, wie er die Stille nennt, und er würde wissen, dass ich herumgeschnüffelt habe. Nicht zu vergessen die ganzen Witze, die er auf meine Kosten machen würde, weil ich gerade nackt bin.

Enttäuscht darüber, nichts Nützliches herausgefunden zu haben, gehe ich wieder in mein Apartment zurück. Ich berühre die Hand meines eingefrorenen Ichs, die das Telefon hält, und verlasse die Stille.

»Worum geht es, Caleb? Ich bin gerade erst aufgewacht.« Meine Stimme ist immer noch rau, also räuspere ich mich einige Male und bedecke dabei den Telefonhörer mit meiner linken Hand.

»Komm raus, und wir reden«, antwortet er.

Ich habe keine Lust auf lange Diskussionen. Da ich Calebs Fähigkeiten kenne, weiß ich, dass ich wahrscheinlich mit seiner Waffe in meinem Mund aufgewacht wäre, hätte er mir etwas antun wollen.

»Ich bin in zwanzig Minuten unten«, sage ich ihm.

»In zehn«, erwidert er und legt auf.

Manche Menschen haben wirklich keine Manieren.

Ich stehe auf, putze meine Zähne und ziehe mich an. Danach mache ich mir schnell einen grünen Smoothie – meine Antwort auf Frühstück to go. Drei gefrorene Bananen, eine Handvoll Cashewkerne, ein Becher Spinat und ein Becher Kohl wandern in den Mixer. Einige laute Sekunden später sind ich und mein riesiger Becher auf dem Weg nach draußen. Ich mache diesen

Smoothie, um an den Tagen, an denen ich ins Büro muss, Zeit zu sparen.

Da wir gerade von Arbeit sprechen, versteht Caleb nicht, dass normale Menschen Jobs haben, bei denen sie mittwochmorgens erscheinen müssen? Ich gehöre zwar nicht dazu, aber das ist nicht der Punkt. Jetzt bin ich noch verärgerter. Andererseits ist es noch sehr früh, und das Ganze könnte vorbei sein, bevor der Arbeitstag beginnt.

»Du solltest besser einen guten Grund dafür haben, mich so früh aus dem Bett zu holen«, meine ich zu ihm, während ich die Autotür öffne.

»Dir auch einen schönen guten Morgen, Darren.« Er ignoriert mein Nörgeln, lässt den Motor an und fährt los, sobald ich eingestiegen bin. »Schau, Kind. Ich wollte dich auch nicht in aller Herrgottsfrühe aus dem Bett zerren, aber Jacob hat den Nachtflug hierher genommen und verlangt, dich vor dem Beginn deines Arbeitstages zu sehen, damit du nicht so viele Umstände hast. Und hier bin ich.«

Jacob, das Oberhaupt der Lesergemeinschaft, möchte mich sehen? Scheiße. Vielleicht hat Mira doch allen von meinem Strippenziehen erzählt und es ist bis nach ganz oben durchgesickert. Andererseits sieht Caleb nicht besonders feindlich gestimmt aus, also könnte meine Befürchtung unbegründet sein.

Während wir die ersten Straßen hinter uns lassen, werden meine Sorgen um die möglichen Gründe für Jacobs Wunsch durch die Angst verdrängt, die Calebs Fahrstil mir macht. Ich beschwere mich nicht darüber, dass er wie ein Irrer gefahren ist, als wir Mira retten mussten, aber jetzt gerade gibt es keine Rechtfertigung dafür.

»Ich muss nicht zur Arbeit gehen, also bitte bringe uns nicht um«, sage ich. Caleb ignoriert meine Bemerkung. Also frage ich: »Was will Jacob von mir?«

»Was er von dir möchte, ist eine Angelegenheit zwischen ihm

und dir.« Caleb hupt ein anderes Auto an, dessen Fahrer an der roten Ampel stehen geblieben ist, so als sei das falsch. »Ich versuche, die Zeit wiedergutzumachen, die wir verloren haben, als du dich fertig gemacht hast. Wir haben noch etwas anderes vor, bevor ich dich zu Jacob bringe.« Die Ampel springt um, und wir rasen weiter.

»Was denn?« Als ich einen Schluck meines Getränks nehme, wird mir klar, dass das kein Witz war. Allerdings würden die meisten Menschen wenigstens vorher fragen. Aber meiner Erfahrung nach werden erbsengrüne Morgengetränke ja auch mit Verwunderung oder Belustigung betrachtet, was bei Caleb ebenfalls nicht der Fall ist.

»Wir werden uns ein wenig amüsieren gehen«, sagt er mit der offensichtlichen Absicht, mich aufzuheitern. »Ein Typ aus Brooklyn ist als Erster dran.«

»Als Erster dran?« Ich bin verwirrt. »Wovon redest du?«

»Unserem Deal«, sagt er und schaut mich vorwurfsvoll an. Ich würde mich wirklich freuen, wenn er die Straße im Auge behalten könnte. »Ich habe mich für jemanden entschieden.«

Unser Deal. Mist. Ich hatte gehofft, er würde das Versprechen, welches ich ihm gegeben habe, vergessen. Ich soll ihm helfen, tiefer in die Gedanken einiger Kämpfer einzudringen, als er allein es kann – etwas, was andere Leser nicht für ihn tun wollen. Ich hatte gehofft, etwas mehr darüber herauszufinden, warum sie es nicht wollten, auch wenn es mir nicht wirklich weiterhilft – ich habe ihm mein Versprechen ja schließlich schon gegeben, als er bei Miras Rettung helfen sollte.

»Was weißt du über das, was wir tun werden?«, frage ich. Plötzlich ist Calebs Fahrstil nicht mehr meine größte Sorge.

»Ehrlich gesagt, nicht viel«, meint er nachdenklich und schaut auf die Straße. »Das einzige Mal, an dem ich es getan habe, war der andere Leser nur ein klein wenig stärker als ich. Ich glaube, dass die Länge der Zeit, die beide Beteiligten theoretisch zusammen in der Gedankendimension verbringen könnten, bestimmt, wie eng das Bewusstsein verschmilzt. Die Frau, mit der ich es tat, konnte allerdings nur einen Tag in der Gedankendimension verbringen.«

»Glaubst du das?« Toll. Jedes kleinste bisschen Vertrauen, das ich bei dieser Sache in ihn gelegt hatte, löst sich in Rauch auf. Ich frage mich, ob er überhaupt mehr weiß als ich.

»Es ist schwer zu beschreiben, Darren. Alles, was ich sagen kann, ist: Lass uns abmachen, nicht in den Kopf des anderen einzudringen.«

Und dann verstehe ich es auf einmal: Wir haben Zugang zum Kopf des jeweils anderen. Er wird Zugriff auf meine Gedanken haben, auch wenn ich noch nicht genau verstehe, wie. Falls es so ähnlich ist wie das Lesen, könnte er theoretisch herausfinden, was gestern passiert ist. Er könnte sehen, dass ich die Strippen bei jemandem gezogen habe. Ich habe das Gefühl, dass ich große Schwierigkeiten bekommen könnte, sollte er das erfahren. Ich möchte ihn am liebsten fragen, was er über die Strippenzieher denkt. Aber das könnte ihn nur dazu veranlassen, genau daran zu denken, wenn er sich in meinem Kopf befindet.

»Je mehr ich darüber weiß, desto weniger möchte ich es tun, Caleb.«

»Ja, ich habe auch meine Bedenken«, erwidert er, und ich beginne schon, mir Hoffnungen zu machen. Diese werden allerdings zerstört, als er hinzufügt: »Aber mir bietet sich nicht jeden Tag so eine Gelegenheit. Wer weiß, ob ich jemals eine weitere bekommen werde. Und was dich betrifft, ein Deal ist ein Deal.«

»Was meinst du damit, dass du vielleicht nie wieder so eine Gelegenheit bekommst? Ich würde es problemlos an jedem anderen Tag machen; du hast mich einfach unvorbereitet erwischt. Ich habe nicht erwartet, dass du heute kommst. Ich bin einfach psychisch noch nicht bereit. Ich würde mich gerne ein wenig darauf vorbereiten, anstatt mich kopfüber hineinzustürzen.« Für mich hört sich das vernünftig an, aber es scheint Caleb nicht zu überzeugen.

»Oh, ich mache mir keine Sorgen darum, deine Schulden

einzutreiben.« Ich kann nicht genau sagen, ob er einen Witz macht oder mich bedrohen möchte. »Die Gelegenheit, über die ich rede, bist nicht du, sondern hat mehr mit dem Opfer zu tun.«

»Wer ist es? Und warum ist es so eine rare Beute?« Meine Neugier beginnt die Oberhand über meine Besorgnis zu gewinnen, aber nur um Haaresbreite.

»Sein Name ist Haim. Ich habe herausgefunden, dass er in der Stadt ist, weil ich meine Kontakte zu fähigen Kämpfern befragt habe, von denen ich noch etwas lernen kann. Haim könnte jeden Moment wieder abreisen, wenn man bedenkt, was seine Arbeit ist. Das ist der Grund dafür, weshalb ich jetzt sofort zu ihm möchte.«

Ich lasse diese Informationen einsickern, während wir den Highway in Brooklyn Heights verlassen. Dieser Teil der Stadt ist für den Blick auf die Skyline von Manhattan und alte Sandsteinhäuser bekannt.

Zufällig parken wir auch genau vor einem solchen dreistöckigen Haus in der zweiten Reihe. Es ist idyllisch, wenn man ältere Architektur mag, was bei mir allerdings nicht der Fall ist. Ich stelle mir vor, wie muffig es darin sein muss.

Die Straße sieht dafür viel sauberer aus als dort, wo Mira wohnt. Fast wie in Manhattan. Ich kann verstehen, warum einige meiner Kollegen hier leben.

»Hol uns rein«, fordert mich Caleb auf, ohne den Motor abzustellen.

Ich gehorche und gleite in die Stille. Die Angst der Fahrt, die mir immer noch in den Knochen steckt, macht es mir einfach; Angst hilft mir immer dabei. Sofort verstummt das Motorengeräusch, und ich finde mich auf der Rückbank wieder.

Ich hole Caleb zu mir in die Stille, und wir gehen schweigend zu dem Haus.

Als wir die verschlossene Tür erreichen, öffnet Caleb sie mit ein paar kräftigen Tritten. Seine Beine müssen unglaublich stark sein. Danach geht er hinein, als würde er hier wohnen, und ich folge ihm.

Zu meiner Überraschung ist es hier drinnen wirklich hübsch – richtig schön. Die Dekoration hat etwas Exotisches, aber ich kann nicht genau sagen, was.

Im Erdgeschoss ist eine Küche, in der ein Mann und eine Frau gerade frühstücken. Beide haben olivfarbene Haut und dunkle Haare. Der Mann ist ziemlich gut gebaut – was auch zu erwarten war, wenn er ein Kämpfer ist, wie Caleb gesagt hat.

»Er«, sagt Caleb und deutet auf den Typen.

»Wie funktioniert das jetzt?«, möchte ich wissen.

»Du machst einfach das Gleiche wie immer, wenn du jemanden lesen möchtest. Sobald ich mir sicher bin, dass du in seinem Kopf bist, versuche ich, ihn zur gleichen Zeit zu lesen. So kann man es am besten erklären. Du wirst ein eigenartiges Gefühl verspüren – dein Instinkt wird das, was passiert, abwehren wollen. Du musst dagegen ankämpfen und mir stattdessen erlauben, dein Lesen zu teilen. Solltest du das nicht tun, werden wir ihn getrennt voneinander lesen, so als sei der andere nicht da.«

»Und dann? Was passiert, wenn es funktioniert?«

»Dieser Teil ist schwer zu beschreiben. Es ist leichter, es einfach zu erleben. Psychedelisch ist das beste Wort, das mir dazu einfällt.« Er grinst – kein hübscher Anblick.

Psychedelisch ist gut, glaube ich. Manche Menschen zahlen dafür, um diese Erfahrung zu machen. Aber ich war niemals einer von ihnen.

»In Ordnung, ich habe es verstanden. Und wir dringen nicht in die privaten Erinnerungen des anderen ein«, sage ich und versuche, dabei so unbeschwert wie möglich zu klingen.

»So gut wir können, aber das ist reine Glückssache. In einer Sekunde wirst du sehen, was ich meine. Viel Glück.«

»Warte, wie weit soll ich in seinen Erinnerungen zurückgehen?«, frage ich und versuche damit, das Unausweichliche hinauszuzögern.

»Nicht zu tief. Deine Zeit wird mindestens auf drei aufgeteilt, während wir das tun. Ich verspreche dir, dass ich deine Tiefe nicht aufbrauchen werde. Versuche einfach, zu dem ersten gewalttätigen Erlebnis zu gehen, das du findest. So etwas sollte bei Haim nicht schwer zu finden sein.« Der letzte Teil scheint Caleb zu amüsieren.

»In Ordnung. Alles klar. Lass uns beginnen«, sage ich und lege meine Hand auf Haims Handgelenk. Ich komme in die Kohärenz – die Vorstufe des Lesens. Trotz des zusätzlichen Stresses befinde ich mich fast augenblicklich darin.

Und dann bin ich auch schon in Haims Kopf.

2

»Haim, es ist so schön, dich hier zu haben«, meint Orit auf Englisch zu uns. Wir nehmen einen Schluck des Tees, den sie zubereitet hat, und versuchen, uns nicht die Zunge zu verbrennen. Wir denken darüber nach, dass dieses Treffen mit unserer Schwester einer der Höhepunkte in diesem Jahr war.

»Jetzt bist du dran«, sagen wir. »Du musst mich und Großmutter in Israel besuchen kommen.«

Orit zögert, bevor sie nickt. Trotz ihrer Zustimmung wissen wir, dass sie wohl nicht kommen wird. Es stört uns nicht wirklich; normalerweise begeben wir uns in zu große Gefahr, um die kleine Orit bei uns haben zu wollen. Andererseits denken wir, sie sollte wirklich irgendwann einmal nach Israel reisen. Vielleicht würde sie dort einen Ehemann finden. Oder endlich einige Worte Hebräisch lernen.

Ich, Darren, trenne mich von Haims letzten Erinnerungen. Ich bin erneut über das Fehlen von Sprachbarrieren beim Lesen erstaunt. Haims Muttersprache scheint Hebräisch zu sein, und trotzdem verstehe ich seine Gedanken genauso gut wie die des Russen neulich. Es scheint zu beweisen, dass Gedanken sprachunabhängig sind, außer es gibt eine andere Erklärung für dieses Phänomen, die mit unseren besonderen Fähigkeiten zu tun hat.

Ich denke auch darüber nach, wie die Gefühle des anderen während dieses Vorgangs zu meinen eigenen werden. Die Frau mit der olivfarbenen Haut an diesem Tisch sah vor einem Moment noch ganz gewöhnlich für mich aus, aber in Haims Kopf ist das anders. Ihre dunklen Augen sind die unserer Mutter – und das Gleiche gilt für ihren fürsorglichen Charakter.

Ich werde durch ein neues Gefühl aus meinen Grübeleien gerissen.

Es ist etwas, was ich nur schwer beschreiben kann. Es erinnert mich an das Schwindelgefühl, wenn man zu schnell aufsteht oder zu viel Alkohol trinkt, nur tausendmal intensiver.

Alle meine Instinkte sagen mir, dass ich meinen Kopf von diesem Gefühl befreien muss. Mich stabilisieren muss. Mich selbst festigen muss. Doch was ich jetzt versuchen sollte, ist, genau das Gegenteil tun – zumindest wenn ich Calebs Anweisungen Folge leiste.

Also konzentriere ich mich darauf, leicht zu bleiben. Es ist schwierig, aber meine Belohnung, falls man das so nennen kann, ist, dass sich dieses eigenartige Gefühl verändert. Jetzt fühlt es sich losgelöster an, und eher so, als würde man aus einem Flugzeug fallen – ein Gefühl, das ich kürzlich kennengelernt habe, als ich meine Freundin Amy während eines Fallschirmsprungs gelesen habe.

Und dann beginnt auf einmal etwas völlig anderes.

Ein Gefühl unvorstellbarer Intensität überkommt mich, eine Kombination aus überwältigendem Erstaunen und Bewunderung. Ich fühle mich eigenartig wohl dabei. Das, was danach folgt, ist das Gefühl, als würde ich etwas mehr werden, nicht mehr nur mein eigenes Ich sein. Es ist beängstigend und gleichzeitig wunderschön.

Dieses Gefühl kommt in Wellen, es sind Momente, in denen ich tiefes Verständnis für alles auf der Erde und im Universum – oder sogar mehreren Universen – verspüre, so als habe sich meine Intelligenz gerade vervielfacht. Diese kurzen Augenblicke der Allwissenheit werden von etwas abgelöst, was ich am besten mit der Verehrung von etwas Heiligem beschreiben kann. Es ist, als würde ich gerade andächtig neben einem Mahnmal für gefallene Soldaten stehen.

Und inmitten dieser ganzen Eindrücke dämmert mir: Ich bin nicht allein. Ich bin Teil von etwas Elementarerem als mir selbst. Und plötzlich verstehe ich es.

Ich bin nicht mehr einfach nur Darren. Ich bin Caleb. Und ich bin Darren. Beides gleichzeitig. Aber nicht auf die gleiche Art und Weise, wie ich es normalerweise während des Lesens erlebe. Es besteht eine viel tiefere Verbindung. Während des Lesens sehe ich die Welt einfach nur durch die Augen einer anderen Person. Diese gemeinsame Leseerfahrung ist viel mehr als nur das. Ich sehe die Welt durch Calebs Augen, aber genauso sieht er die Welt durch meine. Ich verliere fast den Verstand, als ich begreife, dass ich sogar durch seine Augen sehen kann, wie die Welt durch meine eigenen Augen aussieht, wenn sie durch seine Sichtweise und Wahrnehmung gefiltert wird.

Ich kann spüren, dass er versucht, nicht allzu tief in meine Gedanken einzudringen, und ich versuche, das Gleiche zu tun. Allerdings beginnen diese positiven Gefühle, die ich bis jetzt erlebt habe, sich zu verdüstern. Ich spüre etwas Angsteinflößendes in Calebs Kopf. Das ganze Universum scheint in unseren verbundenen Gedanken eine einzige Sache zu schreien: »*Wir bleiben aus dem Kopf des anderen. Wir bleiben aus dem Kopf des anderen ...*«

Aber bevor einer von uns diesem vernünftigen Mantra Folge leisten kann, wird plötzlich ein Schwall Erinnerungen ausgeschüttet.

Unerklärlicherweise bin ich mir auf einer bestimmten Ebene sicher, dass Caleb gerade meine peinlichsten und lebendigsten Erinnerungen sehen kann. Ich weiß allerdings nicht, warum das passiert; es könnte sein, dass sie einfach so leuchtend aus meinen

Gedanken hervorstechen, oder dass er neugierig ist, was einige dieser Dinge betrifft. Warum auch immer, er erlebt den Zeitpunkt, an dem meine Mütter mit mir über Masturbation sprachen. Wenn ich jetzt rot werden könnte, würde ich bei dem Gedanken daran, genau diese Erinnerung zu teilen, ein Gesicht in der Farbe einer reifen Tomate haben. Er erlebt auch andere Dinge, wie zum Beispiel das erste Mal, an dem ich nach meinem Fahrradunfall in die Stille geglitten bin. Mein erstes Mal Sex. Den Tag, an dem ich Mira in der Stille gesehen habe und mir klar wurde, nicht allein zu sein.

Auf einem bestimmten Niveau erlebe ich diese Erlebnisse mit ihm. Alles auf einmal, wie in einem Traum.

Und plötzlich fällt mir auf, dass etwas anderes passiert. Voller Entsetzen sehe ich einen mentalen Tsunami auf mich zustürmen – Calebs Erinnerungen.

3

Caleb, der Apparat ist gefunden worden.

Wir lesen die Nachricht, und Erleichterung überkommt uns.

»Uns?«, sagt eine sarkastische Stimme in meinem Kopf. »Ich bin es, Kind, Caleb. Das ist meine Erinnerung.«

»Wir ist, wie ich es erlebe, Caleb«, fauche ich zurück und hoffe, dass er mich hören kann. »Denkst du, dass ich hier sein möchte?«

»Dann verzieh dich doch.«

»Das würde ich auch, wenn ich könnte.«

»*Versuch es*«, denkt Caleb in meine Richtung, aber es ist zu spät. Ich bin in Calebs Erinnerung zurückversetzt, die sich vor mir wie eine Lesung entfaltet.

Diese Nachricht verändert unsere Mission nicht, stellen wir fest.

Wir nähern uns dem Auto und versuchen, so nah wie möglich heranzukommen, bevor wir splitten. Es ist kein einfaches Unterfangen, jemanden anzugreifen, der ebenfalls die Gedankendimension betreten kann. Diese schwierige Kunst versuchen wir gerade zu erlernen.

Es ist generell nicht leicht, jemanden unbemerkt zu fangen, der splitten kann. Von frühester Kindheit an lernen diejenigen von uns, die die Gedankendimension betreten können, sich in sie zu begeben, um sich nach möglichen Bedrohungen in der realen Welt umzusehen. Zumindest die Paranoiden unter uns.

Dieses Problem ist sehr einfach zu lösen, aber die Wenigsten hätten den Mut dazu. Die Antwort ist, jemanden in der Gedankendimension selbst anzugreifen.

Ich trenne mich einen Moment lang ab und denke zu Caleb: »Warum jemanden in der Stille angreifen? Nichts von dem, was du dort tust, hat eine Auswirkung auf die reale Welt.«

»Habe ich dir nicht gesagt, aus meinem Kopf zu gehen?« Er hört sich verärgert an, falls man sich verärgert anhören kann, während man denkt. »Höre wenigstens mit den verdammten Kommentaren auf. Zu deiner Information: Wenn einer von uns in der Gedankendimension stirbt, hat das Auswirkungen in der echten Welt – dauerhafte Auswirkungen. Vertrau mir.«

»Aber trotzdem, warum solltest du nicht in der wirklichen Welt angreifen?«, möchte ich wissen.

»Kind, ich bin nicht hier, um dir etwas beizubringen. Wir sind meinetwegen hier, erinnerst du dich? Aber wenn es dich zum Schweigen bringt, erkläre ich es dir. Ein Vorteil davon, jemanden in der Gedankendimension anzugreifen, ist der Überraschungseffekt. Die Person kann mich unmöglich sehen, bis ich sie zu mir hineinziehe. Noch Unvorhersehbarer geht es nicht, und das ist auch der Grund für die Entwicklung dieser Technik. Ein weiterer großer Pluspunkt ist, dass ein Strippenzieher in der Gedankendimension nicht einfach irgendwelche in der Nähe stehenden Personen zu Hilfe rufen kann – etwas, was diese Arschlöcher definitiv versuchen würden. Aber bevor du in die Gedankendimension eindringst und Menschen angreifst, solltest du wissen, dass diese Technik auch ihre Nachteile hat. In einem normalen Kampf kann ich mich in die Gedankendimension zurückziehen. Das ist eine große Sicherheit. Ich kann splitten und sehen, wohin mein Gegner als Nächstes schlagen möchte. Wenn der Gegner kein

Leser oder Strippenzieher ist, kann ich ihn außerdem lesen, was mir wertvolle Informationen über den nächsten Schritt meines Kontrahenten liefert. Leider ist in diesem Fall mein Gegner ein Strippenzieher. Alles, auf was ich mich verlassen kann, ist meine Fähigkeit, zu kämpfen. Das ist für mich in Ordnung, da ich mir über meine Fähigkeiten auf diesem Gebiet keine Sorgen mache. Ich entwickle meine Strategie trotzdem immer unter der Annahme, dass mein Gegner genauso gut oder besser ist als ich – auch wenn das in der Praxis kaum so sein wird.«

»Beeindruckend, auch wenn das viel mehr ist, als ich jemals über dieses Thema wissen wollte – und extrem arrogant, um ehrlich zu sein«, denke ich.

»Du hast gefragt, Arschloch.«

Ohne einen weiteren Kommentar von Caleb werde ich wieder in seine Erinnerungen gezogen.

Ein Autoalarm geht in einiger Entfernung los. Wir beschließen, dass der Ort, an dem wir uns gerade befinden, für unser Vorhaben gut geeignet ist: Wir sind weit genug entfernt, um von dem Strippenzieher nicht gesehen zu werden, wenn wir uns nähern, aber nicht zu weit weg, um kämpfen zu können, sollte es trotzdem passieren.

Wir splitten, und der Autolärm sowie alle anderen Umweltgeräusche verstummen.

Jetzt befinden wir uns im Kampfmodus, und der Drang, den Mann im Auto töten zu müssen, ist überwältigend. Er beherrscht unsere ganze Existenz. Wir bekommen selten eine solche Gelegenheit. Ein ganz und gar gerechtfertigter Mord. Auf gar keinen Fall werden wir deshalb Gewissensbisse bekommen. Es wird keinen verlorenen Schlaf oder auch nur die kleinste Reue geben. Wenn es jemals eine Person verdient hatte, zu sterben, ist es diese.

Der Strippenzieher hat jetzt seit Wochen versucht, unserer eingezäunten Gemeinschaft Schaden zuzufügen. Er ist verantwortlich für die Bombe, die unsere Männer in diesem Moment entschärfen.

Es hätten viele Leser sterben können. Während unserer Wache. Diese Möglichkeit ist so undenkbar, dass wir sie immer noch nicht ganz begreifen können. Der Anschlag wurde durch pures Glück verhindert, durch eine zufällige Entdeckung. Wir sahen die Veränderungen im Kopf unseres Elektrikers. Wir denken nicht länger über das nach, was passiert wäre, wenn wir sie nicht gesehen hätten. Der einzige Trost ist, dass wir wegen des Ausgangspunktes der Explosion auch unter den Todesopfern gewesen wären. Wir hätten nicht mit der Schande leben müssen, der Leiter des Sicherheitspersonals zu sein und ein solches Ereignis zuzulassen.

Natürlich hat dieser feige Strippenzieher sich nicht selbst die Hände schmutzig gemacht. Nein. Stattdessen hat er die Angestellten der Gemeinschaft manipuliert.

Erneut steigt Wut in uns hoch, als wir uns darauf konzentrieren, wie die Gedanken dieser netten, normalen Menschen manipuliert werden, nur weil sie Angestellte, Handwerker oder Gärtner sind, die für die Gemeinschaft arbeiten. Wir schäumen vor Wut über die Ungerechtigkeit, dass sie zusammen mit den Lesern in die Luft gesprengt worden wären. Ein Kollateralschaden in den Augen der Strippenzieher. Auf solche Mittel würden wir niemals zurückgreifen. Der Gedanke an Kollateralschäden ist einer der Gründe dafür, dass wir die Spezialeinheit verlassen haben.

Unsere Wut wird extrem gesteigert, als wir uns an das erinnern, was Julia herausgefunden hat, als sie Stacy, unsere Barfrau, gelesen hat – daran, was dieser Abschaum ihr angetan hat. Diese metaphorische Vergewaltigung von Stacys Kopf, durch die Stacy versuchen sollte, die Menschen zu verletzen, für die sie arbeitet, war ihm noch nicht genug. Dieser Ficker ging noch einen Schritt weiter – und tat es im wahrsten Sinne des Wortes. Er entschied sich dazu, sein dreckiges Geschäft mit seiner abscheulichen und perversen Lust zu kombinieren. Er brachte sie dazu, die abartigsten Dinge zu tun ...

Wir atmen tief durch und versuchen, unsere Wut zu unterdrücken, die beginnt, außer Kontrolle zu geraten. Wut ist nicht sehr hilfreich beim Kämpfen. Zumindest nicht bei dem Kampfstil, den wir entwickelt haben. Wir müssen beobachten, analysieren und danach handeln. Wir wissen aus der Geschichte, dass Berserker immer auf dem Schlachtfeld sterben, wenn auch ruhmreich. Das haben wir nicht vor. Wir praktizieren etwas, was sogar als das Gegenteil von blinder Wut angesehen werden kann. Wir nennen unseren Stil »bedachter Kampf«. Er erfordert einen gewissen Grad an Ruhe. Wir atmen einige weitere Male tief ein. Heute haben wir vor, eine bestimmte Person umzubringen, und diese befindet sich in dem Auto, dem wir uns gerade nähern. Wir müssen weiterleben, um alle Personen jagen und töten zu können, die an diesem Verbrechen, dieser Verschwörung beteiligt waren.

Wir betrachten den Mann durch die Fensterscheibe seines Autos. Wir sind vorsichtig. Wir erkennen Menschen, die wie wir sind, ehemalige Angehörige des Militärs. Die Körpersprache dieses Kerls schreit geradezu, dass er bei den Spezialeinheiten war. Die Art und Weise, wie er geparkt hat – an einem Ort, der keinen Hinterhalt zulässt –, und die alarmbereite Körperhaltung, in der er dasitzt. Diese Hinweise deuten auf eine Eliteausbildung hin. Allerdings ist er nicht von der Special Activities Division, der wir angehört haben. Dessen sind wir uns ziemlich sicher. Er könnte mit dem Recapture Tactics Team trainiert haben – auch wenn das Arschloch wahrscheinlich ein paar Strippen gezogen hat, um dort hineinzukommen, zumindest was das psychologische Profil betrifft.

Wir atmen ein letztes Mal tief durch, schlagen das Beifahrerfenster ein und gleichzeitig dem eingefrorenen Strippenzieher ins Gesicht. Uns ist klar, dass dieser physische Kontakt ihn in unsere Gedankendimension bringen wird. Unser Ziel ist es, ihn zu töten. Es langsam zu tun, wäre ein besonderes Extra.

Wir bereiten uns darauf vor, zu schießen, sobald er sich materialisiert – aber das geschieht nicht. Eine Sekunde lang sind wir irritiert. Er sollte auf der Rückbank aufgetaucht sein, denken wir einen Moment lang, bevor ein stechender Schmerz in unserer rechten Schulter unsere volle Aufmerksamkeit beansprucht.

Eigenartigerweise scheint der Strippenzieher sich außerhalb des Autos materialisiert zu haben. Wir erinnern uns nicht daran, dass so etwas schon einmal vorgekommen ist. Jetzt haben wir allerdings keine Zeit, uns darüber zu wundern oder uns zu fragen, wie er an das Messer gekommen ist, das jetzt in unserer Schulter steckt. Durch diese Verletzung konzentriert sich unser ganzes Wesen nur auf eine einzige Sache: Überleben.

Das Brennen in unserer Schulter ist kaum auszuhalten, und die Pistole in unserer rechten Hand zu halten ist eine Qual. Wir versuchen, den Schmerz zu ignorieren, drehen uns um und wollen auf den Angreifer schießen. Er erkennt, was wir vorhaben, und befreit sich mit einer gekonnten Drehung. Wären wir nicht verletzt, hätte er damit keinen Erfolg gehabt. Aber wir sind es, und einen Moment später hören wir deshalb, wie unsere Waffe mit einem klickenden Geräusch auf dem Boden aufkommt. Mit seiner anderen Hand greift mein Gegner in seine Manteltasche.

Es ist an der Zeit, zu einem verzweifelten Schlag auszuholen.

Wir geben ihm eine Kopfnuss – ein gefährliches Manöver, das normalerweise zu vermeiden ist.

Der Aufprall lässt uns Sterne sehen, und wir fühlen uns orientierungslos. Doch es sieht so aus, als habe es sich gelohnt, dieses Risiko einzugehen. Der Strippenzieher hält seine jetzt hoffentlich gebrochene Nase fest. Das ist unser Moment.

Mit unserer gesunden linken Hand schlagen wir ihm erneut auf die Nase – beziehungsweise die Hände, die sie bedecken –, und mit dem verletzten Arm fassen wir in seine Manteltasche.

Wir ergreifen seine Waffe, heben unsere Hand und schlagen zu. Die verletzte Hand mit der Waffe als Knüppelersatz zu schwingen ist weniger schmerzhaft, als gezielt mit ihr zuzuschlagen. Der schwere Pistolengriff landet wieder auf der gleichen schmerzenden Stelle im Gesicht des Strippenziehers.

Er löst seine Hände nicht von seiner Nase. Seine Verletzung

muss ernsthaft sein.

Er versucht es mit einem flachen Tritt, wahrscheinlich in der Hoffnung, unsere Beine zu treffen. Wir weichen dem Angriff aus, nehmen die Waffe in unsere linke Hand und lösen die Sicherung.

Zuerst schießen wir in seinen linken Oberarm. Er gibt ein eigenartiges, gurgelndes Geräusch von sich.

Danach schießen wir in seinen rechten Oberarm. Dieses Mal schreit er.

Wir genießen die Tatsache, dass die Schmerzen nahezu unerträglich sein müssen.

Es folgen zwei weitere Schüsse, jeweils einer pro Bein. Er fällt auf den Boden und versucht, sich in eine Art Schutzposition zu begeben.

Jetzt ist der Teil des »bedachten Kampfes« vorbei, und wir können die Wut wieder zulassen.

Wir lassen allerdings nicht zu, dass wir dadurch schneller vorgehen. Wir treten und atmen ein. Dann treten wir immer wieder zu.

Wir bewegen uns wie in einem Nebel. Die Zeit scheint langsamer zu werden.

Als unsere Beine schon schmerzen, und wir eine befriedigende Anzahl von brechenden Knochen gehört haben, werden wir dieses ganzen Spiels endlich müde. Schließlich wird der Strippenzieher ja so gut wie neu sein, sollte er nicht an den Verletzungen sterben und in die reale Welt zurückkehren. Aber das wird nicht passieren. Wir zielen mit der Pistole auf den Kopf unseres Gegners.

Es ist an der Zeit, zum Punkt zu kommen. Es ist an der Zeit, diesen Strippenzieher umzubringen ...

ICH, DARREN, MUSS MICH DARAN ERINNERN, DASS DIESES GANZE Erlebnis nur eine furchtbare Erinnerung von Caleb ist. Mir ist schlecht. Gleichzeitig fühle ich mich erstaunlich gut mit dem gerade Erlebten. Es ist eine sehr eigenartige, widersprüchliche Kombination.

»Natürlich«, unterbricht mich Calebs Stimme. »Wir sind gerade beide Teil derselben Gedanken, und für meine Hälfte ist alles in Ordnung. Wie sich deine Hälfte, die schwache Hälfte, fühlt, ist irrelevant. Du magst es nicht? Dann verzieh dich endlich von hier.«

Ich versuche es, aber ich kann es nicht kontrollieren. Ungebeten überkommt mich eine weitere Erinnerung von Caleb.

Wir hören Lärm und wachen auf. Der Wecker neben unserem Bett zeigt an, dass es drei Uhr morgens ist, also nur eine Stunde, nachdem wir ins Bett gegangen sind. Das ist eine einzige Stunde Schlaf nach den Hunderten von Kilometern, die wir innerhalb der letzten vier Tage gelaufen sind.

Wir werden irgendwohin geschleift. Die Schwäche dämpft die Panik ein wenig, aber wir wissen, uns steht etwas Schlimmes bevor. Und dann trifft uns der erste Schlag. Danach der zweite. Wir erhalten einen Stoß, rutschen auf dem Blut von jemandem aus und fallen zu Boden. Nach allem, was wir gerade durchgemacht haben, haben sie beschlossen, uns zusammenzuschlagen?

Wir versuchen, den Schmerz zu ignorieren, und zwingen uns mutig, nicht in die Gedankendimension zu splitten. So ein Rückzug wäre Betrug, und wir möchten uns fühlen, als hätten wir diesen Platz verdient.

»Willst du nicht aufgeben?«, wiederholt eine Stimme, und wir hören, wie eine andere daraufhin zustimmt. Diese Person wird jetzt zwar sofort in Ruhe gelassen, aber natürlich ist sie gleichzeitig aus dem Programm raus. Für uns ist das keine Option. Wir würden alles geben, um zu bleiben – alles verlieren, alles ertragen. Wir geben niemals auf. Niemals.

Stattdessen stehen wir langsam auf. Ein Tritt landet in unserer

Niere, ein weiterer in unserem Kreuz. Doch anstatt uns unten zu halten, bewirken sie das Gegenteil: Wir beginnen, uns zu bewegen. Es fühlt sich an, als würde die Welt uns nach unten drücken. Wir kämpfen um jeden Zentimeter, um jede Mikrosekunde, die wir weiter vorankommen, bis wir schließlich stehen.

Die Schläge, die von allen Seiten auf uns niederhageln, hören plötzlich auf.

Ein großer Mann tritt nach vorne.

»Dieser hier überlebt nicht nur – dieser Bastard will kämpfen. Schaut euch seine Haltung an«, sagt er, und in seine Stimme mischen sich Überraschung und Anerkennung.

Wir haben keine Kraft, um ihm zu antworten. Stattdessen schlagen wir mit unserem rechten Arm zu und wehren gleichzeitig seinen Gegenschlag ab.

Die Augenbrauen des Mannes heben sich. So viel Widerstand hatte er nicht erwartet.

Einmal im Kampfmodus, übernimmt unser motorisches Gedächtnis, und wir beginnen den tödlichen Tanz unseres persönlichen Kampfstils. Trotz unserer Erschöpfung fühlen wir ein Aufflackern von Stolz, als ein niedriger, schneller Tritt die Abwehr des Mannes durchdringt. Sein rechtes Knie gibt nach, als wir aufkommen; er schwankt, wenn auch nur einen Moment lang.

Wir werden zu einem Orkan aus Fäusten, Kopf, Knien und Ellenbogen.

Der Kerl blutet schon, als jemand schreit: »Halt!«

Wir hören nicht auf. Weitere Personen schließen sich dem Kampf an. Der Stil, den wir entwickelt haben, erlaubt uns normalerweise, mit mehreren Gegnern gleichzeitig fertigzuwerden, allerdings nicht mit Kämpfern dieses Kalibers, und schon gar nicht, wenn wir am Rande unserer Erschöpfung stehen. Wir spielen mit dem Gedanken, zu splitten, tun es aber nicht.

Schicksalsergeben wehren wir die tödliche Flut ihrer Angriffe ab, bis jemandem ein perfekt ausgeführter Tritt auf die linke Seite unseres Kopfes gelingt. Die Welt wird schwarz.

Ich, Darren, komme wieder zu Bewusstsein.

»*Was zum Teufel war das?*«, versuche ich zu schreien. Natürlich habe ich keinen Körper, also existiert der Schrei nur in dem Äther unserer gemeinsamen Gedanken.

»Nur ein Training«, antwortet mir Caleb auf gleichem Weg. »Du musst dich wirklich stärker konzentrieren. Mit der Suche nach Gewalt bist du zwar auf der richtigen Spur, aber du bist immer noch im falschen Kopf, in meinem. Gehe zurück zu Haim. Erinnere dich an das, wofür wir hier sind.«

Ich versuche, mich daran zu erinnern. Es fühlt sich an wie vor einigen Jahren, als wir nach Brooklyn Heights fuhren, um diesen israelischen Kerl zu lesen. Und als ich mich daran erinnere, begreife ich, dass ich immer noch hier bin, mit Haim und Caleb, mich immer noch mit Haims/Calebs/meiner Schwester Orit unterhalte. Der Schock darüber, ein doppeltes – nein, dreifaches – Gedächtnis zu werden, ist noch da, aber zumindest kann ich wieder allein denken.

»Beeil dich«, drängt Caleb. »Wir sind gerade dabei, wieder in die Erinnerungen des jeweils anderen von uns beiden zu fallen.«

Das möchte ich auf keinen Fall, also versuche ich mit übermenschlicher Anstrengung, zurück in Haims Kopf zu gelangen. Ich versuche es mit dem Trick, mich leicht zu fühlen. Ich sehe mich selbst als Dampf in einem Nebel, so gewichtslos wie eine Pusteblume, die in der leichten Morgenbrise schwebt, und es scheint zu funktionieren.

Sobald sich das mittlerweile vertraute Gefühl einstellt, tief in die Gedanken einer anderen Person einzudringen, versuche ich mich zu konzentrieren und erinnere mich an einen Bruchteil dessen, was ich in Calebs Kopf sah.

Das scheint zu funktionieren …

4

DER ANGREIFER VOR UNS LÄSST SEINEN RUMPF EINEN MOMENT lang ungeschützt; das ist das Letzte, was er in diesem Kampf tun wird, denken wir, als wir zuschlagen.

»Du hast es geschafft, Kind«, dringt Caleb zu mir durch. »Endlich sind wir beide in Haims Kopf.«

»Das habe ich auch schon bemerkt. Oder denkst du etwa auf Hebräisch?«

»In Ordnung. Jetzt halt den Mund und lass mich zusehen.«

Wir nennen die schnelle Abfolge von Schlägen auf den Solarplexus in unserem Kopf »Ausbruch«. Wir gehen währenddessen immer näher an unseren Gegner heran, weil die Kraft der Schläge dadurch verstärkt wird. Wir zählen zwanzig Schläge, bevor er versucht, uns abzuwehren und gleichzeitig zu einem Gegenschlag auszuholen.

Wir sind einen Augenblick lang beeindruckt von der Ökonomie seiner Bewegungen, dann nehmen wir seinen Arm und nutzen seinen eigenen Schwung, um ihn aus dem Gleichgewicht zu bringen. Er fällt hart zu Boden. Bevor er versuchen kann, uns zu sich nach unten zu ziehen, treten wir gegen sein Kinn – und spüren das Knacken von Knochen, als unser nackter Fuß auf seinen Kiefer trifft. Er hört auf, sich zu bewegen.

Wahrscheinlich wird er in Ordnung sein. Einige Rippenbrüche und ein gebrochener Kiefer sind ein kleiner Preis für die Gelegenheit, gegen uns kämpfen zu dürfen. Jeder, der das außerhalb unseres Trainingsmoduls tat, lernte nichts. Er starb stattdessen.

Das Trainingsmodul ist unsere Antwort auf den riesigen Druck unserer Freunde, der Shayetet, die möchten, dass wir ihren Kämpfern unseren Stil lehren. Sie wissen, dass wir Krav Maga, den Kampfstil Israels, schon weit hinter uns gelassen haben. Dass wir Krav Maga, genauso wie jeden andern Kampfstil, auf den wir jemals gestoßen sind, hinter uns gelassen haben.

In diesen Modulen zu kämpfen ist ein Kompromiss. Keine tödlichen Schläge, keine aggressiven Angriffe auf den Lendenbereich; niemand stirbt während dieses Trainings. Ein solcher Kompromiss widerspricht natürlich dem eigentlichen Sinn. Dieser Stil wurde mit einem einzigen Ziel vor Augen entwickelt: Unseren Gegner zu töten. Jetzt verschwenden wir eine Menge Energie darauf, diesen Stil auf eine Art zu verwenden, für den er nicht bestimmt war. Jetzt fühlt es sich unnatürlich an, unseren Gegner umzubringen, was dem widerspricht, wofür wir unser ganzes Leben gearbeitet haben. Eine leere Imitation dessen, was wir uns erträumt haben. Sehr zu unserem Missfallen scheint sich aber niemand außer uns um diese Feinheiten zu sorgen. Sie fordern eine Schule, in der Zivilisten das zu ihrem Spaß lernen können, und weigern sich zu verstehen, dass es unmöglich ist, dieses Training dahingehend zu verändern. Das ist kein Sport für Zivilisten; das ist Leben oder Tod. Alles, was abgeschwächter ist, entehrt unsere Arbeit, die Leben, die wir während der Entwicklung dieses einzigartigen Kampfstils genommen haben.

»Ha-mitnadev haba«, sagen wir auf Hebräisch, und ich, Darren, verstehe, dass es heißt: »Der nächste Freiwillige«.

Wir erkennen den Mann, der eintritt. Moni Levine. Er ist ein berühmter Krav-Maga-Lehrer. Sie wollen wahrscheinlich, dass er von uns lernt, damit er es danach anderen lehren kann. Wir hoffen, dass das irgendwie funktionieren wird. Wir würden jede Möglichkeit begrüßen, die Trainings nicht mehr durchführen zu müssen.

Ich, Darren, trenne mich von den Gedanken, so wie ich es während anderer Lesungen getan habe. Diesmal ist es natürlich anders, da ich immer noch Caleb spüren kann. Ich kann seine Aufregung fühlen. Offensichtlich weiß er Haims Kampfstil mehr zu schätzen als ich.

»Konzentriere dich«, erreicht mich Calebs Gedanke, und ich lasse mich erneut von Haims Erinnerung absorbieren.

»Azor, esh li maspik«, sagt Moni nach fünf Minuten brutaler Angriffe. Es ist keine Überraschung, dass es »Halt, ich habe genug« bedeutet.

Wir lassen ihn freundlich wissen, dass er sich tapfer geschlagen hat und dass er gerne wiederkommen kann.

Der nächste Gegner tritt ein. Danach ein weiterer. Es müssen zehn oder mehr nacheinander sein. Keiner von ihnen ist eine Herausforderung. Das ist ein weiterer Teil dieses Trainings, den wir hassen. Wir kämpfen fast mechanisch, während unsere Gedanken bei unserer bevorstehenden Reise in die Vereinigten Staaten sind. Wir sind besorgt, durch dieses Trainingsmodul tödliche Angewohnheiten zu entwickeln, wie während des Kampfes an andere Dinge zu denken ...

Ich, Darren, löse mich erneut, aber sofort überzeugt Caleb mich in Gedanken, eine weitere dieser frischeren Erinnerungen zu finden. Das tue ich auch. Sie ist fast identisch mit dem Kampf, den wir schon gesehen haben, aber Caleb möchte sie erleben. Und noch ein Kampf. Und ein weiterer.

Wir wiederholen das Ganze, erleben mindestens eine Woche – wenn nicht zwei oder drei – des pausenlosen Kämpfens. Alles beginnt zu verschwimmen.

»Ich kann nicht mehr«, denke ich schließlich Richtung Caleb. Die Müdigkeit, die ich fühle, ist nicht körperlich, sondern geistig.

Das macht sie irgendwie stärker, unausweichlich. Die menschliche Psyche ist nicht auf so etwas vorbereitet, was wir gerade tun. Ich fühle mich, als hätte ich seit Jahren nicht geschlafen, und mich seit Jahrtausenden nicht ausgeruht. Ich beginne, die Zeit zu vergessen, in der ich nicht Haim war. Ich kann mich an keinen Moment erinnern, an dem ich nicht gekämpft habe.

»Gut«, bekomme ich als Antwort. Plötzlich fühle ich einen riesigen Verlust. So als würde das ganze Universum in sich zusammenfallen.

Nach einigen verwirrenden Augenblicken verstehe ich. Caleb hat uns verlassen. Ich bin allein hier – nicht mehr länger Teil verbundener Köpfe.

Da ich keine Sekunde länger als nötig in Haims Kopf verbringen möchte, ziehe ich mich sofort aus ihm zurück.

Ich bin wieder in der stillen Küche von Haim und Orit. Ich blicke schockiert auf Haim, der immer noch eingefroren ist – mit einem wachsfigurenartigen Lächeln in Richtung seiner ebenfalls starren Schwester. Er sieht nicht ansatzweise so gefährlich aus, wie er ist. In diesem Punkt unterscheidet er sich von Caleb, der mit seinem knallharten Auftreten und diesem Leuchten in den Augen irgendwie immer gefährlich aussieht. Da ich jetzt einen Einblick in Calebs kaputtes Gehirn bekommen habe, weiß ich, dass er noch viel gefährlicher ist, als er aussieht.

Ich versuche, nicht zu intensiv über das nachzudenken, was ich gerade erlebt habe. Es ist allerdings zu spät; die gewalttätigen Bilder gehen mir durch den Kopf, und ich bin überwältigt. Es sind nicht Haims Erinnerungen an diese unendlichen Kämpfe, die mich beschäftigen. Es sind Calebs. Die Dinge, die er mit dem Strippenzieher getan hat, sind verstörend frisch und werden in meinem Kopf in einer Endlosschleife abgespielt. Ich setze mich auf den freien Stuhl neben Haims Schwester an den

Frühstückstisch und versuche, beruhigend durchzuatmen. Würde ich mich nicht gerade in der Stille befinden, wäre mir jetzt schlecht.

»Bist du in Ordnung, Kind?«, fragt Caleb ruhig.

»Nein«, antworte ich ehrlich. »Überhaupt nicht.«

»Falls es dir hilft: Ich werde das nicht noch einmal machen«, sagt er zu meiner enormen Erleichterung. »Dein Kopf ist zu verdreht.«

»Was? *Meiner* ist zu verdreht?«, erwidere ich wütend und vergesse für einen Moment meine Müdigkeit. Frechheit, und das gerade von diesem Kerl. Ich bin nicht derjenige, der Menschen foltert und umbringt. Ich bin nicht derjenige, der einen komischen, masochistischen Gefallen an diesem brutalen Training empfand. Ich wollte keinen Mörder lesen, um selbst besser töten zu können.

»Du bist ein komischer Kauz.« Er grinst. »Aber das ist nicht alles. Ich habe das Gefühl am Anfang, als sich unsere Gedanken verbunden haben, gehasst.«

»Ich dachte, du hättest das schon einmal getan.«

Plötzlich sieht er ernst aus. »Dieses Mal war anders als das letzte. Zu eigenartig. Viel zu tief. Das letzte Mal haben wir unsere Erinnerungen nicht auf einem derartigen Niveau erlebt. Mit dir hat es sich fast …« Er schaut weg, als würde er sich schämen, diese Worte laut auszusprechen. »Ich weiß nicht, wie sich eine religiöse Erfahrung anfühlt. Es tut mir leid, Kind. Das Ganze war mir einfach zu tief.«

Hmm, religiös. Eine interessante Sichtweise. Ich selbst hätte es nicht so genannt, aber jetzt, da er es erwähnt, ergibt das Wort Sinn. Es ist nicht so, dass ich jemals selbst irgendwelche tiefreligiösen Erfahrungen gemacht habe, aber ich wuchs auch unter der Obhut von zwei sehr weltlichen Müttern auf. Ich hätte Worte wie übersinnlich oder berauscht benutzt, um das zu beschreiben, was passiert ist.

»Ich stimme dir hundertprozentig zu«, erwidere ich. »Ich

möchte das auch nie wieder tun.« *Besonders nicht mit einem Kopf, der so kaputt ist wie deiner,* denke ich, behalte es aber für mich.

»Und wir werden nicht über das reden, was wir hier gesehen haben. Das ist eine Sache zwischen uns.« Er schaut mich eindringlich an.

»Natürlich. Das ist selbstverständlich«, sage ich, vielleicht ein wenig zu eilig. Ich weiß nicht, was er alles aus meiner Vergangenheit gesehen hat, aber ich bin mir sicher, dass es nicht nur einige wenige peinliche Bruchstücke waren. Zum Glück scheint er die Erinnerung, die ich am meisten verstecken wollte, nicht entdeckt zu haben – mein Erlebnis von gestern. Ansonsten wäre mir wohl das gleiche Schicksal widerfahren wie dem Strippenzieher aus seiner Vergangenheit. Dieser Gedanke macht mir Angst.

»Du musst eine stärkere Tiefe haben, als ich gedacht habe«, bemerkt Caleb. »Die Tiefe bestimmt die Intensität, mit der sich unsere Gedanken während dieser Erfahrung verbinden. Das muss der Grund dafür sein, dass sie so stark war.«

Ich verdaue diese Information. Wenn das, was er sagt, stimmt, wäre diese Erfahrung mit fast jeder anderen Person überwältigender – Calebs Tiefe ist ja angeblich ziemlich schwach. Ich muss vorsichtig sein, falls ich das noch einmal tun sollte. Nicht, dass ich das vorhätte.

»Wollen wir zurückgehen?«, fragt er und unterbricht damit meine Überlegungen.

»Ich denke schon. Ich sehe keinen Sinn darin, noch länger hier sitzen zu bleiben«, antworte ich ihm. »Hast du wenigstens etwas über Haims Kampfstil gelernt? Ich würde es hassen, wenn wir das alles umsonst getan hätten.«

»In diesem Punkt war es ein riesiger Erfolg. Meine Erwartungen wurden um einiges übertroffen. Er ist wirklich brillant. Eines Tages werde ich ihn in der richtigen Welt aufsuchen und ihn irgendwie dazu bringen, gegen mich zu kämpfen, genauso wie er es mit den anderen Personen in seiner Erinnerung getan hat. Aber vorher muss ich natürlich erst ein paar Abwehrtechniken gegen seine besten Taktiken entwickeln«, antwortet Caleb lachend.

»Wie funktioniert das?«, frage ich mich laut. »Durch das Lesen zu lernen, meine ich. Habe ich überhaupt etwas gelernt?«

»Es wird mir mit Sicherheit mehr helfen als dir. Eine Grundlage zu haben spielt eine wichtige Rolle. Was mich betrifft, habe ich sehr gute Kenntnisse über Krav Maga, Aikido, Keysi, Kickboxen und viele andere Kampfsportarten, die ganz deutlich Haims Stil beeinflusst haben. Dank dieses Wissens kann ich eine Menge von dem profitieren, was wir beide auf diesem direkten, bewussten Niveau erlebt haben. Aber was dich betrifft, habe ich keine Ahnung. Ich denke, dass du etwas aufgenommen hast, aber ich weiß nicht, wie viel. Ich kann auch nicht sagen, ob du etwas von dem, was du gesehen und in deinem Kopf hast, praktisch anwenden könntest.«

Und noch bevor er seinen Satz zu Ende gesagt hat, steht er neben mir und schlägt mir mit der Faust ins Gesicht.

Wie ich darauf reagiere, überrascht mich zurückblickend. Ich springe von meinem Stuhl auf und schmeiße ihn auf Caleb. Ohne zu überlegen, blockt mein Ellenbogen seine rechte Hand mitten im Schlag. Mein Ellenbogen tut höllisch weh, aber die Alternative wäre gewesen, einen weiteren Schlag ins Gesicht zu bekommen. Was allerdings noch viel faszinierender ist, ist, dass meine linke Hand versucht, ihn in die Brustmitte zu boxen. Ich erinnere mich daran, das als Haim getan zu haben. Es ist seine spezielle Bewegung, denke ich – dieser Schlag auf den Solarplexus.

Caleb nimmt meine Faust auf seiner Brust hin, ohne auch nur mit der Wimper zu zucken. Das sollte eigentlich wehgetan haben, denke ich kurz. Andererseits kann seine Bauchmuskulatur die Wucht des Schlages abgedämpft haben. Dieses Wissen habe ich auch auf einmal. Ich habe nur keine Zeit, darüber nachzudenken, weil er erneut zuschlägt. Ich wehre auch diesen Angriff ab, als ich eine weitere Bewegung wahrnehme. Bevor ich verstehen kann, was passiert, fühlen sich meine Hoden an, als würden sie explodieren.

Meine Welt wird zu einem einzigen Schmerz. Ich kann nicht atmen.

Ich falle zu Boden und umklammere meine besten Stücke.

»Entschuldige bitte«, sagt Caleb. »Du hast so hervorragend reagiert, dass ich dachte, ich pusche dich noch ein wenig. Ich habe nicht damit gerechnet, dass du so einen einfachen, langsamen Tritt nicht abwehren würdest. Eine Bewegung, die eine der Säulen von Haims Stil ist. Du musst sie mindestens einige tausend Male ausgeführt haben, als du dich in seinem Kopf befunden hast.«

Er grinst, während er das sagt – dieser Bastard.

Wenn ich eine Waffe zur Hand hätte, würde ich ihm in sein hämisch grinsendes Gesicht schießen. Niemals zuvor hatte ich solche Schmerzen. Dieser Tritt mag »langsam« gewesen sein, aber das ändert nichts an seiner Wirkung – nicht an einer so empfindlichen Stelle. Ich versuche, meine Atmung zu kontrollieren. »Du. Gehst. Mir. Ehrlich. Auf. Den. Sack«, kann ich mühsam herauspressen.

»Du wirst so gut wie neu sein, sobald wir wieder in unseren Körpern sind«, erwidert er und hört sich nicht wirklich bedauernd an.

»Arschloch.« Selbst in meinen eigenen Ohren höre ich mich wie der schlechte Verlierer nach einer Pausenhofprügelei an.

»Stütz dich auf mich auf, während wir hinausgehen«, sagt er und hält mir seine Hand hin. Ich lasse ihn einige Minuten in dieser eigenartigen Haltung mit seiner ausgestreckten Hand warten. Als der Schmerz ein wenig nachlässt, ergreife ich sie.

Ich kann kaum gehen, als ich das Haus von Haims Schwester verlasse. Sobald ich neben meinem eingefrorenen Ich stehe, verlasse ich die Stille.

5

Die Welt erwacht zum Leben, und meine Schmerzen sind augenblicklich verschwunden. Ihre plötzliche Abwesenheit macht mich einen Moment lang geradezu glücklich. Dieses Gefühl überkommt mich, als wir unsere verrückte Fahrt in das Herz Brooklyns wiederaufnehmen.

Während ich glückselig die Abwesenheit des Schmerzes genieße, bin ich erneut dankbar für diese spezielle Eigenschaft des Zurückkehrens aus der Stille: Die Tatsache, dass das Verlassen der Gedankendimension die körperlichen Schäden rückgängig macht, die man während des Aufenthaltes in ihr erhalten hat. Allerdings weiß ich jetzt, dass es eine Sache gibt, die irreparabel ist.

In ihr zu sterben.

Obwohl ich noch nicht so genau weiß, wie das funktioniert, weiß ich, dass Caleb versucht hat, den Strippenzieher in der Stille zu töten. Seine Gedanken diese Angelegenheit betreffend waren ganz eindeutig – der Strippenzieher sollte aufhören zu existieren. Davon war Caleb einhundertprozentig überzeugt.

Ich denke, ich habe auf irgendeine Art gewusst, dass der Tod in der Stille möglich sein könnte. Deshalb hatte ich auch nie ausprobiert, mich dort umzubringen. Ich habe mich mit Sicherheit ein wenig geschnitten, aber immer potentiell lebensgefährliche Sachen vermieden. Ich hatte immer das Gefühl, die Ahnung, dass mein Tod in der Stille Auswirkungen auf die Realität haben könnte.

»Werde ich jetzt den ganzen Rest des Weges mit Schweigen bestraft?«, will Caleb wissen und reißt mich damit aus meinen morbiden Überlegungen.

Mir fällt auf, dass wir schon eine ganze Weile fahren, ohne zu reden. Caleb nimmt wahrscheinlich an, dass ich wegen des Tritts in meine intimsten Teile immer noch wütend auf ihn bin. Und das bin ich auch, aber das ist gerade meine kleinste Sorge.

»Ich denke gerade über das nach, was passiert ist. Warum wir genau diese Erinnerungen sahen«, erwidere ich, und es ist auch nicht ganz gelogen.

»Jemand hat mir einmal erzählt, dass wir Erinnerungen finden, über die wir nachdenken – bewusst oder unbewusst«, erklärt er mir. Er zuckt mit den Schultern, so als sei er sich nicht sicher, ob das einen Sinn ergibt oder nicht. »Es schien mir eine ausreichende Erklärung zu sein.«

Sie ergibt Sinn. Caleb hatte mich gebeten, gewalttätige Erinnerungen an Kämpfe zu finden, und ich sah sein Training. Ich hatte mich gefragt, was Leser mit Strippenziehern machen, und habe die Erinnerung Calebs bekommen. Jetzt muss ich nur noch sicherstellen, dass meine Verbindung zu den Strippenziehern geheim bleibt. Caleb hat offensichtlich keinen Zugang zu dieser speziellen Erinnerung in meinem Kopf bekommen, und ich möchte, dass das auch so bleibt. Ich bin mir noch sicherer als zuvor, dass ich nicht möchte, dass die Leser irgendetwas über mein Geheimnis herausfinden.

»Deshalb habe ich also diese ganze Gewalt in deinem Kopf gesehen«, meine ich. Das ist eine wohlüberlegte Aussage. Ich versuche, meine Spuren zu verwischen, da mir gerade aufgefallen ist, mich selbst dadurch verraten zu können, seine Erinnerungen an Strippenzieher gelesen zu haben. Wenn ich ihn davon überzeugen kann, dass die Erinnerung an den Strippenzieher nur ein Zufall war, und dass der Gedanke an Gewalt sie hervorgerufen hat, wird er hoffentlich niemals andere Rückschlüsse daraus ziehen.

Caleb seufzt als Antwort darauf. »Das ist nicht der einzige Grund. Wenn du in meinen Kopf eindringst, wirst du immer Gewalt vorfinden, egal was du außerdem noch für Interessen haben könntest. Es gibt nicht viele andere Dinge dort. Du wirst keine zwei liebenden Mütter oder Hundewelpen oder Regenbögen finden.«

Obwohl er versucht, sarkastisch zu klingen, fühle ich doch Mitleid mit ihm. Er hört sich fast ein wenig wehmütig an. Wünscht sich dieser kaltblütige Mörder glücklichere Erinnerungen?

»Darren«, sagt er, als ich gerade darüber nachgrübele. Sein Ton ist jetzt anders, schwer einzuordnen. Ich bin mir nicht sicher, ihn zu mögen. »Es gibt da noch etwas anderes, über das wir reden müssen.«

Mein Magen zieht sich zusammen. Weiß er doch, dass ich Strippen ziehen kann?

»Falls Jacob dich zu Julia befragt – auch wenn ich nicht glaube, dass er das tun wird –, sag ihm bitte, dass du nichts weißt«, erklärt er mir, und ich atme erleichtert aus. Jetzt verstehe ich auch seinen Ton. Er ist besorgt, und das hört sich bei Caleb unnatürlich an. Das sind jetzt schon zwei unerwartete Gefühle hintereinander. Hat unser Aufenthalt im Kopf des jeweils anderen etwas damit zu tun?

»Na klar«, sage ich und versuche so zu klingen, als sei das eine Kleinigkeit. »Kein Problem. Aber warum?«

»Da sie sich immer noch erholt, sehe ich keinen Sinn darin, ihre Eltern zu beunruhigen. Außerdem würde sie nicht wollen, dass ihr Vater weiß, dass sie angeschossen wurde, als sie Mira geholfen hat«, erklärt er kurz.

Jetzt verstehe ich es. Julia ist nicht die Einzige, die das nicht möchte. Caleb hat zugelassen, dass die Tochter seines Chefs angeschossen wurde. Sollte Jacob das herausfinden, steckt Caleb in riesigen Schwierigkeiten.

»Dein Geheimnis ist sicher bei mir«, sage ich, wahrscheinlich ein wenig zu schnell.

Er antwortet nicht, und im Auto herrscht Schweigen, während wir unsere Fahrt fortsetzen.

Auf der wilden Fahrt zur Lesergemeinschaft, auf der wir alle Autos überholen, die sich auf unserer Spur befinden, denke ich weiter über das nach, was gerade passiert ist. Theoretisch besitze ich zum ersten Mal in meinem Leben beeindruckende kämpferische Fähigkeiten. Und damit meine ich nicht einen Tritt in den Arsch während einer Kneipenschlägerei – was Haim getan hat, ging weit über einen Tritt in den Arsch hinaus. Das ist ein aufregender Gedanke. Falls ich ungewollt in eine Auseinandersetzung geraten sollte, könnte ich mich verteidigen. Theoretisch zumindest.

Ich erkenne die Gebäude wieder, die gerade an uns vorbeiziehen, und mir fällt auf, dass wir gerade am Kanal vorbeifahren – der kleinen Wasseransammlung, die Eugene Sheepshead genannt hat. Wir befinden uns auf der Emmons Avenue, der Straße, auf der die Gangster gestern auf mich geschossen haben. Wir sind fast bei der Gemeinschaft angekommen, und ich frage mich erneut, was Jacob von mir möchte.

Als wir das Auto parken, treffen wir einen Kerl, an den ich mich vom Vortag erinnere. Denjenigen, der Eugene nicht zu mögen scheint. Calebs unfreundlicher Zwillingsbruder – und unfreundlicher als Caleb zu sein ist schwierig. Ich hasse den Blick, mit dem er mich betrachtet – so wie ein Wolf, der ein verloren gegangenes Schaf anschaut.

»Sam, führe Darren zu Jacob und bring ihn hierher zurück, wenn sie fertig sind«, sagt Caleb.

Sam dreht sich ohne ein Wort zu sagen um und geht schnellen Schrittes auf das beeindruckende Gebäude zu. Ich folge ihm. Den ganzen Weg über herrscht unangenehmes Schweigen.

Wer hätte gedacht, dass Caleb der freundlichere von beiden sein würde?

»Sam, du kannst jetzt gehen«, sagt Jacob und entlässt ihn damit, nachdem er mich in das schicke Büro gebracht hat.

»Darren, ich freue mich, dich persönlich kennenzulernen«, begrüßt mich Jacob, sobald Sam gegangen ist. Er schüttelt mir fest die Hand und lächelt mich aufmunternd an.

»Ich freue mich ebenfalls, Jacob.« Ich versuche, seine Freundlichkeit zu erwidern, und hoffe, dass ihm nicht auffällt, wie nervös ich bin.

Von Angesicht zu Angesicht sieht er anders aus als über Skype. Ich denke, die Anwesenheit Eugenes hat ihn wirklich gestört. Heute scheint Jacob ein netter Kerl zu sein.

»Ich wollte mich ordentlich vorstellen.« Er setzt sich hin und gibt mir zu verstehen, den Stuhl auf der anderen Seite zu nehmen. »Wir bekommen nicht jeden Tag neue Leser.«

»Ich verstehe. Dieser spezielle Termin hier schien von besonderer Dringlichkeit zu sein.« Ich versuche, mich nicht zu feindselig anzuhören, und nehme Platz. Ich frage mich, ob ich in die Stille hinübergleiten und mir dieses Büro näher anschauen sollte. Würde Jacob überhaupt etwas herumliegen lassen, da er sich der Stille bewusst ist? Ich komme zu dem Entschluss, dass er das wahrscheinlich nicht tun würde.

»Keine wirkliche Eile, das kann ich dir versichern. Es ist eher, dass ich meine Neugier befriedigen und eine ordentliche Antwort auf einen ungewöhnlichen Fall bekommen möchte. Deine Situation ist sehr speziell. Du hast gesagt, dass du bis gestern nicht wusstest, ein Leser zu sein.«

»Das habe ich gesagt, weil es so ist«, antworte ich ein wenig zu verteidigend. Ich verändere meinen Ton, und fahre fort: »Ich wurde adoptiert.«

»Entschuldige bitte, wenn ich mich ungläubig angehört habe – ich wollte damit nicht sagen, dass du lügst. Es ist nur eine sehr ungewöhnliche Angelegenheit. Besonders die Tatsache, dass du alleine herausgefunden hast, dass du splitten kannst. Das ist doch richtig, oder?«

»Ja, das stimmt. Das erste Mal ist es passiert, als ich noch ein Kind war«, sage ich. Ich erzähle ihm von meinem Fahrradunfall, davon, dass ich dachte, ich müsse sterben, und der Welt, die um mich herum einfror.

Er befragt mich zu meiner Kindheit, und ich erzähle ihm einige Erlebnisse. Es ist die freundlichste Befragungstechnik, die ich jemals erlebt habe. Dieser Kerl scheint sich wirklich für mich zu interessieren. Und ich habe eine Schwäche. Wie die meisten Menschen rede ich gerne über mich selbst. Als mir das auffällt, werde ich vorsichtiger. Ich möchte nichts sagen, was meine Erfahrungen als Strippenzieher verraten könnte.

»Mein Hauptanliegen heute ist, mit dir über Diskretion zu reden«, beginnt Jacob, nachdem ich den angebotenen Kaffee angenommen habe. Er hat ihn mir persönlich zubereitet.

»Diskretion?«, frage ich und puste vorsichtig auf mein heißes Getränk.

»Wir Leser halten unsere Existenz seit der Antike vor den anderen Menschen geheim«, sagt er mit predigender und monotoner Stimme. Ich habe den Eindruck, dass er diese Rede schon viele Male gehalten hat. »Wir haben immer fest daran geglaubt, dass die Öffentlichkeit uns etwas Schlimmes antun würde, wenn sie es herausbekäme.«

Ich erinnere mich daran, dass Mira und Eugene eine Verschwiegenheitserklärung der Lesergemeinschaft erwähnt haben, was die Fähigkeit, zu lesen, anbelangt. Da ich nicht vergessen habe, wie Jacob über Skype auf Eugenes Anwesenheit reagiert hat, sage ich ihm lieber nicht, dass ich das schon von Miras Bruder weiß. Stattdessen entscheide ich mich für: »Das hört sich düster an.«

»Ja«, stimmt mir Jacob zu. »Aber wie du weißt, können wir die Gedanken der Menschen lesen, und diese Fähigkeit ermöglicht uns den Zugang zur wahren menschlichen Natur. Vertraue mir, wenn ich dir sage, dass sie uns nicht mit freundlichen Armen empfangen würden. Ich wünschte mir, dass es anders wäre, aber leider ist das nicht der Fall.«

»Also, was denkst du würde passieren, wenn unsere Existenz bekannt werden würde?«, möchte ich von ihm wissen und lege meine plötzlich kühlen Hände um den warmen Becher.

»Wir könnten zu geheimen Sklaven des Nachrichtendienstes einer Regierung werden – und das wäre die beste Aussicht.« Mein Kiefer spannt sich an. »Die wahrscheinlichste wäre unsere komplette Ausrottung.«

Ausrottung? Er kämpft mit harten Bandagen. »Müssen unsere Aussichten so düster sein?«, frage ich nach und zwinge mich, einen Schluck meines Kaffees zu trinken. Ich kann meinem Hang dazu, den Advokat des Teufels zu spielen, einfach nicht widerstehen. Ich habe nie viel über diese Sache nachgedacht, die meine Freunde erwähnt haben, aber was Jacob sagt, hört sich plausibel an – was sein Infragestellen so schwierig macht. Meine Angewohnheit, einfach alles in Frage zu stellen, hat meine Mütter und meinen Onkel schon während ich aufwuchs verrückt gemacht. »Was ist mit Fortschritt?«, werfe ich ein. »In der modernen Zeit würden Menschen so etwas bestimmt nicht mehr tun. Wir sind ja nicht so anders als die anderen.«

»Wir sind eine andere Spezies.« Sein Ton wird schärfer.

»Na ja, genau genommen sind wir es nicht.« Auch auf das Risiko hin, den positiven Unterton unserer Unterhaltung zunichte zu machen, kann ich mich einfach nicht beherrschen. »Diejenigen, die du Halbblute nennst, sind der lebende Beweis dafür.«

Und damit nimmt unser Gespräch eine böse Wendung. Jacobs Gesicht läuft rot an. »Du bist nicht für semantische Haarspaltereien hier.« Er schlägt mit der flachen Hand auf den Tisch. »Der sogenannte Fortschritt wird unsere Ausrottung nur schneller vonstattengehen lassen, als wir es jemals für möglich gehalten hätten.«

Ich blicke ihn schweigend an, da ich von seinem Ausbruch völlig schockiert bin. »Ich wollte dich nicht verärgern«, sage ich nach einem Augenblick mit besänftigender Stimme.

Er atmet tief ein und seufzt hörbar. »Es tut mir leid. Das ist ein heikles Thema für mich.«

»Ich verstehe«, erwidere ich vorsichtig. Ich frage mich, ob er so empfindlich ist, weil Eugene, ein Halbblut, eine Zeit lang mit seiner Tochter ausging. »Dir muss klar sein, dass ich mich sehr mit den normalen Menschen identifiziere …« – ich benutze meine Finger, um in der Luft Anführungszeichen für das Wort *normal* zu setzen – »da ich ja bis gestern angenommen habe, selbst einer zu sein. Ich wusste nicht, dass Leser existieren.«

»Richtig, und das ist wahrscheinlich auch ein guter Grund dafür, mir zu vertrauen. Mein Volk hatte jahrhundertelang Zeit, die beste Strategie auszuarbeiten, um mit unserer Situation umzugehen – und sie ist, niemanden etwas von unserer Existenz wissen zu lassen. Das ist der Grund dafür, warum ich es für so wichtig hielt, mit dir zu reden. Das ist alles neu für dich, und da du jung bist, bist du von Natur aus idealistischer, naiver als die anderen. Du bist nicht von Kind an als Leser großgezogen worden, wie es normalerweise der Fall ist. Du hast die Horrorgeschichten über unsere bewegte Vergangenheit nicht erfahren. Glaube mir, die Gefahr für unser Volk ist real.«

Jetzt wird mir klar, dass ich mich als Advokat des Teufels eventuell in Schwierigkeiten gebracht haben könnte. Was passiert, wenn er denkt, ich könne ihr Geheimnis nicht für mich behalten, und mich zum Wohle der Spezies für immer zum Schweigen bringt?

»Das ist ein gutes Argument, Jacob«, sage ich nachdenklich. Ich tue so, als würde ich mir einige Sekunden lang darüber Gedanken machen, und hoffe, dass ich damit durchkomme. »Je länger ich darüber nachdenke, desto mehr glaube ich, dass du damit recht haben könntest.«

Das beruhigt ihn offensichtlich, und er lächelt. »Fast jeder kommt zu dieser Einsicht.«

»Was ich dir allerdings noch sagen sollte«, schiebe ich vorsichtig nach, »ist, dass ich als Kind ungewollt die Regeln gebrochen habe, denen ich von nun an folgen werde. Ich habe versucht, meiner Familie zu erklären, dass ich in der Lage sei, in das einzudringen, was du die Gedankendimension nennst. Ich glaube allerdings nicht, dass ich damit den Lesern geschadet habe. Alle haben einfach nur gedacht, ich sei verrückt.« Ich nehme an, dass er das sowieso herausfinden kann, falls er das möchte – die Köpfe meiner Mütter und meiner Psychologin wären ein offenes Buch für jeden Leser. Wenn ich es ihm allerdings vorher sage, könnte ich potentiellem Herumschnüffeln eventuell vorbeugen. Und selbstverständlich zeige ich dadurch auch meinen guten Willen, die Regeln zu befolgen.

Wie ich gehofft hatte, zuckt Jacob mit den Schultern, ohne sonderlich besorgt auszusehen. »Was geschehen ist, ist geschehen. Wie du gerade gesagt hast, hat dir niemand geglaubt; das ist das Wichtigste. Es ist kein Verbrechen, wenn du die Regeln nicht kennst. Was zählt, ist, dass du von jetzt an verschwiegen bist. Wenn du einige deiner Ausrutscher der Vergangenheit entschärfen kannst, umso besser. Was wirklich verboten ist, ist, unsere Lesefähigkeiten vorzuführen, um unsere wahre Natur zu enthüllen.«

»Das habe ich niemals getan«, erwidere ich. »Was das Lesen betrifft, hatte ich auch gar keine Gelegenheit, mit dieser besonderen Fähigkeit anzugeben. Natürlich habe ich es vorher ausgenutzt, in die Stille zu gleiten. In beiden Fällen habe ich aber nie jemandem erzählt, wie das alles funktioniert – und es würde mir auch niemals einfallen, das zu tun. Ich habe definitiv nicht vor, ›unsere wahre Natur zu enthüllen‹.«

Ich frage mich, ob die Leser etwas dagegen haben, wie ich meine Kräfte benutze – zu meinem eigenen finanziellen Vorteil.

Ich werde Jacob allerdings nicht fragen. Würde er sagen »Hör damit auf«, wäre ich arbeitslos. Sollte es verboten sein, werde ich damit aufhören, sobald er mich explizit darum bittet. Es ist besser, um Verzeihung zu bitten, als um Erlaubnis zu fragen, oder etwa nicht?

»Gut. Das habe ich mir gedacht«, meint Jacob und lächelt wieder. »Du scheinst ein intelligenter junger Mann zu sein.«

»Danke, Jacob. Du musst dir keine Sorgen machen. Ich arbeite auf einem Gebiet, in dem Verschwiegenheit wichtig ist. Außerdem bin ich generell eine sehr verschwiegene Person. Und mach dir auch keine Sorgen um die Menschen, die ich vorhin erwähnt habe – diejenigen, die mir nicht geglaubt haben. Wie du mich gebeten hast, werde ich ihren Blick trüben, sollte es nötig sein, aber das bezweifle ich stark«, sage ich und meine es auch fast so.

»Das ist schön. Vielen Dank für dein Verständnis.«

Eine Last fällt von meinen Schultern. Einen Moment lang habe ich Angst gehabt, meine Mütter könnten in Schwierigkeiten stecken. Zugegeben, sie haben nicht auch nur einen Moment lang an meine Geschichten geglaubt. Falls etwas verschleiert werden muss, dann müsste man bei meiner Therapeutin beginnen. Ihr habe ich ziemlich offen von der Stille erzählt. Nicht, dass sie es eher geglaubt hat als meine Mütter. Sie denkt, das sei nur eine Wahnvorstellung. Vielleicht sollte ich ihr jetzt, da ich ironischerweise weiß, dass sie stimmt, zeigen, dass mir Zweifel gekommen sind, was diese ganze Geschichte anbelangt.

Dieser Gedanke beantwortet eine Frage, über die ich schon eine ganze Weile nachdenke – ob ich meinen Termin mit meiner Psychiaterin morgen einhalten sollte oder nicht. In der letzten Zeit habe ich zwar für meine Stunde gezahlt, damit ich meinen wöchentlichen Platz nicht verliere, aber bin nicht hingegangen. Heute habe ich allerdings den Drang verspürt, wirklich hinzugehen. Praktischerweise kann ich mir jetzt selber einreden, dass alles, was ich dort möchte, ist, meine Therapeutin anzulügen. Ich werde ihr erzählen, dass ich keine Visionen mehr darüber habe, dass die Welt anhält.

Ja, ich werde einfach nur hingehen, um den Schaden zu mindern, und nicht, weil ich über die Dinge sprechen möchte, die mich beschäftigen – wie zum Beispiel die verstörenden Szenen, die ich in Calebs Kopf gesehen habe. Oder über meine Schuldgefühle, weil ich diesen Kerl dazu gebracht habe, sich töten zu lassen. Oder darüber, dass ich adoptierter bin, als ich gedacht habe. Oder etwa darüber, dass ich ein Mädchen kennengelernt habe – etwas, womit meine Therapeutin mich seit Jahren nervt, so als sei sie meine dritte Mutter. Das ganze Gerede über meine Gefühle würde implizieren, dass ich sensibel bin – und das bin ich definitiv nicht. Nein, diese Therapiestunde wird sich nur um Diskretion drehen. Aber, da ich schon einmal dort bin, könnte ich mit meiner Psychiaterin auch gleich über das eine oder andere Thema sprechen – zumindest über die Dinge, die nach den Regeln der Leser nicht verboten sind. Ich bezahle sie ja schließlich dafür.

»Nachdem wir das Thema mit der Verschwiegenheit abgehandelt haben, gäbe es noch eine weitere Kleinigkeit, die ich dich gerne fragen würde«, sagt Jacob und reißt mich damit aus meinen Überlegungen über die kommende Therapiesitzung. »Sagt dir der Name *Mark Robinson* etwas?«

»Nein«, erwidere ich verwirrt. »Sollte er?«

»Nein. Mach dir keine Gedanken. Es ist nicht wichtig.« Er steht auf. »Sam wird dich jetzt zurückbegleiten. Ich freue mich, dass wir auf der gleichen Seite stehen, was die Bewahrung des Geheimnisses um die Existenz der Leser betrifft.«

Er schüttelt meine Hand und bringt mich zu Sam, der vor der Tür wartet. Sam führt mich genauso schweigsam wie vorher zu Caleb.

6

»Wohin?«, möchte Caleb wissen, als wir auf die Emmons Avenue einbiegen.

»Kannst du mich bitte zu Miras und Eugenes Apartment bringen?« Ich suche die Adresse in meinem Handy und gebe sie ihm.

Während wir durch die Straßen fliegen, wird mir plötzlich etwas klar. Ich kenne den Namen Mark. Das war der Name meines biologischen Vaters. Könnte Jacob diesen Mark gemeint haben?

Und sollte das der Fall sein, hat Jacob meinen Vater gekannt?

Als Jacob mich das erste Mal über Skype gesehen hat, sagte er, ich sähe vertraut aus. War der Grund dafür, dass ihm meine Ähnlichkeit zu Mark aufgefallen ist? Oder ist Mark Robinson jemand völlig anderes? Schließlich ist Mark ein ziemlich weit verbreiteter Name.

Mir fällt auf, dass ich meine Mütter fragen muss, wie mein biologischer Vater mit Nachnamen hieß.

»Wir sind da«, sagt Caleb. Er bremst so abrupt, dass ich fast durch die Windschutzscheibe fliege. Wir sind in der Nähe des

Parks gegenüber von Miras Haus. »Möchtest du, dass ich auf dich warte?«

»Nein, danke. Ich werde mir danach einfach ein Auto mieten. Aber ich würde dich gerne etwas fragen«, erwidere ich und schnalle mich ab.

»Was kommt denn jetzt?«, will er wissen. »Du hattest die ganze Fahrt über Gelegenheit, dich mit mir zu unterhalten.«

Ich ignoriere seinen genervten Ton. »Was passiert mit den Menschen, die ihre Fähigkeiten der Welt zeigen? Jacob hat mich angehalten, diskret zu sein, aber ich habe vergessen, ihn zu fragen, was die Konsequenzen eines Regelbruchs sind. Was ist, wenn ich es ungewollt tue?«

»Es ist gut, dass du ihn das nicht gefragt hast.« Caleb zieht seine Augenbrauen zusammen. »Aber um deine Frage zu beantworten: Alles, was ich sagen kann, ist, dass nichts Gutes passieren würde. Das ist kein Spiel, Kind. Das ist tödlicher Ernst.«

»Geht das auch genauer?« Ich bin irritiert, dass er mich schon wieder Kind genannt hat.

»Sollte Jacob mir erzählen, dass jemand das getan hätte, und es gäbe einen Beweis dafür, würde ich diese Person wahrscheinlich erschießen. Ist das genau genug?«, erklärt mir Caleb und schaut mich fragend an. »Das passiert allerdings nie. Kein Leser war jemals so dumm, und ich denke, du wirst es auch nicht sein.«

»Aber irgendwann hat doch bestimmt jemand mal etwas gesagt«, beharre ich. »Ansonsten gäbe es diese Regeln ja nicht. Außerdem gibt es Gedanken in den Köpfen normaler Menschen, die ihren Ursprung in uns haben könnten. Woher käme sonst das Konzept des Mediums. Oder denke doch einfach an das Wort Gedankenlesen. Und wenn ich weiter darüber nachdenke, könnten die Reinkarnationsmythen ebenfalls daher kommen, oder sogar Astralprojektion und Fernwahrnehmung …«

»Nicht zu vergessen Bigfoot«, erwidert er und schaut auffordernd auf meine Tür. »Ich bin kein Historiker. Vielleicht haben die Menschen in der Vergangenheit geredet, aber das tun sie jetzt nicht mehr. Und ich bin mir sicher, dass diejenigen, die das damals taten, auf dem Scheiterhaufen verbrannt oder gefoltert wurden, oder ihnen etwas anderes ähnlich Unangenehmes von unseren Ahnen angetan wurde. Unsere Vorfahren haben hart durchgegriffen. Damals wurdest du zum Beispiel schon dafür umgebracht, Sex mit jemand anderem zu haben als mit deinem zugewiesenen Partner. Und sie würden nicht nur dich töten, sondern auch die Person, mit der du geschlafen hast. Ich denke, der Grund dafür, dass niemand jemals das tut, was du beschreibst, ist, dass wir alle diese brutale Vergangenheit kennen. Genau genommen hat keiner unserer Führer jemals gesagt, dass Verräter nicht mehr auf diese Weise bestraft werden. Ich sage dir die Wahrheit: Ich habe noch nie von Versprechern in der heutigen Zeit gehört. Wir haben uns einige Medien angeschaut, die behauptet haben, Gedanken lesen zu können, aber sie haben sich immer als zwielichtige Betrüger herausgestellt, und nicht als Leser, die verbotene Dinge tun.«

Seine Augen blitzen dunkel auf, als er die Medien erwähnt. Ich frage mich, was er mit ihnen angestellt hat, möchte ihn aber nicht fragen. Für heute habe ich genügend gewalttätige Dinge durch Caleb erfahren.

»In Ordnung, danke. Das erklärt es wahrscheinlich. Jetzt habe ich nur noch eine Sache, die ich dich gerne fragen möchte«, beginne ich vorsichtig, da ich nicht weiß, wie ich am besten vorgehen soll.

Er hebt seine Augenbrauen fragend in die Höhe.

»Kann ich eine Waffe haben?«, frage ich schnell, nachdem ich mir überlegt hatte, es sei das Beste, es einfach auszuspucken. Sobald diese Worte ausgesprochen sind, blicke ich auf sein Handschuhfach.

»Du meinst *diese* Waffe?«, erwidert er, als er meinem Blick folgt.

»Irgendeine Waffe.« Ich bin froh, dass er nicht zu verärgert darüber zu sein scheint, dass ich geschnüffelt habe. »Diese Waffe ist ein Revolver. Revolver haben einfache Mechanismen, die auch in der Stille funktionieren sollten – ich meine in der Gedankendimension.«

»Die meisten Pistolen funktionieren in der Gedankendimension«, entgegnet er. »Gut. Nimm die Waffe – schnell, bevor ich meine Meinung ändere.«

Ich schnappe mir die Pistole und steige aus dem Auto. Ich stecke die Waffe hinten in meinen Hosenbund und fühle mich plötzlich ganz schön verwegen.

»Nimm auch den Kaffee«, sagt er und reicht mir den Becher. »Der war für dich. Viel Glück da drin.«

Bevor ich die Gelegenheit bekomme, etwas zu antworten, beugt er sich herüber und knallt mir die Beifahrertür von innen vor der Nase zu. Dann fährt das Auto davon und hinterlässt einen leichten Geruch nach verbranntem Gummi.

Während Caleb verschwindet, erinnere ich mich an eine andere Frage, die damit zu tun hat, das Geheimnis der Leser auszuplaudern. Was passiert mit den Menschen, denen der Verräter von der Existenz der Leser erzählt? Ich nehme an, dass Caleb das nicht wissen wird, da er noch nie mit so etwas zu tun hatte. Zumindest sagt er das. Ich kann mir nicht vorstellen, dass es etwas Gutes wäre. Das ist ein weiterer Grund dafür, meine Therapeutin davon zu überzeugen, dass meine Geschichten erfunden waren. Ich möchte nicht, dass sie verletzt wird – sie hat sich mir gegenüber immer anständig verhalten, auch wenn ich denke, dass sie meistens Mist erzählt.

Ich gehe zum Park hinüber, setze mich auf eine Bank und denke nach, während ich meinen lauwarmen Kaffee trinke.

Es ist 7.28 Uhr. Mira und Eugene schlafen wie die meisten normalen Menschen wahrscheinlich noch. Wenn ich das mache, was ich vorhabe, wird Mira wohl nicht nur wegen des gestrigen Strippenziehens wütend auf mich sein. Andererseits bezweifle ich, dass sich meine Lage noch verschlimmern kann – und ich habe das Gefühl, dass ich das Überraschungsmoment zu meinem Vorteil nutzen kann.

Nachdem ich davon überzeugt bin, setze ich mich gerade hin und benutze die überdurchschnittliche Aufregung, die ich gerade fühle, um in die Stille hinüberzugleiten. Als der Straßenlärm verstummt, gehe ich zum Gebäude hinüber.

Meine neue Waffe hilft mir nicht nur dabei, die Eingangstür des Hauses zu öffnen, sie funktioniert auch hervorragend bei dem Schloss der Tür zu ihrem Apartment. Meine Ohren klingen immer noch wegen des Schusses, den nur ich hören konnte. Als ich vorsichtig das Apartment betrete, denke ich, dass es gut ist, dass die Tür automatisch wieder intakt sein wird, sobald ich in die normale Welt zurückkehre.

Als ich in das Zimmer gehe, das Miras sein muss, beginne ich erneut, an meinem kranken Plan zu zweifeln.

Mira schläft auf einem grauen Futonbett. Ihr Raum ist ordentlicher als das restliche Apartment. Das Durcheinander, das mir das letzte Mal aufgefallen ist, scheint also eher Eugenes Schuld zu sein.

Ich nehme einen Spitzen-BH und einen Tanga wahr, die auf einem Stuhl neben ihrem Bett liegen. An den Teil des Ganzen hatte ich nicht gedacht. Ich habe allerdings Glück. Offensichtlich schläft sie nicht nackt – die Schulter, die aus der Decke hervorschaut, ist mit einem Schlafanzugoberteil bedeckt.

Während ich in dem Zimmer stehe, frage ich mich, was passieren wird, wenn ich Mira zu mir in die Stille hole, während sie schläft. Ich konnte niemals in der Stille einschlafen, weshalb ich denke, dass Mira aufwachen wird, sobald sie bei mir ist. Ich werde es gleich herausfinden.

Ich strecke meinen Arm aus, streiche einige Strähnen von Miras dunklem weichem Haar beiseite und berühre sanft ihre Schläfe. Danach atme ich tief durch und warte auf das, was passieren wird.

Eine zweite Mira erscheint in der Stille auf dem gleichen Bett, aber näher bei mir. Diese Mira hat ihre Augen geöffnet und blickt einen Moment lang an die Decke. Danach dreht sie ihren Kopf und schaut sich ihre schlafende Doppelgängerin an.

»Ganz ruhig, bitte«, flüstere ich leise.

Als Mira mich hört, setzt sie sich ruckartig auf. Sie nimmt ihre Füße vom Bett und schaut mich offensichtlich überrascht an.

Mit ihrem gepunkteten Schlafanzug, ohne das Make-up und die Femme-Fatale-Kleidung, sieht sie zugänglicher aus als das letzte Mal, an dem wir uns gesehen haben. Wie das sprichwörtliche Mädchen von nebenan. Vielleicht sogar ein wenig verletzlich. Diese Illusion dauert aber nur einen kurzen Moment, bis sie mir den wütendsten Blick zuwirft, den ich jemals von ihr bekommen habe.

»Was. Zum. Teufel«, sagt sie ein wenig zusammenhangslos, und zum ersten Mal höre ich einen leichten russischen Akzent bei ihr heraus.

»Es tut mir leid, dich einfach so zu überfallen«, sage ich schnell. »Aber ich muss wirklich mit dir reden. Würdest du mir bitte zuhören?«

Sie springt auf und schaut auf ihre Tasche, die hinter mir liegt.

Mein Mut sinkt, als ich verstehe, dass sie nach der Waffe sucht, die sich darin befindet, wie ich mich erinnere.

Bevor ich diesen Gedanken zu Ende führen kann, ist sie auch schon neben mir und holt mit ihrem Arm aus. Ganz automatisch fange ich ihre kleine Faust mit meiner Hand ab, eine Millisekunde, bevor sie auf meinem Gesicht aufkommt. Ich halte sie einen Augenblick fest und schaue Mira in die Augen. Sie sieht mehr als überrascht aus, dass ich so schnell reagiert habe. Sobald sie sich wieder gefasst hat, beginnt sie allerdings, sich zu wehren, und ich gebe ihre Hand frei.

Als Nächstes versucht sie, mir gegen das Schienbein zu treten, und ich gehe, ohne darüber nachzudenken, einen Schritt zurück.

Als ihr Bein nicht auf dem geplanten Ziel aufkommt, verliert sie fast das Gleichgewicht. Aus ihrem Ärger wird Wut, wie ich eindeutig auf ihrem Gesicht erkennen kann, und sie rennt zur Tür. Einen Moment lang bereue ich meine neuentdeckten Kampfreflexe. Vielleicht hätte sie sich ein wenig beruhigt, wenn sie mich getroffen hätte. Vielleicht wäre sie danach bereit gewesen, mir zuzuhören. Außerdem kann ich mir nicht vorstellen, dass ihre Schläge sehr schmerzhaft gewesen wären – wenn man ihren zierlichen Körperbau betrachtet. Und das ist nicht sexistisch gemeint. Nicht direkt. Wenn mein schmächtiger Freund Bert mich geschlagen hätte, der wahrscheinlich nicht viel mehr wiegt als Mira, hätte ich wohl auch nichts gespürt.

Ich folge ihr und bemerke, dass sie auf ein Zimmer zugeht, bei dem es sich um Eugenes Schlafzimmer handeln muss. Wahrscheinlich will sie ihn zu uns in die Stille holen. Oder seine Waffe. Oder beide.

Ich warte und lasse sie gewähren. Ich fühle mich ziemlich sicher, weil ich mir denke, dass, wenn sie mich gestern nicht umgebracht hat, sie es wohl auch heute nicht tun wird – nachdem sie eine Nacht darüber schlafen konnte. Hoffentlich.

Eugene kommt nur mit zerknitterten weißen Unterhosen bekleidet aus dem Raum und sieht verwirrt aus. Ich bekomme keine Gelegenheit, über seinen Aufzug zu grinsen, da Mira ihm folgt – mit seiner Waffe in der Hand.

Das Beunruhigendste an diesem Anblick ist, dass ihre Hand dabei sehr ruhig ist. Das hatte ich nicht erwartet. Sie sieht viel ruhiger aus als gestern – viel entschlossener, mich zu erschießen. Wie hatte ich diese Situation nur so erschreckend falsch einschätzen können?

Ich höre, wie die Waffe entsichert wird.

Kann man in der Stille einen Herzinfarkt bekommen? Falls das möglich sein sollte, scheine ich mit dieser Möglichkeit zu liebäugeln, so schnell wie mein Herz gerade schlägt.

Sie zielt genau auf meinen Kopf.

Ich erwarte, wenigstens den Hauch von Unsicherheit auf ihrem Gesicht zu sehen, aber da ist nichts. Sie sieht völlig ruhig aus. Gnadenlos. Ihre Unterarme spannen sich an, so als würde sie jeden Moment abdrücken.

Ich lege meine Hand vor mein Gesicht, so als könne sie mich schützen.

»Mira, hör auf.« Eugene stellt sich zwischen mich und die Pistole. »Überleg dir gut, was du tust. Er kann *Monate* in der Gedankendimension verbringen.«

Sie zögert, entweder, weil ihr Bruder im Weg steht, oder wegen seiner Worte.

Ich bin sprachlos. Sie wollte mich wirklich gerade umbringen, und offensichtlich dachte Eugene das auch. Während ich tief durchatme, versuche ich, nicht weiter darüber nachzudenken. Zu wissen, was sie gerade vorhatte, schmerzt. Mehr, als ich jemals gedacht hätte. Bei näherer Betrachtung fällt mir auf, dass ich einfach an das geglaubt habe, was ich mir gewünscht hätte. Ich war mir so sicher gewesen, dass sie mir nichts antun würde. Jetzt, mit der harten Realität vor Augen und dem Wissen, dass sie mich umbringen würde, fühle ich mich hintergangen – auch wenn ich das nicht tun sollte.

Und wo wir gerade bei diesem Thema sind, Eugenes Grund dafür, dass sie nicht abdrücken sollte, tut mir fast genauso weh. Es hat sich so angehört, als wolle er mich nur meiner Kräfte wegen verschonen. Nicht wegen unserer Freundschaft. »Bring ihn nicht um, sonst können wir seine Fähigkeiten in der Stille nicht nutzen«, scheint er gemeint zu haben.

»Es ist egal, wie lange er sich darin aufhalten kann«, entgegnet Mira. »Was haben wir denn davon?« Ihre Stimme hört sich jetzt aber ein wenig unsicherer an, und ihre Hand scheint nicht mehr ganz so ruhig zu sein.

»Du weißt, dass es viel sein kann«, sagt Eugene. »Wir haben gerade einen Schlag gegen unsere Feinde ausgeführt. Sie werden sich rächen.«

»Woher willst du wissen, dass er nicht auf ihrer Seite ist. Und falls er uns seine Hilfe anbieten würde, wie könnten wir ihm trauen?« Mira lässt ihre Waffe sinken, so als würde ihr erst jetzt auffallen, dass sie sie auf die Brust ihres Bruders gerichtet hat.

»Denk doch mal nach, Miroschka. Du warst immer diejenige, die gesagt hat, man solle Menschen nach ihren Handlungen beurteilen, und nicht nach ihren Worten.« Eugene schaut seine Schwester ernst an. »Er hat zuerst mir das Leben gerettet und danach dir – und um das zu tun, hat er sein eigenes aufs Spiel gesetzt. Warum beurteilst du Darren nicht nach dem, was er getan hat?«

Der Teil ihres Gesichts, der hinter seinem Rücken hervorschaut, sieht nachdenklich aus. Eugenes Argumentation ist stichhaltig. Ich selbst hätte keine bessere finden können. Sie denkt offensichtlich darüber nach. Ich wünschte, dass es nicht so eine schwierige Entscheidung wäre.

»Aber er ist einer von ihnen«, sagt sie schließlich. Ich sehe, wie sie gegen den Drang ankämpft, die Waffe wieder zu heben. Sie bleibt nach unten gerichtet. »Wir wissen nicht, ob er sich nicht einfach unser Vertrauen erschleichen möchte.«

»Das ist nicht besonders wahrscheinlich, Mira, und das weißt du auch. Er hätte seine Strippenziehernatur nicht enthüllt, um dich zu retten, wenn das der Fall wäre«, meint Eugene.

»Vielleicht ist ihm ein Fehler unterlaufen«, entgegnet sie und hört sich immer weniger überzeugt an.

»Das ergibt keinen Sinn«, sagt Eugene. »Er hat es absichtlich getan; du hast ihn gesehen. Wenn wir vom schlimmsten Fall ausgehen – dass er bis gestern einen Plan gehabt hätte –, hat er sich trotzdem dazu entschieden, dich zu retten. Und das würde zählen, wenn wir ehrlich sind. Aber ich denke nicht, dass es jemals so kompliziert war. Ich denke, dass es wahrscheinlicher ist, dass er wirklich nicht wusste, was er war ... was er ist.«

»Ganz genau«, melde ich mich endlich auch zu Wort. »Das habe ich nicht.«

»Halt den Mund«, unterbricht mich Mira wütend. »Was solltest du denn auch anderes sagen?«

»Vielleicht gibt es einen Weg, um herauszufinden, ob er die Wahrheit sagt«, meint Eugene nachdenklich.

»Ach?« Mira spricht damit laut aus, was ich denke.

»Ja. Ich habe die ganze letzte Nacht darüber nachgedacht, und ich glaube, mir ist etwas eingefallen.« Eugene klingt immer aufgeregter.

»Und was?«, will Mira wissen, und die Tatsache, dass ich aus ihrer Stimme so etwas wie Hoffnung heraushöre, macht mir selbst Hoffnung.

»Einen Test«, erwidert ihr Bruder.

Mira zuckt enttäuscht mit den Schultern. »Du hast ihn erst gestern getestet. Danach warst du dir sicher, dass er ein Leser ist.«

»Und das ist er auch«, verteidigt sich Eugene. »Mein Test hat funktioniert.«

»Toll, vielleicht können Strippenzieher genauso gut lesen, wie sie die Gehirne der Menschen manipulieren«, meint Mira stur.

»Sie können nicht lesen«, widerspricht Eugene. »Dessen war sich Vater sicher. Ich erinnere mich daran, dass er es mir gesagt hat, und ich bin seine Aufzeichnungen durchgegangen. Außerdem hast du gesehen, dass Julia von den gleichen Dingen ausgeht wie ich und das auch vor einer Menge anderer Gemeindemitglieder gesagt hat. Wenn irgendjemand wüsste, dass die Strippenzieher lesen können, hätten sie es Julia gesagt, aber das haben sie nicht. Nein, Mira. Er ist ein Leser. Normalerweise würde das bedeuten, dass er kein Strippenzieher ist. Aber in diesem Fall ist er es. Warum auch immer, er ist ein eigenartiger Fall – er wuchs auf, ohne etwas über das Lesen oder das Strippenziehen zu wissen, und jetzt kann er beides.«

»Dann ist er eben ein eigenartiger Fall«, gibt Mira zu. »Das bedeutet aber nicht, dass er immer die Wahrheit sagt.«

»Deshalb würde ich ihn ja auch gerne einem weiteren Test unterziehen. Er wird nicht alle unsere Fragen beantworten, aber zumindest werden wir sehen, ob Darren uns die Wahrheit gesagt hat. Mit meiner Ausstattung kann ich einen ziemlich guten Polygraphentest aufsetzen.« Eugene hört sich bei der Erwähnung seiner Ausstattung ganz aufgeregt an.

»Einen Lügendetektortest?« Mira runzelt ihre Stirn.

»Genau.« Eugene strahlt sie an. »Den, der normalerweise durchgeführt wird, nur besser, weil ich meine Nachforschungen und meine Ausstattung habe. Seit ich weiß, dass ein Leser niemand anderen unserer Spezies lesen kann, habe ich versucht, herauszufinden, wie es uns gelingen kann, sicherzustellen, dass wir uns nicht gegenseitig anlügen. Das ist die beste Idee, die ich bis jetzt hatte. Ich kann dazu einige der Apparate für das Neuro- und andere Biofeedbacks benutzen, die ...«

»Aber können Menschen solche Dinge nicht überlisten?«, unterbricht Mira ihn. Ich fange an, mich zu fühlen, als sei ich gar nicht anwesend. »Wird es zu hundert Prozent genau sein?«

»Nichts ist so genau. Und ich vermute, er könnte ihn austricksen, aber das ist unwahrscheinlich. Menschen können lernen, die Standardtests zu bestehen, aber dann müssten sie die ganzen Methoden erforschen, die angewendet werden, und dann darauf trainieren, ihre natürlichen Antworten zu verändern. Darren hatte für nichts dergleichen Zeit – besonders deshalb nicht, weil er die Methode, die ich anwenden werde, nicht kennt. Er hat gerade erst erfahren, dass er getestet werden wird, also hatte er keine Möglichkeit, sich vorzubereiten.«

»Alles klar, Darren – falls das überhaupt dein richtiger Name ist.« Mira steht auf ihren Zehenspitzen, um mich über Eugenes Schulter hinweg anzuschauen. »Falls du zustimmst, dich dem Test meines Bruders zu unterziehen, werde ich mir das anhören, was du mir sagen wolltest. Und vielleicht werde ich dich danach auch nicht erschießen.«

»Klar«, sage ich bereitwillig. »Ich werde mich dem Test unterziehen; ich habe nichts zu verbergen.«

Und das ist auch fast die Wahrheit. Außer einer kleinen Einschränkung, die ich nicht erwähne. Eugene hat in einigen Punkten seinen Plan betreffend Unrecht. Ich weiß zum Beispiel einiges über diese Tests. Ich bin einer dieser Menschen, die Nachforschungen darüber angestellt haben, wie man sie manipulieren kann. Die Theorie dazu ist nicht testspezifisch, da alle Tests mit dem Biorhythmus arbeiten. Unabhängig davon, was Eugene für seinen Test geändert hat, bin ich mir sicher, dass er auf den gleichen Grundlagen basiert. Grundlagen, die ich zu meinem Vorteil nutzen kann – sollte ich das wollen.

»Hervorragend«, meint Eugene. »Ich werde alles vorbereiten. Du verlässt die Gedankendimension und kommst in unser Apartment zurück.« Er geht in sein Schlafzimmer – ich nehme an, um seinen eingefrorenen Körper zu berühren und die Stille zu verlassen. Und hoffentlich, um sich Hosen anzuziehen.

Mira bleibt noch eine Weile stehen und schaut mich mit einem undurchsichtigen Blick an. »Es wäre besser für dich, wenn du bestehen würdest«, sagt sie, und ohne mir die Gelegenheit zu geben, ihr zu antworten, geht sie in ihr Zimmer.

7

Eigenartig benommen kehre ich zu meinem Körper auf der Bank zurück und verlasse die Stille.

Die Welt erwacht zum Leben, und ich beschließe, lieber zurückzurennen als zu gehen. Sollte Eugene sein Experiment vermasseln, könnte ich in echte Schwierigkeiten kommen. Außerdem sind Lügendetektortests, nach dem, was ich weiß, auch keine exakte wissenschaftliche Testmethode. Eigentlich sind sie teilweise eine Masche, um schuldigen Menschen Angst einzujagen, damit sie Dinge zugeben, die sie versuchen zu verbergen. Das ist das größte Geheimnis, das ich während meiner Nachforschungen herausgefunden habe.

Ein Polygraphentest ist mit Sicherheit nichts, von dem ich mein Leben abhängig machen würde.

Ich würde ihm entfliehen, aber ich möchte, dass Mira aufhört, mich weiterhin so anzusehen, als sei ich ein Monster. So als hätte ich etwas mit dem Tod ihrer Eltern zu tun. Außerdem hat es einen praktischen Grund – den Grund, aus dem ich eigentlich hierhergekommen bin. Dieses zweite Argument ist ausschlaggebend für mich.

Ich überquere erneut die Straße, aber diesmal in der richtigen Welt.

Eugene drückt den Türsummer und lässt mich ein. Jetzt hat er Jeans und T-Shirt an und lässt mich wissen, dass er seine Geräte aufgebaut hat.

Ich versuche, es mir so bequem wie möglich zu machen, während er mich mit seinem Laptop verbindet. Ich muss noch lächerlicher aussehen als während des letzten Tests, als er herausfinden wollte, ob ich ein Leser bin. Überall an meinem Kopf sind Elektroden befestigt, die angeblich meine Gehirnströme messen sollen. Ich habe einen Herzschlagmonitor an meinem Finger und ein Gerät, welches wie ein Gummiband aussieht, um meiner Brust. Ich nehme an, dass Letzteres dazu gedacht ist, beschleunigte Atmung zu erkennen. Ein weiterer Apparat scheint meine elektrodermale Aktivität zu messen – also den Hautschweiß. Außerdem gibt es einige Kabel, deren Sinn ich nicht verstehe. Das macht mich nervös. Ich hoffe, dass sie nicht dazu gedacht sind, Elektroschocks oder Ähnliches abzugeben; aber genau das kommt mir in den Sinn, wenn ich sie betrachte.

Während des ganzen Aufbaus ist Eugene so aufgeregt wie ein Kind auf seiner Geburtstagsparty.

Nachdem er gefühlte tausend Einstellungen vorgenommen hat, scheint er endlich zufrieden zu sein. »Ich bin fertig«, ruft er und schaut zur Tür.

Mira betritt den Raum – natürlich mit ihrer Waffe in der Hand. Sie hat ihren Schlafanzug gegen eine enge Jeans und ein tief ausgeschnittenes Tanktop getauscht, ein Freizeitoutfit für sie. Ich kann es gar nicht glauben, dass ich darüber nachdenke, wie *heiß* jemand aussieht, der mich erschießen will. Aber genau das denke ich, wenn ich Mira anschaue.

Als sie mich sieht, verändert sich ihr ernster Gesichtsausdruck, und ich kann einige Fältchen erkennen, die sich in ihren Augenwinkeln bilden. Toll. Sie amüsiert sich über meinen lächerlichen Anblick. Das würde ich wahrscheinlich auch tun, wenn ich an ihrer Stelle wäre. Es macht mir in diesem Fall allerdings nichts aus, dass sie sich über mich lustig macht; besser sie lacht, als dass sie ihre Waffe auf mich richtet. Vielleicht sollte ich mir einen dieser Gauklerhüte besorgen, damit sie nicht ständig den Drang verspürt, mich zu erschießen.

Sie legt die Waffe weg und setzt sich mit gekreuzten Beinen auf den Boden, mitten auf einen Stapel Papiere, Kabel und anderes Zeug, das in Eugenes Zimmer herumliegt. Ich stelle sicher, nicht auf ihr tief ausgeschnittenes Tanktop zu schauen – auch wenn das problemlos möglich wäre. Ich habe gelesen, dass Erregung während dieser Tests als Lügen missinterpretiert werden kann.

»Also, Darren, wie viel ist zwei plus zwei?«, fragt Eugene.

Fragt mich jetzt nicht, warum ich mir die Mühe gegeben habe, zu lernen, wie man einen Lügendetektor schlägt. Sagen wir einfach, dass ich vorbereitet sein wollte, sollten meine investigativen Aktivitäten jemals dazu führen, dass ich einen absolvieren müsste. Wie dem auch sei, ich weiß, wozu diese lächerliche Frage dient. Eugene erstellt eine Baseline. Die Ausschläge auf meine offensichtlich wahrheitsgemäßen Antworten werden später mit denen der wichtigeren Antworten verglichen. Wenn ich also betrügen wollte, könnte ich mich vor dem Antworten in einen nervösen Zustand versetzen. Das wäre nicht sehr schwierig für jemanden wie mich, der den Großteil seines Lebens damit verbracht hat, sich zum Hinübergleiten in die Stille genau in diesen Zustand zu versetzen.

Aber ich entscheide mich dagegen, zu betrügen oder sogenannte *Gegenmaßnahmen* zu ergreifen. Erstens, weil ich nicht wirklich etwas zu verbergen habe, also warum sollte ich es tun? Zweitens, so unwahrscheinlich es sich auch anhört, weil Eugene recht haben könnte. Die Tatsache, dass er seine eigene Version des Tests benutzt, könnte bedeuten, dass er eine physische Reaktion überwacht, die ich vielleicht nicht kontrollieren kann – ein neues Prinzip, über das ich noch nichts gelesen habe. Sollte dies der Fall sein, könnte er denken, dass ich versuche, den Test zu manipulieren. Und diese Tests manipulieren zu wollen, ist ein guter Hinweis darauf, dass man etwas verbergen möchte. In diesem Fall ist es aber genau das, was Mira nicht denken soll. Der Sinn des Ganzen ist ja schließlich, ihr Vertrauen zu gewinnen.

»Bitte antworte schnell«, sagt Eugene und reißt mich damit aus meinen Überlegungen. Sein Gesichtsausdruck verdunkelt sich, und ich bemerke, dass ich meinen Test schlecht begonnen habe.

»Es tut mir leid«, erwidere ich. »Ich bin ein wenig nervös. Ich möchte wirklich, dass ihr mir glaubt.«

»Gut. Atme tief durch«, sagt er und schaut auf den Monitor.

Ich gehorche und atme einige Male tief durch.

»Gut. Und jetzt beantworte mir bitte zügig die Fragen, die ich dir stelle«, fährt er fort. »Wie viel ist zwei plus sechs?«

»Acht«, antworte ich schnell, damit er eine saubere Baseline bekommt.

»Und wie heißt du?« Eugenes Blick trennt sich nicht von seinem Laptop.

»Darren«, sage ich nur.

»Wusstest du, dass Mira oder ich existieren, bevor du sie in Atlantic City getroffen hast?«

»Nein.«

»Hast du Mira gestern gerettet?«

»Ja.«

»Bist du ein Leser?«

»Ich bin mir nicht sicher. Ich hoffe es.«

»Bist du ein Strippenzieher?«

»Ich bin mir nicht sicher. Ich hoffe nicht.«

»Wusstest du vor gestern, dass du ein Strippenzieher sein könntest?«

»Nein.«

»Spielst du ein falsches Spiel mit uns?«

»Nein.«

»Stehst du auf meine Schwester?«

»Was?«, frage ich völlig überrumpelt von dieser Frage. Als mir auffällt, dass ich es gerade versaue, gebe ich unwillig zu: »Vielleicht. Also, ja. Vielleicht nicht auf sie stehen, aber …«

»Danke«, sagt Eugene grinsend und wendet seine Augen zum ersten Mal seit dem Beginn der Befragung vom Bildschirm ab. Danach dreht er sich zu seiner Schwester um. »Er sagt die Wahrheit.«

Ich schaue kurz zu Mira und sehe einen eigenartigen Ausdruck auf ihrem Gesicht. Ist sie gerade errötet? Das ist ziemlich unwahrscheinlich. Ich muss es mir einbilden, weil es mir so unangenehm ist, auf diese Weise vorgeführt zu werden. Aber ich weiß, warum Eugene es getan hat. Er wollte mich etwas fragen, auf was ich emotional reagieren würde, damit er sicher sein kann, dass sein Gerät Lügen erkennen würde. Diese letzte Frage war perfekt dafür geeignet. Er ist cleverer, als ich dachte. *Arschloch.*

»Das ist toll. Er lügt nicht.« Mira wendet sich von mir ab, um ihren Bruder anzuschauen. »Das erklärt uns aber immer noch nicht, was zum Teufel er ist.«

»Du weißt zumindest, dass er dir nicht schaden möchte«, erwidert Eugene ungewöhnlich streng. »Sollte dir das nicht reichen?«

Das ist das erste Mal, dass ich diesen Ton bei ihm höre. Mira sieht überrascht aus, also muss es nicht häufig vorkommen.

Ich melde mich zu Wort. »Mira, ich selbst möchte noch viel dringender als du wissen, was ich bin. Eugene hat recht – ich möchte dir nicht schaden. Eigentlich möchte ich das Gegenteil.«

»Ach, halt den Mund«, winkt sie ab. »Das Gegenteil. Genau. Du bist so selbstlos. Bitte. Ich kenne Typen wie dich. Alles, was euch interessiert, seid ihr selbst.«

Ich schaue Eugene hilfesuchend an. Eugene blickt weg. Ich bin auf mich allein gestellt.

Sie spitzt ihre Lippen. »Du weißt, dass ich recht habe. Solange du immer noch die Wahrheit sagen musst, erzähl uns doch schnell noch, warum du hierhergekommen bist. Wolltest du uns helfen? Oder wolltest du deine eigene Haut retten?«

»Unter den gegebenen Umständen kann ich es schlecht

abstreiten«, sage ich widerstrebend. »Ich bin hierhergekommen, um dich zu bitten, den anderen Lesern nichts über das zu erzählen, was ich getan habe.«

»Richtig«, sagt sie mit verächtlicher Stimme.

»Du weißt nicht, was ich weiß. Du weißt nicht, wie brutal die Leser Strippenzieher töten«, sage ich und verliere langsam meine Geduld. »Es ist nicht egoistisch, wenn ich nicht von Caleb oder einer anderen Person wie ihm umgebracht werden möchte.«

»Und woher weißt du überhaupt etwas darüber, wie Leser Strippenzieher töten?« Sie schaut mich skeptisch an, und mir fällt auf, dass ich gerade einen Fehler gemacht habe.

»Ich habe es in Calebs Kopf gesehen, zufrieden? Heute Morgen haben wir dieses gemeinsame Lesen getan, und ich habe durch seine Augen gesehen, wie er einen von ihnen umgebracht hat.« Ich weiß, dass ich mein Versprechen breche, nichts über das zu erzählen, was wir im Kopf des anderen gesehen haben. Ich habe Caleb zwar mein Wort gegeben, aber ich kann es unmöglich halten. Ich will Mira unbedingt überzeugen.

Sie erwidert nichts. Sie schaut einfach entsetzt zu Eugene.

»Er sagt die Wahrheit«, bemerkt dieser. »Können wir jetzt mit diesen Dummheiten aufhören? Darren ist offensichtlich nicht gegen uns, also werde ich ihn vom Detektor befreien. Und während ich das tue, Darren, möchte ich jedes Detail dieses gemeinsamen Lesens erfahren.«

Er nimmt mir nach und nach alle Kabel ab, und ich erzähle ihm von meinem Erlebnis mit Caleb, allerdings ohne die Dinge, die Caleb und ich als zu persönlich einstufen würden. Ich lasse Mira und Eugene schwören, niemandem etwas darüber zu erzählen, und hoffe, Caleb wird niemals herausfinden, dass ich überhaupt mit jemandem darüber gesprochen habe.

»Unglaublich«, meint Eugene, als ich fertig bin. »Ich würde meinen linken kleinen Finger dafür geben, das zu versuchen. Ich habe es nur ein einziges Mal mit Julia getan, aber es war nicht wie das, was du beschrieben hast. Vater hatte recht. Dieses Experiment ist abhängig von der Stärke der jeweiligen Leser ...«

Während er spricht, beginnt Mira, ihn finster anzublicken. »Vergiss es«, unterbricht sie ihn. »Ich weiß, worauf du hinauswillst, und meine Antwort ist *Nein*. Ich werde ihn erschießen, bevor ich es zulasse, dass ihr eure Gedanken verbindet.«

»Was? Warum?«, fragt Eugene ganz klar enttäuscht.

»Weil selbst wenn er vorher nicht gewusst hat, dass er ein Strippenzieher ist, weiß er es jetzt. Sobald er in deinem Kopf ist, hat er dich in seiner Gewalt.« Sie dreht sich herum, um mich böse anzublicken.

»Stimmt das?«, fragt Eugene mich. Er sieht dabei allerdings nicht verängstigt aus; wenn überhaupt, aufgeregt. Ich denke, der Wissenschaftler in ihm genießt das alles.

»Ich habe keine Ahnung«, sage ich ehrlich. »Ich habe gar nicht daran gedacht, bis Mira es gerade erwähnt hat. Das Verbundensein war so verwirrend, dass ich nicht sicher bin, ob ich es hinbekommen würde, jemanden zu kontrollieren, selbst wenn ich es wollte. Unsere Köpfe waren eins. Wenn ich versucht hätte, ihn zu manipulieren, hätte es genauso gut mich erwischen können. Und natürlich würde ich es auch gar nicht versuchen wollen, ganz besonders nicht mit Caleb oder dir, Eugene. Er würde mich umbringen oder schlimmere Dinge mit mir anstellen, sollte ich keinen Erfolg haben. Und du ... ich würde es einfach nicht tun.«

»Siehst du, Mira? Er würde mich nicht manipulieren«, sagt Eugene. »Und wenn ich mich mit ihm verbinde, wäre das besser als jeder Lügendetektortest, um die Wahrheit herauszufinden.«

»Hörst du dir überhaupt selbst zu?« Sie schaut ihn verzweifelt an. »Natürlich sagt er, dass er dich niemals manipulieren würde. Und warum benutzt du überhaupt das Herausfinden der Wahrheit als Entschuldigung? Hat dein Test nicht bestätigt, dass er nicht gelogen hat?«

»Ja, schon ...«, gibt Eugene zu.

Ich werde dieses ganzen Hickhacks langsam müde. »Entschuldige bitte, dass ich dich unterbreche, Eugene«, sage ich, »aber das ist unnötig. Ich möchte kein gemeinsames Lesen mit dir machen. Dieses eine Mal mit Caleb war mehr als genug.«

Mira wirft mir einen dankbaren Blick zu. Ich nehme an, weil ich in diesem Punkt auf ihrer Seite stehe. Eugene kann seine Enttäuschung nicht verbergen. Ich kann gar nicht glauben, dass er das nach dem, was Mira ihm gerade erzählt hat, immer noch tun möchte. Wenn ich denken würde, jemand könnte mich unter gewissen Umständen manipulieren, würde ich die betreffenden Umstände definitiv vermeiden.

»Es wäre nicht das Gleiche, wenn du es mit mir tust«, sagt er bittend. »Es wäre nicht das Gleiche wie das, was du mit Caleb erlebt hast. Diese Sache hängt von der Tiefe und der Intelligenz der betreffenden Leser ab. Je stärker beide Dinge sind, desto intensiver ist die Verbindung. Außerdem könnte das Gehirn der zu lesenden Person einen Unterschied machen. Und wahrscheinlich …«

»Das vergrößert deine Aussichten auch nicht«, sage ich. »Es war dieses Mal schon tief genug für mich. Ich würde es nicht noch tiefer haben wollen.«

»Denk wenigstens darüber nach«, beharrt Eugene. »Ich bin mir sicher, dass du es nicht bereuen würdest. Wenn du eine schlechte Erfahrung hattest, ist es normal, dass du jetzt vorsichtig bist. Das wäre ich wahrscheinlich auch, wenn ich in etwas so Angsteinflößendes blicken würde wie Calebs Gedanken.«

»Das ist nicht fair. Caleb hat mich gerettet«, erinnert ihn Mira. »Jetzt komm aber mal von deinem hohen Ross herunter.«

»Also ist Caleb der Gute, aber mich würdest du erschießen, obwohl ich dich auch gerettet habe«, sage ich bitter. »Hat Eugene dir auch gesagt, warum ich diese verrückte Sache getan habe? Dass es die Bezahlung dafür war, dass dein heiß geliebter Caleb überhaupt gekommen ist, um dich zu retten?«

»Stimmt das?«, fragt sie Eugene und wirft mir einen eigenartigen Blick zu.

»Ja. Ich hatte noch keine Gelegenheit dazu, es dir zu erzählen.« Eugene sieht aus, als sei ihm das unangenehm.

»Ich verstehe«, sagt sie langsam. »In Ordnung, Darren. Vielleicht werde ich dich nicht in der nächsten Zeit erschießen. Und ich bin auch keine Ratte, dein Geheimnis ist sicher bei mir aufgehoben. Auch wenn wir immer noch nicht wissen, wobei es sich bei dem Geheimnis genau handelt. Bist du jetzt glücklich?«

»Ja, danke«, antworte ich erleichtert. Für den Moment reicht mir das. Es ist besser als erschossen oder als potentieller Strippenzieher enthüllt zu werden.

»Hervorragend. Da wir das jetzt geklärt haben, können wir endlich frühstücken gehen?« Eugene schenkt uns ein breites Lächeln. »Ich bin am Verhungern.«

Mira rollt mit den Augen. »Wie kommt es eigentlich, dass du nicht um einiges dicker bist?«, fragt sie sich laut, bevor sie erwidert: »Sicher. Lasst uns etwas essen gehen. Ich habe noch einige Fragen an Darren, und so können wir gleich zwei Fliegen mit einer Klappe schlagen.«

»Ich bin dabei«, sage ich, auch wenn ich mir nicht sicher bin, Fragen von Mira beantworten zu wollen. Der grüne Smoothie nach dem Aufstehen war eher ein Snack gewesen, weshalb sich Frühstück für mich nach einer hervorragenden Idee anhört.

Sie brauchen einige Minuten, um sich Schuhe anzuziehen, bevor wir den Fahrstuhl nehmen, die unterste Treppe hinuntergehen und in der Lobby ankommen.

Schließlich sind wir an der Eingangstür. Aus irgendeinem Grund möchte ich meine besten Kavaliersmanieren zeigen und halte die Glastür auf, die aus dem Gebäude führt. Natürlich mache ich das für Mira, aber Eugene profitiert ebenfalls davon.

»Danke«, sagt Mira, die nach Eugene hinausgeht. »Wo wollen wir frühstücken?«

»Im Diner?«, schlägt Eugene hoffnungsvoll vor.

Als ich ihnen folge, habe ich so eine Ahnung, dass ich ein Déjà-vu haben werde. Sie wird gleich wieder ihre Geschichte mit der

Lebensmittelvergiftung erzählen. Sie werden sich streiten. Dann wird sie ihren Willen durchsetzen und den Ort aussuchen, an dem sie frühstücken möchte. Ich nehme an, das ist bei Geschwistern normal; sie streiten sich immer wieder über die gleichen Dinge, immer wieder mit dem gleichen Ergebnis. Das muss irgendwie nett sein.

Plötzlich höre ich ein lautes Geräusch – ein eigenartiges Geräusch, das in meinen Ohren kratzt.

Ich erschrecke mich. Instinktiv gleite ich in die Stille hinüber.

Der Streit zwischen Mira und Eugene hört auf, ihre Gesichter sind eingefroren. Das Geräusch ist verschwunden.

Ich drehe mich herum.

Es ist die Glastür. Sie zerspringt in einem seltsamen Muster. Von einem Punkt in der Mitte ausgehend springt das Glas in kleinen Stücken heraus. Weiter am Rand in größeren Stücken.

Irgendetwas hat das Glas schnell und mit großer Kraft durchschlagen.

Mir wird kalt, als ich in das Gebäude renne, um das zu suchen, was ich zu finden befürchte. In weniger als einer Minute habe ich den Schuldigen gefunden.

Es ist eine Kugel.

Eine Kugel, die auf dem Boden im Eingangsbereich liegt.

Ich renne nach draußen und über die Straße. Dabei schaue ich mich hektisch um. Ich sehe nichts, also gehe ich durch den Park und schirme meine Augen ab, während ich die Umgebung mit meinem Blick abfahre. Schließlich entdecke ich etwas in einiger Entfernung. Ich renne dorthin. Als ich näher komme, hoffe ich entgegen aller Vermutungen, dass es sich dabei nur um eine große Fliege handelt.

Doch ich habe umsonst gehofft, muss ich erkennen, als ich daneben stehen bleibe. Das Ding, das eingefroren in der Luft hängt, ist genau das, was ich befürchtet hatte.

Eine weitere Kugel – die genau auf uns zufliegt.

8

Ich drehe meinen Kopf von einer Seite zur anderen und versuche dabei, hektisch herauszufinden, wo sich der Schütze befinden könnte.

Mein Gehirn scheint sich unbewusst um dieses Problem zu kümmern, denn meine Beine tragen mich automatisch zu dem Ort, zu dem ich gehen muss.

Ich renne durch den kleinen Park und stolpere dabei fast über eingefrorene Eltern, die ihren eingefrorenen Kindern auf dem stillen Spielplatz zuschauen.

Der Schütze sitzt in einem großen Transporter und zielt mit dem Gewehr in unsere Richtung.

Die Wut, die ich spüre, ist schwer zu beschreiben. Ich war noch niemals in meinem ganzen Leben so wütend.

Dieses Arschloch hat gerade auf mich und meine Freunde geschossen – er schießt auf uns quer durch einen Park, in dem kleine Kinder spielen.

Bis zu diesem Moment hatte ich geglaubt, nie wieder Strippen ziehen zu wollen. Das, was ich dem Kerl gestern ungewollt angetan habe, schreckt mich immer noch ab.

Jetzt allerdings fühle ich mich erneut bereit dazu, ein Gehirn zu manipulieren – diesmal voller Absicht. Es ist die einzige Möglichkeit.

Ich nähere mich dem Kerl und umfasse so fest ich kann seinen Hals. Einen Augenblick lang vergesse ich, weshalb ich hier bin. Ich genieße es einfach, ihn zu würgen.

Dann schüttele ich mich in Gedanken. Ich weiß nicht, ob das Strippenziehen bei Leichen funktioniert, also sollte ich besser damit aufhören. Ich lockere meinen Griff und beginne mit meiner Aufgabe.

Es fällt mir extrem schwer, mich in den richtigen Gemütszustand zu begeben, während so viele Gefühle in mir toben. Aber ich muss, also konzentriere ich mich.

Ich kontrolliere eine Weile meine Atmung und spüre langsam, wie ich in die Kohärenz gelange. Und plötzlich befinde ich mich in dem niederträchtigen Kopf des Schützen …

WIR SCHIESSEN ZUM ZWEITEN MAL AUF UNSER ZIEL UND verfluchen dabei in Gedanken auf Russisch unseren Boss. Warum hat das Arschloch diesen Befehl so kurzfristig erteilt?

Der erste Schuss, der danebengegangen ist, ist seine Schuld. Er hat uns keine Zeit gelassen, unser Lieblingsgewehr zu holen. Das mit der Zielvorrichtung, die perfekt kalibriert ist. Stattdessen haben wir dieses Scheißding bekommen.

Wir sind es nicht gewohnt, so zu arbeiten. Nicht hundertprozentig sicher zu sein, das Ziel zu treffen. Das ist unprofessionell. Der einzige Silberstreifen am Horizont ist, dass wir wegen der Eile allein hierhergekommen sind und niemand diesen peinlichen Fehlschuss gesehen hat. Unser Ruf als Meisterschütze hat keinen Kratzer bekommen.

Ich, Darren, höre auf zu lesen. Das hier ist ein weiterer russischer Gangster. Er hat den Befehl erhalten, zu töten, und es ist eindeutig, dass er nicht aufhören wird, bevor er seine düstere Aufgabe ausgeführt hat. Ansonsten hat er keine nützlichen Informationen für mich.

Ich beginne mit meiner widerlichen Aufgabe. Ich versuche, das Strippenziehen – diese Sache von gestern – zu wiederholen.

Ich bin mir immer noch nicht sicher, was genau ich getan habe, also verlasse ich mich auf meinen Instinkt und meine Intuition.

Ich stelle mir vor, wie dieses Arschloch sein Gewehr wegpackt, die Tür des Transporters schließt und sich hinter das Steuerrad setzt. Ich versuche mir vorzustellen, dass ich höre, wie sich die Tür des Fahrzeugs schließt, und ich fühle den Zündschlüssel zwischen meinen Fingern. Ich verspüre den großen Drang, von hier wegzukommen. Fort zu sein. Ich sehe, wie der Gang eingelegt wird und sich Hände mit weißen Knöcheln hektisch am Lenkrad festkrallen, bevor das Gaspedal durchgetreten wird. Ich fülle seinen Kopf mit meiner Angst vor der Kugel. Ich werde zu Angst. Ich kanalisiere sie. Es gibt nur eine Möglichkeit, dieser Angst zu entkommen: diesen Ort sofort zu verlassen und schnell zu fahren. So schnell, wie es Menschen möglich ist. Kein Anhalten, kein Langsamerwerden, nur ein verrücktes Rasen in die Sicherheit. Eine Sicherheit, die sich viele Kilometer von hier entfernt befindet.

Ich mache das eine gefühlte halbe Stunde lang und muss dabei gegen das wachsende Gefühl von mentaler Erschöpfung, vermischt mit Ekel, ankämpfen. Als ich es schließlich nicht mehr aushalten kann, verlasse ich den Kopf dieses Kerls.

ICH RENNE DURCH DEN PARK ZURÜCK UND ERSCHAUDERE, ALS ICH wieder an der Kugel vorbeikomme.

Ich will sie in die Hand nehmen, sie auf den Boden werfen und auf ihr herumtrampeln, aber ich widerstehe meinem Drang. Es wäre sinnlos – nichts, was ich in der Stille mit der Kugel mache, wird die Tatsache ändern, dass sie ihren potentiell tödlichen Flug wiederaufnimmt, sobald ich die Stille verlasse.

Wahllose Gedanken kommen in meinem Kopf hoch. War es gut, ihn manipuliert zu haben? Werde ich gerade zu einem dieser Monster, vor denen die Lesergemeinschaft Angst hat? Das Monster, vor dem ich mich fürchte?

Ja, ich musste es machen, versuche ich mich selbst zu überzeugen. Es war notwendig. Hätte ich nichts unternommen, wären auf die Kugel in der Luft weitere gefolgt, so lange, bis der Auftrag des Schützen ausgeführt gewesen wäre. Bis er sein Ziel – einen von uns – getötet hätte. Das Strippenziehen war der einzige Weg, der mir eingefallen ist, um ihn zu stoppen. Ich hatte keine andere Wahl.

Außerdem werde ich dieses Mal, im Gegensatz zum letzten Strippenziehen, nicht seinen Tod herbeiführen. Genau genommen war es auch gestern nicht meine Schuld gewesen – der zweite Wachmann hatte abgedrückt. In diesem Fall hier habe ich den Schützen einfach nur dazu veranlasst, wegzufahren. Zugegeben, er wird schnell fahren, und das birgt Risiken, aber ich habe ihn nicht zu einem zwingend tödlichen Ausgang geführt.

Ich höre auf, mir über das, was ich gerade getan habe, Sorgen zu machen, sobald ich mich wieder neben unseren eingefrorenen Körpern befinde.

Ich schaue uns an.

Das Gesicht meines bewegungslosen Ichs sieht verängstigt aus. Mit dem Wissen, das ich jetzt habe, ist dieser Gesichtsausdruck allerdings nicht verängstigt genug.

Eugene sieht einfach nur irritiert aus, die Angst ist noch nicht da.

Mira ist die Einzige von uns, bei der ich erkenne, dass sie die Situation verstanden hat. Sie sieht konzentriert und alarmiert aus. Sie ist bereit zu reagieren und hat schon begonnen, ihren Kopf zu mir zu drehen.

Egal, wie lange ich uns drei anstarre, ich fasse nicht mehr Vertrauen zu dem Plan, den ich mir ausgedacht habe.

Er ist lächerlich einfach. Ich werde mich auf Mira fallen lassen, damit sie auch fällt. Sie wird auf Eugene landen, der dann ebenfalls das Gleichgewicht verlieren wird. Wir sollten alle wie Dominosteine zu Boden gehen – theoretisch zumindest. Und das schnell, was lebenswichtig ist.

Wenn ich es richtig anstelle, wird die Kugel uns alle verfehlen. Diese Kettenreaktion funktioniert beim Geheimdienst in den Filmen immer, also habe ich mir gedacht, dass sie im richtigen Leben auch so abläuft. Es muss einfach klappen.

Ich lasse nicht zu, dass mein Gehirn die Gegenargumente dieses Planes formuliert, sondern konzentriere mich auf seine Durchführung.

Ich strecke meinen Arm aus und berühre mein Gesicht. Zur gleichen Zeit, noch bevor ich mich wieder in meinem Körper befinde, bereite ich meine Muskeln darauf vor, die Bewegung zu beginnen, die mich in die richtige Richtung fallen lassen wird.

Meine ganze Welt besteht nur noch aus dem Befehl, den ich an mein Gehirn sende – dem Befehl an meine Beinmuskeln, zu handeln, damit ich meinen Plan schnell umsetzen kann.

Mein Körper scheint sich schon zu bewegen, als ich noch nicht einmal begriffen habe, aus der Stille zurückgekehrt zu sein. Ich spüre, wie sich meine Arme um Mira schließen, bevor sie es wirklich tun.

Erst als ich Miras überraschten Aufschrei höre, weil mein Körper auf sie fällt, bin ich mir völlig bewusst, wieder in der Realität angekommen zu sein.

Ich weiß es, weil der Straßenlärm wieder da ist. Und dann spüre ich auch schon ein unangenehmes Schürfen in meinem Kopf. Es fühlt sich an wie ein Zahnbohrer, nur hundertmal stärker. Kurz darauf folgt ein intensiver Schmerz. Es ist, als hätte mir jemand einen Baseballschläger auf den Kopf gehauen – einen Baseballschläger aus heißem Eisen.

Alles geschieht wie in Zeitlupe. Ich fühle mich, als würde ich in die Stille hinübergleiten, aber kann diese Illusion beiseiteschieben.

Im nächsten Moment liege ich auf Mira, die auf Eugene liegt.

Dieser Teil meines Planes hat funktioniert.

Da sie beide fluchen, gehe ich davon aus, dass sie leben. In meinem Kopf explodiert eine erneute Schmerzwelle, als ich mich von unseren aufeinandergestapelten Körpern rolle.

Ich kann nicht aufstehen. Mein Kopf ist ein einziger pulsierender Schmerz. Er brennt. Er sticht. Es ist furchtbar.

Ich lege meine Hand auf den Ausgangspunkt der Schmerzen und spüre eine warme Flüssigkeit.

In einem klaren Moment verstehe ich, dass ich angeschossen worden bin. Am Kopf.

»Darren, was zum Teufel ...«, beginnt Mira, bevor sie mitten im Satz abbricht. »Oh, Darren, es tut mir so leid. Warum blutest du? Hast du dich beim Fallen am Kopf verletzt? Was ist passiert?«

Ich fühle ihre Hände auf meiner Schulter. Sie dreht mich herum.

»Eugene, bitte rufe einen Krankenwagen«, versuche ich zu sagen. »Ich glaube, ich bin angeschossen worden.«

»Zhenya, zvoni 911, bistrey!«, brüllt sie in Eugenes Richtung, und ich weiß nicht genau, ob sie Russisch gesprochen hat oder ob ich einfach kein Englisch mehr verstehe.

»Darren, schau mich an«, sagt sie sanft. »Alles wird gut werden. Ich werde versuchen, deine Blutung zu stoppen.«

Ich hatte recht; die Flüssigkeit bedeutet, dass ich blute. Dieser Gedanke kommt wie aus weiter Entfernung in meinen Kopf.

Ich höre das Geräusch von Kleidung, die reißt, und im nächsten Moment wird der Schmerz stärker. Sie muss einen Behelfsverband auf meine Wunde gedrückt haben. Ein Teil von mir versteht, dass das ein Versuch sein muss, die Blutung zu stoppen.

Ich versuche erneut, meinen Kopf zu berühren, aber sie legt ihre Hand auf meine und verhindert meine Bewegung. Ihre Hand fühlt sich angenehm und beruhigend an, also lasse ich es geschehen.

»Atme tief durch«, sagt Mira mit sanfter Stimme. »Ja, genau so, langsam und gleichmäßig, das sollte gegen den Schock helfen. Tut es sehr weh?«

Ich versuche ihr zu sagen, dass es nicht so schlimm ist, aber die Worte kommen alle vermischt heraus.

»Das macht nichts, Darren, rede einfach weiter mit mir«, sagt sie in einem verzweifelten, hektischen Ton. »Jetzt öffne deine Augen.«

Ich gehorche ihr und öffne meine Augen. Gleichzeitig hebe ich die Hand, die vorher meinen Kopf berührt hat und schaue sie mir an. Sie ist voller Blut, und ich kann spüren, wie es außerdem meinen Nacken herunterläuft.

Die Welt beginnt sich zu drehen, und alles wird schwarz.

9

Ich wache auf.

Wie viel habe ich letzte Nacht getrunken?

Mein Kopf fühlt sich an, als würde er gleich platzen.

Ich versuche, mich daran zu erinnern, was passiert ist. Ich befinde mich nicht in meinem Bett, sondern liege auf einer Art Pritsche in einem fahrenden Fahrzeug. Krankenwagen?

Ich versuche, meine Augen zu öffnen, aber das Licht ruft einen so starken Schmerz hervor, dass ich sie wieder schließe.

»Darren, ich bin hier«, sagt eine vertraute und beruhigende Stimme.

Es ist Miras Stimme – und mir fällt der Grund dafür wieder ein, weshalb ich hier bin.

Ich bin angeschossen worden.

Am Kopf.

Das würde auch den unerträglichen Schmerz erklären. Ich versuche, meine Augen zu öffnen, und blinzele vorsichtig.

»Er ist bei Bewusstsein«, höre ich Eugene sagen.

»Das ist gut«, erwidert eine unbekannte männliche Stimme.

»Sie sind kein Arzt, der erklären kann, was gut oder schlecht ist.« Miras Ton ist scharf. »Ich will, dass ihn sich sofort ein Arzt anschaut.«

»Wir sind auf dem Weg ins Krankenhaus«, sagt die unbekannte Stimme verteidigend. Er muss ein Sanitäter sein, und dementsprechend handelt es sich bei dem Objekt, in dem ich mich befinde, um einen Krankenwagen.

»Mein Kopf schmerzt unglaublich«, beschwere ich mich. Durch das Sprechen werden die Schmerzen allerdings schlimmer, und das Gefühl, welches ich jetzt verspüre, ist wie Reiseübelkeit, nur schlimmer.

»Du bist angeschossen worden«, sagt Mira ruhig. »Soll ich jemanden für dich anrufen? Freunde oder Familie?«

Ihre Stimme hört sich besorgt und fürsorglich an. So, als würde sie sich wirklich Sorgen machen und mir helfen wollen. Sie hört sich nicht wie das Mädchen an, das mich vor nicht allzu langer Zeit noch erschießen wollte. Meine Kopfschmerzen werden durch das Nachdenken nur noch schlimmer, also höre ich damit auf. Der Vorschlag, jemanden anzurufen, hört sich allerdings sehr sinnvoll an.

»In meinem Telefon. Sara und Lucy sind meine Familie. Bert ist mein Freund«, sage ich und versuche, in meine Tasche zu greifen. Diese Bewegung führt zu Übelkeitswellen, die durch meinen ganzen Körper wandern. Werde ich sterben? Ich frage mich, ob die Schmerzen dann aufhören würden.

»Ich mache das«, sagt sie und legt eine Hand auf meine, während sie mit der anderen in meine Tasche fasst.

Normalerweise würde ich in einer solchen Situation – Mira, die ihre Hände in meinen Hosentaschen hat – anzügliche Gedanken haben, aber ich nehme an, der Schuss fordert seinen Tribut. Ich fühle mich, als würde ich mich gleich übergeben müssen, sollte der Krankenwagen sich weiterhin so bewegen, und mir wäre es lieb, wenn sich Mira in diesem Moment so weit weg wie nur möglich von mir befindet.

Ich atme tief durch und denke, dass ich vielleicht einfach zu früh aufgewacht bin. Ich glaube, ich sollte mich noch ein paar Minuten lang ausruhen.

»In welches Krankenhaus wird er gebracht?«, fragt Mira den Sanitäter, während meine Gedanken immer weiter verschwimmen.

»Coney Island«, höre ich ihn wie in einem Traum antworten, bevor mir wieder schwarz vor Augen wird.

ICH WACHE WIEDER AUF. DIESMAL WEIß ICH, DASS ICH MICH NICHT IN meinem eigenen Bett befinde. Ich erinnere mich daran, angeschossen worden zu sein. Ich erinnere mich außerdem daran, dass mir im Krankenwagen schlecht war, und ich bin froh, dass ich mich jetzt besser fühle. Mir fällt sogar wieder ein, dass ich mich mit jemandem unterhalten habe. Der Grund dafür, dass ich mich besser fühle, liegt mir auf der Zunge, aber ich komme nicht darauf.

»Wann wird der Arzt wieder nach ihm sehen?« Es ist Miras Stimme. »Alles, was er getan hat, war, ihm etwas gegen die Schmerzen zu geben.«

Ah, das erklärt es. Ich erinnere mich daran, jemandem gesagt zu haben, dass ich fürchterliche Schmerzen hätte. Oder habe ich etwas anderes gesagt? Es ist immer noch alles ein wenig verschwommen, und dieses schwerelose Gefühl, das sich in meinem Körper ausbreitet, hilft mir auch nicht dabei, mich zu erinnern.

Es gibt da einen Trick, den ich beim Zahnarzt gelernt habe. Wenn ein Zahnarzt mich fragt, ob ich während der Behandlung etwas spüre, sage ich so lange ja, bis ich durch das ganze Novocain mein Gesicht nicht mehr spüren kann. Ich muss automatisch die gleiche Taktik angewendet haben, als ich in meinem benebelten Zustand mit dem Arzt hier gesprochen habe. Er scheint mir auch geglaubt zu haben, denn ich habe ziemlich starke Schmerzmittel bekommen.

»Der Arzt wird nach dem Röntgen wieder zu ihm kommen«, sagt eine zweite weibliche Stimme. Eine Krankenschwester, nehme ich an.

»Und wann wird er geröntgt?« Miras Stimme wird lauter. »Warum dauert das so lange?«

»Bitte beruhigen Sie sich. Wir machen alle, was wir können«, erwidert die Krankenschwester in einem einstudierten monotonen Tonfall. »Wir haben heute eine Menge Patienten und sind sehr unterbesetzt.«

Es folgt ein Wortwechsel, den ich allerdings ignoriere. Stattdessen versuche ich, dieses Gefühl zu analysieren, das ich von dem Zeug bekomme, was mich besser fühlen lässt. Es ist wie eine warme Welle in meinem ganzen Körper. So als würde ich in einer warmen Badewanne gleichzeitig schweben und treiben.

Was auch immer sie mir gegen die Schmerzen gegeben haben – es muss jetzt gerade anfangen, richtig zu wirken.

»Die Kugel war für mich bestimmt«, sagt Eugene, nachdem die Person, bei der sich Mira über meine Pflege beschwert hat, gegangen ist.

»Ja. Ich hasse es, das auszusprechen, aber das habe ich dir ja gesagt.« Mira hört sich verärgert an. »Wann wirst du endlich einen Selbsterhaltungstrieb entwickeln?«

»Natürlich hast du recht«, sagt Eugene missmutig. »Wir hätten in einem Hotel schlafen sollen. Ich habe nicht damit gerechnet, dass sie es wieder versuchen würden. Nicht so schnell zumindest. Ich hätte auch nicht gedacht, dass diejenigen, die dich entführt haben, unsere Adresse weitergeben würden …«

»Erspare mir diesen Mist«, unterbricht ihn Mira beißend. »Das habe ich gestern schon gehört, und jetzt ist Darren verletzt, weil ich auf dich gehört habe. Du wolltest wie immer einfach in der Nähe deiner Apparate sein. Sie sind alles, an was du denkst.«

Mit den schönen Gefühlen, die durch meinen Körper ziehen, habe ich Schwierigkeiten, der Unterhaltung zu folgen. Aber eine Sache verstehe ich: Mira macht sich Sorgen um mich. Zumindest ist sie wütend, weil Eugene ihre Befürchtungen nicht ernst genommen hat und ich jetzt deshalb verletzt bin. Als ich das denke, verstärkt sich das warme Gefühl in meinem Körper. Was für ein Medikament haben sie mir verabreicht? Vielleicht sollte ich es mir verschreiben lassen.

»Es tut mir wirklich leid, Miroschka.« Eugene hört sich so an, als würde er es wirklich bereuen. »In Zukunft werde ich auf dich hören, wenn es um Paranoia geht.«

Sie wird wütend, als sie das Wort Paranoia hört, und sie streiten sich noch eine Weile, zum Teil auf Russisch. Ich fühle, wie ich langsam wieder von der Wolke herunterkomme, auf die mich die Medikamente schweben lassen hatten. Dieser Streit unter Geschwistern ruiniert meinen Rausch.

»Ich kann gar nicht glauben, dass Darren die Kugel für mich abgefangen hat«, sagt Eugene irgendwann. Dieser Kommentar weckt mein Interesse.

Um ehrlich zu sein, kann ich es selbst nicht glauben. Und, um genau zu sein, war das auch gar nicht meine Absicht. Ich hatte gehofft, uns alle zu retten. Aber trotzdem. Ich fühle mich durch diese Bemerkung gut, auch wenn das teilweise immer noch die Medikamente sein könnten.

»Das hat er«, erwidert Mira nachdenklich.

Sie sitzen eine Weile schweigend da, und ich fühle, wie der Rausch zurückkehrt, stärker als vorher. Als er meinen Körper wieder fest im Griff hat, werde ich müde und kämpfe nicht dagegen an. Mein Bewusstsein schwindet, und ich schlafe ein.

10

»Bist du Bert?«, höre ich Miras Stimme, als ich aufwache.

»Ja«, antwortet dieser. »Danke, dass du mich angerufen hast, Mira. Schön, dich kennenzulernen. Wie wurde Darren denn verletzt?«

Ich öffne meine Augen.

»Er ...«

»Moment, ich glaube, er hat gerade die Augen geöffnet«, unterbricht Bert Miras Erklärung.

»Darren«, sagt sie und schaut mich besorgt an. »Wie fühlst du dich?«

Ich betrachte mich.

Ich hänge an einem Monitor und habe eine Infusion in meinem Arm, aber der Effekt des Medikaments muss nachgelassen haben. Mein Kopf schmerzt wieder. Allerdings scheint es nicht so schlimm wie vorher zu sein, was entweder an den Resten des Mittels oder daran liegen könnte, dass ich gesunde. Ich bin mir nicht sicher, welche der beiden Möglichkeiten zutrifft. Das alles fühlt sich immer noch wie ein Kater an, aber wenigstens ist mir nicht mehr ganz so übel. Außerdem kann ich meine Augen öffnen, ohne dass ich mich fühle, als würde jemand einen Eispickel in meine Schläfen bohren.

»Okay.« Ich versuche mich tapfer anzuhören, aber meine Stimme klingt rau und pathetisch. »Besser.«

»Hier.« Mira reicht mir einen Becher mit Wasser von einem kleinen Tisch neben meinem Bett. Ich trinke vorsichtig.

»Wo ist Eugene?«, frage ich und schaue mich verwirrt um.

»Er ist Julia besuchen gegangen«, erklärt mir Mira, und ich höre ein leichtes Missfallen in ihrer Stimme. Ist sie böse auf ihn, weil er gegangen ist, bevor ich mich erholt habe, oder gefällt es ihr einfach nicht, dass er Julia besucht?

»Wie geht es ihr?«, möchte ich wissen.

»Machst du dir gerade Sorgen um Julia? Ihr geht es besser als *dir*, das kann ich dir versichern.« Mira lächelt. »Sie wurde ja auch nicht am Kopf angeschossen.«

»Stimmt«, erwidere ich. »Wie geht es *mir*?«

»Ich weiß es nicht«, sagt sie frustriert. »Sie haben deinen Kopf geröntgt. Erinnerst du dich nicht daran?«

»Nein, da war ich weg«, sage ich.

»Ja, das muss das Zeug gewesen sein, das sie dir gegen deine Schmerzen gegeben haben. Du sahst ziemlich durch den Wind aus, hast gesabbert und wirres Zeug gestammelt. Auf jeden Fall ist das schon eine ganze Weile her, und seitdem haben wir weder einen Arzt mit dem Ergebnis des Röntgens noch eine Schwester gesehen.«

»Hmm«, meine ich besorgt. »Das ist übel.«

»Wem sagst du das.« Mira runzelt die Stirn. »Ich überlege, ob ich dir etwas zu essen holen gehen sollte und danach versuche, mit denen hier zu reden und sie zur Vernunft zu bringen. Natürlich nur, falls sie sich bis dahin immer noch nicht um dich gekümmert haben.«

Die Art und Weise, wie sie das – »mit ihnen reden« – sagt, hört sich eher bedrohlich an. Mir wäre es lieber, wenn sie meinen Arzt zu diesem Zeitpunkt noch nicht vergrault. Allerdings möchte ich wirklich endlich die Ergebnisse des Röntgens bekommen, damit ich erfahre, was mit mir los ist. Ein Schädelhirntrauma ist nichts, was man auf die leichte Schulter nehmen sollte. Besonders dann nicht, wenn man seinen Kopf so viel benutzt wie ich. Mir fällt außerdem auf, dass Mira vorhat, dem Klinikpersonal meinetwegen auf die Nerven zu gehen. Eine eigenartige Vorstellung.

»Bert, wirst du ihm Gesellschaft leisten, während ich ihm etwas zu essen hole?«, fragt Mira und unterbricht damit meine Überlegungen.

»Natürlich«, erwidert dieser mit dem schüchternen Gesichtsausdruck, den er immer in der Gegenwart von Mädchen bekommt.

»Möchtest du irgendetwas?«, will Mira von ihm wissen.

»Nein, danke.« Er errötet.

»Und du, Darren?«, wendet sie sich an mich. »Wir sind ja schließlich nicht zum Frühstücken gekommen.«

Ich überlege. Auch wenn meine Übelkeit sich etwas gelegt hat, habe ich keinen Appetit. Oder Lust, aufzustehen. Oder überhaupt etwas anderes zu machen als zu reden. Die Infusion, die in meinen Arm läuft, kribbelt ein wenig, und ich frage mich, was passieren wird, wenn ich die Toilette aufsuchen muss. Ich frage wohl am besten einen der Pfleger, sollte ich einen sehen. Das Positive ist, dass ich keinen dieser albernen Krankenhauskittel trage. Wahrscheinlich, weil sie nur Zugang zu meinem Kopf haben müssen. Natürlich heißt das nicht, dass ich nicht trotzdem lächerlich aussehe. Ich kann spüren, dass mein Kopf wie der einer Mumie bandagiert ist und ich wahrscheinlich aussehe, als wäre gerade Halloween.

»Nein, ich denke, ich verzichte erst einmal auf das Frühstück«, antworte ich ihr. »Ich wette, dass sie mir gleich einen Wackelpudding bringen werden, das typische Krankenhausessen.«

»Ich werde dir einen davon und irgendeinen anderen Pudding bringen«, sagt sie entschieden. »Wenn sie dir noch nicht einmal die Ergebnisse des Röntgens gegeben haben, wieso denkst du dann, dich wegen des Essens auf sie verlassen zu können?«

»In Ordnung, Mira, danke. Ich werde Pudding nehmen, falls sie welchen haben«, erwidere ich und schaue sie irritiert an. Diese fürsorgliche Seite Miras ist neu, und ich werde wohl eine Weile brauchen, bis ich mich an sie gewöhnt haben werde. »Ansonsten vielleicht so etwas wie Apfelmus, falls es keinen Pudding gibt?«

»Alles klar. Mach dir keine Gedanken, ich werde etwas für dich finden«, meint sie und macht sich auf den Weg.

Als Mira weggeht, bemerke ich, dass Bert sie von oben bis unten betrachtet. Aus irgendeinem Grund nervt mich das. Dann gebe ich mir in Gedanken eine Ohrfeige. Ich bin eifersüchtig und beschützend, wenn es um Mira geht.

»Mann«, sagt Bert, sobald Mira außer Hörweite ist. »Ist das die Mira, über die ich für dich Nachforschungen anstellen sollte? Wow, die ist ja genau dein Typ. Warum hast du mir nicht erzählt, dass du sie gefunden hast? Und wie bist du angeschossen worden? Und wer ist Eugene? Und Julia? Was zum Teufel geht hier vor sich?«

Ich seufze und stelle eine Geschichte für Bert zusammen. Ich kann ihm nichts über die Leser oder Strippenzieher erzählen, also muss ich mich auf andere Dinge konzentrieren. Ich erzähle ihm, dass ich zu Mira gefahren bin und dass ihr Bruder und ich uns angefreundet haben. Das ist auch so ähnlich passiert. Dann erzähle ich Bert davon, dass ich erfahren habe, dass Miras und Eugenes Eltern von einigen unangenehmen Russen umgebracht worden sind. Ich erkläre die Morde damit, dass ihr Vater mit jemandem in seinem Heimatland Probleme hatte – was ja auch stimmen könnte. Ich berichte ihm auch davon, wie Miras Rachefeldzug nach hinten losging, und sie stattdessen entführt wurde – was nicht stimmt, aber eine viel einfachere Erklärung ist als die Wahrheit.

»Warst du bei ihrer Rettung dabei? Bist du deshalb angeschossen worden?«, fragt Bert ungläubig. »Bist du verrückt?«

»Eigentlich nicht«, antworte ich ihm. »Die Rettungsaktion

habe ich unverletzt überstanden. Sie war gestern. Der Schuss ist heute passiert. Ich bin mir ziemlich sicher, dass die Gangster die gleichen waren wie die bei der Entführung. Sie haben versucht, sie oder ihren Bruder umzubringen, dabei allerdings danebengeschossen und stattdessen mich erwischt. Ich könnte deine Hilfe bei dieser Sache gebrauchen. Es gibt da jemanden, den ich gerne mit Hilfe deiner speziellen Fähigkeiten aufspüren würde. Jemanden, der in dieser Organisation die Fäden ziehen könnte.«

»Kein Problem. Ich meine, sie haben dich angeschossen, da ist das wohl das Mindeste, was ich für dich tun kann«, sagt Bert. »Aber erwähne diesen Menschen gegenüber bloß nie meinen Namen.«

Ich versichere ihm, dass ich seinen Namen nicht fallen lassen werde, sollten die Verbrecher und ich unwahrscheinlicherweise ein freundliches Gespräch unter vier Augen haben. Danach gebe ich ihm den Namen, Arkady, und die Telefonnummer, die ich gestern herausgefunden habe. Ich nehme an, es gibt auch positive Aspekte daran, angeschossen zu werden. Eigentlich hatte ich die Gefallen, die er mir seine dunklen Hackeraktivitäten betreffend noch schuldete, schon aufgebraucht. Aber im Moment scheint er nicht daran zu denken.

Als ich sehe, wie hilfsbereit er gerade ist, beschließe ich, ihn noch ein wenig mehr zu melken.

»Es gibt da noch zwei Menschen, über die ich gerne mehr erfahren würde. Diese beiden sind keine Russen«, füge ich hinzu.

»Wer sind sie dann?«, will er zu meinem Leidwesen wissen. Ich hatte wirklich gehofft, ich könne meine Angeschossen-worden-sein-Karte noch einmal ausspielen und Bert würde das ohne weitere Nachfragen erledigen. Es sieht allerdings ganz danach aus, als müsse ich ihn tiefer in dieses eigenwillige Thema einführen.

»Sie könnten meine Eltern sein«, erkläre ich Bert und sehe, dass seine Augen ganz groß werden. »Meine biologischen Eltern.«

Ich erzähle ihm die Geschichte, wie ich zufällig herausgefunden habe, dass auch Sara nicht meine biologische Mutter ist.

Ich erkläre ihm, dass es eine Frau namens Margret ist, über die ich sehr wenig weiß, und dass mein Vater auch einen Namen hat – Mark. Ich weihe Bert außerdem in meinen Plan ein, den Nachnamen meiner biologischen Eltern von meinen Müttern zu erfahren, sobald diese im Krankenhaus eintreffen.

»Alles klar«, meint er, als ich fertig bin. »Schicke mir ihre Namen, sobald du sie weißt. Und auch den Namen und die Telefonnummer dieses Verbrechers. Wer A sagt, muss auch B sagen. Aber du musst mir einen Gefallen tun, sobald es dir wieder besser geht.«

»Ich kann dir versprechen, es zu versuchen«, erwidere ich vorsichtig. »Was brauchst du denn?«

Als ich Berts Gesicht betrachte, verfluche ich mich innerlich dafür, so gierig gewesen zu sein. Als ich ihn nur wegen des Russen gefragt hatte, wollte er keine Gegenleistung haben. Was auch immer er mich gerade fragen möchte – offensichtlich sucht er nach dem besten Weg, es zu formulieren – und wenn man Bert kennt, weiß man, dass es etwas Wichtiges sein wird.

»Könntest du Mira fragen, ob sie eine Freundin hat, der sie mich vorstellen könnte?«, platzt er schließlich mit knallrotem Gesicht heraus.

Ich atme erleichtert aus. Ich dachte schon, er wollte eine meiner Nieren haben.

»Ich bezweifle, dass sie eine hat, aber ich werde es für dich herausfinden«, antworte ich lächelnd. »Und falls nicht, werde ich generell meine Augen aufhalten.«

»Danke«, sagt er und verlagert sein Gewicht nervös.

Ich bin eigentlich ganz glücklich mit dieser Entwicklung. Endlich hat Bert eine Form gefunden, sich mit Frauen zu treffen – indem er mich um Hilfe bittet. Es könnte funktionieren. Ich habe schon immer gedacht, dass Berts größtes Problem mit Frauen sei, dass er es nicht versucht.

»Ich habe dir etwas mitgebracht«, meint er, offensichtlich, um das Thema zu wechseln, und fasst in seine handtaschenähnliche Schultertasche für Männer.

Er nimmt zuerst einen blauen und danach einen goldfarbenen Gameboy 3DS heraus.

Das ist unser kleines Laster. Wenn wir den ganzen Tag im Büro verbringen und es langweilig wird – was häufig der Fall ist –, schleichen wir uns in einen Meetingraum, setzen uns mit den Rücken zur Glaswand und spielen Videospiele. Für unsere Kollegen sieht es dann so aus, als würden wir eifrig Berichte durchgehen oder Bilanzen prüfen.

Diese Liebe zu Videospielen war der Beginn unserer Freundschaft in Harvard. Das und die Tatsache, dass wir beide die einzigen Teenager inmitten der Erwachsenen waren.

Ich ziehe meine Hände unter meiner Bettdecke hervor und stelle mein Krankenhausbett mit der Fernbedienung auf Sitzposition. Einige Sekunden später habe ich mich aufgerichtet und halte einen Gameboy in der Hand. Mit dem Tropf im Handrücken fühlt es sich ein wenig eigenartig an, aber es ist machbar.

Wir laden unsere Geräte und beginnen, ein albernes Kampfspiel zu spielen, das Bert extra zu diesem Anlass mitgebracht hat.

»Du bist nur ein kleines bisschen besser als die künstliche Intelligenz des Spiels«, meint Bert nach der ersten halben Runde. Das ist seine Version von Lästern.

Ich lasse es diesmal durchgehen. Es gibt so viele Dinge, die ich sagen könnte. Zum Beispiel könnte ich anmerken, dass Pikachu der Pokémon, der Charakter, den er gewählt hat, um gegen mich zu kämpfen, eine gelbe, alberne Kreatur ist, die Bert selbst verdächtig ähnlich sieht. Oder ich könnte ihn darauf hinweisen, dass er eigentlich besser spielen sollte, wenn man die Zeit bedenkt, die er generell mit Videospielen verbringt. Allerdings wäre das genauso wie ihm zu sagen, dass er kein Leben hat, und das kommt für Bert zu nahe an die Wahrheit heran. Ich wäre nicht so gemein, ihn auch noch darauf hinzuweisen, außerdem will ich ihn nicht verärgern, bis ich die Informationen von ihm bekommen habe, die ich brauche.

Also hole ich, anstatt etwas zu sagen, mit dem Schwert meiner eigenen Lieblingsfigur aus. Sie ist Link, der stille Held meiner Lieblingsspielserie *The Legend of Zelda*. Der Schlag landet, und Bert verstummt, offensichtlich, um sich auf sein Comeback zu konzentrieren.

Kurz darauf weiche ich Blitzen aus, als ich Bert durch mein berühmtes Herumwirbeln mit dem Schwert erwische. Die 3D-Darstellung des Bildschirms bringt meine Übelkeit zurück, aber ich versuche, sie zu ignorieren, da ich fest entschlossen bin, zu gewinnen.

»Habe ich dir überhaupt schon erzählt, dass Jerry Buchmacher tot ist?«, fragt mich Bert in dem offensichtlichen Versuch, mich abzulenken. Bert weiß, wie sehr ich es hasse, zu verlieren. Auf der Uni habe ich ihm einmal einen Controller an den Kopf geschmissen.

»Was ist passiert?«, möchte ich wissen und bin mir im Klaren darüber, dass jetzt Berts Verschwörungstheorien folgen werden. Auch wenn wir gerade spielen, muss ich auf ihn eingehen, um ihn bei Laune zu halten. »Und sag mir auch gleich, wer Jerry Buchmacker überhaupt war.«

»Er hat an neuen Applikationen basierend auf künstlicher Intelligenz gearbeitet. Wie an eigenständig fahrenden Autos, nur in der Medizin.«

»Ach ja, ich erinnere mich daran, dass du mir von ihm erzählt hast, als du wegen des Unternehmens zu mir gekommen bist, dessen technischer Direktor er war. Ich habe dir damals gesagt, dass es eine gute Investition für Pierces Portfolio wäre«, bemerke ich und beginne ein neues Spiel, wieder als dieselbe Figur.

»Genau der, und jetzt ist er tot. Noch ein Selbstmord.« Bert versucht, trotz des Gameboys in seiner Hand, das letzte Wort mit Anführungsstrichen in der Luft zu begleiten. »Ich habe davon erfahren, als Herr Pierce mich gebeten hat, herauszufinden, ob Jerrys Tod bedeutet, dass wir das Portfolio abstoßen sollten.«

»Und warum ist der Typ *wirklich* tot?«, frage ich und mache ebenfalls Anführungszeichen in der Luft. Ich weiß sehr genau, worauf das Ganze hinauslaufen wird. Ich glaube, ich habe die gleiche Verschwörungstheorie schon einmal gehört, und sie ist nicht so verrückt wie anderes Zeug, das sich Bert ausgedacht hat.

»Es ist wieder die geheime Neo-Luddite-Gruppe«, flüstert er und sieht sich dabei um, als könnten sie hier im Krankenhaus mithören.

Wie ich vor einiger Zeit erfahren habe, ist ein Luddite, wie Bert es definiert, jemand, der gegen jeglichen Fortschritt ist. Die Neo-Variante scheint besonders gegen technologischen Fortschritt zu sein. Nach dem, was ich durch die zugegebenermaßen voreingenommene Beschreibung meines Freundes über sie erfahren habe, ist sie eine Gruppe von verrückten Menschen, die es gerne sehen würde, dass die Menschen wieder in Höhlen leben. Der Unabomber war ganz nach dem Geschmack dieser Gruppe, meint Bert.

Diese spezielle Verschwörungstheorie behauptet, dass es eine geheime Gruppe gibt, die talentierte Wissenschaftler in kritischen Bereichen sowie Robotertechnik, Genetik, Informatik und Nanotechnologie tötet. Ihr Motiv ist, die transformativen Veränderungen zu verhindern, die aus diesen Feldern resultieren können.

Ich glaube natürlich nicht daran, aber ich weiß, dass es diese Menschen gibt, die Fortschritt und Veränderungen fürchten. Ihnen sage ich immer: »Geht in den Wald und versucht, ohne sanitäre Einrichtungen, ohne euer iPhone, ohne ein Gewehr zum Erschießen der Wölfe und potenzieller Nahrungsmittel zu überleben. Und natürlich auch ohne Antibiotika zur Behandlung des Wundbrandes, den ihr von einem einfachen Schnitt bekommen könntet. Danach kommt wieder hierher und sagt mir, ob ihr immer noch in das Zeitalter der Höhlenmenschen zurückkehren wollt.«

Ich möchte das mit Sicherheit nicht.

»Warum denkst du, dass es kein Selbstmord war?«, frage ich, auch wenn ich weiß, dass ich damit Berts verrückte Ideen nur unterstütze.

»Es ist ihr Modus Operandi«, sagt er, während er mir im Spiel einen besonders hinterhältigen Schlag versetzt.

»Natürlich«, erwidere ich sarkastisch, wehre den nächsten Tritt ab und hole mit meinem Schwert zu einem Gegenschlag aus.

Bert ist offensichtlich nicht glücklich mit meiner Skepsis seiner Theorie gegenüber, und um seinen Unwillen zu zeigen, schmeißt die gelbe Kreatur meinen Helden von der Spielplattform.

So geht es immer weiter. Ich bin wieder der Anwalt des Teufels, was die Verschwörung betrifft, und Bert tritt mich im Spiel in den Hintern, während er weitere Gründe dafür aufzählt, weshalb der Kerl keinen Selbstmord begangen haben kann. Eine Menge davon hört sich zugegebenermaßen überzeugend an. In keiner der Akten, die Bert in seine Finger bekommen hat, wurden Depressionen erwähnt. Es gab langfristige Pläne für Ferien und Konferenzen. Und schließlich kommt der ausschlaggebendste Grund für Bert: der Typ hatte eine hinreißende Freundin, der er gerade einen Heiratsantrag gemacht hatte.

»Was macht ihr beiden da?«, höre ich Miras Stimme auf meiner linken Seite. Sie ertönt genau in dem Moment, als ich meine Theorie loswerden möchte, dass sich der Kerl vielleicht umgebracht haben könnte, weil er kalte Füße bekommen hat. Hochzeit kann eine angsteinflößende Angelegenheit sein – zumindest, was mich betrifft.

»Wir spielen«, sage ich verteidigend zu Mira. Ich fühle mich, als habe sie uns gerade bei etwas Unanständigem erwischt.

»Hat der Arzt dir seine Erlaubnis dafür gegeben, dieses Zeug zu spielen?«, will sie mit gerunzelter Stirn wissen.

»Nicht direkt; der Arzt war noch nicht hier«, sage ich. »Aber ich bezweifle, dass Computerspiele schlecht für mich sind.«

»Ich, eine Person ohne Kopfverletzung, bekomme von dem 3D-Display dieses Dings Kopfschmerzen«, widerspricht sie.

Ich kann sehen, was Bert denkt, ohne ihn lesen zu müssen. *Heiß und spielt Videospiele?*

Ich bin selbst beeindruckt.

»Also hast du auch schon mal gespielt?«, will ich von ihr wissen.

»Natürlich.« Sie verengt ihre Augen. »Warum ist das so eine große Überraschung?«

»Nur so«, sage ich schnell.

»Weißt du was? Bevor ich den Arzt suchen gehe, spiele ich gegen denjenigen von euch, der gewinnt«, verkündet sie und verschränkt die Arme. Unsere Augen fallen fast aus ihren Höhlen, als diese Bewegung ihre Rundungen anhebt.

Ich weiß, dass Bert und ich genau den gleichen Gedanken haben.

Ich muss gewinnen.

11

Ich führe einen Kombiangriff mit meinen besten Strategien durch. Bomben, Bumerangs, Schwerthiebe – alles zielt verzweifelt auf die kleine japanische Kreatur auf dem Display vor mir.

Ich muss dieses Spiel einfach gewinnen, und ich frage mich, ob ein primitiver Teil meines Gehirns der Gewinner vor einer Frau sein will.

Wie dem auch sei, ich gebe bei meinem nächsten Angriff alles, was ich habe.

Es ist aber umsonst. Es scheint, als sei die Aussicht darauf, mit einem echten Mädchen zu spielen, eine stärkere Motivation für Bert als für mich. Außerdem ist er der bessere Spieler.

Er wehrt meinen Überfall ab und schafft es danach, in wenigen Augenblicken den Boden der Spielfläche mit meinem armen Charakter zu wischen.

Er ignoriert meinen sauren Gesichtsausdruck, als ich ihm den Gameboy überlasse.

Mira und Bert beginnen zu spielen, und Bert glüht geradezu vor Aufregung.

Ich versuche, nicht zu schmollen, während ich den Pudding

und den Wackelpudding esse, die Mira mir gebracht hat.

»Kommt Eugene zurück?«, frage ich sie, als ich aufgegessen habe.

»Ja, eigentlich sollte er bald hier sein«, erwidert Mira abwesend, ohne die Augen vom Bildschirm abzuwenden. »Ich habe ihm ein Auto gemietet, falls sie mein Kennzeichen haben. Ich möchte, dass wir dich nach Hause fahren, wenn du entlassen wirst.«

Ihr Spiel dauert eine unglaublich lange Zeit – weshalb ich erschrocken denke, dass sie wirklich besser darin sein könnte als ich. Ich hätte wahrscheinlich schon lange gegen Bert verloren. Außer natürlich, mein Freund spielt rücksichtsvoller mit ihr, weil er das Spiel verlängern möchte.

Ich sehe mich nach einem Arzt oder zumindest einer Schwester um. Es ist niemand in Sicht. Mein Bett ist eines von einem Dutzend Betten, die kreisförmig in diesem großen Raum aufgestellt sind. Das alles sieht sehr trostlos aus, und ich möchte, so schnell ich dazu körperlich in der Lage bin, von hier verschwinden. Ich hoffe, die Kugel hat meinem Kopf keinen ernsthaften Schaden zugefügt.

Die meisten anderen, die sich in diesem Raum befinden, scheinen schlimmer dran zu sein als ich. Im Nachbarbett befindet sich ein Mann, der wie eine Mumie einbandagiert ist. Weiter unten liegt eine ältere Person mit einem Tropf und einer Beatmungsmaschine. Nach einigen Sekunden höre ich damit auf, mich umzusehen. In einem Krankenhaus kann man leicht etwas sehen, was man später bereut. Allerdings zieht dann etwas in einiger Entfernung meine Aufmerksamkeit auf sich.

Es ist Sara, meine panischere Mutter.

»Leute, ihr müsst mir einen Gefallen tun«, sage ich. »Eine meiner Mütter nähert sich gerade, und ich hätte gerne eine ungestörte Unterhaltung mit ihr, sobald sie hier ist. Warum geht ihr nicht zusammen einen Arzt suchen? Oder vertretet euch die Beine?«

Bert lacht auf. Er kennt meine wahren Beweggründe. Er weiß,

dass Sara einen Hang dazu hat, peinliche Dinge zu sagen. Ich kann mir lebhaft vorstellen, welche Tirade sie über ihr »Baby« im Krankenhaus loslassen wird, oder noch viel schlimmer, dass sie einen hysterischen Anfall bekommt.

Fluchend knallt Mira ihren Gameboy zu, was ich als ihre Niederlage deute. Danach schaut sie in die Richtung, aus der meine Mutter kommt.

»Hallo Frau Goldberg«, begrüßt Bert sie und macht sich zum Gehen bereit.

»Hallo Bert«, erwidert meine Mutter. »Und du musst Mira sein.«

»Hallo Frau Goldberg«, sagt Mira verlegen.

»Bitte nenne mich Sara«, antwortet diese. »Und du auch, Bert, wie oft muss ich dir das denn noch sagen?«

»Entschuldige, Sara«, sagt Bert kleinlaut.

»Schön, dich kennenzulernen, Sara.« Mira versucht, meine Mutter anzulächeln. »Bert und ich waren gerade auf dem Weg, einen Arzt suchen zu gehen, um herauszufinden, wann Darren die Ergebnisse des Röntgens bekommen wird.«

»Danke.« Sara schaut Mira erfreut an. »Das ist sehr lieb von euch. Gebt mir Bescheid, falls sie euch etwas wissen lassen.«

Toll. Ich stelle mir ein Szenario vor, in dem sich Mira mit meinem Arzt streitet und danach, wenn sie ihn ausreichend fertiggemacht hat, meine Mutter auf den armen Kerl losgelassen wird. Wenn genervte Restaurantmitarbeiter ins Essen spucken, was macht dann wohl ein wütender Arzt?

»Wenn sie sich querstellen, werde ich ihre Server zum Absturz bringen«, meint Bert.

»Albert, das wirst du nicht tun«, erwidert meine Mutter streng. »Menschen könnten sterben.«

»Ich bin mir sicher, dass Bert nur einen Scherz gemacht hat«, sage ich und blicke meinen Freund warnend an. Wahrscheinlich stimmt das nicht.

»Ich werde ihn im Auge behalten, mach dir keine Sorgen,

Sara«, mischt sich Mira lächelnd ein.

»Gut, danke«, meint Sara, offensichtlich zufrieden.

Als meine Freunde mir die Gameboys geben und weggehen, fällt mir erstaunt auf, wie ruhig meine Mutter geblieben ist. Hatte Mira so eine entspannende Wirkung auf sie?

»Was ist denn passiert, Spatz? Du bist angeschossen worden? Hast du Schmerzen?« Diese Fragen prasseln auf mich ein, sobald Mira und Bert den Raum verlassen haben, und ich verfluche mich dafür, so dumm gewesen zu sein. Meine Freude über ihren ruhigen Zustand war offensichtlich verfrüht gewesen.

Ich beginne mit einer neuen Version der Geschichte. Diesmal ist Mira eine neue Freundin, die in einem üblen Viertel lebt. Der Schuss war ein Versehen, das Ergebnis davon, zur falschen Zeit am falschen Ort gewesen zu sein.

»Ich mag Mira. Sie ist clever und sehr hübsch«, sagt meine Mutter, als ihr verbales Hyperventilieren aufgehört hat. »Und sie macht sich eindeutig Sorgen um dich. Allerdings sollte sie dich lieber in der Stadt besuchen kommen als andersherum. Das wäre sicherer.«

Jetzt verstehe ich, warum sie sich nicht so stark aufregt, wie ich eigentlich erwartet hatte. Ich denke, dass die Tatsache, dass sie ein Mädchen bei mir angetroffen hat – etwas, womit sie mich seit einer Ewigkeit nervt –, sie mehr beschäftigt als die Tatsache, dass ich angeschossen worden bin.

»Natürlich, Mama. Mira und ihr Bruder werden auch demnächst umziehen«, beruhige ich sie.

»Gut.« Sie streichelt mein Knie. »Sag Bescheid, falls du Ratschläge für eine ungefährliche Nachbarschaft brauchst.«

»In Ordnung, Mama. Wo ist Lucy?«, frage ich, um das Thema zu wechseln.

»Deine Mutter wird bald hier sein. Sie hat mir gerade eine Nachricht geschickt. Kyle hat sie am Eingang des Krankenhauses abgesetzt und sucht einen Parkplatz. Sie müsste jeden Augenblick hereinkommen.«

Ich bin ein wenig besorgt, dass Lucy hierherkommt. Ich hoffe, sie hat nicht vor, mich einer Befragung zu unterziehen. Manchmal kann sie einfach nichts dagegen tun.

Ich behalte meine Bedenken allerdings für mich und erwidere stattdessen: »Okay. Bis dahin gibt es etwas, was ich dich gerne fragen möchte ...« Ich mache eine Pause, um darüber nachzudenken, beschließe dann aber, es einfach auszuspucken. »Wie hießen meine biologischen Eltern mit Familiennamen?«

Sara sieht einen Moment lang überrascht aus, hat sich aber schnell wieder im Griff. »Sie hießen Robinson, und der Mädchenname deiner Mutter war Taylor«, antwortet sie bereitwillig.

Die Robinsons. Also hat mich Jacob wirklich nach meinem Vater, Mark Robinson, gefragt. Bedeutet das, dass mein Vater ein Leser war? Vielleicht sogar Teil genau dieser Gemeinschaft? Ich behalte im Hinterkopf, mehr darüber herauszufinden. Vielleicht kann ich einen Grund finden, um noch einmal mit Jacob zu reden, oder einfach seine Tochter zu fragen, sobald sie sich erholt hat. Oder ich könnte mich an Caleb wenden, so angsteinflößend diese Möglichkeit auch klingen mag. Mark hat ja auch mit meiner Mutter Lucy und Onkel Kyle gearbeitet. Von ihnen könnte ich ebenfalls Informationen bekommen – auch wenn die beiden natürlich nichts über Leser und Strippenzieher wissen.

Ich sehe, wie Sara jemandem zuwinkt, und das reißt mich aus meinen Gedanken.

Ich folge ihrem Blick und sehe, dass Lucy gekommen ist.

»Wie geht's dir, mein Junge?«, fragt sie, als sie an meinem Bett stehenbleibt. »Was ist passiert?«

Ich erzähle ihr die gleiche Geschichte, die ich Sara erzählt habe. Ich erkläre ihr, dass ich noch nichts Genaueres weiß, aber dass meine Freunde versuchen, einen Arzt oder irgendjemanden zu finden, der Zeit für uns hat. Ich kann nicht genau sagen, ob sie mir die Geschichte abnimmt. So ist Lucy; man kann nicht erkennen, was in ihrem Kopf vorgeht, wenn sie es nicht zeigen will. Das muss so ein Polizistending sein. Allerdings habe ich eines im Laufe der

Jahre gelernt: Allein die Tatsache, dass sie einen neutralen Ausdruck behält, bedeutet Ärger.

»Ihr beiden unterhaltet euch mal weiter, und ich versuche, Mira und Bert zu finden«, meint Sara und verlässt das Zimmer, bevor ich die Gelegenheit habe, etwas zu antworten. Ist ihr auch Lucys leerer Gesichtsausdruck aufgefallen? Die Vorstellung davon, dass sie sich ebenfalls der Suche nach einem Arzt anschließt, ist einfach zu viel des Guten. Ich wäre extrem überrascht, wenn es so käme. Bilder von Löwinnen, die Gazellen töten und die blutigen Karkassen zu ihren kuscheligen Jungen bringen, schießen mir aus irgendeinem Grund in den Kopf.

»Und jetzt erzähle mir, was wirklich passiert ist«, sagt Lucy, sobald Sara aus der Hörweite ist.

Meine Mutter, die Fahnderin. Sie ist der Grund dafür, weshalb ich normalerweise so ein hervorragender Lügner bin. Als Kind musste ich meine Lügen auf ein astronomisches Niveau bringen, um damit auch bei Lucy durchzukommen. Normalerweise habe ich mittlerweile kaum noch Probleme damit, aber ich habe auch nicht jeden Tag mit Kopfverletzungen und geheimen Gruppen zu tun, über die ich nicht sprechen darf.

»Ich wollte Sara nicht beunruhigen«, sage ich. »Also habe ich die Dinge ein wenig vereinfacht, das ist alles.«

»Das habe ich mir schon gedacht.« Ein leichtes Lächeln erscheint auf Lucys Gesicht. »Raus damit.«

»Die Kurzversion ist, dass einige russische Gangster meine Freunde umbringen wollen. Und bevor du fragst: ich habe wirklich keine Ahnung, warum. Das, was ich dir sagen kann, ist, dass wahrscheinlich die gleichen Personen schon ihre Eltern umgebracht haben.«

»Wie heißen deine Freunde?«, möchte Lucy ruhig wissen. Sie benimmt sich, als würde ich andauernd mit ihr über Mordversuche sprechen.

Ich gebe ihr Miras und Eugenes Nachnamen und erzähle ihr alles das, an was ich mich über ihre Eltern erinnere.

»Ich werde es mir ansehen«, meint sie, während sie sich Notizen in einem kleinen Büchlein macht.

Sie könnte wirklich eine Menge herausfinden. Sie kennt immer noch einige Leute der Abteilung für organisiertes Verbrechen, einschließlich meinen Onkel Kyle, der wahrscheinlich schon auf dem Weg hierher ist. Ich habe allerdings meine Zweifel daran, dass sie eine große Hilfe sein wird. Der Strippenzieher, der nach Meinung meiner neuen Freunde hinter allem steckt, wäre wahrscheinlich zu viel für die normalen Fähigkeiten der Ermittler.

»Nur Informationen, Mama. Bitte stelle keine weiteren Nachforschungen an«, sage ich, und endlich bekomme ich ein richtiges Lächeln.

»Du hörst dich an wie deine Mutter«, erwidert sie. »Du musst dir keine Sorgen machen. Aus diesem Grund bin ich in der Abteilung für Wirtschaftskriminalität.«

»Jemand hat eine Schussverletzung gemeldet?«, höre ich eine unbekannte männliche Stimme fragen. Als Lucy und ich aufschauen, steht vor uns ein untersetzter Polizist. Toll. Die Angestellten dieses Krankenhauses können nicht damit belästigt werden, mir die Ergebnisse meiner Röntgenaufnahmen mitzuteilen, aber sie hatten die Zeit, meine Verletzung zu melden.

»Das ist richtig, Officer«, antwortet Lucy und zückt ihre eigene Marke, um sie ihm zu zeigen. »Ich kümmere mich bereits darum.«

Der Polizist dreht sich unverzüglich um und geht, während er etwas über die inkompetenten Krankenschwestern von Coney Island vor sich hin murmelt. Ich unterdrücke ein Lachen. Es hat auch seine Vorteile, eine Polizistin zur Mutter zu haben.

»Hier seid ihr.« Mein Onkel Kyle betritt gerade den Raum. »Wie geht's dem verletzten Soldaten?«

Onkel Kyle ist natürlich nicht mein biologischer Onkel. Nicht einmal mein Adoptivonkel. Er ist Lucys Kollege. Da er allerdings seit meiner frühesten Kindheit die Rolle meines Onkels übernommen hat, sehe ich ihn auch als solchen an.

»Hallo Kyle«, begrüße ich ihn und setze mich hin, um seine

Hand schütteln zu können. So machen wir das immer. Wir umarmen uns nicht, wir geben uns nur die Hand.

»Schön, dass du hier bist, Kyle. Ich möchte mal schauen, wo der Arzt bleibt«, sagt Lucy. »Bitte bleib bei ihm.«

»Natürlich«, erwidert Kyle. »Mach ihnen Feuer unterm Arsch.«

Und damit schließt Lucy sich der Jagd nach einem Arzt an, was ich urkomisch finden würde, wäre Mira nicht ebenfalls daran beteiligt. Lucy mit von der Partie zu haben, ist, wie zu stärkeren Waffen zu greifen – auch wenn ich daran zweifle, dass sie das Pflegepersonal mit ihrer Waffe bedrohen wird. Zumindest nicht, wenn sie sie nicht wirklich verärgern.

»Ich habe gehört, dass ein Mädchen in diese Schießerei verwickelt ist«, meint Kyle und zwinkert mich an. Wenn es eine Sache gibt, die ich immer an Kyle gemocht habe, ist es sein Fehlen von erstickender Fürsorge. Er fragt nicht, wie ich angeschossen wurde. Wahrscheinlich macht er sich auch gar nicht allzu große Sorgen um mich. Das hat etwas Erfrischendes.

Seine Einstellung war mir jahrelang sehr nützlich. Es gibt tonnenweise ziemlich gefährliche Dinge, die ein Junge tun möchte, für die er aber einen Erwachsenen benötigt, der ihm den Rücken stärkt. Zum Beispiel ist Kyle der Grund dafür, dass ich weiß, wie man eine Pistole hält. Es ist das Ergebnis eines geheimen Ausflugs zu einem Schießübungsplatz. Bis heute denken meine Mütter immer noch, dass wir ins New York Aquarium gegangen sind. Sollten sie herausfinden, was wir wirklich getan haben, würden sie ihn wahrscheinlich heute noch dafür verprügeln.

»Ja, es gibt da ein Mädchen. Wenn du noch ein wenig hierbleibst, wirst du sie vielleicht treffen.« Irgendwie hoffe ich, dass er das tun wird. Seit wann interessiert es mich, was Kyle denkt?

»Ich werde es versuchen«, entgegnet er lächelnd.

»Ich habe hier etwas, was dich interessieren könnte«, meine ich zu ihm und greife nach den Gameboys.

Als ich klein war, habe ich immer gegen Kyle gespielt. Trotz aller seiner Fehler bin ich ihm sehr dankbar für die Stunden, die er Mortal Kombat mit mir gespielt hat. Ihm seinen Kopf abzureißen – oder eben zumindest den seiner Spielfigur – ist eine meiner schönsten Kindheitserinnerungen.

»Ich habe diese noch nie gesehen«, erwidert er. »Kann man sie auch weniger verschwommen einstellen?«

Kyle und sein Mangel an technischem Wissen. Ich sehe mich gezwungen, ihm zu erklären, wie man den eingebauten, brillenlosen 3D-Effekt des Displays ausstellt. Das ist nämlich die sogenannte Unschärfe. Es ist ein Sakrileg, dieses Spiel nicht in 3D zu spielen, aber ich habe nicht vor, mich auf eine verbale Auseinandersetzung mit ihm einzulassen. Ein virtueller Kampf in einem Spiel muss ausreichen. Als ich den 3D-Effekt ausgestellt habe, wählt er seinen Charakter – Donkey Kong, der riesige Gorilla mit der Krawatte. Ich entscheide mich für die Zeichentrickversion von Link, meinem Lieblingscharakter, der die Prinzessinnen rettet.

Kyle spielt simpel, genauso wie er es getan hat, als ich noch ein Kind war. Er entscheidet sich für eine Taktik, die funktioniert, und wendet sie dann immer wieder an. In diesem Fall ist das Resultat ein lustig tanzender Gorilla.

Als ich gerade einen raffiniert ausgeklügelten Plan in die Tat umsetzen möchte, klingelt Kyles Telefon.

»Ich muss antworten«, sagt er und pausiert das Spiel.

Er nimmt das Gespräch an. Sobald derjenige am anderen Ende der Leitung zu reden beginnt, verdüstert sich Kyles Gesichtsausdruck, und er entfernt sich von meinem Bett. Es muss jemand von seiner Arbeit sein.

Ich mache mich nützlich, indem ich mich aus dem Spiel auslogge und überprüfe, ob ich hier Wi-Fi-Empfang habe. Das würde mir ermöglichen, weitere Spiele zu kaufen, falls mir langweilig wird, was wahrscheinlich der Fall sein wird, sobald alle weg sind. Vorausgesetzt, ich muss hierbleiben, was ich nicht hoffe.

»Ich muss los«, sagt Kyle, als er zurückkommt. Er sieht besorgt aus. »Ein Notfall.«

»Ist Lucy nicht auch mit deinem Auto gekommen?«, wundere ich mich.

»Ja, aber sie wird sich ein Taxi nehmen müssen. Diese Angelegenheit kann nicht warten.«

»Bis dann. Danke fürs Vorbeikommen«, verabschiede ich mich von ihm und versuche, meine Enttäuschung zu verbergen.

Als er das Zimmer verlässt, wird mir klar, dass die Langeweile schneller kommen könnte, als ich geplant hatte. Es gibt kein Wi-Fi, aber nach meinen Erfahrungen mit diesem Krankenhaus ist das zu diesem Zeitpunkt auch keine Überraschung mehr.

Zum Glück hat das Kampfspiel einen Modus, in dem man gegen den Computer antreten kann, also beginne ich ein neues Spiel.

ICH BIN MITTEN IN EINEM BESONDERS GEMEINEN KAMPF, ALS ICH bemerke, dass sich mein Bett bewegt.

Ich schaue auf und sehe, dass es von einer Frau in einem weißen Kittel geschoben wird.

»Wohin gehen wir?«, möchte ich wissen. »Und wer sind Sie?«

»Der Arzt möchte eine private Unterhaltung mit Ihnen führen«, erklärt mir die Frau in einem monotonen Tonfall, während sie mein Bett weiterschiebt. »Ich bin Ihre Schwester.«

Ich versuche, diese Information zu verarbeiten. Warum würde ein Arzt mich in einem privaten Zimmer für ein Gespräch treffen wollen? Wie schlimm sind denn die Nachrichten, die er mir mitteilen möchte? Oder haben meine Mütter und meine Freunde so viel Unruhe gestiftet, dass ich jetzt abgemahnt werde?

Wir gehen nicht weit. Auf der einen Seite des Korridors gibt es ein kleines Büro. Die Schwester schließt die Tür hinter uns und beginnt, eine Medikation vorzubereiten.

»Was machen Sie da?«, frage ich und versuche, mich ruhig

anzuhören. Ich habe Angst vor Nadeln, und das Zeug, das sie vorbereitet, sieht nach einer Spritze aus.

»Nur etwas gegen die Schmerzen«, antwortet sie.

»Ich brauche nichts«, sage ich. »Ich ziehe die Schmerzen einer Spritze vor.«

Sie kommt zu mir, lächelt und ergreift den Schlauch, der von meinem Tropf zu meiner Hand führt. Sie öffnet ihn und verbindet ihn mit der Spritze, die sie in ihrer Hand hält.

»Kein Einstich«, erklärt sie mir.

»Ich möchte das Medikament nicht, solange Sie mir nicht erklärt haben, worum es sich dabei handelt …«

Ich werde durch das Entleeren der Spritze abgeschnitten.

Meine Herzfrequenz erhöht sich.

Hat sie mir gerade das Medikament verabreicht, obwohl ich ihr ausdrücklich gesagt hatte, dass ich es nicht möchte? Warum würde sie das tun?

Plötzlich breitet sich in meinem Körper eine warme Welle aus, und ein Teil meiner Bedenken verschwindet.

Nein, hier stimmt etwas nicht. Ich zwinge mich trotz der glücklichen, wohligen Gefühle, die mich erfüllen, darüber nachzudenken. Es wird langsam schwierig, sich Sorgen zu machen, aber mit übermenschlicher Anstrengung kann ich mich erneut dazu bringen.

Vielleicht möchte sie deine Organe stehlen, rede ich mir ein, um mir das erschreckendste Szenarium vorzustellen.

Die Zeit scheint sich zu verlangsamen, und die Geräusche des Krankenhauses verschwinden.

Ich finde mich im Bett neben meinem anderen Ich wieder und bin kurz erleichtert.

Ich habe es geschafft. Ich bin in die Stille hinübergeglitten.

Mein Kopf ist jetzt völlig frei von dem, was sie mir verabreicht hat, und ich bin entschlossen, herauszufinden, was zum Teufel gerade passiert ist.

12

Ich stehe auf und sehe mich selbst an. Die Pupillen meines eingefrorenen Ichs sind so klein wie Stecknadelköpfe. Das muss von dem Medikament kommen, das ich bekommen habe, denn die Pupillen der Schwester sind die normalen schwarzen Kreise, die man in einem gut beleuchteten Raum erwarten würde.

Einen kurzen Moment lang bleibt mein Blick an meiner Kopfbandage hängen; sie sieht genauso lächerlich aus, wie ich dachte. Aber das ist im Moment meine geringste Sorge. Ich wäre bereit, wie eine Mumie einbandagiert um den Times Square zu laufen, wenn mir das dabei helfen würde, dieser Situation zu entkommen.

Mir fällt auf, dass ich nicht nur den Einfluss der Medikamente nicht mehr spüre, sondern auch die Schmerzen der Wunde verschwunden sind, wie immer in der Stille.

Ich gehe zu der Frau und schaue in ihre Taschen.

Ich finde einen Krankenhausausweis, der echt aussieht, was ein gutes Zeichen ist. Sie ist eine staatlich geprüfte Krankenschwester und heißt Betty March. Das ist bis zu einem gewissen Punkt beruhigend – sie kennt sich mit Medikamenten aus und weiß auch, wie sie zu verabreichen sind. Aber mit Sicherheit darf sie auf diese Weise nichts in die Venen eines Patienten zwingen.

Ich beschließe, dass es Zeit für eine kleine Lesung ist, und berühre ihre Schläfen.

»Es wird gleich jemand nach deinem Freund sehen. Bitte geh zurück und warte«, sagen wir zu dem Mädchen, das die Angestellten genervt hat.

Mir, Darren, fällt auf, dass es eine Erinnerung ist, in der wir gerade mit Mira gesprochen haben. Sie ist allein, weder Bert noch meine Mutter sind bei ihr, was bedeutet, dass sich das Erlebnis schon davor abgespielt haben muss. Was auch immer ich in Bettys Erinnerungen suche – und ich bin mir noch nicht sicher, was es ist – passiert später. Ich entschließe mich dazu, mir ab hier alles anzuschauen, um sicherzugehen, dass ich verstehe, warum sie das mit mir getan hat.

Während die Erinnerungen abgespielt werden, entwickle ich einen gesunden Respekt für den Beruf der Krankenschwester. Er ist hart. Schließlich komme ich zu dem, was ich suchen könnte. Zu diesem Zeitpunkt sind wir gerade auf der Toilette.

Wir haben uns hingesetzt, und die Zeit hält an. Jetzt sind mehr von uns in Bettys Kopf.

Das Gefühl, das mich überkommt, ist das gleiche, das ich im Kopf des russischen Kriminellen hatte, der von dem mysteriösen Strippenzieher kontrolliert wird. Ich spüre die Gegenwart eines anderen Gehirns – eine gruselige Erscheinung, die weder ein Geschlecht noch eine Identität hat. Es ist einfach nur so, als sei noch jemand anderes hier.

So wie beim letzten Mal beginnt der Strippenzieher, Anweisungen zu geben. Dieses Mal allerdings läuft mir ein Schauer über mein körperloses Ich, als ich dem zuhöre, was er Betty aufträgt.

»Geh zu Darren Wang Goldberg« wird von Bildern begleitet,

auf denen zu sehen ist, wo mein Bett steht und wie ich aussehe. Außerdem bekommt sie das Gefühl vermittelt, einer Person helfen zu wollen, die diese Hilfe dringend braucht.

»Bring den Patienten in einen privaten Raum« ist untermalt mit Bildern und Anweisungen, dass der Arzt ein Gespräch mit dem Patienten führen möchte. Ein Gespräch, das wahrscheinlich alle anderen im Raum anwesenden Personen verstören würde.

Bei »Verabreiche ihm eine Injektion von 10 mg Morphium« laufen Bilder eines leidenden Patienten, Anweisungen eines Arztes und eine Warnung ab, dass der Patient verwirrt ist und sich der Spritze widersetzen könnte.

»Vergiss die Injektion« ist die nächste Anweisung, und sie wird von einem Gefühl der Leere begleitet. Gähnende Leere. Einem zenähnlichen Zustand, in dem man an nichts denkt, sondern einfach nur im Frieden mit sich selbst ist.

»Nimm das Kissen, lege es auf das Gesicht des Patienten und halte es an dieser Stelle fest.« Diese makabere Anweisung wird von einer ganzen Geschichte begleitet. In dieser Geschichte hat Bettys Opfer sie seit Jahren darum gebeten, das zu tun. Es leidet an furchtbaren Schmerzen, und selbst Medikamente lindern sie nicht. Zusammenhangslose Hassgefühle dem Patienten gegenüber werden ebenfalls eingepflanzt. Die Anweisungen des Strippenziehers scheinen zu implizieren, dass das die Person ist, von der Betty krankenhausreif geprügelt wurde, das Monster, das Bettys kleinen Jungen umgebracht hat.

Obwohl ich schockiert bin, denke ich, wie interessant es ist zu sehen, wie das Strippenziehen eigentlich funktionieren sollte. Ich meine, als ich es versucht habe, tat ich es intuitiv, habe nur den grundsätzlichen Ansatz dieses Strippenziehers benutzt. Das hier ist viel subtiler. Viel kranker. Sollte Betty das tun, was ihr befohlen wurde – und ich habe keinen Zweifel daran, dass sie es genauso ausführen wird –, wäre das der Beweis dafür, dass die Strippenzieher wirklich Personen dazu bringen können, alles das zu tun, was sie möchten. Die Rechtfertigungen, die gegeben werden, ergeben noch nicht einmal wirklich Sinn. Es scheint, als müsse nur ein Anhaltspunkt in den Kopf der Person projiziert werden. Wenn ein Grundprinzip vorliegt, scheint das Opfer all das zu tun, zu dem es mental gezwungen wird.

Morbide fasziniert, lasse ich die Erinnerung ablaufen. Betty führt präzise jede Anweisung aus, die sie von dem Strippenzieher bekommen hat. Während sie sich jeder einzelnen Aufgabe widmet, scheint sie wirklich an die Anweisungen und die Hintergrundgeschichte zu glauben. Als ich sie gefragt habe, wohin sie mich bringt, war sie überzeugt davon, dass ich mit dem Arzt sprechen würde. Sie war keinesfalls hinterhältig. Was ich persönlich am beängstigendsten finde, ist, dass sie bei jedem Schritt des Weges nur eine vage Idee von dem hat, was vorher passiert ist. Es erinnert mich stark an einen Traum, in dem Dinge Sinn zu ergeben scheinen, aber nur so lange, bis man aufwacht.

Wahrscheinlich wird sie sich zu dem Zeitpunkt, an dem sie beginnen wird, mich in meinem betäubten, bewusstlosen Zustand umzubringen, schon gar nicht mehr an die Morphiumdosis erinnern können, die sie mir gegeben hat.

Das volle Ausmaß meiner Situation beginnt mir zu dämmern, als ich Bettys Kopf verlasse.

Ich bin zurück in der Stille mit dem Wissen, dass der Strippenzieher versucht, mich zu töten – dass er mich vielleicht schon getötet hat.

Falls die Dosis des Morphiums zu hoch war, könnte ich an einer Überdosis sterben, bevor die Krankenschwester überhaupt mit dem Kissen bei mir ist. Und falls die Injektion mich nicht umbringt, dann mit Sicherheit das Ersticken. Ich habe weder Zweifel daran, dass der Strippenzieher genau weiß, was er tut, noch daran, dass Betty genau das durchführen wird, was er ihr aufgetragen hat.

Warum versucht er, mich umzubringen? Weil ich Eugene und Mira gestern geholfen habe? Das ergibt aber auch nicht wirklich Sinn. Wenn jemand eine überragende Leistung erbracht hat, um Mira zu retten, dann war das Caleb. Oder dachte der Strippenzieher, dass ich der Kopf der Aktion sei? Das ist schmeichelhaft, aber in diesem Fall liegt er völlig daneben.

Ich kann allerdings auch nicht allzu lange darüber nachdenken. Nicht, solange ich nicht weiß, ob ich mich noch retten kann.

Ein Dutzend Möglichkeiten schießen mir durch den Kopf. Kann ich selbst die Schwester manipulieren und die Befehle überschreiben, die mein Feind ihr gegeben hat? Aber was ist, wenn sie mich trotzdem umbringt? Oder ihre Taktik ändert? Oder es noch schneller tut? Ich kann mein Leben nicht von so etwas abhängig machen. Nicht, bis ich mich nicht zuerst ein wenig abgesichert habe.

Ich gehe aus dem Zimmer und sehe mich um.

Jackpot.

Genau vor dem Zimmer steht ein riesiger Mann. Ein wütender Riese namens Frank, zumindest seinem Namensschild nach.

Ich berühre seinen Arm und konzentriere mich.

Dieses beschissene Krankenhaus ist wie ein Zoo, denken wir verärgert. Seit Stunden hat sich niemand um Lidia gekümmert. Wir müssen einen Verantwortlichen finden und ihm ein paar klare Worte sagen.

Ich trenne mich von Franks Gedanken. Sein Problem kommt mir sehr bekannt vor. Dieser Ort ist definitiv eine Bruchbude. Von dem, was ich in seinem Kopf gesehen habe, hat seine Frau Hilfe um einiges nötiger als ich.

Ich fühle ein Aufflackern von Schuld, darüber, was ich gleich mit ihm tun werde. Frank könnte Ärger bekommen. Außerdem werde ich seine Gedanken manipulieren – und er hat nichts Falsches getan.

Allerdings ist mein Selbsterhaltungstrieb stärker als meine Skrupel, und ich versuche, das nachzuahmen, was ich eben gesehen habe.

»In dem anderen Zimmer ist eine Frau, die Hilfe braucht. Sie hat einen Anfall und benötigt ein Paar starker Hände, die sie festhalten, bis die Ärzte kommen, damit sie sich nicht verletzt. Wenn wir ihr helfen, können wir vielleicht jemanden dazu bringen, sich aus Dankbarkeit schneller um Lidia zu kümmern. Es ist ganz einfach: Wir müssen nur hineingehen, die Frau fest umarmen und sie nicht mehr loslassen. Sollte sie sich zu sehr wehren, werden wir uns mit ihr zu Boden fallen lassen. Wir werden dort so lange liegen bleiben, bis die Ärzte kommen, um sie zu retten.«

Ich erarbeite verschiedene Versionen des gleichen Szenarios in Franks Kopf. Verglichen mit dem, was ich im Kopf der Krankenschwester, Betty, gesehen habe, sind meine Anweisungen wahrscheinlich überflüssig. Aber das hier ist nicht der richtige Zeitpunkt, um meine Technik im Strippenziehen zu perfektionieren. Ich muss alle grundlegenden Punkte abdecken.

In der Hoffnung, den ganzen Mit-einem-Kopfkissen-ersticken-Teil abgewendet zu haben, verlasse ich Franks Kopf.

ALS NÄCHSTES MACHE ICH MICH AUF DIE SUCHE NACH EINEM ARZT.

Falls die Morphiumdosis, die mir die Schwester verabreicht hat, zu hoch war, könnte mich ein Arzt vielleicht noch retten. Das machen sie mit den Drogenabhängigen im Fernsehen auch immer. Vielleicht brauche ich eine Adrenalinspritze ins Herz, so wie in Pulp Fiction.

Ich habe gelesen, dass es generell eher schwierig ist, in einem Krankenhaus in der Gegenwart von Ärzten zu sterben. Das ist auch der Grund dafür, weshalb Menschen diese Dokumente unterschreiben, dass sie nicht wiederbelebt werden wollen. Sie möchten unter bestimmten Bedingungen einfach nicht mehr gerettet werden.

Aber zuerst muss ich einen Arzt *finden*. Ich renne in der Stille den Flur entlang und versuche dabei, mich nicht allzu weit von dem Raum zu entfernen, in dem mein bewusstloses Ich liegt.

Ich finde zwar keinen Arzt, aber eine junge Frau, auf deren Namensschild steht, dass sie eine Assistenzärztin ist. Ich berühre ihr Ohrläppchen und konzentriere mich.

ZWEIUNDZWANZIG STUNDEN IM DIENST. WIR TRINKEN Milchkaffee, aber er hat jetzt den gleichen Effekt wie ein Kamillentee, was die wachhaltende Wirkung betrifft.

Ich, Darren, trenne mich von Janes Gedanken. Ich zögere, sie mit der Aufgabe zu betrauen, die mir vorschwebt, da sie so müde ist. Die Tatsache, dass sie in ihrem Zustand Patienten behandeln muss, grenzt an strafbare Fahrlässigkeit. Allerdings habe ich keine andere Wahl. Sie ist die einzige Person, die sich in der Nähe des Raumes befindet, in dem mein physischer Körper liegt.

Zuerst muss ich ihren Kopf nach einer Lösung durchsuchen, eine Erinnerung an ein spezifisches Thema finden. Ich habe so etwas schon einmal getan, als ich Saras Kopf nach Erinnerungen an meine biologischen Eltern durchwühlt habe.

Ich versuche, die gleiche Methode auch hier anzuwenden, nur gezielter. Das Thema ist eine Überdosis Morphium. Ich versuche, mich leicht zu fühlen, so als würde ich tiefer in die Erinnerungen einer Person eindringen wollen. Gleichzeitig denke ich an Patienten mit einer Überdosis.

»Jane, das wirst du dir anschauen wollen«, sagt Dr. Mickler, während wir ihm halb im Laufschritt folgen.

»Was hat er?«, fragen wir und schauen auf den dünnen, blassen Kerl auf dem Tisch.

»Heroin«, erklärt Dr. Mickler.

Ich lasse die Szene ablaufen. Es gibt keine Spritze ins Herz, so wie im Film. Stattdessen benutzen sie ein Medikament namens Narcan, dessen aktiver Wirkstoff ein Naloxon-Hydro-Nochwas ist. Das hört sich vielversprechend an, da es diesen Kerl mit der Überdosis Heroin gerettet hat, dessen Lebenszeichen richtig schlecht waren.

Ich durchsuche Janes Erinnerungen und versuche, Informationen über dieses Medikament zu finden. Ich erfahre, dass es bei Morphinen genauso gut wirkt wie bei Heroin.

Ich beginne mit dem Strippenziehen.

»Hol Narcan. Geh zu einem Zimmer.« Ich füge ein mentales Bild des Wegs zu dem Raum hinzu.

»Lass dich nicht ablenken, falls du dort etwas Eigenartiges siehst. Die Krankenschwester wird von der Polizei festgehalten. Das Wichtigste ist, dem Patienten zu helfen, dem die Krankenschwester unbeabsichtigt geschadet hat. Sie hat ihm 10 mg Morphium gegeben.«

Ich lasse verschiedene Wege vor ihrem inneren Auge ablaufen, wie die Dinge sich entwickeln könnten. Als ich denke, dass Jane mich auf jeden Fall retten muss, verlasse ich widerwillig ihren Kopf.

JETZT FÜHLE ICH MICH EIN WENIG BESSER, DA ICH ETWAS GETAN habe, um die Situation in den Griff zu bekommen. Ich beschließe, in meinen Körper zurückzukehren, die Stille zu verlassen, gegen den Schlaf anzukämpfen, einige Momente zu warten und erneut in die Stille hinüberzugleiten, um zu sehen, ob meine unfreiwilligen Helfer beginnen, die ihnen zugeteilten Aufgaben auszuführen.

Ich gehe in den Raum zurück, berühre die Hand meines eingefrorenen Ichs und höre, wie die Geräusche zurückkommen.

13

Ich fühle mich großartig. Ich mache mir nicht einmal mehr Sorgen, dass Betty gerade dabei ist, mich umzubringen. Das Einzige, was mir durch den Kopf geht, ist, dass es kein Wunder ist, dass Menschen sich mit diesem Zeug ihr Leben ruinieren. Es ist fantastisch.

Ich höre, wie sich irgendwo eine Tür öffnet. Es interessiert mich kaum.

Ich sehe Betty mit einem Kissen in den Händen. Das erinnert mich daran, dass ich an etwas denken sollte, aber ich werde durch dieses eigenartige Jucken an meinem Arm abgelenkt. Als ich mich dort kratze, fühlt es sich fantastisch an.

Danach lässt Betty das Kissen auf mein Gesicht sinken.

Meine Atmung ist durch das Morphium langsamer als sonst; eine Erinnerung dringt an die Oberfläche, und durch meinen opiatischen Nebel verstehe ich, dass mir dieses Kissen das Atmen auch nicht gerade erleichtern wird.

In die Stille gleiten, das sollte ich tun. Aber dazu müsste ich mich in einen Angstzustand versetzen, was selbst mit dem Wissen, gerade erstickt zu werden, mehr als schwer ist.

Plötzlich verschwindet das Kissen aus meinem Gesicht.

Ich höre einen dumpfen Schlag, der mir eigentlich etwas sagen sollte.

Ich gebe mein Bestes, um in die Stille zu gleiten, aber stattdessen fühle ich mich, als würde ich schweben.

Meine Augenlider sind schwer. Sehr schwer.

Ich schließe meine Augen und hoffe, dass mir das dabei helfen wird, mich zu konzentrieren.

Vielleicht sollte ich ein kurzes Nickerchen machen...

ICH BIN HELLWACH UND AUSGENÜCHTERT.

Jeder Hauch des schönen Gefühls durch das Morphium ist nur noch eine weit entfernte Erinnerung.

Mir ist schlecht.

Etwas steckt in meinem Arm, etwas, was wehtut, weshalb ich versuche, es zu entfernen. Auf einen kurzen Schmerz folgt Erleichterung.

Ich öffne die Augen und sehe, dass ich den intravenösen Zugang in der Hand halte.

Vor mir steht Jane, die Assistenzärztin, die erstaunt zu sein scheint, dass sie hier ist.

Sie hält das andere Ende des Schlauchs in der Hand, dessen Zugang ich mir gerade aus dem Arm gerissen habe. An ihrem Ende hängt eine Spritze. Ich nehme an, dass sich darin Narcan befindet und mein Strippenziehen somit erfolgreich war.

Auf dem Boden liegt Frank, der Mann, den ich dazu benutzt habe, Betty zu überwältigen, die Krankenschwester, die mich gerade umbringen sollte. Sie flucht und versucht, Frank zu entkommen, der sie allerdings nicht freigibt.

Ich werde von einer starken Übelkeitswelle überrollt und übergebe mich aufs Bett.

Nachdem der Pudding und mein Morgensmoothie meinen

Körper verlassen haben, fühle ich mich ein kleines bisschen besser. Gut genug zumindest, um mich von den Überwachungsgeräten zu befreien, das Bett zu verlassen und aus diesem Chaos zu verschwinden.

»Vielleicht könntest du ihnen helfen«, sage ich zu Jane und verlasse schnell den Raum, um dorthin zurückzugehen, wo sich das Bett vorher befunden hatte.

Die ganze Gruppe – Mira, meine Mütter und Bert – steht dort. Ihre Unterhaltung wird von Sara unterbrochen, der ersten, die mich sieht. Sie winkt.

Ich atme tief ein, lächle und winke zurück, während ich auf sie zugehe.

»Hallo«, sage ich und bemühe mich übermenschlich, eine weitere Übelkeitswelle zu unterdrücken. Meine Intention ist es, den Eindruck zu erwecken, als ginge es mir viel besser, also, um es mit anderen Worten zu sagen, zu lügen.

»Was machst du denn außerhalb des Bettes?«, will Sara zur Begrüßung wissen. Ich nehme an, dass sie im Gegensatz zu mir nicht das Gefühl hat, dass wir uns seit Tagen nicht gesehen haben.

»Ich musste aufs Klo«, lüge ich. »Ich fühle mich auch gleich viel besser, nachdem ich mir die Beine vertreten habe.«

»Das ist gut. Bewegung ist Leben«, erwidert Sara. Sie mag es, von Zeit zu Zeit solche Weisheiten von sich zu geben. Normalerweise würde ich sie damit aufziehen, aber ich bin gerade nicht in der richtigen Stimmung dafür.

»Wo ist dein Bett?«, fragt Mira, und ihre Augen verengen sich.

Sie ist clever. Wahrscheinlich hätte ich erst einmal in der Stille mit ihr reden sollen. Sie ist nicht diejenige, der ich gerade etwas vormachen will.

»Ich denke, sie wechseln die Laken«, sage ich und habe keine Ahnung, ob diese Aussage glaubwürdig ist.

»Dafür haben wir mit den Ärzten gesprochen«, sagt Sara. »Die Kugel hat deinen Kopf nur gestreift. Auf den Röntgenaufnahmen sind weder Fragmente der Kugel noch eine Verletzung des Schädels zu erkennen. Die paar Stiche, die du bekommen hast, sind der ganze Schaden. Als du damals vom Klettergerüst gefallen bist, hattest du schwerere Verletzungen.«

»Oder als du bei Key Food aus dem Einkaufswagen gefallen bist«, fügt Lucy hinzu.

»Hervorragend«, unterbreche ich diesen Schwall peinlicher Vorfälle. »Das bedeutet, dass ich das Krankenhaus verlassen kann, wenn ich möchte, stimmt's?«

»Der Arzt hat versprochen, dass er nach dem Mittagessen vorbeikommen wird, um nach dir zu sehen. Er hat gesagt, dass er dich dann entlassen kann, wenn du gehen möchtest«, antwortet Lucy. »Du solltest aber sichergehen, dass du dich hundertprozentig in Ordnung fühlst, bevor du das tust.«

Bert räuspert sich. »Also, ich habe nur darauf gewartet, mich von dir zu verabschieden. Ich muss los. Arbeit, du weißt schon.«

»Natürlich, danke fürs Vorbeikommen.« Ich klopfe ihm auf die Schulter.

»Wir müssen auch gehen«, meint Sara und schaut zu Lucy. »Jetzt wissen wir ja, dass mit dir alles in Ordnung ist. Aber du solltest etwas essen. Nach dem, was deine Freundin gesagt hat ...«, sie macht mit ihrem Kopf ein Zeichen in Richtung Mira, »... hattest du nur Pudding und ein wenig Wackelpudding.«

Ich kann mein Glück gar nicht fassen. Ich war gerade dabei, mir etwas zu überlegen, um sie loszuwerden, aber sie gehen schon von allein.

»Natürlich, Mama, ich werde in die Cafeteria gehen, sobald ihr gegangen seid«, sage ich. »Mira, hast du Lust, mitzukommen?«

»Natürlich«, antwortet Mira. »Aber es gibt noch eine bessere Option. Mein Bruder ist gleich hier, und wir könnten mit dir in ein Restaurant gehen, damit du etwas Ordentliches bekommst. Danach können wir für die Visite zurückkommen.«

»Genial«, sage ich. »Das wäre sogar noch besser.«

Um ehrlich zu sein, ist essen gerade das Letzte, was ich möchte.

Mir ist immer noch schlecht. Was ich wirklich will, ist, aus diesem Höllenloch zu entkommen.

»Na dann«, meint Sara und umarmt mich. »Albert, lass uns zusammen gehen. Mira und Darren können dann schon einmal entscheiden, was sie essen möchten.«

Ich meine, ich hätte gesehen, dass sie Bert dabei zugezwinkert hat.

»Ach, Lucy, Kyle musste dringend weg, also kann er dich nicht fahren«, erkläre ich ihr, als ich mich an Kyles schnelles Verschwinden erinnere.

»Ich weiß. Er hat mir eine Nachricht geschickt. Deshalb muss ich jetzt auch los. Ich werde mir ein Taxi mit deiner Mutter teilen.« Sie lächelt und gibt mir einen Kuss auf die Wange.

»Es war schön, euch zu sehen, Lucy ... Sara ... Bert ...« Mira umarmt meine beiden Mütter und gibt Bert einen Kuss auf die Wange. Das muss ein russisches Ding sein.

»Also, wo wollen wir etwas essen?«, möchte Mira von mir wissen, sobald alle anderen aus unserer Hörweite verschwunden sind.

»Eigentlich habe ich keinen Hunger. Ich möchte aber trotzdem so schnell wie möglich von hier verschwinden«, sage ich und setze mich Richtung Ausgang in Bewegung.

»Was ist los?«, fragt Mira und holt mich ein.

»Mir geht es ziemlich schlecht – ich wollte einfach nicht, dass sich meine Mütter Sorgen machen«, erwidere ich. »Ich brauche dringend frische Luft.«

»Wenn es dir nicht gut geht, solltest du im Krankenhaus bleiben«, entgegnet sie, während ich immer schneller werde.

»Irgendwas ist hier faul«, sagt sie, als ich den Fahrstuhl vermeide. »Du nimmst absichtlich die Stufen. Möchtest du auf dem Weg nach draußen deiner Familie ausweichen?«

»Du hast recht damit, dass etwas nicht stimmt, aber kann ich dir das bitte alles draußen erklären? Ich möchte nicht, dass wir vom Sicherheitspersonal des Krankenhauses oder etwas Schlimmerem aufgehalten werden«, erwidere ich. »Ich hatte ein paar Schwierigkeiten und würde dir und Eugene gerne zusammen erzählen, was passiert ist. Er wird es sicher auch wissen wollen.«

»In Ordnung«, sagt sie. »Ich schaue mal, wo er bleibt.«

Den Rest der Stufen gehen wir, ohne ein Wort zu sagen, da Mira mit ihrem Telefon beschäftigt ist.

»Er hat in der Nähe des Südausgangs geparkt«, meint sie. »Hier entlang.«

Ich folge ihr.

»Weißt du eigentlich, dass du sehr viel Glück hast?«, fragt sie unvermittelt.

»Habe ich das? Warum?« Als ich Eugenes Auto erblicke, halte ich zielstrebig darauf zu.

»Deine Familie«, erklärt sie. »Es muss schön sein, Menschen zu haben, die sich derart um einen sorgen.«

»Ich denke schon«, sage ich schulterzuckend. »Auch wenn es manchmal ganz schön anstrengend sein kann.«

»Menschen wissen einfach nie zu schätzen, was sie haben.« Ich höre einen bitteren Unterton aus ihrer Stimme heraus und erinnere mich daran, dass ihre Eltern tot sind. Scheiße. Ich wollte nicht unsensibel sein. Ich zerbreche mir den Kopf darüber, was ich sagen könnte, als wir bei Eugenes Auto, einem Camry, ankommen.

»Wie geht's dir?«, fragt Eugene und schaut mich besorgt an.

»Mir geht's gut. Ich habe nur einen Kratzer abbekommen. Bitte fahr los – ich will weg von hier. Ich muss euch etwas erzählen.«

In den nächsten Minuten beschreibe ich ihnen, wie ich fast umgebracht worden wäre. Als ich zu dem Teil mit dem Strippenzieher komme, befiehlt Mira Eugene, das Auto anzuhalten. Er folgt ihrer Anweisung und fährt an den Straßenrand, während ich weitererzähle.

Ich beschönige mein eigenes Strippenziehen nicht, auch wenn ich weiß, dass ich Miras mitleidiges Wohlwollen mir gegenüber verlieren könnte. Ich hoffe einfach, dass sie meine Ehrlichkeit zu schätzen weiß. Ich hoffe, dass sie erkennen kann, dass ich in dieser Sache wirklich keine andere Wahl hatte.

»Das ist ziemlich krank«, sagt Eugene, als ich fertig bin. Seine Augen sind vor Entsetzen weit aufgerissen.

Mira sagt gar nichts. Stattdessen sieht sie so aus, als würde sie sich konzentrieren.

»Darren hat recht mit dem Strippenzieher«, sagt sie einem Moment später. »Das Arschloch, das unsere Eltern getötet hat, war im Krankenhaus.«

14

»Was? Woher weißt du das?« Eugene sieht sie überrascht an.

»Natürlich weil ich gerade in der Gedankendimension war«, erwidert Mira. »Ich bin ins Krankenhaus zurückgegangen und habe die Menschen dort gelesen. Ich musste sehen, ob ich noch mehr als Darren über unseren Feind herausfinden konnte.«

»Und?«, meint Eugene ungeduldig.

»Und ich habe keine Spur dieses Bastards gefunden. Nur diese verräterischen Zeichen seiner Anwesenheit, die Darren im Kopf der Frau beschrieben hat.« Sie sieht verärgert aus, als sie spricht.

»Aber woher weißt du, dass es der gleiche Strippenzieher war?«, will Eugene wissen.

»Ich spüre es einfach. Ich kann es nicht erklären«, antwortet sie kurz, und ich weiß ganz genau, was sie meint. Die Anweisungen des Strippenziehers im Kopf der Krankenschwester hatten für mich eine Art persönlichen Tonfall – den gleichen, den ich auch im Kopf des russischen Kriminellen entdeckt hatte.

»Was haben die Menschen, die ich manipuliert habe, über diese ganze Quälerei gedacht?«, frage ich besorgt. »Werden sie die Polizei rufen? Denkst du, ich muss zu einer Befragung?«

»Nein. Die Assistenzärztin und der Besucher leiden unter Gedächtnisverlust, genauso wie die Schwester«, erwidert Mira, und ich kann ihren Gesichtsausdruck nur schwer lesen.

»Gedächtnisverlust ist einer der Nebeneffekte des Strippenziehens«, erklärt mir Eugene. »Wenn du jemanden etwas eher Unbedeutendes machen lässt, etwas, was derjenige vor sich selbst rechtfertigen kann, wird er die Geschichte, die er erhalten hat, verinnerlichen. Oder er wird seine eigenen Gründe erfinden und eine Art Illusion eines freien Willens kreieren. Wenn es sich allerdings um schwerwiegende Dinge handelt, kann keine Illusion des freien Willens aufgebaut werden, und das Gehirn wird den ganzen Vorfall komplett verdrängen. Ich nehme an, dass es sich dabei um einen Schutzmechanismus handelt. Die betreffende Person wird sich entweder gar nicht an das erinnern, was passiert ist, oder nur eine vage Erinnerung an das Geschehene haben. Mein Vater hatte den Eindruck, es sei so ähnlich wie eine alkoholbedingte Amnesie.«

Das verstehe ich einigermaßen. Ich hatte auch schon einmal eine alkoholbedingte Gedächtnislücke. Damals bin ich neben Jen aufgewacht, einer Frau, von der ich mir nicht vorstellen konnte, sie überhaupt ansprechend finden zu können, nicht einmal unter Alkoholeinfluss. Aber offensichtlich haben wir trotzdem die Nacht miteinander verbracht, und sie hat mir eine Geschichte erzählt, die sich anhörte, als sei sie jemand anderem passiert.

»Du bist also außen vor«, sagt Mira zu mir. »Ich denke nicht, dass dich irgendjemand dazu befragen wird.«

»Gut«, erwidere ich und fühle mich langsam etwas besser. »Lasst uns weiterfahren. Eugene, lass den Motor an.«

»Was, wenn er immer noch da ist?«, fragt Mira stirnrunzelnd. »Vielleicht sollten wir doch zurückgehen?«

»Das ist eine ganz schlechte Idee«, sagt Eugene bestimmt.

»Das stimmt«, unterstütze ich ihn. »Mir reicht es, an einem Tag fast zweimal umgebracht worden zu sein.«

»Ihr seid solche Weicheier«, meint Mira verächtlich.

»Das bin ich nicht«, widerspricht Eugene. »Wir befinden uns nur einige Straßen von Brighton Beach entfernt, und dort befindet sich die russische Mafia, die der Strippenzieher in der Vergangenheit benutzt hat. Er kann splitten, zu ihnen gehen und sie beauftragen, uns zu töten. Das Krankenhaus ist so nahe, dass er wahrscheinlich anrufen könnte. Außerdem befinden sie sich unseres Wissens nach ja sogar schon darin. Ich bin definitiv dafür, Rache zu nehmen, aber das ist unmöglich, sollten wir getötet werden.«

»Genau«, sage ich. »Mir ist zu schlecht von den Medikamenten, und ich habe diese Kopfverletzung. Ich muss mich ausruhen, bevor ich die nächste große Tat vollbringen kann.«

»Gut«, schnaubt Mira wütend. »Vielleicht hast du recht. Und was jetzt?«

»Ich werde in einem Hotel übernachten«, erkläre ich. »Sie kennen meinen Namen, und das bedeutet, dass sie wissen könnten, wo ich wohne. Ich habe nicht vor, ein Risiko einzugehen. In eurem Fall ist das sogar noch leichter. Sie wissen, wo ihr lebt, also schlage ich vor, dass ihr meinem Beispiel folgt.«

»Das ist eine gute Idee«, meint Eugene. »Sie sind wirklich hinter uns her, also lohnt es sich, vorsichtig zu sein. Ich muss dir wohl nicht sagen, einen anderen Namen anzugeben, wenn du dein Zimmer buchst.«

»In Ordnung. Und gehe nicht ins Apartment, um irgendwelchen Mist herauszuholen, Eugene«, sagt Mira. Ich höre, wie sie noch etwas von »verängstigten Mädchen« vor sich hin murmelt.

»Wartet, mir ist gerade aufgefallen, dass ich etwas im Krankenhaus vergessen habe«, werfe ich ein, während ich meine Taschen abtaste.

»Suchst du das hier?«, fragt Eugene und holt eine Pistole aus dem Handschuhfach.

»Ich habe eigentlich gerade an die Gameboys gedacht, die ich in dem Raum liegen gelassen habe, aber diese hier ist auch meine«, erwidere ich. »Woher habt ihr sie?«

»Mira hat sie aus deiner Hose entfernt, bevor der Krankenwagen kam«, erklärt er. »Ich habe sie weggepackt.«

»Danke«, sage ich und versuche, mich nicht auf die Vorstellung zu konzentrieren, dass Mira etwas aus meiner Hose genommen hat.

Auf dem Weg in die Stadt sagen wir kaum etwas, aber ich bitte Eugene, bei einer Saftbar anzuhalten. Ein Becher Rote-Bete-Karotten-Saft ist alles, was ich heute möchte. Ich denke nicht, dass ich etwas Gehaltvolleres bei mir behalten kann.

Während ich den Saft trinke, machen wir sehr einfache Pläne. Wir werden uns einige Tage lang ruhig verhalten und uns dann neu gruppieren. Mira schlägt vor, im Moment keine Kreditkarten zu benutzen, weshalb wir Bargeld von der Bank holen.

Ich empfehle ein Hotel, das ich kenne und von dem ich weiß, dass es halbwegs in Ordnung ist. Mira und Eugene lehnen ab, weil sie in Brooklyn bleiben möchten. Ich beschließe, trotzdem in dieses Hotel zu gehen, weil ich einfach gerade genug von Brooklyn habe, und wir einigen uns darauf, uns zu trennen.

Danach schlafe ich wegen des Zuckerhochs durch meinen Saft ein, bis ich durch das plötzliche Anhalten des Autos geweckt werde.

»Wir sind da«, sagt Eugene.

Ich schaue aus dem Fenster auf das Tribeca Grand Hotel – mein Ziel.

»Danke«, sage ich. »Danke, dass du mich hierhergebracht hast. Und dir vielen Dank dafür, dass du dich im Krankenhaus um mich gekümmert hast, Mira. Ich weiß das wirklich zu schätzen.«

Sie lehnt sich zu mir und gibt mir einen flüchtigen Kuss auf die Lippen.

Ich steige aus. Mein Kopf ist zu voll mit Nahtoderfahrungen, um die Bedeutung von Miras Küsschen analysieren zu können.

Wie ferngesteuert betrete ich das Hotel. Es ist nett, aber ich nehme gerade gar nicht wahr, wie großartig es eigentlich ist. Ich kaufe Tylenol und Wasser im Hotelkiosk, nehme vier Tabletten und hoffe, dass meine Leber nicht versagen wird. Danach verlange ich nach dem größten Zimmer, das sie haben.

Während sie alles vorbereiten, schicke ich Bert die Namen meiner biologischen Eltern und Arkadys Telefonnummer.

Danach kann ich auf mein Zimmer gehen und nehme auf dem Weg dorthin gleich noch Eis für meinen Kopf mit. Ich lasse mich aufs Bett fallen, schalte den Fernseher ein und lasse mich, ohne nachzudenken, berieseln.

Dank Tylenol und Eis werden meine Kopfschmerzen ein wenig besser, und meine Erschöpfung macht sich bemerkbar. Es ist noch früh, aber ich werde trotzdem schon schlafen gehen. Wenn ich so weitermache, werde ich noch einer dieser Frühaufsteher werden.

Vor dem Einschlafen stelle ich mir allerdings noch den Wecker. Ich weiß, dass ich übervorsichtig bin, wenn man bedenkt, wie spät es gerade ist, aber ich muss sicher sein, rechtzeitig aufzuwachen. Meine Verabredung mit meiner Therapeutin ist während meiner Mittagspause, und ich bin entschlossen, sie auch wahrzunehmen.

15

Ich werde wach, weil ich ein unangenehmes Geräusch höre. Es ist mein Wecker. *Warum habe ich ihn gestellt?* Ich öffne ein Augenlid, während ich darüber nachdenke.

Dann erinnere ich mich. Ich wollte zu meinem Termin gehen. Allerdings erscheint es mir jetzt völlig unwichtig, und ich versuche, wieder einzuschlafen. Ich gehe kaum zu den Verabredungen mit meiner Psychiaterin, wieso sollte ich das heute ändern? Ich will ja schließlich nicht über meine Gefühle reden und mir meiner Empfindungen bewusst werden. Wieso bin ich überhaupt auf die Idee gekommen, zu ihr zu gehen?

Als mir nach und nach immer mehr Gründe einfallen, wieso ich sie sehen sollte, kann ich nicht mehr schlafen. Ich bleibe noch ein paar Minuten lang liegen, bevor ich übellaunig aufstehe.

Ich bestelle den Zimmerservice und schaue auf mein Telefon. Ich habe fünf verpasste Anrufe von Sara und einen von Lucy. Ich rufe beide zurück.

Ja, mir geht's besser. Nein, es tut nicht mehr weh – zumindest nicht so sehr. Ja, Mira ist ein nettes Mädchen.

Als ich die Telefonate beendet habe, sehe ich, dass ich eine E-Mail von Bert habe.

Ich benutze eine App, die mir Bert persönlich auf mein Telefon gespielt hat. Angeblich ist die E-Mail, die durch diese App verschickt wird, so verschlüsselt, dass nicht einmal die NSA Berts Nachricht lesen könnte. So paranoid ist er. Ich denke, wenn man zu viel verheimlichen will, wird die NSA erst recht neugierig. Aber ich kann Bert einfach nicht davon überzeugen. Wie dem auch sei, als ich diese E-Mail lese, wird mir klar, dass sie definitiv zu denjenigen gehört, die geheim bleiben sollten.

MANN, DER TYP, DESSEN TELEFONNUMMER DU MIR GEGEBEN HAST, *heißt Arkady Bogomolov. Er ist extrem gefährlich. Mit ihm sollte man sich auf keinen Fall anlegen, nicht einmal für jemanden, der so heiß ist wie Mira.*

Was deine Eltern anbelangt, bin ich überrascht. Ich kann kaum etwas über sie finden. Lucy hat eine Akte über den Mord, aber sage ihr nicht, dass ich das weiß. Ich habe sie überflogen und muss sagen, dass die Umstände ihres Todes ziemlich mysteriös sind. Es gibt keine Hinweise darauf, wer sie umgebracht haben könnte. Lucy hat sich unglaublich viele Stunden mit diesem Fall beschäftigt, aber nichts herausgefunden. Wahrscheinlich weißt du das schon. Wenn du mir schwörst, nie mit ihr darüber zu sprechen, kann ich dir die Akte zukommen lassen. Es gibt einen Gynäkologen, Dr. Greenspan, zu dem deine Mutter gegangen ist, aber seine digitalen Aufzeichnungen gehen nicht so weit zurück. Ich habe deshalb unter falschem Vorwand in der Praxis angerufen, um mehr herauszufinden. Aber es sieht so aus, als seien die Aufzeichnungen über dich gerade gestohlen worden. Eigenartiger Zufall. Ich werde am Ball bleiben, aber du solltest nicht zu viel von mir erwarten. Es tut mir leid.

Bert.

ICH SCHREIBE MEINE ANTWORT:

Kannst du mehr über diesen Arkady herausfinden? Ich würde gerne wissen, wo man ihn in der nächsten Zeit finden kann. Ich möchte ihn mir nur aus der Ferne anschauen, also mach dir nicht in die Hosen.

Und ja, bitte schicke mir die Akte, wenn du kannst. Ich möchte Lucy nicht darum bitten. Und natürlich werde ich ihr auch nichts darüber erzählen, weil mir klar ist, dass du viel zu hübsch bist, um ins Gefängnis zu gehen.

Als der Zimmerservice mir mein Frühstück bringt, bestelle ich mir ein Taxi. Das Frühstück reicht nicht. Ich schlinge alles hinunter und habe immer noch Hunger. Ich nehme an, dass es den Appetit anregt, wenn man nicht viel isst, sich aber übergibt, so wie ich gestern. Es würde mich nicht überraschen, einige Pfund verloren zu haben. Allerdings habe ich jetzt keine Zeit, mir mehr Essen zu bestellen, also muss es wohl reichen. Zum Glück hat die Therapeutin immer Donuts in ihrer Praxis.

Während ich mich anziehe, bemerke ich, was das größte Problem an einem Hotelaufenthalt ist. Die einzige Kleidung, die ich habe, ist die von gestern, und die hat schon einiges mitgemacht. Zum Glück ist sie dunkel, und man kann weder Blut noch Dreck erkennen. Ich werde mir wohl neue Sachen kaufen müssen, aber das kann bis nach meinem Termin warten.

Ich verlasse mein Zimmer, nehme mir ein Taxi und begebe mich auf meinen Weg nach Midtown.

»Darren«, sagt meine Psychiaterin, als ich mich in ihren bequemen Sessel setze. »Ich freue mich, dich endlich mal wieder hier zu sehen.«

»Ich freue mich auch, Liz«, erwidere ich lächelnd. »Entschuldige bitte, dass ich so lange nicht hier war. Es war ein wenig hektisch in letzter Zeit.«

Sie zieht ihre perfekt gezupften Augenbrauen in die Höhe, und ich kann ihr keinen Vorwurf daraus machen. Normalerweise entschuldige ich mich nicht für ausgefallene Sitzungen – oder nenne sie Liz. Sie hat mich schon vor geraumer Zeit gebeten, sie so zu nennen. Einfach nur Liz. Nicht Dr. Jackson oder Frau Jackson. Nicht einfach Frau Doktor. Nicht einmal Elizabeth. In der Vergangenheit habe ich allerdings selten auf sie gehört, also kann ich gut verstehen, dass es sie überrascht, dass ich mich heute anders verhalte – nicht wie sonst eine neue Anrede suche, die sie höchstwahrscheinlich nicht mögen wird. Wie Frau J. zum Beispiel.

Jetzt weiß sie, dass die Dinge heute anders sind. Ernsthafter.

»Es ist in Ordnung, Darren. Ich wusste, dass du zu mir kommen würdest, sobald du bereit wärst – sobald du es brauchen würdest. Und wie immer ist das hier ein sicherer Ort, also zögere nicht, mir alles zu erzählen, was dir im Kopf herumgeht – weshalb du hierhergekommen bist.«

»Danke«, sage ich. »Eigentlich weiß ich gar nicht, wo ich anfangen soll.«

»Du bist verletzt«, bemerkt sie, während sie auf meine Kopfbandage schaut. »Das könnte ein guter Ausgangspunkt sein.«

»Ich bin angeschossen worden. Habe meiner Sterblichkeit ins Auge geschaut. Das war übel, aber darüber wollte ich heute gar nicht reden. Zumindest nicht als Erstes«, sage ich und verlagere meine Position. »Falls es dir nichts ausmacht.«

Dafür bekomme ich wieder eine kaum sichtbare Reaktion in ihrem Gesicht. Sie ist schwer zu lesen. Ich nehme an, dass sie etwas machen lassen hat, was es ihr nicht erlaubt, Gefühle zu zeigen. Botox oder so. Oder sie hat diesen unlesbaren Ausdruck als Teil ihres Jobs entwickelt. Es ist schwierig, das mit Sicherheit zu sagen.

»Natürlich, Darren. Wir können über alles reden, was du

möchtest.« Sie schlägt ihre langen, in eine schwarze Strumpfhose gehüllten Beine übereinander. »Beginne dort, wo du möchtest.«

Ich lasse meinen Blick über sie schweifen, während ich darüber nachdenke, was ich als Nächstes tun sollte. Sie sieht aus wie der Inbegriff einer sexy Mutter mit einem Hauch von sexy Bibliothekarin. Letzteres wegen der schicken Brille, die sie trägt. Sie ist schlank, aber mit wohldefinierten Armmuskeln, besonders im Schulterbereich. Sie muss regelmäßig in ein Fitnessstudio gehen. Ihr langes Haar sieht aus, als gehöre es zu einer Frau in ihren Zwanzigern oder jünger. Sie trägt immer ziemlich heiße Kleidung, die trotzdem noch als professionell durchgeht. Ich weiß nicht, wie alt sie ist; es wäre unhöflich, sie zu fragen. Alles was ich weiß, ist, dass sie schon bei unseren ersten Treffen vor etwa einer Dekade genauso aussah – umwerfend und mittleren Alters. Seitdem hat sie sich nicht sichtbar verändert.

In meinen frühen Teenagerjahren hatte ich selbstverständlich unangemessene Gedanken ihr gegenüber, aber das war nur eine Phase. Jetzt habe ich manchmal eher den Eindruck, als habe sich das Blatt gewendet, und nicht nur wegen des raubkatzenartigen vibrierenden Geräusches, das sie ab und an verlauten lässt. Es geht tiefer. Mir sind kleine Dinge aufgefallen. Wenn ich zum Beispiel rede, scheint sie ernsthaft daran interessiert zu sein. Natürlich könnte sie auch einfach nur ihren Job machen. Ein guter Therapeut sollte sich genau so verhalten. Aber es fällt mir schwer, zu glauben, dass die große Aufmerksamkeit und ihre Ratschläge, die immer von Herzen zu kommen scheinen, einfach nur Arbeit für sie sind. Ihre Aufmerksamkeit hat sich verändert, als ich älter wurde – oder es ist mir einfach erst zu diesem Zeitpunkt aufgefallen. Natürlich könnte es auch nur ein Wunschgedanke oder ein falscher Eindruck meinerseits sein; es ist mehr als schmeichelhaft, zu glauben, dass eine Person ihres Kalibers mich möchte.

Neben der Art und Weise, wie sie mir zuhört, gibt es da auch noch die Tatsache, dass ich denke, dass sie nicht vergeben ist. Zumindest hat sie mir gegenüber noch nie eine Familie erwähnt, und auf ihrem Schreibtisch stehen weder Fotos von Kindern noch von einem Ehemann. Allerdings muss ich zugeben, dass wir in den Sitzungen über mich reden, und ich deshalb nichts über ihr Privatleben weiß.

»Hast du in der letzten Zeit wieder die Zeit angehalten?«, möchte sie wissen und reißt mich aus meinen Überlegungen. »Du hast lange nicht mehr darüber geredet, das ist ein gutes Zeichen.«

»Es wundert mich, dass du das erwähnst«, erwidere ich und wäge meine nächsten Worte vorsichtig ab. Sie hat mir gerade die perfekte Vorlage für meine Ausrede dafür geliefert, weshalb ich angeblich immer über die Stille geredet habe. »Ich denke, ich habe, was dieses Thema betrifft, einen großen Durchbruch gemacht. Es tut mir leid, dass wir in unseren vergangenen Sitzungen nicht darauf zu sprechen gekommen sind, aber du hast recht. Ich glaube nicht mehr an dieses Zeug.«

»Interessant«, sagt sie, aber ihr Gesichtsausdruck ist alles andere als interessiert. Sie sieht fast wütend aus. Oder, um genauer zu sein, sieht sie enttäuscht und vielleicht ein bisschen besorgt aus. Das ist mit Botox schlecht zu erkennen. »Wie ist es denn so plötzlich dazu gekommen?«, fragt sie und schaut mich dabei eindringlich an.

»Das kam nicht plötzlich. Es ist schon eine ganze Weile so. Ich nehme an, es hat sich einfach verwachsen. Funktionieren diese Dinge nicht so? Kommen deine anderen Patienten nicht über solche Dinge hinweg? Werden gesund? Solltest du dir dafür nicht selber auf die Schulter klopfen?«

Ich finde ihre Reaktion eigenartig. Sie benimmt sich, als würde sie mir nicht glauben. Oder als würde sie mir nicht glauben wollen. Oder hat sie Angst davor, ich könne nicht wiederkommen? Schließlich bin ich ja genau deshalb in die Therapie gekommen, als ich heranwuchs – wegen meiner sogenannten Einbildungen. Aber ist ihr denn nicht klar, dass ich wegen anderer Dinge zu ihr gekommen bin, seit ich aus dem Haus meiner Mütter ausgezogen bin? Andererseits, woher sollte sie das wissen? Nicht einmal ich weiß, weshalb ich sie immer noch besuchen komme oder weshalb ich diesen regelmäßigen Termin mit ihr habe, für den ich zwar bezahle, den ich aber so gut wie nie wahrnehme. Meine Psychiatersteuer, denke ich manchmal belustigt.

Sie blickt mich eindringlich an. »Ich denke, es geht etwas anderes in dir vor. Vielleicht so etwas wie Verleugnung? Vielleicht hast du eine junge Dame getroffen, auf die du gesund wirken möchtest? Was auch immer der Grund dafür ist, ich bin sehr neugierig, mehr über ihn zu erfahren. Manche Menschen denken, eine psychische Krankheit ist wie eine Infektion: Wenn du das richtige Antibiotikum nimmst, kannst du geheilt werden. Erstens, in Wahrheit gibt es so etwas wie eine psychische Krankheit nicht. Nur verschiedene Personen mit Eigenheiten und Verhaltensmustern, manche von ihnen fehlangepasst. Wenn eine Psyche solche problematischen Merkmale aufweist, müssen diese in der Regel dauerhaft behandelt werden. In meinem Beruf gibt es nur wenige Silberstreifen. Katharsis ist ein Mythos. Allerdings war dein Fall schon immer sehr speziell. Meine größte Frage ist: Wenn du geheilt bist, was machst du dann hier?«

»Das ist erstaunlich zutreffend«, sage ich beeindruckt. »Fast unheimlich. Ich *habe* eine Frau getroffen, die mich interessiert, aber sie ist nicht der Grund dafür, weshalb ich meine, ich sei geheilt. Und zu deiner letzten Frage: Ich weiß selbst nicht so genau, weshalb ich hier bin. Ich denke, ich habe ein paar neue Dinge in meinem Kopf und würde mich gerne mit dir darüber unterhalten.«

Während ich ihr das erkläre, fällt mir auf, dass es die Wahrheit ist. Diese Ironie entgeht mir nicht. Ich bin jemand, der der Psychologie als Behandlungsmethode immer sehr skeptisch gegenübergestanden hat. Tatsächlich habe ich immer auf einem tiefergehenden Niveau daran gezweifelt. Ich wäre sogar so weit gegangen, es als Pseudowissenschaft zu bezeichnen, wenn auch nie in Liz' Gegenwart. Natürlich bedeutet die Tatsache, dass ich heute für eine Therapiestunde gekommen bin, nicht, dass ich vorher falsch lag.

Ich denke, dass ich hier bin, weil ich mit jemandem reden möchte, der mich seit einer langen Zeit kennt und der sich so verhalten hat, als würde er sich um mich sorgen. Hier kann ich über Dinge reden, bei denen meine Familie und meine Freunde mir einfach nicht weiterhelfen können.

»Ich freue mich darüber, dass du das Gefühl hast, Dinge mit mir besprechen zu können. Vielleicht hat sich ja doch einiges in dir verändert. Ich bin neugierig, mehr über deine Beziehung zu erfahren«, sagt sie und hört sich ehrlich an. Falls die Tatsache, dass ich ein Mädchen getroffen habe, sie irgendwie eifersüchtig macht, verbirgt sie es hervorragend und tut so, als würde sie sich wirklich für mich freuen. So gut, dass ich zugeben muss, dass ich wahrscheinlich vorhin Unrecht hatte, als ich sie verdächtigt habe, mit mir schlafen zu wollen. Andererseits, nur weil man mit jemandem schlafen will, heißt das ja nicht, dass man ihm kein glückliches Liebesleben wünschen kann. Es gibt eine Menge Victoria's-Secret-Models, mit denen ich gerne schlafen würde, aber wenn ich wüsste, dass es einen großartigen Mann in ihrem Leben gibt, würde ich ihnen trotzdem Glück wünschen. Zumindest denke ich, dass ich das tun würde.

»Ja, das mit dem Mädchen ist interessant, aber darüber möchte ich gerade auch nicht reden«, erwidere ich. »Zumindest nicht sofort. Es geht um etwas anderes. Ich habe etwas mit einem Mann angestellt, um dieses Mädchen aus einer sehr problematischen Situation zu befreien. Moralisch gesehen kann ich meine Handlung rechtfertigen, aber das, was dadurch mit dem Mann geschehen ist, war wirklich schlimm, und jetzt fühle ich mich schuldig.«

Therapie hat diesen Effekt auf mich. Ich sage dort Dinge, die mich magisch zu meinen wahren Gefühlen führen, sobald ich sie ausspreche, auch wenn ich sie bis zu diesem Moment nicht wirklich wahrgenommen habe. Mein skeptischer Teil ist natürlich der Meinung, dass das eine solche Einrichtung wie Psychotherapie nicht rechtfertigt. Er würde darauf hinweisen, dass ich auch mit einem Papagei anstatt mit Liz sprechen könnte, um meine Worte loszuwerden. Trotzdem fühlt es sich gut an, mit ihr zu reden.

»In Ordnung. Wenn es das ist, worüber du reden möchtest.« Ich bemerke, dass sie aufhört, sich Notizen in ihrem Buch zu machen, und mich ungewöhnlich intensiv anschaut. Es kommt nicht häufig vor, dass ich meine Gefühle auf diese Weise ausdrücke. Irgendetwas an dem, was ich ihr gesagt habe, scheint sie berührt zu haben.

»Ich weiß es nicht«, erwidere ich. »Es sind noch mehr Dinge passiert. Ich habe etwas Furchtbares gesehen, und mein Leben war einige Male in Gefahr. Es ist schwierig, mit alledem umzugehen, besonders, weil ich nicht mit meiner Familie darüber reden kann.«

»Ich verstehe.« Sie wirft mir einen aufmunternden Blick zu. »Es sieht so aus, als würden dich viele Dinge beschäftigen. Beginne einfach am Anfang und erzähle mir all das, worüber du mit mir reden möchtest. Beginne mit dem Mann, den du erwähnt hast. Was genau hast du mit ihm gemacht?«

»Ich habe ihn sozusagen davon *überzeugt*, etwas zu tun, was ihm letztendlich großen Schaden zugefügt hat«, sage ich. Das ist die Version, die am ehesten der Wahrheit entspricht. Und als ich es ausgesprochen habe, bereue ich es auch schon. Es ist riskant. Was passiert, wenn die Leser aus irgendeinem Grund beschließen, meine Familie oder meine Therapeutin zu lesen? Sie könnten verstehen, über welche Art der Überzeugung ich rede.

»Du hast ihn dazu *gebracht*, sich selbst zu verletzen?«, fragt Liz in einem eigenartigen Ton. Sie hört sich fast freudig erregt an. Das ist überhaupt nicht die Reaktion, die ich erwartet hätte. »Das ist sehr wichtig, Darren. Kannst du mir so viel wie möglich über dieses Ereignis erzählen?«

Irgendetwas stimmt hier nicht. Mein Herz beginnt zu rasen und ich gleite in die Stille, um einen Moment lang nachzudenken. Liz' Reaktion ist wirklich eigenartig. Ich sehe, dass ihre Augen in ihrem eingefrorenen Zustand vor Aufregung leuchten – sehr untypisch für einen Therapeuten. Ich habe sie noch nie so gesehen.

Ist das etwas Eigenartiges für sie? Erregen sie solche Geschichten ihrer Patienten, in denen sie düstere Dinge tun? Das ergibt überhaupt keinen Sinn. Das sieht ihr gar nicht ähnlich. Es gibt da allerdings etwas, was ich tun kann, um das herauszufinden. Ich habe eine Weile nicht mehr gelesen, aber jetzt ist kein schlechterer Zeitpunkt dafür als jeder andere.

Eigentlich ist es sogar eine Art ausgleichende Gerechtigkeit, in den Kopf seiner Therapeutin zu schauen. Es könnte eine Menge Spaß machen, sie Dinge über sie wissen zu lassen, die ich in ihrem Kopf gesehen habe. Am Wichtigsten ist es aber, herauszufinden, was hinter ihrer eigenartigen Reaktion steckt – und vielleicht auch, ob etwas Wahres an meinen ganzen Sie-will-mich-Überlegungen dran ist.

Ich nähere mich Liz und suche eine Stelle freiliegender Haut, um sie dort zu berühren. Auch wenn ich in ihrer Gegenwart schon viele Male in die Stille hinübergeglitten bin, habe ich diese Situation nie für unangemessene Dinge ausgenutzt, wie ihren einladenden Brustbereich zu berühren – und ja, er ist sehr einladend. Ich habe niemals analysiert, warum ich diese Zurückhaltung geübt habe. Es fühlte sich einfach nicht richtig an, so etwas zu tun. Nicht bei einer Person, der ich davon erzählt habe, das Gleiche damals mit den Mädchen in meiner Schule getan zu haben – Dinge, deretwegen ich mir ihrer Meinung nach keine Sorgen machen müsse, da es nur leichte Einbildungen seien. Eine leicht übertriebene Version der Fantasien normaler pubertierender Jungen.

Ich beschließe, mit den Fingerkuppen meines Zeige- und Mittelfingers leicht ihren Nacken zu berühren. Das ist eine Geste, die ich bei Ärzten gesehen habe, wenn sie bei jemandem den Puls messen wollten.

Als meine Finger ihre Haut berühren, ziehe ich meine Hand sofort wieder weg, und mein Herzschlag beschleunigt sich.

Eine zweite Version von Liz steht im Raum und sieht mir dabei zu, wie ich meine Hand von ihrer eingefrorenen Doppelgängerin ziehe. Als die Lawine von verwirrenden Gedanken mich überrollt, ist ein Teil von mir glücklich, dass ich mich für ihren Nacken entschieden hatte. Ansonsten wäre das nicht nur die größte Überraschung meines Lebens, sondern auch unglaublich peinlich gewesen.

»Danke«, sagt Liz lächelnd. »Ich wollte das gerade selbst mit dir tun. Jetzt habe ich kaum einen Zweifel daran, dass du gesund … und wahrscheinlich einer von uns bist.«

16

Ich bin so schockiert, dass ich mich in einer sehr seltenen Situation befinde: Ich kann nichts sagen. Ich starre sie einfach nur an – die Frau, von der ich die ganze Zeit dachte, ich würde sie kennen.

Allerdings muss ich jetzt zugeben, dass ich keine Ahnung hatte.

In den nächsten Momenten beginne ich langsam, die Schwere dieser Täuschung zu verstehen. Ich erinnere mich an die ganzen Unterhaltungen, in denen ich die Stille beschrieben habe, und sie genauso reagiert hat wie ein Psychiater bei einem Patienten, der sich Dinge einbildet. Diese ganze Therapie sollte mir dabei helfen, meine Vorstellungen über etwas aus der Welt zu schaffen, von dem sie ganz genau wusste, dass es wahr war. Die Wut, die in mir aufsteigt, fühlt sich auf gewisse Weise genauso an wie mein Ärger, als ich dachte, Sara sei ein Leser, aber habe es mir niemals erzählt – sondern mich obendrein zu einem Psychiater geschickt. Das hier ist der Therapeut, bei dem ich zufällig gelandet bin, und dass Liz mich derart getäuscht hat, ist für mich schlimmer, als wenn meine Mutter ein Leser gewesen wäre. Liz hat so getan, als würde sie ein Problem lösen, von dem sie genau wusste, dass ich es nicht habe.

»Ich weiß, dass du jetzt verwirrt und aufgebracht sein musst«, meint sie, meinen Gesichtsausdruck richtig deutend. »Bevor du allerdings ein endgültiges Urteil triffst, lass es mich bitte erklären.«

Ich versuche, meine Gefühle zu kontrollieren. Es ist schwierig. Ich hatte die ganze Zeit über einen Leser in meinem Leben, und sie hat es zugelassen, dass ich dachte, ich sei verrückt. Als ich denke, dass ich ihr keine hässlichen Dinge an den Kopf werfen werde, frage ich: »Warum hast du jahrelang damit gewartet, mir zu zeigen, dass ich nicht der Einzige bin?«

Sie zuckt kurz zusammen. Ich nehme an, dass sie es nicht gewohnt ist, dass ich so eine eisige Stimme habe.

»Ich hatte viele Gründe für diese Täuschung, und meine Möglichkeiten waren sehr beschränkt«, erwidert sie und schaut mich an. »Am Anfang gab es die Möglichkeit, dass du einer der seltenen echten Fälle von Fantasiewelten bist. Das ist schon vorgekommen. Außerdem warst du noch so jung, als wir uns kennengelernt haben, dass du Dinge erfunden haben könntest, um Aufmerksamkeit auf dich zu ziehen. Als du mir dadurch, dass du Dinge aus meinen Büchern wusstest, bewiesen hast, dass deine Fähigkeiten echt sind, wurde mir klar, dass du gesund bist und nicht lügst. Aber du hättest immer noch ein Schnüffler sein können – was ein großes Problem gewesen wäre. Das könntest du zwar immer noch sein, aber ich bezweifle es. Ich wusste einfach nicht, was ich tun sollte, also habe ich gewartet. Als du mir erzählt hast, wie du deine neue Freundin beschützt hast, war ich bereit, die Dinge auf eine neue Ebene zu führen …«

»Ein Schnüffler? Worüber sprichst du?« Ich starre sie an, und mein Kopf dreht sich.

»Bevor ich dir mehr erklären kann, muss ich dich testen, um etwas sicherzustellen. Ich weiß, dass du grundsätzlich zugegeben hast, jemanden geführt zu haben, aber ich muss das überprüfen.«

»Ich habe was getan?« Ich schaue sie verständnislos an.

»Zuerst musst du den Test durchführen. Ich werde bis nach

dem Test kein weiteres Wort mit dir reden. Folge mir«, sagt sie und geht aus dem Raum.

Ich folge ihr. Was habe ich schon für eine Wahl? Zumindest wird mir diesmal nicht die ganze Zeit über eine Waffe an den Kopf gehalten.

»Sie«, meint sie und zeigt auf die Vorzimmerdame des Wartezimmers. »Bringe sie dazu, in mein Büro zu kommen, und zu sagen: ›Es tut mir leid, wir haben keine Donuts mehr.‹«

Haben Sie jemals einen Autounfall gehabt? Kennen Sie dieses Gefühl kurz vor dem Unfall, wenn man mit aller Kraft auf die Bremse tritt? Diesen Moment, in dem man einfach nur noch auf »Pause« drücken möchte? Genauso fühle ich mich gerade.

Ich war davon überzeugt gewesen, dass sie ein weiterer Leser war, was auch eigenartig gewesen wäre. Aber jetzt beginnt mir das riesige Ausmaß dieser Situation zu dämmern.

»Was meinst du?«, frage ich, weil ich es aus ihrem Mund hören möchte.

»Jetzt komm schon, Darren. Du bist cleverer als das. Ich denke, dass du weißt, was du tun musst«, erwidert sie lächelnd. »Und du weißt auch, wovon ich rede, selbst wenn du die Begriffe nicht kennst.«

»Da es sich hierbei um einen Test handelt, möchte ich gerne auf Nummer sicher gehen«, sage ich. »Was genau soll ich mit ihr machen?«

»In Ordnung. Mache das Gleiche, was du mit dem Mann getan hast, von dem du mir erzählt hast. Derjenige, den du zur Verteidigung deiner neuen Freundin dazu geführt hast, etwas zu tun, was ihm Schaden zugefügt hat. Du hast ihn berührt, nachdem du die Zeit angehalten hast, richtig? Du hast gewollt, dass er etwas macht, und hast dann gesehen, wie er es wirklich tat? Deshalb fühlst du dich schuldig, nicht wahr? Tue genau das Gleiche noch einmal – nur, dass diesmal keiner dabei verletzt werden wird. Camilla wird einfach ins Büro kommen und diesen dummen Satz sagen. Das ist alles. Dann bin ich mir sicher, dass du einer von uns bist.« Liz'

Stimme hat den gleichen freundlichen Tonfall wie sonst auch, wenn sie mir weltliche Ratschläge gibt.

Nur, dass sie diesmal über das Strippenziehen spricht, und nicht darüber, wie ich am besten mit Stress umgehe. Das kann nur bedeuten, dass ich mit meinen Vermutungen richtigliege.

Liz ist ein Strippenzieher, also bezieht sich das »uns«, von dem sie gerade gesprochen hat, auf die anderen Strippenzieher. Liz möchte, dass ich ihr beweise, ebenfalls einer von ihnen zu sein, indem ich ihre Sprechstundenhilfe manipuliere.

Mein Kopf fühlt sich an, als würde er gleich explodieren, während ich zum Empfang hinübergehe.

Die Frau, die dort sitzt, ist in einer unnatürlichen Position eingefroren, da sie gerade ein Telefonat führen wollte. Vorsichtig lege ich meinen Finger auf ihre rechte Hand, die gleiche Hand, die gerade die Telefonnummer eintippt.

»I<small>N</small> O<small>RDNUNG</small>, H<small>ERR</small> D<small>AVENPORT</small>, <small>ICH WERDE</small> I<small>HREN</small> T<small>ERMIN AUF</small> 14.00 Uhr nächste Woche Montag verschieben. Vielen Dank, dass sie uns Bescheid gesagt haben«, sagen wir und beenden das Gespräch.

Ich, Darren, trenne meine Gedanken von Camillas. Ich bin aus einem bestimmten Grund hier und muss das machen, wofür ich gekommen bin.

Ich stelle mir vor, aufzustehen, die Tür zu öffnen und zu sagen: »Es tut mir leid, wir haben keine Donuts mehr«.

Um sicherzustellen, dass das Ganze auch Sinn ergibt, denke ich mir eine Hintergrundgeschichte aus:

»Der Patient, Darren, hat nach einem Donut gefragt. Er hat uns erklärt, dass er sehr hungrig sei und wie schwierig es für ihn ist, ohne etwas Süßes die Sitzung durchzustehen. Da er allerdings Diabetiker ist, können wir nicht zulassen, dass er sich einen Donut aus der Schachtel nimmt, die auf dem Schalter steht. Also sollten wir hineingehen und sagen: ›Es tut mir leid, wir haben keine Donuts mehr.‹ Wenn er herauskommt, werden wir die Schachtel einfach verstecken. Es ist in Ordnung, eine Sitzung aus diesem Grund zu unterbrechen. Schließlich muss der Patient einen freien Kopf haben, damit er sich auf den Rest der Therapiestunde konzentrieren kann«.

Ich hoffe, dass mein Strippenziehen den gewünschten Erfolg haben wird, und verlasse Camillas Kopf.

17

»IN ORDNUNG«, SAGE ICH. »VERLASSEN WIR DIE STILLE.«

Ohne Liz' Antwort abzuwarten, gehe ich in ihr Büro und berühre meine Stirn.

Die Umweltgeräusche ihres Zimmers sind zurück. Liz sitzt vor mir und hat ihre Arme erwartungsvoll vor sich verschränkt.

Ich höre, wie vorsichtig an die Tür geklopft wird.

Liz antwortet nicht. Ich auch nicht.

Langsam öffnet sich die Tür, und Camilla kommt mit einem extrem unsicheren Gesichtsausdruck herein. Ich finde es faszinierend, das Ganze zu beobachten. Auf einer bestimmten Ebene weiß diese Frau, dass es falsch ist, den Arzt zu unterbrechen, wenn er mit dem Patienten beschäftigt ist, obwohl ich eine Erklärung geliefert habe. Sie ist allerdings ganz eindeutig nicht in der Lage, sich meinen Anweisungen zu widersetzen.

»Es tut mir leid, wir haben keine Donuts mehr«, sagt sie und schaut mich dabei an. Danach errötet sie und eilt aus dem Behandlungszimmer.

»Das ist sehr gut«, meint Liz und legt ihre Hände auf die

Armlehnen ihres Stuhls. Sie war die letzten Momente eindeutig angespannt gewesen.

»Werde ich jetzt Antworten bekommen?«, möchte ich wissen, da ich denke, dass ich genau das jetzt sagen sollte. »Bin ich einer von euch?«

Ich bin in einem Dilemma. Ich weiß mehr, als ich eigentlich wissen sollte. Ich entscheide mich dazu, mir das nicht anmerken zu lassen. Wenn sie ein Strippenzieher ist, der annimmt, dass ich auch ein Strippenzieher bin, würde sie wahrscheinlich recht negativ darauf reagieren, zu erfahren, dass ich außerdem ein Leser bin. Offensichtlich ist sie nicht der Strippenzieher, der versucht hat, mich umzubringen – wer auch immer das ist, muss wissen, wie ich aussehe. Natürlich ergibt es Sinn, dass der erste Strippenzieher, dem ich von Angesicht zu Angesicht begegne, nicht unbedingt derjenige ist, der mich umbringen möchte. Wahrscheinlich gibt es genauso viele von ihnen, wie es Leser gibt – nicht, dass ich wüsste, wie viele Leser auf der ganzen Welt existieren. Trotzdem muss ich vorsichtig sein: Liz könnte diesen Strippenzieher kennen.

»Ja, du bist einer von uns«, antwortet sie. »Wir nennen uns selbst Gedankenführer, der Grund dafür ist ja offensichtlich.«

Gedankenführer. Das hört sich um einiges besser an als Strippenzieher. »Weil wir Menschen dazu zwingen, das zu tun, was wir möchten?«

»Zwingen ist ein hartes Wort dafür, aber ja – auch wenn ich es nicht mag, so darüber zu denken. Wir führen sie eher dahin, das tun zu wollen, was wir möchten. Es ist kein großer Unterschied dazu, eine überzeugende Argumentationstechnik zu haben.«

Ja sicher, denke ich, aber spreche es nicht laut aus. Mit welchem Argument hätte ich jemanden dazu bringen können, eine Kugel für Mira abzufangen? Dann allerdings fällt mir auf, dass man argumentieren könnte, dass Agenten des Geheimdienstes genau das für den Präsidenten tun würden.

»Was sind die anderen Dinge, über die du gesprochen hast?«, nehme ich meine Befragung wieder auf. »Was sind Schnüffler?

Warum sind sie so gefährlich? Warum hast du gedacht, dass ich einer von ihnen sein könnte?«

»Lass uns das Gespräch in einem privateren Umfeld führen«, antwortet sie und sieht einen Moment lang sehr konzentriert aus.

Im nächsten Augenblick stehe ich zwischen unseren Stühlen und sehe, wie sie mein eingefrorenes Ich an der Stirn berührt. War ihre Berührung ein wenig zu sanft, fast zärtlich, oder ist das nur Einbildung?

Der Raum ist wieder still, weshalb ich verstehe, dass die Strippenzieher auch in die Stille hineingleiten und andere zu sich holen können. Keine große Überraschung, aber ich kann einfach nichts als gegeben hinnehmen.

»In Ordnung«, sagt sie, nachdem sie ihre Uhr aufgezogen hat. Ich frage mich, ob sie besorgt ist, zu viel Zeit ihrer Tiefe aufzubrauchen, oder wie Strippenzieher die Zeit in der Stille auch immer nennen mögen. »Schnüffler sind eine Gruppe von Menschen, die ebenfalls die Zeit anhalten können, was wir *Splitten* nennen. Allerdings führen sie die Menschen nicht, sondern tun etwas verstörend Unnatürliches. Sie schnüffeln im Kopf der Menschen nach Informationen – was die ultimative Verletzung der Privatsphäre ist. Mach nicht den Fehler, zu denken, dass das so eine harmlose Telepathie ist, wie du sie vielleicht schon einmal in Filmen gesehen hast. Dort hat ein Gedankenleser nur Zugriff auf einige oberflächliche Gedanken. Nein, Schnüffler gehen viel tiefer. Sie können jedes Geheimnis herausfinden, jeden Wunsch und jede verborgene Fantasie aufdecken. Keine Erinnerung kann vor ihnen versteckt werden, und keine Interaktion ist ihnen heilig – sie haben auf alles Zugriff.« Sie rümpft ihre Nase und fügt mit kaum unterdrücktem Ekel hinzu: »Und ja, sie sind sehr gefährlich.«

Wenn man bedenkt, wie ausdruckslos ihr Gesicht normalerweise bleibt, ist ihr Ekel umso beeindruckender.

Also sind Schnüffler die Leser, genauso wie ich es schon vermutet hatte. Schnüffler werden von den Gedankenführern als eine Abscheulichkeit angesehen, genauso wie sie selbst – die Strippenzieher – von den Lesern als ein Verbrechen gegen die Natur betrachtet werden. Das ist nicht wirklich eine Überraschung. Zwei Gruppen, die sich gegenseitig hassen, werden immer den anderen verteufeln.

Bis jetzt hatte ich immer den Blickwinkel der Leser, und ich habe angenommen, dass die Strippenzieher das teuflische Böse waren. Immerhin hat einer von ihnen ja schließlich Miras Eltern umgebracht, während ein anderer, in Calebs Erinnerungen, die Lesergemeinschaft in die Luft jagen wollte. Ein Strippenzieher hat außerdem versucht, mich im Krankenhaus umzubringen. Oder mich umbringen zu lassen. Dieser Strippenzieher beziehungsweise Gedankenführer war wahrscheinlich der gleiche, der auch Miras Eltern getötet hat. In den wenigen Erfahrungen, die ich mit ihnen gemacht habe, haben die Strippenzieher keinen guten Eindruck hinterlassen. Aber *ich* kann das Gleiche machen wie sie und bin mit Sicherheit kein verlorener Fall. Auch die Tatsache, dass Liz eine von ihnen ist, verkompliziert das Ganze. Sie ist eine gute Person. Zumindest habe ich das von ihr gedacht, bevor ich erfahren habe, dass die Liz, die ich kannte, nicht die echte Liz ist.

Mir wird noch etwas klar. Offensichtlich können Strippenzieher, Gedankenführer, im Gegensatz zu mir nicht schnüffeln beziehungsweise lesen – sie verurteilen diese Fähigkeit sogar. Sie hat auch nicht erwartet, dass ein Leser den Test mit ihrer Sprechstundenhilfe bestehen könnte. Das lässt mich zu dem Schluss kommen, den ich schon eine Weile in meinem Hinterkopf habe: Ich *bin* etwas anderes.

Ich beschließe, die Strippenzieher ab jetzt in meinem Kopf *Gedankenführer* zu nennen, da es die nettere Bezeichnung ist. Das gilt natürlich nicht für das Arschloch, das mich umbringen will. Er wird ein Strippenzieher bleiben.

»Warum sind die Schnüffler so gefährlich?«, frage ich, als mir auffällt, dass ich zu lange nichts gesagt habe.

»Das ist schwieriger zu erklären, ohne weiter in der Geschichte zurückzugehen. Ich muss dich allerdings warnen, es gibt keine

Aufzeichnungen aus der Zeit, von der ich dir jetzt erzählen werde. Eine Menge davon ist mündliche Überlieferung, kombiniert mit Hörensagen und Mutmaßungen«, erklärt sie mir und fährt mit der Geschichte fort, die ich schon teilweise von Eugene gehört habe. Sie spricht nicht darüber, wie das Hineingleiten in die Stille funktioniert oder über Eugenes Quantenmechanik-Theorien. Stattdessen erklärt sie mir etwas, was sich wie ein echter Mythos anhört.

Ihrer Beschreibung nach stammen die Gedankenführer und die Schnüffler von der gleichen selektiven Fortpflanzungslinie der Menschheit ab. Alles begann, wie es solche Dinge manchmal tun, mit einer verrückten Sekte. Es gab einige Menschen, die mit einem besonderen Eugenikprogramm begannen. Es konzentrierte sich darauf, Menschen zu züchten, die eine gemeinsame Eigenschaft hatten: Sie beschrieben, wie die Welt sich verlangsamt, wenn sie extrem gestresst sind, und wie sie außerkörperliche Erlebnisse in lebensbedrohlichen Situationen haben. Dieses Züchten über viele Generationen arrangierter Partnerschaften führte zu einer Linie von Menschen, die bewusst so etwas wie eine Nahtoderfahrung für eine individuell unterschiedliche Zeit machen konnten – nur, dass man damals dachte, dass der Geist den Körper verlässt. Von diesem Zeitpunkt an konzentrierte sich die Zucht darauf, die Zeit in der Geisterwelt – die ich die Stille nenne – zu verlängern.

Fast ein Jahrhundert später bildeten sich neue Eigenschaften unter den Menschen heraus, die damals schon mehrere Minuten in der Geisterwelt verbringen konnten. Einige konnten lesen, oder schnüffeln, wie Liz es nennt, und andere lernten zu führen oder Strippen zu ziehen, wie die Leser es beschreiben würden. Der Kult zerbrach in zwei Gruppen. Zuerst lebten sie nur getrennt, aber kurz darauf begannen beide Gruppen, die jeweils andere als Ketzer anzusehen. Auf beiden Seiten gab es einen Anführer, und in Liz' Version ist der Anführer der Schnüffler besonders bösartig und hat außerdem diesen Krieg zwischen beiden Gruppen begonnen, der jahrhundertelang anhalten würde.

Später in der Geschichte war, laut einiger Quellen, der Berater Alexanders des Großen ein Schnüffler, laut anderer war er es selbst. Wie dem auch sei, während der Eroberung Thebens hat er neben sechstausend normalen Menschen auch fast die gesamte damalige Gedankenführergemeinschaft zerstört. Das war aber nur der erste der Völkermordanschläge, den die Schnüffler gegen die Gedankenführer ausgeführt haben, Liz zufolge.

»Siehst du jetzt, warum ich sicherstellen musste, dass du kein Schnüffler bist – so unwahrscheinlich diese Möglichkeit auch war?«, fragt sie mich, als sie zu Ende erzählt hat.

»Nein, nicht wirklich«, antworte ich ehrlich. »Ich meine, das, was in der Vergangenheit passiert ist, hört sich abscheulich an. Aber sind die modernen Schnüffler heutzutage genauso schlimm? Viele Länder und ethnische Gruppen haben eine dunkle Vergangenheit, sind aber heute zivilisiert. Zum Beispiel Europa. Warum, denkst du, wollen die Schnüffler uns ausrotten?«

»Weil sie das erst im Zweiten Weltkrieg machen wollten, und der ist noch nicht allzu lange her«, erwidert sie harsch. Dann bekommt sie ihren Ton wieder in den Griff und fügt hinzu: »Zugegeben, das ist jetzt auch Geschichte. Ich persönlich traue ihnen einfach nicht. Sie sehen alles als Unrecht an, was ihnen widerfahren ist, und werden niemals vergessen und vergeben. Mit ihrer verschobenen Perspektive werden sie immer auf Rache aus sein. Natürlich gibt es viele unter uns, die dieses Thema viel schwärzer sehen als ich – und viele andere, die eine liberalere Einstellung haben und denken, dass die Vergangenheit Vergangenheit ist. Du wirst wahrscheinlich auf Vertreter beider Gruppen treffen, auch wenn die meisten meiner Freunde liberalere Sichtweisen vertreten. Das hier ist ja schließlich Manhattan.« Sie lächelt bei dem letzten Teil.

»In Ordnung«, sage ich, auch wenn die Vorstellung, weitere Gedankenführer zu treffen, mir nicht gerade als eine der sichersten Aussichten erscheint. »Warum hast du gedacht, dass es unwahrscheinlich ist, dass ich einer von ihnen bin? Wenn jemand splitten kann, gibt es dann nicht eine fünfzigprozentige Möglichkeit, dass diese Person ein Schnüffler ist?«

»Um genau zu sein, ist die Wahrscheinlichkeit, ein Schnüffler zu sein, höher als fünfzig Prozent. Es gibt mehr von ihnen als von uns – weshalb wir besonders vorsichtig sein müssen. Um darauf zurückzukommen, weshalb ich dachte, du seist einer von uns, na ja ... du *siehst* wie ein Gedankenführer aus. Viele von uns haben dieses Aussehen, von dem ich gerade spreche. Eine bestimmte Struktur der Gesichtsknochen, eine prominente Nase – das Aussehen eines geborenen Führers, wenn du so möchtest. Natürlich sind allein diese Dinge keine sehr verlässlichen Merkmale. Ein viel ausschlaggebenderer Faktor ist die Tatsache, dass du adoptiert wurdest.«

»Ach? Wie kann das ein Hinweis sein?«

»Schnüffler haben sehr strikte Verbote, sich außerhalb ihrer kleinen Gemeinschaft fortzupflanzen. Sie meiden alle diejenigen, die Halbblute sind, wie sie sie nennen. Wir gehen mit diesem Thema viel offener um. In der Vergangenheit, als unsere Anzahl besonders niedrig war, wurde es sogar bis zu einem gewissen Grad gewünscht.«

»Wirklich?« Von dem, was mir Eugene erzählt hat, ist die Macht eines Lesers von der Länge der Zeit, die er in der Stille verbringen kann, abhängig. Kinder mit Nicht-Lesern zu haben schwächt diese Fähigkeit allerdings. Ich frage mich, ob das bei den Gedankenführern das Gleiche ist, traue mich aber nicht, das Thema anzusprechen. Ich möchte ja schließlich nicht zeigen, wie viel ich über diese ganzen Dinge schon weiß.

Liz nickt. »Ja, nach einem der schlimmsten Anschläge gab es nur noch etwa ein Dutzend von uns. Wären wir nicht offener geworden, hätten wir ein ernsthaftes Problem gehabt, uns fortzupflanzen. Selbst heutzutage ist unsere genetische Vielfalt sehr gering. Wir hatten einst natürlich die gleiche Einstellung wie die Schnüffler, was die Fortpflanzung außerhalb der Gemeinschaft anbelangt. Bis zum heutigen Tage gibt es einige Menschen – wir nennen sie *die Traditionalisten* – die möchten, dass wir zugewiesene Partner haben. Zum Glück sind sie eine kleine Minderheit und werden normalerweise ignoriert. Der einzige Nachteil der Fortpflanzung außerhalb der Gemeinschaft ist, dass diese Kinder, die von gemischten Eltern geboren werden, eine kleinere Reichweite haben – eine Tatsache, die den Traditionalisten Angst macht. Wenn wir unseren Genpool also weiterhin erweitern, könnten wir genau das verlieren, was uns andersartig macht.«

»Was ist Reichweite?«, frage ich, weil ich annehme, dass das ein Einstieg ist, mich mehr über die Unterschiede der Macht wissen zu lassen, die so wertvoll für die Leser ist.

»Sie hat damit zu tun, wie lange man die Zeit anhalten kann, was wiederum bestimmt, wie tief und für welchen Zeitraum man jemanden führen kann«, sagt sie und bestätigt meine Vermutung.

»Interessant. Wie lange kannst du Zeit anhalten und welchen Einfluss hat das auf deine Kontrolle über Menschen?«, frage ich und bin neugierig, ob die Gedankenführer die gleichen Tabus haben wie die Leser, wenn es um dieses Thema geht.

»Das ist nichts für eine leichte Unterhaltung«, erwidert sie und bestätigt erneut meine Erwartungen. »Wenn du mir versprichst, es für dich zu behalten, würde ich es dir allerdings sagen. Du hast ja immerhin diese ganzen Jahre lang dein Leben mit mir geteilt.«

»Natürlich würde ich es für mich behalten«, verspreche ich ihr. »Und dieses Geheimnis ist erst der Anfang, wenn es darum geht, diese ganzen Jahre ›Therapie‹ wiedergutzumachen.«

»Einverstanden«, sagt sie mit einem schiefen Lächeln. »Ich kann fast eine Stunde in der Gedankendimension verbringen, wie wir diesen Ort nennen, an dem wir uns gerade aufhalten. Wenn ich meine Macht dazu benutze, meinen Patienten bei der Therapie zu helfen, kann ich ihr ungewolltes Verhalten für etwa eine Woche lang verändern – aber meine Reichweite ist viel weniger als das. Ich bin einfach nur gut darin, Menschen mit meinen Vorschlägen auf den richtigen Weg zu bringen, weshalb sie eine Zeit lang das tun, was ich von ihnen möchte. Das funktioniert recht gut, da ich meine Patienten in der Regel einmal pro Woche sehe.«

»Du wendest das Führen in der Therapie an?« Ich weiß nicht genau, warum mich das überrascht, aber das tut es definitiv.

»Natürlich kann diese Fähigkeit dazu benutzt werden, um Menschen zu helfen – und das wurde sie auch immer. Ich bin eine der wenigen Psychologinnen, die wirklich das Verhalten ihrer Patienten verändern können. Deshalb wissen die Menschen meine Arbeit auch so sehr zu schätzen und zahlen meine hohen Preise. Andere Ärzte behaupten das zwar von sich, aber es entspricht nicht der Wahrheit. Meine Führungsqualitäten sind unbezahlbar, was Zwangsneurosen und andere Funktionsstörungen betrifft.«

»In meinem Fall konntest du es nicht anwenden, weil du gedacht hast, dass die Möglichkeit besteht, dass du mich in die Gedankendimension holen würdest?«

»Genau. Wenn ich mir sicher gewesen wäre, dass du nur ein Patient mit Wahnvorstellungen bist, hätte ich dir ab einem bestimmten Alter helfen können.«

»Ab einem bestimmten Alter?«

»Wir führen keine jungen Kinder. Das ist eines der alten Verbote, denen wir auch in der modernen Zeit noch folgen. Und das ist auch gut so. Von dem, was wir aus der Entwicklungspsychologie wissen, kann das Führen eines Kindes nachteilige Langzeiteffekte zur Folge haben«, erklärt sie.

»Und wie ist das bei Erwachsenen? Gibt es bei ihnen Nebenwirkungen?«, möchte ich wissen.

»Das kommt auf die Situation an. Die Art und Weise, mit der ich meine Patienten führe, ist völlig harmlos und verbessert ihre Lebensqualität.«

Ich denke darüber nach. Das Verbot ergibt Sinn. Ich kann eine große Anzahl an gruseligen Gründen dafür finden, weshalb niemand Kinder anfassen sollte, nicht einmal in der Stille. Und ganz besonders nicht, um ihren Kopf zu kontrollieren. Die Therapie, die sie durchführt, ist aber trotzdem interessant. Ich stelle mir vor, wie man durch das Führen jemanden vom obsessiven Händewaschen abbringt. Das wäre nicht schwer. Die Person würde einfach denken, die Neurose sei verschwunden, und nicht, dass ihr Verhalten von ihrem Therapeuten kontrolliert wird. Ist es wirklich falsch, solche Dinge zu tun? Wahrscheinlich nicht.

»Weißt du«, sage ich und schaue sie dabei an, »ich hätte gedacht, dass die Fähigkeit eines Schnüfflers für einen Therapeuten hilfreicher ist.«

»Vielleicht ist sie das, aber das kann ich nicht beurteilen«, erwidert Liz schulterzuckend. »Für mich liegt ein Teil des Sinns der Gesprächstherapie im Sprechen als solches. Ein Schnüffler würde nicht so viel mit seinen Patienten reden müssen.«

»Ich muss zugeben, dass ich mich jetzt besser damit fühle, diese Macht zu haben. Als ich zuerst davon gehört habe, dachte ich, dass es sich ein wenig gruselig anhört«, meine ich und betrachte ihr Gesicht, um zu sehen, ob sie beleidigt ist.

Das ist sie nicht. Ihre Mundwinkel gehen sogar nach oben, als sie anfängt zu lächeln. »Ja, ich kann verstehen, wie es dazu kommen kann. Mit Sicherheit rechtfertigen die Schnüffler ihren Hass auf uns auch genau damit. Unsere Fähigkeit scheint ein wenig unnatürlich zu sein, wenn du nicht tiefergehend darüber nachdenkst. Das liegt aber zu einem großen Teil an der falschen Auffassung, die wir den freien Willen betreffend haben. Um genau zu sein, daran zu denken, dass wir ihn überhaupt besitzen.«

»Denken die Gedankenführer, dass der freie Wille eine Illusion ist?« Sobald ich die Frage stelle, fällt mir auf, dass ich einen Fehler gemacht habe. Das ist eine philosophische Diskussion – und diese haben meiner Meinung nach nichts in leichten Konversationen zu suchen, genauso wenig wie Geld, Politik, Sex und Religion.

»Ich bin mir nicht sicher, dass das eine gruppenabdeckende Sichtweise ist«, antwortet Liz. »Ich persönlich glaube nicht an den freien Willen. Ich habe Studien zu diesem Thema gelesen, die mich davon überzeugt haben. Menschen legen sich Gründe für Verhaltensweisen zurecht, die sie nicht kontrollieren können. Ein klassisches Beispiel dafür ist, wie das Gehirn einer Person dem Arm signalisiert, sich zu bewegen, noch bevor die betreffende Person bewusst diese Entscheidung getroffen hat.«

»Das leuchtet mir nicht ganz ein«, gebe ich zu. »Ich denke gerne, dass wir uns aussuchen können, was mit uns passiert. Wenn alles außerhalb unserer Kontrolle läge, könnten die Menschen fatalistisch werden.«

Sie lacht und beendet damit unsere Debatte. »Ich denke, du wirst dich wie zu Hause fühlen, wenn ich dir meine Freunde vorstelle«, sagt sie, immer noch lächelnd. »Du wirst dich mit einigen von ihnen sehr gut verstehen.«

Sie will mich ihren Freunden vorstellen? Das könnte ein Problem sein.

»Also eigentlich weiß ich gar nicht, ob ich so scharf darauf bin, andere Gedankenführer außer dir kennenzulernen, Liz«, sage ich langsam. Ich mache eine Pause, schaue sie an und beschließe, es einfach auszuspucken. »Ich denke, ein Gedankenführer versucht, mich umzubringen.«

18

»Was?« Liz' Gesichtsausdruck verändert sich schlagartig. »Wovon sprichst du?«

Ich erzähle ihr eine vorsichtig abgewandelte Version dessen, was mir im Krankenhaus widerfahren ist. Ich beschreibe den Anschlag auf mein Leben und lüge, als ich sage, dass meine Mutter – die Polizistin – mit der Krankenschwester gesprochen hat, die versucht hat, mich zu töten. Ich erkläre ihr, dass die Krankenschwester ständig Erinnerungslücken gehabt habe, und meine Mutter, die eine erfahrene Kriminalbeamtin ist, ihr zu glauben schien. Näher traue ich mich nicht an die Wahrheit heran – nämlich dass meine Freundin, eine der »bösen Schnüffler«, die Gedanken der Krankenschwester gelesen und herausgefunden hat, dass die arme Frau an Amnesie leidet.

»Das ist ziemlich eigenartig«, meint Liz, als ich fertig bin. »Es stimmt, dass die Krankenschwester dieses Ereignis vollkommen vergessen hätte, wenn sie dazu geführt worden wäre, etwas so Schwerwiegendes zu tun. Aber woher weißt du, dass sie nicht ein Spion der Schnüffler ist, die es so aussehen lässt, als sei einer von uns hinter dir her? Oder dass es nicht einfach ein eigenartiger Zufall war?«

»Selbst wenn sie eine Schnüfflerin wäre, könnte sie meine Mutter nicht besser anlügen als eine normale Person, nehme ich an«, erkläre ich Liz. »Und Zufall hört sich für mich zu weit hergeholt an. Ich meine, wie oft vergessen Menschen schon, was sie getan haben, außer unter Beeinflussung oder Drogen?«

»Das ist verdächtig«, gibt sie zu. »Aber wie dem auch sei, falls du recht hast, wäre das Beste, was du tun könntest, die Gemeinschaft der Gedankenführer kennenzulernen. Jemanden von uns zu töten wird nicht toleriert. Wenn ein Gedankenführer versuchen würde, dir zu schaden, hätte das ernsthafte Konsequenzen für sie oder ihn.«

»Ach? Was genau würde mit ihm passieren?«, frage ich neugierig.

»Ich bin mir nicht sicher. Es gibt kaum Verbrechen untereinander. Damals wäre man dafür sterilisiert oder umgebracht worden. Wie die Bestrafung heutzutage aussähe, weiß ich nicht. Ich weiß nur, dass wir es nicht zulassen würden, dass diese Person nach dem gültigen Rechtssystem verurteilt wird. Nicht, wenn man bedenkt, was wir tun können. Ich nehme an, dass dieser betreffende Gedankenführer den Ältesten vorgeführt oder von unserer Gemeinschaft verurteilt werden würde.«

Die Ältesten? Ich nehme diesen Begriff am Rande wahr, bin aber gerade zu sehr an dem derzeitigen Gesprächsthema interessiert, um sie um eine Erklärung zu bitten. »Also bist du dir sicher, dass mir nichts passieren würde?«, frage ich sie stattdessen.

Sie nickt. »Selbst wenn dich jemand umbringen wollen würde, könnte ich mir keinen sichereren Ort für dich vorstellen als den, zu dem ich dich mitnehmen möchte«, erwidert sie. »Es werden nicht alle dort sein, nur die offeneren Mitglieder, die gleichzeitig meine Freunde sind. Ich werde dir auch Thomas vorstellen. Er war beim Geheimdienst, und wenn dich jemand beschützen könnte, dann er.«

Geheimdienst? Es ist ein lustiger Zufall, dass ich über diese Einrichtung erst vor wenigen Minuten nachgedacht habe. »Außer natürlich, dieser Thomas ist die Person, die versucht, mich umzubringen«, sage ich halb im Scherz. »Dann präsentiere ich mich ihm auf einem Silbertablett.«

»Das ist unmöglich«, meint Liz. »Er war einer meiner Patienten, und ich weiß, wozu er fähig ist. Außerdem hätte er keinen Grund dafür, dich umzubringen. Wenn überhaupt, würde er in dir eine verwandte Seele finden. Ihr seid beide adoptiert worden, sagt sie … und hält plötzlich inne. »Es tut mir leid. Das hätte ich nicht sagen sollen. Schweigepflicht und das alles.«

Ich denke einen Moment lang darüber nach. Es ist weniger ihre Überzeugung, ich sei dort in Sicherheit, als vielmehr meine Neugier, die mir hilft, eine Entscheidung zu treffen. Wenn ich Liz' Einladung annehme, kann ich mehr Gedankenführer kennenlernen. Mehr Menschen, die das tun können, was ich kann. Ich kann Dinge lernen, die ich sonst nicht lernen könnte.

»In Ordnung, ich werde deine Freunde treffen«, sage ich. »Wie wollen wir das machen?«

Liz lächelt. »Heute Abend findet eine Party statt, und jetzt bist du eingeladen. Sie werden alle kommen.« Dann schaut sie auf ihre Uhr und meint: »Am besten gehen wir jetzt in unsere Körper zurück. Wir haben uns jetzt eine ganze Weile unterhalten, und ich möchte meine Zeit nicht aufbrauchen.«

Ohne mir Gelegenheit zum Antworten zu geben, geht sie zu ihrem Körper, um ihr eingefrorenes Gesicht zu berühren und uns aus der Stille zurückzuholen.

Ich finde mich in meinem Sessel wieder und schaue Liz an, ohne zu wissen, was ich sagen soll.

»Würdest du gerne den Rest der Stunde nutzen? Und hast du vor, mit deiner Therapie fortzufahren?«, fragt sie mich und trägt dabei wieder ihre Therapeutenmaske.

»Ich glaube, ich möchte jetzt gehen«, sage ich nach einem

Moment des Nachdenkens. »Was die Langzeittherapie betrifft, kann ich dich das später wissen lassen?«

»Natürlich«, erwidert sie. »Das ist allein deine Entscheidung. Ich habe deine Kontaktdaten und melde mich nachher wegen der Party bei dir.«

Ich verlasse Liz' Büro und muss lachen, als ich die Donutsschachtel im Müll sehe. Ich wette, Camilla hat das gute Essen ihrer Lüge wegen weggeschmissen.

Mein Kopf juckt durch die Bandagen, und ich erschaudere bei dem Gedanken, neue Leute kennenzulernen, während ich so aussehe. Spontan entscheide ich mich dazu, Doktor Searle einen Besuch abzustatten, der seine Praxis auf der gegenüberliegenden Seite von Liz hat.

»Sie müssen einen Termin machen«, sagt die gelangweilte Arzthelferin und schaut kaum von ihrem Computer hoch. »Wir sind den ganzen Monat lang ausgebucht.«

Die Unterhaltung mit Liz hat einige meiner Ansichten verändert. Ich zögere nicht mehr so lange, Menschen zu führen, um das zu bekommen, was ich möchte. Irgendwie ist es besser, als ihre Strippen zu ziehen. Es ändert sich einzig die Bezeichnung, aber das scheint bei mir auszureichen. Ohne Schuldgefühle begebe ich mich in die Stille, und die Arzthelferin erkennt mit meiner Hilfe, dass mich der Arzt sofort sehen möchte.

Der Arzt verlangt nach der gleichen Behandlung. Ohne sie hat er nicht verstanden, weshalb ein Hautarzt sich mit einer Schusswunde auseinandersetzen sollte. Nachdem ich ihn angemessen geführt habe, nimmt er erfreut meine Bandagen ab und erweitert sein Fachgebiet. Ich erfahre sogar, dass mein Faden sich mit der Zeit auflösen und verschwinden wird, so dass ich kein weiteres Mal einen Arzt aufsuchen muss, sollten keine unerwarteten Komplikationen auftreten. Die Heilung scheint den Umständen entsprechend gut zu verlaufen. Ich soll nur vorsichtig sein, wenn ich mir das nächste Mal die Haare schneiden lasse.

Ein Blick in den Spiegel des Badezimmers der Praxis verbessert meine Stimmung noch ein wenig mehr. Um die Naht herum ist ein wenig Haar wegrasiert, aber ansonsten gibt es nichts Auffälliges. Ich kämme mein Haar darüber, bis man kaum noch etwas sieht.

Als ich das erledigt habe, verlasse ich das Gebäude Richtung Saks Fifth Avenue.

Wenn ich zu einer Party gehe, brauche ich auch neue Klamotten.

19

Mit meinem neuen Outfit kehre ich ins Hotel zurück. Die Lederjacke, die ich mir für diesen Anlass gekauft habe, ist ein wenig zu warm, aber ich wollte einen guten Eindruck auf die Gedankenführer machen, die ich treffen werde.

Mein Telefon klingelt, und ich sehe Miras Nummer auf dem Display.

»Hallo«, sage ich, als ich drangehe.

»Hallo, Darren.« Sie hört sich unsicher an. »Wie fühlst du dich?«

»Heute schon viel besser«, erwidere ich und versuche, mich heiter, aber gleichzeitig krank anzuhören. »Danke für die Nachfrage.«

»Das ist gut«, sagt sie und hört sich schon selbstsicherer an. »Es freut mich, das zu hören.«

Mira erkundigt sich nach meinem Wohlbefinden? Es ist fantastisch, aber gleichzeitig auch schwer zu glauben.

»Also, was hast du vor?«, fragt sie.

Und plötzlich verstehe ich es. Sie möchte mich sehen. Sie traut sich nur nicht, mich zu fragen. Aber ich habe schon Pläne und kann sie auch nicht mitnehmen. Nicht auf diese Party, nicht bei ihrer Einstellung zu den Strippenziehern.

»Ich werde es heute Nacht ruhig angehen lassen.« Ich fühle mich wie ein Arschloch, weil ich sie anlüge, aber ich sehe keinen anderen Ausweg. »Ich werde ein wenig Kamillentee trinken und früh schlafen gehen.«

»Mach dir ein wenig Honig und Zitrone in den Tee«, schlägt sie vor. »Damit hat meine Oma fast jede Krankheit geheilt. Das und fettige Hühnerbrühe, aber die kann ich nicht weiterempfehlen.«

»Ich denke, ich werde Honig und Zitrone ausprobieren, danke. Ich würde dich gerne sehen, sobald es mir besser geht – was nach einer erholsamen Nacht der Fall sein sollte. Hättest du Lust, morgen Mittag mit mir essen zu gehen?«

»Ja, ich denke schon«, sagt sie leise und hört sich irgendwie atemlos an. Ihre Stimme klingt fast sinnlich. »Lass uns morgen früh nochmal telefonieren. Ist das für dich in Ordnung?«

»Okay, ich rufe dich an. Danke, Mira«, sage ich und versuche, mich selbstbewusster anzuhören, als ich mich fühle. »Grüße Eugene von mir. Tschüs.«

»Tschüs«, erwidert sie und legt auf.

Das war interessant. Plötzlich interessiere ich mich viel weniger für die Party. Wenn ich nicht zugesagt hätte, hätte ich heute Nacht mit Mira ausgehen können. Ich wette, sie in ihrer eigenartig mitleidigen „Lass uns Darren nicht heute Nacht umbringen"-Stimmung zu treffen, wäre vorteilhaft gewesen. Morgen könnte sie sich schon wieder daran erinnern, was sie wirklich für mich empfindet.

Die Aufregung über die Party kommt langsam zurück, während ich das vom Zimmerservice gebrachte Essen verspeise und über die verschiedenen Richtungen nachdenke, in die sich das Ganze entwickeln könnte. Ich bin bereit und gedanklich vorbereitet, als ich die Nachricht von Liz bekomme.

Wo bist du?

Ich schicke ihr die Adresse meines Hotels. Ich nehme an, dass ich Liz gerade mein Leben anvertraue. Andererseits kann ich immer noch das Hotel wechseln, sollte irgendetwas schiefgehen.

Die Limousine wird dich in zehn Minuten abholen.

Jetzt bin ich beeindruckt. Meine Therapeutin weiß definitiv, wie sie meine Aufmerksamkeit auf sich ziehen kann. In einer Limousine zu einer Party zu fahren ist definitiv stilvoll.

Ich bin schon unten, als ich das Fahrzeug vorfahren sehe. Es ist eine schwarze Luxuslimousine, keine dieser neuen im Hummerstil. Sie ist voll ausgestattet, bis hin zu einem Chauffeur mit Kopfbedeckung, der mich »mein Herr« nennt und die Tür für mich öffnet.

Während der Fahrt spricht der Fahrer kaum, und ich erwidere diesen Gefallen. Ich habe mein Glas Champagner erst zur Hälfte geleert, als wir irgendwo im Meatpacking District ankommen. Ich war hier noch nie, aber ich sehe Liz, die vor einer Tür steht. Sie sieht umwerfend aus. Ihr Arbeitsoutfit ist ja schon sexy, aber es verblasst im Vergleich zu dem, was sie jetzt trägt. Ich muss mich anstrengen, meine Augen auf ihrem Gesicht zu lassen.

»Ich freue mich, dass du gekommen bist«, sagt sie. »Lass uns reingehen.«

Wir gehen an der langen Schlange und an den Rausschmeißern vorbei, als seien wir unsichtbar. Ich habe keine Ahnung, ob Liz ihre Überzeugungskraft genutzt hat oder ob Gedankenführer die Besitzer dieses Klubs sind und Liz so oft hierherkommt, dass sie schon vom Personal erkannt wird. Die Kasse ignorieren wir ebenfalls, obwohl man an solchen Orten normalerweise Eintritt oder Verzehrgutscheine bezahlen muss, um eingelassen zu werden.

Wir gehen einige Stufen hinunter und kommen in den abgefahrensten Klub, in dem ich jemals gewesen bin. Ich bin kein großer Freund von Klubs, aber als ein Mann, der Unterhaltungen mit Mädchen Anfang zwanzig führen muss, weiß ich zumindest die Namen der angesagtesten Etablissements. Von diesem hier habe ich allerdings noch nie etwas gehört, was ziemlich verdächtig ist. Können die Gedankenführer etwa auch ihre New Yorker Stammgäste dazu bringen, die Existenz dieses Klubs geheim zu halten?

Wir betreten eine riesige Tanzfläche, und ich folge Liz, die sich durch die Menschenmenge hindurchbewegt und auf eine weitere Treppe zusteuert. Während wir uns unseren Weg bahnen, sehe ich einige Hollywoodstars, eine Erbin, die schon in allen Boulevardblättern vertreten war, und auch mindestens ein Victoria's-Secret-Model. Sie könnte zugegebenermaßen auch im Playboy gewesen sein – es ist schwer, die einen von den anderen zu unterscheiden. Die Erbin könnte auch gut im Playboy gewesen sein, wenn ich darüber nachdenke. Ja, und ich weiß so viel über den Playboy, weil ich ein Abonnement habe. Natürlich nur wegen der Artikel.

Wir erreichen die Treppe, gehen eine Etage nach unten und befinden uns in einer weiteren großen Halle. Allerdings ist hier alles viel ruhiger. Es ist eine Cocktailparty mit Menschen, die Anzüge und hübsche Kleider tragen. Sie gehen entspannt umher, halten Champagnergläser in ihren Händen und scheinen die Anarchie in der Etage über ihnen nicht wahrzunehmen. Ich sehe den Oberbürgermeister New York Citys, der sich mit dem Gouverneur unterhält, und mindestens ein Dutzend weitere Aufsichtsratsvorsitzende der Fortune-500-Unternehmen. Was ist das hier für ein Ort?

Nicht unser Ziel, scheint es, da Liz mich auch durch diesen Raum hindurchführt. Auf unserem Weg sehe ich weitere prominente Regierungsmitglieder und Geschäftsleute, deren Gesichter ich wiedererkenne.

Wir steigen eine weitere Treppe hinab. Wie tief geht es hier hinunter? Ich hätte nicht gedacht, dass die Bauvorschriften in New York so viele Etagen im Untergeschoss zulassen. Andererseits, wenn man bedenkt, welche Persönlichkeiten ich gerade gesehen habe, kennt derjenige, der dieses Establissement führt, offensichtlich die richtigen Personen, um Regeln gegebenenfalls zu umgehen.

Das Geschehen auf der nächsten Etage ist einfach angsteinflößend. Es ist ein Maskenball mit Personen in Cocktailkleidern und Anzügen, die eine Auswahl an Mittelaltermasken tragen. Ich erwarte unterschwellig, eine Orgie oder eine andere Art heidnisches Ritual zu sehen. Haben diese Menschen zu häufig *Eyes Wide Shut* gesehen? Zu meiner großen Enttäuschung sind wir immer noch nicht an unserem Ziel. Liz schiebt sich ohne Umschweife durch die maskierten Personen.

Und dabei fällt mir etwas auf. Niemand scheint uns wahrzunehmen. Sie benehmen sich, als seien wir gar nicht da. Hat jemand sie zu diesem eigenartigen Benehmen geführt? Davon muss ich wohl ausgehen.

Auf dieser neuen Ebene gibt es einen Raum, der um einiges kleiner ist als alle vorhergegangenen. Eine Gruppe mir unbekannter Menschen steht in der Mitte des Raumes und hört jemandem zu, der singt. Weitere Personen sitzen auf komfortablen Stühlen und Sofas, die in den Randbereichen des Raumes aufgestellt sind. Dieser Ort sieht aus wie eine Mischung aus Lounge und Country Club.

Zu meiner Überraschung erkenne ich den Mann, der in der Mitte des Raumes singt. Er ist ein berühmter blinder Opernsänger, dessen Name mir gerade nicht einfällt. Er hat dunkles Haar, mit einigen weißen Strähnen rund um sein Gesicht, und einen weißen Bart. Ich bemerke, dass er ein wenig fetter ist, als ich mich erinnere.

»Wir sind da«, flüstert mir Liz ins Ohr. »Lass uns das Ende des Konzerts abwarten.«

Der Opernsänger ist ein Genie. Ich bin nicht gerade ein Experte, aber ich finde das Konzert unglaublich bewegend. Vielleicht ist auch mein derzeitiger Zustand – wachsame Aufregung – eine gute Voraussetzung für diese Art von Musik.

Als der Gesang beendet ist, und meine Hände wegen meines enthusiastischen Klatschens schmerzen, schaue ich mich im Raum um. Und das ist der Moment, in dem ich meinen ersten

Schock bekomme. Ein Mann starrt mich an – ein Mann, den ich kenne.

Es ist mein Boss, William Pierce – oder Bill, wie ich ihn in meinem Kopf und hinter seinem Rücken nenne.

Er winkt mir zu. Als das Klatschen verstummt, bahne ich mir meinen Weg zu ihm. Während ich zu ihm gehe, sehe ich, wie er zuerst auf sein Handy schaut und mich danach lächelnd anblickt.

»Ich weiß gar nicht, was ich sagen soll«, erkläre ich ihm, als ich vor ihm stehe. Instinktiv halte ich ihm zur Begrüßung meine Hand hin. Das ist nichts, was ich täglich im Büro mache; eigentlich kann ich mich nur an zwei Ereignisse erinnern, bei denen ich ihm jemals die Hand gereicht habe – am Anfang und am Ende meines Vorstellungsgesprächs –, aber irgendwie scheint es hier das Richtige zu sein. Es ist gerade so, als würden wir uns zum ersten Mal treffen.

Er schüttelt meine Hand mit einem amüsierten Gesichtsausdruck. »Darren, was für eine schöne Überraschung. Es ist ein interessanter Zufall, dass du hier bist, wenn man bedenkt, dass ich gerade eine höchst interessante E-Mail von dir über deine Nachforschungen zu den Aktien bekommen habe, um die ich dich gebeten hatte. Die Ausführungen sind wie immer überragend, was besonders beeindruckend ist, wenn man bedenkt, dass du die E-Mail versandt hast, während du hier mit mir der Oper gelauscht hast. Tolles Multitasking. Außergewöhnlich bewundernswert, besonders, da Bert mich erst kürzlich darüber informiert hat, dass du angeschossen wurdest. Höchst gewissenhaft, sogar für dich.«

Ich bin so was von bloßgestellt.

»In Ordnung Bill, ich gebe alles zu. Es könnte sein, dass ich die E-Mail so eingestellt habe, dass sie zu einem passenden Zeitpunkt versendet wird«, erwidere ich und hoffe, dass die Tatsache, dass mein Chef und ich beide Gedankenführer sind, unsere professionelle Beziehung sowieso ändern wird. Und das scheint auch der Fall zu sein – er blinzelt nur kurz, als ich die sehr freundschaftliche Form seines Vornamens benutze.

»Das habe ich mir schon gedacht. Um ehrlich zu sein, ist mir deine Vorgehensweise schon seit einiger Zeit aufgefallen. Aber damit du es weißt, ich weiß sie wirklich zu schätzen – die Personen, die du ins CC dieser E-Mails setzt, glauben ernsthaft, dass du dir den Arsch abarbeitest, und es ist ein gutes Beispiel für sie. Außerdem widerspricht es ihrem generellen Eindruck, du seist ein Faulpelz. Aber ich denke, dass es unter den gegebenen Umständen gerade wichtigere Dinge zu besprechen gibt.«

»Ja, ich denke, da hast du recht«, erwidere ich. »Hast du etwas in der Art bei mir vermutet?«

»Nein. Hätte ich gedacht, dass du einer von uns bist, hätte ich dich schon vor langer Zeit in unsere Gemeinschaft eingeführt. Um ehrlich zu sein, habe ich immer gedacht, du seist einer der anderen. Du bist so gut darin, Dinge herauszufinden, dass ich dachte, du würdest die Informationen aus den Vorstandsmitgliedern und den anderen Personen, mit denen du reden solltest, heraussaugen. Es sieht so aus, als habe ich damit falsch gelegen. Es scheint, dass du einfach nur einen brillanten Weg gefunden hast, die Gedankendimension für deine Zwecke zu nutzen.«

»Du dachtest, ich sei ein Schnüffler, und hast mich trotzdem beschäftigt?«, frage ich überrascht. »Ich dachte, die seien der Staatsfeind Nummer eins in der Gesellschaft der Gedankenführer?«

»Ich weiß nicht, was Liz dir erzählt hat, aber in dieser Gruppe sind wir nicht besonders dogmatisch.«

»Stimmt. Sie hat mir erzählt, ihr seid sehr offen. Aber es gibt ja einen Unterschied zwischen offen und den Feind einzustellen«, entgegne ich.

»Schnüffler einzustellen, um etwas über andere Unternehmen herauszufinden, scheint mir etwas sehr Natürliches zu sein. Sie können den ganzen Mist überspringen und einfach die Gedanken der wichtigen Personen lesen. Direkt und effektiv. Ein gutes Geschäft für mich«, sagt er, und um seine Augen bilden sich Lachfältchen. »Wenn ich jemanden nach dieser Fähigkeit in einem Bewerbungsgespräch fragen könnte, würde ich es tun.«

Aus dem Augenwinkel sehe ich, wie ein Mädchen auf uns zusteuert. Sie scheint das Letzte, was Bill gesagt hat, gehört zu haben, aber anstatt schockiert zu sein, nickt sie zustimmend. Das Ganze hier ist ein starker Kontrast zu Miras Hass auf Strippenzieher.

»Du bist also der Neue?«, begrüßt mich das Mädchen und hält mir ihre kleine Hand hin. Sie ist extrem klein und zierlich. Ich schätze, dass sie trotz ihrer High Heels nicht auf 1,50 Meter kommt.

Bill stellt uns wohlwollend vor. »Hillary, es hat sich herausgestellt, dass ich Darren seit Jahren kenne. Er war genau vor meiner Nase, um es so zu formulieren.«

»Das passt«, sagt Hillary und zieht die Augenbrauen in ihrem kleinen Gesicht zusammen. »Einer von uns arbeitet für deinen Hedgefonds, und dir fällt das nicht einmal auf. Menschen sind einfach nur die Zahnräder in deiner Finanzmaschine, stimmt's?«

Bill seufzt. »Bitte, Hillary, können wir auch einmal eine Unterhaltung ohne deine Besetzt-Wall-Street-Phrasen führen?«

»Es freut mich sehr, dich kennenzulernen, Hillary«, sage ich, um das Thema zu wechseln. »Was machst du beruflich?«

»Ich bin eine Anthropologin. Außerdem bin ich für einige Wohltätigkeitsorganisationen tätig«, sagt sie und wendet ihren Blick von Bill ab, um mich anzuschauen … Ihre großen, blauen Augen funkeln, und mit ihrem gelben Cocktailkleid sieht sie ein wenig wie eine Puppe aus.

»Genau, und sie hat nichts mit der Verbreitung von veganer Ernährung in New York zu tun«, sagt Bill. »Oder mit dem Verbot der Forschungen mit Affen.«

Höre ich das gerade wirklich? Macht Bill Scherze? Ich hätte niemals gedacht, so etwas zu erleben.

»Ich möchte die Welt ein wenig besser machen«, erwidert Hillary. »Es tut mir leid, dass jemand wie du nicht verstehen kann, was ich tue. Natürlich ist Tierschutz nicht profitabel. Das ist doch dein Lieblingswort, nicht wahr? *Profit*. Oder ist es *reiner Gewinn*?«

»Reiner Gewinn sind zwei Worte«, korrigiert Bill sie und lacht, als er ihren wütenden Gesichtsausdruck sieht.

Er reizt sie offensichtlich mit voller Absicht, und sie geht darauf ein. Das ist ein eigenartiger Wortwechsel. Wenn ich nicht wüsste, dass Bill glücklich verheiratet ist, würde ich denken, dass er mit Hillary flirtet. Und das auf eine junge, das Mädchen am Pferdeschwanz ziehende Art und Weise. Ich habe früh gelernt, dass Mädchen das nicht mögen. Und da wir gerade von seiner Frau sprechen, ist sie eine von uns? Ich bin zwar neugierig, traue mich aber gerade nicht, ihn danach zu fragen.

Bills Handy klingelt. Er schaut auf das Display und sagt: »Es tut mir leid, aber ich muss den Anruf annehmen.« Und damit geht er in eine Ecke des Raumes, um ungestört zu sein.

»Also, kommt ihr beiden gut zurecht?«, frage ich Hillary, als Bill weg ist.

»So weit würde ich nicht gehen.« Hillary zuckt mit den Schultern. »William ist einfach William, die personifizierte Bourgeoisie.«

Höflichkeit würde es vorschreiben, dass ich etwas Zustimmendes über Bills Unzulänglichkeiten sage, aber das möchte ich nicht. Ich bewundere ihn auf viele Arten. Er steht auf meiner kurzen Liste von Personen, zu denen ich immer aufgeschaut und die ich respektiert habe. Außerdem zerstreut die Tatsache, ihn hier auf der Party getroffen zu haben, meine letzten Zweifel an den Gedankenführrern. Wenn er einer von ihnen ist, dann sagt mir das noch mehr als alle Beteuerungen von Liz, dass sie nicht alle Mitglieder einer bösen Sekte sind. Sie sind einfach eine Gruppe wie jede andere, mit guten und schlechten Mitgliedern in der gewöhnlichen Aufteilung – ganz unten mit einem Strippenzieher, der hinter mir her ist. Ich wende meine Aufmerksamkeit wieder Hillary zu und sage: »Ich arbeite für ihn an den Hedgefonds. Was du über ihn sagst, trifft wohl genauso gut auf mich zu.«

»Das bezweifle ich. Du siehst nicht wie der Typ dazu aus. Außerdem wusstest du nichts über deine Natur. Jetzt, da du Bescheid weißt, könntest du deinen Beruf wechseln und etwas Bedeutenderes tun.« Sie lächelt mich hoffnungsvoll an.

Ich denke, dass sie es als ein Kompliment meint, und widerspreche ihr deshalb auch nicht. Ich frage mich außerdem, was ich machen würde, wenn Geld nicht wichtig wäre. Ich habe angefangen, für Bill zu arbeiten, weil ich mit möglichst wenig Arbeit möglichst viel Geld machen wollte, und nicht, weil ich eine brennende Leidenschaft für Anlagemöglichkeiten habe. Sollte ich ein Kriminalbeamter werden, so wie meine Mutter? Ich denke, das könnte in Frage kommen, wäre der Job nicht so gefährlich.

»Also, Darren, erzähl mir ein wenig mehr von dir«, meint Hillary und reißt mich damit aus meinen Überlegungen. Ihr Lächeln breitet sich bis zu ihren Augen aus, und die letzten Spuren von Ärger sind verschwunden.

Ich erzähle ihr ein wenig von meinem Leben. Ich nehme an, dass es sie interessieren könnte, dass ich adoptiert wurde, und deshalb das Hinübergleiten in die Stille allein entdeckt habe. Also konzentriere ich mich auf genau diese Dinge.

Als ich ihr meine Geschichte erzähle, sieht Hillarys Gesicht weiterhin hochinteressiert aus. Obwohl kleinwüchsige Mädchen nicht mein Typ sind – zumindest nicht, wenn man Bert Glauben schenken darf – denke ich, sie haben etwas einzigartig Niedliches an sich. Wenn ich eine solche Freundin hätte, würde ich sie in Gedanken Nano nennen, wie den iPod Nano, den ich als Kind hatte. Damals wurde auch schon alles mehr und mehr tragbar, und eine hosentaschengroße Freundin wie diese ist der nächste logische Schritt.

Abgesehen von ihrer Größe kommt mir etwas an Hillarys Aussehen bekannt vor. Ich komme aber einfach nicht darauf, was es ist. Ich frage mich, wie alt sie wohl ist. Vierundzwanzig? Fünfundzwanzig? Es wäre nicht wirklich höflich von mir, sie danach zu fragen. Sie könnte problemlos älter sein, als sie aussieht; das ist einer der Vorteile, wenn man ihre Größe hat. Als ich mich auf ihre Gesichtszüge konzentriere, bin ich mir sicher, dass ich sie gerade zum ersten Mal sehe. Und trotzdem kann ich nicht aufhören, über diese Bekanntheit nachzudenken.

»Also, auf was hat sich Bill vorhin bezogen? Das Veganer-Ding?«, frage ich, als ich das Gefühl habe, genug Einzelheiten meines Lebens preisgegeben zu haben. Außerdem wäre es unhöflich, sie nichts zu fragen.

Sie grinst. »Oh, er beschuldigt mich, für den Anstieg der Vegetarier und Veganer in New York verantwortlich zu sein. Er denkt, nur weil ich Veganerin bin, nerve ich alle Menschen, denen ich begegne, meinem Beispiel zu folgen.«

»Beeindruckend. Ich kann immer noch nicht so denken. Könntest du das wirklich tun? Einen Fleischesser dahin führen, Veganer zu werden?«, möchte ich beeindruckt wissen.

»Ich könnte, und vielleicht habe ich das gelegentlich aus strategischen Gründen bei den einflussreichsten Trendsettern getan«, gibt sie zu. »Aber meine bescheidenen Anstrengungen sind nicht der einzige Grund dafür, dass sich die Dinge in New York – und anderen Orten, um genau zu sein – in jene Richtung bewegen. Die Menschen werden sich einfach bewusster darüber, welchen Einfluss ihre Ernährung auf die Umwelt und die Tiere, die dafür leiden müssen, hat. Und natürlich auch über das, was für sie am wichtigsten ist: Ihre eigene Gesundheit. Durch die Verbreitung solcher Bücher wie The China Study ...«

»Hillary, wir versuchen hier einen guten Eindruck zu machen, und deine Propaganda ist dabei nicht sehr hilfreich. Ich muss mir Darren mal kurz borgen, wenn das für dich in Ordnung ist«, sagt Liz, und ich erschrecke mich darüber, dass sie wie aus dem Nichts aufgetaucht zu sein scheint.

Hillary öffnet den Mund und sieht aus, als würde sie Einwände hervorbringen wollen. Allerdings packt mich Liz am Ellenbogen und zieht mich auf die andere Seite des Raums, noch bevor sie etwas sagen kann.

20

»Ich musste nicht gerettet werden. Ich habe Hillarys Gesellschaft wirklich sehr genossen«, meine ich zu Liz, während wir weggehen.

»Das ist gut«, erwidert diese erleichtert. »Dieses Mädchen kann unerträglich sein. Aber ich möchte trotzdem, dass du jetzt Thomas kennenlernst. Danach kannst du auch wieder zurückgehen und eure Unterhaltung fortführen.«

Wir nähern uns einem hervorragend angezogenen Mann, der ungefähr so groß ist wie ich. Er hat breitere Schultern als ich, ein Anblick, der sich mir nicht häufig bietet. Außerdem ist er sehr muskulös. Nicht so steroidriesig wie Caleb, aber offensichtlich trainiert er regelmäßig, so wie ich es auch versuche.

»Thomas, ich möchte dir gerne Darren vorstellen«, sagt Liz und küsst den Kerl innig auf die Lippen. Dieser Teil ist eigenartig. Hatte sie mir nicht gesagt, genau wie ich sei er einer ihrer Patienten? Ich zwinge mich, nicht weiter darüber nachzudenken. Ich bin ja schließlich nicht eifersüchtig. Na gut, ein kleines bisschen schon. Der Gedanke, dass eine Frau wie Liz an mir interessiert sein könnte, war eine schöne Fantasie gewesen – und sehr gut für mein Selbstvertrauen.

»Es ist toll, dich kennenzulernen, Darren.« Thomas schüttelt meine Hand mit einem dieser überfesten Händedrücke, die ich von Männern kenne, die in der Finanzindustrie arbeiten.

Während dieser Begrüßung fällt mir auf, dass er teilweise asiatische Vorfahren haben muss. Diese Tatsache hebt ihn von allen anderen Menschen in diesem Raum ab, die ausnahmslos eine rein weiße Gesichtsfarbe haben. Und als ich darüber nachdenke, fällt mir auf, dass alle Leser, die ich getroffen habe, ebenfalls weiß waren. Wenn man die Geschichte beider Gruppen bedenkt, ergibt das Sinn. Sie – oder wir – haben unseren Ausgangspunkt schließlich in einer Sekte, die diese ganze selektive Fortpflanzung irgendwo in Europa durchgeführt hat, zumindest nach dem, was ich von Liz weiß. Thomas' Herkunft muss ein wenig anders sein. Es beweist eines der Dinge, die mir Liz erzählt hat: Diese Gruppe der Gedankenführer wird dich ungeachtet deiner Abstammung aufnehmen, solange du irgendwie einer von ihnen bist. Ich frage mich, ob das bedeutet, dass das, was ich bin, auch akzeptabel für sie ist. Ich werde natürlich nicht das Risiko eingehen, das herausfinden zu wollen, aber ihre generelle Einstellung macht mir Hoffnungen.

»Ich freue mich auch, dich kennenzulernen, Thomas«, erwidere ich, als mir auffällt, dass ich ihn anstarre.

Ihn scheint das allerdings überhaupt nicht zu stören. Er steht einfach nur da, schaut mich an und fühlt sich mit dem Schweigen offensichtlich wohl.

»Liz hat mir erzählt, dass dich jemand umbringen möchte«, sagt er wie nebenbei nach einigen Momenten. »Sie meint, derjenige sei ein Gedankenführer, einer von uns.«

»Ja, das stimmt leider«, sage ich schon fast rechtfertigend. Die Weise, auf die er das Wort Gedankenführer betont hat, klang, als sei er skeptisch.

»Kannst du mir genau sagen, was du ihr erzählt hast?«, fragt er ruhig. »Liz hat mir wegen der ärztlichen Schweigepflicht keine Einzelheiten verraten.«

»Ich werde euch dann mal allein lassen«, erschreckt mich Liz und geht weg. Ich war so tief in meinen Gedanken gewesen, dass ich fast vergessen hatte, dass sie noch bei uns stand. Ich bemerke, dass Thomas' Blick dem Schwung ihrer Hüften auf eine nicht sehr patientenhafte Weise folgt, und behalte es als eigenartig, aber momentan nicht wichtig im Hinterkopf.

Als er seine Aufmerksamkeit zurück zu mir wendet, wiederhole ich die Geschichte, die ich Liz erzählt habe.

Während ich erzähle, stellt mir Thomas eine Menge cleverer Fragen. Ganz offensichtlich kennt er sich mit Befragungen aus, vielleicht aus seinen Zeiten beim Geheimdienst. Wäre ich nicht damit aufgewachsen, meine Mutter Lucy, die Polizistin, anzulügen, wäre ich jetzt in Schwierigkeiten geraten. Ich bin mir trotzdem nicht sicher, dass er mir hundertprozentig glaubt. Meine Mutter würde es wahrscheinlich nicht. Im Gegensatz zu ihr durchschaut er mich nicht so gut. Hoffe ich.

»Ich kann nur schwer glauben, dass jemand von uns so etwas tun würde«, meint er, als ich den ganzen Mordversuch beschrieben habe. »Aber auf jeden Fall war es richtig, ein Hotelzimmer zu nehmen. Ich würde dir auch vorschlagen, dein Telefon zu entsorgen und dir ein neues zuzulegen. Vielleicht sogar die Stadt für eine Weile zu verlassen, solange ich mich ein wenig umschaue.«

»Das mit dem Telefon ist eine gute Idee, Thomas«, sage ich. »Daran hätte ich denken sollen. Was das Verlassen der Stadt betrifft, bin ich mir nicht so sicher. Meine Familie und meine Arbeit sind hier. Wohin sollte ich gehen?«

Er zuckt mit den Schultern. »Nimm dir Urlaub. Besuche Freunde oder Verwandte, die du lange nicht gesehen hast. Auch wenn du nahe Verwandte im Moment meiden solltest, wenn du dich in Sicherheit befinden möchtest.«

»Ich glaube, ich mag diesen Plan nicht«, sage ich stirnrunzelnd. »Ich möchte mich nicht für immer verstecken.«

»Wenn du mehr Informationen hättest ...«

»Die kann ich eventuell bekommen«, erwidere ich und beginne, mir langsam Hoffnungen zu machen. »Ich kann dir nichts versprechen, aber falls ich mehr herausfinden sollte, denkst du, du könntest mir dabei helfen, mit dieser Person fertigzuwerden?« Ich weiß, dass das eine große Bitte ist, aber ich könnte auf meiner Seite wirklich jemanden wie Thomas gebrauchen.

»Natürlich.« Er reicht mir eine Visitenkarte. »Hier ist meine Nummer. Wenn du herausfindest, wer dieser geheimnisvolle Gedankenführer ist, sag mir bitte umgehend Bescheid.«

»Das mache ich, danke«, sage ich und speichere seine Kontaktinformationen in meinem Telefon. Aus reiner Gewohnheit rufe ich seine Nummer an, damit er meine bekommt. Als es klingelt, schaut er auf sein Telefon und nickt erfreut.

»Du weißt aber«, sagt er und schaut mich wieder an, »wenn das alles stimmt und du herausfindest, wer dieser Kerl ist, wird er oder sie dich noch entschiedener loswerden wollen.«

»Ich glaube nicht, dass diese Person noch entschlossener sein könnte«, erwidere ich im Scherz, aber Thomas' Gesichtsausdruck bleibt wie versteinert.

»Dieser Mordanschlag war sehr subtil«, meint er. »Unsere Fähigkeit kann, wenn sie missbraucht wird, sehr schädlich sein. Wenn jemand versuchen würde, dich ohne Umschweife umzubringen, wären dir alle Angestellten des Krankenhauses an die Gurgel gegangen. Das wäre nicht schön gewesen.«

Ich stelle mir das vor und erschaudere. Wahrscheinlich hat er recht. Der Strippenzieher war so dezent, weil er wusste, dass sich Leser im Krankenhaus befanden, und er seine Identität vor ihnen verstecken wollte. Wäre ihm die Geheimhaltung nicht wichtig, hätten sich die Dinge wirklich hässlich entwickeln können. Andererseits kann ich das tun, was Strippenzieher machen – und ich bin mir ziemlich sicher, dass der Strippenzieher das nicht weiß.

»Denkst du, dass die Möglichkeit besteht, dass sich dieser Gedankenführer in diesem Raum befindet?«, möchte ich von ihm wissen, weil ich diese Frage zumindest stellen muss. Ich denke nicht, dass es Thomas ist, da Liz ihm vertraut, aber die anderen Menschen in diesem Raum sind, mit Ausnahme von Bill, alles Unbekannte für mich.

»Nein, das bezweifle ich«, sagt Thomas. »Ich kenne alle Anwesenden und denke nicht, dass einer von ihnen zu so etwas in der Lage wäre. Davon mal ganz abgesehen hätten sie keinen Grund, hinter dir her zu sein.«

»Kannst du dir vorstellen, wer einen Grund haben könnte, mich umbringen zu wollen?«

Ich hatte erwartet, dass Thomas Nein sagen würde, aber stattdessen sieht er nachdenklich aus.

»Sind deine beiden Elternteile Gedankenführer?«, fragt er.

»Ich weiß es nicht. Ich bin gerade erst dabei, mehr über sie herauszufinden, aber wahrscheinlich nicht.« Das kommt der Wahrheit recht nahe. »Warum?«

»Na ja«, sagt er langsam, »als ich mich der Gruppe anschloss, wurde ich vor den Traditionalisten gewarnt. Mir wurde gesagt, sie könnten hinter mir her sein – was nicht eingetreten ist. Falls du also kein reiner Gedankenführer bist, könnte das ein Grund für sie sein. Allerdings bin ich mir in deinem Fall nicht sicher, woher sie etwas über deine Abstammung wissen könnten.«

»Die Traditionalisten?«, frage ich verwirrt. »Liz hat sie mir gegenüber erwähnt, aber nichts weiter dazu gesagt. Warum sollten sie hinter dir her sein?«

»Sie sind Extremisten, die sehr archaische Ansichten über die Reinheit des Blutes haben, und unter anderem dagegen sind, dass man Menschen außerhalb der Gemeinschaft heiratet«, erklärt er angewidert. »Auf gewisse Weise sind sie wie die inzestuösen Schnüffler. Deshalb könnte ich eines ihrer Opfer sein. Allein durch einen Blick auf mein Gesicht kannst du erkennen, dass ich nicht ›rein‹ bin.«

»Ich verstehe.« Ich habe den wachsenden Eindruck, dass ich kein Freund dieser Traditionalisten werde, auch wenn sie nicht hinter den Mordversuchen auf mich stecken sollten.

»Ich wünschte, ich könnte dir mehr über sie und darüber erzählen, weshalb sie es auf dich abgesehen haben könnten, aber ich weiß selbst nur sehr wenig. Genau wie du bin ich nicht mit diesen Dingen aufgewachsen«, fügt Thomas hinzu, und ich erinnere mich daran, dass Liz erwähnt hat, dass er ebenfalls adoptiert wurde. Auch wenn ich ihm nichts anmerke, muss er uns als Seelenverwandte sehen, da unser Hintergrund sehr ähnlich ist.

Ich möchte mehr über ihn erfahren, aber zuerst muss ich mehr über diese Traditionalisten herausfinden. »Gibt es jemanden, mit dem ich über sie reden könnte?«, möchte ich wissen, und Thomas nickt.

»Du kannst versuchen, mit Hillary zu reden«, meint er. »Sie weiß mehr darüber als die meisten von uns.«

»Alles klar, das werde ich tun, danke.« Ich frage mich, warum das winzige Mädchen so viel darüber weiß, aber das ist ein Thema, das ich bei ihr ansprechen werde.

Thomas schaut mich wieder schweigend an, weshalb ich ihn frage: »Was hast du gemeint, als du gesagt hast, du seist mit diesen Dingen nicht aufgewachsen?« Da ich mir nicht sicher bin, dass Liz vorhatte, mir von seiner Adoption zu erzählen, nehme ich an, dass es das Beste ist, wenn ich so tue, als wüsste ich von nichts. Ich möchte nicht, dass sie Ärger bekommt.

Er zögert einen Moment, bevor er schließlich antwortet: »Ich bin genau wie du adoptiert worden. Meine Eltern haben mir bis zu meinem sechsten Lebensjahr nichts davon gesagt.« Während er mir das erzählt, flackern Emotionen hinter seiner ausdruckslosen Maske auf.

»Das ist unglaublich«, sage ich. »Genau wie bei mir. Na ja, fast. Ich nehme an, der Unterschied besteht darin, dass ich immer dachte, einen biologischen Elternteil zu haben, Sara. Ich nehme an, dass du wusstest, dass beide Elternteile Adoptiveltern waren?«

»Ja«, antwortet er. »Sie haben mir erzählt, eine Frau habe mich zu ihnen gegeben. Eine Frau, die sie weder vor noch nach der Adoption jemals gesehen haben. Jemand, dessen Identität ich niemals herausfinden konnte.«

Dieser Teil der Geschichte scheint ihn stark zu belasten. Offensichtlich sehnt er sich danach, mehr über seine Herkunft zu erfahren. Das kann ich verstehen, aber ich möchte ihm meine Version der Geschichte nicht mitteilen. Nicht, wenn ich die Namen meiner Eltern dafür preisgeben muss. Stattdessen frage ich: »Und was ist mit deinen Fähigkeiten? Hast du das, was du kannst, genau wie ich alleine herausgefunden?«

»Ja. Während eines Autounfalls habe ich herausgefunden, dass ich die Zeit anhalten kann – was jeder hier ›in die Gedankendimension splitten‹ nennt.«

»Bei mir war es ein Fahrradunfall«, sage ich lächelnd. »Und ich nenne es ›die Stille‹.«

Thomas erwidert mein Lächeln. »Hast du auch alleine geführt?«, fragt er. »Das habe ich ›hypnotisieren‹ genannt.«

»Nein, das erste Mal, dass ich es vorsätzlich getan habe, war heute, als Liz mich testen wollte, um herauszufinden, ob ich ein Gedankenführer bin«, erkläre ich ihm. »Du hast es alleine herausgefunden?«

»Ja, es passierte während eines Streits. Als Kind war ich in jede Menge davon verwickelt«, erklärt er und bekommt einen abwesenden, nostalgischen Gesichtsausdruck. »Ich habe die Zeit angehalten, um zu üben, den anderen Jungen zu schlagen, mit dem ich mich prügelte. Während meiner Übungsschläge in der Gedankendimension wollte ich wirklich, dass er stolpert. Er war viel stärker als ich, und ihn am Boden zu haben war meine einzige Chance, ohne größeren Schaden aus der ganzen Sache herauszukommen. Zurück in der richtigen Welt stolperte er dann wirklich. Daraufhin habe ich mich als Kind gefragt, ob das vielleicht passiert ist, weil ich es unbedingt wollte. Als ich das nächste Mal in eine Schlägerei verwickelt wurde, habe ich versucht, den Trick zu wiederholen. Nach weiteren Versuchen habe ich eines Tages verstanden, dass ich noch mehr tun konnte, als Menschen zum Stolpern zu bringen.«

»Ich bin so neidisch«, sage ich ehrlich. »Wie viel Spaß ich gehabt hätte, wenn ich das schon als Kind herausgefunden hätte.«

»Eigentlich hört es sich nur in der Theorie nach Spaß an«, erwidert er ernst. »Ich dachte, es sei völlig krank.«

»Und ich wollte dich gerade fragen, wie du Liz kennengelernt hast.«

»Na ja, bevor ich die Menschen führen konnte, habe ich versucht, meinen Eltern zu erzählen, dass ich die Zeit anhalten kann…«

»Das habe ich auch getan«, unterbreche ich ihn aufgeregt.

»Genau. Und das Ergebnis bei dir war wahrscheinlich das Gleiche wie bei mir. Ich wurde zu einem Psychiater geschickt«, sagt er.

»Ja«, sage ich und nicke.

»Hat Liz dir erklärt, dass in solchen Fällen wie unseren alle Wege zu ihr führen?«, fragt er und schaut kurz in ihre Richtung.

»Nein, das hat sie nicht. Willst du mir sagen, dass es kein Zufall war, dass ich zu Liz gekommen bin?«

Thomas lächelt wieder. »Genau das«, bestätigt er meine Frage. »Sie hat sich einen Namen als Expertin für genau die Art von Wahnvorstellungen gemacht, von denen jemand wie wir berichten könnte. Sie hat einige Artikel über die Wahnvorstellung, aus der Welt hinauszutreten, geschrieben und hat sich für dieses Phänomen eine pseudopsychologische Erklärung ausgedacht. Irgendetwas darüber, dass es für einige intelligente und leicht introvertierte Kinder ein Weg sei, mit der schnelllebigen Welt um sie herum zurechtzukommen. Nachdem einige Ärzte nicht gewusst hatten, was sie mit mir anstellen sollten, haben sie mich zu ihr überwiesen, der Expertin. Das Gleiche ist dir auch passiert, wette ich.«

»Genau so war es.«

»Ich denke, das widerfährt jedem, der sich in unserer Situation in New York City befindet – nicht, dass das allzu häufig vorkommen würde. Als ich Liz endlich kennengelernt und ihr von meinen Erfahrungen mit dem Führen berichtet habe, hat sie mich in diese Welt eingeführt«, sagt er und macht eine Handbewegung, die den ganzen Raum einschließt.

»Jetzt bin ich noch viel neidischer. Ich hätte nicht nur die Schlägereien vermeiden können, sondern hätte auch das Führen und diese Gemeinschaft viel eher in meinem Leben entdecken können«, erkläre ich ihm.

»Du hättest nicht gerne meine Kindheit gehabt.« Thomas' Gesicht verdunkelt sich. »Vertraue mir, wenn ich dir sage, dass du nicht diesen Preis hättest zahlen wollen, nur um dich den Gedankenführern anzuschließen.«

»Es tut mir leid. Ich wollte nicht so oberflächlich sein. Ich wollte nur zum Ausdruck bringen, dass es toll gewesen sein muss, zu wissen, was du warst, und dich nicht für verrückt zu halten. Außerdem wette ich, dass die Schlägertypen sich nicht mehr mit dir angelegt haben.«

»Das haben sie nicht«, antwortet er kurz. Ich habe das Gefühl, dass einige von Thomas' Tyrannen mehr bekommen haben, als sie erwartet hatten. Gut für ihn. Zum Teufel, sollte ich einige Tage haben, an denen niemand versucht, mich umzubringen, könnte ich mir die Zeit nehmen, John zu finden, meinen Feind aus Kindheitstagen. Als Gedankenführer könnte ich ihn dazu bringen, sich wortwörtlich selbst einen ordentlichen Arschtritt zu verpassen.

»Es war schön, herauszufinden, dass ich nicht verrückt war«, sagt Thomas in einem leichteren Ton, als ich stumm bleibe. »Ich nehme an, dass du es auf deine Art und Weise auch schwer hattest. Aber was soll's, Ende gut, alles gut.«

»Genau«, sage ich und bin froh, dass das Gespräch etwas leichter wird. Ich will gerade noch etwas hinzufügen, als ich Liz auf uns zukommen sehe.

»Könnt ihr beiden das später fortsetzen?«, fragt sie und nimmt einen Schluck ihres pinkfarbenen Getränks. »Ich will Darren immer noch dem Rest vorstellen, und da ich heute zeitig von hier verschwinden muss, würde ich diese Aufgabe gerne hinter mich bringen.«

»Natürlich. Ich muss sowieso los«, erwidert Thomas.

»In Ordnung, ich rufe dich an, und dann können wir in ein paar Tagen vielleicht einen Kaffee trinken gehen?«, schlage ich vor.

»Das hört sich nach einem guten Plan an«, stimmt er mir lächelnd zu.

»Da du jetzt dein Herrendate hast, können wir ja los«, sagt Liz neckend. Meine Psychiaterin zu sehen, die leicht angetrunken ist und Witze macht, ist eigenartig, um es milde auszudrücken.

Als wir weggehen, hakt sie sich bei mir ein und führt mich herum, um mich den Menschen im Raum vorzustellen.

Ich habe ein unglaublich schlechtes Namensgedächtnis und hoffe, dass es später kein Quiz geben wird, weil ich völlig versagen würde. Allerdings fällt mir eine Regelmäßigkeit auf. Wir haben alle einige gemeinsame Gesichtszüge, genau wie Liz es mir beschrieben hatte. Und was auch immer es ist, bei den Lesern habe ich nichts dergleichen bemerkt. Alle diese Menschen scheinen auf ihre Art und Weise irgendwie interessant zu sein, und ich hoffe, sie mit der Zeit alle kennenzulernen.

Was mir außerdem auffällt, ist, dass niemand auch nur das kleinste bisschen unfreundlich zu mir ist. Also ist mein Feind entweder ein hervorragender Schauspieler – oder der Strippenzieher aus dem Krankenhaus ist nicht hier.

Das Ganze ist mehr als ermüdend. Vielleicht ist mein Biorhythmus durcheinander, weil ich die letzten zwei Tage so früh ins Bett gegangen bin, oder ich habe mich von meiner Verletzung noch nicht vollständig erholt. Was auch immer meine Müdigkeit hervorruft, ich beginne, mich ernsthaft nach meinem Hotelbett zu sehnen.

Hillary ist die Letzte auf dieser Einführungsrunde. »Siehst du, wie versprochen bekommst du ihn wieder«, meint Liz lächelnd zu Hillary. »Er steht dir für eine Gehirnwäsche zur Verfügung. Wenn ihr mich jetzt bitte entschuldigen würdet, ich habe noch etwas zu erledigen.«

»Ich habe gehört, dass du dich gut mit etwas auskennst, was mich interessiert«, sage ich zu Hillary, sobald Liz gegangen ist.

»Natürlich, was ist es denn?«, fragt sie und grinst mich an.

»Ich hatte gehofft, dass du mir etwas über die Traditionalisten erzählen könntest«, sage ich.

Ihr Grinsen verschwindet spurlos. »Du bist neu Darren, also weißt du nicht, dass das für mich ein empfindliches Thema ist. Aber genau das ist es, und so leid es mir auch tut, ich möchte nicht darüber reden«, sagt sie mit einer ungewöhnlich harschen Stimme.

»Das tut mir leid. Das wusste ich nicht. Lass uns über etwas anderes reden.« Ich fühle mich wie ein Idiot. Ihr Gesicht ist so ausdrucksstark, dass es sich einfach falsch anfühlt, sie wütend zu machen. Genauso, wie gemein zu einem kleinen Mädchen zu sein. Ihr zierlicher Körperbau muss Einfluss auf mein Gehirn haben.

»Möchtest du hier raus?«, fragt sie versöhnlich. »Ich bin am Verhungern, und hier gibt es nie etwas Essbares.«

Ich weise sie nicht auf das riesige Büffet hin, das unter der Last der auf ihm stehenden Auswahl an Finger Food fast zusammenbricht, und denke einen Augenblick darüber nach. Ich bin müde, aber Hillary hat etwas an sich, was mich reizt, sie näher kennenzulernen. Ich bin mir nicht sicher, was es ist. Es ist fast so, als gäbe es eine Art Verbindung zwischen uns.

»Ich bin dabei, aber unterwegs muss ich noch etwas erledigen. Macht es dir etwas aus, wenn ich kurz in den Apple Store gehe? Er ist lange geöffnet, und ich brauche dringend noch ein neues Handy.«

»Kein Problem.« Sie grinst mich an. »Lass uns gehen.«

21

ALS WIR AUS DEM TAXI AUSSTEIGEN, BIN ICH GERADE DAMIT FERTIG geworden, allen meine neue Telefonnummer zu senden.

Der Ort, an dem wir enden, ist laut Hillarys Beschreibung ein Restaurant mit veganer Rohkost. Sie schwört, es wird die beste Mahlzeit sein, die ich in den letzten Jahren zu mir genommen habe. Als ich auf die Karte schaue, bin ich eher skeptisch. Wie erwartet, haben sie jede Menge Salate, aber zu meiner Überraschung gibt es auch andere Möglichkeiten.

»Ich nehme erst einmal ein Kokosnusswasser«, lasse ich den Kellner mit den Dreadlocks wissen, der verdächtig nach Gras riecht.

»Das ist eine exzellente Wahl, reich an Elektrolyten. Das ist sehr gut für dich«, sagt Hillary lächelnd. »Ich nehme das Gleiche.«

»Außerdem hätte ich gerne die Spiralnudeln aus Zucchini mit Cashewkern-Alfredo-Sauce«, schiebe ich zögernd hinterher. Das ist das Gericht, was sich von allen am vielversprechendsten anhört, aber das hat ja nicht viel zu sagen.

»Du solltest noch ein wenig Platz für ein Dessert lassen. Hier gibt es eine fantastische Auswahl«, meint Hillary, bevor sie sagt, was sie gerne hätte: Einen Grünkohlsalat mit honigglasierten Pekannüssen und Guacamole mit ›lebenden Chips‹ – was auch immer das sein mag.

»Also, was denkst du über unsere kleine Gemeinschaft?«, möchte sie von mir wissen, sobald der Kellner gegangen ist.

»Sie scheinen nette Menschen zu sein«, antworte ich ihr ehrlich. »Ich kann es kaum abwarten, alle besser kennenzulernen.«

»Sie sind nette Menschen. Ich wünschte, der Rest der Gedankenführer wäre mehr wie sie«, sagt sie fast wehmütig.

Ich nehme an, dass sie über die Traditionalisten spricht, aber dränge sie wegen ihrer vorangegangenen Reaktion nicht. Stattdessen erwidere ich: »Ja, ich weiß, was du meinst. Irgendein Gedankenführer versucht gerade, mich umzubringen.«

»Dich umzubringen?« Sie sieht fassungslos aus. »Warum? Woher weiß er überhaupt, dass du existierst?«

Zum x-ten Mal erkläre ich es heute, so gut ich kann, und erzähle ihr die gleiche Geschichte, die ich auch schon Liz und Thomas aufgetischt habe. »Wie du siehst, gibt es jemanden, der mich umbringen möchte, aber ich habe keine Ahnung, woher er weiß, dass ich existiere.«

»Und deshalb hast du mich wegen der Traditionalisten gefragt?«

»Ja, Thomas meinte, es höre sich wie etwas an, was sie tun könnten, und er hat außerdem gesagt, dass du am meisten darüber weißt«, antworte ich vorsichtig.

»In diesem Fall denke ich, dass du einen guten Grund dafür hattest, mich vorhin danach zu fragen. Aber ich verstehe nicht, warum er dich verletzen will. Ich meine, bei Thomas kann ich es sehen, aber bei dir …« Sie kneift die Augen zusammen und betrachtet mich eingehend.

»Ich weiß nicht, warum Thomas das vermutet«, sage ich, da ich das Thema meiner Abstammung nicht ansprechen möchte. »Vielleicht hat er Unrecht.«

»Vielleicht«, sagt sie. »Ich denke, ich werde dir erzählen, was ich weiß, vielleicht hilft es ja.«

»Das wäre großartig.«

Sie zieht ihre Schultern nach hinten. »Um einen Eindruck über die Traditionalisten zu bekommen, versuche dieses Gedankenexperiment. Nimm die Engstirnigkeit eines extremen Fundamentalisten, füge Eugenik, Dogma, Angst vor Unbekanntem und eine Mischung aus unglaublich blindem und engstirnigem Hass auf die Schnüffler hinzu.«

»Verstanden. Ich stelle es mir vor – und mag das Ergebnis nicht.«

»Das ist allerdings nur der erste Schritt. Zweiter Schritt: Jetzt stelle dir vor, du wächst mit solchen Menschen in Form deiner Eltern auf«, sagt sie düster.

Ich blinzele. »Oh, ist das der Grund dafür, dass du …?«

»Ja, deshalb war ich ein wenig empfindlich vorhin. Aber mache dir keine Sorgen. Das konntest du ja nicht wissen.«

»Es tut mir trotzdem leid, dich aufgebracht zu haben.«

»Das ist schon in Ordnung. Meine Leute sind wahrscheinlich nicht einmal die schlimmsten, die draußen rumlaufen. Ja, sie sind besessen von der Angst, vor den normalen Menschen bloßgestellt zu werden. Und ja, sie haben Angst vor den neuen Technologien, oder – zutreffender – jeder Art von Fortschritt. Und wenn es nach ihnen ginge, wäre das Leben heutzutage genau so wie in der guten alten Zeit, von der ich vermute, dass es sie niemals wirklich gab. Alle diese Dinge sind wahr, aber nicht einmal vor diesem Hintergrund denke ich, dass meine Eltern so weit gehen würden, jemanden dahin zu führen, eine Person umzubringen.«

Sie hört auf zu reden und sieht nachdenklich aus. Fragt sie sich gerade, ob das, was sie gesagt hat, stimmt? Ob ihre Eltern jemanden im Namen ihres Glaubens umbringen könnten? Ich nehme an, das Thema ist damit beendet.

Das Essen und die Getränke werden genau in diesem schweigsamen Moment gebracht. Sie beginnt damit, ihre Chips mit Guacamole zu verschlingen, und bietet mir an, sie zu probieren.

»Sie sind erstaunlich gut«, sage ich nach einem Bissen. Offensichtlich wird ihnen das Wasser entzogen, was sie langsam austrocknen lässt, ohne sie zu kochen. Für mich hört sich das nicht sehr nach »Rohkost« an, aber da sie stark wie Maischips schmecken, werde ich mich nicht beschweren. Mein eigenes Gericht, die Pseudo-Spaghetti aus Zucchini, sind auch ziemlich gut, obwohl sie genauso viel mit der eigentlichen Variante gemeinsam haben wie ein Hot Dog mit einem echten Hund. Ich probiere das Getränk und muss zugeben, es auch zu mögen: »Dieses Kokosnusswasser ist anders als das Zeug, was ich sonst immer bekommen habe.«

»Natürlich, vorher hast du wahrscheinlich die Version aus der Dose bekommen«, meint sie und beginnt damit, ihren Salat zu essen. Ihre Hände sind so klein, dass die Gabel darin riesig aussieht.

Ich frage mich, wie Hillary und ihre Freunde reagieren würden, wenn sie die Wahrheit über mich wüssten. Um vorsichtig vorzufühlen, frage ich: »Als du die Traditionalisten beschrieben hast, meintest du, dass sie die Schnüffler hassen. Mag der Rest der Gemeinschaft sie denn?«

»Verglichen mit den Traditionalisten lieben wir sie geradezu«, antwortet sie und spießt mehr Salat auf ihre Gabel.

»Aber ich dachte, ich hätte bei Liz herausgehört, dass die Schnüffler zu vermeiden sind«, entgegne ich, um meine Ermittlungen voranzutreiben. Ich hoffe, sie findet das nicht verdächtig. Ich möchte wirklich herausbekommen, in welcher Gefahr ich mich befinde, sollten die Gedankenführer herausfinden, dass ich lesen kann.

»Ich kann nichts zu Liz sagen, aber ich hasse die Schnüffler nicht. Nicht einmal ein kleines bisschen«, sagt sie und schaut mich unschuldig an. »Eigentlich bin ich sogar eher neugierig, was sie betrifft.«

»Oh. Ist das eine weitverbreitete Ansicht?«

»Nein, wahrscheinlich ist meine Einstellung eher sehr selten. Der Rest der Gruppe würde mich komisch finden, auch wenn sie schon recht liberal ist. Selbst außerhalb der Traditionalisten werden die Schnüffler von den meisten Gedankenführern leidenschaftlich gehasst.«

»Wegen der Völkermorde?«, frage ich, da ich mich an Liz' Geschichtsstunde erinnere.

»Ja, teilweise. Das bringt eine schlechte Vergangenheit so mit sich. Aber es steckt noch mehr dahinter. Es ist bis heute ein weit verbreiteter Glaube, dass die Schnüffler uns aktiv hassen – also ist es eine natürliche Reaktion, dass wir sie ›zurückhassen‹«, antwortet sie.

»Aber du nicht«, erwidere ich.

»Ich würde trotzdem nicht so weit gehen, sie aufzusuchen. Ich denke, dass es besser ist, die Schnüffler zu meiden. Nicht, weil ich glaube, dass sie bösartig sind, sondern weil ich denke, dass einige von ihnen die gleiche Wir-gegen-sie-Mentalität haben, wie viele Gedankenführer selbst außerhalb der Traditionalisten.«

»Also mögen wir sie nicht, weil sie uns hassen, und deshalb meiden wir sie auch. Wenn sie die gleiche Logik anwenden, ist es dann nicht ein Teufelskreis?«

»Du bist ein Mann nach meinem Geschmack«, erwidert Hillary mit einem Lächeln. »Genau das ist es, was mich so ärgert, und ich denke, du hast es genau auf den Punkt gebracht. Die gesamte menschliche Rasse hat diese Tendenz, sich an ihrer eigenen Gruppe festzuklammern. Unsere Besessenheit, darin unterzutauchen, ist für fast alles Böse in der Welt verantwortlich. Niemand sieht, dass der Hass zwischen unseren Gruppen nur ein weiteres Beispiel einer Serie unnötiger Feindschaften ist. Sie alle beginnen mit Menschen, die sich extrem ähnlich sind. Auf einmal taucht ein kleiner Unterschied auf, die Menschen trennen sich deshalb, und schon beginnt der Irrsinn. Früher oder später kommt die ›Wir hassen euch, weil ihr uns hasst‹-Sackgasse oder Schlimmeres.«

»Wow, du hast dir wirklich Gedanken darüber gemacht«, sage ich beeindruckt.

»Wieso auch nicht? Es ist doch offensichtlich. Nimm irgendetwas Willkürliches wie Hautfarbe, Einkommen, Politik, Religion, Nationalität oder in diesem Fall verschiedene Arten von Macht. Egal, was du wählst, an einem bestimmten Punkt werden die Menschen einen Weg finden, sich wegen dieses willkürlichen Merkmals voneinander zu trennen – und bereit zu sein, dafür zu töten. Sobald sich diese Denkweise gefestigt hat, werden die Gruppen beginnen, die jeweils andere als weniger menschlich anzusehen, was alle Arten von Gewalt rechtfertigen wird. Dieser ganze Kreis ist so sinnlos, dass ich manchmal einfach aufgeben möchte.« Sie seufzt. »Aber das werde ich nicht. Stattdessen zitiere ich einen weisen Mann: ›Ich versuche, die Veränderung zu sein, die ich gerne in der Welt sehen möchte.‹«

»Ich frage mich, was Gandhi wohl zu alldem gesagt hätte«, meine ich, nachdem ich einen Schluck von meinem Getränk genommen habe. »Und, falls es dir hilft, ich bin kein Rassist, Sexist oder anderer ›-ist‹. Dadurch, dass ich nicht mit den Geschichten über die Schnüffler aufgewachsen bin, habe ich auch nicht vor, sie zu hassen. Genau wie du bin ich sehr neugierig, was sie betrifft, also denke ich überhaupt nicht, dass du komisch bist.«

»Danke«, sagt sie und belohnt mich mit einem strahlenden Lächeln, bei dem sie ihre weißen Zähne zeigt. »Weißt du, auch wenn wir uns gerade erst begegnet sind, habe ich trotzdem das Gefühl, dich schon zu kennen. So, als ob ich dir vertrauen könnte. Aber ich weiß nicht, warum. Ist das eigenartig?«

»Nein, ich weiß, was du meinst«, erwidere ich und fühle es auch so. Eigentlich ist es eigenartig. Ich fühle mich zu diesem Mädchen hingezogen, aber nicht auf die Art und Weise, wie es sonst bei hübschen Mädchen ist. Es ist eher so, als würde ich sie einfach nur sehr gerne mögen.

Sie grinst mich an. »Gut. Ich freue mich, dass wir auf der gleichen Seite stehen. Und was deine Probleme betrifft … Falls du

Hilfe brauchst, um mit demjenigen, der hinter dir her ist, fertigzuwerden, helfe ich dir gerne.«

Ich unterdrücke ein Grinsen, als ich mir vorstelle, wie sie ihre kleinen Fäuste während eines Kampfes schwingt. »Danke, Hillary. Ich freue mich über dein Angebot.«

»Aber du kannst dir nicht vorstellen, dass ich eine Hilfe sein könnte«, erkennt sie scharfsinnig. »Warum nicht? Wegen meiner Größe?«

»Nein«, lüge ich. »Weil du so einen friedlichen Eindruck machst. Ich hätte schwören können, dass du ein Pazifist bist.« Ich habe schon vor langer Zeit gelernt, dass man schnell antworten muss, wenn eine Frau eine Frage ihre Maße betreffend stellt – und ihr das sagen muss, was sie hören möchte. Die einzige Ausnahme dieser Regel ist die gefürchtete »Sehe ich darin fett aus?«-Frage. Darauf ist die Antwort grundsätzlich ein »NEIN«.

»Du hast recht«, sagt Hillary. »Ich bin keine gewalttätige Person, aber meine Reichweite ist wahrscheinlich die längste in unserer Gruppe.« Sie errötet ein wenig, als sie den letzten Teil ausspricht, und ich erinnere mich daran, dass Liz mir erklärt hat, es sei unhöflich, über die Macht eines Gedankenführers zu sprechen. Ich nehme an, Hillary hat mir gerade etwas erzählt, was sich auf der gleichen Ebene wie BH-Größen befindet.

»Deine Reichweite?«, möchte ich wissen und schaue sie an. Liz hat mir dieses Konzept zwar kurz erklärt, aber ich würde es gerne besser verstehen.

Hillary, deren Wangen immer noch rot sind, nickt. »Ja. Unsere Reichweite bestimmt, wie stark, wie tief und wie lange wir eine Person führen können. Meine ist so mächtig, weil alle meine Vorfahren, einschließlich meiner Eltern und Großeltern, sich an die barbarische Tradition der Fortpflanzung für diese Eigenschaft gehalten haben. Wenn ich ein braves Mädchen wäre und mich mit demjenigen paaren würde, den man mir zuteilt, könnten meine Kinder sogar einmal zu den Ältesten gehören.«

»Das verstehe ich nicht ganz«, sage ich. »Wie kann man jemanden ›tiefer‹ führen? Und wer sind die Ältesten?«

»Die schnelle Version über die Reichweite ist: Angenommen, du führst jemanden, und dann komme ich und möchte ihn von dem, was du ihm gesagt hast, abbringen. In dem Fall wird mein Erfolg von unserer unterschiedlichen Reichweite abhängen.«

»Also auch, wenn ich jemanden programmiert habe, könntest du ihn überschreiben, wenn du mächtiger bist als ich?«

»Wir würden solche technischen Begriffe niemals verwenden, aber du hast es auf den Punkt gebracht, ja«, erwidert sie. »Und die Ältesten sind solche Gedankenführer, die ganze Leben in der Gedankendimension verbringen können. Ich weiß nicht viel über sie. Die Gerüchte sagen, dass sie zusammen in der Gedankendimension leben. Jeder von ihnen sitzt mal am Steuer und zieht die anderen in eine eigenwillige Gemeinschaft hinein, die praktisch außerhalb der Zeit existiert.«

Ich starre sie fasziniert an. »Das ist unglaublich.«

»Ja, das ist es – auch wenn ich es ein wenig beängstigend finde. Es fällt mir schon schwer, mir vorzustellen, mit einem der Ältesten zu reden. Denk einfach mal darüber nach. Während du einmal zwinkerst, können sie sich in die Gedankendimension splitten, zu ihren Freunden gesellen und die Erfahrungen eines ganzen Lebens zusammensammeln. Das verwirrt mich, und ich bevorzuge es, wenn mein Kopf ruhig ist.«

Sie hat recht. Das, was sie beschreibt, ist schwer zu verstehen. Auf den Punkt gebracht, ist es die Verlängerung des Lebens – und ich finde das mehr als cool. Ich würde gerne versuchen, so lange wie möglich mit ein paar Freunden in der Stille zu leben, oder vielleicht sogar mit einer Freundin.

»Wie dem auch sei, zurück zur Reichweite«, meint Hillary und unterbricht meine aufregenden Vorstellungen. »Meine ist ziemlich stark, was bedeutet, dass ich die Anweisungen, die dieser Gedankenführer den Zivilisten, die dich umbringen sollen, gibt, überschreiben könnte – vorausgesetzt, ich bin rechtzeitig da.«

»Das wäre großartig«, sage ich beeindruckt. »Ich weiß das wirklich zu schätzen, Hillary. Gibst du mir deine Telefonnummer?« Ich reiche ihr mein Handy. Eines der Genies im Apple Store hat alle meine Kontakte auf das neue Telefon überspielt, und deshalb fühlt es sich an, als hätte ich das Handy schon seit Jahren.

Sie speichert ihre Nummer ein und gibt es mir zurück. »Ich habe meinen Namen ausgeschrieben, aber du kannst einen Spitznamen hinzufügen, wie du es bei allen andern zu tun scheinst.«

Ich nehme das Handy, und es ist mir ein wenig peinlich, dass ihr das mit den Spitznamen aufgefallen ist. Es ist genau das, was ich mache. Ich erfinde für alle lächerliche Spitznamen und habe dann jede Menge Spaß bei der Sprachwahl. Ihr Name wird Tinker Bell sein. Ich amüsiere mich bei der Vorstellung, die Worte »Rufe Tinker Bells Handy an«, in einem vollen Bus auszusprechen.

Ich schaue auf das Display und sehe die Worte *Hillary Taylor*, zusammen mit einer Telefonnummer. Ich beschließe, ihren Spitznamen später hinzuzufügen. Jetzt rufe ich sie erst einmal an, damit sie auch meine Nummer bekommt. Als das Telefon die Verbindung aufbaut, wird es mir auf einmal klar.

Taylor.

Sara hat mir erzählt, der Mädchenname meiner Mutter sei Margret *Taylor* gewesen.

Nein.

Das kann nicht sein.

Oder doch?

Es ist eine kleine Gemeinschaft. Wie oft kann es den gleichen Namen geben?

»Hillary, bist du ein Einzelkind?«, frage ich sie, ohne über die Reichweite der Konsequenzen dieser Frage nachzudenken.

Meine Frage scheint sie zu überraschen. »Ja. Nein. Irgendwie. Ich hatte vor langer Zeit eine ältere Schwester, aber sie ist tot. Warum fragst du? Und warum siehst du so entsetzt aus?«

Ihre Schwester.

Älter ... viel älter, wenn man bedenkt, dass Hillary aussieht, als sei sie gerade erst Mitte zwanzig.

Eine ältere Schwester, die tot ist.

Es muss stimmen.

Ich kann es nicht glauben – aber es besteht eine Ähnlichkeit.

Rückblickend ist es genau das, was mich an ihrem Gesicht fasziniert hat. Wir haben genau die gleichen blauen Augen. Das gleiche Kinn, ähnliche Wangenknochen, und ihre Nase ist eine kleinere, weibliche Version meiner eigenen. Abgesehen von dem riesigen Größenunterschied sehen wir aus, als könnten wir verwandt sein – und jetzt weiß ich auch, warum.

Weil wir es sind.

»Hillary, ich glaube, du bist meine Tante«, platze ich heraus, da ich meine Aufregung nicht länger unterdrücken kann.

22

Hillarys Gesichtsausdruck wäre komisch, wenn ich mich nicht genauso fühlen würde, wie sie aussieht.

»Ich habe heute herausgefunden, dass der Vorname meiner biologischen Mutter Margret war und ihr Mädchenname Taylor, so wie deiner«, erkläre ich ihr mit vor Aufregung klopfendem Herzen.

Sie betrachtet mich eingehend, und ich sehe, wie ihr langsam einige Dinge klar werden. Auch ihr muss unsere Ähnlichkeit aufgefallen sein.

»Aber …«, beginnt sie, bevor sie schluckt und mich wieder anstarrt. »Das kommt wirklich unerwartet. Entschuldige bitte.«

»Ja, ich versuche es auch gerade erst zu verarbeiten.«

»Margie hatte ein Kind?«

»Das muss sie«, erwidere ich. »Falls ich recht habe.«

»Aber das kann nicht sein. Margie ist vor über zwanzig Jahren gestorben. Das muss ein Missverständnis sein.«

Ich sitze einfach nur da und lasse sie darüber nachdenken.

»Du siehst aus wie sie«, sagt sie nach einer Pause. »Und wie unser Vater … dein Großvater also. Aber wie ist das möglich?«

»Ich bin mir nicht sicher«, sage ich und komme zu einem Entschluss. »Bevor ich dir mehr erzähle, musst du mir versprechen, dass das, was ich dir sagen möchte, unter uns bleiben wird. Nur unter uns. Einverstanden?«

Ich weiß, dass es gefährlich ist, jemandem die ganze Wahrheit zu sagen, aber mein Instinkt sagt mir, dass ich Hillary vertrauen kann. Sie hatte nichts gegen die Schnüffler, bevor sie wusste, dass wir blutsverwandt sind. Also sollte sie generell kein Problem mit meinen Lesefähigkeiten haben, unabhängig von unserem Verwandtschaftsverhältnis. Ich hatte mir vorher schon überlegt, es ihr zu erzählen, sobald wir uns besser kennen. Die neue Situation beschleunigt die ganze Sache. Ich könnte die Pros und Kontras, ihr zu vertrauen, jetzt die ganze Nacht lang abwägen, aber eigentlich hängt alles nur davon ab, Menschen einzuschätzen – und ich schätze sie als vertrauenswürdig ein.

»Das ist alles sehr eigenartig, aber ich werde vor Neugier sterben, wenn du mir das, was du weißt, nicht erzählst. Also ja, ich schwöre beim Grab meiner Schwester, dass ich dein Geheimnis für mich behalten werde«, flüstert sie eilig. »Erzähl mir alles.«

Ich erzähle ihr die ganze Geschichte. Ich beginne in Atlantic City, wo ich Mira zum ersten Mal getroffen habe. Ich erkläre ihr, wie ich zuerst Lesen und danach Führen gelernt habe und wie ich die Wahrheit über Liz herausgefunden habe. Während ich rede, hört mir Hillary mit gespannter Aufmerksamkeit zu und scheint vor Faszination ihren Atem anzuhalten.

»Das passt alles zusammen«, sagt sie, als ich fertig geredet habe, und ich sehe, wie sich ihre Augen mit Trauer füllen. »Das kannst du nicht wissen, aber deine Geschichte passt genau zu dem, was ich über meine ältere Schwester weiß.«

»Kannst du mir mehr über meine Mutter erzählen?«, frage ich sie. »Ich meine, deine Schwester? Ich habe gerade erst von ihrer Existenz erfahren.«

Hillary nickt. »Damals war ich noch sehr klein, erst fünf oder sechs Jahre alt«, beginnt sie, »aber ich weiß, dass sie ein rebellischer Teenager war.«

Ich höre ihr zu und muss lächeln. Das muss in der Familie liegen. Ich war definitiv rebellisch, und meine Mütter würden das bis zu einem bestimmten Grad wohl auch heute noch von mir behaupten.

»Sie war nicht so schlimm wie ich, als ich größer wurde«, fährt Hillary fort, »zumindest meinen Eltern zufolge. Trotzdem soll sie ziemlich schlimm gewesen sein. Sie war auch sehr mächtig, und nach dem, was du mir gerade erzählt hast, könnte sie sogar noch mehr Reichweite gehabt haben als ich.«

»Wie kommst du darauf?«, frage ich überrascht.

»Kannst du es nicht sehen? Deine Adoptivmütter haben dir doch erzählt, dass sie jahrelang nicht über deine Herkunft sprechen konnten. Dass das Thema quasi ein Tabu war?«

»Ja…«

»Das hört sich an, als seien sie von Margie dahin geführt worden, nicht darüber zu reden«, sagt sie.

»Aber dabei handelt es sich um *Jahre*.« Da ich jetzt das Konzept der Reichweite besser verstehe, begreife ich, wie außergewöhnlich groß die Macht meiner leiblichen Mutter gewesen sein muss – und ich finde es nicht mehr so schlimm, dass Sara und Lucy dieses wichtige Geheimnis vor mir hatten.

»Ja, erstaunlich, ich weiß. Diese Reichweite ist auch genau der Grund dafür, dass meine Eltern massiven Druck auf sie ausgeübt haben, zu heiraten. Und noch viel wichtiger: sich mit einer von ihnen – bzw. den Ältesten – ausgewählten Person fortzupflanzen.« Hillarys Kinn spannt sich an, und ihr Gesichtsausdruck wird vor Wut ganz düster. »Margie hat sich nicht nur geweigert, sie ist sogar mit ihrem Liebhaber, der kein Gedankenführer war, weggelaufen. Ich wusste nicht, dass er ein Schnüffler war, und ich glaube auch nicht, dass es meinen Eltern da anders ergeht.«

»Und was ist danach passiert?«, frage ich, und meine Brust wird eng.

»Sie haben sie verstoßen«, sagt Hillary durch zusammengebissene Zähne. »Sie haben versucht, mir einzureden, dass ich keine Schwester mehr hätte.«

»Das ist furchtbar.« Ich spüre die Wut in mir hochsteigen. Was für Eltern würden so etwas tun?

»Genau«, sagt Hillary zornig. »Aber ich wusste natürlich, dass ich eine Schwester hatte und dass sie die Person war, die ich am liebsten von allen hatte. Das werde ich meinen Eltern nie verzeihen. Niemals.«

Ihre blauen Augen füllen sich mit Tränen und ich habe keine Ahnung was ich machen soll. Ich möchte sie trösten, aber ich weiß nicht, wie. Also lege ich meine Hände auf ihre und drücke sie beruhigend.

»Es tut mir leid«, sagt sie und blinzelt schnell, um ihre Tränen zurückzuhalten. »Wie du siehst, ist das Ganze immer noch sehr schmerzhaft für mich. Aber ich sollte nicht weinen. Das hier ist ein glücklicher Moment. Dich zu treffen. Ihren Sohn. Meinen Neffen.«

»Und fast hätten wir noch miteinander geflirtet«, sage ich in dem Versuch, sie aufzuheitern.

»Fast? Darren, Schatz, ich habe den ganzen Abend mit dir geflirtet«, sagt sie mit dem Ansatz eines Lächelns auf ihrem Gesicht. »Aber ich habe schnell feststellen müssen, dass du nicht auf diese Art und Weise an mir interessiert bist, und habe mich deshalb dazu entschlossen, einen tollen neuen Freund kennenzulernen.«

Die Idee, dass meine neu gefundene Tante an mir interessiert gewesen war, wäre auf eine Jerry-Springer-Art lustig, wenn ich mich nicht auch zu ihr hingezogen gefühlt hätte. Aber sie hat recht – die Anziehung war nicht die gleiche, die ich bei Mira spüre. Trotzdem bin ich froh, die Situation geklärt zu haben.

»Kann ich dich jetzt Tantchen nennen?«, versuche ich sie erneut aufzuheitern.

Es scheint zu funktionieren. Sie lächelt, und ihr ansteckendes

Grinsen ist wieder zurück. Ich erkenne dieses Lachen. Ich habe es schon einige Male in der Stille auf meinem eingefrorenen Gesicht gesehen. Würde Liz sagen, dass unsere anfängliche Anziehung, falls es das war, eine Form von Narzissmus war? Oder würde sie es mit irgendeinem Freud'schen Mist erklären? Ich bin mir nicht sicher und ich weiß auch nicht, wieso ich mich so oft frage, was Liz wohl dazu sagen würde.

»Auf gar keinen Fall«, entgegnet Hillary auf meine Frage. »Bitte nicht Tantchen.«

»Dann Tante Hillary«, erwidere ich und versuche, mich unschuldig anzuhören.

Sie rollt mit den Augen. »Bitte. Ich bin siebenundzwanzig – viel zu jung, um die Tante von jemandem deines Alters zu sein.«

»Na gut, also einfach nur Hillary«, gebe ich nach. Wir lächeln uns an, und dann frage ich: »Also habe ich eine Großmutter und einen Großvater? Würden sie mich hassen?«

»Ich befürchte, das würden sie wohl«, meint sie. »Falls du recht damit hast, einen Schnüffler – oder *Leser* – als Vater zu haben. Ich sollte ab jetzt wohl eher den politisch korrekten Ausdruck benutzen, nehme ich an. Es tut mir leid, Darren, aber sobald ich alt genug war, habe ich Florida verlassen – hauptsächlich, um von deinen Großeltern wegzukommen.«

»Ich verstehe«, sage ich, und es macht mir nicht besonders viel aus. Vor einigen Minuten hatte ich keine Tante, und jetzt habe ich eine. Dass meine biologischen Großeltern Arschlöcher sind, damit kann ich leben. Vielleicht sind ja die Eltern meines Vaters besser? Im Gegensatz zu Hillary habe ich bereits zwei sehr nette Großelternpaare durch meine Adoptivmütter.

»Wie viel weißt du darüber, was mit meiner Mutter passiert ist?«, möchte ich wissen, weil ich mich frage, ob Hillary etwas Licht in die Morde an meinen Eltern bringen kann.

»Nicht viel«, antwortet sie. »Ich habe versucht, herauszufinden, was in New York mit Margret passiert ist. Alles, was ich erfahren habe, sind öffentliche Informationen. Sie hat geheiratet und wurde kurze Zeit später zusammen mit ihrem Mann aus einem unbekannten Grund umgebracht.« Hillary sieht einen Moment lang nachdenklich aus. »Weißt du, mir ist gerade aufgefallen, dass sie umgebracht worden sein könnten, weil dein Vater wirklich ein Leser war.«

Ich nicke. »Richtig. Ich fange an, das Gleiche zu vermuten.«

»Wenn das so sein sollte, müssten die Traditionalisten dahinterstecken«, sagt sie, und ihr verärgertes Gesicht wird rot. »Nicht diejenigen, mit denen meine Eltern verbunden sind, sondern wahrscheinlich eine andere Gruppe. So verrückt meine Eltern auch sind, sie hätten nicht ihre eigene Tochter umgebracht. Das hoffe ich zumindest.«

»Das ist mit Sicherheit eine positive Eigenschaft«, sage ich trocken.

Wir sitzen schweigend da. Sie ist tief in Gedanken versunken.

»Es müssen die Traditionalisten sein«, wiederholt sie, so als habe sie gerade eine Eingebung gehabt. »Deine Existenz geht gegen alles, wofür diese Arschlöcher stehen.«

»Du meinst das Verbot, das Blut zu vermischen?«, frage ich und bin überrascht, wie neutral ich diese ganze Sache empfinde. Es ist so, als würde ich über jemand anderen reden, nicht über mich.

»Ja. Eigentlich kann ich kaum glauben, dass es dich gibt. Dass ein Kind, das zum Teil Führer und zum Teil Leser ist, überhaupt existieren kann«, sagt sie verwundert.

»Warum nicht?« Leser scheinen sich eine solche Sache vorstellen zu können, auch wenn sie sie als hochgradig unerwünscht ansehen.

»Es gibt den modernen Mythos, dass die Natur die Existenz einer solchen Abscheulichkeit nicht zulassen würde«, sagt sie. Als sie das Wort Abscheulichkeit ausspricht, hebt sie ihre Hände, um Anführungszeichen in der Luft zu machen, und schaut mich entschuldigend an. »Hauptsächlich ist das auf die Legenden darüber zurückzuführen, dass die Schnüffler die Frauen der Gemeinschaft der Gedankenführer vergewaltigt haben sollen.

Diesen Mythen nach sind aus solchen Verbindungen niemals Kinder entstanden«

Ich ziehe die Augenbrauen in die Höhe. »Ihr denkt, die beiden Gruppen seien sexuell inkompatibel?«

»Ja, aber ich nehme diese Geschichten nicht ganz so wörtlich. Ich glaube, dass viele Schnüffler die gleiche Einstellung wie unsere Traditionalisten haben – besonders die älteren. Das bedeutet, dass sie unter gar keinen Umständen Sex mit ihrem Feind hätten, nicht einmal, um zu vergewaltigen.«

»Nach dem, was ich von meinem Leserfreund Eugene gehört habe, könntest du damit recht haben. Er konnte nicht glauben, dass ein Leser jemals Sperma spenden würde, eben genau wegen des Risikos dieses ›furchtbaren‹ Ergebnisses«, sage ich, und die Bitterkeit in meiner Stimme überrascht mich. Es ist ein beschissenes Gefühl, zu wissen, dass man nicht existieren darf.

»Genau. Die alten Schnüffler hätten die gefangenen Frauen einfach umgebracht. Dessen bin ich mir sicher«, bestätigt sie mir.

»Das alles macht deine Existenz umso revolutionärer.«

»Was ist so revolutionär daran?«

»Ach, komm schon. Denk doch mal darüber nach. Was wäre denn der beste Weg, um die jahrhundertelange Fehde zu beenden?«

»Ich weiß, dass die Antwort, die du hören möchtest, ›Hochzeiten zwischen beiden Gruppen‹ lautet, aber ich bin mir nicht sicher, ob es so einfach ist ...«

»Das ist es«, sagt sie zuversichtlich. »Das war der Grund dafür, dass die Könige von verfeindeten Völkern manchmal in das jeweils andere einheirateten. Deshalb haben die Amerikaner – Produkte des Schmelztiegels – viele, wenn auch nicht alle Vorurteile ihrer europäischen Vorfahren vergessen, die sich gegenseitig hassten.«

Meine Skepsis muss offensichtlich sein, denn sie fährt fort: »Ich habe viel darüber nachgedacht, Darren. Überall gibt es Beispiele dafür – und schließlich bin ich eine Anthropologin. Wenn du zwei Gruppen hast, die sich hassen, musst du die Gruppenidentität zerbrechen, die der Grund für die ›Wir gegen sie‹-Einstellung ist, über die wir vorhin gesprochen haben. Und was wäre ein besserer Weg, um eine solche Identität zu brechen, als Kinder zu haben, die beide Gruppen repräsentieren. Besonders dann, wenn sie so charmant sind wie du.« Sie zwinkert mich spielerisch an.

»So sehr es mir auch schmeichelt, die Zukunft und das alles zu sein, lass mich bitte einen Augenblick lang den Anwalt des Teufels spielen und diese Idee zu seinem logischen Extrem führen. Es müssten dann ja nicht nur die Leser und die Gedankenführer untereinander heiraten. Meinst du also, dass die menschliche Rasse das auch tun sollte?«

»Genau«, sagt sie.

»Aber denkst du nicht, dass etwas verloren gehen würde, wenn alle zu einer riesigen menschlichen Rasse verschmelzen würden? All diese niedlichen kleinen kulturellen Unterschiede würden zum Beispiel verschwinden. Wie ethnisches Essen, verschiedene Sprachen, selbst volkstümliche Musik oder Mythologie.« Ich bin nicht grundsätzlich davon überzeugt, dass sie Unrecht hat, aber ich möchte ihre Gegenargumente hören.

»Ich bin mir nicht sicher, dass du damit hundert Prozent recht hast.« Sie trinkt ihr Glas Kokosnusswasser in einem großen Schluck aus. »Einige Dinge würden bestehen bleiben. Denk doch nur an Feiertage wie Ostern, die von den alten heidnischen Feiertagen abstammen. Es gibt sie immer noch – mit gefärbten Eiern und den Hasen und allem. Aber selbst wenn wir einen Teil dieses kulturellen Erbes verlieren würden, wäre es das für eine Welt in Frieden wert.«

»Aber warum bei jemandem wie mir aufhören?«, frage ich. »Die Argumentation kann benutzt werden, um zu sagen, dass die Leser und die Führer normale Menschen heiraten sollten.«

»Das stimmt«, sagt sie.

»Aber das würde langfristig unsere Fähigkeiten verschwinden lassen. Wir hätten damit eine ähnliche Art von Völkermord wie damals, als die Leser die Gedankenführer auslöschen wollten – nur, dass er in diesem Fall freiwillig wäre.«

»Das stimmt so nicht. Wir hätten weniger Konflikte zwischen den einzelnen Gruppen. Und wer hat gesagt, dass unsere Fähigkeiten verschwinden würden? Sie könnten sich auch ausbreiten. Auf jeden Fall denke ich, dass eine neue Redebereitschaft zwischen den Gruppen entstehen würde, wenn die Leser und Führer dich als das akzeptieren, was du bist.«

»Oder ich würde getötet werden, um den Status quo aufrechtzuerhalten.« Ich diskutiere nicht mehr der Argumente wegen, sondern wegen meines wachsenden Gefühls, mich in Gefahr zu befinden.

»Das werde ich nicht zulassen«, sagt meine Tante ernst, und trotz ihrer Größe ist sie plötzlich erstaunlich beeindruckend.

23

Nachdem Hillary und ich die halbe Nacht lang geredet haben, wache ich am nächsten Tag erst spät auf – zum Glück nicht zu spät fürs Mittagessen. Ich schreibe Mira, um unsere Verabredung zu bestätigen, und sie gibt mir die Adresse, von der ich sie abholen soll.

Diesmal bekomme ich von der Autovermietung ein viel netteres Auto. Und diesmal schließe ich bedenkenlos eine Versicherung ab, falls ich wieder in eine Hochgeschwindigkeitsjagd mit der russischen Mafia verwickelt werde.

Nach einer hektischen Fahrt, um auf keinen Fall zu spät zu kommen, parke ich meinen glänzenden schwarzen Lexus in der Nähe von Miras und Eugenes Hotel.

Nachdem ich Mira Bescheid gesagt habe, dass ich da bin, nehme ich mir endlich einen Moment Zeit, um die E-Mails auf meinem Handy abzurufen. Und da ist sie, die E-Mail von Bert, auf die ich gewartet habe:

Hallo,

ich habe einen guten Ort gefunden, an dem du dir Arkady Bogomolov anschauen kannst. Das war eine Meisterleistung von mir, muss ich zugeben. Ich erzähle dir alles darüber, wenn ich dich das nächste Mal sehe. Falls ich dich jemals wiedersehen werde. Dieser Typ ist wirklich übel, und du solltest dich auf jeden Fall von ihm fernhalten. Das Beste, was du machen kannst, ist, diese E-Mail jetzt zu löschen und dich mit Mira zu treffen.

Aber du bist ja schon immer stur gewesen, also nehme ich an, dass du immer noch liest. Der Kerl wird in eine russische Banya namens Mermaid gehen. Sie ist in Brooklyn, und die Adresse ist 3703 Mermaid Avenue. Deshalb der Name, nehme ich an. In ihrem System hat er eine Massage für heute, 16.00 Uhr gebucht. Bei einem Typen namens Lyova.

Die Mordakte deiner Mutter habe ich angehängt.

Du bist mir was schuldig.

Bert.

ICH ANTWORTE IHM SCHNELL:

Danke, ich bin dir viel schuldig.

BERT HAT SICH DIESES MAL SELBST ÜBERTROFFEN. ICH SOLLTE MIR die Zeit nehmen, einen Weg zu finden, ihm wie gewünscht mit seinen Mädchenproblemen zu helfen. Sollte sich das Thema ergeben, werde ich Mira fragen, ob sie Freundinnen hat. Ich vermute, dass das eher nicht der Fall ist. Sie hat etwas von einem Einzelgänger an sich. Außerdem müsste die Person für Bert auch ziemlich zierlich sein, außer, das betreffende Mädchen hätte kein Problem mit einem kleineren Mann.

Mir ist klar, dass ich nur wenig Zeit habe, und suche schnell den Ort heraus, den mir Bert in der E-Mail genannt hat. Wie ich beim Lesen des anderen Gangsters erfahren habe, ist eine *Banya* eine Art Spa. Ich überprüfe und vertiefe dieses Wissen durch Nachforschungen im Internet. Offensichtlich ist es kein Ort, an dem Mädchen ihre Maniküre und Pediküre bekommen. Stattdessen gehen die Russen dorthin, um in extrem heißen Saunas zu sitzen und – kein Scherz – sich mit Stöcken aus Birkenzweigen auspeitschen zu lassen. Ja. Grob gesagt ist es ein öffentliches Badehaus mit einem schrägen SM-Einschlag. Ich will das auch. Nicht.

Dieses spezielle Badehaus befindet sich nicht weit entfernt vom Coney-Island-Park, wie mein Handy meint.

Ich denke, ich sollte Mira über diese Entwicklungen berichten. Allerdings besser, nachdem wir etwas gegessen haben – ich sterbe nämlich vor Hunger. Und während ich schon einmal dabei bin, sollte ich mit ihr auch über das Treffen mit der Strippenziehergemeinschaft reden. Das ist schon etwas schwieriger. Andererseits wird sie ihre Pistole nicht dabeihaben, also könnte das die perfekte Gelegenheit sein. Ja, sie könnte ausrasten – wahrscheinlich wird sie ausrasten –, und es könnte die Verabredung ruinieren, falls es eine Verabredung ist, aber es ihr nicht zu sagen, könnte das Ganze schlimmer machen.

Und dann sehe ich sie.

Sie kommt aus der Hotellobby und trägt enge Caprihosen, Sandalen und ein Tanktop mit Spaghettiträgern. Ihr Haar ist zu einem einfachen, festen Pferdeschwanz gebunden. Dieser Look ist im Vergleich zu ihrem üblichen Stil mit High Heels, Kriegsbemalung und knappem Cocktailkleid sehr leger. Ich bin mir nicht sicher, was diese schlichtere Aufmachung zu bedeuten hat, aber ich nehme es als ein gutes Zeichen. Ihr Killeroutfit trägt sie ja schließlich, um Rache zu nehmen.

Ich steige aus dem Auto und winke. Sie lächelt und kommt auf mich zu. Aus einem eigenartigen Impuls heraus gehe ich auf die andere Seite und halte in feinster Kavaliersart die Tür für sie auf. Sie küsst mich auf die Wange – eine Überraschung. Entweder wegen meiner Reaktion auf ihren Kuss oder weil ich die Tür für sie geöffnet habe, werde ich mit einem noch strahlenderen Lächeln belohnt.

»Wohin?«, frage ich, als ich einsteige.

»Ich habe Lust auf russisches Essen. Hast du jemals russisch gegessen?«

»Ich habe schon einmal in einer dieser Samovarbars Blinis mit Kaviar probiert, aber das ist auch schon alles«, sage ich.

»Das ist ein Appetithäppchen und nichts, was man jeden Tag isst. Zumindest nicht, wenn man nicht gerade ein Öl-Oligarch ist«, erklärt sie mir. »Aber es ist ein akzeptabler Probehappen.«

»Dann ist es entschieden. Kannst du mich zu einem guten Restaurant führen?«, möchte ich von ihr wissen.

»Ja. Biege dort drüben zweimal links ab. Wir gehen zu einem Restaurant namens Wintergarten«, meint sie, und ich fahre los.

Einige Abzweigungen später bekomme ich ein ungutes Gefühl. »In welchem Teil Brooklyns befindet sich das Restaurant? Es ist doch in Brooklyn, richtig?«

»Ja. Es befindet sich dort, wo man das meiste russische Essen finden kann. Brighton Beach«, erwidert sie. »Warst du schon einmal dort?«

»Nein. Aber, Mira, ist das nicht genau dort, wo die russische Mafia rumhängt?« Ich versuche, mich unbesorgt anzuhören.

»Eine Menge Menschen hängen dort herum«, sagt sie beschwichtigend.

»Schon, aber wir befinden uns auf ihrer Abschussliste«, entgegne ich. »Andere Leute nicht.«

»Du machst dir immer zu viele Gedanken.« Ihre Stimme klingt leicht belustigt. »Brighton Beach ist riesig, und es ist Samstag, mitten am Tag und voller Menschen. Aber wenn du Angst hast, können wir auch Sushi essen gehen.«

»Nein, lass uns zu diesem Wintergarten gehen«, sage ich und versuche, mich zuversichtlich anzuhören. Ich versuche, sie nicht darauf hinzuweisen, dass diese Leute das letzte Mal gestern Morgen auf uns geschossen haben und dass die Kugeln einen sehr gut besuchten Spielplatz durchquert haben. Ich nehme an, dass unsere Chancen gut stehen – aber selbst wenn nicht, möchte ich nicht den Eindruck erwecken, dass ich jemand bin, der sich dauernd Sorgen macht.

»Hervorragend, an dieser Ampel biege bitte auf die Coney Island Avenue. Ja, hier.« Als ich abbiege, sagt sie grinsend: »Ich wollte dich schon länger fragen, ob du immer so langsam fährst.«

»Warum sollte ich schneller fahren, wenn die Ampel gerade rot wird?«, frage ich, und mir fällt auf, dass sie beginnt, so zu reden und handeln wie die Mira, die ich kenne. Es ist eigenartigerweise beruhigend und macht sogar auf gewisse Weise Spaß.

»Du hättest es noch locker bei Grün schaffen können«, sagt sie. »Das nächste Mal solltest du mich fahren lassen.«

Ich kann mir gut vorstellen, dass sie wie Caleb oder sogar schlimmer fährt, und schwöre mir, sie nie ans Steuer zu lassen, außer es handelt sich um einen Notfall. Ich antworte ihr gar nicht erst.

Ihr Grinsen wird breiter. »Wie geht's deinem Kopf?«, fragt sie unbeirrt, als ich weiterhin schweige.

»Viel besser, danke.« Bei allem, was gerade passiert ist, hatte ich meine Wunde schon fast vergessen. »Er juckt nur ein wenig.«

»Das bedeutet, dass die Wunde heilt.«

»Cool. Ich hoffe, das stimmt. Was hast du gestern gemacht? Wie geht's deinem Bruder? Hat er Julia noch einmal besucht? Erholt sie sich gut?«

Auf dem Rest des Weges zum Hotel erzählt sie mir, wie sehr sie sich im Hotel langweilt. Dass es unmöglich ist, Eugene um sich zu haben, wenn er nicht seinen »wissenschaftlichen Kram« bei sich hat. Er möchte mit ihr neue Ideen testen, Eingebungen mit ihr teilen und Unterhaltungen führen. Miras einzige Rettung waren seine Besuche bei Julia, die aber heute aus dem Krankenhaus entlassen wurde. Jetzt wohnt sie offensichtlich im gleichen Hotel wie Mira und Eugene, bis sie wieder vollständig hergestellt ist – sie möchte nicht, dass ihre Familie etwas von ihren Abenteuern mitbekommt.

»Also bist du Eugene endlich los«, sage ich, als wir auf den

Parkplatz fahren. »Ab jetzt wird er wohl mit Julia beschäftigt sein.«

»Ich nehme es an«, sagt sie und verzieht ihr Gesicht, bevor sie aus dem Auto steigt.

»Was ist dein Problem?«, frage ich, während ich Geld in die Parkuhr schmeiße.

»Ich bin kein Freund dieser Beziehung«, erklärt sie, während sie auf einen Pfad zugeht, der zu einer hölzernen Strandpromenade führt. »Das letzte Mal hat sich Julias Vater in die Beziehung eingemischt, und Zhenya wurde sehr wehgetan.«

»Ist Zhenya Eugenes Spitzname?«

»Ja, ich nenne ihn manchmal so.«

»Was ist mit dir, hast du einen Spitznamen? Ich hätte da einige Ideen, wie Mi …«

»Nein«, unterbricht sie mich. »Bitte nicht. Mein Name ist schon sehr kurz.«

Sie geht einen Augenblick, ohne etwas zu sagen, und ich frage mich, ob ich ein empfindliches Thema angesprochen habe. Vielleicht wurde sie von ihren Eltern mit einem Spitznamen gerufen, und jetzt wurde sie daran erinnert?

»Wir sind da«, sagt sie und reißt mich damit aus meinen Gedanken.

Wir stehen neben einem Restaurant mit dem Schild »Wintergarten«. Falls uns niemand während des Essens umbringen möchte, muss ich sagen, dass Mira eine hervorragende Wahl getroffen hat. Die Tische stehen auf der Promenade, hinter der sich der Strand und der Ozean befinden. Das Wetter ist wunderschön, und die Meeresbrise trägt die Geräusche der Brandung und den Geruch zu uns, den ich mit Ferien verbinde.

Als wir uns hingesetzt haben, schaue ich mir die Speisekarte an.

»Das ist alles auf Russisch«, beschwere ich mich.

»Nimm es als ein Kompliment«, sagt sie. »Sie scheinen zu

denken, dass du ein Russe bist, auch wenn ich persönlich das nicht nachvollziehen kann.«

»Das ist in Ordnung. Ich möchte nicht für einen Russen gehalten werden. Nach den vergangenen zwei Tagen habe ich keine besonders gute Meinung über sie. Das trifft selbstverständlich nicht auf meine derzeitige Begleitung zu.« Ich lächele sie an.

»Natürlich nicht«, erwidert sie sarkastisch.

»Ich muss mich auf jeden Fall wie ein Tourist benehmen und nach der englischen Speisekarte fragen.«

»Oder du kannst ein Risiko eingehen und mich bestellen lassen.« Sie zwinkert mich schelmisch an.

Habe ich schon erwähnt, wie heiß Mira aussieht, wenn sie schelmisch sein möchte?

»Zuerst suchst du das Restaurant aus«, sage ich und strecke meinen linken Zeigefinger nach oben. »Jetzt möchtest du für mich bestellen.« Ich strecke den Ringfinger ebenfalls nach oben. »Wer führt hier eigentlich wen aus?«

»Du hast vergessen, dass ich auch fahren wollte.« Sie lacht und beginnt, ihren Mittelfinger in die Höhe zu strecken, so als wolle sie auch zählen. Aber es sieht eher so aus, als würde sie mir schlicht und ergreifend den Mittelfinger zeigen. Ich nehme an, dass sie das mit voller Absicht macht.

Meine witzige Antwort fällt aus, weil der Kellner kommt und in unglaublich schnellem Russisch mit uns spricht.

Mira schaut zu mir herüber und ich nicke resigniert.

Mira und der Kellner haben einen langen, unverständlichen Wortwechsel auf Russisch, während ich von einem Geruch abgelenkt werde. Es ist ein übelkeitserregender Gestank, und ich benötige einige Momente, um zu verstehen, dass irgendein Idiot Zigarre raucht.

Das letzte Mal, dass ich Leute in einem Restaurant rauchen gesehen habe, war 2003. Hat dieser Typ das Gesetz zum Rauchverbot nicht mitbekommen? Ich nehme an, er denkt, dass die Tatsache, dass wir draußen sitzen, ein Schlupfloch ist. Was mich betrifft, denke ich, dass es unglaublich schlechtes Benehmen ist, und ich bin versucht, das diesem Kerl mitzuteilen.

Ich schaue mir diesen Typen ohne Manieren genauer an und ändere meine Meinung. Ich werde ihm wohl nicht den Vortrag halten, den er verdient hätte. Er macht nicht den Eindruck, als hätte er Verständnis dafür. Den Eindruck, den er macht, ist der, ein Berg zu sein. Nur, dass Berge friedlich und entspannend sind, während dieses Arschloch extrem fies aussieht.

Ich ziehe in Erwägung, die Sache zu vergessen, aber ich kann es einfach nicht. Der Rauch wird mir mein Essen verderben. Also überlege ich mir eine andere Vorgehensweise und gleite in die Stille.

Die Gäste des Restaurants sind eingefroren, und die Geräusche der Menschen und der Brandung verschwunden.

Ich genieße die Stille. Gleichzeitig fällt mir auf, dass ich schon eine ganze Zeit lang meine Fähigkeiten nicht benutzt habe. Heute noch gar nicht.

Ich nähere mich dem Kerl mit der Zigarre.

So an seinem Platz eingefroren, sieht er gleich viel weniger angsteinflößend aus. Ich strecke meinen Arm aus und ziehe an seinem Ohr, so wie man das damals mit ungehörigen Kindern getan hat – zumindest nach dem, was mir Kyle erzählt hat.

Als die körperliche Verbindung hergestellt ist, möchte ich auch die mentale aufbauen. An dieser Stelle zeigt sich, dass ich ein wenig aus der Übung bin. Ich muss mich bewusst entspannen, um in seinen Kopf eindringen zu können, aber sobald ich meinen Atemrhythmus gefunden habe, funktioniert es.

WIR RAUCHEN UNSERE KUBANISCHE ZIGARRE UND FRAGEN UNS, wann Svete kommen wird.

Ich trenne mich schnell von ihm, da ich dieses ekelhafte Ding nicht einmal im Kopf eines anderen rauchen möchte. Wenn man mental husten könnte, würde ich genau das jetzt gerade tun.

Ich überlege mir schnell eine Taktik und fühle mich durch das, was ich vorhabe, sofort unglaublich gut. Ich werde diesem Kerl einen großen Dienst erweisen – und allen anderen, die in seiner Nähe sitzen.

Ich bereite mich darauf vor, zu führen, was ein besseres Wort als strippenziehen für mein Vorhaben ist.

»Rauchen ist schädlich.

Wenn du nicht damit aufhörst, wirst du Krebs bekommen.

Fühle das starke Bedürfnis, diese Zigarre auszumachen. Fühle Ekel und starke Übelkeit.

Sieht die Zigarre nicht wie Hundekacke aus?

Willst du wirklich Exkremente in deinen Mund nehmen?

Du wirst niemals wieder Zigarren oder Zigaretten rauchen. Du hast die Willensstärke, damit aufzuhören – für den Rest deines Lebens.«

Um diese Anweisungen zu untermauern, versuche ich, meine Erinnerungen an die negativen Gefühle, die ich beim Schauen der Anti-Raucher-Kampagnen verspürt habe, in ihn einzupflanzen. Einige dieser Anzeigen sind so ekelerregend, dass ich gar nicht glauben kann, dass jemand sie sich anschauen und trotzdem weiter rauchen kann.

Ich bin davon überzeugt, dass der Kerl jetzt länger nicht rauchen wird.

Die interessante Frage dabei ist: Für wie lange? Nach dem, was ich von Hillary erfahren habe, hat es meine Mutter geschafft, dass meine Adoptiveltern jahrelang nicht über die Adoption gesprochen haben. Ich vermute, dass meine Reichweite ähnlich beeindruckend ist. Wenn ich das richtig verstanden habe, funktioniert das mit der Reichweite des Führens etwa genauso wie mit der Tiefe des Lesens. Beide hängen von einer anderen Variablen ab: Der Zeit, die man in der Stille verbringen kann. Ich kenne die Begrenzung meiner Zeit dort nicht, aber ich weiß, dass meine Tiefe Julia und andere erstaunt hat, obwohl sie nicht wissen, wie lange ich mich wirklich in der Stille aufhalten kann. Es wäre also logisch, anzunehmen, dass meine Reichweite genauso lang ist.

Wenn man das alles bedenkt, könnte ich den Raucher vielleicht für immer von seinem tödlichen Laster befreit haben.

Als ich mich darauf vorbereite, seinen Kopf zu verlassen, frage ich mich, wie normale Gedankenführer führen. Für sie muss es anders sein, da ihnen die Erfahrung fehlt, sich wie ich in den Gedanken einer anderen Person zu befinden. Das ist eine exklusive Eigenschaft der Leser. Für die Führer dagegen, muss es eher wie blindes Tasten und Hoffen sein. Ich muss Hillary danach fragen, vielleicht hat sie ein paar Tipps für mich, wie mein Führen effektiver sein kann.

Als mir auffällt, dass ich immer noch in dem Kopf des neuen Nichtrauchers bin, konzentriere ich mich und verlasse ihn.

Meine gute Tat für den heutigen Tag ist vollbracht. Da ich mich sowieso schon in der Stille befinde, gehe ich auch gleich zu dem Kellner und lese ihn. Er denkt genau wie ich, dass Mira heiß ist, aber daraus kann ich ihm keinen Vorwurf machen. Die gute Neuigkeit ist, dass nichts von dem, was Mira bis jetzt für uns bestellt hat, sich lebensgefährlich anhört.

Zufrieden kehre ich in die Gegenwart zurück.

»Ee dva compota«, höre ich Mira bestimmt zu dem Kellner sagen.

Als der Mann unseren Tisch verlässt, sehe ich, wie mein neuer Nichtraucherfreund mit einem eigenartigen Gesichtsausdruck zu husten beginnt. Danach blickt er auf seine Zigarre, als sei sie eine Kobra, und wirft das störende Objekt in sein Wasserglas.

Erfolg. Ich klopfe mir in Gedanken selbst auf die Schultern, aber sage nichts zu Mira. Ich will sie gerade auf gar keinen Fall daran erinnern, dass ich Strippen ziehen kann.

»Danke fürs Bestellen«, meine ich stattdessen zu ihr.

»Warte erst einmal, ob du das Essen überhaupt magst, bevor du dich bei mir bedankst.« Sie lächelt. »Außerdem zahlst du, also sollte ich mich bei dir bedanken.«

»Na, wenigstens darf ich bezahlen. Jetzt habe ich endlich doch noch das Gefühl, dass ich dich ausführe«, sage ich augenzwinkernd.

»Natürlich. Ich muss ja auch auf deinen männlichen Stolz achten. Du hattest ja schon fast keine Finger mehr übrig, um deine ganzen Beschwerden aufzählen zu können«, erwidert sie. »Und selbstverständlich hat es nichts damit zu tun, dass ich kein Geld habe.«

Ich denke einen Moment lang darüber nach. »Hast du nicht die ganzen Gewinne deiner Spiele?«

»Ja, aber ich behalte nicht viel davon.«

»Was machst du damit? Schuhe kaufen?«, frage ich scherzhaft.

»Na ja, um ehrlich zu sein, sind Schuhe wirklich teuer, aber nein. Der Großteil des Geldes fließt in die Forschungen meines Bruders«, antwortet sie und spitzt ihre Lippen missmutig.

»Oh, ich hätte nicht gedacht, dass du seine Forschungen so stark unterstützt.« Eigentlich hatte ich eher den Eindruck, dass sie nicht gerade begeistert davon war. »Was genau untersucht er überhaupt? Ich weiß nur, dass es etwas damit zu tun hat, wie unsere Fähigkeit funktioniert.«

»Ich unterstütze seine Forschungen hauptsächlich aus Boshaftigkeit. Weil ich weiß, dass es diese Arschlöcher ärgern würde, die meine Mutter und meinen Vater getötet haben.« Sie blickt finster. »Und weil ich meinen verrückten Bruder liebe. Was seine Untersuchungen betrifft, würde ich dir gerne Genaueres dazu erzählen, aber ich verstehe sie nicht wirklich. Wenn er beginnt, darüber zu sprechen, scheint sich jedes Mal ein Teil meines Gehirnes abzuschalten.«

Ich lache, weil ich mich daran erinnere, dass sie immer alles Mögliche tut, um nichts über Eugenes Arbeit zu hören.

Ein Kellner kommt mit unseren Getränken zurück und sagt etwas auf Russisch zu Mira.

»Probiere es«, sagt Mia. »Ich glaube, du wirst es mögen.«

Ich nehme einen Schluck von der Flüssigkeit aus meinem Glas. Es scheint sich um eine Art süßen Früchtepunsch zu handeln. »Lecker.«

»Ja«, sagt sie überzeugt. »Das ist russische Bowle aus getrockneten Früchten. Meine Großmutter hat sie immer gemacht.«

»Das ist ein wirklich guter Auftakt«, erwidere ich.

»Gut, die Vorspeisen kommen auch schon.«

Sie hat recht, der Kellner kommt mit einem Tablett zurück.

»Das sind Julienne, Weinbergschnecken und Blinis, die hast du ja schon einmal gegessen«, erklärt sie mir und zeigt auf das Tablett. »Nimm dir von allem etwas.«

Ich folge ihrer Aufforderung und lege mir von allem etwas auf meinen Teller.

»Weißt du was?«, sage ich, als ich nicht mehr kaue. »Das schmeckt fast wie französisches Essen.«

»Das überrascht mich nicht«, antwortet sie. »Der zaristische Adel hatte französische Köche, und seitdem ist die französische Küche Teil der russischen Kultur. Trotzdem schmecken diese Gerichte ein wenig anders.«

Die Schnecken mit Butter und Knoblauch sind mehr als ausgezeichnet. Dieses Julienne-Ding besteht aus Pilzen und Käse und erinnert mich an eine Pizza mit Pilzen, nur ohne Teig – was bedeutet, dass man damit nichts falsch machen kann. Die Blinis sind wie Crêpes und ähneln denjenigen, die ich schon einmal gegessen habe, nur, dass sie mit rotem und nicht mit schwarzem Kaviar serviert werden.

»Bis jetzt ist alles fantastisch«, sage ich zu ihr und versuche, mir nicht die Zunge mit dem heißen Käse des Julienne-Gerichts zu verbrennen – welches bis jetzt mein Favorit ist.

»Das freut mich.« Sie hört sich so stolz an, dass man denken könnte, sie habe selbst gekocht.

»Ich habe mich etwas gefragt«, sage ich, während ich auf mein Essen puste. »Was wirst du tun, wenn du deine Rache genommen hast?«

Sie schaut mich leicht überrascht an, so als sei sie das noch nie gefragt worden. »Ich habe vor, meinen Highschool-Abschluss nachzuholen, schließlich habe ich die Schule nie beendet. Sobald ich ihn habe, werde ich mich am Kingsborough College einschreiben.«

»Kingsborough? Ich habe davon gehört, aber weiß kaum was darüber. Ist die Uni gut? Was möchtest du dort studieren?«

»Kingsborough ist eine Universität der Gemeinde. Wir Anwohner nennen sie ›das Harvard an der Bucht‹. Wahrscheinlich entspricht es nicht deinen hohen Standards, aber ich kann nach dem Associate-Abschluss meine Zulassung zur Krankenschwester machen und danach einen Job bekommen.«

»Du möchtest Krankenschwester werden?«, möchte ich überrascht wissen. Ich frage mich, ob sie das mit Harvard gesagt hat, weil sie weiß, dass ich dort studiert habe. Hat sie mich bei Google gesucht? Mir gefällt der Gedanken, dass ich ihr so wichtig bin, dass sie sich Informationen über mich besorgt hat.

»Ich wäre eine gute Krankenschwester«, erwidert sie. »Ich bin nicht empfindlich, und im Gegensatz zu anderen Menschen falle ich bei dem Anblick meines eigenen Blutes nicht in Ohnmacht.« Sie schaut mich scharf an.

»Ich bin nicht ohnmächtig geworden«, protestiere ich. »Ich habe das Bewusstsein verloren, weil ich angeschossen worden war. Das ist etwas völlig anderes. Falls du dich daran erinnerst, habe ich neulich literweise mein eigenes Blut gesehen, und von Umkippen keine Spur.«

»Ich kann mich des Eindrucks nicht erwehren, dass der Herr zu stark protestiert …« Sie lächelt mich herausfordernd an. »Ich bin mir ziemlich sicher, dass du gestern das Blut an deiner Hand gesehen hast und deshalb ohnmächtig geworden bist. Aber davon ganz abgesehen denke ich, dass ich eine großartige Krankenschwester wäre. Ich würde gerne auf der Neugeborenenstation arbeiten und mich um die Babys kümmern.« Ihr Gesicht wird bei ihrem letzten Satz weich.

»Wirklich?« Ich kann sie mir mit Babys nicht vorstellen. Als ausgezeichnete professionelle Spionin – vielleicht. Aber als Säuglingskrankenschwester? Das ist zu viel verlangt.

Sie nickt. »Ja, ich mag es, Menschen zu helfen. Und ich möchte an einem solchen Ort arbeiten, an dem die Menschen die schönste Neuigkeit ihres Lebens erhalten.«

Also mag sie es, Menschen zu helfen. Das ist mir neu. Und etwas daran bereitet mir Sorgen. Könnte dieser Drang erklären, weshalb sie so nett zu mir war, als ich verletzt wurde? Ist sie immer so zu Personen, die unter Schmerzen leiden?

»Ich kann mir vorstellen, dass auf der Neugeborenenstation nicht immer alles rosig ist. Werden Babys nicht auch manchmal krank?«, möchte ich wissen und stelle mir das ganze Geschrei und die besorgten Eltern vor, die dem Pflegepersonal im Nacken sitzen. Ich weiß nicht, wie das bei den anderen Typen in meinem Alter ist, aber bei mir stehen schreiende Babys auf einer Stufe mit Skorpionen und Schlangen.

»Natürlich tun sie das. Aber ich kann sie lesen und herausfinden, was ihnen fehlt.« Sie lächelt erneut. »Und dann können die Ärzte ihnen helfen.«

»Man kann ein Baby lesen?« Ich weiß nicht, warum ich vorher nicht auf diesen Gedanken gekommen bin. Wenn das der Fall ist, hört sich die Arbeit mit Babys wie eine einzigartig hilfreiche Art an, das Lesen zu nutzen. Es ist das Gleiche, was Liz mit ihrem Führen von Patienten mit Zwangsneurosen tut, vielleicht sogar noch cooler.

»Natürlich. Man kann viele Kreaturen lesen«, erwidert Mira. »Ich habe das immer mit meinem Kater, Murzik, getan, als er noch lebte.«

»Du konntest deinen Kater lesen?« Jetzt bin ich sprachlos. »Wie war das? Haben sie Gedanken wie wir?«

»Keine Gedanken, zumindest nicht mein alter, fauler Kater. Aber ich bin in seine Erlebnisse eingetaucht, die etwas wie Gedanken besaßen, nur flüchtiger. Bei Babys ist das ähnlich. Sie fühlen mehr, als sie denken, und wenn du sie liest, kannst du herausfinden, ob ihnen etwas wehtut oder warum sie gerade unglücklich sind.«

»Wow. Ich muss versuchen, ein Tier zu lesen. Und ich muss zugeben, dein Plan hört sich hervorragend an. Ich hoffe, dass du bald Rache nehmen kannst, weil das viel besser ist als das, was du bis jetzt tust.« Als ich den letzten Teil ausspreche, bemerke ich, dass ich sie ungewollt kritisiert haben könnte.

»Was du nicht sagst.« Ihre Stimme trieft vor Sarkasmus. »Menschen zu helfen ist besser als mit Monstern im Untergrund zu spielen?«

»Vergiss, was ich gesagt habe«, meine ich, und es tut mir leid, dass mir zu viel herausgerutscht ist. »Natürlich wirst du glücklicher sein, sobald du diesen Plan umsetzen kannst. Außerdem nehme ich an, dass deine Tage in Spielhöllen dann vorüber sind?«

»Das nimmst du an?«, fragt sie und isst ihren letzten Crêpe auf. »Das ist eine interessante Annahme. Aber ich denke, wir haben genügend Zeit damit verbracht, über mich zu reden. Quid pro quo, Darren. Was hast du vor, wenn du aus diesem Schlamassel raus sein wirst?«

»Ich werde in den Urlaub fahren«, antworte ich, ohne zu zögern. »Irgendwohin, wo es warm ist, oder vielleicht reise ich zu einem interessanten Ort wie Europa. Danach habe ich nichts Bestimmtes vor. Ich arbeite für einen Hedgefonds, aber das ist keine Arbeit, wie du sie beschrieben hast. Sie ist nicht meine Leidenschaft oder etwas in dieser Art, sondern schlicht und ergreifend meine Einkommensquelle.«

»Wie furchtbar«, meint sie mit spöttischem Entsetzen. »Geld ist die Wurzel allen Übels, wusstest du das nicht?«

»Hey, ich beschwere mich ja gar nicht. Es ist einfach nur, dass du wirklich Menschen helfen möchtest und über einen Beruf nachgedacht hast, der dich glücklich machen würde. Ich habe das noch nie getan. Ich habe mal mit dem Gedanken gespielt, ein Kriminalbeamter zu werden, aber der ganze Papierkram und die Gefahr schrecken mich ab. Und natürlich der Gedanke daran, wieder zurück zur Schule zu gehen ...«

»Du könntest doch als Privatdetektiv arbeiten«, unterbricht sie mich. »Dann kannst du das mit dem Papierkram halten wie du möchtest – es wäre ja schließlich dein Unternehmen. Und du könntest nur die Jobs annehmen, die dir nicht zu gefährlich erscheinen. Ehefrauen, die sich fragen, ob ihre Männer fremdgehen und solche Sachen.« Bei dem Wort *gefährlich* kann ich leichten Spott in ihrer Stimme hören, ansonsten scheint sie es ernst zu meinen.

Ich blicke sie an, während ich über ihren Vorschlag nachdenke. »Das könnte sogar funktionieren. Ich könnte das Lesen zum Lösen meiner Fälle benutzen. Ich könnte einer dieser Detektive mit übernatürlichen Fähigkeiten sein, die man immer im Fernsehen sieht. Allerdings befürchte ich, dass, wenn ich nur langweile Fälle annehme, ich keinen Spaß mehr bei der Arbeit hätte, was ja der eigentliche Grund für einen Berufswechsel wäre.«

Sie will gerade antworten, als der Kellner wieder zu unserem Tisch kommt, diesmal mit einem größeren Tablett. Er räumt die Reste der Vorspeisen ab und stellt uns den Hauptgang hin.

»Das ist *Chalahach*«, erklärt sie mir.

»Wirklich? Für mich sieht es nach Lammkoteletts aus.« Ich schaue auf meinen Teller. »Ein Lammkotelett mit Kartoffelbrei und grünen Bohnen. Wie unexotisch.«

»Unexotisch? Das ist ein traditionelles Gericht aus Usbekistan oder einer anderen ehemaligen sowjetischen Republik. Exotischer wird's nicht. Und in diesem Restaurant kochen sie es hervorragend«. Sie schneidet sich ein Stück ab, schiebt es sich in den Mund und schließt genüsslich die Augen, als sie zu kauen beginnt.

Ich probiere und muss zugeben, dass sie recht hat. »Es ist auf eine andere Art gebraten worden als die normalen Lammkoteletts«, bemerke ich.

»Genau. Und nimm auch etwas von der Sauce.« Sie zeigt auf eine Art Ketchup, das sich in einem Näpfchen auf meinem Teller befindet.

Ich tue, was sie sagt, und gebe zu: »Mit der Sauce ist es sogar noch besser.«

»Das habe ich dir ja gesagt«, erwidert sie und schlingt ihr Fleisch hinunter. »Die Sauce ist auch usbekisch. Oder tadschikisch. Ich bin mir nicht sicher.«

Den Rest der Mahlzeit reden wir darüber, weshalb russisches Essen voller Einflüsse anderer Kulturen ist, und ich fordere sie heraus, indem ich sie bitte, mir ein original russisches Gericht zu nennen. Ich versuche außerdem erfolglos, einen Weg zu finden, ihr zu erzählen, dass ich weiß, wo Arkady sich aufhält, ohne unser Essen zu ruinieren.

»Kein Nachtisch?«, frage ich, als der Kellner uns die Rechnung bringt.

»Ich wollte, dass du noch Platz hast, um etwas anderes zu probieren«, antwortet sie, als ich dem Kellner das Geld reiche.

»Etwas anderes?«, frage ich neugierig und stehe auf.

Sie erhebt sich ebenfalls. »Ich wollte dir einen Pirozhok holen, eine dieser fleischgefüllten Teigtaschen. Das ist ganz eindeutig und definitiv russisches Essen. Sie werden an jedem Straßenrand verkauft.«

»Genial, noch mehr Essen, und zur Krönung des Ganzen sogar die Straßenvariante. Ich kann es kaum erwarten«, sage ich, um sie zu ärgern.

Ohne etwas zu erwidern, geht sie in den Innenbereich unseres Restaurants und kommt eine Minute später mit einem eigenartig aussehenden Gebäckstück zurück.

»Das hier ist kein Essen von der Straße. Ich kann dir versichern, dass es ungefährlich ist«, meint sie. »Probiere es.«

Die Pastete schmeckt wie gebacken, nicht frittiert und scheint mit etwas wie Apfelkompott gefüllt zu sein.

»Lecker«, sage ich. »Sollte es nicht eigentlich mit Fleisch gefüllt sein?«

»Du wolltest einen Nachtisch, also habe ich dir die Apfelvariante machen lassen. Ein Pirozhok kann alle möglichen Füllungen haben«, erklärt sie mir und rattert eine lange Liste verschiedener Zutaten herunter, die unter anderem Eier, Kohl, Kirschen und – was ich am liebsten mag – Kartoffelbrei umfasst. Ja, offensichtlich essen Russen Gerichte mit viel Speisestärke, die sie mit einem weiteren stärkehaltigen Lebensmittel füllen.

»Vielen Dank, Mira«, sage ich, als ich meinen Pirozhok aufgegessen habe. »Das war fantastisch.«

»Keine Ursache. Lass uns einen Verdauungsspaziergang nach Coney Island machen«, schlägt sie vor. »Ich habe Lust, mich ein wenig zu bewegen.«

»Gerne. Aber da wir jetzt unser Essen beendet haben, würde ich dir gerne etwas erzählen.« Ich mache eine Pause, und als ich ihren erwartungsvollen Blick sehe, meine ich vorsichtig: »Ich glaube, du wirst deine Rache eher nehmen können, als du dachtest.«

24

»Das hättest du mir schon früher sagen sollen«, erwidert sie, als ich ihr die ganze Geschichte darüber erzählt habe, wie ich Arkadys Namen aus dem Kopf des Gangsters erfahren habe und wie mein Freund Bert seinen Aufenthaltsort herausgefunden hat.

»Es tut mir leid. Ich hatte wirklich keine Gelegenheit. Nicht bei den Waffen, die du immer auf mich gehalten hast, meinem Streifschuss und dem ganzen anderen, was passiert ist.«

»Gut«, sagt sie kurz. »Wir müssen zu der Banya gehen. Jetzt.«

»Aber was ist mit deinem Spaziergang? Außerdem heißt es in der Nachricht, dass er einen Termin um 16.00 Uhr hat, und jetzt ist es erst 14.30 Uhr«, entgegne ich und bereue schon, ihr davon erzählt zu haben.

»Darren, unseren Spaziergang werden wir auf einen anderen Tag verschieben müssen«, erwidert sie. »Danke für das Essen und dafür, dass du mir das jetzt gesagt hast, aber ich kann mich nicht entspannen und Spaß haben, wenn ich eine solche Spur habe. Außerdem ist der Kerl schon dort, das kann ich dir versichern. Ich weiß, wie eine Banya funktioniert.«

Wir gehen zum Auto hinüber. Ich erfahre auf dem Weg dorthin, dass ein Banyabesuch normalerweise eine ganztägige Aktivität ist und dass unsere Zielperson wahrscheinlich einige *Parki* – Schläge mit Birkenzweigen – vor seiner Massage bekommen möchte.

Ich fahre los, während sie mir alles erklärt, was sie über russische Badehauskultur weiß. Ich bekomme langsam den Eindruck, dass Russland ein Ort ist, an den ich nicht so schnell reisen muss. Ich denke, ich habe bei dieser Verabredung mit Mira – falls es sich um eine Verabredung handelt – schon alles gelernt und gesehen, was ein Tourist erleben würde.

»Halte hier an«, sagt sie, als wir meinem GPS nach noch einige Straßen von der Adresse entfernt sind.

Ich schaue mich um. Die Umgebung sieht ein wenig heruntergekommen und schäbig aus.

»Wir gehen in die Gedankendimension«, erklärt sie mir, als sie das Zögern auf meinem Gesicht sieht. »Also werden wir das Auto nicht wirklich verlassen. Bitte splitte und hole mich zu dir.«

Ich tue, worum sie mich bittet, und gleite in die Stille.

Im nächsten Augenblick befinde ich mich auf der Rückbank und schaue auf Miras und meinen eigenen Hinterkopf. In dem Moment, in dem ich ihre freiliegende Schulter berühre, sitzt eine lebendigere Version von ihr neben mir.

»Gehen wir«, meint sie, und wir gehen zu Fuß zur Banya.

Wir treten ein, und ich starre mit offenem Mund auf den Anblick, der sich mir bietet.

Stellt euch russische Mafiosi vor. Und jetzt stellt euch vor, wie sie zusammen mit normalen russischen Männern und einigen wenigen Frauen mittleren Alters – alle in Badebekleidung – in einem Raum sitzen, der eine Mischung aus Cafeteria und Duschkabine ist. So sieht es in dieser Banya aus.

»Okay, welcher von ihnen ist es?« Mira beginnt damit, zwischen ihnen umherzugehen. »Sie sehen alle normal aus.«

»Ich denke, wir sollten diese Menschen einen nach dem anderen lesen, bis wir ihn finden oder sicherstellen, dass er noch nicht hier ist. Wir können auch den Masseur suchen«, antworte ich, »Er heißt Lyova.«

»In Ordnung. Du schaust dich in den Dampfbädern um, und ich mich hier. Wahrscheinlich kommt der Masseur erst kurz vor dem Termin.«

»Du hörst dich an, als seist du schon einmal hier gewesen«, sage ich auf meinem Weg in die Richtung, in der ich die Dampfbäder vermute.

»Natürlich«, erwidert sie über ihre Schulter. »Es ist die beste Banya in Brooklyn.«

Ich gehe zu der Holztür, die zum Dampfbad führt, und öffne sie. Die Menschen hier sind noch spärlicher bekleidet als diejenigen im Essensbereich. Dafür tragen sie spitze Hüte, die den Kopf vor Überhitzung schützen sollen. Wenn ich nicht schon vorher darüber gelesen hätte, wäre ich wegen dieses lächerlichen Anblicks in Lachen ausgebrochen. Dieses bizarre Bild wird durch die beiden Personen vervollständigt, die auf hölzernen Bänken liegen und eine Birkenrutenbehandlung erhalten.

Ich hatte noch nie eingefrorenen Dampf gesehen. Er ist eigenartig. Wenn mein Körper ihn berührt, kondensiert er auf meiner Haut zu kleinen Wassertropfen. In der Stille ist der Raum nicht übermäßig warm, aber ich bin mir sicher, dass dieser Ort in der echten Welt sengend heiß sein muss, da alle Menschen hier von Schweißperlen bedeckt sind.

Ich beginne, einen nach dem anderen zu lesen. Zwei Männer sind Programmierer, ein anderer Elektroingenieur, und die Mehrheit von ihnen sind Rentner. Keine Kriminellen, kein Arkady, kein Glück.

Ich verlasse den Raum und wende mich einem anderen zu, an dem das Zeichen für ein türkisches Spa hängt. Die gläserne Eingangstür ist durch den dicken Dampf im Innenraum ganz nebelig. Wenn ich dort hineingehe, werde ich danach klatschnass sein.

»Darren, hier!« Ich höre, dass mich Mira von den Tischen aus zu sich ruft, und bin überglücklich, den Raum, vor dem ich stehe, nicht betreten zu müssen.

Auf dem Weg zu ihr sehe ich die Typen schon. Sie stechen aus verschiedenen Gründen aus der breiten Masse hervor. Zum einen sind sie muskulöser und sehen gefährlicher aus als der Rest der Gäste. Der Hauptgrund dafür, dass ich weiß, sie gefunden zu haben, ist allerdings, dass ich den Kerl sehe, der gestern versucht hat, mich zu erschießen. Er muss es geschafft haben, sein Auto unter Kontrolle zu behalten, obwohl ich ihn geführt habe, schnell zu verschwinden und weiterzufahren. Ich nehme an, ich sollte nicht allzu überrascht darüber sein, schließlich habe ich ihm ja nicht befohlen, etwas Selbstmörderisches zu tun.

Er sitzt da und führt gerade ein Glas mit Wodka zu seinem Mund. Wodka in einem Dampfbad? Wirklich? Das muss jemand mit einem starken Herz-Kreislauf-System oder einem Todeswunsch sein.

»Das ist das Arschloch, das versucht hat, mich zu erschießen«, erkläre ich Mira und zeige auf den Typ.

»Und das ist der Mann, den wir lesen wollen.« Sie deutet auf einen besonders großen Kerl, der Sterne auf seine Schultern tätowiert hat und eine Kette mit einem großen silbernen Kreuz trägt. Sein eingefrorenes Gesicht ist düster – wahrscheinlich sein üblicher Gesichtsausdruck.

Ich gehe zu ihm und berühre einen seiner fleischigen Bizepse. Der Muskel ist so dick, dass er wie ein eigenartiger Tumor aussieht.

Ich konzentriere mich einen Moment lang, und schon bin ich drin.

―――

WIR SPRINGEN IN DAS KALTE WASSER EINES SPEZIELLEN BECKENS neben dem Dampfbad. Zufrieden sehen wir, dass in dem Pool Eiswürfel schwimmen. Anstatt eines Kälteschocks wegen der niedrigen Wassertemperatur spüren wir nur ein leichtes Prickeln auf unserer Haut und finden es extrem erfrischend, unterzutauchen. Dieses nadelstichartige Gefühl in Kombination mit dem Rausch vom Wodka lässt uns fast die ärgerliche Tatsache vergessen, dass wir in einer halben Stunde die Banya noch vor der Massage verlassen müssen – alles wegen eines beschissenen Anrufs.

Ich, Darren, nehme Abstand.

Seine Gedanken fühlen sich eigenartig an. Ich spüre etwas, auf was ich bis jetzt noch nie gestoßen bin, aber ich kann nicht genau sagen, was es ist.

Ich konzentriere mich auf die Erinnerungen, die Arkady an das Telefonat hat. Ich bekomme vage Bilder von jemand Wichtigem, der allerdings kein Mitglied dieser russischen Organisation ist.

Das sieht stark nach unserem mysteriösen Strippenzieher aus, finde ich.

Da ich entschlossen bin, herauszufinden, um was es sich handelt, fühle ich mich fast instinktiv leichter und beginne damit, Arkadys Erinnerungen an diesem Punkt zu entwirren.

»Auf der Brooklyn Bridge?«, fragen wir erstaunt. »Warum zum Teufel sollten wir uns dort treffen?«

»Weil ich Ihnen nicht traue, Herr Bogomolov.«

»Soll das ein Witz sein? Sie trauen mir nicht? Von uns beiden bin ich derjenige, der mehr Gründe hat, dem anderen nicht zu trauen, Herr Esau«, erwidern wir. »Ich bin immer noch nicht davon überzeugt, dass Sie nicht gerade irgendeine Falle für mich und meine Männer stellen.«

»Und genau damit bestätigen Sie meine Meinung. Das ist ein weiterer Grund für ein Treffen in aller Öffentlichkeit, an einem Ort mit vielen Menschen«, meint Esau. Seine Stimme hört sich unnatürlich tief an. Wir sind uns ziemlich sicher, dass er einen Stimmenverzerrer benutzt.

»Wie werde ich Sie finden?«, wollen wir wissen. »Wie sehen Sie aus?«

»Ich werde Sie finden, machen Sie sich keine Sorgen darüber«, erwidert Esau.

»Ich mache mir keine Sorgen«, antworten wir. »Aber sollten Sie mir mein Geld und die Liste nicht bringen, sollten Sie sich Sorgen machen. Große Sorgen.«

Bilder, wie wir Esau in diesem Fall foltern würden, steigen vor unseren Augen auf.

»Sie werden das Geld und die Liste bekommen«, sagt Esau. Können wir durch den Stimmenverzerrer Angst erkennen? »Sie werden sogar zwei Listen erhalten. Eine wird weitere Aufträge für Sie enthalten.«

Esau hatte uns eine Zeit lang ab und an mit Morden beauftragt, aber diesmal hat er zum ersten Mal eine ganze verdammte Liste von Personen zusammengestellt.

»Wir geben keinen Mengenrabatt«, meinen wir sarkastisch. »Das hier ist nicht Costco.«

»Ich habe nicht um einen Rabatt gebeten. Die Liste soll einfach nur sicherstellen, unsere netten Unterhaltungen auf ein Minimum zu reduzieren. Ich werde den üblichen Preis zahlen.«

»Gut«, sagen wir zufrieden. »Und wenn wir schon dieses Misstrauensspiel spielen, bringen Sie besser eine Anzahlung für jeden neuen Namen auf der Liste mit.«

»Selbstverständlich, die Hälfte des normalen Preises für jede Zielperson«, erklärt Esau. »Aber, als Vorsichtsmaßnahme, weil wir so viel Geld bei uns haben, ist die Speicherkarte, die die Liste enthält, verschlüsselt. Wir werden sie Ihnen heute geben, aber Sie das Passwort erst dann wissen lassen, wenn wir sicher und unversehrt von dem Treffen zurückgekehrt sind.«

Wir sind gleichzeitig beeindruckt und verärgert. Diese letzte Maßnahme hat dem Mann wahrscheinlich das Leben gerettet. Vielleicht. Es kommt darauf an, wie beschützt er sein wird. Wir können das Passwort aus ihm herausbekommen, wenn die Befragung gut genug durchgeführt wird. Bis jetzt hat ausnahmslos jeder bei uns geredet.

Als könne er unsere Gedanken lesen, sagt Esau: »Außerdem sollten Sie wissen, dass ich Vorbereitungen für den Fall getroffen habe, dass mir etwas zustößt. Die Menschen auf der Liste, an die Sie herankommen wollen, diejenigen in Zeugenschutzprogrammen, werden eine Warnung erhalten, und das möchten Sie ja nicht.«

»Das hört sich an, als hätten wir eine Abmachung«, erwidern wir und fragen uns, ob Esau bei diesen Schutzmaßnahmen nur blufft. Doch auch wenn das der Fall sein sollte, können wir kein Risiko eingehen. Esau wird das heutige Treffen überleben – und wir haben kein Problem damit. Auf diese Weise werden wir zu einem späteren Zeitpunkt noch mehr Geld erhalten und können ihn dann immer noch umbringen. »Bis nachher.«

»Pünktlich um halb fünf«, meint Esau und beendet das Gespräch.

Wir fragen uns, ob das Ganze eine Falle des FBIs oder eines anderen Geheimdienstes sein könnte. Dann verwerfen wir den Gedanken. Diese Menschen würden keine Morde in Auftrag geben. Sie könnten vielleicht Drogen bestellen, aber sie würden nicht so weit gehen, Mörder anzuheuern. Besonders dann nicht, wenn es sich dabei um Morde derart unwichtiger Personen handelt, wie sie dieser Esau in Auftrag gegeben hat – zum Beispiel dieses amerikanische Kind von gestern, dessen Tötung Slava versaut hat.

Das amerikanische Kind? Ich, Darren, trete in Gedanken einen Schritt zurück, da mich diese Wortwahl irritiert. Eugene ist Russe, und mit seinen fast dreißig Jahren auch nicht mehr wirklich ein Kind. Wenn Arkady an ihn gedacht hätte, sollte er ihn dann nicht einen russischen Typ oder etwas in dieser Art genannt haben? Außer ...

Außer die Schüsse von heute Morgen waren gar nicht für Eugene bestimmt gewesen.

Und auf einmal verstehe ich es. Natürlich. Es war der Strippenzieher. Er hat versucht, mich umzubringen, nicht einmal, sondern zweimal – zuerst mit dem Schützen und später noch einmal im Krankenhaus.

Ich bin das nicht getötete, amerikanische Kind, um das es geht.

Scheiße. Wer auch immer dieser Strippenzieher sein mag, er hat wirklich vor, mich umzubringen. Ist es möglich, dass er etwas mit dem Tod meiner Eltern zu tun hat? Oder dem Tod von Miras Eltern? Hat er diese Marionette – Arkady – dazu benutzt? Ich muss mich tiefer in Arkadys Kopf graben, um das herauszufinden.

Ich konzentriere mich darauf, eine lange Zeit zurückzugehen.

Wir spucken einen Zahn aus, aber werden nicht langsamer. Stattdessen führen wir unseren Plan aus, den Kommandanten anzugreifen. Einen Schlag in die Leber, einen weiteren auf den Adamsapfel. Der Kommandant hat uns in den letzten Wochen Systema beigebracht. Wir haben uns diesem Training hauptsächlich angeschlossen, um die geheime Kampftechnik dieser Einheit zu lernen. Darum, und aus Neugier. Wir fragen uns, ob das endlich gegen die Langeweile helfen wird.

Mir, Darren, fällt auf, zu tief in Arkadys Vergangenheit eingedrungen zu sein.

Die tschetschenische Frau wird in den Nacken geschossen. Sie fällt blutend um, zuckt und versucht zu schreien. Wir fühlen nichts, auch wenn wir wissen, dass die meisten anderen Menschen Mitleid empfinden würden. Wir haben eine ungefähre Vorstellung dieses Konzepts. Wir fragen uns, ob es das Mitleid ist, das uns zwingt, darüber nachzudenken, wie schön diese Frau war, und dass es schade ist, dass wir keine Gelegenheit hatten, sie zu ficken. Nein, das ist eher Bedauern als Mitleid. Mitleid ist eines der Gefühle, die wir nicht genau einordnen können.

Ich bin immer noch zu tief drin. Aber dafür habe ich endlich verstanden, was das Eigenartige an seinem Kopf ist. Dieser Kerl ist ein echter zertifizierbarer Psychopath. Er kann die normale Bandbreite und Intensität der Gefühle, die andere Menschen haben, nicht spüren.

Ich beschließe, vorsichtiger bei dem Durchwühlen seiner

Gedanken zu sein. Im Vergleich zu seinen Erfahrungen wirken Calebs beunruhigende Erinnerungen geradezu wie ein Urlaub im Ferienlager. Arkadys Gräueltaten in Tschetschenien sind da, im Hintergrund unseres momentan gemeinsamen Kopfes, aber ich möchte so etwas nicht erleben. Nicht einmal die intensivste Therapie mit Liz könnte den Schaden, den ich nehmen würde, beheben.

Also gehe ich mental auf Zehenspitzen, während ich versuche, mir solche Erinnerungen anzuschauen, die Licht in die Vergangenheit dieses Mörders werfen könnten. Bei meinen Versuchen, mich auf Dinge zu konzentrieren, die etwas mit dem Mord an meinen Eltern zu tun haben, ziehe ich allerdings nur Nieten. Er scheint nichts darüber zu wissen.

Ich finde aber viele Spuren, die der Strippenzieher hinterlassen hat. Und auch die Erklärung dafür, warum Arkady denkt, Esau erst kürzlich getroffen zu haben. Der Strippenzieher lässt Arkady regelmäßig Dinge vergessen – wie Aufträge von diesem Esau. Genau genommen lässt er ihn sogar häufig vergessen, Esau überhaupt zu kennen. Für mich bedeutet das nur eines.

Esau und der Strippenzieher sind ein und dieselbe Person.

Ich will vor Aufregung schreien.

Leider scheint es, als habe der Strippenzieher übertriebene Vorsichtsmaßnahmen ergriffen, um niemals von Arkady gesehen zu werden. Selbst als er die Fäden zog, ist er wahrscheinlich in der Stille zu ihm gegangen und nicht körperlich im Raum anwesend gewesen. Diese Esau-Identität muss seine Art sein, seinen kleinen Mafiaschläger auf konventionellere Arten, wie per Telefon, zu kontrollieren.

Ich schaue tiefer in Arkadys Erinnerungen.

Wir beenden das Anbringen des Sprengkörpers und gehen ins Auto zurück. Während wir dort sitzen, fragen wir uns, warum dieser Tsiolkovskiy auf so eine extravagante Weise getötet werden muss. Eine Kugel in den Kopf wäre viel billiger und risikoärmer gewesen. Jeder Mörder weiß, dass Sprengstoff denjenigen verletzen kann, der mit ihm arbeitet. Wir haben schon häufiger davon gehört. Wir könnten es bei einer wichtigen Person verstehen, aber um einen russischen Wissenschaftler zu töten? Das ergibt keinen Sinn. Da der Kunde gesagt hat, er würde dafür das Doppelte zahlen, weil er befürchtete, Tsiolkovskiy könne den Anschlag ansonsten vorhersehen, nehmen wir Sprengstoff.

Kälte durchfährt mich bei dieser Entdeckung. Ich kann mir kaum vorstellen, was Mira tun wird, wenn ich ihr davon erzähle.

Mit einem Schaudern verlasse ich Arkadys Kopf.

»Scheiße«, sage ich einfallslos, als ich zurück bin und Miras Blick erwidere.

»Ich nehme an, du hast das Telefongespräch gehört«, erwidert Mira. »Wir müssen uns beeilen.« Sie dreht sich herum und beginnt, wegzueilen.

»Mira, warte.« Ich hole sie ein und lege meine Hand auf ihre Schulter.

»Was?« Sie sieht mich genervt an. »Hast du nicht das Gleiche gelesen wie ich?«

»Ja, das Treffen auf der Brooklyn Bridge«, bestätige ich. »Aber ich habe noch etwas erfahren. Etwas, was du wegen deiner Tiefe wahrscheinlich nicht sehen kannst ...«

Sie erblasst. »Nun sag es schon.«

Ich hole tief Luft. »Er erinnert sich daran, eine Bombe unter dem Auto eines russischen Wissenschaftlers angebracht zu haben, dessen Nachname Tsiolkovskiy war. Das müsste dein Vater gewesen sein ...«

Ihre Reaktion ist so gewalttätig und kommt so plötzlich, dass ich keine Zeit habe, noch etwas hinzuzufügen. Sie schnappt sich einen Stuhl und prügelt damit immer wieder auf Arkadys eingefrorenen Körper ein.

Danach stellt sie den Stuhl wieder hin, setzt sich darauf, stützt ihre Ellenbogen auf ihren Knien ab und bedeckt sich die Augen mit den Handflächen.

»Mira«, sage ich sanft und gehe zu ihr. »Wenn du möchtest, kann ich ihn dazu zwingen, sich selbst in dem kalten Schwimmbecken dort drüben zu ertränken.«

Ich weiß nicht, ob ich das wirklich tun kann, aus einem praktischen und ethischen Grund. Aber es zu versuchen ist definitiv sinnvoller als einen Mann in der Stille zu verprügeln, da diese Handlung keine Auswirkungen in der realen Welt hat.

»Nein, tu das nicht.« Sie nimmt ihre Hände hinunter und schaut mit glitzernden Augen auf. »Er ist der Schlüssel zu dem Arschloch, das die Fäden zieht.«

Ich atme erleichtert auf, dass sie mein voreiliges Angebot nicht angenommen hat. Es hätte sein können, dass ich etwas so Kaltblütiges nicht über mich gebracht hätte.

»Also möchtest du zu dem Treffen auf der Brooklyn Bridge gehen?«, frage ich sie, als sie aufsteht.

»Ja. Sobald er uns zu dem Strippenzieher bringt, werde ich sie beide töten.« Ihre Stimme ist kalt und scharf. »Wenn wir ihn jetzt töten, könnte das den Strippenzieher verschrecken.«

»In Ordnung, aber ...«

»Lass uns zum Auto zurückgehen. Wir reden später über die Einzelheiten«, sagt sie, als sie zur Tür läuft.

Ich folge ihr zögernd. So gerne ich diesen Strippenzieher auch fangen möchte, ich habe trotzdem keine Lust darauf, auf Arkady und seine Kollegen zu treffen.

»Das von eben tut mir leid«, sagt sie über ihre Schulter. »Ich musste einfach Luft ablassen.«

»Natürlich, mache dir keine Gedanken darüber«, erwidere ich, bevor wir die nächsten Minuten schweigend zum Auto gehen.

Als wir dort ankommen, berühre ich meinen Hals durch die offene Tür des Lexus, und die Welt wird wieder lebendig.

25

»Bitte lass mich fahren«, bittet mich Mira, sobald wir aus der Stille zurückkehren.

Wegen ihres Zustandes beschließe ich, sie zu lassen. Sich mit einer wütenden Mira zu streiten ist keine gute Idee, denke ich mir. Das Mädchen explodiert definitiv schnell. Außerdem muss ich einige Telefonate erledigen, bevor wir an unserem Ziel ankommen.

Sobald sie hinter dem Steuer Platz genommen hat, tritt Mira das Gaspedal durch, und der Lexus fährt mit quietschenden Reifen los.

Ich nehme mein Telefon hervor und bin glücklich darüber, mich auf etwas anderes konzentrieren zu können als auf die Straßen Brooklyns, die viel zu schnell an unseren Autofenstern vorbeifliegen.

»Ich rufe Caleb an«, erkläre ich Mira, während ich seine Nummer in meinem Telefon suche.

»Das ist eine gute Idee«, stimmt sie mir zu. »Ich hatte vor, Julia im Hotel darum zu bitten, aber so ist es besser. Ihr zwei versteht euch gut.«

»Wenn Caleb und ich uns gut verstehen, erschaudere ich bei dem Gedanken daran, wie er Menschen behandelt, die er nicht mag«, erwidere ich und wähle die Nummer, die auf meinem Display erscheint.

Das Telefon klingelt einige Zeit. Ich warte.

Dann wird abgenommen, aber es bleibt alles ruhig am anderen Ende der Leitung.

»Hallo?«, sage ich vorsichtig.

»Wer? Ach, Darren.« Caleb hört sich überrascht an. »Vermisst du mich schon?«

»Ich könnte deine Hilfe gebrauchen, Caleb«, erkläre ich ihm und ignoriere seine Bemerkung. »Wir könnten deine Hilfe gebrauchen.«

»Oh, du kommst sofort zum Punkt? Das mag ich.« Caleb hört sich schon weniger sarkastisch an. »Was braucht ihr denn?«

»Deine einzigartige Hilfe, und zwar heute Nacht«, antworte ich. »Es gibt …«

»Darren, du kannst aufhören«, unterbricht mich Caleb. »Ich bin nicht in der Stadt. Um genau zu sein, bin ich nicht einmal im Land.«

»Scheiße«, rutscht es mir heraus.

»Was ist los, Darren? Ist es etwas Ernstes?«

»Ja, sehr ernst, aber ich möchte jetzt keine Einzelheiten erzählen«, sage ich. »Nicht am Telefon. Ich werde mir wohl etwas anderes einfallen lassen müssen.«

»Befindet ihr euch in Schwierigkeiten? Ihr könntet euch an Sam oder andere meiner Männer wenden.«

»Sam, das Arschloch? Das soll wohl ein Scherz sein?«

»Sam hat während meiner Abwesenheit die Verantwortung, also ist er die logische Wahl.«

»Nein, danke. Wir werden eine andere Lösung finden.«

»Wie du möchtest – es gibt allerdings nichts, was Sam nicht genauso gut kann wie ich. Der Mann ist eine Maschine. Hätte ich nicht mehr Charisma, wäre er der Verantwortliche«, meint Caleb, und ich kann nicht einschätzen, ob er einen Witz macht oder nicht.

»Danke«, erwidere ich. »Vielleicht komme ich darauf zurück, aber ich glaube, ich würde lieber mit jemandem arbeiten, den ich kenne.«

Mira parkt das Auto auf dem Parkplatz des Hotels, und ich erkläre Caleb, dass ich auflegen muss.

»Natürlich«, antwortet er. »Sag mir einfach Bescheid, falls du deine Meinung über Sam änderst, oder falls du etwas anderes von mir brauchst.«

»Na ja«, sage ich, als Mira aussteigt, »Ich hätte eine kurze Frage …«

»Was denn, Kind?«

»Kennst du einen Mann namens Mark Robinson?«

Einen Moment lang herrscht Schweigen. Dann: »Warum fragst du? Wo hast du den Namen aufgeschnappt?«

»Jacob hat ihn erwähnt«, sage ich unverbindlich.

»Hmm, das ist eigenartig. Das ist eine alte Geschichte. Er war einer von uns, der umgebracht wurde. Eine unschöne Angelegenheit. Weißt du, warum Jacob ihn dir gegenüber erwähnt hat?«

»Nein«, sage ich. Dann bemerke ich, dass Mira zurückkommt, um mich aus dem Auto zu zerren, und ich füge schnell hinzu: »Danke, Caleb. Ich rufe dich nochmal an, falls wir Sam doch brauchen sollten.«

»In Ordnung.« Er beendet das Gespräch und wundert sich wahrscheinlich immer noch über meine komische Frage. Ich nehme an, dass er keine Ahnung davon hat, dass Mark einen Sohn hat.

Ich gleite in die Stille hinüber und nehme mir einen Moment Zeit, das zu verdauen, was ich gerade erfahren habe.

Mein Vater war ein Leser. Daran besteht jetzt kein Zweifel mehr. Und meine Mutter war eine Gedankenführerin. Das, was ich seit der Entdeckung meiner Fähigkeit zu führen vermutet habe, ist jetzt bestätigt worden. Und die Theorie, dass meine

Eltern wegen ihrer verbotenen Vereinigung umgebracht worden sind, hört sich immer plausibler an.

Ich komme aus der Stille zurück und begebe mich nach draußen zu Mira.

»Also, von dem, was ich mitbekommen habe, gehe ich davon aus, dass Caleb nicht zur Verfügung steht?«, fragt Mira, während sie zu ihrem Zimmer eilt. Sie schreibt auf ihrem Handy, während sie geht, und ich nehme an, dass sie mit Eugene spricht.

»Ja. Caleb hat Sams Hilfe angeboten, aber ich war mir nicht sicher, ob das eine gute Idee ist.«

»Damit hattest du recht. Sam und ich, wir haben kein gutes Verhältnis«, sagt sie mit zusammengebissenen Zähnen.

»Warum nicht?«, möchte ich wissen und hoffe, er ist kein Ex-Freund oder etwas Ähnliches.

»Er hat meinen Bruder einmal zusammengeschlagen«, erklärt sie mir wütend. »Jacob hatte es zwar befohlen, aber wir können trotzdem auf keinen Fall mit ihm zusammenarbeiten.«

»Scheiße. Das hört sich ganz danach an, als würden wir ihn sicher nicht bei der Sache dabeihaben wollen. Ich habe diesen Kerl jetzt zweimal getroffen und ich weiß, er ist ein Arschloch. Mir war nur nicht klar, was für ein großes.«

Wir gehen zu Miras Zimmer, und Eugene steht schon neben ihrer Tür. Sie schließt auf, und wir alle setzen uns im Raum verteilt hin. Mira nimmt das Zweiersofa, ich den Bürostuhl und Eugene das Bett.

»Ich denke, wir sollten mit Julia reden«, sagt Eugene, als wir ihn auf den neuesten Stand gebracht haben. »Wenn wir Sam ausschließen, weiß sie vielleicht jemand anderen, der uns helfen kann.«

»Wenn du Julia davon erzählst, wird sie höchstwahrscheinlich mitkommen wollen«, entgegnet Mira. »Und ich habe die Vermutung, dass du das nicht möchtest.«

»Das würde sie nicht, sie ist ja gerade erst aus dem Krankenhaus entlassen worden«, antwortet Eugene, aber seine Stimme hört sich unsicher an.

»Aber auch wenn sie vernünftigerweise darauf verzichten würde, mit uns mitzukommen, gäbe es immer noch ein anderes Problem mit ihr«, wirft Mira ein. »Sie könnte ihren Vater, Jacob, mit in diese Sache hineinziehen, und das würde ich nicht wollen.«

»Warum nicht?«, frage ich neugierig.

»Wegen seiner Angst, die Menschen könnten etwas über unsere Fähigkeiten erfahren«, erklärt Mira. »Dieses Treffen wird an einem sehr öffentlichen Ort stattfinden – was bedeutet, dass in die Auseinandersetzung mit dem Strippenzieher eine Menge Zivilisten hineingezogen werden könnten.«

»Es ist nicht gerade so, dass Jacob ein großer Menschenfreund wäre«, merkt Eugene an. »Aber wie du bei eurem Treffen gemerkt hast, ist er besessen davon, die Existenz der Leser geheim zu halten. Er ist ein Purist.«

»Genau«, bestätigt Mira. »Wir möchten auf gar keinen Fall, dass er uns davon abhält, etwas zu unternehmen.«

»Aber wir drei alleine haben keine Chance«, sagt Eugene mit hängenden Schultern. »Vielleicht sollten wir doch das Risiko eingehen, mit Julia zu reden.«

»Wir zwei«, korrigiert ihn Mira. »Es gibt keinen Grund für Darren, dabei zu sein. Es ist nicht sein Kampf. Und auch nicht Julias – also keine Julia.«

»Ich werde euch helfen«, höre ich mich sagen und bin selbst ganz überrascht. »Ihr vergesst, dass dieser Strippenzieher versucht hat, mich töten zu lassen.«

Er könnte auch meine Eltern getötet haben, aber das erwähne ich nicht. Dieses Thema hebe ich mir lieber für später auf.

»In Ordnung, aber wir sind immer noch nur zu dritt«, wirft Eugene ein, wobei er mich dankbar anblickt.

Der Blick, den Mira mir zuwirft, ist schwerer zu deuten. Sie scheint mich neu zu bewerten. Ich tue das Gleiche mit mir. Mira hat mir gerade einen Ausweg angeboten, und anstatt ihn anzunehmen, habe ich mich ihnen freiwillig angeschlossen. Und mit dem Strippenzieher abzurechnen, der versucht hat, mich umzubringen, ist meine kleinste Motivation dafür. Der bedeutendere Grund blickt mich erwartungsvoll mit diesen wunderschönen blauen Augen an.

»Vielleicht müssen es nicht nur wir drei sein«, entgegne ich und fühle mich immer unwohler unter Miras intensivem Blick. »Aber bevor ich euch das erkläre, möchte ich etwas wissen: was ist ein Purist? Ihr habt gesagt, Jacob sei einer. Was bedeutet das?«

»Puristen sind Leser, die sich an die archaischen Traditionen halten, solche wie zugewiesene Partner«, antwortet mir Eugene bitter. »Ihre größten Ängste sind Dinge wie Bloßstellung vor der Welt außerhalb der Gemeinde und die Verdünnung des Blutes der Leser.«

»Das einzig Gute an ihnen ist, dass sie die Strippenzieher ausrotten möchten«, merkt Mira an.

Das hat wehgetan. Und es verbessert nicht gerade die Aussichten für das, was ich ihnen erzählen möchte, sobald ich endlich den Mut dafür finde. Es schmerzt ganz besonders, weil ich mich selbst nicht mehr länger als diese Art von Strippenzieher sehe. Die Strippenzieher, die sie hasst, würden sie andersherum genauso hassen, wenn sie Traditionalisten wären. Es ist ironisch, wie sehr die Beschreibung der Puristen der der Traditionalisten gleicht, von denen mir Thomas und Hillary erzählt haben. Ich bedauere es fast, dass wir Jacob nicht dazuholen können. Es wäre geradezu eine poetische Gerechtigkeit, wenn diese beiden Orthodoxen den Kampf austragen müssten. Sie hören sich an, als hätten sie ihn sich verdient.

»Mira«, sagt Eugene unangenehm berührt, »das meinst du nicht wirklich. Darren ist das beste Beispiel dafür, warum es falsch ist, so zu denken.«

»Das ist schon in Ordnung, Eugene«, erwidere ich großzügig. »Ich kann Miras Hass auf die Strippenzieher auf gewisse Weise verstehen. Ich meine, ich hasse den Kerl, der versucht hat, mich im

Krankenhaus töten zu lassen. Es ist aber auch eine Tatsache, dass nicht alle Strippenzieher gleich sind. Ich denke sogar, nur eine winzige Minderheit ist so wie dieses Arschloch.«

»Ich habe nicht dich gemeint, Darren.« Mira senkt ihren Blick, so als sei ihr das unangenehm. »Du bist etwas völlig anderes.«

»Und wenn ich genauso ein Strippenzieher wäre, wie ihr Leser, würdest du dann wieder versuchen, mich umzubringen?«, frage ich und beschließe, die Karten auf den Tisch zu legen.

»Du weißt, dass ich das nicht tun würde.« Sie schaut mich wieder an. »Aber du hast ja selbst gesagt, dass du auch nicht weißt, wer oder was du bist.«

Die gute Neuigkeit ist, dass sie nicht dabei ist, ihre Waffe hervorzuziehen. Noch nicht.

»Das stimmt, das wusste ich auch nicht«, erwidere ich vorsichtig. »Allerdings habe ich gestern mehr über mich herausgefunden – und vor einigen Minuten noch etwas erfahren. Das Wichtigste, was ich verstanden habe, ist, dass nicht alle Strippenzieher – oder Gedankenführer, wie sie sich selber nennen – die bösartigen Monster sind, für die ihr sie haltet. Eigentlich sind die meisten ganz normale Menschen, so wie ich und ihr.«

Während der tödlichen Stille, die auf meine Einführung folgt, erzähle ich Mira und Eugene eine Kurzversion dessen, was gestern passiert ist. Über meine Psychiaterin, über meine Tante, über Thomas.

»Also sind die Traditionalisten der Strippenzieher genauso wie unsere Puristen?«, fragt Eugene und blickt mich an.

»Ja, und sie hören sich auch nach genauso viel Spaß an«, erwidere ich.

»Also muss es einer von *ihnen* gewesen sein, der unseren Vater wegen seiner Forschungen getötet hat«, flüstert Eugene.

»Ich denke nicht, dass du eine ganze Gruppe von Menschen dafür verantwortlich machen solltest, weder die Strippenzieher noch die Traditionalisten unter ihnen«, werfe ich vorsichtig ein.

»Es könnte sich um einen verrückten Strippenzieher handeln, der beschlossen hat, den russischen Mafiosi anzuheuern, den wir gelesen haben ...«

»Also bist du wirklich ein Strippenzieher?«, fragt Mira, die offensichtlich ein Problem damit hat, meine Geschichte zu verarbeiten.

»Ich ziehe Gedankenführer vor, aber ja, durch meine Mutter bin ich es zur Hälfte. Über meinen Vater weiß ich noch nicht viel, aber ich habe die Bestätigung erhalten, dass er ein Leser war.«

»Aber das ist verboten«, sagt Eugene mit weit aufgerissenen Augen.

»Gerade du solltest das nicht verurteilen«, sage ich zu meiner Verteidigung. »Denken eure Leute nicht auch, dass Halbblute verboten sind?«

»Das ist etwas anderes«, erwidert er unsicher.

»Ist es das? Warum konntest du dann nicht mit Julia zusammen sein?«, frage ich.

Eugene antwortet nicht, und Mira scheint mich mit ihrem Blick durchbohren zu wollen.

»Also hast du mich angelogen, als du mir gestern gesagt hast, dir ginge es nicht gut?«, meint sie schließlich. Zu meiner Überraschung scheint sie das mehr zu beschäftigen als die Tatsache, dass ich ein Leser-Strippenzieher-Hybrid bin. »In Wirklichkeit bist du zu einer *Party* gegangen?«

»Es tut mir wirklich leid, dass ich dich angelogen habe«, erkläre ich ihr ehrlich. »Ich dachte mir einfach, dass du die Wahrheit nicht mögen würdest. ›Entschuldige bitte, Mira – kann keine Zeit mit dir verbringen, gehe auf eine Strippenzieher-Party.‹«

Eugene lacht nervös auf und fängt sich dafür einen wütenden Blick seiner Schwester ein.

»Und woher wissen wir, dass du jetzt gerade nicht lügst oder dass du uns nicht die ganze Zeit über angelogen hast?«, möchte Mira wissen und dreht sich zu mir, um mich böse anzustarren. »Du lügst hervorragend, wenn es dir gerade passt. Woher wissen wir, dass das nicht irgendein Strippenzieher-Trick ist?«

»Ein Trick, um was genau zu tun?« Ich bin es langsam leid, immer beschuldigt zu werden. »Den Strippenzieher auszuliefern, der eure Eltern umgebracht hat?«

»Er hat recht, Mira«, meint Eugene mit beruhigender Stimme. »Ich kann keinen hinterhältigen Strippenzieher-Zweck erkennen, dem das dienlich sein könnte.«

»Gut. Angenommen, ich würde dir glauben.« Miras Ausdruck wird nicht weicher. »Was würde es ändern? Warum sollte es mich interessieren, ob einige Strippenzieher denken, dass sie gut sind, und sich selbst Gedankenführer nennen? Es ändert nichts an der Tatsache, dass einer von ihnen heute sterben muss. Es ändert nichts an unserem fehlenden Plan. Und egal, was du über die wenigen Menschen sagst, die du getroffen hast, es ändert nichts daran, dass sie die Köpfe der Menschen manipulieren – und das ist falsch.«

»Es ändert Dinge, weil ich einen Plan in meinem Kopf habe«, gebe ich zurück. »Und man kann ebenso sagen, dass wir beim Lesen die Köpfe der Menschen manipulieren. Ich denke, viele Menschen würden es vorziehen, zu einer Handlung gezwungen zu werden, als zuzulassen, dass ihre tiefsten Geheimnisse gestohlen werden.«

»Typisch Strippenzieher, immer die Wahrheit verdrehen«, erwidert Mira wütend. »Gedankenmanipulation ist offensichtlich …«

»Mira, bitte hör auf«, unterbricht Eugene sie streng. Er benutzt seinen seltenen Der-große-Bruder-weiß-es-am-besten-Ton. »Lass Darren zu Wort kommen, damit er uns sagen kann, wie wir das aktuelle Problem lösen. Dieses xenophobe Geschwätz können wir uns für später aufheben.«

»Gut«, sagt sie und verschränkt ihre Arme vor der Brust. »Erleuchte uns, Darren.«

»In Ordnung«, willige ich ein. »Thomas, der Gedankenführer vom Geheimdienst, von dem ich euch eben erzählt habe, hat mir seine Hilfe angeboten. Wir sprachen darüber, was ich tun sollte, wenn ich die Identität der Person herausbekommen würde, die versucht hat, mich im Krankenhaus umbringen zu lassen. Ich bin mir sicher, dass er auch jetzt eine große Hilfe wäre.«

»Und du denkst, dass du ihm vertrauen kannst?«, fragt Eugene zweifelnd. »Du hast ihn erst gestern kennengelernt.«

»Und er ist ein Strippenzieher«, murmelt Mira vor sich hin.

»Ja, ich denke, dass ich ihm trauen kann. Und wenn ich es nicht täte, hätte es andere Gründe als den, dass er ein *Gedankenführer* ist«, entgegne ich und betone die politisch korrekte Bezeichnung. »Die Person, der ich *wirklich* vertraue, ist meine Tante, aber ich möchte sie nicht in diese Geschichte hineinziehen.«

Mira sieht einen Moment lang hochkonzentriert aus, bevor sie sagt: »Gut. Ich habe gerade mit Eugene geredet, und er hat mich davon überzeugt, dieser kranken Idee eine Chance zu geben.«

»Du hast mit Eugene …« beginne ich, aber dann verstehe ich. Sie ist in die Stille geglitten und hat dann ihren Bruder zu sich geholt, um sich allein mit ihm zu unterhalten.

»Es tut mir leid, Darren«, bestätigt Eugene meine Vermutung. »Wir mussten erst über einen so ungewöhnlichen Vorschlag nachdenken. Ich habe für dich gestimmt, weil ich dich als einen Freund ansehe. Ich hoffe, dass ich es nicht bereuen werde.«

»Also wolltest du mir nicht vertrauen«, sage ich und schaue dabei Mira an. Das passt zu ihr.

»Wollte sie es nicht, täte sie es auch nicht«, entgegnet Eugene. »Mira …«

»Halt den Mund, Zhenya«, unterbricht Mira ihn mit eisigem Blick. »Verstehst du das Konzept einer privaten Unterhaltung nicht?«

»Lasst mich erst einmal herausfinden, ob Thomas uns überhaupt helfen möchte«, sage ich. »Wenn nicht, ist die ganze Diskussion sinnlos.«

Da niemand Einwände erhebt, nehme ich mein Telefon und rufe Thomas an.

»Thomas, hier ist Darren«, sage ich, sobald er abnimmt. »Du

hast gesagt, ich solle dich anrufen, wenn ich Hilfe mit dem Gedankenführer bräuchte, der versucht, mich zu töten.«

»Das habe ich. Was ist los?« Thomas hört sich sofort alarmiert an. »Hast du schon herausgefunden, wer er ist?«

»Noch nicht genau«, sage ich und versuche, meine Gedanken zu ordnen. »Aber ich weiß, wo er sich nachher aufhalten wird, und möchte ihm entgegentreten. Ich habe Freunde von mir dabei, aber wir sind nur zu dritt.«

»In Ordnung, ganz ruhig«, erwidert Thomas. »Und jetzt noch einmal ganz von vorne.«

»Was ich dir gestern nicht erzählt habe, ist, dass ich eine Spur hatte, der ich nachgehen wollte. Eine Spur, die die Verbindung dieses Gedankenlesers mit der russischen Mafia betrifft. Eine Freundin und ich haben herausgefunden, dass er sich heute mit den Personen, die er kontrolliert, auf der Brooklyn Bridge treffen wird«, erkläre ich ihm.

»Ich verstehe.« Thomas klingt ruhig, so als würden ihn andauernd Menschen mit solchen verworrenen Geschichten anrufen. »Wer sind deine Freunde?«

»Das ist der komplizierte Teil«, erwidere ich und verfluche mich dafür, ihm gestern nichts von meiner Verbindung zu den Lesern erzählt zu haben. »Sie sind Menschen, die du als Schnüffler bezeichnen würdest.«

»Was?« Sein Ton wird schärfer. »Wieso kennst du Schnüffler? Was machst du in ihrer Gesellschaft? Geht es dir gut?«

»Es ist schon fünfzehn Uhr zwanzig«, wirft Mira von dem Sofa aus ein. »Wir müssen anfangen, unsere Vorbereitungen zu treffen.«

»Thomas«, sage ich, als ich merke, dass sie recht hat. »Das Treffen ist um sechzehn Uhr dreißig, also haben wir bald keine Zeit mehr. Mir geht es gut. Du kannst meinen Freunden vertrauen. Ich habe für alles eine sehr gute Erklärung, aber wir müssen uns wirklich in Bewegung setzen. Können wir uns persönlich treffen und in der Gedankendimension reden? Auf diese Weise verlieren wir keine Zeit in der realen Welt.«

Er schweigt einen langen Moment. »Darren ... wir haben uns gerade erst getroffen, und das ist eine Menge Information, aber nur wenig Zeit, um eine Entscheidung zu treffen.«

»Ich weiß, und ich wäre an deiner Stelle genauso vorsichtig.« Ich bin mir der Tatsache bewusst, dass ich mir an seiner Stelle schon längst zu mir gesagt hätte, mich zu verpissen. »Es gibt noch eine Sache, die du wissen solltest, etwas, was dir vielleicht dabei helfen wird, mir vertrauen zu können. Ich habe auf der Party erfahren, dass Hillary meine Tante ist. Du kannst sie fragen. Sie kennt die ganze Geschichte.«

Wieder Stille.

»Weißt du was?«, erwidert er schließlich. »Ich kann es sogar erkennen. Ihr seid euch ziemlich ähnlich. Ich habe es nur nicht erkannt, bis du es mir gesagt hast. Das ist unglaublich.«

»Ja, ich weiß«, meine ich. »Hilft das? Wir haben keine Zeit mehr, Thomas.«

»Falls ich zustimme, euch zu helfen, dann ja. Aber es gibt ein großes Problem, das ich dir erklären wollte, bevor du mir von den Schnüfflern erzählt hast.«

»Was für ein Problem?«

»Du hast gesagt, es handele sich um eine Gruppe russischer Krimineller und zumindest einen Gedankenführer. Was die Sache verschlimmert, ist, dass das Ganze in aller Öffentlichkeit stattfindet. Verstehst du, worauf das hinausläuft?«

»Nein, ich bin mir nicht sicher, es zu verstehen«, sage ich verwirrt. »Ärger?«

»Das kannst du laut sagen. Es bedeutet, dass dieser Führer eine Menge Menschen zur Verfügung hat, die er theoretisch gegen uns aufbringen kann. Es kann sein, dass wir dieses Treffen nicht überleben, und selbst wenn wir es tun sollten, könnte es eine Menge ziviler Opfer geben.«

»Scheiße«, sage ich und schaue verzweifelt zu Eugene und Mira. Daran hatte ich nicht gedacht.

»Es gibt allerdings eine Lösung dafür«, erklärt Thomas. »Ich muss jemanden anrufen. Wo treffen wir uns?«

»Lass uns am South Street Seaport treffen. Hinter dem Einkaufszentrum. Dem Teil, der den drei Brücken zugewandt ist«, schlage ich vor. »Dort haben wir alles im Blick und sind nahe am Treffpunkt.«

»In Ordnung. Ich werde Verstärkung mitbringen«, sagt Thomas. »Könnt ihr in einer Stunde da sein? Dann hätten wir genug Zeit, pünktlich auf der Brücke zu sein, selbst wenn wir zu Fuß gehen würden.«

»Ja«, sage ich, schaue zu Mira und erschaudere innerlich bei dem Gedanken an die Fahrt, die vor uns liegt. »Vielleicht schaffen wir es sogar eher.«

»Okay. Bis gleich«, antwortet Thomas und beendet das Gespräch.

Als ich mich umdrehe, sehe ich, dass Mira und Eugene mich erwartungsvoll anschauen. »Ich denke, dass er uns helfen wird«, erkläre ich ihnen und versuche, mich zuversichtlicher anzuhören, als ich mich fühle.

»Wir müssen sowieso zur Brücke gelangen«, stellt Mira fest. »Also ist es kein großer Umstand, den Kerl zu treffen. Solange es keine Falle der Strippenzieher ist.«

»Sollte es das sein, hätte ich nichts damit zu tun«, erwidere ich.

»Ich weiß«, sagt Mira. »Es ist ja nicht so, dass ich dir nicht vertraue.«

Fast rutscht mir ein »Seit wann das denn?« heraus, aber ich kann mir noch rechtzeitig auf die Zunge beißen. »Mira, ich kann Menschen recht gut einschätzen. Es ist Teil meiner Arbeit«, erkläre ich ihr, da ich denke, die Wahrheit ein wenig zu beschönigen könnte ihr dabei helfen, sich weniger Sorgen zu machen. »Ich denke, Thomas wird uns helfen. Das glaube ich wirklich.«

»Wir haben auch keine große Wahl, Mira«, fügt Eugene hinzu.

»Wir drei alleine können es nicht mit ihnen aufnehmen. Wenigstens arbeitet dieser Typ für den Geheimdienst.«

»Ich habe gesagt, dass ein Treffen mit ihm uns nicht aufhalten wird«, entgegnet Mira, steht auf und geht zu einem der Nachttische. »Also hört auf damit, mir das Auto schönzureden, das ich bereits gekauft habe.«

Sie nimmt eine Waffe aus der Schublade ihres Nachttisches. »Zhenya, hast du deine?«, fragt sie, während sie sich ihre eigene hinten in den Hosenbund steckt.

»Ja, in meinem Zimmer.« Ihr Bruder steht ebenfalls auf.

»Okay, geh sie holen, und wir treffen uns unten«, weist sie Eugene im Kommandoton an.

Ich bekomme den Eindruck, dass das nicht zum ersten Mal geschieht, denn er eilt, ohne zu zögern oder zu protestieren, aus dem Raum.

»Wie sieht es mit dir aus, Darren?«, fragt sie mit etwas sanfterer Stimme.

»Ich habe eine Waffe im Handschuhfach meines Leihwagens«, erwidere ich. »Aber ich hoffe, dass ich sie nicht benutzen muss.«

»Wir müssen auf alles vorbereitet sein«, entgegnet Mira und geht aus dem Zimmer.

26

»Du wirst uns umbringen, Mira.« Eugene wird gegen die Beifahrertür gedrückt, als wir die zweite rote Ampel überfahren. Wir sind erst vor einigen Momenten aus dem Battery Tunnel gekommen und haben trotzdem schon weitere fünf Straßen hinter uns gelassen. »Ehrlich, so einen Zeitdruck haben wir nun auch wieder nicht.«

»Wir hätten niemals diesen verdammten Tunnel nehmen dürfen«, sagt sie und weicht plötzlich aus. Ich denke, ihr ist es gerade gelungen, einen Taxifahrer zu verängstigen – und diese Typen haben wirklich schon alles gesehen. Ich dachte immer, sie seien die Einzigen, die wie Henker fahren, aber Mira schlägt sie um Längen. Nicht einmal Caleb ist so schlimm. Aber sie ist erst achtzehn und denkt, sie sei unsterblich. Ich habe das übrigens niemals gedacht. Ich bin mir völlig im Klaren darüber, wie sterblich ich bin.

»Die Straße zu den Brücken war viel voller«, murmelt Eugene, der immer noch die Entscheidung verteidigt, den Tunnel genommen zu haben.

Die ständigen Streitereien zwischen Eugene und Mira machen

Miras Fahrstil zu einem noch schlimmeren Erlebnis. Sie diskutieren darüber, wie schnell sie fahren sollte, welchen Autos sie besser nicht den Weg abschneidet – und die beste Strecke. Bis jetzt hatte ich immer gedacht, meine Mütter seien die schlimmsten Menschen, mit denen man im gleichen Auto fahren könnte, aber offensichtlich hatte ich Unrecht. Verhalten sich alle Geschwister so, oder habe ich einfach das Glück, mich mit zwei besonders schlimmen Exemplaren im Auto zu befinden?

Der Rest der Fahrt dauert drei tiefe Atemzüge, bevor Mira mit quietschenden Reifen in eine Garage einbiegt. Ich schätze, dass sie mit etwa fünfzig km/h hineinfährt, aber ich könnte die Geschwindigkeit auch unterschätzen.

Als ich die Autotür öffne, kann ich definitiv den Gestank von versengten Reifen riechen.

Der Gesichtsausdruck des Parkhausmitarbeiters, dem sie den Schlüssel gibt, ist unbezahlbar. Ich reiche ihm einen Hundert-Dollar-Schein, um ihn aus seiner Benommenheit zu reißen, und weise ihn an, mindestens zwanzig Minuten lang zu warten, bevor er das Auto parkt. Es könnte sein, dass wir nach unserer Unterhaltung mit Thomas sofort zurückkommen, und wir beschließen, zur Brooklyn Bridge zu fahren.

Wir rennen von dem Parkhaus zu unserem Treffpunkt. Trotz der angespannten Stimmung fällt mir die atemberaubende Aussicht auf. Es ist beruhigend, die alten Schiffe zu sehen, die im Hafen ankern, und ich frage mich, wie es wohl war, als der Hafen noch betrieben wurde. Nahtoderfahrungen scheinen das bei mir auszulösen, sie bringen meine sentimentale Seite zum Vorschein.

Es ist ein schöner Samstagnachmittag, und vor uns befindet sich eine große Menschenmenge. Es handelt sich dabei hauptsächlich um Touristen, unter die sich einige wenige Einheimische gemischt haben. Mira bahnt uns den Weg durch die Menschen, indem sie sie mit ihren Ellenbogen grob zur Seite schiebt.

Wir sind gerade an der Ecke neben unserem Treffpunkt angekommen, in der Nähe der Bänke, die dem Wasser zugewandt sind, als die Welt plötzlich verstummt. Die Menschenmenge um uns gefriert, genauso wie Mira und Eugene.

»Hallo, Neffe«, sagt eine vertraute, hohe Stimme. »Du solltest mich zurückrufen.«

Hillary steht neben meinem eingefrorenen Ich, und ihre Hand liegt auf meiner bewegungslosen Wange. Thomas steht neben ihr.

»Du hast mich angerufen?«, frage ich und bin überrascht, sie hier zu sehen.

»Ja, ungefähr zwanzigmal.«

»Entschuldige bitte, ich habe mein Telefon nicht gehört. Ich war zu beschäftigt damit, mein Essen im Magen zu behalten. Mira fährt wie eine Irre.« Endlich lässt dieses eigenartige Schockgefühl nach, das ich immer verspüre, wenn ich ungewollt in die Stille gezogen werde. Es war schon immer etwas gruselig, sich an solchen vollen und lauten Plätzen in der Stille zu befinden. Mein Gehirn erwartet, dass die Menschen sich bewegen und sprechen, aber das tun sie nicht. Ohne Vorwarnung in die Stille geholt zu werden, verschlimmert diese Desorientierung.

»Welche ist Mira?« Hillary betrachtet einige hübsche Mädchen.

»Wer ist Mira überhaupt?« Thomas schaut in die Menge. »Ist das eine von den Schnüfflern, die du erwähnt hast?«

»Ich habe ihm noch nichts gesagt«, meint Hillary. »Vielleicht möchtest du ihm die ganze Geschichte erzählen.«

Ohne das Geheimnis von Hillarys Anwesenheit lösen zu können, füge ich mich ihrem Vorschlag und erkläre Thomas alles. Ich bin beeindruckt von ihm. Er rastet nicht aus, weil er mit Lesern zusammenarbeiten muss, ganz im Gegensatz zu meinen russischen Freunden, als ich vorgeschlagen habe, mit Gedankenführern zu arbeiten. Er wird auch spielend damit fertig, dass ich ein ungewöhnlicher Hybrid beider Gruppen bin. Ich nehme an, dass seine Kindheit – die er nicht von Anfang an in der Gemeinschaft der Gedankenführer verbracht hat – das erklären kann. Da man sich aber sehr leicht an Engstirnigkeit gewöhnen und sie annehmen kann, verstärkt die Tatsache, dass er in dieser Sache sehr offen zu sein scheint, meinen guten Eindruck von ihm.

»Also, welche von ihnen ist sie?«, will Hillary wissen. »Ich sterbe vor Neugier.«

»Diese dort«, sage ich und zeige auf Mira. »Diejenige, die sich ihren Weg durch die Menge wie ein unfreundliches Messer durch Butter bahnt.«

»Sehr hübsch.« Hillary lächelt zustimmend. »Aber das hatte ich auch angenommen.«

»Ja.« Ich zucke mit den Schultern. »Kann ich sie zu uns holen? Der Typ mit der Brille ist Eugene, ihr Bruder.«

»Warte«, meint Thomas. »Wir sollten zuerst alleine sprechen.«

»In Ordnung«, stimme ich zu. »Und jetzt, nachdem ich meinen Teil erklärt habe, würde ich gerne von euch beiden wissen, wieso Hillary hier ist.«

»Hättest du meine Anrufe angenommen, wüsstest du den Grund dafür.« Sie blickt mich fest an. »Ich schließe mich dieser Mission an.«

»Was? Nein, das wirst du nicht.« Ich drehe mich zu Thomas um. »Sag ihr, dass das nicht passieren wird.«

»Ihr braucht mich«, entgegnet Hillary, und Thomas nickt.

Sie wirft mir einen selbstgefälligen Blick zu. »Siehst du? Und du befindest dich nicht in einer Position, in der du mir sagen könntest, was ich zu tun habe.«

»Nein, natürlich nicht«, sage ich schnell, weil ich sie nicht vor den Kopf stoßen möchte. »Das hatte ich auch nicht vor. Ich möchte einfach nicht, dass du verletzt wirst, das ist alles.«

»Das wäre süß, wenn es nicht beleidigend wäre. Warum sollte ich eher verletzt werden als deine Freundin zum Beispiel?«

»Ich möchte auch nicht, dass sie dabei ist. Ich kann Mira aber nicht davon abbringen. Sie ist ein wenig härter als du …« Ich versaue es komplett, einen eleganten Ausweg aus meiner verbalen Katastrophe zu finden.

»Oh, oh, Darren. Meinst du, Hillary sei nicht so hart wegen

ihrer Größe? Du bist neu in der Gemeinschaft, sonst wüsstest du schon, dass sie es nicht mag, ihrer Größe wegen kritisiert zu werden.« Thomas Ton ist ernst, aber seine Augenwinkel weisen amüsierte Fältchen auf.

»Meine Größe hat keinen Einfluss auf gar nichts«, erwidert Hillary und sticht Thomas einen ihrer Ellenbogen in die Rippen. »In dieser Situation hier bin ich eine Person, die ihr alle braucht.«

Thomas nickt erneut. »Das stimmt. Erinnerst du dich an das Problem, von dem ich dir erzählt habe?«, fragt er mich. »Dass ein Führer jeden, der sich auf der Brücke befindet, gegen uns verwenden kann?«

Ich blicke zu Hillary und erinnere mich daran, was sie mir über ihre Reichweite erzählt hat. »Du denkst, du könntest die Kontrolle über jeden übernehmen, den er führt?«

»Die Person, die wir suchen, könnte auch eine Sie sein, aber ja«, meint Hillary. »Ich habe bessere Chancen als jeder andere, den ich kenne.«

»Das stimmt«, bestätigt Thomas. »Du musst mir vertrauen, Darren. Hillary hat einen sehr guten Grund dafür, hier zu sein. Sonst hätte ich sie nicht mitgebracht.«

»Und ich wäre nicht gekommen, hätte er nicht deinen Namen fallen lassen, Darren«, sagt sie. »Ich habe immer noch meine Bedenken, aber ich glaube, dass meine Gegenwart wirklich dabei helfen kann, unnötige Gewalt zu verhindern.«

»Da wir jetzt geklärt haben, wer hier sein sollte, wäre es vielleicht ein guter Moment, aufzuzählen, wer es nicht sollte«, sagt Thomas und blickt demonstrativ zu Mira und Eugene.

»Wir können sie nicht ausschließen. Es ist Miras Rache«, sage ich, und meine Augen bleiben auf Miras Gesicht hängen. »Sie hat nur für den Traum gelebt, diese Person zu erwischen.«

»Damit unterstützt du nur, dass wir sie nicht mitnehmen sollten. Sie hört sich an, als könnte sie zu einem Problem werden«, sagt Thomas. »Wahrscheinlich wird sie etwas Unbedachtes tun und uns damit alle in Gefahr bringen.«

»Ich denke nicht, dass wir eine Wahl haben«, entgegne ich. »Sie wird auf jeden Fall hier sein, egal was wir tun. Wenn wir gewalttätige Ausschreitungen verhindern möchten, sollten wir sie besser mitnehmen.«

»Außerdem könnten die beiden für meinen Plan sehr nützlich sein«, wirft Hillary ein. »Es ist sehr voll hier, und sie könnten Darren mit dem Lesen helfen.«

»Einverstanden«, sagt Thomas vorsichtig. »Aber ich mag es nicht.«

»Ordnungsgemäß zur Kenntnis genommen«, meint Hillary und zwinkert mich an. »Wir werden es in den Bericht aufnehmen, Herr Geheimagent.«

»Hol sie zu uns«, bittet mich Thomas, und ich handele sofort.

Im nächsten Moment schaut Eugene mich mit hängender Kinnlade und großen Augen an. Im Gegensatz zu ihm scheint Mira ruhig zu sein und betrachtet die neuen Personen gründlich.

Ich stelle sie einander schnell vor.

»Hillary hat einen Plan«, sage ich danach. »Würdest du uns erklären, worum es sich handelt, Tantchen?«

»Ich dachte, ich hätte dir verboten, mich so zu nennen«, beginnt sie zu sagen, unterbricht sich dann allerdings selbst. »Egal. Du bist in dem Punkt wie deine Mutter. Wenn mich etwas gestört hat, hat sie es nur noch häufiger getan.« Sie lacht kurz, bevor sie sich zu Eugene und Mira umdreht. »Ich habe einen Plan«, sagt sie. »Warum gehen wir nicht zu den Bänken, bevor ich ihn erkläre? Es könnte ein wenig Zeit in Anspruch nehmen.«

»Gerne«, erwidert Mira und macht uns den Weg frei, indem sie die eingefrorenen Menschen einfach rücksichtslos zur Seite schiebt. Ich nehme an, dass es ihre Art ist, ihre Gefühle über die Zusammenarbeit mit Strippenziehern auszudrücken.

»Sie hat Temperament«, flüstert Hillary mir zu, als wir durch den Tunnel aus Körpern gehen, die Mira zurückgelassen hat.

»Wem sagst du das«, flüstere ich mit so leiser Stimme wie möglich zurück.

»Ein überwältigender Anblick«, meint Hillary, als wir an unserem Ziel ankommen. Sie hat recht, dieser Ort ist berühmt für seinen fantastischen Ausblick auf die Brooklyn Bridge.
»Wir sind nicht zum Sightseeing hier«, meint Mira gereizt. »Erkläre uns deinen Plan, Strippenzieher.«
»Als Erstes, junge Dame, wirst du mich nie wieder mit dieser abwertenden Bezeichnung anreden.« Hillary schaut sie streng an. »Ich ziehe Gedankenführer vor, wenn du meine Fähigkeiten unbedingt erwähnen musst.«
»Sie hat es …«, fängt Eugene an.
»Ich kann für mich selber sprechen«, unterbricht ihn Mira. »Es tut mir leid. Ich werde dich so nennen, wie du möchtest, wenn du dich nur beeilst.«
»Sicher«, erwidert Hillary. »Das hier habe ich mir überlegt …«
In der Stille, die folgt, erklärt sie uns ihren Plan.
»Das hätte ich nicht besser machen können«, sagt Thomas.
»Wenn du das sagst, nehme ich das als ein großes Kompliment.« Hillary strahlt ihn an.
»Ich bin dabei«, meint Mira. »Das sollte funktionieren.«
»Ich auch«, stimmt Eugene zu.
»Ich denke, ich bin auch einverstanden«, erkläre ich. »Das hört sich recht sicher an.«
»Das ist genau der Punkt«, erwidert Hillary. »Das Wichtigste sollte sein, dass niemand verletzt wird.«
Ich bemerke, dass Miras Augen jedes Mal gefährlich aufleuchten, wenn Hillary etwas in dieser Richtung sagt, aber ich bleibe stumm.
Wir alle folgen Hillary zu ihrem Körper. Sie ist diejenige, in deren Version der Stille wir uns alle befinden.
»Wie kommen wir dorthin?«, frage ich Hillary, als sie uns gerade in die Realität zurückbringen will.
»Wir könnten zu Fuß gehen«, erwidert Thomas. »Aber ich würde lieber mit dem Auto fahren. Falls der Plan schiefgeht, könnten wir vielleicht ein Fahrzeug in der Nähe gebrauchen.«

Alle stimmen zu, und Thomas überzeugt uns davon, sein Auto zu nehmen.

Sobald wir die Stille verlassen haben, begeben wir uns zu seinem Auto – einem schwarzen Minivan eine halbe Straße weiter.

»Wieso ist dein Wagen hier nicht abgeschleppt worden?«, fragt Eugene beeindruckt. »Du hast ja nicht mal einen Strafzettel bekommen.«

»Ich habe spezielle Nummernschilder«, erklärt Thomas und öffnet die Seitentür. »Ich kann parken, wo immer ich möchte.«

Im Auto, hinter der zweiten Sitzbank, befindet sich ein ganzes Waffenarsenal. Kein Wunder, dass Thomas dieses Fahrzeug nehmen wollte.

»Ich werde keine Waffe anfassen«, protestiert Hillary, sobald sie Thomas' Vorrat erblickt. »Versucht nicht einmal, meine Meinung zu ändern.«

»Du bleibst sowieso im Auto, also sollte dir nichts passieren.« Thomas grinst. »Außerdem denke ich, dass du im Notfall, wenn du wirklich eine Waffe brauchst, deine pazifistischen Prinzipien einfach vergessen würdest. Genauso wie du Speck essen würdest, bevor du verhungerst. Was ist mit euch? Kann ich euch für eine Waffe interessieren?«

»Ich habe meine eigene«, antworte ich und klopfe auf die Rückseite meiner Hose, in der sich die Waffe befindet, die Caleb mir gegeben hat.

»Ich auch.« Mira klopft ebenfalls hinten auf ihren Hosenbund.

»Das Gleiche gilt für mich«, schließt sich Eugene an.

»In Ordnung«, sagt Thomas. »Dann fehle nur noch ich.« Er legt sich einen Holster um und steckt eine Waffe hinein. Außerdem bringt er ein großes Jagdmesser in seiner Gürtelscheide unter.

»Das ist wirklich überflüssig«, wirft Hillary ein. »Mein Plan benötigt keine Waffen.«

»Das ist lediglich eine Vorsichtsmaßnahme, falls etwas Unerwartetes passiert«, beruhigt Thomas sie. »Und jetzt bitte alle einsteigen. Wir müssen losfahren.«

»Ich sitze vorne«, sage ich schnell und setze mich auf den Beifahrersitz.

Mira, Eugene und Hillary steigen hinten ein.

»Anschnallen«, weist Thomas uns an und fährt los.

Nach nur zwei oder drei Minuten erreichen wir den Punkt, an dem der Verkehr auf die Brooklyn Bridge abbiegt.

»Hier«, sagt Thomas. »Darren, da du darauf bestanden hast, splitte jetzt.«

Ich finde, dass diese Angst vor dem Plan mir bei dem Hinübergleiten hilft.

Das ist der erste Teil des Plans.

Jetzt muss ich die anderen zu mir in die Stille holen.

Ursprünglich wollte Hillary das machen, weil sie meinte, mit ihrer extremen Reichweite die logischste Wahl zu sein. Doch ich habe darauf bestanden, dass ich das machen muss. Ich habe ihr erklärt, dass ich schon Stunden in der Stille verbracht habe, und eine so kurze Zeit, die für den Plan nötig ist, für mich ein Kinderspiel sein sollte.

Aber ich bin mir nicht sicher, warum ich das getan habe. Wahrscheinlich, um Mira zu beeindrucken. Aber es gibt auch einen praktischeren Grund dafür. Hillary muss sich um größere, wichtigere Aspekte des Plans kümmern.

Ich begebe mich in die Stille und finde mich außerhalb des Autos wieder. Das ist interessant. Normalerweise erscheine ich immer auf dem Rücksitz. Aber dadurch, dass er schon von meinen Freunden besetzt ist, scheint mein Körper sich dazu entschlossen zu haben, draußen aufzutauchen. Ich frage mich, wie das funktioniert. Der Strippenzieher in Calebs Erinnerung konnte diesen Prozess kontrollieren. Vielleicht kann ich einen Weg finden, das Gleiche zu tun? Dann erinnere ich mich daran, dass es vielleicht doch nicht so gut ist, zum jetzigen Zeitpunkt wie dieser Strippenzieher sein zu wollen. Schließlich hat Caleb ihn ja getötet.

Die Autos um uns herum stehen still. Ich höre weder Hupen noch andere Geräusche. Die Stille scheint plötzlich ein Omen zu sein.

Ich muss diese Angst beiseiteschieben. Der Plan ist einfach und leicht. Keine Gefahr.

Um den Rest der Mannschaft zu mir zu holen, berühre ich sie alle nacheinander durch das Autofenster.

»Von hier aus gehen wir zu Fuß weiter«, erklärt Thomas, sobald er bei uns ist.

Wir überqueren die Straße vor den eingefrorenen Autos und lassen sie hinter uns. Genau auf der anderen Seite ist der Fußgängerabschnitt der Brooklyn Bridge.

Wie wir erwartet hatten, ist dieser Ort an einem Samstagnachmittag extrem überlaufen, aber der Plan hat diese Möglichkeit einkalkuliert.

»Wie abgesprochen werde ich vorgehen«, sagt Thomas. »Es ist meine Aufgabe, den Gedankenführer zu erkennen. Ansonsten besteht das Risiko, dass du ihn zu uns in die Gedankendimension holst, und das wäre nicht clever.«

»Ich bin mir bei diesem Teil immer noch nicht ganz sicher. Er ist einer der Schwachpunkte des Plans«, sagt Eugene.

»Wieso?«, möchte Hillary wissen und schaut ihn an.

»Woher weißt du, dass du ihn erkennen wirst?«, fragt Eugene Thomas.

»Na ja«, erklärt ihm Thomas, »von dem, was ihr mir erzählt habt, gehe ich davon aus, dass dieser Gedankenführer in New York lebt. Ich meine, es ist unmöglich, dass jemand von außerhalb so viele Menschen in der Stadt führen kann, und das über einen so langen Zeitraum. Wenn er wirklich von hier ist, werde ich ihn erkennen.«

»Ich denke, das könnte funktionieren«, stimmt ihm Eugene zu, »falls du ein gutes Gedächtnis hast.«

»Es gibt nicht viele von uns«, wirft Hillary ein. »Selbst ich könnte das tun, und ich bin eher ein Außenseiter. Thomas ist neu, also ist er erst kürzlich allen von seiner Freundin, unserem offiziellen gesellschaftlichen Schmetterling, vorgestellt worden.«

»Wer ist diese Freundin?«, möchte ich wissen, auch wenn ich die Antwort bereits vermute.

»Natürlich Liz.« Hillary lächelt. »Hast du das nicht gewusst?«

»Nein, nicht wirklich. Die Tatsache, dass er ihr Patient ist, hat mich ein wenig verwirrt«, erwidere ich und hoffe, Thomas damit nicht vor den Kopf zu stoßen. Wenn ich jetzt darüber nachdenke, fällt mir auf, dass die Abwesenheit von Bildern wichtiger Personen in ihrem Büro durch die halb-verbotene Natur ihrer Beziehung zu Thomas erklärt wird. Offensichtlich wollte sie an ihrem Arbeitsplatz nicht zeigen, dass er ihr Freund ist.

»Konzentriert euch«, unterbricht uns Thomas. »Ihr müsst mit dem Kopf bei der Sache sein. Ihr könnt später tratschen, wenn das alles überstanden ist.«

»Zu Befehl. Entschuldigen Sie, Herr Oberst.« Hillary salutiert.

Mira betrachtet diesen ganzen Austausch mit einem eigenartigen Gesichtsausdruck. Ich frage mich, ob ihre Welt gerade noch komplizierter geworden ist. Bevor sie diese beiden getroffen hat, dachte sie, alle Strippenzieher seien teuflisch, also war alles einfach und klar umrissen. Aber jetzt hat sie ihre sogenannten Feinde getroffen, und die – besonders meine Tante – passen wahrscheinlich nicht in Miras Stereotyp eines teuflischen Bösewichts.

Thomas geht weiter und ignoriert Hillarys Versuche, ihn aufzuziehen. Sobald er sich einige Schritte von uns entfernt hat, ist er in der Menge kaum noch zu erkennen. Dieser Ort ist viel zu überfüllt für meinen Geschmack.

»Wir haben eine Menge Arbeit vor uns«, bemerke ich, während ich meinen Blick über die Menschenmassen schweifen lasse.

»Dann sollten wir damit anfangen, anstatt zu reden«, erwidert Mira und geht zu einem muskulösen Typen rechts neben uns.

»Sie hat diese vier Menschen übergangen«, sagt Hillary und zeigt auf zwei ältere Pärchen gleich neben uns.

»Und das, wo sie bestimmt russische Mafia sind«, sage ich und kann mir einen ironischen Tonfall nicht verkneifen.»Ich weiß, du hast gesagt, wir müssen die Gangster in der Menge identifizieren, besonders, wenn sie versuchen, nicht aufzufallen, aber ich bin mir sicher, dass sie alle um einiges jünger sein werden als diese vier.«

Das ist der Teil von Hillarys Plan, bei dem Mira und Eugene zum Einsatz kommen. Sie sollen dabei helfen, die Mitglieder der russischen Mafia in der Menge mit Hilfe des Lesens zu identifizieren. Ich habe meine Zweifel daran, dass das nötig sein wird, da ich annehme, diese Gangster versuchen gar nicht, sich zu verstecken. Ich wette, sie befinden sich alle zusammen an ein und demselben Ort. Ich habe allerdings meinen Mund gehalten, da diese Aufgabe bedeutete, dass Mira und Eugene mitkommen würden.

Sollten auf diese Weise doch russische Kriminelle gefunden werden, würde Hillary ihnen spezielle Anweisungen geben. Davon abgesehen werden meine Tante, Thomas und ich alle anderen anweisen, die Brücke so schnell wie möglich, aber trotzdem geordnet, zu verlassen. Auf diese Weise werden sich an diesem Ort keine unschuldigen Außenstehenden mehr befinden.

»Das ist Altersdiskriminierung«, bemerkt Hillary stur und unterbricht damit meine Gedanken. »Du gehst davon aus, dass Menschen eines bestimmten Alters nicht zu dem fähig sind, was eine jüngere Person tun kann. Und wo würdest du diese Altersgrenze ziehen? Bei fünfzig? Sechzig?«

»Hillary, wenn wir jeden einzelnen Anwesenden überprüfen müssten, würden wir einen ganzen Tag in der Gedankendimension verbringen«, versuche ich sie zu beschwichtigen.»Und sollten wir durch diese Art der Überprüfung fälschlicherweise einem oder zwei Gangstern sagen, sie sollen die Brücke verlassen, wird das nicht das Ende der Welt sein.«

»Gut«, erwidert sie und geht zu den älteren Paaren.

Da Hillary das Ganze mit einer einzigen Berührung tun kann, überlassen Mira, Eugene und ich ihr alle unwahrscheinlichen Kandidaten.

Ich kümmere mich um meine Aufgabe, die eine Kombination

aus dem Führen der Menschen, die die Brücke verlassen sollen, und dem, was Mira und Eugene tun, ist – da ich genau wie sie lesen kann.

Ich gehe zu meinem ersten Kandidaten, einem muskulösen Kerl mit einer Narbe auf der Wange. Theoretisch könnte er einer von Arkadys Männern sein.

Ich berühre seinen Oberarm und konzentriere mich.

WIR MACHEN UNS GEDANKEN UM DIE KLEINEN UNWAHRHEITEN, DIE wir in unser Dating-Profil geschrieben haben. Ganz besonders um die Dinge, die wir einfach verschwiegen haben.

Wird sie sich mit einem Kriegsveteranen treffen wollen? Und selbst wenn, was ist, wenn es sich dabei um einen Veteranen handelt, der wahrscheinlich eine posttraumatische Belastungsstörung aufweist? Oder haben wir einfach Panikattacken? Würde das für sie einen Unterschied machen?

Ich komme zu dem Entschluss, dass dieser Mann nichts mit der russischen Mafia zu tun hat.

Jetzt beginnt der zweite Teil.

»Das Treffen wird im Battery Park stattfinden, und nicht hier. Dort kann man länger spazieren gehen, und es werden wahrscheinlich weniger Menschen dort sein. Schreib eine Nachricht und ändere den Treffpunkt. Gehe geordnet von der Brücke. Achte darauf, niemanden umzurennen. Wenn das nächste Mal ein Anfall posttraumatischer Belastungsstörung oder eine Panikattacke beginnt, wirst du dich entspannt fühlen, die Angst wird deinen Körper verlassen und du wirst vor allem anfangen zu vergessen, wodurch dieses Problem überhaupt hervorgerufen wurde.«

Als ich davon überzeugt bin, dass der Kerl die Brücke verlassen und sich seine posttraumatische Störung bessern wird, verlasse ich seinen Kopf.

Die Strippenzieher - The Thought Pushers

DER ERSTE IST FERTIG, UND HUNDERTE WEITERE WARTEN. Ich nehme einen Marker, den ich mir aus einer Packung in Thomas' Handschuhfach genommen habe, und markiere den Kopf dieses Mannes mit einem großen X. Auf diese Weise kann Hillary sehen, mit wem ich schon fertig bin. Eugene malt einen Kreis auf die Stirn seiner Zielpersonen, um anzuzeigen, dass sie sauber sind und zum Evakuieren geführt werden sollten. Mira benutzt für ihre Kreise Lippenstift. Falls es nicht deutlich geworden ist: Die Idee, die Stirn zu markieren, stammt von mir.

Ich blicke mich um und sehe einen Typ mit einem rasierten Kopf. Er sieht eher wie ein Athlet aus, aber er könnte möglicherweise ein Gangster sein. Er wird mein nächstes Opfer.

Ich erfahre schnell, dass er ein Klempner und Hobby-Bodybuilder ist. Wichtiger als das ist jedoch, dass er überhaupt kein Krimineller ist.

Ich verlasse seinen Kopf und will gerade mein X zeichnen, als Thomas zu mir kommt.

»Ich habe ein Viertel der Brücke überprüft und niemanden gesehen, den ich kenne«, meint er. »Wie läuft es hier?«

»Schau dir doch einfach die Stirn der Menschen an. Diese beiden großen Kerle hier sind sauber«, erwidere ich.

»Diese vier da drüben auch«, sagt Eugene, der unsere Unterhaltung mitgehört hat.

»Dieser Kerl auch«, ruft Mira aus einiger Entfernung. »Und diese Frau.«

Warum sie überhaupt eine Frau überprüft hat, verstehe ich nicht, aber ich sage nichts dazu, da mir Hillary ansonsten Sexismus vorwerfen würde.

»Ich habe mich gerade um diese älteren Menschen und zwei Kinder gekümmert«, sagt Hillary. »Selbst wenn wir die unwahrscheinlichen Personen überspringen, wie Darren es vorgeschlagen hat, wird das Ganze ewig dauern. Ich hatte nicht damit gerechnet, dass so viele Menschen hier sein würden.«

»Aber es ist ja auch nicht so, dass wir älter werden oder Termine verpassen, solange die Zeit angehalten ist«, entgegnet Eugene.

»Das stimmt, aber es könnte sehr ermüdend werden«, sage ich. »Wir sollten vielleicht unsere Auswahl noch weiter einschränken. Anstatt uns generell um jüngere, muskulöse Männer zu kümmern, könnten wir uns auf diejenigen konzentrieren, die zusätzlich noch ein kriminelles Aussehen haben.«

»Das wäre ja noch ungenauer«, entgegnet Hillary unglücklich. »Und es kann dazu führen, dass uns noch mehr Mitglieder der Mafia entwischen. Ich habe kein gutes Gefühl dabei.«

»Ich habe eine Idee, wie wir zumindest das letzte Problem aus der Welt schaffen können«, sagt Thomas. »Wir können bei allen, die auch nur ansatzweise verdächtig aussehen, den Zwang hinzufügen, ihre Waffe dem nächsten Polizisten auszuhändigen, den sie sehen werden.«

»Das ist clever«, sagt Hillary und sieht erleichtert aus. »Menschen ohne Waffen werden es einfach ignorieren. Sie werden keinen Grund haben, dem Befehl zu folgen. Es wird nur die Schuldigen treffen.«

»Natürlich könnte es auch sein, dass nicht alle Mitglieder der Mafia eine Waffe besitzen«, werfe ich ein. »Und einige unschuldige Menschen könnten eine Erlaubnis dafür haben, verdeckte Waffen bei sich zu tragen.«

»Was für Kriminelle wären sie denn, wenn sie keine Waffe bei sich hätten? Aber sollte es solche geben, wäre heute ihr Glückstag – sie kämen ungeschoren davon«, sagt Eugene. »Und diejenigen, die legal versteckte Waffen bei sich tragen, werden bei der Polizei ihre Erlaubnis vorzeigen, sich wahrscheinlich wegen ihres eigenartigen Verhaltens einem Alkoholtest unterziehen müssen, und können danach wieder gehen. Sie haben ja schließlich nichts Rechtswidriges getan.«

»Das stimmt«, sagt Mira. »Wenn uns einige Russen entwischen, wird das nicht so schlimm sein.«

»Wir benötigen immerhin eine nicht zu kleine Anzahl an Gangstern, um mit dem Gedankenführer fertigzuwerden. Es könnte sein, dass er nicht alleine kommt«, erinnert Thomas uns.

Der Plan ist, eine Gruppe von russischen Mafiamitgliedern dazu zu benutzen, den Führer daran zu hindern, die Brücke zu verlassen. Da die Gruppe von Hillary geführt wird, wird der Gedankenführer, auf den wir es abgesehen haben, zumindest theoretisch, wegen ihrer großen Reichweite nicht in der Lage sein, ihre Befehle aufzuheben. Das ist der Grund dafür, weshalb sie bei diesem Plan so unentbehrlich ist – und warum ich ihr jeden Kriminellen aushändigen soll, den ich finden kann.

»Ich würde mir darüber keine großen Sorgen machen«, wirft Mira ein. »Wahrscheinlich kommen die ganzen Männer, die wir in der Banya gesehen haben, als eine große Gruppe hierher, und es werden reichlich Personen für diesen Teil des Plans zur Verfügung stehen.«

»In Ordnung, dann hätten wir das geklärt«, sagt Thomas. »Jetzt, da wir eine bessere Lösung gefunden haben, werde ich mich auch an der Evakuierung beteiligen.«

»Markiere aber bitte diejenigen, mit denen du fertig bist, genauso, wie es der Rest getan hat, damit wir keine doppelte Arbeit haben«, bittet ihn Hillary.

»Hat jemand etwas zum Schreiben?«, fragt Thomas.

»Hier, du kannst meinen Eyeliner benutzen«, erwidert Mira und reicht ihm ein eigenartig aussehendes Schreibinstrument.

Sie benutzt definitiv zu viel Make-up, fällt mir auf. Besonders seit ich weiß, wie gut sie ohne aussieht. Als ich sie dieses eine Mal ganz früh am Morgen gesehen habe, sah sie umwerfend aus. Außer natürlich, sie schläft mit Make-up. Kann man das überhaupt?

»Markiere alle, die du zum Evakuieren geführt hast, mit einem X auf der Stirn«, erinnere ich Thomas, nachdem er Miras Stift genommen hat.

Er geht weg, ohne etwas darüber zu sagen, wie demütigend er diese Markierungen findet. Er hatte ein Problem mit diesem Teil, als wir Hillarys Plan durchsprachen. Eigentlich hatte er ein noch größeres Problem mit meiner ursprünglichen Idee dafür – den Menschen die Hosen auszuziehen oder sie einfach wie Kegel zu Boden fallen zu lassen. Das derzeitige System ist also eine Kompromisslösung.

Ich wähle zwei neue mögliche Kriminelle aus. Beide stellen sich als Zivilisten heraus und bekommen Anweisungen, die Brücke zu verlassen und ihre versteckten Waffen dem nächsten Polizeibeamten zu übergeben, auf den sie treffen. Beide werden markiert.

Ich frage mich kurz, wie viele nicht-kriminelle Menschen, die illegal versteckte Waffen besitzen, heute unseretwegen Ärger bekommen werden. Aber eigentlich ist es deren Problem, wenn sie Waffen ohne eine Erlaubnis bei sich führen.

Als ich zu meiner nächsten Zielperson gehe, fühle ich auf einmal eine zarte Hand auf meiner Schulter. »Darren, ich möchte mit dir reden«, sagt Mira leise, als ich mich zu ihr umdrehe.

»Was ist los?«, frage ich in der gleichen Lautstärke.

»Wenn wir den Strippenzieher finden, der für den Tod meiner Eltern verantwortlich ist, werde ich dem Plan nicht mehr folgen«, erklärt sie mir und steht dabei auf Zehenspitzen, um ihren Mund möglichst nahe an meinem Ohr zu haben.

»Mira, bitte, das ist ein guter Plan. Tu nichts Überstürztes«, sage ich mit schneller schlagendem Herzen – und das nicht nur, weil ihre weichen Lippen sanft mein Ohr berühren.

»Ich bin doch kein Idiot«, flüstert sie. »Ich werde natürlich warten, bis er in der Falle sitzt. Aber wenn er das erst einmal tut, werde ich ihn töten, anstatt ihn den anderen Strippenziehern zu übergeben, wie Hillary es möchte.«

»Ich denke nicht, dass das eine gute Idee ist«, erwidere ich und bin etwas irritiert darüber, dass sie mir das überhaupt erzählt. Ich hatte mich schon gefragt, warum Mira diesen Teil des Plans so ruhig akzeptiert hatte, obwohl sie unbedingt ihre Rache nehmen wollte. Jetzt weiß ich es. Sie hatte niemals vor, sich an ihn zu halten. Sie wollte Hillary und Thomas hintergehen.

»Ich werde deine Hilfe brauchen«, sagt sie. »Du musst das Auto verriegeln, nachdem ich hinausgesprungen bin, und sie so lange wie möglich aufhalten.«

»Nein, Mira, ich denke nicht, dass ich das tun kann«, antworte ich ihr. »Aber wie wäre es denn damit: Sobald wir wieder in der echten Welt sind, werde ich splitten und dich hineinziehen. Dann reden wir darüber. Okay? Versprich mir bitte, dass du nichts tun wirst, bis wir geredet haben.«

»Gut, wir werden reden«, flüstert sie. »Aber mit oder ohne deine Hilfe werden Arkady und der Strippenzieher diese Brücke nicht lebend verlassen.«

Bevor ich die Gelegenheit habe, etwas zu antworten, geht sie weg.

Thomas hatte recht, wir hätten ohne sie kommen sollen. Jetzt ist es allerdings zu spät dafür. Vielleicht kann ich etwas tun, um sie aufzuhalten, so, wie das Auto schon zu verriegeln, bevor sie hinausspringen kann. Ich kann auch hinübergleiten und Thomas und Hillary warnen. Aber Mira hat mir vertraut, und ich kann mir nicht vorstellen, ihr Vertrauen auf diese Weise zu missbrauchen. Außerdem gibt ein kleiner Teil von mir ihr recht. Meine Tante ist viel zu friedfertig. Arkadys Männer haben wiederholt versucht, mich und meine Freunde umzubringen, und es war der Strippenzieher, der sie geführt hat. Würden diese zwei sterben, würde ich ihnen keine Träne hinterherweinen.

Ich gehe weiter, überspringe einige Menschen, die Thomas bereits markiert hat, und gehe auf eine kleine Lücke in der Menge zu. Dank dieser menschenleeren Stelle kann ich Thomas in einiger Entfernung sehen.

Im gleichen Moment wird mir bewusst, was sich vor mir befindet.

Es war genauso, wie Mira vermutet hatte.

Die ganzen russischen Schläger der Banya stehen in der Mitte der Brooklyn Bridge. Nur, dass sie jetzt angezogen und höchstwahrscheinlich bewaffnet sind.

Um sie herum ist ein wenig Platz, und ich vermute, dass die anderen Menschen instinktiv einen großen Bogen um diese Gruppe gemacht haben. Ich mache diesen umsichtigen Fußgängern keinen Vorwurf daraus. Ich selbst hätte diese Russen auch gemieden.

Ich gehe zu ihnen und male auf ihre Stirn einige Kreise mit einem X darunter. Eine Art Totenschädel-Markierung, die ich mir für die Kennzeichnung der Mafia einfallen lassen habe. Keiner von ihnen hatte eine andere Markierung, was bedeutet, dass Thomas bei seiner Einschätzung nicht blind ist. Er hat völlig richtig erkannt, dass es sich bei ihnen nicht um unschuldige Anwesende handelt.

Jetzt brauchen wir Hillary.

»Hillary«, rufe ich und schaue nach hinten. »Schau dir das hier bitte einmal an. Ich denke, diesen Teil des Plans haben wir so gut wie erledigt.«

Ich sehe eine kleine Hand, die über die Menge hinwegwinkt. Musste meine Tante dafür in die Luft springen? Oder hat Eugene sie angehoben?

Ich beschließe, Thomas zu folgen und ihm die Neuigkeiten zu erzählen, da ich den Eindruck habe, dass er meinen Ruf nicht gehört hat.

Als ich in seine Richtung gehe, erblicke ich ihn auch fast sofort.

Er berührt jemanden.

Jemanden, den ich kenne.

»Thomas, nein! Halt!«, brülle ich und hoffe, dass es nicht schon zu spät ist.

Aber das ist es.

In einem Augenblick werden wir Zuwachs in der Stille bekommen – von jemandem, der auf keinen Fall hier sein sollte.

27

Ich schiebe rücksichtslos die Menschen zur Seite, die mir im Weg stehen, damit ich schnell zu Thomas komme. Als ob es etwas ändern würde, wenn ich mich näher bei ihm befände.

Thomas' Hand liegt auf Jacobs Schulter, und seine Finger berühren fast den Nacken dieses Mannes.

Ja, Jacob – der Anführer der Lesergemeinschaft. Der Mann, der mir neulich erst den Vortrag über die Verschwiegenheitserklärung gehalten und den Namen meines Vaters fallengelassen hat.

Die letzte Person, von der ich erwartet hätte, sie auf der Brücke zu sehen.

Ich schaue genauer hin, und werde erneut überrascht. Neben Jacob steht Sam, der Kerl, den Caleb uns als Hilfe angeboten hatte. Ein Mann, den Sam eine Maschine genannt hat. Dass Jacob Sam dabeihat, ergibt Sinn. Sam ist Sicherheitspersonal, genau wie Caleb. Aber die Tatsache, dass sie beide hier sind, ergibt keinen Sinn.

Die Welt scheint sich zu verlangsamen, sogar in der Stille – oder meine Gedanken rasen einfach.

Hat Caleb Sam angerufen, obwohl ich dagegen war? Nein, das würde nichts erklären. Ich habe Caleb nie etwas Genaues über dieses Treffen erzählt. Es muss etwas anderes sein.

Hat Eugene trotz allem mit Julia gesprochen, und sie hat alles ihrem Vater erzählt? Ich habe Eugene nie aus den Augen verloren, aber vielleicht hat er es in der Stille getan? Wäre Eugene so dumm? Das kann ich mir bei ihm nicht vorstellen. Es muss eine andere Erklärung geben.

Dann frage ich mich, ob die Leser aus eigenen Gründen hinter dem gleichen Strippenzieher wie wir her sein könnten, und sie ebenfalls versuchen, ihn hier zu erwischen. Das ist schon plausibler, aber der Zufall wäre einfach zu groß. Und warum nur Jacob und Sam? Warum würden sie nicht Calebs ganze Mannschaft und Caleb selbst mitbringen?

Und dann sehe ich, dass Jacob einen Aktenkoffer in seiner Hand hält.

Einen Aktenkoffer. Der Mann am Telefon sollte Geld für Arkady bringen, und ein Aktenkoffer ist ein guter Weg, um Geldbündel zu transportieren.

Kann das sein?

Ist es möglich, dass anstatt eines mächtigen Strippenziehers Jacob – ein Leser – am Telefon gewesen ist?

Das würde auch erklären, warum der mysteriöse Marionettenspieler überhaupt das Telefon benutzt hat. Es stimmt natürlich, dass es einfacher ist, jemanden anzurufen, als zu ihm zu gehen und ihn in der Stille zu berühren. Aber Telefonate sind leichter nachzuverfolgen, und der Drahtzieher hinter allem schien immer mehr als paranoid zu sein. Und warum sollte man Geld für eine verworrene Liste von Todesopfern ausgeben, wenn man Arkady sowieso dazu bringen könnte, jeden, den man möchte, gratis umzubringen?

Falls Jacob der Mann am Telefon ist, ändert das alles.

Thomas ist nur einen Zentimeter davon entfernt, Jacob zu berühren. Ich nehme meine Waffe zur Hand, während in meinem Kopf immer noch die verwirrenden Gedanken kreisen.

Könnte es Jacob gewesen sein, der angeordnet hat, ich solle erschossen werden? Vielleicht hat er meine Ähnlichkeit zu meinem Vater erkannt? Er hat beim Skypen erwähnt, ich sähe vertraut aus. Falls er wusste, mit wem mein Vater verheiratet war, war es kein großer Schritt, anzunehmen, dass ich ein Hybrid bin. Und was könnte es für einen Puristen Schlimmeres geben als einen Hybriden? Nicht viel, kann ich mir vorstellen. Ist es möglich, dass Jacob mich von Caleb zu sich bringen ließ, um meine Reaktion auf den Namen *Mark Robinson* zu sehen? Rückblickend ergibt das durchaus Sinn. Es gab keinen Grund dafür, dass Jacob mich persönlich davor gewarnt hat, meine Macht zu enthüllen. Das hätte auch Caleb oder jeder andere Leser tun können.

Während ich diese ganzen Dinge in meinem Kopf durchspiele, überkommt mich so eine intensive Angst, dass ich fast erwarte in die Stille zu gleiten – aber da befinde ich mich ja schon. Also splitte ich nicht, ich fühle mich einfach eigenartig, und dieses Gefühl verstärkt sich. Das Hinübergleiten muss mir in solchen Momenten wie diesem Erleichterung verschaffen, weil ich nie derart zu Tode erschreckt war wie jetzt.

Und auf einmal sehe ich einen zweiten, nicht eingefrorenen Jacob hinter Thomas auftauchen. Dieser Jacob schaut sich irritiert um, aber nur einen Augenblick lang. Sobald er sieht, dass Thomas gerade seinen eingefrorenen Körper berührt, scheint er zu verstehen, was passiert. Ich weiß ganz genau, was er denkt: Jemand hat ihn in die Stille gezogen.

Jemand, den er nicht kennt.

Falls Jacob aus dem Grund hier ist, den ich annehme, wird er jetzt Angst bekommen. Er wird sich in die Ecke gedrängt fühlen.

Ich dagegen fühle mich einfach wie betäubt und bewegungsunfähig. Ich sehe wie in einer Art Trance dabei zu, wie Jacob zurückspringt. Er wirft die Aktentasche, die er in der Hand gehalten hat, zur Seite und beginnt, mit der freien Hand hinten in seinen Hosenbund zu greifen.

Als der Aktenkoffer den Boden berührt, öffnet er sich. Bündel mit Hundertdollarscheinen verteilen sich auf dem Pflaster.

Es gibt keine Zweifel mehr.

Jacob ist der Mann vom Telefon – der Hintermann, für den wir die Falle gelegt haben.

Was gleichzeitig bedeutet, dass sich Thomas in Gefahr befindet, wird mir auf einmal klar. Wir alle tun das.

Metall blitzt auf, als Jacob seine Hand von der Rückseite seiner Hose entfernt. In ihr befindet sich jetzt eine Waffe.

Warum hat sich Thomas nicht schon lange herumgedreht?, denke ich mit stummem Entsetzen. Hat er nicht gehört, wie der Aktenkoffer aufgeschlagen und aufgegangen ist? Oder ist er so mit dem Führen beschäftigt, dass er nichts von seiner Umgebung mitbekommt?

Ich erhebe meine Waffe und gebe einen Schuss in die Luft ab.

Wahrscheinlich wäre es besser gewesen, wenn ich auf Jacob gezielt hätte, aber ich traue meiner Treffsicherheit nicht. Nicht, wenn sich Thomas so nahe bei ihm befindet. Außerdem würde ich Jacob lieber verwunden, als ihn zu töten. Eine Verletzung würde im Gegensatz zum Tod bei der Rückkehr aus der Stille verschwinden, und wir hätten die Möglichkeit, Jacob einige brennende Fragen zu stellen.

Der Lärm meiner Waffe ist ohrenbetäubend. Er ist wie ein Donnerschlag, der dadurch verstärkt wird, dass sich meine Ohren an die absolute Ruhe in der Stille gewöhnt hatten.

Thomas dreht sich sofort um – was auch meine Absicht gewesen war. Er konnte diesen furchtbaren Lärm unmöglich überhören.

Auf einmal passiert alles mit erschreckender Geschwindigkeit.

Thomas dreht sich herum und erblickt den Mann, den er gerade führen wollte, hinter sich – mit einer Waffe in der Hand. Ich hätte erwartet, dass es Thomas verwirren würde, aber stattdessen reagiert er mit Lichtgeschwindigkeit.

Mit einer schnellen Bewegung tritt Thomas die Waffe aus

Jacobs Hand. Ich frage mich, ob mein Schuss Jacob aus dem Konzept gebracht hat und er deshalb ein leichtes Opfer für diesen Tritt war. Ein von Caleb und Haim geformter Teil meines Gehirns nimmt ein weiteres Detail von Thomas' Manöver wahr.

Es war eine Bewegung aus dem Kickboxen.

Fast gleichzeitig schlägt Thomas dem jetzt entwaffneten Jacob mit der Faust ins Gesicht.

Das ist ein traditioneller Aufwärtshaken vom Boxen, informiert mich der gleiche kampfgeschulte Teil meines Hirns.

Jacob stolpert nach hinten. Seine Bewegungen scheinen sich zu verlangsamen. Dieser Schlag scheint alles in seinem Kopf zum Drehen gebracht zu haben.

Thomas schließt den Abstand zwischen ihnen mit einem langen Schritt und schlägt erneut zu. Wieder Boxen, aber diesmal gemischt mit etwas, was ich überhaupt nicht zuordnen kann.

Jacob stolpert wieder nach hinten und fällt. Er sieht betrunken aus, wie die Boxer nach einem finalen K.-o.-Schlag. Nur, dass er nicht am Boden liegen bleibt. Stattdessen beginnt er, auf die linke Seite von Thomas zu kriechen.

Ich sehe, dass Thomas ihn dabei beobachtet. Es ist schwer zu sagen, ob sich auf Thomas' Gesicht Ekel oder Mitleid widerspiegelt, aber es ist eindeutig, dass er in diesem Moment nicht vorhat, Jacob weiter zu verletzen. Vielleicht möchte er ihn genau wie ich am Leben lassen, um ihn befragen zu können. Ansonsten wäre es kein Problem für ihn, den Kampf mit einem Schuss oder einigen gut platzierten Tritten zu beenden.

Aber dann verstehe ich auf einmal, was Jacob versucht.

»Tritt ihn!«, versuche ich zu schreien, aber meine Stimme ist rau. Als ich merke, dass Thomas mich nicht hört, oder nicht versteht, was ich sage, erhebe ich meine Waffe und richte sie auf Jacob. Im letzten Moment zögere ich. Ich traue meiner Zielsicherheit immer noch nicht, und sie befinden sich weiterhin viel zu nahe beieinander. Anstatt zu schießen, räuspere ich mich und bereite mich darauf vor, so laut zu schreien, wie noch nie in meinem ganzen Leben. Gleichzeitig nimmt Jacobs Kriechen an Geschwindigkeit zu, und seine Hand erreicht Sams Hosenbein.

Jacob ist gerade dabei, Sam in die Stille zu holen.

»Erschieße ihn, verdammt nochmal, Thomas!«, schreie ich, diesmal laut. »Jetzt!«

Statt zu reagieren, schaut Thomas mich an. Ich zeige mit einer verzweifelten Geste auf Jacob und fahre mit meiner Handkante über meinen Hals – das universale Töte-ihn-Zeichen. Mit einem Nicken dreht sich Thomas zu Jacob um und hebt seine Waffe.

Aber es ist bereits zu spät. Jacob schiebt Sams Jeans hoch und berührt den Knöchel dieses großen Mannes.

»Pass auf!«, rufe ich Thomas zu. Ich nehme meine eigene Waffe zur Hand und bereite mich darauf vor, zu schießen. Ich bin entschlossen, das Risiko eines Schusses einzugehen, falls ich muss. Wenn man Caleb Glauben schenken kann, ist Sam ein viel gefährlicherer Gegner als Jacob. Er ist genauso gut wie Caleb – und ich habe gesehen, was Caleb kann. Es ist schon ironisch, dass genau der Mann, den wir fast um Hilfe gebeten hätten, jetzt derjenige ist, gegen den wir Hilfe bräuchten.

Ich versuche, mich zu konzentrieren. Ich darf den Moment nicht verpassen, in dem Sam sich in der Stille materialisiert. Sobald er das tut, werde ich versuchen müssen, auf ihn zu schießen. Ich habe keine andere Wahl.

Währenddessen schießt Thomas nach einem kurzen Zögern Jacob in die Brust. Ich erschrecke mich wegen des Geräusches und bin gleichzeitig schockiert über den Verlauf des Geschehens, auch wenn ich derjenige war, der es vorgeschlagen hat. Ich hoffe, Thomas weiß, was Jacob gerade getan hat, dass er Verstärkung hineingezogen hat. Hat er vielleicht deshalb geschossen? Hat er diese Entscheidung getroffen, um die Anzahl seiner Freunde unter Kontrolle zu behalten?

Ich schaue mich immer noch nach Sam um, genau wie Thomas.

Dann bringt ein weiterer Schuss mein Trommelfell fast zum Zerplatzen. Ich drehe mich um und sehe entsetzt, dass Thomas sich seine Brust hält. Um seine Hand breitet sich ein roter Fleck aus.

Nein. Das darf nicht passieren. Das ist mein einziger Gedanke, als Thomas ein wimmerndes Geräusch von sich gibt und in die Knie geht.

»Nein!« Ich höre eine hohe Stimme, die meine eigenen Gedanken nur einen Meter von mir entfernt ausspricht. Das müssen Hillary und die anderen sein, die zu uns kommen. Ich habe allerdings keine Zeit, das zu überprüfen.

Jetzt, da Thomas zu Boden sinkt, kann ich sehen, wo Sam sich in der Stille materialisiert hat. Genau hinter Thomas, von meinem Standpunkt aus. Deshalb habe ich zwar den Schuss gehört, aber den Schützen nicht entdeckt.

Den Schützen, der jetzt grob in meine Richtung schaut und seine Waffe ausrichtet.

Ich schieße. Die gute Nachricht ist, dass ich zumindest nicht Thomas erwischt habe. Er hält sich immer noch seine Brust, aber die Tatsache, dass er nicht umgefallen ist, sondern immer noch kniet, erfüllt mich mit einer schwachen Hoffnung. Vielleicht ist Sams Kugel durch ihn hindurchgegangen, ohne lebenswichtige Organe zu treffen? Vielleicht ist es nur eine Fleischwunde?

Die schlechte Nachricht ist, dass ich Sam ganz eindeutig nicht getroffen habe, und das weiß ich, weil er immer noch völlig unverletzt dasteht.

Er steht unverletzt da und schießt erneut mit seiner Waffe – die auf mich gerichtet ist.

Sams Schuss ist das beängstigendste Geräusch, das ich jemals gehört habe. Es scheint zu vibrieren und mein ganzes Ich mit Todesangst zu erfüllen. Aber als das Gefühl, dass meine Ohren gleich bluten, nachlässt, bemerke ich, dass ich unversehrt bin.

Und dann sehe ich, warum.

Sam hat nicht auf mich geschossen. Er hat auf Thomas gezielt. Ich fühle mich wie betäubt, als ich ungläubig dabei zusehe, wie Thomas zu Boden fällt und sich eine Blutlache um seinen Kopf bildet.

Die Schwere dieses Verlusts wird durch das Wissen verstärkt, dass Thomas der Einzige war, der eine Chance gegen Sam gehabt hätte. Und jetzt ist Thomas tot.

Und wir sitzen in der Scheiße.

Während ich wie benebelt dastehe, sehe ich, wie hinter mir eine Waffe auftaucht. Ich erkenne die schlanken Hände mit den langen Fingern, die die Waffe halten.

Es sind Miras Hände.

Als ich diese Tatsache wahrnehme, drückt sie auch schon ab.

Gleichzeitig führt Sam ein militärisches Manöver durch, indem er auf dem Boden entlangrollt. Ich habe das schon in Filmen gesehen, aber noch nie im echten Leben. Miras Schuss muss ihn verfehlt haben, denn ich sehe, wie Sam bis zu Thomas Leiche rollt und sie herumdreht, um den toten Körper unseres Freundes als Schutzschild zu benutzen.

Obwohl mir vor Angst ganz schlecht ist, ziele ich und drücke erneut ab. Gleichzeitig werden zwei weitere Schüsse abgefeuert. Das müssen Eugene und Mira sein, die gleichzeitig schießen.

»Darren, lauf!«, schreit Hillary, und ich höre, wie sie selbst das Gleiche tut.

»Wir sollten ihr folgen.« Es ist Eugene, und er hört sich verzweifelt an.

Ich höre seine sich entfernenden Schritte, als Mira ruft: »Wir sollten ihnen Deckung geben!«, bevor sie erneut auf Sam schießt.

Ich schaue hinter mich und sehe, dass Mira sich zurückzieht. Ich folge ihrem Beispiel und feuere in Sams Richtung, während ich damit beginne, mich zurückzuziehen.

Sam schaut kurz hinter seinem Versteck hervor und gibt einen weiteren Schuss ab. Ich bereite mich auf die Schmerzen vor, aber stattdessen höre ich einen schmerzerfüllten Aufschrei hinter mir.

Aus der Richtung, wo sich Eugene und Hillary befinden.

Ich vergesse das Deckungsfeuer und eile zu meinen Freunden. Mira tut das Gleiche.

Wir sehen, dass Eugene sich über Hillary beugt, die auf dem Boden liegt.

»Sie lebt«, sagt Eugene schnell. »Es ist ihr Bein. Er hat ihr Knie erwischt.«

Er muss unter Schock stehen, weil es ganz offensichtlich ist, dass meine Tante lebt. Sie schreit wie eine Furie und umklammert ihr Knie.

Ich befinde mich ebenfalls in einem Schockzustand, weshalb mir erst jetzt auffällt, dass ich Sam viel zu lange aus den Augen verloren habe. Ich drehe mich um und sehe, dass er jetzt viel näher an uns herangekommen ist. Er hat seinen menschlichen Schild verlassen und eine halb kniende Position eingenommen, um mit seinem Knie die Waffe zu stabilisieren, mit der er auf uns zielt.

Mira und ich richten beide gleichzeitig unsere Waffen auf ihn und feuern ab. Sams Schuss hört sich wie ein Echo unserer an.

Ich bereite mich erneut auf die Schmerzen vor, aber auch diesmal spüre ich nichts. Stattdessen höre ich einen Aufschlag ganz in meiner Nähe. Ich fühle mich erneut so, als würde ich gleich in die Stille hinübergleiten, nur dass diesmal die Frustration darüber, dass es nicht passiert, noch stärker ist. Entsetzt schaue ich mich um und sehe eine riesige Blutlache auf dem Pflaster hinter mir.

Ich kann erkennen, woher sie kommt.

Von Eugene. Er liegt zuckend auf dem Boden, und Blut und Gehirnmasse laufen aus dem, was von seinem Kopf noch übrig geblieben ist.

Mir ist schlecht, aber ich kann mich nicht übergeben. Mein Gehirn fühlt sich an, als sei es aus Wolle, und meine Gedanken sind vor Ungläubigkeit wie gelähmt. Das muss ein Alptraum sein, aus dem ich schreiend aufwachen werde. Eugene kann nicht tot sein. Das kann er einfach nicht. Erst jetzt wird mir klar, wie sehr ich ihn mochte. Wie er ein Freund für mich geworden war. Er kann nicht weg sein.

Aber ich wache nicht schreiend in meinem Bett auf. Stattdessen drehe ich mich um und schieße erneut, immer wieder, und versuche dabei den Hass, den ich für Sam fühle, in jede meiner Kugeln zu legen.

Dieses Arschloch scheint trotzdem unverletzt zu sein. Durch die ganzen dämlichen Manöver, die er durchführt, ist er unmöglich zu treffen. Ich schieße erneut, aber er rollt sich nach vorne und macht eine Art Salto.

Als er auf dem Boden aufkommt, drücke ich ab, aber ich höre nur ein leeres Klicken.

»Lauf, Darren!«, schreit Mira und macht einen Schritt nach vorne. »Du musst hier raus. Bevor er dich auch noch erwischt.«

Sie zielt sorgfältig und schießt. Ich höre ein Stöhnen und sehe, wie Sam seine Hand umklammert. Mira hat es geschafft, seine Schusshand zu treffen. Ich fühle eine Welle der Erleichterung.

Durch ihren Erfolg bestärkt, schießt Mira erneut, aber diesmal verfehlt sie ihn. Sam macht eine weitere seiner verfluchten Rollen.

»Lauf, habe ich gesagt!«, ruft Mira, aber ich schaffe es einfach nicht, mich zu bewegen. Erwartet sie wirklich, dass ich sie im Kampf mit Sam allein lasse? Auf gar keinen Fall.

Und dann verstehe ich es. Vielleicht sollte ich tun, was Mira sagt. Wenn ich rechtzeitig herauskomme, zu meinem eingefrorenen Ich im Auto zurückkehren kann und uns alle aus der Stille hole, kann ich wenigstens Hillary retten. Egal welchen Schaden Hillary in der Stille erlitten hat, sobald sie sich wieder in der realen Welt befindet, wird sie unversehrt sein. Aber was ist mit Mira? Wenn ich sie zurücklasse, könnte sie sterben, bevor ich uns alle hier herausholen kann.

»Du läufst!«, rufe ich Mira zu. »Ich folge dir.«

Ich warte nicht, um zu sehen, ob sie meinem Befehl folgt, sondern schaue mich hektisch nach Sam um. Jetzt hält er ein Messer in der Hand.

Ich weiß, was ich zu tun habe. Ich muss ihn angreifen, ihn aufhalten. Während ich darüber nachdenke, überkommt mich erneut dieses Gefühl, als ob ich in die Stille gleiten würde. Diesmal hat es allerdings Auswirkungen.

Die Zeit scheint sich für mich zu verlangsamen.

In diesem Zeitraffer beginne ich, auf ihn zuzurennen. Während ich laufe, sehe ich, dass Sam mit seiner linken Hand die Klinge des Messers ergreift. Sein Arm schwingt nach hinten, und dann lässt er sein tödliches Geschoss fliegen. Im gleichen Zeitraffer betrachte ich, wie sich das Messer in der Luft dreht, während es auf uns zufliegt. Ich mache mich auf den Schmerz gefasst – aber dann sehe ich, dass das Messer nicht zu mir kommt.

Es fliegt zu Mira.

Verzweiflung breitet sich in mir aus, als ich sehe, wie das Messer eine letzte tödliche Drehung vollführt, während es in Miras Brust eindringt. Es steckt fast bis zum Griff in ihr, und ich höre den gequälten Schrei, der aus Miras Mund ertönt.

Ein irrationaler Teil von mir fragt sich, ob ich rennen und uns aus der Stille herausholen kann, bevor das Messer seine tödliche Arbeit beendet, aber dann erinnere ich mich an die Entfernung bis zum Auto und lasse diese Option fallen. Es ist zu weit bis dorthin.

Miras Hand umfasst den Griff des Messers, und ihr Gesichtsausdruck wird panisch. Zum ersten Mal sehe ich sie als die junge und zerbrechliche Frau, die sie ist. Unsere Augen treffen sich, als sie beginnt, Blut zu husten. Langsam, fast anmutig, fällt sie zu Boden. Als sie dort aufkommt, sind ihre tiefblauen Augen, die mich bis jetzt angeschaut haben, ausdruckslos.

Sie ist tot.

Nein, das kann ich nicht akzeptieren – denn wenn ich das täte, würde ich vor Schmerz und Trauer umfallen. Aber ich kann nicht umfallen. Nicht jetzt. Nicht nach allem, was passiert ist.

Ich spüre, wie sich meine Trauer und mein Entsetzen in etwas anderes verwandeln. In eine gewaltige und unkontrollierbare Wut.

Ich werde zum personifizierten Zorn.

Ein Teil von mir bekommt mit, dass Sam sich nähert, aber anstelle von Angst fühle ich eine Euphorie über das, was ich jetzt tun werde. Meine Welt konzentriert sich auf eine einzige Sache. Ein einziges Ziel.

Eine Person. Nein, keine Person – ein Ding, ein Stück Fleisch, das ich zerstören muss. Ein Krebsgeschwür, das ich herausschneiden muss.

Ich brülle wie ein verwundetes Tier.

Ich renne zu Sam.

Er rennt zu mir.

Mit einer Mischung aus Haims und Calebs Bewegungen schlage ich in seinen Magen und sein Gesicht, noch bevor er merkt, was ich vorhabe. Danach trete ich gegen sein Schienbein, und Sam blockiert mich, aber er verpasst den Tritt, der auf seinen Unterleib zielt. Als mein Fuß auftrifft, schnappt er nach Luft und erblasst, aber er hört nicht auf, mich abzuwehren, weshalb es ihm gelingt, meinen Schlag auf seinen Solarplexus abzufangen.

Sam erholt sich von meinem Überraschungsangriff und versucht, jetzt selbst anzugreifen. Ich wehre seinen Schlag mit meinem linken Unterarm ab und ramme meine Faust mit meiner ganzen Kraft in seinen Kiefer.

Unerträgliche Schmerzen explodieren in meinem Unterarm und meiner rechten Hand, aber das interessiert mich nicht. Alles, an was ich denken kann, ist das befriedigende knackende Geräusch, das ich gerade von seinem Kiefer gehört habe. Es ist Musik in meinen Ohren. Ich möchte es noch einmal hören, selbst wenn ich mir dabei meine eigenen Finger brechen sollte.

Ich täusche mit meiner rechten Faust an, und als Sam darauf reagiert, versuche ich, seine Nase mit meinem linken Ellenbogen zu erwischen.

Der Schmerz in meinem Arm ist unerträglich, aber ich ignoriere ihn, da mich erneut eine Euphorie überkommt, als ich ein knackendes Geräusch vernehme. Seine Nase, die wahrscheinlich gebrochen ist, blutet.

Er hält aber nicht inne, und auf meinen Moment des Triumphes folgt ein quälender Schmerz in meiner Seite. Die Luft wird aus meinen Lungen gedrückt, und ich versuche verzweifelt, mein Gleichgewicht wiederzuerlangen. Sams Knie trifft meine Rippen, und ich habe nicht die Möglichkeit, mich zu stabilisieren. Schon gar nicht, als Sam als Nächstes mein Knie trifft und ich zu fallen beginne. Während ich zu Boden gehe, schafft er es, meinen Körper weitere Male zu treten. Ich kann nur wenige dieser Schläge abwehren, bevor ich bewegungslos liegen bleibe.

Mein Körper fühlt sich gebrochen an, und ich habe den metallischen Geschmack von Blut im Mund. Ich versuche, es auszuspucken, aber ich kann es nicht. Mein Körper reagiert nicht, während weitere Tritte auf mich einhageln. Ich kann sie nicht mehr zählen, da der Schmerz zu anhaltend und zu stark ist.

Ich weiß nicht einmal, wieso ich überhaupt noch bei Bewusstsein bin, aber plötzlich bemerke ich, dass er aufgehört hat, mich anzugreifen. Bevor ich allerdings die Möglichkeit bekomme, mich darüber zu wundern, spüre ich, dass er meinen Kopf umfasst und ihn mit einem schraubstockartigen Griff festhält.

Nein, schreie ich in Gedanken, als sich mein Kopf mit einem unmöglich lauten Knacken zur Seite dreht. Schmerz explodiert in meinem Nacken, und auf ihn folgt ein schreckliches Taubheitsgefühl.

Ein Taubheitsgefühl, das meinen ganzen Körper durchzieht.

In dieser erschreckenden Abwesenheit von Schmerzen bemerke ich, dass ich Sam aus einem eigenartigen, unmöglichen Blickwinkel anschaue. Ich dürfte ihn überhaupt nicht sehen, da ich auf dem Bauch liege. Und dann beginne ich zu verstehen.

Ich verstehe das Taubheitsgefühl und das knackende Geräusch.

Ich verstehe, warum ich mich jetzt fühle, als würde ich ersticken.

Mein Genick ist gebrochen. Meine Wirbelsäule ist ausgerenkt und mein Kopf ist nach hinten gedreht. Deshalb wurde die Guillotine als ein gnädiger Tod angesehen. Wenn der Kopf vom Körper abgetrennt ist, spürt man keine Schmerzen. Man stirbt einfach. In Sekundenschnelle.

Als ich beginne, mein Bewusstsein zu verlieren, blicke ich in den Himmel und weiß, dass er das Letzte sein wird, was ich in meinem Leben sehen werde.

28

Etwas knallt mir ins Gesicht. Der Schmerz ist eine willkommene Überraschung. Dass ich überhaupt etwas fühlen kann, kommt mir wie ein Wunder vor.

Ich habe niemals an ein Leben nach dem Tod geglaubt, aber offensichtlich hatte ich Unrecht. Irgendetwas existiert nach dem Tod, zumindest scheint es so.

Ich öffne die Augen und bin noch verwirrter.

Würde ich in meinem Leben nach dem Tod einen Airbag in meinem Gesicht haben?

Plötzlich bin ich in Alarmbereitschaft.

Aus irgendeinem Grund bin ich wieder zurück in Thomas' Auto. Neben mir sehe ich Thomas höchstpersönlich. Er sitzt hinter dem Steuer. Er hat ebenfalls einen Airbag im Gesicht, aber er bewegt sich.

Er lebt.

»Autsch«, höre ich eine hohe Stimme von hinten.

Hillarys Stimme.

»Du hättest mich fahren lassen sollen, verdammt nochmal.«

Das ist jetzt Miras Stimme. Scharf und verärgert, aber eindeutig lebendig. Die Freude, die mich überkommt, ist unbeschreiblich.

»Mira«, schreie ich geradezu. »Du lebst!«

»Warum denn auch nicht?«, fragt Eugenes Stimme von hinten. »Was zum Teufel ist denn passiert, nachdem ich in der Gedankendimension erschossen wurde?«

»Ja, genau, was ist passiert?«, stimmt Thomas ein.

»Du bist auch am Leben, Eugene! Ihr seid *alle* am Leben. Ich kann es gar nicht glauben!« Ich hoffe, das ist keine Halluzination oder ein Scherz meines sterbenden Gehirns. »Ich habe euch alle drei sterben sehen. *Ich bin gestorben.*«

»Nur wir vier?«, fragt Thomas. »Du also nicht, Hillary?«

»Nein«, antwortet sie. »Ich war verletzt und habe geblutet, aber als dieses Monster Darren getötet hat, war ich immer noch am Leben.«

»Dann haben wir noch eine Chance«, sagt Thomas.

»Ja. Eigentlich hat sich der Plan kaum verändert«, meint Hillary. »Wer waren diese Männer?«

»Ein Anführer der Gedankenleser und sein Sicherheitsmann«, antworte ich automatisch und versuche dabei, die Tatsache zu verarbeiten, dass wir irgendwie alle noch am Leben sind.

»Was? Wie konnte einer von uns letztendlich einer von ihnen gewesen sein?« Hillary hört sich fast so verwirrt an, wie ich mich fühle. »Weißt du was, dafür ist jetzt keine Zeit. Ich habe die Mitglieder der Mafia mit den Markierungen von Darren auf ihrer Stirn gesehen. Ich kann sie kontrollieren und den Rest der Menschen evakuieren.«

Ich schaffe es, den Airbag zur Seite zu schieben und hinter mich zu schauen.

Hillary hat einen sehr konzentrierten Gesichtsausdruck.

»Okay, ich habe gerade versucht, mich darum zu kümmern«, sagt sie, und nach einem Moment entspannt sich ihr Gesicht wieder. »Ich hoffe, dass alles glatt läuft.«

»Was meinst du?«, fragen Mira und ich gleichzeitig.

»Und warum sind wir überhaupt am Leben?«, füge ich hinzu, während ich versuche, die turbulente Mischung der Gefühle in mir in den Griff zu bekommen. »Ich dachte, wir seien gestorben …«

»Darren, wenn du in der Gedankendimension getötet wirst, stirbst du in der echten Welt nicht«, meint Hillary und schaut mich dabei an. »Wir alle spüren, dass etwas Schlimmes passieren wird, wenn wir dort sterben, und das tut es auch – aber es ist nicht der Tod. Es ist eher eine sehr große Unannehmlichkeit.«

»Was? Nein, warte«, sage ich verwirrt. »Doch, das tut man. Man stirbt, ich bin mir sicher. Ich …«

»Nein, das tust du nicht, wir sind ja offensichtlich alle nicht gestorben«, erwidert Mira. »Aber wir verlieren etwas.«

»Versuche zu splitten, Darren«, fordert Eugene mich auf und schaut mich dabei an. »Dann wirst du es verstehen.«

Ich tue, was er sagt. Jetzt in die Stille zu tauchen sollte die leichteste Sache der Welt sein. Ich habe diese ganze Restangst und das Adrenalin noch in mir.

Aber es passiert nichts. Dieses frustrierende Gefühl ist mir vertraut. Es ist das gleiche, das ich in diesen beängstigenden Momenten in der Stille gespürt habe. Es fühlt sich an, als ob man bei dem Versuch, hinüberzugleiten, auf eine mentale Mauer treffen würde.

»Wir vier sind jetzt inert«, erklärt mir Thomas, während er die Airbags unter Kontrolle bekommt. »Wir können nicht mehr in die Gedankendimension splitten.«

Es muss an dieser zu großen Fülle von Gefühlen liegen, dass sich dieser Verlust so intensiv anfühlt. »Wir haben unsere Macht verloren?«, frage ich ungläubig.

»Ja. Für eine Weile. Nicht für immer.«

»Also wird es nicht so bleiben?« Die Welle der Erleichterung ist ebenso stark wie mein Verlustgefühl vor einer Sekunde.

»Nein, das wird es nicht. Wenn du in der Gedankendimension

stirbst, ist das fast so, als würdest du deine Zeit aufbrauchen, nur dass es viel länger anhält«, erklärt Eugene.

»Ich habe meine Zeit in der Stille noch nie aufgebraucht«, sage ich und kann mein ungutes Gefühl in meiner Stimme hören. Logischerweise weiß ich, dass der temporäre Verlust meiner Kräfte überhaupt nicht mit dem Sterben vergleichbar ist, aber es macht mir trotzdem Angst. Die Stille war immer meine Rettung gewesen, ein Sicherheitsnetz, das ich seit meiner Kindheit benutzt habe, und ihr Verlust trifft mich hart.

»Ich verstehe dich, Darren.« Hillary schaut mich mitleidig an. »Genau wie du bin ich nie an die Grenzen meiner Zeit gestoßen, und ich kann mir auch nicht vorstellen, wie das für mich wäre. Es tut mir unglaublich leid, dass dir das passiert ist.«

»Ihm wird es gut gehen. Es wird ja wiederkommen«, meint Thomas. Er scheint nicht sonderlich besorgt über seinen eigenen Machtverlust zu sein, aber immerhin ist seine Zeit auch viel begrenzter als meine oder Hillarys.

Während er spricht, fällt mir etwas ein. »Deswegen hast du gestern so leichtfertig die Waffe auf mich gerichtet?«, frage ich und blicke Mira an. Das hatte bis jetzt keinen Sinn ergeben. Nicht, nachdem ich ihr am Tag davor das Leben gerettet hatte. »Du hast mir gar nicht damit gedroht, mich umzubringen. Du hast mir damit gedroht, mir meine Macht zu nehmen?«

»Ja, genau«, antwortet sie. »Um ehrlich zu sein, habe ich nur geblufft. Ich hatte nicht wirklich vor, dich inert zu machen. Nicht nach dem, was ich über deine verrückte Tiefe weiß. Dieser ganze Vorfall tut mir leid. Ich hätte es auch nicht getan, wenn ich gewusst hätte, dass du ernsthaft Angst um dein Leben hattest.« Sie macht eine kurze Pause und fügt hinzu: »Höchstwahrscheinlich nicht«.

Die Teile des Puzzles fügen sich zusammen. »Deswegen hat Eugene auch dieses wirre Zeug darüber gesagt, mich nicht zu erschießen, weil ich Monate in der Gedankendimension verbringen kann?«

»Ja.« Eugene nickt. »Es wäre ein Sakrileg gewesen, jemandem so viel Macht wegzunehmen. Das konnte ich nicht zulassen. Sie kann sehr reizbar sein, wenn sie aufwacht, also habe ich selbst nicht bemerkt, dass sie nur gebluff hat.«

Ich atme erleichtert aus. Also hatte Eugene nicht vorgehabt, mich zu benutzen, wie ich ursprünglich gedacht hatte. Er war sich des wirklichen Preises des Todes in der Stille die ganze Zeit über bewusst gewesen und hatte einfach versucht, mich zu beschützen.

Alles fängt auf einmal an, Sinn zu ergeben. Als Caleb während unserer Vereinigung gesagt hatte, dass der Tod in der Stille einen langanhaltenden Effekt hat, hat er nicht den Tod gemeint; er hatte gemeint, dass der Strippenzieher inert sein würde. Das erklärt auch Calebs leicht komischen Gedanken, dass es Zeit sei, mit der Tötung des Strippenziehers zu beginnen. Er muss gemeint haben, dass der erste Schritt sei, den Mann inert zu machen. Ohne unsere Macht muss es viel einfacher sein, einen von uns außerhalb der Stille zu beseitigen. Und deshalb hatte Caleb auch versucht, sich möglichst nahe bei ihm in die Stille zu begeben. Sobald der Strippenzieher in der Stille tot und deshalb in der echten Welt inert war, konnte Caleb, der seine Macht immer noch besaß, kurzen Prozess mit ihm machen.

Ich verstehe immer noch nicht alle Einzelheiten, aber die Dinge beginnen, sich zu klären.

»Wie lange werde ich brauchen, um mich zu erholen?«, frage ich.

»Das ist bei jedem unterschiedlich«, antwortet Eugene.

»Wartet mal«, unterbricht Thomas und dreht sich zu mir um. »Einen kleinen Moment bitte. Ist eure ›Tiefe‹ das Gleiche, was wir ›Reichweite‹ nennen? Und falls das so ist, hast du gesagt, dass es sich dabei in deinem Fall um Monate handelt? Das hast du niemals erwähnt, Darren.«

Ich zucke mit den Schultern, da ich immer noch darüber nachdenke, dass ich inert bin, aber Hillary lächelt stolz. »Er ist ja schließlich mein Neffe.«

»Bist du deshalb nicht weggerannt, als ich dich darum gebeten habe?« Mira blickt mich mit glänzenden Augen an. »Du hast gedacht, wir befänden uns in Lebensgefahr?«

»Ja, schon«, gebe ich peinlich berührt zu. »Ich konnte dich nicht einfach alleinlassen. Sam war dir auf den Fersen. Ich habe nicht verstanden, dass du versucht hast, meine Macht zu retten.«

»Eigentlich habe ich versucht, ihre Leiden zu beenden«, erklärt mir Mira und blickt kurz zu Hillary hinüber.

»Danke«, sagt meine Tante.

Es herrscht einen Moment lang Stille, als jeder diese schrecklichen Momente noch einmal durchlebt.

»Also, was ist denn nun mit diesem Unfall hier?«, frage ich schließlich. »Wie passt der zu allem?«

»Das war mein Fehler«, sagt Thomas. »Der Schock, zu sterben, und mich dann hinter dem Steuer wiederzufinden, war zu viel, also bin ich in das Auto vor mir gefahren.«

»Ich habe mich um den Fahrer gekümmert«, erklärt Hillary. »Er wird denken, er sei gegen einen Hydranten gestoßen.«

»Du sagst dauernd, dass du dich um Dinge gekümmert hast«, meint Mira. »Aber du erklärst nicht, was du getan hast oder wie du es getan hast. Was passiert gerade auf der Brücke?«

»Ach, das. Ich habe die Mitglieder der Mafia dazu geführt, eure Mitschnüffler – ich meine Jacob und Sam – festzuhalten. Diese Kriminellen greifen sie wahrscheinlich gerade an, während wir hier miteinander reden«, erklärt Hillary.

»Ich kann das immer noch nicht glauben«, sagt Eugene durch zusammengebissene Zähne. »Die ganze Zeit war es Jacob.« In einem für ihn unüblichen Gefühlsausbruch schlägt er frustriert auf meinen Sitz. Es tut mir nicht weh, also sage ich auch nichts. Ich verstehe ganz genau, wie er sich fühlt.

»Wartet mal, mir ist gerade etwas aufgefallen. Der Name Jacob«, sagt Hillary. »Hattest du nicht gesagt, dass der Name der Person am Telefon Esau war?«

»Ja«, sage ich. »Und?«

»Jacob und Esau waren Brüder in der heiligen Schrift. Der Typ hat dir praktisch einen Hinweis darauf gegeben, wer er ist«, sagt Hillary.

»Also hat Jacob die Explosion angeordnet«, sagt Mira langsam, und mir fällt auf, dass ihr das jetzt erst dämmert. »Es war ein Leser, der unsere Leben zerstört hat, kein Strippenzieher.«

»Ja, es war Jacob alias Esau«, bestätige ich ihr sanft. »Er hat Arkady befohlen, den Sprengstoff zu benutzen.« Miras ganze Welt muss Kopf stehen. Die Strippenzieher sind nicht ihre Feinde, die Gedankenleser, ihre eigene Gemeinschaft, scheinen es dagegen zu sein.

»Ich verstehe das nicht.« Eugene hört sich verwirrt an. »Es war mit Sicherheit ein Strippenzieher in die Sache verwickelt. Er taucht in vielen Erinnerungen der Gangster auf.«

»Es muss mehr dahinterstecken«, meint Hillary. »Nachdem die Polizei jeden Einzelnen verhört hat, können wir uns Zugang zu ihren Akten verschaffen. Vielleicht kommt dabei etwas zum Vorschein.«

»Welche Polizei?« Miras Stimme wird sanft. Gefährlich sanft. »Wovon redest du?«

»Ich bin gerade dabei, sie anzurufen«, erklärt Hillary. »Das ist der Teil des Plans, der sich jetzt geändert hat und sogar leichter geworden ist. Die Gangster sollten in der Lage sein, die zwei Schnüffler festzuhalten, und anstatt unsere Freunde von den Gedankenführern anzurufen, werde ich das einfach die Polizei erledigen lassen. Führer sind nicht dafür geeignet, mit Schnüfflern umzugehen. Sie würden sie töten, und das möchte ich nicht. Mach dir aber trotzdem keine Sorgen. Im Gegensatz zu Führern können die Schnüffler Gefängnisse nicht verlassen. Stimmt's?«, sagt sie und übersieht offensichtlich das harte Funkeln in Miras Augen.

»Auf gar keinen Fall ...«

Miras harsche Worte werden durch das Geräusch von Schüssen in einiger Entfernung unterbrochen. Auf einen vereinzelten Schuss folgen mehrere schnell aufeinander.

Hillary erblasst.

Miras Kopf schnellt Richtung Brücke, und ich sehe, dass sie schnell eine Entscheidung trifft. Bevor ich etwas sagen kann, handelt sie auch schon. Sie öffnet die Tür, drückt den Türverriegelungsknopf und schlägt die Tür hinter sich zu, bevor sie zur Brücke rennt.

»Scheiße!« Thomas fummelt an der Verriegelung. »Ich habe dir doch gesagt, sie würde ein Risiko sein.«

Ich öffne hektisch meinen Gurt, um hinter ihr herzurennen.

»Halte sie auf«, fährt Thomas Hillary an, als er die Tür endlich entriegelt hat. »Du bist die Einzige, die das kann.«

»Das kann ich nicht«, widerspricht Hillary. »Sie hat eine Waffe. Sie könnte einen Zivilisten erschießen, wenn ich versuche, diesen zu benutzen.«

»Das hier ist nicht der richtige Zeitpunkt für Pazifismus.« Ich kann den Gesichtsausdruck meiner Tante nicht sehen, aber ich höre Thomas fluchen, bevor er sagt: »Gut. Improvisiere etwas. Du da, gib mir dieses Gewehr …«

Ohne Eugenes Antwort abzuwarten, öffne ich die Tür und beginne, Mira hinterherzulaufen. Ich werde sofort an die Tatsache erinnert, dass ich nicht länger in der Stille bin. Die Autos um uns herum bewegen sich mit ungebremster Geschwindigkeit, und ich werde beinahe zweimal überfahren, bevor ich den Bürgersteig erreiche. Jedes Mal, wenn ich quietschende Bremsen höre, versuche ich zu splitten, aber vergebens. Ich kann nicht in die Stille hinübergleiten.

Ich bin jetzt weniger als fünf Minuten inert, und ich hasse es schon.

»Ich war kaum in der Lage, das letzte Auto zu kontrollieren«, sagt ein Taxifahrer kryptisch aus seinem Fenster, als ich vorbeilaufe. Er trägt einen Turban und spricht mit einem leichten indischen Akzent. Ich bin mir ziemlich sicher, ihn niemals zuvor getroffen zu haben. »Du bist mein Blutsverwandter, und ich möchte unbedingt, dass du am Leben bleibst. Bitte sei vorsichtig.«

Meine Aufmerksamkeit wendet sich von dem eigenartigen Taxifahrer weg, hin zu der Straße, die ich gerade überquert habe, als ich ein lautes Hupen höre, dem ein dumpfer Aufschlag folgt. Ich blicke kurz zurück und sehe Eugene auf dem Boden vor einem Auto liegen. Mein Herz setzt einen Schlag aus, aber ich halte nicht an.

Ich muss zu Mira gelangen.

Als ich mich der Brücke nähere, sehe ich eine Menschenmenge auf mich zueilen. Das muss Hillarys improvisierte Evakuierung sein. Hier und dort sehe ich bekannte Gesichter – Menschen, die ich selbst gelesen und geführt habe.

Sobald ich bei ihr bin, teilt sich die Gruppe, um mir einen breiten Weg freizumachen. Das ist eigenartig, aber da es mir hilft, hinterfrage ich es nicht.

»Darren, beeil dich, sie ist schon fast da«, meint eine alte Dame zu mir, als ich auf den promenadenartigen Teil der Brücke zulaufe.

»Ich bin es übrigens, Hillary«, sagt ein kleines Kind zu mir, als es an mir vorbeirennt. »Warum siehst du so schockiert aus?«

Jetzt verstehe ich es. Der Taxifahrer, die alte Dame, die Menschen, die mir Platz machen, und jetzt das Kind. Hillary führt alle diese Personen, um mir zu helfen, und sie lässt mir durch sie Nachrichten überbringen. Ich wäre jetzt sehr beeindruckt, wenn ich nicht so eine Panik hätte.

Auf einmal höre ich wieder quietschende Reifen hinter mir.

»Thomas wäre beinahe von einem Auto überfahren worden. Er ist aber in Ordnung. Er folgt dir immer noch. Eugene geht es auch gut; er hat sich lediglich das Bein verletzt. Es könnte sein, dass er nicht rechtzeitig ankommt«, sagt der muskulöse Typ mit der posttraumatischen Belastungsstörung zu mir, als ich an ihm vorbeilaufe.

Bevor ich die Möglichkeit habe, mich zu beruhigen, höre ich ein eigenartiges Wehgeschrei. Mindestens einhundert Menschen auf der ganzen Brücke schreien in einem höllischen Unisono: »Nein, Mira, tue es nicht!«

Und dann fallen die Personen vor mir auf den Boden. Was diese Bewegung besonders gruselig macht, ist, dass sie es alle gleichzeitig tun, so als würde bei ihnen allen ein tödliches Gift im gleichen Moment wirken.

Ich bekomme dadurch einen freien Blick auf das, was gerade passiert – einen Blick, der erklärt, warum Hillary sie das machen ließ. Sie hätte nicht so vielen Zivilisten Kratzer zugefügt, wenn sie keinen guten Grund dafür gehabt hätte.

Auf dem anderen Ende der Brücke kämpfen zwei große Männer gegeneinander. So wie es aussieht, sind sie entschlossen, bis zum Tod zu kämpfen.

Einen von ihnen erkenne ich sofort. Es ist Arkady, der Psychopath aus der Banya. Er muss unter Hillarys Führung stehen. Der andere ist Sam.

Die Wut, die ich vorhin verspürt habe, ist in dem Moment zurück, als ich sehe, dass Sam das Messer in der Hand hält, das er in der Stille nach Mira geworfen hat.

Und dann erkenne ich, was Mira tut.

Das ist es, was Hillary mich so verzweifelt sehen lassen wollte.

Mira zielt mit ihrer Waffe auf die beiden kämpfenden Männer.

In diesem Augenblick nehme ich auch den Rest der Szene wahr. Auf dem Boden neben Sam und Arkady halten zwei von Arkadys Männern Jacob fest. Der Rest der Gangster, einschließlich demjenigen, der damals versucht hat, mich zu erschießen, liegt blutend auf dem Boden. Das müssen die Schüsse gewesen sein, die wir gehört haben. Diese Männer wurden wahrscheinlich erschossen, als sie versucht haben, Sam und Jacob die Waffen abzunehmen – aber sie scheinen letztendlich erfolgreich gewesen zu sein.

»Mira, du musst niemanden töten!«, schreit Arkady, während er mit Sam kämpft. Hillary muss auch durch ihn sprechen.

Sam stöhnt und brüllt als Antwort: »Mira, stoppe ihn, und du und dein Bruder werdet mit offenen Armen in unserer Gemeinschaft aufgenommen! Dieser Mann wird von einem mächtigen

Strippenzieher kontrolliert. Ich brauche deine Hilfe. Jacob braucht deine Hilfe. Erschieße ihn! Jetzt!«

»Zuerst werde ich dich umbringen, nicht ihn«, faucht Mira, ohne ihr Ziel zu verändern. »Und Jacob – aber ihn werde ich leiden lassen.« Mit diesen Worten drückt sie ab.

Bei dem ohrenbetäubenden Geräusch des Schusses dreht Sam sich schnell weg, und der Kopf, der explodiert, ist Arkadys, nicht Sams.

Ich beobachte das alles, während ich, ohne eine Pause zu machen, weiterlaufe.

Mira schießt, unbeeindruckt von ihrer Verfehlung, erneut auf Sam. Zu meinem Entsetzen macht Sam wieder dieses Herumrollen, das er schon in der Stille getan hat. Nur, dass er jetzt noch schneller ist und Miras Kugel mit einer unheimlichen Präzision ausweicht. Er scheint angefangen zu haben, sich zu bewegen, noch bevor Mira überhaupt abgedrückt hat. Und dann verstehe ich es: Er kann in die Stille gleiten. Er muss diese Fähigkeit dazu nutzen, Miras Bewegungen vorauszusehen.

Mira beginnt, sich in meine Richtung zurückzuziehen, während sie weiterhin in Sams Richtung schießt. Sam rollt wieder und sticht mit seinem Messer in einen der Russen, die Jacob festhalten. Sein Opfer schreit laut auf, als das Messer auf seine Schulter trifft.

»Hör auf damit, du kranker Schnüffler! Hör auf, oder du wirst getötet werden«, schreit der verletzte Mann, während er Jacob loslässt, um seine verletzte Schulter zu umklammern. Sam ignoriert seine Worte und sticht erneut zu, diesmal ins Herz.

»In Ordnung«, krächzt der Typ, und Blutblasen bilden sich auf seinen Lippen, als er zu Boden fällt. »Du lässt uns keine andere Wahl.«

Ich muss mich selbst daran erinnern, dass Hillary das gerade sagt.

»Darren, bewege dich nach rechts!«, schreit ein Chor aus Zivilisten, die um mich herum auf dem Boden liegen. Wieder meine Tante. »Jetzt!«

Ohne nachzudenken, springe ich nach rechts, und sofort ertönt ein Schuss. Ich blicke mich um und sehe Thomas, der zehn Meter von mir entfernt steht und ein Gewehr in seinen Händen hält. Als ich mich wieder der Szene vor mir zuwende, fällt Sam gerade zu Boden, und seine oberste Kopfhälfte fliegt dabei durch die Luft.

»Jetzt bleibst du verdammt noch mal liegen, Schnüffler«, sagt der andere Russe, der Jacob festgehalten hat. Ich kann gar nicht glauben, dass das wieder Hillary ist. Sie hört sich so unglaublich kalt an. Ich nehme an, dass wenn es irgendjemanden gab, der meine friedfertige Tante blutrünstig werden lassen konnte, dann Sam.

Auf einmal verstehe ich, dass sie sich nicht die Zeit genommen hat, sich darüber zu freuen, Sam erschossen zu haben. Sie redet bereits mit Jacob. Er hat es geschafft, sich aus dem Griff des Russen zu befreien, und streckt sich nach Sams Messer aus, das dieser fallen gelassen hat, als er starb.

»Mira, du stehst Thomas im Weg«, sagt der Russe. »Geh weg, damit er schießen kann.«

Ich erhebe meine eigene Waffe, aber diesmal zögere ich, abzudrücken. Wenn es Sam wäre, würde ich, ohne ein zweites Mal darüber nachzudenken, schießen. Aber es ist Jacob. Er kannte meinen Vater. Er kann mir Antworten zu meiner Familie geben.

Anstatt auf Hillarys Kommando zu hören, hebt Mira ebenfalls ihre Waffe an. Offensichtlich ist sie entschlossen, Jacob selbst zu töten.

Sie zielt und drückt ab.

Anstelle eines Knalls kommt allerdings nur ein leises Klicken. Jacob steht immer noch unverletzt auf seinen Beinen.

Ihre Waffe hat keine Munition mehr.

Jacob blinzelt. Er sieht fast so aus, als sei er überrascht, noch am Leben zu sein. Danach schaut er auf das Messer in seiner Hand, ergreift es an der Klinge und hebt es über seine Schulter.

Ich habe ein schreckliches Déjà-vu. Er hebt das Messer an, um es auf Mira zu werfen – genau so, wie es Sam in der Stille getan hat.

Das kann nicht noch einmal geschehen.

Das werde ich nicht zulassen.

Ohne auch nur eine Sekunde länger darüber nachzudenken, schieße ich. Das Messer befindet sich immer noch in Jacobs Hand, also drücke ich immer wieder ab. Ohne nachzudenken. Rasend.

Ich höre nicht auf, abzufeuern, bis meine Kugeln aufgebraucht sind.

Als sich der Nebel der Wut in meinem Kopf lichtet, sehe ich, dass sich das Messer nicht länger in Jacobs Hand befindet. Es liegt auf dem Boden, genauso wie der Mann selbst, dessen Brust blutüberströmt ist.

Wie betäubt stehe ich da und blicke den Mann an, den ich getötet habe. Dabei kann ich nur an eine Sache denken.

Mira geht es gut. Das ist alles, was zählt.

»Gehen wir, Darren«, singen die Menschen, die um mich herumliegen, in einem von Hillary geführten Singsang. »Es ist Zeit, zu verschwinden.«

Ich schüttle meine Benommenheit ab und beginne zurückzulaufen, als ich bemerke, dass Mira nicht bei mir ist. Anstatt mir zu folgen, geht sie zu Jacobs Leiche. Sie beugt sich nach unten und beginnt, seine Taschen zu durchsuchen. Danach hebt sie eine andere Waffe vom Boden auf und schießt Jacob in den Kopf.

Ich frage mich, ob das bedeutet, dass meine Schüsse ihn nicht getötet haben – und ich frage mich sofort, warum es mich überhaupt interessiert. Er wollte Mira töten. Wie hätte ich nicht schießen können?

Nachdem sie ihr grausiges Unterfangen beendet hat, hebt Mira Jacobs Aktenkoffer auf und kommt auf mich zu.

»Lass uns von hier verschwinden«, sagt sie mit einem blassen, aber entschlossenen Gesicht.

Ich sehe sie verständnislos an.

»Es ist vorbei«, sagt sie sanft. »Wir gehen jetzt.« Sie hängt sich bei mir ein und beginnt, mich wegzuziehen.

Während wir die Brücke verlassen, dämmert mir das Ausmaß dessen, was gerade passiert ist. Arkady, Sam, Jacob, die anderen Mitglieder der russischen Mafia – sie sind alle tot, und wir wären auch fast gestorben. Zu sagen, dass ich an meine Grenzen stoße, wenn ich versuche, damit klarzukommen, dass ich Mira fast sterben sehen habe, wäre eine riesige Untertreibung.

Gedankenverloren lasse ich mich von ihr zu Thomas führen, der auf uns wartet. Eugene kommt zu uns gehumpelt und sieht extrem erleichtert aus, als er erkennt, dass Mira und alle anderen unversehrt sind.

»Gute Arbeit«, sagt Thomas zu mir, als wir uns ihm nähern. »Es tut mir leid, dass ich nicht schießen konnte. Sie hat mir im Weg gestanden.«

»Danke«, murmele ich und fühle mich extrem erschöpft.

»Du«, sagt Thomas, während er Mira anschaut und mit dem Kopf schüttelt. »Du bist die unbesonnenste Frau, die ich jemals getroffen habe.«

Sie antwortet nicht. Zum ersten Mal, seit ich sie getroffen habe, sieht sie kleinlaut aus. Und gleichzeitig fast fröhlich.

Thomas' schwarzer Van, der jetzt eine kaputte Stoßstange hat, wartet schon am Bordstein auf uns. Ein Typ, den ich noch nie gesehen habe, sitzt am Steuer.

»Ich fahre nicht gerne Autos mit Automatikgetriebe«, erklärt Hillary von der Rückbank. »Also habe ich ihn das Fahrzeug hierherbringen lassen.«

»Danke«, sagt Thomas. »Er kann jetzt gehen.«

»Danke, Robert«, meint Hillary zu dem Fahrer. »Dein Auto steht an der Stelle, an der du es verlassen hast. Du kannst gehen.«

Der Mann steigt aus und beginnt, mit einem ausdruckslosen Gesicht wegzugehen

»Jetzt steht da nicht einfach so rum.« Hillary gibt uns ein

Zeichen, einzusteigen. »Es ist vorbei. Wir sollten von hier verschwinden.«

Auf ihre Worte hin beginnen wir, uns zu bewegen. Thomas setzt sich hinters Steuer, und wir steigen ebenfalls ein.

Als wir wegfahren, schaue ich zurück und sehe, dass die Menschen immer noch die Brooklyn Bridge verlassen.

29

Als wir in die Stadt fahren, bemerke ich, dass ich mich zusammenreißen muss. Mein Gefühl der Leere ist überwältigend.

»Ich habe wieder jemanden getötet«, sage ich schließlich. »Das wollte ich wirklich nicht.«

»Fühl dich deshalb nicht so schlecht«, sagt Mira. »Dieses Arschloch hat unsere Eltern getötet. Und deine vielleicht auch. Außerdem hast du ihn nur angeschossen. Ich bin diejenige, die ihn getötet hat.«

Also war Jacob nicht tot, als Mira zu ihm kam.

»Ich weiß nicht, ob das hilft«, erwidere ich. »Ich kannte ihn, weißt du. Das macht irgendwie einen Unterschied.«

»Du solltest mit Liz reden, sobald sich alles beruhigt hat«, meint Thomas. »Sie kann dir helfen.«

Ja, mit meiner Therapeutin reden. Das wäre ein guter Anfang. Jetzt gerade brauche ich aber etwas anderes. Ganz dringend.

Ich brauche Informationen und Zeit, über Dinge nachzudenken.

»Kann mir bitte jemand sagen, wer zum Teufel diese Männer waren?«, fragt Thomas. »Diese Menschen, die gerade gestorben sind. Worum ging es bei dem Ganzen? Einige von eurer Gemeinschaft waren offensichtlich dabei … einige Schnüffler.«

»Sie waren Leser«, sage ich und unterstreiche die angemessene Bezeichnung. Ich mag keine Doppelmoral, und wenn Hillary und Thomas lieber Gedankenführer als Strippenzieher genannt werden möchten, sollten sie sich revanchieren. »Der große Bodyguard, den du erschossen hast, war einer ihrer ranghöchsten Sicherheitsangestellten, und der ältere, weniger furchteinflößend aussehende Mann, den ich getötet habe – oder Mira – war Jacob, der Anführer der Gemeinschaft.«

»In Ordnung. Aber wir sind hierhergekommen, um einen von uns – einen bösartigen Gedankenführer – zu schnappen«, wiederholt Thomas geduldig. »Was ist passiert? Wie konntet ihr euch nur so sehr täuschen?«

»Darren, möchtest du Detektiv spielen?«, schlägt Mira vor. »Dein Tipp wird genauso gut sein wie meiner.«

»Na ja«, sage ich langsam und versuche, durch den Nebel in meinem Kopf hindurch zu denken, »es hört sich an, als hätte Jacob eure Familie wegen der Forschungen eures Vaters umgebracht. Weil Jacob ein Purist war, könnte die Arbeit eures Vaters für ihn inakzeptabel gewesen sein.« Das ist zumindest das Einzige, was für mich einen Sinn ergibt.

»Was ist ein Purist und was sind das für Forschungen?«, fragt Thomas.

»Puristen scheinen die Traditionalisten unter den Lesern zu sein«, erkläre ich und finde es faszinierend, endlich einmal derjenige zu sein, der die Antworten kennt.

»Und die Forschungen meines Bruders gehen die Strippenzieher nichts an«, wirft Mira ein, bevor ihr Bruder etwas dazu sagen kann.

»Was ist aus dem Führer geworden, den wir eigentlich finden wollten?«, will Hillary verwirrt wissen. »Meint ihr, dass es diesen Gedankenführer nie gegeben hat?«

»Nein«, sage ich. »Das ist der eigenartige Teil. Mira hat Spuren eines Führers gefunden, als sie den Mord an ihren Eltern untersucht hat. Und sie war nicht die Einzige. Ich habe ebenfalls Spuren eines Gedankenführers gesehen, als wir Mira gerettet haben, und auch, als diese Krankenschwester versucht hat, mich umzubringen. Das bedeutet, dass zweifellos einer in die ganze Sache verwickelt ist. Vielleicht hat er mit Jacob zusammengearbeitet?«

»Zusammenarbeit?«, fragt Hillary. »Ich bezweifele, dass unsere Traditionalisten jemals mit einem Leser reden würden, ganz zu schweigen davon, mit ihm zu arbeiten.«

»Das Gleiche gilt für die Puristen«, meint Eugene.

»Das mag so sein, aber die Beweise sagen etwas anderes«, erwidere ich. »In Arkadys Kopf sah ich, wie der Strippenzieher Arkadys Erinnerung daran ausgelöscht hat, dass er von Jacob mit Morden beauftragt wurde. Das würde nur einen Sinn ergeben, wenn sie als ein Team gearbeitet hätten.«

»Sollten sie sich zusammengetan haben, wäre das eine Doppelmoral von unglaublichem Ausmaß«, sagt Hillary. »Traditionalisten sind genau diejenigen, die die Leser am meisten hassen, und ich denke, das Gleiche trifft auf die Puristen, ihr Gegenstück bei den Lesern, zu.«

»Puristen hassen euch mit einem fast religiösen Fanatismus«, bestätigt Eugene. »Mit einem Strippenzieher zu arbeiten wäre für sie, wie einen Pakt mit dem Teufel einzugehen.«

»Vielleicht haben sich die beiden Mächte zusammengetan, um ein noch größeres Übel zu bekämpfen«, spekuliere ich. »Vielleicht eine vorübergehende Allianz? Ich meine, heute haben wir gesehen, wie mächtig ein Team aus Lesern und Führern sein kann. Vielleicht haben sie sich wegen eines gemeinsamen Interesses zusammengeschlossen ... wie mich zu töten – den Frevel.«

»Das weiß ich nicht. Immerhin existierst du ja erst seit kürzester Zeit für sie«, wirft Eugene ein. »Außer natürlich, ihre Verbindung geht bis zu der Zeit deiner Eltern zurück – was ich für möglich halte. Aber die Forschungen meines Vaters, – und jetzt meine eigenen – auslöschen zu wollen, ist eine wahrscheinlichere Motivation.«

»Also meinst du, ich bin noch nicht fertig.« Mira hört sich eher müde als verärgert an. »Du denkst, dass es eine andere Person gibt, einen Gedankenführer, der etwas mit dem Tod unserer Eltern zu tun hatte?«

»Ich denke, ich spreche für alle, wenn ich dir erlaube, diese Person einen Strippenzieher zu nennen, Mira«, erwidere ich. »Aber meine Intuition sagt mir, dass Jacob für den Tod deiner Eltern verantwortlich ist. Er hat schließlich ihren Mord in Auftrag gegeben.«

»Du bist definitiv fertig, Miroschka«, schließt sich mir Eugene an. »Du hast die Personen getötet, die direkt für ihren Tod verantwortlich waren. Es ist an der Zeit, die Sache hinter dir zu lassen. Beginne ein neues Leben.«

»Er hat recht«, sage ich. »Überlass den Führern das Problem mit dem traditionalistischen Strippenzieher. Lass es mein Problem sein. Vielleicht ist die Lösung so einfach, wie diesen Strippenzieher an seine Traditionalistenfreunde zu verraten. Es könnte sein, dass sie seine Wahl von Verbündeten nicht unterstützen. Was denkst du, Hillary?«

»Das könnte funktionieren. Lass mich darüber nachdenken«, sagt Hillary und überlegt.

Mira sitzt einfach schweigend da und hat einen unleserlichen Gesichtsausdruck. Ich denke, sie hat eine Menge, über was sie nachgrübeln muss. Ich hoffe auf jeden Fall, dass sie beschließt, ihren Rachefeldzug offiziell zu beenden. Das wünsche ich ihr. Ich möchte, dass sie zur Uni geht und eine Säuglingskrankenschwester wird, egal, wie uncharakteristisch dieser Plan für sie zu sein scheint.

Was ich nicht sage, ist, dass mein eigener Rachefeldzug definitiv nicht beendet ist. Jacob und der Strippenzieher wussten aus irgendeinem Grund über mich Bescheid. Sie wussten schon etwas, bevor ich überhaupt geboren wurde. Daran besteht kein Zweifel.

Es muss einen Grund dafür gegeben haben, dass meine Eltern sich versteckten – einen Grund dafür, dass sie mich zu Sara und Lucy gegeben haben.

Es kann kein Zufall sein, dass ich, genau nachdem ich Jacob getroffen habe, von einem seiner kleinen Gangster angeschossen wurde. Und es ist auch kein Zufall, dass der Strippenzieher mich nur eine halbe Stunde später im Krankenhaus ausfindig gemacht hat, um mich zu töten. Einer muss dem anderen von mir erzählt haben. Jacob muss erkannt haben, wie ähnlich ich meinem Vater sehe, und es dem Strippenzieher gesagt haben. Das könnte auch erklären, dass die Aufzeichnungen über die Schwangerschaft meiner Mutter verschwunden sind, wie ich von Bert weiß. Vielleicht war es das erste Mal, dass die Mörder meiner Eltern verstanden haben, dass meine Eltern ein Kind gezeugt haben. Die Aufzeichnungen über die Schwangerschaft könnten ihnen dabei geholfen haben, das zu bestätigen.

»Darren, wir sollten mehr darüber reden«, sagt Thomas und reißt mich damit aus meinen Überlegungen. »Sobald sich die Wogen ein wenig geglättet haben.«

»Sicher«, antworte ich.

»Es gibt da noch eine Sache«, sagt Mira und greift in ihre Hosentasche. »Etwas, was dir helfen könnte, Darren. Ich habe das hier gefunden.«

Auf ihrer ausgestreckten Hand liegt ein kleines schwarzes Objekt.

»Das ist der USB-Stick, den Jacob bei sich hatte«, meine ich und verstehe auf einmal, warum sie die Taschen des toten Mannes durchsucht hat, bevor sie ihn erschoss.

»Ja. Aber er ist verschlüsselt falls du dich erinnerst«, entgegnet Mira.

»Was soll sich auf ihm befinden?«, will Thomas wissen.

»Ich denke, eine Liste aller Zielpersonen, die die Mafia für Jacob umbringen sollte, und eine Liste mit Zeugen, die Arkady eliminieren wollte«, sage ich. »Wisst ihr was? Rückblickend gesehen verstehe ich, dass es ein Leser leichter haben könnte, eine solche Zeugenliste zu bekommen, als ein Führer.«

»Das stimmt. Rückblickend werden einem immer eine Menge Dinge klar«, sagt Hillary. »Der Trick ist, sie vorherzusehen.«

»Gib mir den Stick, und ich kann ihn von einigen Leuten vom Geheimdienst knacken lassen«, bietet Thomas an.

»Ich werde ihn Darren geben«, erwidert Mira. »Er soll entscheiden, was er damit tun möchte.«

»Ich werde dir eine Kopie schicken«, sage ich zu Thomas. »Aber ich habe einen Freund, der das Ding wahrscheinlich schneller hackt als deine Experten.«

Das Problem wird eher sein, Bert zu erklären, warum er den Stick knacken muss. Das könnte schwierig werden, aber ich bin mir sicher, dass ich es hinbekomme.

»Okay, und jetzt lasst uns über das sprechen, was passiert ist«, meint Thomas und schaut durch den Rückspiegel Hillary an. »Sind wir jetzt auf der Flucht? Wie schlimm war es da unten auf der Brücke?«

»Nicht sehr schlimm«, antwortet meine Tante und hört sich müde an. »Niemand wird sich daran erinnern, dass wir dort waren.«

»Das ist gut«, meint Thomas anerkennend. »Was ist mit Beweisen? Haben wir DNA-Spuren hinterlassen?«

»Ich habe mir lediglich den Knöchel verstaucht«, meint Eugene. »Also kein Blut.«

»Irgendjemand anderes?«, möchte Thomas wissen.

»Mir geht es gut«, sage ich. »Nicht ein Kratzer.«

»Hier auch nicht«, schließt sich Mira an.

»Und ich habe das Auto in der echten Welt nie verlassen«, meint Hillary. »Nur in der Gedankendimension.«

»Gut. Dann sind wir dem Gefängnis trotz allem wohl noch einmal entkommen.« Thomas sieht erleichtert aus. »Jetzt gebt mir eure Waffen. Ich werde sie ordnungsgemäß entsorgen.«

Wir legen alle unsere Waffen neben Thomas' Waffenarsenal.

»Ich werde außerdem ein Auge auf die Untersuchungen der Polizei behalten«, sagt Thomas, als wir fertig sind. »Es kann sein, dass ich warten muss, bis ich meine Fähigkeiten wiedererlangt habe, aber sollte es nötig sein, werde ich reinigend eingreifen. Das führt mich zum nächsten Punkt auf der Liste. Wir müssen alle für eine Zeit lang verschwinden. Besonders diejenigen von uns, die inert sind.«

»Verschwinden?«, wiederholt Eugene nervös.

»Ja, die Stadt verlassen«, erklärt ihm Thomas.

Das ist es, wird mir klar. Das ist genau das, was ich brauche. Einen Urlaub. Ein wenig Ruhe. Ein wenig Zeit, in der nicht auf mich geschossen wird.

»Was haltet ihr von Miami?«, schlage ich vor, und meine Stimmung hebt sich augenblicklich. »Ich könnte mit Sicherheit ein wenig Sonne und Cocktails mit Schirmchen gut gebrauchen.«

»Ich kann in den nächsten Tagen nicht weg von hier«, meint Hillary, »und Florida gehört definitiv nicht zu meinen Lieblingsorten, aber ich könnte vielleicht bald nachkommen.«

»Ich passe. Liz und ich werden alleine in einen Kurzurlaub fahren«, sagt Thomas. »Aber für euch ist Miami perfekt. Auf diese Weise könnt ihr euren Freunden und der Familie die Wahrheit sagen – dass ihr in den Urlaub fahrt. Darren, falls du Hilfe brauchst, deinen Chef zu überzeugen, können Hillary und ich mit ihm reden.«

»Nein, das wird kein Problem sein. Bill weiß, dass so unglaubliche Mitarbeiter wie ich manchmal eigenartige Dinge tun. Er wird nichts dagegen haben«, winke ich ab. Danach drehe ich mich zu Mira um und frage sie: »Was denkst du? Kommt ihr mit? Ich zahle auch.«

»Du hast da was vergessen.« Ein leichtes Lächeln erscheint auf Miras düsterem Gesicht. »Ich bin nicht mehr pleite. Eigentlich werde ich sogar dich mit in meinen Urlaub nehmen, und nicht andersherum.«

»Wovon redest du?« Eugene schaut seine Schwester verwirrt an. »Wir sind pleite.«

»Dieser Aktenkoffer«, sagt sie und zeigt auf den Boden zu ihren Füßen. »Er ist voller Bargeld.«

»Seid vorsichtig damit.« Thomas runzelt die Stirn und schaut Mira durch den Rückspiegel an. »Das Geld kann zu euch zurückverfolgt werden, falls jemand weiß, was er tut.«

»Dann haben wir eine Herausforderung anzunehmen. Wir müssen das ganze Geld in Miami ausgeben«, antwortet Mira. »Und das so schnell wie möglich.«

»Ich bin mir sicher, dass wir das hinbekommen«, erwidere ich trocken. »Wir werden einfach jede Menge Champagner trinken und den ganzen Tag lang Anwendungen im Spa haben.«

»Was für eine Horrorvorstellung«, meint Mira und lächelt breit. »Ich sehe für meine Zukunft jede Menge teure Schuhe. Die ganze Zeit, die ich mit Einkaufen verschwenden werden muss. So eine Last.«

»Falls es hart auf hart kommt, könnt ihr beiden euch ja dem Glücksspiel widmen«, fügt Eugene hinzu und steuert damit seinen Teil zum Spaß bei. »Das Geld, das ihr gewinnt, wird sogar sauber sein.«

»Es ist eine gute Art der Geldwäsche«, sagt Thomas lachend, »ein Bargeldgeschäft auf diese Weise zu benutzen.«

»Das passt auch genau«, meint Hillary und schaut mich und Mira dabei an. »Wenn man bedenkt, wie sich die beiden das erste Mal begegnet sind.«

Ich nehme mein Telefon heraus und suche ein wenig im Internet.

»Wie sieht es mit einem Flug gleich morgen aus?«, frage ich. »Ist das zu früh?«

Mira zuckt mit den Schultern. »Passt mir gut.«

»Kein Problem«, sagt Eugene. »Aber können wir vorher an unserem alten Apartment vorbeifahren?«

»Nein«, sagen Mira und ich gleichzeitig.

»Wir wissen nicht, ob Arkady den Platz überwachen lässt und jemand auf dich wartet«, erkläre ich.

»In Ordnung«, sagt Eugene traurig. »Vielleicht können wir ja einen Teil des Bargeldes in einer neuen Laborausstattung anlegen?«

»Vielleicht«, antwortet Mira. »Gibt es Geschäfte, die diese Dinge gegen Bargeld verkaufen?«

»Ich weiß es nicht.« Eugenes Stimmung hebt sich ein wenig. »Da werde ich nachsehen müssen.«

»Dann buche ich jetzt die Tickets«, sage ich und beginne, auf der Website der Fluglinie zu navigieren.

»In Ordnung, großartig«, stimmt Thomas zu. »Dann wäre das auch gelöst. Jetzt muss ich nur noch wissen, wo ihr alle hingefahren werden möchtet.«

»Ich sehe, du bist schon zu mir unterwegs«, sagt Hillary.

»Ja, ich habe angenommen …«

»Gut gemacht«, unterbricht ihn Hillary. »Das hast du richtig angenommen. Ich möchte nach Hause.«

»Ich würde gerne zum Hotel zurückkehren. Ein paar Dinge einpacken und mit Julia …«, beginnt Eugene zu sagen, bis er plötzlich abrupt innehält.

»Es tut mir leid Zhenya«, meint Mira leise. »Du kannst nicht mit ihr sprechen.«

Ich schaue mich um und sehe, wie Eugene erblasst.

Er hat es verstanden.

Auch ohne lesen zu können, weiß ich ganz genau, was er gerade denkt. Er war Teil einer Operation, deren Ergebnis der Tod Jacobs war – Julias Vater. Was auch immer sie für Eugene war, jetzt ist sie es nicht mehr. Er kann sie in der nächsten Zeit auf keinen Fall sehen. Ich muss zugeben, dass er mir wirklich leidtut. Und Julia auch. Sie schien sich nicht besonders gut mit ihrem Vater zu verstehen, aber ich bin mir sicher, dass es sie verletzen wird, wenn sie erfährt, was passiert ist.

»Wenn ich euch einen Ratschlag geben darf«, mischt sich

Thomas ein. »Ihr drei solltet euch für heute Nacht ein neues Hotel suchen.«

Wir nehmen seinen Vorschlag an und nutzen die Zeit bis zu Hillarys Wohnung, um uns für eine neue Unterkunft zu entscheiden. Wir wählen etwas Unauffälliges in der Nähe des JFK-Flughafens. Die Überlegung dahinter ist, dass es angenehmer ist, heute eine längere Fahrt in Kauf zu nehmen und dafür morgen schneller am Flughafen zu sein, um unseren Flieger zu nehmen.

»Mach´s gut, Darren«, sagt Hillary, als das Auto anhält. »Melde dich bei mir, wenn du es ernst gemeint hast, als du mich nach Miami eingeladen hast.«

»Natürlich habe ich es ernst gemeint«, antworte ich ihr. »Komm nach, sobald du kannst.«

Hillary wirft mir eine Kusshand zu, als sie aus dem Auto steigt.

Thomas wartet, bis sie in dem Wolkenkratzer, in dem sie wohnt, verschwindet, und fährt weiter.

Die Atmosphäre im Auto ist die völliger Erschöpfung. Es scheint, dass wir alle so viel erlebt haben, dass wir die Dinge schweigend verdauen müssen. Ich fühle mich so ausgelaugt, dass ich nicht einmal nachdenken kann. Stattdessen versuche ich, einen freien Kopf zu bekommen, und wende die Meditationsatmung an, die Sara mir beigebracht hat.

Eine Meditation, die sie, wie mir gerade klar wird, von meinem Vater gelernt haben muss, ihrem Kollegen Mark Robinson.

Als meine Atmung langsamer wird, spüre ich, wie meine Augenlider schwer werden, und ich schließe sie für einen Augenblick.

»Darren, wach auf, wir sind da.« Eugenes Stimme dringt durch meine Benommenheit, und mir fällt auf, dass ich eingeschlafen sein muss.

»Ich denke, wir werden eine Zeit lang nichts voneinander

hören«, sagt Thomas und räuspert sich, als ich meinen Gurt abschnalle. »Aber wenn sich alles wieder beruhigt hat, würde ich liebend gern ein wenig Zeit mit dir verbringen.«

»Das hört sich nach einem guten Plan an, Thomas«, erwidere ich und öffne die Tür. »Danke für alles, was du heute für uns getan hast. Ich bin dir was schuldig.«

»Ich möchte mich auch bei dir bedanken«, sagt Mira. »Ohne dich wäre ich jetzt tot.«

Thomas sieht so überrascht aus, wie ich mich fühle. Mira hört sich wirklich dankbar an. »Gern geschehen, Mira«, sagt er ein wenig unangenehm berührt.

Wir steigen aus dem Auto, und Thomas fährt nach einem letzten Gruß weg.

Als wir gehen, wache ich langsam auf. An der Rezeption des Hotels nehme ich ein Zimmer für jeden von uns.

Im Fahrstuhl sagt niemand ein Wort.

»Dein Zimmer ist 505«, sage ich zu Eugene, als wir bei seiner Tür ankommen. »Und deines ist 504«, meine ich zu Mira. »Ich bin in 503, gleich gegenüber.«

»Danke, Darren«, sagt Eugene.

»Kein Problem, Zhenya«, antworte ich ihm und zwinkere ihm zu, als ich Miras Kosenamen für ihn benutze.

Mira sagt nichts, aber als sie ihren Schlüssel von mir entgegennimmt, verweilen ihre Finger einen Augenblick und streichen an meinen entlang. Ihre Berührung ist weich, sinnlich. Bevor ich etwas sagen kann, ist sie allerdings schon auf ihrem Zimmer verschwunden.

Ich folge ihrem Beispiel und gehe in mein Zimmer.

Als Erstes esse ich alle Riegel und die Erdnüsse, die sich in der Minibar befinden. Mir war bis jetzt gar nicht aufgefallen, wie hungrig ich eigentlich war.

Als Nächstes dusche ich so lange wie niemals zuvor. Als das Wasser auf mich hinunterströmt, beginnt sich die Anspannung in meinen Schultern zu lösen. Es wird alles gut werden, rede ich mir ein und fühle mich durch das heiße Wasser wie ein neuer Mensch.

Als ich mich abtrockne, steigt langsam die Vorfreude auf die bevorstehende Reise in mir hoch. Ich liebe Miami – und Miami mit Mira? Das muss noch einmal etwas ganz anderes sein.

Meine Überlegungen werden durch ein Klopfen an der Tür unterbrochen.

»Wer ist da?«, frage ich und wickle mir das Handtuch um meine Hüfte.

»Ich bin es«, höre ich Miras Stimme auf der anderen Seite der Tür. »Ich hoffe, ich störe dich nicht.«

»Nein«, antworte ich, öffne die Tür und gehe einen Schritt zurück, um sie hereinzulassen. »Ich habe gerade geduscht.«

Sie betritt das Zimmer. Ihre Haare sind nass, und sie trägt einen Bademantel des Hotels. Sie muss auch gerade geduscht haben. Ihr Gesicht ist sauber und völlig frei von Make-up, was mich an das eine Mal erinnert, als ich sie in der Stille in ihrem Apartment aufgeweckt habe.

Als sie mich von oben bis unten betrachtet, fällt mir auf, dass ich nur ein Handtuch trage. Ich habe allerdings kein Problem damit, dass sie mich anschaut. Die ganze Zeit, die ich mit Workouts im Fitnessstudio zugebracht habe, zahlt sich in solchen Momenten aus.

»Ich bin gekommen, um mich bei dir dafür zu bedanken, dass du mir mein Leben gerettet hast«, sagt sie und hebt ihren Blick, um mir in die Augen zu schauen. »Na ja, und für alles andere.«

»Gern geschehen.« Ich grinse sie an. »Ich hoffe, das bedeutet, dass du jetzt keine Waffen mehr auf mich richten wirst.«

»Ja, das tut es.« Sie grinst zurück. »Natürlich nur, wenn du brav bist.«

»Oh.« Ich hebe meine Augenbrauen an. »Und was passiert, wenn ich böse bin?«

Sie tritt näher an mich heran und blickt zu mir hoch. »Wenn du böse bist, werde ich einen Weg finden, um mit dir fertigzuwerden«, flüstert sie und stellt sich auf ihre Zehenspitzen, um spielerisch an meinem Ohrläppchen zu knabbern.

Ich reagiere sofort. Diese kleine Geste führt dazu, dass das Handtuch um meine Hüften die Form eines Zeltes annimmt.

Meine Müdigkeit ist vergessen, ich schlinge meine Arme um Miras Rücken und beuge meinen Kopf nach unten, um sie zu küssen. Der Kuss ist hungrig und intensiv. Er scheint gar nicht mehr aufzuhören – die ganze Todesangst des heutigen Tages liegt in diesem Moment.

Als sie ihren Kopf zurückzieht, um wieder zu Atem zu kommen, keuchen wir beide, und ihre Hände krallen sich an meinen Schultern fest.

»Ich bin hierhergekommen, um mich bei dir zu bedanken«, murmelt sie und schaut zu mir hoch, »und natürlich auch, um dir deine Belohnung zu geben.«

Sie tritt zurück, löst ihren Gürtel und lässt den Bademantel zu Boden fallen.

Die Nacht, die daraufhin folgt, ist die beste Belohnung meines Lebens.

DAS ENDE

LESEPROBEN

Vielen Dank, dass Sie dieses Buch gelesen haben! Ich würde mich sehr darüber freuen, wenn Sie eine Rezension hinterlassen würden.

Darrens Geschichte geht in Die Erleuchteten - The Enlightened weiter, dem dritten Teil der Gedankendimensionen.

Andere Serien von mir sind unter anderem:

- *Die letzten Menschen* – futuristische Science-Fiction-Serie/dystopische Romanreihe mit Ähnlichkeit zu *Die Hungerspiele*, *Divergent – Die Bestimmung* und *Hüter der Erinnerung – The Giver*.
- *Mindmachines* – Techno-Thriller
- *Der Zaubercode* – High Fantasy

Ich arbeite ebenfalls an Science-Fiction-Romanen zusammen mit meiner Frau. Wenn Sie also kein Problem mit Erotik haben, dann werfen Sie doch einfach einen Blick in:

Leseproben

- *Mia & Korum* – Ein dunkler Science-Fiction-Liebesroman
- *Die Gefangene des Krinar* – Ein abgeschlossener dunkler Science-Fiction-Liebesroman

Um sich für meinen Newsletter über Neuerscheinungen anzumelden und mehr über mich und meine Arbeit zu erfahren, besuchen Sie bitte meine Website www.dimazales.com/book-series/deutsch/.

Falls Sie Hörbücher mögen, finden Sie unsere erschienenen Bücher auf Audible.de.

Und jetzt wünsche ich Ihnen viel Spaß mit einigen Leseproben aus *Mindmachines, Oasis – The Last Humans (Die letzten Menschen: Buch 1)* und *Der Zaubercode (Der Zaubercode: Teil 1)*.

AUSZUG AUS MINDMACHINES

Mit Milliarden auf meinem Konto und meiner eigenen Risikokapitalgesellschaft bin ich der lebende amerikanische Traum. Mein einziges Problem? Nach einem Autounfall leidet meine Mutter an Gedächtnisproblemen.

Brainozyten, eine neue Technologie, die unser Gehirn verändern kann, könnten die Antwort auf alle meine Probleme sein – aber ich bin nicht der Einzige, der ihr Potenzial sieht.

Als ich in eine kriminelle Unterwelt gerate, die düsterer ist als alles, was ich mir jemals vorgestellt hätte, droht meine lebensrettende Technologie, mein Tod zu werden.

Mein Name ist Mike Cohen, und das ist die Geschichte, wie ich mehr als menschlich wurde.

Die riesige Spritze nähert sich dem Hals meiner Mutter. Großvater drückt die Hand seiner Tochter und versucht, nicht auf die degengroße Nadel zu schauen, als diese in ihre Haut eindringt.

»Misha«, sagt meine Mutter auf Russisch zu mir. »Das tut weh.«

Ich trete einen Schritt nach vorn, und meine Hände sind zu Fäusten geballt, während ich den Chirurgen mit der weißen Maske wütend anstarre.

»Warum bekommt sie das in den Hals?«, will ich wissen.

Ich kann in den reflektierenden Augen des Arztes nicht das kleinste bisschen Mitgefühl entdecken und ziehe ernsthaft in Erwägung, ihm ins Gesicht zu schlagen. Da es allerdings die Lage meiner Mutter verschlechtern könnte, wenn ich ihn ablenke, füge ich mich und versuche, beruhigend durchzuatmen, auch wenn das, was ich einatme, sterile und desinfektionsmittelschwere Luft ist.

Der OP ist hell erleuchtet, und überall liegt sadistischerweise Operationsbesteck herum, das aussieht, als käme es aus einer Folterkammer.

»Warum gibt es hier diese ganzen angsteinflößenden Werkzeuge, wenn es sich nur um eine einfache Spritze handelt?« Ich stottere, da mir das alles zum ersten Mal auffällt.

Die Fingerknöchel des Arztes werden weiß, als er die Spritze zusammendrückt. Eine widerliche graue Flüssigkeit schießt aus der Spritze in den Hals meiner Mutter.

»Warum müssen ihr die Nanozyten auf eine derart schreckliche Art und Weise zugeführt werden?«, frage ich, hauptsächlich, um zu verhindern, dass ich in Ohnmacht falle.

»Das sollten sie nicht«, sagt Großvater auf Englisch.

Das runde Gesicht meiner Mutter ist zu einer derartigen Maske aus Entsetzen und Verzweiflung verzogen, wie ich sie nur ein einziges Mal gesehen habe, als eine ausgemergelte Maus in unserem ersten Apartment in Brooklyn in unser Wohnzimmer huschte. Genau wie an jenem Tag entweicht der Kehle meiner Mutter ein ohrenbetäubender Schrei.

Auszug aus Mindmachines

Ich trete einen weiteren Schritt nach vorn. Vielleicht werde ich einfach den Arzt von ihrer Seite drängen.

Die kahle Stelle auf Großvaters Kopf ist knallrot, und ich frage mich, ob er den Arzt gleich mit seinem Schuh töten, ihn genauso gewalttätig zerquetschen wird wie die störende Maus.

Der Arzt geht von uns weg.

Mutters Schreien wird zu einem Gurgeln, bevor es ganz verstummt.

Graue Flüssigkeit beginnt aus ihrem Mund zu laufen.

Ich fühle mich wie gelähmt.

Die gleiche Flüssigkeit strömt aus ihren Augen, ihrer Nase und ihren Ohren.

»Das sind die Nanozyten«, schreie ich entsetzt, als meine Stimmbänder endlich wieder funktionieren. »Aber sie können sich doch nicht replizieren!«

Der Kopf meiner Mutter verschwindet, und an seiner Stelle befindet sich dort jetzt eine unförmige Masse aus flüssiger, grauer Schmiere. Innerhalb eines Herzschlags verwandelt sich der restliche Körper meiner Mutter in die gleiche flüssige, graue Masse.

Mit zwei gurgelnden Schreien schmelzen Großvater und der Arzt ebenfalls zu Pfützen aus sich windendem, farblosem Protoplasma.

Ich kann die Schwere dieser Verluste nicht ganz aufnehmen, bevor die Substanz bereits über meinen eigenen Fuß kriecht.

Ein wilder, brennender Schmerz breitet sich in meinem Körper aus, und ich weiß, dass das die Nanos sind, die mein Fleisch in Moleküle aufspalten.

Das kann nicht real sein, ist mein letzter Gedanke. *Das muss ein Traum sein.*

AUSZUG AUS OASIS – THE LAST HUMANS

Mein Name ist Theo und ich bin ein Einwohner Oasis', dem letzten bewohnbaren Fleckchen Erde. Es sollte ein Paradies sein, ein Ort, an dem wir alle glücklich sind.

Schlechtes Benehmen, Gewalt, Geisteskrankheiten und andere Gesundheitsprobleme sind nur noch eine entfernte Erinnerung – auch der Tod ist keine Bedrohung mehr.

Einst war ich auch glücklich, aber jetzt habe ich mich verändert. Jetzt habe ich eine Stimme in meinem Kopf, die mir Dinge erzählt, die kein imaginärer Freund wissen sollte. Sie sagt, ihr Name sei Phoe – und sie ist meine Wahnvorstellung.

Oder etwa nicht?

Anmerkung: Dieses Buch enthält Kraftausdrücke. Wir finden, dass diese für die im Roman thematisierte Zensur wichtig sind. Sollten Sie ein Problem mit derartigen Wörtern haben, könnte es sein, dass Ihnen dieses Buch nicht zusagen wird.

Auszug aus Oasis – The Last Humans

Ficken. Vagina. Scheiße.

Ich konzentriere mich auf diese verbotenen Worte, aber mein neuronaler Scan zeigt nichts anderes an, als wenn ich an phonetisch ähnliche Worte wie *Kicken, Angina* oder *Neiße* denke. Ich kann keinen Hinweis darauf erkennen, dass mein Gehirn beeinflusst wird, aber vielleicht ist es auch einfach schon so kaputt, dass es nicht schlimmer werden kann. Vielleicht brauche ich ein anderes Testobjekt – einen anderen »leicht zu beeindruckenden« Dreiundzwanzigjährigen wie mich.

Schließlich könnte ich geisteskrank sein.

»Ach Theo. Nicht schon wieder«, sagt eine überfreundliche, hohe, weibliche Stimme. »Außerdem haben diese Worte eine Wirkung auf dein Gehirn. Der Teil deines Gehirns, der für Ekel verantwortlich ist, leuchtet zwar auf, wenn du an ›Scheiße‹ denkst, aber nicht bei ›Neiße‹.«

Es ist Phoe, die gerade zu mir spricht. Dieses Mal ist sie aber keine Stimme in meinem Kopf; stattdessen scheint sie sich in den dichten Büschen hinter mir zu befinden, auch wenn sie das nicht tut.

Ich bin die einzige Person auf dieser Rasenfläche.

Niemand anderes kommt hierher, weil sich der Rand etwa einen Meter von hier entfernt befindet. Nur wenige Einwohner von Oasis mögen es, sich die trostlose Barriere anzuschauen, an der unsere bewohnbare Welt endet und das Ödland des Goo beginnt. Ich habe kein Problem damit.

Allerdings könnte ich wie gesagt auch verrückt sein – und Phoe wäre der Grund dafür. Ich meine, ich denke nicht, dass Phoe real ist. Meiner Meinung nach ist sie meine imaginäre Freundin. Und ihr Name wird übrigens »Fi« ausgesprochen, auch wenn er »P-h-o-e« geschrieben wird.

Ja, so spezifisch ist meine Wahnvorstellung.

»Jetzt kommst du von einem durchgekauten Thema direkt zu einem anderen.« Phoe schnaubt. »Meine sogenannte Echtheit.«

»Genau«, erwidere ich. Obwohl wir allein sind, antworte ich, ohne meine Lippen zu bewegen. »Weil du nur meine Wahnvorstellung bist.«

Sie schnaubt erneut, und ich schüttele meinen Kopf. Ja, ich habe gerade für meine Wahnvorstellung meinen Kopf geschüttelt. Ich fühle mich auch gezwungen, ihr zu antworten.

»Nebenbei gesagt«, meine ich, »ich bin mir sicher, dass das Wort ›Scheiße‹ eine genauso starke Reaktion in dem Teil meines Gehirns auslöst, der für Ekel verantwortlich ist, wie seine akzeptableren Cousins, also zum Beispiel Fäkalien. Was ich damit sagen will, ist, dass das Wort meinem Gehirn weder schadet noch es beeinflusst. Diese Worte sind nichts Besonderes.«

»Ja, ja.« Diesmal ist Phoe in meinem Kopf und hört sich spöttisch an. »Als Nächstes wirst du mir erzählen, dass einige der verbotenen Wörter damals einfach nur Tierbezeichnungen waren und dass es Wörter aus den toten Sprachen gibt, die eigentlich tabu waren, aber es jetzt nicht mehr sind, weil sie ihre ursprüngliche Stärke verloren haben. Danach wirst du dich wahrscheinlich darüber beschweren, dass die Gehirne beider Geschlechter nahezu identisch sind, aber es nur Männern nicht erlaubt ist, Worte wie ›Vagina‹ zu sagen.«

Mir fällt auf, dass ich genau diese Dinge gerade ansprechen wollte, was bedeutet, dass Phoe und ich schon häufiger darüber gesprochen haben müssen. Das passiert bei engen Freunden: sie wiederholen Unterhaltungen. Und ich nehme an, mit imaginären Freunden noch öfter. Allerdings glaube ich, dass ich in Oasis der Einzige bin, der einen hat.

Jetzt, da ich gerade darüber nachdenke: Zählen Gespräche mit imaginären Freunden überhaupt? Schließlich spricht man in diesem Fall ja eigentlich mit sich selbst.

»Das ist mein Stichwort, dich daran zu erinnern, dass ich real bin, Theo.« Phoe spricht das absichtlich laut aus.

Auszug aus Oasis – The Last Humans

Ich bemerke, dass ihre Stimme von rechts kam, so als sei sie einfach ein Freund, der neben mir im Gras sitzt – ein Freund, der zufällig unsichtbar ist.

»Nur weil ich unsichtbar bin, heißt das nicht, dass ich nicht real bin«, kommentiert Phoe meinen Gedanken. »Zumindest bin ich davon überzeugt, dass ich real bin. Ich wäre verrückt, wenn ich das nicht denken würde. Außerdem deuten eine Menge Punkte genau darauf hin, und das weißt du auch.«

»Aber müsste ein imaginärer Freund nicht darauf bestehen, real zu sein?« Ich kann nicht widerstehen, diese Worte laut auszusprechen. »Wäre das nicht Teil dieser Wahnvorstellung?«

»Sprich nicht laut mit mir«, erinnert sie mich mit besorgter Stimme. »Manchmal bewegst du auch leicht deine Halsmuskeln oder sogar deine Lippen, wenn du in Gedanken zu mir sprichst. Alle diese Dinge sind zu riskant. Du solltest einfach zu mir denken. Deine innere Stimme benutzen. Das ist sicherer, besonders in der Gegenwart anderer Jugendlicher.«

»Mit Sicherheit, aber dabei fühle ich mich noch verrückter«, entgegne ich, aber denke meine Worte und konzentriere mich darauf, meine Lippen und Nackenmuskeln so wenig wie möglich zu bewegen. Danach denke ich, als Test: »In meinem Kopf mit dir zu reden unterstreicht die Tatsache, dass du unmöglich real sein kannst, und ich fühle mich, als hätte ich noch mehr Schrauben locker.«

»Das solltest du nicht.« Ihre Stimme ist jetzt in meinem Kopf, aber hört sich immer noch hoch an. »Ich kann mir vorstellen, dass selbst damals, als es nicht verboten war, nervenkrank zu sein, ein lautes Gespräch mit deinem imaginären Freund die Menschen um dich herum nervös gemacht hätte.« Sie lacht kurz auf, aber ihre Stimme klingt eher besorgt als belustigt. »Ich weiß nicht, was passieren würde, sollte jemand denken, dass du verrückt bist; aber ich habe ein schlechtes Gefühl dabei, also tue es bitte nicht, okay?«

»In Ordnung«, denke ich und ziehe an meinem linken

Ohrläppchen. »Auch wenn es etwas zu viel verlangt ist, selbst hier nicht normal mit dir zu reden. Schließlich sind wir allein.«

»Ja, aber die Nanobots, von denen ich dir erzählt habe, diese Dinger, die alles durchdringen können – angefangen von deinem Kopf bis hin zum Utility Fog – können theoretisch auch dazu benutzt werden, diesen Ort zu überwachen.«

»Okay. Außer natürlich, diese praktischerweise unsichtbare Technologie, von der du mir immer erzählst, ist genauso ein Produkt meiner Einbildung wie du«, denke ich zu ihr. »Da aber niemand etwas von dieser Technologie zu wissen scheint, wie kann sie dann dazu benutzt werden, um uns auszuspionieren?«

»Falsch: Keiner der Jugendlichen weiß etwas davon, aber den anderen könnte sie bekannt sein«, verbessert mich Phoe geduldig. »Wir wissen viel zu wenig über die Erwachsenen und noch viel weniger über die Betagten.«

»Aber wenn sie mit den Nanozyten Zugriff auf meinen Kopf haben, würde das Gleiche dann nicht auch auf meine Gedanken zutreffen?«, denke ich und unterdrücke einen Schauer. Wenn das so wäre, hätte ich ein Problem.

»Die Tatsache, dass du für deine häufig missratenen Gedanken noch keine Konsequenzen tragen musstest, ist der Beweis dafür, dass sie nicht generell überwacht werden – zumindest nicht deine«, antwortet sie, und das, was sie sagt, beruhigt mich. »Deshalb denke ich, dass die computergestützte Überwachung von Gedanken entweder verboten ist oder aber gegen eine der Milliarden Richtlinien für den richtigen Umgang mit Technologie verstößt. Ich muss zugeben, dass ich mir diese ganzen Regeln kaum merken kann.«

»Und was ist, wenn eine Technik, die in mich hineinhören kann, generell ein Tabu ist?«, entgegne ich, auch wenn sie anfängt, mich zu überzeugen.

»Das kann sein, aber ich habe Dinge gesehen, die man am besten damit erklären kann, dass die Erwachsenen spioniert haben.« Ihre Stimme in meinem Kopf hört sich jetzt gedämpft an.

Auszug aus Oasis – The Last Humans

»Denk doch einfach nur an das eine Mal, als Liam und du Pläne gemacht habt, Physik zu schwänzen. Woher konnten sie das wissen?«

Ich erinnere mich an die epische Stille, die unsere Bestrafung war, und daran, dass wir uns beide damals geschworen haben, niemandem davon erzählt zu haben. Daraufhin sind wir zu dem gleichen Ergebnis gekommen: unsere Gespräche sind nicht sicher. Das ist der Grund dafür, dass Liam, Markwart – für Freunde Mark – und ich oft verschlüsselt miteinander reden.

»Es könnte aber auch eine andere Erklärung dafür geben«, denke ich zu Phoe. »Diese Unterhaltung haben wir während einer Vorlesung geführt, also könnte uns jemand gehört haben. Und selbst wenn nicht – nur weil sie uns während des Unterrichts überwachen, bedeutet das nicht, dass sie das Gleiche auch an diesem abgelegenen Ort tun.«

»Auch wenn sie diesen Ort oder generell alles außerhalb des Instituts nicht überwachen sollten, möchte ich trotzdem, dass du dir angewöhnst, dich richtig zu verhalten.«

»Was wäre, wenn ich in Geheimsprache spreche?«, schlage ich vor. »Du weißt schon, in der gleichen, die ich auch mit meinen nicht-imaginären Freunden benutze.«

»Für meinen Geschmack redest du sowieso schon zu langsam«, denkt sie mit offensichtlicher Verzweiflung. »Wenn du diese Geheimsprache sprichst, hörst du dich lächerlich an und erhöhst die Anzahl der Silben extrem. Falls du allerdings bereit wärst, eine der toten Sprachen zu lernen …«

»Okay. Ich werde denken, wenn ich dir etwas zu sagen habe«, erwidere ich in Gedanken. Dann sage ich ihr lautlos, allerdings nicht, ohne meine Lippen zu bewegen: »Aber ich werde dabei meinen Mund bewegen.«

»Wenn es sein muss.« Sie seufzt laut. »Aber es wäre besser, wenn du es einfach so machen würdest wie eben: ohne deine Gesichtsmuskeln zu bewegen.«

Statt ihr zu antworten schaue ich wieder auf den Rand, die

Barriere, an der das frische Grün unter der Kuppel auf den abstoßenden Ozean aus trostlosem Goo trifft – dieser parasitären Technik, die sich pausenlos vermehrt und jegliche Substanz verschlingt. Das Goo ist das Einzige, was von der Welt außerhalb der Kuppel noch übrig geblieben ist, und sollte diese Hülle jemals zerstört werden, würde das Goo uns umgehend vernichten. Natürlich ruft dieser Anblick alle möglichen schlechten Gefühle hervor, und die Tatsache, dass ich freiwillig dorthin schaue, muss ein weiteres Zeichen dafür sein, dass mein Geisteszustand labil ist.

»Das Zeug ist definitiv widerlich«, denkt Phoe, die wie immer versucht, mich aufzuheitern. »Es sieht aus, als habe jemand versucht, aus Kotze und menschlichen Exkrementen einen Wackelpudding zu kreieren.« Dann fügt sie mit einem gedachten Lachen hinzu: »Entschuldigung, ich hätte ›Kotze und Scheiße‹ sagen sollen.«

»Ich habe keine Ahnung, was Wackelpudding ist«, denke ich zurück und bewege dabei meine Lippen. »Aber was auch immer es ist, du hast wahrscheinlich recht, was die Zutaten betrifft.«

»Wackelpudding war etwas, was unsere Vorfahren aßen, bevor es die *Nahrung* gab«, erklärt Phoe. »Ich werde herausfinden, wo du etwas darüber anschauen oder lesen kannst; wenn du Glück hast, gibt es vielleicht bald etwas davon auf dem anstehenden Jahrmarkt der Geburtsfeiern.«

»Das hoffe ich. Es ist schwer, aus Filmen oder Büchern etwas über Essen zu lernen«, beschwere ich mich. »Das habe ich schon versucht.«

»In diesem Fall würde es vielleicht sogar funktionieren«, widerspricht Phoe. »Das Entscheidende an Wackelpudding war die Beschaffenheit, nicht der Geschmack. Er hatte die Konsistenz von Quallen.«

»Die Menschen haben damals wirklich diese schleimigen Dinger gegessen?«, denke ich angewidert. Ich kann mich nicht daran erinnern, das jemals in einem der Filme gesehen zu haben.

Mit einer Handbewegung in Richtung des Goos sage ich: »Kein Wunder, dass so etwas aus der Welt geworden ist.«

»In den meisten Teilen der Welt haben sie keine Quallen gegessen«, erwidert Phoe, und ihre Stimme nimmt einen belehrenden Ton an. »Und Wackelpudding wurde genau genommen aus teilweise zersetzten Proteinen aus der Haut, den Hufen, den Knochen und dem Bindegewebe von Kühen und Schweinen hergestellt.«

»Jetzt willst du doch nur erreichen, dass ich mich ekele«, denke ich.

»Und das kommt ausgerechnet von Ihnen, Herr Scheiße.« Sie lacht. »Wie dem auch sei, du musst diesen Ort verlassen.«

»Muss ich das?«

»Du hast in einer halben Stunde Unterricht, aber viel wichtiger ist, dass Mark dich sucht«, sagt sie, und ihre Stimme vermittelt mir den Eindruck, als sitze sie bereits nicht mehr auf dem Rasen.

Ich stehe auf und beginne, mir den Weg durch die hohen Sträucher zu bahnen, die den Blick der restlichen Jugendlichen von Oasis auf das Goo versperren.

»Und nebenbei bemerkt –«, Phoes Stimme kommt aus einiger Entfernung; sie tut also so, als würde sie vor mir gehen – »wenn du herausfindest, dass Mark wirklich nach dir sucht, dann versuche doch mal eine Erklärung dafür zu finden, wie ein imaginärer Freund wie ich so etwas wissen könnte … etwas, was du selbst nicht wusstest.«

AUSZUG AUS DER ZAUBERCODE

Blaise, einst ein respektiertes Mitglied des Rates der Zauberer und jetzt ein Außenseiter, hat das letzte Jahr damit verbracht, an einem ganz besonderen magischen Objekt zu arbeiten. Sein Ziel ist es, die Magie jedermann zugänglich zu machen, nicht nur den ausgewählten Zauberern. Das Resultat seiner Arbeit ist allerdings völlig anders, als er sich das jemals vorgestellt hätte – denn anstelle eines Objekts erschafft er *sie*.

Sie ist Gala und alles andere als seelenlos. Sie wurde in der Welt der Magie geboren, ist wunderschön und hochintelligent – und niemand weiß, wozu sie alles fähig ist.

Augusta, eine mächtige Zauberin, sieht Blaises Werk genau als das, was es ist: die vermessenste aller Anmaßungen. Sie hat immer noch Gefühle für Blaise und möchte ihn retten, bevor er den höchsten aller Preise zahlen muss ... für die Abscheulichkeit, die er erschaffen hat.

Auszug aus Der Zaubercode

Da befand sich eine nackte Frau auf dem Fußboden in Blaises Arbeitszimmer.

Eine wunderschöne, nackte Frau.

Fassungslos starrte Blaise diese hinreißende Kreatur an, die gerade eben aus dem Nichts erschienen war. Sie schaute mit einem befremdlichen Gesichtsausdruck an sich hinunter. Offensichtlich war sie genauso überrascht darüber, hier zu sein, wie er es war, sie hier zu sehen. Ihr welliges, blondes Haar fiel ihren Rücken hinunter und verdeckte dadurch teilweise ihren Körper, der die Perfektion selbst zu sein schien. Blaise versuchte, nicht an diesen Körper zu denken, sondern sich stattdessen auf die Situation zu konzentrieren.

Eine Frau. *Sie* und kein *Es*. Blaise konnte das kaum glauben. War das möglich? Konnte dieses Mädchen das Objekt sein?

Sie saß mit ihren Beinen unter sich eingeschlagen da und stützte sich auf einem schlanken Arm ab. Diese Pose sah etwas unbeholfen aus, so als wüsste sie nicht so recht, was sie mit ihren eigenen Gliedmaßen anstellen sollte. Trotz ihrer Kurven, die sie als eine ausgewachsene Frau kennzeichneten, strahlte die völlig unbefangene Art und Weise, wie sie dort saß – die erkennen ließ, dass sie sich ihrer eigenen Reize nicht bewusst war – eine kindliche Unschuld aus.

Blaise räusperte sich und dachte darüber nach, was er sagen könnte. In seinen wildesten Träumen hätte er sich niemals vorstellen können, dass so etwas das Ergebnis dieses Projekts sein würde, welches in den letzten Monaten sein ganzes Leben bestimmt hatte.

Als sie das Geräusch hörte, drehte sie ihren Kopf, um ihn anzusehen, und Blaise bemerkte, dass sie ungewöhnlich hellblaue Augen hatte.

Sie blinzelte, legte ihren Kopf leicht zur Seite und nahm ihn mit sichtbarer Neugier in Augenschein. Blaise fragte sich, was sie wohl gerade sah. Er hatte seit zwei Wochen kein Tageslicht mehr gesehen, und es würde ihn nicht wundern, wenn er im Moment

Auszug aus Der Zaubercode

wie ein verrückter Zauberer aussah. Sein Gesicht war von etwa einer Woche alten Bartstoppeln übersät, und er wusste, dass sein dunkles Haar ungekämmt war und in alle Richtungen abstand. Hätte er gewusst, heute einer so wunderschönen Frau gegenüberzustehen, hätte er am Morgen einen Pflegezauber gewirkt.

»Wer bin ich?«, fragte sie und verunsicherte Blaise damit. Ihre Stimme war weich und feminin, genauso anziehend wie der Rest von ihr. »Wo bin ich? Was ist das hier für ein Ort?«

»Das weißt du nicht?« Blaise war froh, endlich einen halb zusammenhängenden Satz herausbekommen zu haben. »Du weißt weder wer du bist noch wo du bist?«

Sie schüttelte ihren Kopf. »Nein.«

Blaise schluckte. »Ich verstehe.«

»Was bin ich?«, fragte sie erneut und blickte ihn mit diesen unglaublichen Augen an.

»Also«, sagte Blaise langsam, »wenn du kein grausamer Scherzbold oder ein Produkt meiner Einbildung bist, dann ist das jetzt etwas schwierig zu erklären …«

Sie beobachtete seinen Mund, während er sprach, und als er aufhörte, sah sie wieder auf, und ihre Blicke trafen sich. »Das ist eigenartig«, sagte sie, »solche Worte in der Realität zu hören. Das waren gerade die ersten wirklichen Worte, die ich jemals gehört habe.«

Blaise fühlte, wie ihm ein Schauer über den Rücken lief. Er stand von seinem Stuhl auf und begann, hin und her zu gehen, sorgsam darauf bedacht, seinen Blick von ihrem nackten Körper abzuwenden. Er hatte damit gerechnet, dass etwas erschien. Ein magisches Objekt, eine Sache. Er hatte nur nicht gewusst, welche Form es annehmen würde. Ein Spiegel vielleicht, oder eine Lampe. Vielleicht sogar so etwas Ungewöhnliches wie die Lebensspeicher-Sphäre, die wie ein großer runder Diamant auf seinem Arbeitstisch stand.

Aber eine Person? Und dann auch noch weiblich?

Zugegeben, er hatte versucht, dem Objekt Intelligenz zu geben

Auszug aus Der Zaubercode

und die Fähigkeit, menschliche Sprache zu verstehen, um diese in den Code umzuwandeln. Vielleicht sollte er gar nicht so überrascht sein, dass die Intelligenz, die er herbeigerufen hatte, eine menschliche Form angenommen hatte.

Eine wunderschöne, weibliche, sinnliche Hülle.

Konzentriere dich Blaise, konzentriere dich!

»Wieso läufst du so herum?« Sie stand langsam auf, und ihre Bewegungen waren dabei unsicher und eigenartig tollpatschig. »Sollte ich auch umhergehen? Unterhalten sich Menschen so miteinander?«

Blaise hielt vor ihr an und bemühte sich, seine Augen oberhalb ihres Halses zu behalten. »Es tut mir leid. Ich bin es nicht gewohnt, nackte Frauen in meinem Arbeitszimmer zu haben.«

Sie fuhr sich mit ihren Händen an ihrem Körper hinunter, so als würde sie ihn zum allerersten Mal fühlen. Was auch immer sie vorhatte, Blaise fand diese Bewegung höchst erotisch.

»Stimmt etwas mit meinem Aussehen nicht?«, wollte sie von ihm wissen. Das war so eine typisch weibliche Sorge, dass Blaise ein Lächeln unterdrücken musste.

»Ganz im Gegenteil«, versicherte er ihr. »Du siehst unvorstellbar gut aus.« So gut sogar, dass er Schwierigkeiten hatte, sich auf etwas anderes als auf ihre Rundungen zu konzentrieren. Sie war mittelgroß und so perfekt proportioniert, sie hätte als Vorlage für einen Bildhauer dienen können.

»Warum sehe ich so aus?« Ein leichtes Runzeln erschien auf ihrer glatten Stirn. »Was bin ich?« Der letzte Teil schien sie am meisten zu beschäftigen.

Blaise holte tief Luft und versuchte, seinen rasenden Puls zu beruhigen. »Ich denke, ich könnte da eine Vermutung wagen, aber bevor ich das mache, möchte ich dir erst einmal etwas zum Anziehen geben. Bitte warte hier – ich bin sofort wieder zurück.«

Ohne eine Antwort abzuwarten, eilte er zur Tür.

Auszug aus Der Zaubercode

Er verließ sein Arbeitszimmer und ging rasch zum anderen Ende des Hauses, zu *ihrem Zimmer*, wie er den halbleeren Raum in Gedanken immer noch nannte. Dort hatte Augusta immer ihre Sachen aufbewahrt, als sie noch zusammen gewesen waren – eine Zeit, die jetzt Ewigkeiten her zu sein schien. Trotzdem war es für ihn genauso schmerzhaft, den verstaubten Raum zu betreten, wie es vor zwei Jahren gewesen war. Sich von der Frau zu trennen, mit der er acht Jahre zusammen gewesen war – der Frau, die er eigentlich gerade heiraten wollte –, war nicht leicht gewesen.

Blaise versuchte, sich auf sein eigentliches Anliegen zu konzentrieren, ging zum Kleiderschrank und warf einen Blick auf dessen Inhalt. Wie er gehofft hatte, befanden sich noch einige Dutzend Kleider in ihm. Wunderschöne lange Kleider aus Samt und Seide, Augustas Lieblingsstoffen. Nur Zauberer – die in der Gesellschaft die obersten Ränge bekleideten – konnten sich so einen Luxus leisten. Die normale Bevölkerung war viel zu arm, um etwas anderes als grobe, schlichte Bekleidung tragen zu können. Blaise fühlte sich ganz schlecht, wenn er darüber nachdachte, über diese furchtbare Ungleichheit, die immer noch jeden Aspekt des Lebens in Koldun betraf.

Er erinnerte sich daran, wie er und Augusta sich immer darüber gestritten hatten. Sie hatte seine Sorgen um die Normalbevölkerung nie geteilt; stattdessen genoss sie die Stellung und die Privilegien, die einem respektierten Zauberer derzeit zugestanden wurden. Wenn Blaise sich richtig erinnerte, hatte sie jeden Tag ihres Lebens ein anderes Kleid getragen, ohne Scham ihren Reichtum zur Schau gestellt.

Wenigstens würden ihm die Kleider, die sie in seinem Haus zurückgelassen hatte, jetzt mehr als gelegen kommen. Blaise nahm sich eines von ihnen – eine blaue Seidenkreation, die zweifellos ein Vermögen gekostet hatte – und ein Paar hochwertige schwarze Samtschuhe, bevor er den Raum wieder verließ, während die Staubschichten und die bittern Erinnerungen zurückblieben.

Auf seinem Rückweg rannte er in das nackte Lebewesen. Sie

Auszug aus Der Zaubercode

stand neben dem Eingang zu seinem Arbeitszimmer und schaute sich das Gemälde an, welches sein Bruder Louie geschaffen hatte. Es stellte eine sehr idyllische Szene in einem Dorf in Blaises Herrschaftsbereich dar – das Fest nach der großen Ernte. Lachende, rotwangige Bauern tanzten miteinander, während ein Harfenspieler auf Wanderschaft im Hintergrund spielte. Blaise schaute sich dieses Gemälde sehr gerne an. Es erinnerte ihn daran, dass seine Untertanen auch gute Zeiten erlebten, ihre Leben nicht nur aus Arbeit bestanden.

Das Mädchen schien es auch gerne zu betrachten – und anzufassen. Ihre Finger strichen über den Rahmen, als würden sie versuchen, die Struktur zu begreifen. Ihr nackter Körper sah von hinten genauso großartig aus wie von vorne, und Blaise bemerkte, wie seine Gedanken schon wieder in eine unangemessene Richtung abschweiften.

»Hier«, sagte er schroff, trat in sein Arbeitszimmer ein und legte das Kleid und die Schuhe auf dem staubigen Sofa ab. »Bitte zieh das hier an.« Zum ersten Mal seit Louies Tod nahm er den Zustand seines Hauses wahr – und schämte sich dafür. Augustas Raum war nicht der einzige, der von Staub bedeckt war. Selbst hier, wo er den Großteil seiner Zeit verbrachte, war die Luft muffig und abgestanden.

Esther und Maya hatten ihm wiederholt angeboten, vorbeizukommen und sauberzumachen, aber das hatte er abgelehnt, da er niemanden sehen wollte. Nicht einmal die beiden Bäuerinnen, die für ihn wie seine Mütter gewesen waren. Nach dem Debakel mit Louie wollte er einfach nur allein sein und sich vor dem Rest der Welt verstecken. Was die anderen Zauberer betraf, wurde er geächtet, war ein Außenseiter, und das störte ihn auch überhaupt nicht. Er hasste sie ja auch alle. Manchmal dachte er, die Bitterkeit würde ihn auffressen – und wahrscheinlich hätte sie das auch, wenn es nicht seine Arbeit gäbe.

In diesem Moment hob das Ergebnis dieser Arbeit, immer noch nackt wie ein Neugeborenes, das Kleid hoch und betrachtete es neugierig. »Wie ziehe ich das an?«, wollte es wissen und schaute zu ihm auf.

Blaise blinzelte. Er hatte Erfahrung darin, Frauen auszuziehen, aber ihnen in die Kleider zu helfen? Trotzdem wusste er wahrscheinlich immer noch mehr darüber als das geheimnisvolle Wesen, das vor ihm stand. Er nahm ihr das Kleid aus den Händen, schnürte den Rücken auf und hielt es ihr hin. »Hier. Steig hinein und zieh es hoch, die Arme müssen dabei in die Ärmel gesteckt werden.« Dann drehte er sich weg und versuchte angestrengt, seine Reaktion auf ihre Schönheit zu kontrollieren.

Er hörte, wie sie irgendetwas mit dem Kleid machte.

»Ich könnte ein wenig Hilfe gebrauchen«, sagte sie.

Blaise drehte sich zu ihr herum und war erleichtert, festzustellen, dass sie nur noch Hilfe dabei brauchte, die Schnüre auf dem Rücken festzuziehen. Sie hatte auch schon selber herausgefunden, wie man sich Schuhe anzog. Das Kleid passte ihr erstaunlich gut; sie und Augusta mussten ungefähr die gleiche Größe haben, obwohl das Mädchen irgendwie zierlicher zu sein schien. »Heb dein Haar an«, forderte er sie auf, und sie hielt ihre blonden Locken mit einer unbewussten Anmut in die Höhe. Er schnürte ihr schnell das Kleid zu und trat dann sofort einen Schritt zurück, um ein wenig Abstand zwischen sie zu bringen.

Sie drehte ihm ihr Gesicht zu, und ihre Blicke trafen sich. Blaise kam nicht umhin, die kühle Intelligenz in ihrem Blick zu bemerken. Sie mochte jetzt vielleicht noch nichts wissen, aber sie lernte schnell – und funktionierte unglaublich gut, wenn das, was er über ihren Ursprung vermutete, stimmte.

Einige Sekunden lang sahen sie einander nur an, teilten ein angenehmes Schweigen. Sie schien es mit dem Reden nicht eilig zu haben. Stattdessen betrachtete sie ihn, ihre Augen fuhren über sein Gesicht und seinen Körper. Sie schien ihn genauso faszinierend zu finden wie er sie. Und das war ja auch kein Wunder – er war wahrscheinlich der erste Mensch, den sie traf.

Schließlich unterbrach sie die Stille. »Können wir jetzt reden?«

Auszug aus Der Zaubercode

»Ja.« Blaise lächelte. »Wir können, und wir sollten.« Er ging zur Sofaecke, setzte sich in einen der Loungesessel neben den kleinen, runden Tisch. Die Frau folgte seinem Beispiel und setzte sich in den Sessel ihm gegenüber.

»Ich befürchte, wir werden viele Antworten auf deine Frage zusammen erarbeiten müssen«, erklärte ihr Blaise, und sie nickte.

»Ich möchte es verstehen können«, antwortete sie ihm. »Was bin ich?«

Blaise atmete tief ein. »Lass mich von Anfang an beginnen«, entgegnete er ihr und zermarterte sich sein Hirn, wie er in dieser Angelegenheit am besten vorgehen sollte. »Weißt du, ich habe eine lange Zeit nach einem Weg gesucht, Magie den normalen Menschen einfacher zugänglich zu machen –«

»Steht sie im Moment nicht zur Verfügung?«, fragte sie und sah ihn eindringlich an. Er konnte sehen, dass sie sehr neugierig auf alles war und ihre Umgebung und jedes Wort, das er sagte, aufsaugte wie ein Schwamm.

»Nein, ist sie nicht. Im Moment können nur ein paar Auserwählte Magie anwenden – diejenigen, die die richtigen Voraussetzungen erfüllen, was die analytischen und mathematischen Neigungen ihres Gehirns anbelangt. Selbst die wenigen Glücklichen, die das besitzen, müssen sehr hart dafür studieren, komplexere Zauber zu wirken.«

Sie nickte, als würde das für sie Sinn ergeben. »Okay. Und was hat das alles mit mir zu tun?«

»Alles«, antwortete Blaise. »Es hat alles mit Lenard dem Großen begonnen. Er war der Erste, der herausgefunden hatte, die Zauberdimension anzuzapfen.«

»Die Zauberdimension?«

»Ja, so nennen wir den Ort, an dem der Zauber entsteht – der Ort, der es uns ermöglicht, Magie anzuwenden. Wir wissen nicht viel über sie, weil wir in der physischen Dimension leben – die wir als die reale Welt ansehen.« Blaise machte eine Pause, um zu sehen, ob sie bis jetzt Fragen dazu hatte. Er stellte sich vor, wie überwältigend das alles für sie sein musste.

Sie legte ihren Kopf auf die Seite. »Okay. Bitte mach weiter.«

»Vor etwa zweihundertundsiebzig Jahren hat Lenard der Große die ersten verbalen Zaubersprüche entwickelt – eine Möglichkeit für uns, mit der Zauberdimension zu interagieren und die Wirklichkeit der physischen Dimension zu ändern. Es war extrem schwierig, diese Zaubersprüche richtig zu formulieren, da man dafür eine spezielle Geheimsprache benötigte. Sie mussten ganz exakt ausgesprochen und vorbereitet werden, um das gewünschte Ergebnis zu erzielen. Erst vor kurzer Zeit wurde eine einfachere magische Sprache und ein leichterer Weg, Zaubersprüche anzuwenden, erfunden.«

»Wer hat das erfunden?«, fragte die Frau fasziniert.

»Augusta und ich«, gab Blais zu. »Sie ist meine frühere Verlobte. Wir sind das, was man Zauberer nennt – diejenigen, die eine Begabung für das Studium der Magie aufweisen. Augusta hat ein magisches Objekt erschaffen, welches Deutungsstein heißt, und ich habe eine einfachere magische Sprache gefunden, die dazu passt. Jetzt kann ein Zauberer seine Zaubersprüche in einer leichteren Sprache auf Karten schreiben und sie in den Stein einführen – anstatt einen schwierigen verbalen Spruch aufzusagen.«

Sie blinzelte. »Ich verstehe.«

»Unsere Arbeit sollte die Gesellschaft zum Besseren hin verändern«, fuhr Blaise fort und versuchte dabei, die Bitterkeit aus seiner Stimme zu halten. »Oder das war zumindest das, was ich gehofft hatte. Ich dachte, ein leichterer Weg, um Magie anzuwenden, würde es mehr Menschen ermöglichen, Zugang zu ihr zu bekommen, aber so hat es sich nicht entwickelt. Die mächtige Klasse der Zauberer ist noch mächtiger geworden – und noch abgeneigter, ihr Wissen mit der einfachen Bevölkerung zu teilen.«

»Ist das schlimm?«, fragte sie und schaute ihn mit ihren hellblauen Augen an.

»Das kommt darauf an, wen du fragst«, antwortete ihr Blaise

Auszug aus Der Zaubercode

und dachte dabei an Augustas gelegentliche Geringschätzung der Landarbeiter. »Ich denke, das ist schrecklich, aber ich gehöre einer Minderheit an. Den meisten Zauberern gefällt es so, wie es ist. Sie sind reich und mächtig und es stört sie nicht, Untertanen zu haben, die in Elend und Armut leben.«

»Aber dich stört es«, sagte sie aufmerksam.

»Das tut es«, bestätigte Blaise. »Und als ich vor einem Jahr den Rat der Zauberer verlassen habe, beschloss ich, etwas dagegen zu unternehmen. Ich wollte ein magisches Objekt erschaffen, welches unsere normale Sprache versteht – ein Objekt, das von jedem benutzt werden kann, verstehst du? Auf diese Art und Weise könnte auch eine normale Person zaubern. Sie würde einfach sagen, was sie bräuchte, und das Objekt würde es umsetzen.«

Ihre Augen weiteten sich, und Blaise konnte sehen, wie sie anfing, das Ganze zu verstehen. »Willst du mir gerade sagen –?«

»Ja«, antwortete er ihr und blickte sie an. »Ich glaube, ich habe dieses Objekt erfolgreich erschaffen. Ich denke, du bist das Ergebnis meiner Arbeit.«

Einige Augenblicke lang saßen sie einfach nur schweigend da.

»Ich muss das Wort *Objekt* falsch verstehen«, meinte sie schließlich.

»Das tust du wahrscheinlich nicht. Der Stuhl, auf dem du sitzt, ist ein normales Objekt. Wenn du aus dem Fenster schaust, siehst du eine Chaise im Garten. Das ist ein magisches Objekt, es kann fliegen. Objekte leben nicht. Ich habe erwartet, du würdest so etwas wie ein sprechender Spiegel werden, aber du bist etwas völlig anderes!«

Ihre Stirn zog sich leicht in Falten. »Wenn du mich geschaffen hast, bist du dann mein Vater?«

»Nein«, wehrte Blaise sofort ab, da alles in ihm diese Vorstellung zurückwies. »Ich bin auf gar keinen Fall dein Vater.« Aus irgendeinem Grund war es für ihn wichtig, sicherzustellen, dass sie nicht so von ihm dachte. *Interessant, wohin meine Gedanken schon wieder abschweifen*, dachte er selbstironisch.

Auszug aus Der Zaubercode

Sie sah immer noch verwirrt aus, also versuchte Blaise, es ihr näher zu erklären. »Ich denke, es wäre vielleicht sinnvoller, zu sagen, ich habe den Grundstein für eine Intelligenz gelegt – und habe sichergestellt, dass sie einiges an Wissen besitzt, um darauf aufzubauen –, aber alles Weitere musst du selber geschaffen haben.«

Er konnte einen Funken Wiedererkennung auf ihrem Gesicht sehen. Irgendetwas an seiner Aussage hatte bei ihr etwas zum Läuten gebracht, also musste sie mehr wissen, als es auf den ersten Blick schien.

»Kannst du mir etwas von dir erzählen?«, fragte Blaise und betrachtete die wunderschöne Kreatur vor sich. »Als Erstes, wie nennst du dich?«

»Ich nenne mich gar nichts«, antwortete sie. »Wie nennst du dich?«

»Ich bin Blaise, Sohn von Dasbraw. Ich nenne mich Blaise.«

»Blaise«, wiederholte sie langsam, als würde sie sich seinen Namen auf der Zunge zergehen lassen. Ihre Stimme war weich und sinnlich, unschuldig betörend. Blaise wurde sich schmerzhaft der Tatsache bewusst, dass er schon seit zwei Jahren keiner Frau mehr so nahe gewesen war.

»Ja, das ist richtig«, gelang es ihm ruhig zu sagen. »Und wir sollten auch einen Namen für dich finden.«

»Hast du eine Idee?«, fragte sie neugierig.

»Also, meine Großmutter hieß Galina. Würdest du meiner Familie die Ehre erweisen und ihren Namen annehmen? Du könntest Galina, Tochter der Zauberdimension sein. Ich würde dich dann kurz ›Gala‹ nennen.« Die unbezwingbare alte Dame war alles andere als dieses Mädchen gewesen, welches vor ihm saß, aber trotzdem erinnerte etwas dieser leuchtenden Intelligenz auf dem Gesicht dieser Frau ihn an sie. Er lächelte zärtlich bei diesen Erinnerungen.

»Gala«, versuchte sie zu sagen. Er konnte sehen, sie mochte den Namen, weil sie auch lächelte und ihm dabei ihre ebenmäßigen, weißen Zähne zeigte. Das Lächeln erleuchtete ihr ganzes Gesicht, ließ sie strahlen.

»Ja.« Blaise konnte seine Augen nicht von ihrer blendenden Schönheit abwenden. »Gala. Das passt zu dir.«

»Gala«, wiederholte sie sanft. »Gala. Du hast recht. Das passt zu mir. Aber du sagtest auch, ich sei die Tochter der Zauberdimension. Ist das meine Mutter oder mein Vater?« Sie sah ihn voller Hoffnung an.

Blaise schüttelte seinen Kopf. »Nein, nicht im traditionellen Sinn. Die Zauberdimension ist der Ort, an dem du dich zu dem entwickelt hast, was du jetzt bist. Weißt du irgendetwas über diesen Platz?« Er machte eine Pause und schaute sich seine erstaunliche Kreation an. »Wie viel weißt du überhaupt von dem, was geschah, bevor du hier auf dem Boden meines Arbeitszimmers auftauchtest?«

ÜBER DEN SCHRIFTSTELLER

Dima Zales ist ein *New York Times* und *USA Today* Bestsellerautor in den Genres Science-Fiction und Fantasy. Bevor er ein Schriftsteller wurde, hat er sowohl als Programmierer als auch als leitender Angestellter in der Softwareentwicklungsindustrie in New York gearbeitet. Von Hochfrequenzhandel-Software für große Banken bis hin zu Handy-Apps für bekannte Zeitschriften, Dima hat schon alles programmiert. 2013 verließ er dann die Software-Branche, um sich auf seine Karriere als Schriftsteller zu konzentrieren und nach Palm Coast, Florida zu ziehen, wo er derzeitig lebt.

Um mehr zu erfahren besuchen Sie bitte die Seite www.dimazales.com/book-series/deutsch/.

Printed in Germany
by Amazon Distribution
GmbH, Leipzig